U0069257

古今文化與兩岸政治的流變與轉型
——若干學說與個案的追索

The evolvement and transformation of the ancient as well
as contemporary culture and cross-strait politics--a review
on some thoughts and cases.

謝政諭 著

目次

第一篇

傳統軸心文化的當代價值

引言：
「第二軸心文明」的當代追索

　　100年前亦即1919年發生在中國大陸的五四運動，其震天價響的口號，唯有德先生（民主）與賽先生（科學）可以救中國，此一片面理解西方啟蒙運動的狂熱，其結果帶給中國吸取西方文化的迷思。杜維明教授在反思啟蒙的論述中指出，中西社會在「後啟蒙運動」中都偏離了方向，走向「工具理性」所發展出來的一種「宰製性的科學主義」；以及從極端的個人主義所導致的一種帶有侵略性的經濟人的觀念的出現。❶這些都遠離了那時蘇格蘭的亞當斯密（Adam Smith, 1723-1790）與休謨（David Hume, 1711-1776）等人注重處理道德情操的「復性」（renaissance）問題。簡言之，對源于西歐的啟蒙運動，從近代中國的歷史經驗審視，其教訓是不應走上「全盤西化」的移植，也不應盲目的批判，而應是一種「批判式的繼承」進而到「創造性的轉化」，才能得到較全面的理解與應用上的超越。

　　德國哲學家雅斯培（Karl Jaspers, 1883-1969）在1953年出版英文版的The Origin and Goal of history《歷史的起源與目的》，他將歷史文

---

❶ 杜維明等人，〈啟蒙的反思學術座談〉，《開放時代》，2006/3，頁7。

明發展分為四期：（1）史前時代——語言之產生，工具之發明以及火之點燃和應用。（2）古代文明時期——主要是文字的產生、運用與文明的累積。約公元前5000年-公元前3000年在埃及、美索不達米亞、印度河流域，稍晚在中國黃河流域，產生了古代的文明。（3）軸心文明時期——公元前500年左右為中心，分別在猶太、希臘、埃及、中國、印度等地出現突破性的文明觀念。雅斯培「軸心時代」恰恰與《莊子‧天下》所謂「道術將為天下裂」、韋伯有關世界宗教的「先知時代」，聞一多（1899-1946）〈文學的歷史動向〉有關四大文明「同時猛抬頭，邁開大步」等說法比雅氏的論說要早六年。他倆開啟了人類的「第一軸心文明」的論據。（4）科技文明時期——無論在精神上還是物質上都具有深刻影響的事件，並且具有世界歷史意義的影響，開啟了人類近代科學技術的時代。❷ 他認為中國、印度、猶太、希臘文明不約而同的在500年間都有一批先知突破古文明階段，進到了第一「軸心的時代」（Axial Age），此時代「超越」（transcendent）的文明，對於宇宙和人生的體認及思維，都躍上、提升了一個新的層次，超越之前的文明，從出現後到現在都沒有間歇，沒有死亡或停止，就好像「車輪當中的軸心」一樣，至今仍然成為這些國度人民生活價值與行動的核心。

　　雅斯培提出「軸心文明」的論述影響深遠，至今仍在中西文明對比與會通上具有指標性的巨著，他反省何以兩次世界大戰都發生在啟蒙運動發生的地區，也就是當今的西歐文明何以導致競爭、衝突乃至戰爭不斷的深層思考？原因可能就在西歐單元軸心的主導與思維。雅斯培審視多元歷史與哲學的傳統，他將哲學的功用分以下6個方面：

　　其一是歷史編年學的角度（historisch-chronologischer Aspekt）。

---

❷ 余英時，〈軸心突破與禮樂傳統〉，氏著《知識人與中國文化的價值》，台北：時報文化出版，2008，頁70-73。Karl Jaspers, 1968, The Origin and Goal of History, New Haven: Yale University, pp.22-7.

其二是實質性的角度（sachlicher Aspekt）。

其三是個人的角度（persönlicher Aspekt）。

其四是文化積澱的角度（genetischer Aspekt）。

其五是實用的角度（pragmatischer Aspekt）。

其六是動力學的角度（dynamischer Aspekt）。❸

從這些角度的分析，筆者認為他是一個實事求是的重視哲學內在理路的發展，同時也重視哲學思想的外在社會脈絡與功用，他重視軸心文明是一文化積澱的結果，以及至今仍然具有實用的價值以及對後啟蒙人類社會仍能產生互補的動力學原理等實質性功效之所在。

在西方學術界關於雅斯培軸心文明的討論與文獻太多，但重要的討論會與論文集有三：

（1）Schwartz, B . I.等人所發起的第一次大型討論，並於1975年由美國人文學會的機關刊物 "Daedalus" 發表。❹

（2）1986年Eisenstadt, S. N.等人所發起的第二次大型討論與出版。❺

（3）2001年由Arnason, J. P., Eisenstadt, &Florence ,B. W.等人再發起第三次大型討論，並於2005年出書。❻

上述三次的討論都以Jaspers的論述為中心，邀請對仍深具價值與作用的幾個不同古代文明有專精研究的學者分別從倫理學、宗教學、

---

❸ 李雪濤，〈代譯序——論雅斯貝爾斯的世界哲學及世界哲學史的觀念〉，Karl Jaspers著，李雪濤、李秋零、王桐、魯路、姚彤、孫美堂譯，李雪濤校，《大哲學家》上，北京：社會科學文獻出版社，2005，頁8。

❹ BenjaminI. Schwartz, ed.,Wisdom, Revelation and Doubt: Perspectives on the First Millennium B.C., Daedalus Vol.104.No.2.（1975/Spring.）

❺ S. N. Eisenstadt, The Origin and Diversity of Axial Age Civilizations, Albany: State University of New York,1986.

❻ J. P. Arnason, S.N. Eisenstadt, and Bjorn Wittrock, ed., Axial Civilization and World History, Leiden and Boston: Brill,2005.

哲學、文化及社會科學的領域，對其軸心文明及其超越展開跨文明的論說與比較。他們普遍認為科學主義、科學革命時期，其文明雖突破了宗教的束縛，科學主義雖帶動後來的科技發展，發生了工業革命，以致推動西方現代化，但在雅斯培看起來科技文明仍為一間歇性的文明，非為人類文化世界的最高價值，未來人類文明的突破需要幾個軸心文明的對話與再創造，以進入「第二個軸心」。也就是說不以啟蒙運動為唯一的文明指標，第二軸心文明必須以第一軸心文明彼此間相互對話、吸收的精神彼此學習與包容。馮友蘭的學生在美國任教的趙復三教授指出：「把現代化與西方化等同起來只能是殖民統治殘餘思想的產物，而不是真正科學的社會理論。世界現代化進程是世界多元化發展的進程。而不是單一化的進程。中國的現代化不僅需要發展生產力，而且需要一個「發展的文化」（A Culture of Development）」。❼應用在本文第二軸心的觀念，也就是文明不應該獨尊，依循文明動力的發展型態也不是單一類型的，彼此間應該是相互借鏡，無論是基督教文明、印度文明、伊斯蘭教文明、儒家文明都需要經過一個「新的發展式文化」的相互學習與尊重，並不斷因時、因地而有所調整與創造。

　　誠如當代中國學者湯一介所說，「人類一直靠軸心時代所產生的思考和創造的一切而生存，每一次新的飛躍都回顧這一時期，並被它重新燃起火焰。」例如，歐洲的文藝復興就是把目光投向其他文化的源頭古希臘，而使歐洲文明重新燃起新的光輝，「中國的宋明理學（新儒學）在印度佛教衝擊後，再次回歸孔孟而把中國哲學提高到一個新水平，……當今世界多種文化的發展正是對 2000 多年前的軸心時代的一次新的飛越。據此，我們也許可以說，將有一個新的第二「軸

---

❼ 趙復三，〈中國宗教與現代化〉，黃紹倫編，《中國宗教倫理與現代化》，台北：臺灣商務印書館，1992，頁41。

心文明」出現，21世紀世界文化發展很可能形成若干重要的文化區：
歐美文化區、東亞文化區、南亞文化區和中東與北非文化區（伊斯蘭
文化區），以及以色列和散在各地的猶太文化等」。[8]1992在西安與湯
教授開會後，其言論一向是筆者所關注。西方學者中也不乏跳出西方
中心論來看「現代性」問題者，鐵倫洋凱（E. A. Tiryakian）就認為我
們正處於一個全球的軸心轉移的時刻，現代性的「中心」正在發生變
異，即它正從「北美」向「東亞」移轉。[9]東亞經濟超過半個世紀的
蓬勃發展，其共同點之一就在於此地區儒家文明普遍被尊重與傳承，
它的義理絕然不同於西方啟蒙運動、或者是基督新教倫理地區的發展
經驗。

　　在中西文明與兩岸政治交涉與會通的過程中，本書的重點包括四
個部分，首先從傳統軸心文明，特別是儒家、道家文明如何與當代的
思想與問題展開對話，從而突顯傳統中國優質軸心文明的永恆價值。
第二部份在於探討20世紀以降中、日、台的民族認同與文化流變的省
思，特別是兩岸的民族認同、第二次世界大戰後日本的「戰爭物語」
與當代跨國的災害關懷交錯搓揉，從而突顯「和的文化」在中、日、
台東亞地區的重要性。第三部分則在探討兩岸政治體制100多年來的
轉型經驗，特別是中西文化如何影響憲政主義的落實？政治體制如何
形朔兩岸關係？再以若干案例來探究中國大陸與兩岸關係的發展。最
後則藉由超越意識概念比較中西文化，從後冷戰時代的東亞文化抉
擇，香港中文大學全球在地化的經營模式，東南亞陳嘉庚、楊忠禮如
何以儒家倫理實踐其企業與奉獻精神，再以因戰爭的印記而漂流到台
灣的「社區發展」權威學者徐震教授以及在美國著名的漢學家余英時
的史學成就，來印證一代學人超越、會通古今與中西成就出「新文化

[8] 湯一介，《新軸心時代與中國文化的建構》，南昌：江西人民出版社，2007，頁175。
[9] 轉引自金耀基，1997，〈建構中的東亞現代性——序一〉，羅金義、王章偉合編，《奇
　　蹟背後——解構東亞現代化》，香港：牛津大學出版社，頁xi。

發展」的第二軸心文明典範。本書大部份篇幅曾經在過去20年相關的
研討會或者是學報中發表，以系統性的觀念集結成書，在體例上依當
時的寫作規範而呈現，內容上做了若干補充，格式上保持原來體例，
不做太多的調整，一併說明，敬請多予批評指教，不勝感激。

貳

道家思想與後現代社會環境倫理

摘要

　　本文重點在論述當前環境危機的根源，是由於"現代化"理念的缺失所致。諸如：人為萬物主宰的觀念，「工具理性」化的科學技術觀，以及享樂主義為取向的消費倫理等因素是生態破壞的的元凶。

　　透過老子、莊子對貪婪的、縱欲的社會、經濟倫理以及偏執的、受形體約束的各種巧智小知的批判，來呈現道家思想「道」的概念體系。印證道家的「道」不只是超越傳統農業社會消極、退縮、敬畏大自然陷於神祇的迷信：更進而超越人為萬物主宰，所以征服自然、奴役自然成為理所當然現代工業社會理念。

　　弗洛依德曾說：人在適應環境的時候，主要有兩種方法，一是改變自己適應環境，一是改變環境適應自己，現代化理念以後者為取向，雖取得不少成就，但也帶來普遍的「環境難民」。因此，人類只有選擇前者——改變自己適應環境，道家思想正是著重在人性的改造與提昇上，藉由無欲、無私、無為，以及知常、知止、知和的倫理進路，促使人與自然保持和諧、共生的關係，此正是大自然永續發展的健康之道。建立此一天下人的共同環境

倫理觀，使中國傳統道家思想與西方現代化理念得到一創造性轉化而互嵌入生活世界且再度互放光芒於後現代社會之中，這是本文思考解決當前「自然反攻的環境危機的努力與目的所在。

關鍵詞：環境危機、老子、莊子、道家倫理、工具理性、超越性

一、前言

現代社會的雛形，主要淵源於文藝復興、宗教改革、工業革命、啟蒙運動等胎息作用的促成，由此帶來生產技術的進步以及「價值倫理」的改變，大大改善了人類的生活環境，其成就約一百五十年前的馬克思（K. Marx, 1818-1883）就曾有過讚揚之詞，他在「共產主義者宣言」中說：資本主義成就（現代社會的主流形式）的奇蹟遠超過埃及的金字塔、羅馬溝渠，和哥德式的教堂建築。它所從事的幾次遠征，也使過去所有的全族遷徙，和十字軍東征往事，黯然失色。

至今「現代化」給全世界帶來的成就是空前的，但惡劣的環境恐怕也是絕後的。現代歐美先進國家，已嚐到工業污染所帶來的環境危機問題。Commoner研究指出，美國在1946年至1971年的25年間，創下了污染程度增加百分之二百到二千的驚人記錄。（宋尚倫譯，1984：154），1992到台灣訪問的哈佛大學Galbraith教授描述1950年代美國是「跛腳富」現象，他說：一家人開著紫紅色的汽車出去旅行，而這部汽車裝置著空氣調節器、動力駕駛等設備，但是他們必須經道路鋪設非常簡陋的城市，而且道路由許多垃圾、破舊的建築物、廣告牌，以及早就應該埋設地下的電線桿的阻礙，使得行車非常危險。……這一家人坐在污染的一條溪流邊，由隨身攜帶的冰箱中拿出包裝精美的食物，開始他們的野餐。接著，在一個足以危害公害健康與道德的公園中渡過他們的一夜。在帳蓬裡，處於四週都是腐爛的垃圾惡臭中。

（吳幹‧鄧東濱譯，1960：222-223）這是現代「跛腳富」社會環境的寫真集。

　　約1970年代以前，未曾包涵「環境保育」的現代化觀念與理論大行其道，其理念的缺失，在環境污染的責任上，是不容否認的。環境問題的解決已成為後現代社會的重大課題。D. Bell就指出：後工業社會環境意識是一個兼具成長與公平的超越匱乏與污染的社會」（1989：559～585）。本文後現代社會，指針對"現代化"中與環境有關的主流思潮所造成環境危機的批判與反省。"後現代"一詞，含有修正部份現代化理念以及時間約在1970年代"新環境典範"的提出為指涉所在。

　　在尋求環境問題的妥善解決時，有許多環保方案、制度、法令的提出，例如：強調經濟誘因的方式，如透過政策獎勵減少污染公害，使用者付費等經濟人效率觀念及法律人公正觀念的運用（OECD, 1989, Tang 1990）但筆者認為這方式仍然在「現代化」理念的胡同中打轉。因此，後現代社會環境倫理（Environmental Ethics）的研究，備受中、外學者所重視，環境學者Vaclav Smil曾說：環境意識的覺醒所發生的可能影響，將可擬為近代西方世界的三種重要變革，即文藝復興、宗教改革和工業革命。（1989：47～48）論者以為，現代化社會環境危機的因素，來自於人與自然關係的誤解與失調。而許多古文明中人類與自然和諧關係的經驗及智慧成為一個重要的借鏡及有力參考，諸如：印度佛教經典的人欲望的消除，以及1992年在巴西召開的地球高峰會議中，展示的古印第安人與「自然」和諧相處的生活方式引介……等等。人與自然的關係，在中國古代常被稱作「天人關係」，而道家思想是中國傳統文化中比較有系統論述天人關係的思想流派。本文重點即在扣緊現代化的部份倫理觀，是導致環境污染的主因，進而論述道家思想——以老、莊為主的思想系統與後現代思潮的新環境倫理觀的理念契合性，以期對此一世界性的問題，提出若干反思，使後現代社會的人們，能更美好的生活在"祇有一個地球"裡。

二、現代化社會環境危機的根源

　　環境危機的產生，並不是清晰，立即可辨的問題，它是各種閾限、乘數及共合效應（Threshold, multiplicative and synergistic effects）相互作用的整體。❶也因此在現代化思潮長波歷史發展了數百年之後，現代化社會才呈現出環境危機，探究其根源，至少可歸納有三種現代化理念的偏失，是導致環境惡化的元凶。

（一）人為萬物主宰的理念——此為現代化思潮啟蒙地區——歐洲人傳統的環境態度。

　　以晚近來說，無論是經濟學的亞當斯密（Adam Smith），自由主義的創始鼻祖洛克（John Locke）及其共產主義宗師馬克思等人，大致都相信地球上有取之不盡用之不竭的物質，可供人盡情開發享用，這亦是近代政治經濟學的基本前提假設。（ Ophuls W. 1981: 8; 陳秉璋、陳信木 1988: 358），歐洲人的這種環境態度，White L.稱為是導致"生態危機的歷史根基"，依據White的說法，西方文明向來所遵行的模式：（Aarne等著，李公哲譯，1987: 610～611）。

　　猶太——基督徒科學、資本主義都市化、金錢、人
　　的傳統與倫理→、技術‧民主 → 口、個人財產權 → 環境惡化

---

❶ 閾限作用——每人資本消費及廢物量維持不變，當河川消化廢物與污染的能力達到飽和時，小量的人口增加就能使一條健康的河川變成污水道。乘數作用——即使人口及每人消費量分別以相當微小的速率增加，對整個環境需求的增加卻很快，所以當人口加倍，使用量也加倍，但對環境影響卻有4倍之多。共合作用——從噪音到輻射各種不同形式的污染，經相互作用後，比各個單獨的作用要引發更多的疾病。參閱：Ophuls william 著，1981。

　　無窮資源自然在以人為主宰的觀念建立後，人駕御自然成為理所當然。

　　論者指出「現代化」，其關鍵性概念建立在一：「擅理智」rationalization和「役自然」World mastery兩點上，因此現代化社會倫理觀可界定在：一個範圍及於社會、經濟、政治的過程，其組織與制度底全體朝向以役使自然為目標的系統化的理智運用過程。（艾愷，1986：16～17），在崇尚科技文明的現代化歐美社會裡，一個「支配性的西方世界觀」（Dominant western worldview）就成為全球性優勢的社會典範。此觀念所具有的四個內涵：1.人類基本上與受其統治的地球生物有顯著的不同。2.人類為命運的主宰，可選擇目標及達成的手段。3.世界資源無限。4.人類文明史中，任何問題皆有答案，因此進化是不可停止的。（Catton & Dunlap, 1980：15～47），傳統歐洲人在此典範觀念的驅動下，又夾著高科技的現代文明，就乘數般地展開對大自然高度、空前的宰割與征服，如此破壞了自然系統恆定式的穩定（Homeostatic Stability），使原本動態均衡（Dynamin equilibrium）的自然環境，產生了病變，終至帶來空前的環境污染。嚴重破壞了人與自然的相互依存關係，如下圖所示：

　　大自然環境的生生不息，是建立在生態的空間結構、物種結構、能量結構、循環結構及環境載荷量的自然萬物均衡發展的法則上。所以當以人為萬物主宰的觀念形成理所當然的人類法則後，人透過生產活動或消費活動就破壞了結構的均衡，就成為征服自然、宰制自然、污染自然的第一因（first cause）了。

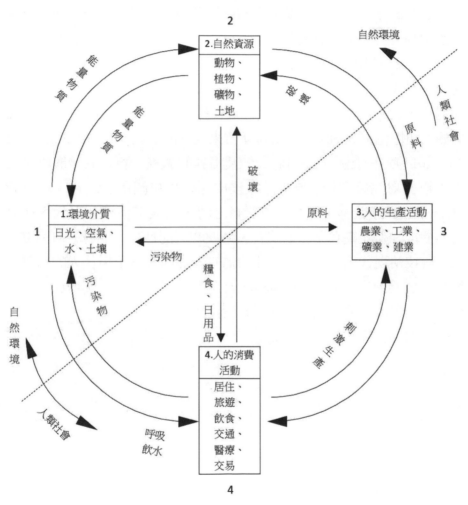

圖一：人與自然環境之相互依存及破壞、污染之間的關係
資料來源；莊進源，1988：1-7-4。

（二）現代化「工具理性」觀念所帶來的環境衝擊

　　現代化學者 C. E. Black 認為，現代化一詞：「是指科學革命以來，人類之智識不斷增進，傳統社會制度逐漸演化，以適應現代功能，並加強對環境控制的一種變遷過程。」（郭正昭譯，1978：7）歷史學家 B. Schwartz 也指出「理性化」的概念，是做為了解現代化過程的樞紐，認為「現代化」就是人類對自然環境和社會環境日漸增加其理性控制的過程。（徐正光，1974）以理性、科技為主的現代化社會，以其強力的「知性化」（intellectualization）帶來世界的解魅（disenchantment of the world）──促進人類自我認知及提昇的過程。科技的發展使現代人不再對自然感到無能為力，人變成宛如柏拉圖所言之戴米烏吉神（Demiurge）。戴神在塑合形式質料之時，造成了世界。現代科技使自然變成一個不斷可予重新組合、轉換的可能性。（沈清松，1983B：58）科技給現代化世紀帶來無比的信心，從而改善了現代人的物質，醫藥科技的進步，死亡率的降低，凡此帶動了人口的急劇增加，城市化的發展也成為現代化社會空間的發展型態。

　　根據聯合國的統計資料顯示：

表一:西元1750~2100年世界人口增加分佈表

單位:百萬人

地區	1750		1900		1950		1985		2000		2025		2100	
	數字	%	數字	%	數字	%	數字	%	數字	%	數字	%	數字	%
發展中地區	569	74.9	1070	65.6	1681	66.8	3657	75.6	4837	79.0	6799	82.9	8748	85.9
非洲	100	13.2	133	8.2	224	8.9	555	11.5	872	14.2	1617	19.7	2591	25.4
亞洲(日本除外)	455	59.9	867	53.2	1292	51.4	2697	55.9	3419	55.8	4403	53.7	4919	48.3
拉丁美洲 a	14	1.8	70	4.3	165	6.6	405	8.4	546	8.9	779	9.5	1238	12.2
發達地區	191	25.1	560	34.4	835	33.2	1181	24.4	1284	21.0	1407	17.1	1437	14.1
歐洲、蘇聯、日本	189	24.9	478	29.3	669	26.6	9117	19.0	987	16.1	1062	12.9	1055	10.4
大洋洲														
北美	2	0.3	82	5.0	166	6.6	264	5.5	297	4.9	345	4.2	382	3.8
世界總數	760	100.0	1630	100.0	2516	100.0	4837	100.0	6122	100.0	8206	100.0	10185	100.0

註:a. 拉美 包含墨西哥和加勒比。b. 大洋洲 包含澳大利亞和紐西蘭。c. 北美 包含加拿大和美國。

資料來源:湯姆斯 W.梅利克等人，"過渡時期的世界人口"，《人口公報》第 41 卷第 2 期表 1，第 12 頁 (1986)

轉載至:美國世界資源研究所，柯金良等譯 1989:10。

　　現代化科技，促使了本世紀以來人口急劇的增加，1750年到
1900年早期現代化科技的150年人口增加一倍多，此後人口倍數的增
加縮為60年左右，如表一所示。人口增加必然產生對有限的自然資
源進行加速地開發。如再不遏止人口過度膨脹，地球自然環境終將不堪
負荷。人口的增加，舉世都朝著城市化的居住空間擴張，而現代化的
科技，對城市的愈大化發展更有推波助瀾的功效。

表二：1950-2000年生活在城市地區的人口比率

單位：%

地區 ＼ 時間	1950	1960	1970	1975	1980	1985	1990	1995	2000
世界	29.2	34.2	37.1	38.4	39.6	41.0	42.6	44.5	46.6
高度發達地區	53.8	60.5	66.6	68.8	70.2	71.5	72.5	73.5	74.4
發達地區	17.0	22.2	25.4	27.2	29.2	31.2	33.6	36.3	39.3
非洲	15.7	18.8	22.5	24.5	27.0	29.7	32.7	35.8	39.1
拉美	41.0	49.2	57.4	61.4	65.3	68.9	72.0	74.6	76.8
北美	63.9	69.9	73.8	73.8	73.9	74.1	74.3	74.6	74.9
東亞	16.8	25.0	26.9	27.6	28.1	28.6	29.5	30.9	32.8
南亞	16.1	18.4	21.3	23.3	25.4	27.7	30.2	33.2	36.5
歐洲	56.3	60.9	66.7	68.8	70.2	71.6	72.8	74.0	75.1
大洋洲	61.3	66.3	70.8	71.7	71.4	71.0	70.9	71.0	71.3
蘇聯	39.3	48.8	56.7	60.0	63.1	65.6	67.5	69.4	70.7

註：北美包括百慕大群島，格陵蘭和聖皮爾，密克隆。

資料來源：聯合國國際經濟和社會事務部，"世界人口展望：估算、計畫和評價
　　　　（1984）"，《人口研究》98號，140-143、150、156、162、173和180頁（聯
　　　　合國，紐約，1986）。轉載自：美國世界資源研究所，柯金良等譯1989：
　　　　38。

　　由表二顯示無論是現代化發達地區或邁向現代化地區，人口逐年
的有愈趨集中都市化的傾向。

　　科技所帶來的生產集中化牽動人口集中，都市形成等伴隨的現

象，大大破壞了人與自然的原始樣貌，污染問題、綠地問題等即是「現代化後效作用」所帶來的負作用（葉啟政，1991：35～36）。人口爆炸，都市化又加速人口集中，所形成的環境現象，黔個生過量的廢物，與噪音等災害，這種發展嚴重的忽略了「環境容納的有限性」，自然環境已無法單靠本身能力來吸收，消化這些污染物，因而出現了環境的「能趨疲」（entropy）現象。

　　以上環境破壞現象，是現代科技所帶來的間接性效應所致。而科技所帶來的對大自然的直接威脅，是部份科技本身對自然環境產生直接的毒化作用，在 1960 年代在西方工業社會裡，斑斑可見。美國生物學家 R. Carson 在 1962 年出版「寂靜的春天」指出人類科技的產物被大量採用，結果撲滅了害蟲，益蟲也死了，鳥不鳴、魚不躍、樹葉被蓋了一層致命的薄膜，土壤深藏著毒素。（李文蓉等譯，1989：4）B. Commoner 在 The Closing Circle 一書中提到：在環境生態體系中，以人口、富裕和技術為破壞循環體系的三項主因，其中尤以技術為害最烈。M. Eisenbud 在 Environment Technology and Health 一書也指出：污染問題已成為工業革命，以科學技術為主導勢力的社會的新興問題。人口問題及污染問題都只是表象，關鍵在於人的本身，人發明創新的技術，先給人類帶來前所未有的幸福，隨後，卻開始窘態畢露。（Commoner, 1975：1～3；Eisenbud, 1985：7, 343）又如近年氟氯碳化合物一此種「科技理性」的產物，具有不自然、不助燃、安全、穩定的特性，因而廣泛使用於各種香水噴霧劑、空調冷媒、發泡劑、電子、光學、金屬的清洗溶劑，是今日工業、民生不可或缺的化學品，但科學家在近年發現地球臭氧層破洞的元凶就是氟氯碳化合物。

　　而近代中國，在不斷的外辱、挫敗中，迫使國人去反省與思索對抗之道及圖強之徑，從「中體西用」論到「全盤西化」論的試煉，在五四運動後，由「科學主義」取得優勢地位：傳統文化成為守舊與落後的表徵，是阻礙中國現代化的罪魁禍首。因此使原本就較弱勢的道

家文化❷就更受「科技救國」的時代熱潮所淹沒了。傳統文化就在「一犬吠影，百犬吠聲」下幾近全盤斬斷，近乎盲目的向西方學習成為當代中國的寫照，西方顯學意識幾乎成中國人唯一的「進步」符號。就如胡適在〈四十自述〉中說：〈天演論〉出版之後，不上幾年，便風行到全國，竟做了中學生的讀物了，讀這書的人，很少能了解赫胥黎在科學史和思想上的貢獻，他們了解的只是那「優勝劣敗」的公式在國際政治上的意義。……天演、物競、淘汰等術語，漸成了報紙文章的熟語，胡洪騂，也在此時改名為胡適。（1958：48～50）「優勝劣敗，適者生存」發展而成的「工具理性觀」也成為追求現代化的中國人的「正統」倫理價值思想了。

　　中國傳統人文精神及與自然和諧相處的中心思想，在追尋現代化的此刻已成為落伍的代名詞，加上近數十年來社會活動以「經濟活動掛帥」，歐美1970年代重視環境保護後，其污染性工業往外輸出，而處在開發中國度的中國就成為「污染輸出的大樂園」（謝政諭，1992：4～5）現代化「科技理性」所形成對環境的破壞，也就無遠弗屆的降臨已現代化及欲現代化的國度裡了。以科技官僚意識（technocratic consciousness）掛帥的現代化社會，專門訓練的技術專家與高度的科層體系管理及科技產物成為解決人類各種問題的最後終結者。如此的工具理性（instrumental rationality）伴隨著環境污染、生態破壞的生活夢魘，人無異生活在「鐵牢籠」（iron cage）下。

---

❷ 商周時代，中華文化多元發展，西漢初，董仲舒獨尊儒術的倡導，使「道家」文化不居廟堂之上，當代學者蕭新煌研究中國人的環境觀時，也指出：儒家思想成為中國文化傳統的主流之後，很有可能逐漸降低「人──自然」關係的「自然」地位而提高「人」的地位，而將「人」的主位性提昇到「自然」之上。甚至於降低了對於處理「人與自然」關係的重要性，而完全著力於發揮「人與人」關係的倫理規範。因此，中國人的「倫理」觀念，幾乎全都指的是「人間世」關係的倫理，而少有涉及所謂「環境倫理」的旨趣，更無從建構出具有完整體系的環境與生態觀。參閱：文崇一、蕭新煌主編，1990。

現代化理論的反省重鎮法蘭克福學派的健將霍克海默（M. Horkhaimer），阿多諾（T. W. Adornor）等人認為工具理性化的勝利是理性的喪失，工具理或技術理性的進步只會從對自然的宰割走上對人類的宰割，科技的進步不啻是新野蠻主義的進步。（金耀基，1989）如何取現代科技的善果，避其惡果，轉化現代工具理性觀為目的實質理性觀，使科技成為人類與自然和諧、進步的使者而不是夢魘般的幽靈，乃是後現代社會努力的標的。

（三）現代化衍生的「享樂主義」對環境的影響

現代化社會給人們帶來高度的繁榮、進步，享樂主義成為現代化社會的炫耀生活表徵。根據 Schwartz 分析現代人的特性是傾向消費想擁有新的物品，及工藝上進步的娛樂或省勞力的器具（徐正光，1974：58～67），追求消費行為，促使享樂主義大興其道。環境學家進一步指出，商業主義下的消費模式促進消費的社會物質循環，造成更多的污染。商業主義下的產品講求的乃是變化而非耐久性，並且把高消費當作生活品質提昇的指標。殊不知高消費形成高浪費，造成社會物質循環的大量化。社會性物質循環，相對於生物性物質循環，乃是為了活得更好，甚至更豪華所形成的各種物質流動。例如一個人原本只要每天3公升的水就可生存，現在為了生活品質的理由，每人每日需要400公升的水。而其中的397公升差距乃為社會性物質循環。如此高漲的消費需求，乃形成「消費追著供給」為主流的「速食文化」……整個過程造成更多更大昀環境壓力。垃圾問題即為其中明顯例子。（王俊秀，1991：192）

根據聯合國統計，世界糧食、能源昀消費水準顯示如表三：

表三：世界消費量的分配（1980─1982年的平均值）

商品	每人平均消費單位	已開發國家（佔世界人口26%）		開發中國家（佔世界人口71%）	
		在世界消費量中的比例（％）	每人平均	在世界消費量中的比例（％）	每人平均
糧食：					
熱量	仟卡／天	34	3395	66	2389
蛋白質	克／天	38	99	62	58
脂肪	克／天	53	127	47	40
紙	公斤／年	85	123	15	8
鋼	公斤／年	79	455	21	43
其他金屬	公斤／年	86	26	14	2
商業能源	公噸煤當量／年	80	5.8	20	0.5

資料來源：世界環境與發展委員會根據糧農組織（FAO）、聯合國統計辦公室（UN Statistical Office）、聯合國貿發會議（UNCTAD）和美國金屬協會（American Metal Association）關於各國的數據進行的估計。轉載自，世界環境與發展委員會，1992：40。

　　由表三資料得知，比較富有的現代化國家使用了全世界大部份的金屬和石化燃料。即使糧食產品的消費也存在著巨大的差異，在在顯示享樂主義已嵌入「現代社會」的生活之中。

　　另由台灣地區近10年的快速「現代化」歷程亦顯示出一些環境現象。由表四顯示一個快速進步的現代化台灣地區，其社會、經濟指標呈現高度發展，造就了富裕繁榮的社會，使工商發達，居家便利，但相對地，燃料排放的硫氧化物及微粒等形成的空氣污染、機器噪音、河川土壤污染、工業廢物物則逐年增加，以垃圾量為例，民國79年的684萬噸，年增加率約10％，與70年度的356萬噸比較，其成長率高達98%。

表四：1981~1990台灣地區環境負荷指標

項目	人口登記數（萬人）（年底）	人口密度（人／km²）（年度）	機動車輛登記數（萬輛）（年底）	機動車輛密度（輛／km²）（年度）	工廠登記數（千家）（年底）	工廠密度（家／km²）（年度）	養豬在養頭數（千頭）（年底）	國內能源消費（千公秉油當量）	平均每人能源消費（公升油當量／人）	垃圾量（萬噸）（年度）	平均每人每日垃圾量（公斤／人日）（年度）
1981年	1813.55	503.76	541.34	150.37	60.28	1.67	4826	27431.4	1526.47	356.28	0.63
1982年	1845.79	512.72	604.53	167.92	59.77	1.6	5182	27959.3	1528.08	386.50	0.65
1983年	1873.23	520.36	667.41	185.39	66.22	1.76	5888	30992.8	1666.68	404.20	0.66
1984年	1901.25	528.12	734.28	203.97	61.01	1.69	6569	33083.7	1753.01	427.96	0.67
1985年	1925.81	534.95	795.00	220.83	68.15	1.89	6674	34450.3	1800.38	483.00	0.74
1986年	1945.46	540.40	869.60	241.56	77.46	2.15	7057	37631.7	1944.14	509.32	0.77
1987年	1967.26	546.46	770.22	213.95	84.16	2.34	7129	40551.2	2072.75	528.34	0.78
1988年	1990.38	552.88	893.09	248.08	90.61	2.52	6954	44922.1	2270.11	588.23	0.86
1989年	2010.74	558.54	1020.52	283.48	93.93	2.61	7783	46952.5	2396.46	625.87	0.90
1900年	2035.94	565.54	1146.53	318.48	92.98	2.58	8565	50726.6	2507.12	684.48	0.96

資料來源：行政院環境保護署 1991：25。

　　無論從全球性比較，或單一地區的資料中，都顯示愈現代化地區，其資源使用愈多、愈浪費，污染也愈趨嚴重。關注全球環境問題的羅馬俱樂部，在1991年的研究中指出：；在歐洲，當初工業革命之前的每人平均消費量，幾乎和今天的許多落後國家無異。然而如今北半球國家每人的物質和能源平均消費量則是落後國家的四十倍，最大的懸殊比率甚至可能超過100：1。這種現象不僅反映出社會的不公平，也是我們高度剝削大自然一個指標。（黃孝如譯，1992：49）現代化社會的生產、消費行為，以其無止境的求新、求變、求發展的內在驅力，就祇好形成貪得無厭的開發自然，所謂開發自然往往是剝削自然、破壞自然，就使自然界形成商品化的自然界，污染化的自然界，Marcuse提出，自然界不僅僅是人的生活的源泉，也是人的想像，人的關於美與和諧的觀念的源泉，人只有與自然界處於有機統一之中，才有快樂和滿足（1972：60～61）現代化由追求「速食性」的「物質產品」的享樂主義，可能求得一己的、一時的感官式的滿足，卻常帶來他人的、後續的、心靈感受的環境不適與污染。由於各種過渡享樂主義下的污染行為，使人從自然中得到的美感與和諧，將成為明日黃花。人是污染的製造者，也是污染昀受害者，人與自然不再親近了。現代人頗有「那裏都去不得，甚麼都吃不得」的生活環境不安感，享樂主義者面對此，該是反省環境倫理責任的時候了。

三、道家思想對現代社會環境危機根源的批判

　　由於現代社會對環境倫理的忽略，對於自然中大氣、土地、水和動、植物的族群系統，一起組成密切相關的共同演化體系（Co-evohitionary system）缺乏關心與認同性的理解，因而引起不少無法復原的生態危機，乃至對自稱主宰自然的人類產生致命性的傷害。因此，一股新興的環境意識於焉產生。諸如：人與自然的共生關係、經濟成

長與環境保護並重、成長的極限、新社會結構與問題等理念提出，展開對現代社會「支配性的西方世界觀」一人類特殊論範式的批判，Milbrath（1984）稱此概念系統為新的環境範式（New environmental paradigm）。❸本章以老、莊的相關性思想批判現代社會的人類特殊論範式的錯誤所在，並對照若干新的環境範式，以呈現老、莊思想對後現代環境倫理的啟發性。

（一）道家對「人為萬物主宰」的批判與「道」的啟明

1.老子的觀點：

「有物混成，先天地生。寂兮寥兮，獨立不改，周行而不殆，可以為天下母、吾不知其名，強字之曰道，強之名曰大。大曰逝，逝曰遠，遠曰反」（二五章）

「道生一，一生二，二生三，三生萬物」（四二章）

道生之，德畜之，物形之，勢成之，是以萬物莫不尊道而貴德」（五一章）

「道」是老子思想的重心，是萬物之宗，是自然之源，是宇宙的

---

❸「新環境論範式」，是針對「人類特殊論範式」所引起環境惡化而發的一套理論建構，其基本觀點有：

（1）人類只不過是生存中互生萬物中的一支，人類與其他生物的互賴乃塑造了人們的社會生活。

（2）自然界的內在關連和因果反讀關係都可能影響到人類的行為，而造成無法預期的結果。

（3）世界是有限的，有物質和生物上的限制，於是乎經濟成長，社會進步及其他社會現象都是有極限的。

也因此，新環境主義者對人與萬物抱有普遍的同情心（generalized compassion），非只獨鍾於人類。且以超越國界的世界觀手段解決環境問題，並抱著只有一地球的人口危機、能源危機、森林危機來喚醒大眾的環境意識。參閱：蕭新煌，1980。丘昌泰，1991。Mibrath, 1984。

本體、本原，是一個大全。

「太上，不知有之，其次，親而譽之；其之，畏之；其次，侮之。
信不足焉，有不信焉。悠兮其貴。功成事遂，百姓皆謂，「我
自然。」（一七章）

「人法地，地法天，天法道，道法自然。」（二五章）

老子認為“自然”為道之本性，它也是天、地、人的本性，只要
順應自然、師法自然，百姓對於君上就不會感到外在的束縛與壓迫，
而樂于事功。人世間如此，大自然之理亦然。

老子視「自然」為最高效法對象，正是尊重自然，愛護自然的環
保典範。自然是如此的平凡而偉大，一個統治者也好，一個平凡人也
罷，其最高的行為規範就是道、就是自然。環保學者Muir曾說：自然
是一位好母親。（馮滬祥，1991：228），自然是如此的平凡而偉大，
對人類、對眾生都一樣，其最高的行為規範，就是自然的不知有之的
道。

老子說：

「大道汎兮，其可左右，萬物恃之以生而不辭，功成而不有，
衣養萬物而不為主，可名於小；萬物歸焉而為主，可名為大。
以其終不自大，故能成其大。」（三四章）

「致虛極，守靜篤。萬物並作，吾以觀復。……知常容，容乃公，
公乃全，全乃天，天乃道；沒身不殆。」（一六章）

「天下皆謂我道大，似不肖，夫唯大，唯似不肖；若肖，久矣
其細也夫！我有三寶，持而保之：一曰慈，二曰儉，三曰不敢
為天下先」（六七章）

道是一切萬物的生命根源，充滿無限的生命、生機的本質，足以
超越一切自然萬物存在之先。但又不為天下先，不佔為己有，不自以
為主。大道尚且如此，人又應如何呢？老子認為人應具致虛、守靜、
觀復、知常等內在修為乃能進而認識無為之道，終能長治久安，免於
危殆。並進而關愛萬物生命，節儉自持，更不要凌駕萬物眾生，自命

為萬物主宰，而能以謙虛精神與萬事萬物和諧相處。

老子說：

「是以聖人常善救人，故無棄人，常善救物，故無棄物，是謂襲明。」（二七章）

「道生之、德畜之、長之育之；成之熟之；養之覆之。」（五一章）

從這些言詞中，可知老子思想非但不是悲觀出世思想，而是深具悲天憫人的救人救物積極理念，大道不只創生一切，培育眾生，更對萬物成之、熟之，且「保其和謂之養，護其傷謂之覆」，正是人與萬物平等且進而具有保護自然萬物之責的有力說明。

2.莊子的觀點：

「夫道，有情有信，無爲無形，可傳而不可受，可得而不可見。自本根，未有天地，自古以固存。神鬼神帝，生天生地。在太極之先，而不爲高；在六極之下，而不爲深；先天地生，而不爲久，長於上古，而不爲老。」（大宗師）

吳康教授對莊子「道」的註解說：「詳觀大宗師之言道，乃歐土形而上學申論宇宙萬物之基本原理。此基本原理為長存永在，有類於西哲斯賓諾沙之『本質』Substance（本體），為自因 Causa Stri，為永恆，為無限，偏萬物而無所不在。曰，自本自根，未有天地，自古以固存，則自因也，先天地生而不為久，長於上古而不為老，則永恆也；莫知其始，莫知其終，則無限也。」（1966：73）

老子和莊子都認為宇宙的本體為「道」，莊子的道，進一步把老子形而上的道，落入相對的人生境界，道即自然，道之化生，乃歸於自然的發展，不是有意識的主宰，而道之體，是無所不在的，不論物之大小貴賤，均必有道，貴賤之分，大小之別，全係人為錯覺。

莊子說：

「夫道，於大不終，於小不遺，故萬物備。廣廣千其無不容也。」（天道）

東郭子問於莊子曰：「所謂道，惡乎在？」莊子曰：「無所不在。」東郭子曰：「期而後可。」莊子曰：「在螻蟻。」曰：「何其下邪？」曰：「在稊稗。」曰：「何在愈下邪？」曰：「在瓦甓。」曰：「何其愈甚邪？曰：「在屎溺。」東郭子不應。莊子曰：「夫子之問也，固不及質。正獲之問於監市履狶也，每下愈況，汝唯莫必，無乎逃物。至道若是，大言亦然。」（知北遊）

可見莊子視萬物皆有相同質素的看法，不因其外形不同而有善惡的對待，現代化把人視為萬物主宰，以此征服自然凌虐萬物，造成環境危機，如能從莊子的天道觀出發，尊重動、植物、山川、瓦礫，甚至對垃圾，屎溺乃至一切「廢物」都能妥善處理，凡此，皆對現代化理念一人為萬物主宰展開深刻的批判，也開示了後現代環境倫理不少的啟發。

莊子對於人的本質及其與自然關係認為是：

「渺乎小哉，所以屬於人也！」（德充符）

「人生天地之間，若白之駒過卻，忽然而已。」（知北遊）

「道通為一，其分也，成也；其成也，毀也。凡物無成與毀，復通為一。惟達者知通為一，為是不用而寓諸庸。」（齊物論）

「天下莫大於秋豪之末，而大山為小；莫壽乎殤子，而彭祖為夭，天地與我並生，而萬物與我為一。」（齊物論）

「汝遊心於淡，合氣於漠，順物自然而無容私焉，而天下治矣。」（應帝王）

「夫至樂者，先應之以人事，順之以天理，行之以五德，應之以自然，然後調理四時，太和萬物。四時迭起，萬物循生；」（天運）

莊子將人生看得渺小，平淡，同萬事萬物沒有分別，如此，則反而可與天地同生，萬物一體，順應自然，不但是個人的至樂也是天下長治久安之道。

總而言之，道家的「道」是超越了農業社會的敬天、畏天，敬畏

大自然，而陷於迷信神祇的安排，失去了人的主體價值。但也不是現代工業社會，在理性制約下，強調人的萬物主宰地位，進而征服自然、奴役自然。「道」的批判性在此，「道」的超越性亦在此，後現代社會的環境倫理，如能緊守此「道」，應能超越農、工業社會過與不及的倫理價值，而建立一人與自然關係的常道。

環境學家Pettula曾說：人類應賦與自然環境一種法律上的權利，包括為環境尋找一個監護人，以免環境受到侵害（1987：208～209）吾人相信，道家「道」的觀念的啟明是後現代社會"環境"的最好監護人。

（二）道家對「知」的批判——現代化工具理性的反省

老、莊所處的春秋、戰國時代，舊秩序正崩解之中，戰事迭起，各種學說、智識紛至杳來，但大都為私欲及「工具理性」之知，故老、莊對「知」存有不少懷疑與批判。

1.老子的觀點：

「前識者，道之華而愚之始。」（三八章）

「是以聖人之治，虛其心，實其腹，弱其志，強其骨。常使民無知、無欲，使夫知者不敢為也。」（三章）

「天下多忌諱，而民彌貧；民多利器，國家滋昏；人多伎巧，奇物滋起；法令滋彰，盜賊多有。」（五七章）

老子認為賢名與好貨，皆鼓動人的欲，而生出「巧智」故其無知、無欲，即在批判名利之欲望，亦批判達致名利的工具理性。（沈清松，1992：16），是以在「工具理性」的驅動下，民多利器，國家滋昏，此華而不實的智，是愚笨的開始，是導致國亂民困的開始，老子進一步提到：

「……夫物芸芸，各復歸其根。歸根曰靜，是謂復命，復命曰常，

> 知常曰明，不知常，妄作凶。知常容，容乃公，公乃全，全乃天，天乃道，道乃久，沒身不殆。」（一六章）
> 「……見小曰明，守柔曰強。用其光，復歸其明，無遺身殃，是謂襲常。」（五二章）

老子反對智慧、智巧的「工具理性」，但他並不反對認識自然運行的規律，知常守常，合乎此萬物萬事的根源，可視為尊重「實質目的理性」的運作，才能免於自然事物的兇狠報復。以工具理性發展出來的現代化知識技能以「征服自然」為目標，舉世間已嚐到「自然反攻」的環境污染惡果。

對於現代社會的「工具理性」觀，老子的「知不知，上」正可彌補，視「科技萬能」的偏失。如能再輔以「上善若水，水善利萬物而不爭」（八章），如運用科學的社會影響評估 Social Impact Assessment[4]，以做為各種環境開發的參考，即是老子確認唯有以利萬物的「知」，才是真知的實質理念態度。

2.莊子的觀點：

「知」的不足與局限性，莊子書亦有不少實例。

> 「井龍不可以語於海者，拘於虛也，夏蟲不可以語於冰者，篤其時也；曲士不可以語於道者，束於教也。今爾出於崖俟，觀於大海，乃知爾醜，爾將可與語大理矣。」（秋水）

因時間、空間，名教的局限性，而使認知，知識產生不同的變異。所以莊子認為知是相對性的、局限性的，人無法全知。

> 「民溼寢則腰疾偏死，鰌然乎哉？木處則惴慄徇懼，猿猴然乎

---

❹ SIA 的意義是在分析、預測、評估某規劃中的開發方案對特定社群人民生活品質及福祉所可造成的影響，以做為開發規劃政策決策過程之依據，解決發展與保育之間的紛爭並指陳可能減緩降低上述社會不良影響的必要措施和監督方案。參閱：Canter, Larry W. 1977。王俊秀，1980。

哉？三者熟知正處？民食芻豢，麋鹿食薦，蝍且甘帶，鴟鴉耆
鼠，四者熟知正味？猿徧狙以爲雌，麋與鹿交緝與魚游。毛嬙
麗姬，人之所美也；魚見之深入，鳥見之高飛，麋鹿見之決驟，
四者熟知天下之正色哉？」（齊物論）

「古之人其知有所至矣，惡乎至？有以爲未始有物者，至矣，
盡矣，不可以加矣，其次，以爲有物矣，而始有封也。其次，
以爲有封焉，而未始有是非也，是非之彰也，道之所以虧也；
道之所以虧，愛之所以成……未成乎心而有是非，是猶今日
適越而昔至者也；是以無有爲有。」（齊物論）

因為感官的限制，使認識的正確性發生懷疑，且因有愛、有情，
則知識必隨其「主觀的」、「成心」、而有是非不明各種知（嚴靈峰，
1983：30～31）。

莊子以為受制於外物與自身的知，都屬於「小知」。小知的結果
是區分、執著、爭鬥，所知愈多，所得愈少，甚至像「渾沌」一樣，
愈開竅，愈危殆。因此，莊子要人「刳心」（天地），「洒心心去欲」（山
木）「解心之謬」（庚桑楚）（傅佩榮，1988：65）。

莊子了解知的不易性，所以更強調人的主體性，心的真知。

「而況官天地，府萬物，直寓六骸，象耳目，一知所知，而心
未嘗死者乎！」（德充符）

「庸詎知吾所謂知之非不知邪！庸詎知吾所謂不知之非知邪！」
（齊物論）

「知天之所爲，知人之所爲者，至矣。」（大宗師）

「知其不可奈何而安之若命，德之至也。」（人間世）

莊子對知多加批判，根源於人並非宇宙萬物的中心的道的思想，
是以人必須透過「坐忘」、「心齋」等超越的方法以認知，才能以其知
得心，以其心得其常心。

現代化所追求的「理性主義」的知，能否帶來真知、全知，哲學
界已深入反省與質疑，如叔本華（Schopenhauer）的意志主義，胡塞爾

（Husserl）的現象學，弗洛依德（Freud）的精神分析論，波普（Popper）
與Adomo的科學哲學理性化的論戰以及法蘭克福的批判學派等都說
明人的行為無法只從理性科學觀察與了解。現代化工具理性的強勢作
用，人雖然享受高度物質生活，但並沒有給人帶真正的快樂與幸福，
現代人反而形成Fromm所言一人成為機械奴隸，Marcuse的單面人，
Lukacs物化的人性意識等負作用。❺工具理性之所以弊病叢生，在於
它所掌握的「知」是不全的，且以此「工具理性」的不全去宰制自然，
控制物質，終而帶來「人役於物」以及「自然反攻」的悲劇。

　　氟氯碳化合物（前所提及的）就是一個明顯的例子。其工具理性
的「知」……適足以傷害地球，也在造福人後更大的害禍人。老莊思
想對「知」的反省，強調知的多面性，且應「致虛極、守靜篤，萬物
並作，吾以觀復」（十六章）「知天之所為，知人之所為，至矣」（大宗
師）老、莊要人以虛、靜參物，要知人知天而融入自然，與萬物平等

---

❺ 現代化思潮帶動下的負向作用，引起學術界廣泛的討論與批判，例如：Fromm 在
「希望的革命」中說：「一個完全機械化的社會，力求物質的最大產出與最大消費；
在這種社會歷程下，人類本身變成一整部機器的零件，被照顧得吃喝玩樂無一不
全，但卻顯得被動、無生氣，而且沒有什麼感覺。」
Marcuse 在「單面人」中說：「現在，幾乎每個人的手指尖上都能產生出色的藝術作
品，只要他轉動電視機按鈕或走進小商店就行。然而在這樣藝術擴散的同時，人們
卻變成了複製藝術品的文化機械上的齒輪。科技使人喪失了認知的樂趣、倫理的福
祉，以及審美的生活方式。當代人在優裕的科學文明環境中，舒舒服服地喪失掉精
神自由。」
Lukacs 在「歷史和階級意識」中說：「在人類歷史的這個階段，任何問題最終都要
返回到商品的問題，任何答案都會在商品結構之謎的答案中發現……一種不斷地向
著高度理性發展，逐步地消除工人在特性、人性和個人性格上的傾向。這種合理的
機械化被一直擴展到工人的心靈中。」這一切使資本主義社會出現了兩個相反而又
緊密相聯的現象。這就是人的價值的喪失和物的價值的上升。
總之，現代化所帶來的機械活動與商品價值不只是行動系統的南針，更穿透表現系
統、規範系統、觀念系統以及終極信仰的文化領域中。使得現代化社會衍生不少弊
病。參閱：Fromm 1971, Lukacs 1983, Marcus 1964, 沈清松 1983A.

才能不覆、不滅的道理，正足以針貶「工具理性」的知。這也正是海德格對「存有」Sein的反省，海德格認為「科技這種控制自然和人群的取向，乃至用思想來規定存有，並藉此規定來宰制存有。」而其存有的提露，如同老莊對「知」對「道」的揭露一般。（沈清松，1990：231～256、1992：19；陳榮灼，1992：81～82）知其病外，尚必須治其病，那就是以人文精神做為科技社會的不足。諸如仁愛的感通、人格之可完美性、天人合德、創造無已之精神等彌補科技社會的缺失。（沈清松，1983A：19）以及人與環境和諧相處的倫理觀的建立。

　　道家「道」的啟明，對「知」的批判，適足以補全人為萬物主宰及工具理性「知」的不足，而建立一人與萬物皆平等的本體實質的宇宙本源。

四、道家思想對後現代環境倫理內涵的進路

　　現代社會對待科技，依然以其為現代化主力，而於其對環境危機的不良副作用未所察覺，更遑論尋求克服之道。論者以為，道家哲學在意義上，乃一後現代式的哲學，因其強調「天道」先於理性。（陳榮灼，1992：43）此點正是道家對現代環境危機根源展現「破」的功夫外，進而提出有助於後現代環境倫理內涵的「立」論與進路之價值所在。

（一）以無欲、無私、無為來消弭物欲橫流

　　根據羅馬俱樂部在1991年的集體作：「全球革命」書中指出：以科技為基礎的物質化發展方向已經滲透到社會和文化各層面，即使最嚴格，最清教徒式文化，也無法抗拒這種物質發展可能帶來的力量和富裕生活的希望。物質富裕的目標似乎在培養貪婪和自私。這並不是說個人或社會過去沒有這些特徵，但是在非物質主義的價值觀萎縮

後，這些特徵似乎被誇大了。（黃孝如譯：186）正如前文所提現代社
會物欲式的享樂主義正是導致環境惡化的要因。老、莊思想中有不少
言論即深刻地說明了物欲、享樂的害處。在無欲上——

老子說：

「不尚賢、使民不爭：不貴難得之貨，使民不爲盜；不見可欲，
使民心不亂。」（三章）

「五色令人目盲，五音令人耳聾，五味令人口爽，馳騁畋獵令
人心已發狂，難得之貨令人行妨。是以聖人爲腹不爲目，故去
彼取此。」（十二章）「……是以聖人欲不欲，不貴難得之貨；學
不學，復眾人之所過。以輔萬物之自然，而不敢爲。」（六四章）

莊子說：

「且夫失性有五：一曰五色亂目，使目不明，二曰五聲亂耳，
使耳不聰；三曰五臭薰鼻，因憫中顙；四曰五味濁口，使口厲
爽；五曰趣舍滑心使性飛揚。此五音，皆生害也。」（天地）

生態學者Simonnet指出：工業社會的格言是：「對眾人而言皆好
的東西便無價，如果你擁有的比其他人多，那麼你才是唯一負責大任
的人」由於這種工業社會倫理，近乎老子所言，人人競逐難得之貨，
因此社會充滿功利，大自然慘遭侵蝕弒虐。因此Simonnet建議一種經
濟道德是生態社會的格言：「對眾人而言皆好的東西是唯一受尊敬的，
那種既不賦予特權，亦不降低任何人權利的東西，才值得被生產。」（方
勝雄譯，1989：88）

事物的爭執，起於人類貪得無屬的欲望，環境的破壞，生態的失
衡亦然，因此，老莊期望人類減少欲望，不去爭求難得之貨，不去窮
盡各種聲色口腹之娛（如此將導致以物役人），只求滿足生活「需要」
階段，使得萬物的自然生機，能通性而長，生生不息。

在無私上——老子說：

「天長地久。天地所以能長且久者，以其不自生，故能長生。
是以聖人後其身而身先；外其身而身存。非以其無私邪？故能

成其私。」(七章)「吾所以有患者,爲吾有身,及吾無身,吾有
何患?故貴以身爲天下,若可寄天下:愛以身爲天下,若可託
天下。」(十三章)

「聖人不積,既以爲人己愈有,既以與人己愈多。天之道,利
而不害:聖人之道,爲而不爭。」(八一章)

在無私上,莊子的境界以「忘」的功夫致之,以達吾喪我的無己
境界。

「忘足,履之適也;忘要,帶之適也:忘是非,心之適也,不
內變,不外從,事會之適也。始乎適而未嘗不適者,忘適之適
也。」(達生)「有治在人,忘乎物,忘乎天,其各爲忘己,忘己
之人,是之謂入於天。」(天地)

「忘禮義……忘仁義……坐忘……墮肢體,黜聰明,離形去知,
同於大通,此謂坐忘。」(大宗師)

老子觀察自然現象,認為天地之所以能夠長久:就因為天地的不
自私。因為天地無私,故不自貴其生而生萬物。而人若自私,便只顧
一己之利,苛刻他人,犧牲萬物以成全自己,如此當怨恨集身,患禍
不己,無一日得安寧,但老子無私精神,並不是消極的獨善天下,他
要人忘身以為天下,為人為己,視天下萬物如己般的愛護瞭顧,這是
大公無私,天下為公的精神。莊子忘己的功夫,則是把自己超脫於世
俗物欲、禮義的束縛,讓自己從功名利祿,是非善惡,甚至自己形骸
的限制解脫出來,以達無己無私的吾喪己境界。

在無為上——老子說:

「是以聖人處無爲之事,行不言之教。萬物作焉而不辭,生而
不有,爲而不恃,功成而弗居。」(二章)

「道常無爲而無不爲。候王若能守之,萬物將自化。」(三七章)

莊子說:

「無爲名尸,無爲謀府:無爲事任,無爲知主。體盡無窮,而
遊無朕;盡其所受乎天,而無見得,亦虛而已,至人之用心若

鏡，不將不迎，應而不藏，故能勝物而不傷。」（應帝王）

「道之畜天下者，無欲而天下足，無為而萬物化。」（天地）

是以胡適說：天道就是無為而無不為。（中國古代政治思想史的一個看法），李約瑟也說：無為在最初原始科學道家思想中，是指避免反自然的行為，即避免拂逆事物的天性。（陳立夫主譯，1973：10，d（4））

見萬物並作，順其自然輔育之，使各遂其發展而不辭其責，並且雖輔而生之，卻不據為己有。即使大告成，亦不自居其功。行所無事，順其自然而為，便是「為無為」。老、莊主張的「自然」是善與性本身，而「無為、虛靜」即是歸正手段。其目的是歸向生生不息的正道。（趙玲玲，1985：356-366）老莊無為思想，不但是要為，還要努力去為，勤敏去為，但不贊成好高騖遠，勉強作為，以至召禍召亂。

老莊理想生存環境是小國寡民。

老子說：

「小國寡民，使有什百之器而不用，使民死而不遠徙。……使
復結繩而用之，甘其食，美其服，安其居，樂其俗，鄰國相望，
雞犬之聲相聞，民至老死不相往來。」（八〇章）

莊子說：

「子獨不知至德之世乎？昔者容成氏，大庭氏，伯皇氏，中央
氏……伏羲氏，神農氏，當是時也，民結繩而用之，甘其食，
美其服，樂其俗，安其居，鄰國相望，雞狗之音相關，民至老
死而不相往來。若此之時，則至治已。」（胠篋）

老莊認天地無為，任萬物自然生長變化，則萬物莫不自得，政治過於有為，皆不免於干擾。而以小國無為為理想。在技術改革中Schumacher倡導由群眾掌握生產技術，而不是用大規模生產去破壞生態環境，故曰小即美，他說：這種技術有利於分散，符合生態法則，便于合理利用資源並為人的需要服務，而不是把人變成機器的奴隸，稱之為中間技術。意思是說：它比以往任何時代的原始技術優越得

多，同時又比富裕時代的高級技術更為簡易，便宜和靈巧。（1973：143），在小而靈巧的技術展現出民生素樸不求大與奢侈，為後現代社會人與環境發展模式樹立另一典範，北歐綠色環帶的小城市發展，即是減少人多擁擠給環境帶來壓力的例證；"小即是美"將是後現代環境倫理觀的趨向之一。

在老、莊眼中的當時社會，不論在政治上、經濟上、學術上都呈病態，整個社會的存在相當不合理，而這一切皆源於人心的墮落。所以莊子感慨的說：「自三代以下者，天上莫不以物其性矣。」（駢拇）研究者指出：當時文明進步所帶來的罪惡和苦難怵目驚心，從未曾有，……貪婪無恥，狡黠自私……。人日益被"物"所統治，被自己所造成的財富、權勢、野心、貪欲所統治，它們已經成為巨大異己力量，主宰、支配、控制著人們的身心。於是，莊子發出了強烈的抗議！他抗議"人為物役"，他要求"不物於物"要求恢復和回到人的"本性"。這很可能是世界思想史上最早的反異化的呼聲。（李澤厚，1987：201～202）莊子的抗議，不也正符合現代人物欲橫流的批判嗎？而老、莊的呼籲，以無欲、無私、無為，為人性的進路，不正如震聲發聵般的啟人深省嗎？

老莊認為去除「異化」的方式就是去其所不當如──嗜欲、私利、妄想、成見等，而純任乎自然，則其道自見矣。現代社會的政治與經濟兩大範疇，就是常想以最小成本，獲最大利益為原則。生態學家Simonent就說：這兩個範圍與原則，也正是生態危機之所在。（方勝雄譯：1989：3），由此可見調整現代社會欲望、貪婪倫理當是解決現代社會環境污染的重要之道。

（二）以知常、知止、知和為自然永續生存的運行之道

在知常上──老子說：

「……夫物芸芸，各復歸其根。歸根曰靜，是謂復命，復命曰常，

知常曰明，不知常，妄作凶。知常容，容乃公，公乃全，全乃天，天乃道，道乃久，沒身不殆。」（一六章）

「……見小曰明，守柔曰強“用其光，復歸其明，無遺身殃，是謂襲常。」（五二章）

莊子說：

「其始無首，一死一生，一憤一起；所常無窮。」（天運）

「萬物一齊，孰短孰長？道無終始，物有死生，不恃其成？一虛一滿，不位乎其形，年不可舉，時不可止；消息盈虛，終則有始。是所以語大義之方，論萬物之理也。物之生也，若驟若馳，無動而不變，無時而不移，何爲乎？何不爲乎？夫固將自化。」（秋水）

認識規律才叫作明智，不認識規律，又要亂作妄為，必然會招致凶淪。老子此說，影響了荀子的（天論）觀：「天行有常，不為堯存，不為桀亡。應之以治則吉，應之以亂則凶。」的引伸性論點，老子、荀子之言，都是對人們不尊重自然規律而違反自然規律行為的一種警告。這一警告，不只是一古訓，在工業社會環境危機的今天更顯出其意義出來。莊子則以萬物的生長、死亡、盈滿、空虛的變化，其動作無一刻不在發生中，掌握自然萬物的變化，就是知常明道。環境主義學者Kuby（1977）就說；傷害地球即等於傷害人類，毀滅地球即等於毀滅人類，作為自然一部份的人類，應遵守自然法則，避免走入滅亡的命運。人唯有承襲自然規律的常道，才免遭殃，而回復大自然的生命與生機。

在知止上──老子說：

「是以聖人去甚，去奢，去泰。」（二九章）

「知不知，上；不知知，病。聖人不病，以其病病。夫唯病病，是以不病。」（七一章）

「知足不辱，知止不殆，可以長久。」（四四章）

「禍莫大於不知足：咎莫大於欲得。故知足之足，常足矣。」

（四六章）

「持而盈之，不如其已，揣而銳之，不可長保；金玉滿堂，莫之能守；富貴而驕，自遺其咎。功遂身退，天之道。」（九章）

莊子說：

「與物相刃相靡，其行盡如馳，而莫之能止，不亦悲乎！終身役役而不見其成功，然疲役而不知其所歸，可不哀邪！」（齊物論）

「知足者不以利自累。」（讓王）

對於人類來說，不僅要知常、知足還要知計。要認清萬物的極限。知所極限，反對極端、奢侈、過分，並了解已知的知識的有限性，而產生一種個性的謙卑不自大。一方面對外在的知止，一方面要對內講求知足，不能貪得無饜、物欲無窮、驕傲無比，使禍患、過錯減少，以符自然天道運行。

在知和止，老子說：

「萬物負陰而抱陽，沖氣以為和。」（四二章）

「……從事於道者，道者同於道，德者同於德，失者同於失。同於道者道亦樂得之；同於德者，德亦樂得之；同於失者，失亦樂得之。」（二三章）

「以身觀身，以家觀家，以鄉觀鄉，以邦觀邦，以天下觀天下。吾何以知天下然哉？以此。」（五四章）

莊子說：

「樞始得其環中，以應無窮。」（齊物論）

「冉相氏得其環中以隨成，與物無終無始，無幾無時。」（則陽）

「夫明白於天地之德者，此之謂大本大宗，與天和者也；所以君調天下，與人和者也。與人和者，謂之人樂，與天和者，謂之天樂」。

「太和萬物……陰陽調和……吾又奏之以陰陽之和，燭之以月之明。」（天運）

「育萬物，和天下。」（天下）

萬物皆有「陰」與「陽」不同的兩面，而由「沖氣」的作用，萬物乃呈現「和」的型態。老、莊由氣、德而達道，超越事物對立衝突而見於和諧統一面。在老、莊書中「和」就是「同」並掌握「中」，道者同於道，萬物之間，和諧相處，彼此間以對方立場思考問題，並以整體天下的眼光曠達天下。這與當今生態學者強調的「共生」價值相通。R. Dubos 提出的五 E 理論：包括生態系統（Ecosystemy）、經濟（Economy）、能源（Energy）、美學（Esthetics）和倫理（Ethics）（如姚關穆，1990：50），人與環境，大自然萬事萬物的發展之道，其下下策是爭得你死我活而陷入零和賽局（Zero Sum Game）的泥沼中，生態學家提出的「共生」價值，老、莊的持「中」致「和」求「同」之道，是中國文化「天人合一」的精髓，亦是人與自然間生存的最佳妥協點（Optimum）。人能掌握知常、知止、知和的宇宙運行之道，當可「臭腐化為神奇、神奇後化為臭腐，通天下一氣耳。」（齊物論）而達人與自然永續生存的和諧之境。

羅馬俱樂部在 1972 年寫成的 "成長的極限" 就以種種數據說明地球資源的有限性，提醒人類在已有成長績效上知足、知止。生態學者 Lester Brown 所寫的（第廿九天）（蕭新煌，1990A：VⅢ）也以第三十天荷花長滿池子為例，指出地球上一味追求成長，似乎已到了瀕臨危險警戒的第廿九天，環境已面臨空前未有的壓力與危險，人已到了非調整「環境倫理」不可的地步了，老、莊的知常、知和、知止的環境倫理觀，也就格外地有新意了。

（三）「聖人」、「真人」的內在超越為後現代環境倫理立——進路

弗洛伊德曾說，人在適應環境的時候，主要有兩個方法，一是改變自己適應環境，一是改變環境適應自己。現代化社會倫理，顯然偏

於後者，雖取得不少成就，但也帶來「只有一個地球」的空前環境危機的呼籲。是以，人類應以重視前者，改變「人類自己」，使人性內在得到超越之道，如此以建立後現代環境倫理。

論者以為老子對人文的超越的省思，是透過人心的意向性（intentionality），設法轉心向道，治心成德。……老子叩緊心之意向性，還人性之本，溯人心之原，故主張虛心弱志，無知乃虛之最上境界，即現界即本體，因此在無知無欲的真實的人性基礎上，是大可「為無為」，因此時吾心已擺脫意向之糾纏而獲致真實之自由，此生命之大自由之體現即人性之體現，亦即天下大治的實現。（葉海煙，1992：26-27）

在老子的觀念裡，人轉心向道，內在精神獲得提昇，人與自然萬物才能和諧相處。他說：

> 「是以聖人抱一為天下式，不自見，故明，不自是，故彰；不自我，故有功；不自矜，故長。」（二二章）
>
> 「是以聖人常善救人，故無棄人，常善救物，故無棄物。（二七章）
>
> 「聖人不積，既以為人己愈有，既以與人己愈多，天之道，利而不害；聖人之道，為而不爭。」（八一章）
>
> 道生之，德畜之，物形之，勢成之，是以萬物莫不尊道而貴德，道之尊，德之貴，夫莫之命而常自然。」（五一章）

由是觀之，老子樹立的人格典範──聖人之德來自道的無限涵攝，一般人唯有在人性的趨越上趨向聖人之境，才能超然物外，化除一切私我之病，達利而不害、為而不爭的萬物然和諧共生之道。

論者以為，莊子是透過「真人」的超越性以彰顯道，達生命的自由。照莊子的看法，吾人的主體性是由經驗我和先驗我所構成。經驗我，又可分身體我，心理我和心機我；先驗我則包含真君（真宰）和靈府（靈台）。精神修養的歷程首在由經驗我返回先驗我，再由先驗我發用，來轉化經驗我。（沈清松，1986：18）

莊子說：

「所樂者，身安厚味美服好色音聲也；所下者，貧賤夭惡也；
所苦者，身不得安逸，口不得厚味，形下們美服，目不得好色，
耳不得音聲；若不得者，則大憂以懼。」（至樂）

「喜怒哀樂、慮歎變慹，姚佚啓態；樂出虛，蒸成菌。日夜相
代乎前，而莫佑其所萌。」（齊物）

「有機械者，必有機事；有機事者；必有機心；機心存於胸中，
則純白不備。純白不備，則神生不定。神生不定者，道之所不
載一也。」（天地）

這三段話，是莊子認為「經驗我」的層次，是人受困於世俗的身
心之欲，是受制於社會工具理性的算計，職是之故，道家批判機械與
機心，是要「經驗我」擺脫工具理性制約，要人身心不受其限。道家
並非反器物文明，老子曾說：「三十輻共一轂。當其無有車之用。挺
值以為器。當其無有器之用。鑿戶牖以為室。當其無有室之用。故有
之以為利。無之以為用。」（十一章），亦即要人掌握「無」與道的精神，
乃至如莊子以「吾喪我」的超越精神達到先驗我的真宰、靈府之意，
才是一空靈，自由的「真知」、「真人」之境。

莊子說：

「若有真宰，而特不得其朕。可行已信，而不見其形，有情而
無形……其有真君存焉？如求得其情與不得，無益損乎其真。
一受其成形，不亡以待盡。與物相刃相靡，其行盡如馳，而莫
之能止，不亦悲乎！」（齊物）

「哀公曰二『何謂才全？』仲尼曰；『死生存亡，窮達貧富，賢
與不肖毀譽，飢渴寒暑，是事之變，命之行也；日夜相代乎前，
而知不能規乎其始者也。故不足以滑和，不可入於靈府，使之
和豫，通而不失於兌；使日夜無郤，而與物爲春，是接而生時
於心者也。是之謂才全。」（德充府）

透過真宰，靈府的反省與發用，才能產生自覺我，這是一種真

實的先驗的自我。是種全，亦即人提昇至「道」之所在。相當於柏拉圖的「精神的靈光」（exhilarating light），黑格爾的「普遍的心靈」（universal mind），這種精神狀態是人人可得而體驗的，當人們體驗或論及此種普遍精神時，一切宇宙萬象，宇宙萬物都是在此普遍精神裏面。……促使人人都可以分享這個共有的精神，一切偏私，一切驕奮，一切主觀，便可一一化除掉。（方東美，1987：264-65）此種境界就達到莊子在〈大宗師〉的真人要求，（「宗」指道乃萬物之統宗，「師」指道乃萬物之所效法。）而「真人」就是統合天人關係的境界。亦即莊子所說：「有真人而後有真知。」由此可見，「道」的顯發離不開真人以及人實現為真人的實踐歷程。（沈清松，1987：14）

　　人類和諧生活無法實現，原因在於無法理清衝突的根源，人欲主宰自然，敵視自然，就產生了環境問題，而道家思想在這方面具有根木的批判與實踐的進路，論者指出：「道家在和諧／衝突形上學中，把陰、陽的對偶與互攝（interpenetration）視為道的基木功能。……道中所有事物皆依相對相反、互補互生原則而成，因而萬物同時是道，又是「道」所化生的部份。萬物間的區別與差異在本體上可超越的（ontologically transcendable），由區別，差異而起的衝突、對立、敵視自然也是本體上可超越的，亦即可泯滅於「道」之中的，且道就是這些差異的和諧化及其對偶的統合化（unification）。」（成中英，1986：12～17）解決現代化社會發展問題，人的內在超越性是極為重要的根本，道家以消極否定人欲，減損人為的方法，來淨化其精神而達到超越自我和世俗的限制以實現其對自由的精神境界的追求。（湯一介，1992：1992：1～11）。

　　這種超越的精神，正掀起當代西方人對老莊學說的興趣，德國學者費南山說道：莊子自由的概念，是要求解放個性，人們不應該試圖改變世界而應該使人與自然保持和諧的關係，如此我們可得到絕對的自由。（黃山文化書院編，1991：395～397）至此，吾人已十分清晰的得到老莊思想中超越性的「聖人」、「真人」之「道」是克服「人為

萬物主宰」「工具理性的知」及「享樂主義」下最佳生態哲學（ecosphy）
的智慧靈光。人性內在超越的開啟，轉化為尊重自然的環境倫理，才
能得到人與自然和諧相處的永續發展（Sustainable Development）之道。

五、結論

「現代社會」的精神體系研究大師—韋伯（M. Weber）在指出現代
人的倫理問題時，區分了「信念倫理」和「責任倫理 J 的價值問題，
嘗試以此價值解決「工具理性」所帶來的弔詭，並致力於現代人 "人
格" 的發展。（Schluchter；顧忠華 1992：75〜76）

中、外環境生態學者也一再的以改變人的信念體系才是解決環境
問題的根本，如：蕭新煌教授認為：新生態典態是：對自然有高度
的價值觀、人類同情心的擴大與延伸、經濟成長有其極限。（1990B：
24〜27）

J. Nollman 在 1990 出版的 Spiritual Ecology 一書中指出：環境的危
機始於我們各人心中，也終於我們心中。只要我們調整內心與自然的
關係，即可改進此種危機。（轉引自馮滬祥，1991：294〜295）

重建現代人的倫理價值，重建「人與環境」的倫理關係，已為有
遠見的學者所高度關切。鑽研倫理思想的梁漱溟先生說：倫理內容的
根本精神是 "互以對方為重"。這與西方的 "個人本位"、"自我中心"
不同。……中國此種傳統精神與現代化不相衝突。……隨著倫理而來
講天下太平，人類前途不外乎此。（1992：4）吾人看此近代世界在 "現
代化" 的思潮衝擊下，忽視 "環境倫理"，而導玫「自然的反攻」，「環
境難民」已困擾著全球每一角落。道家思想對「人」對「工具理性的知」
對「享樂主義」的批判與反省，以及相對提出的「道」、「自然」「無為」
等「天人合一」的環境倫理觀，正可嵌入現代人的生活世界中，提供
一和諧、共生、超越現代化征服、主宰式思想的新的環境典範，使這

一超越國界與時空的生態系統，能在傳統與現代相融互攝中，得到一個創造性的轉化[6]，建立一為天下，共同為地球人所接受的新的共同環境倫理觀（Collective Enviromental Ethics），如此將使道家思想與現代化理念得一接筍互攝互生，且再度互放光芒於後現代社會之中。

參考書目

方東美，1987，《原始儒家道家哲學》，台北：黎明文化事業公司。

王俊秀，1980，〈環境評估及其社會意義〉，《思與言》第18卷第2期。

_____，1991，〈環境問題〉，載葉啟政等主編《台灣的社會問題》，台北：巨流圖書公司。

文崇一、蕭新煌，1990，《中國人：觀念與行為》，台北：巨流圖書公司。

艾　愷，1986，《文化守成主義論一反現代思潮的剖析》，台北：時報

---

[6] 創造性轉化，是當代學者在思索中國傳統文化在面對西化的衝擊時如何去蕪存菁，重建中華文化於當代的經世致用中的一種概念。

根據林毓生教授的說法，創造性轉化乃指：「使用多元的思想模式將一些（而非全部）中國傳統的符號、思想、價值與行為模式加以重組與改造，使經過重組與改造的符號、思想、價值與行為模式變成有利於變革的資源，同時在變革中得以繼續保持文化的認同。」葉啟政教授進一步分析說：做為一種計劃變遷的主張，「創造性轉化」所彰顯的「倫理」基礎基本上是在於：它表現出能夠同時吸納本土與外來和傳統與現代之文化基素的潛在空間，而且有不會刻板地先訂出一定預設優位前提的可塑性。因此，在理論上，它可以是一個頗足貼近社會實在、且可行性會較高的主張。

余英時教授在論及中國文化的重建問題時，引述Kluckhohn的話說，離開文化傳統的基礎而求變求新，其結果必然招致悲劇。

Toynbee論文明的發展曾提出「退卻與重回」（Withdrawal and return的公式。）及董仲舒「退而結網」的事例，說明重建中國文化之路徑。可見「退」就是為了回，而且也祇有在退的階段中才能創造出「回」的條件。依此論述，正印證筆者的此文要旨，在「退」到道家人與自然和諧的思索，正可提供「回到」後現代社會健康的環境倫理的創造性轉化的契機。參閱：林毓生1989，葉啟政1991B, 余英時1982。

文化。

丘昌泰，1988，〈環境主義、反環境主義與環境保護政策：美國經驗的評估〉，載高雄：《中山社會科學》第六卷第四期。

世界環境與發展委員會著，王之佳等譯，1992，《我們共同的未來》，台北：台灣地球日出版社。

行政院環境保護署，1991，《八十年版中華民國台灣地區環境資訊》。

成中英，1986，〈邁向和諧化辯證觀的建立一和諧及衝突在中國哲學內的地位〉，載氏著：《知識與價值一和諧、真理與正義的探索》。台北：聯經出版事業公司。

李約瑟著，陳立夫主譯，1983，《中國之科學與文明》第二冊，台北：商務印書館。

李澤厚，1987，〈莊玄禪宗漫述〉，氏著，《中國古代思想史論》，台北：谷風出版社。

余英時，1982，〈試論中國文化的重建問題〉，氏著，《史學與傳統》，台北：時報出版公司。

沈清松，1983A，〈科技對文化的影響與中國哲學的展望〉，《哲學與文化》第 10 卷第五期。

──，1983B，〈科技發展的人文意義〉，載於台北：國科會《社會文化與科技發展研討會論文集》。

──，1986，《解除世界魔咒──科技對文化的衝擊與展望》，台北：時報文化出版社。

──，1987，〈莊子的人觀〉，台北《哲學與文化》第 14 卷第 4 期。

──，1990，《現代哲學論衡》，台北：黎明文化事業公司，3 版。

──，1992，〈老子的批判哲學〉，台北：《東吳哲學傳習錄復刊》第一號。

金師圃，1985，《道家道教》，台北：中國文化大學出版部。

金耀基，1981，《現代人的夢魘》，台北：商務印書館，九版。

──，1989，〈中國的將來與現代化的夢魘〉，台北：《中央日報》

中央日報副刊，1989年1月1～5日。

吳　康，1966，《老莊哲學》，台北：台灣商務印書館，修訂五版。

孟東籬，1991，《道法自然──老子的生態觀》，台北：內政部營建署玉山國家公園管理處。

林毓生，1989，〈什麼是創造性轉化〉，氏著，《政治秩序與多元社會》，台北：聯經。

胡　適，1959，四十自述，台北：遠東圖書公司。

美國世界資源研究所，國際環境與發展研究所編，柯金良等譯，1989，《世界資源報告──1987》，北京：中國環境科學出版社。

姚關穆，1990，〈環境倫理學窺微〉，《台灣環境保護》第五期，台灣省政府環保處。

徐正光，1974，〈發展社會學──1960年代美國社會科學家對於發展問題的探討〉，中研院：《美國研究》，第四卷第四期。

馬克思、恩格斯，1965，《馬恩全集》第三卷，北京：人民出版社。

梁漱溟，1992，父慈子孝、兄友弟恭，載於黃紹倫編，《中國宗教倫理與現代化》，台北：台灣商務印書館。

陳秉璋、陳信木，1988，《邁向現代化》，台北：桂冠。

陳榮灼，1992，《現代與後現代之間》，台北：時報出版。

莊進源，1988，〈經濟發展與環境保護〉，載《環境影響評估講習班教材及參考資料》第一冊，台北：行政院環保署。

張文文主編，1989，《道》，北京：中國人民大學出版社。

張成秋，1971，《先秦道家思想研究》，台北，中華書局。

張揚明，1991，《老子學術思想》，台北：黎明文化事業公司，三版。

湯一介，1992，〈論老莊哲學中的內在性與超越性問題〉，西安：《海峽兩岸道家思想與道教文化研討會》論文。台北：中華宗教哲學研究社。

傅佩榮，1988，〈莊子人觀的基本結構〉，《哲學與文化》第15卷第一期，61～72頁。

黃山文化書院編，1991，《莊子與中國文化》，中國：安徽人民出版社。

黃錦鋐註釋，1991，《新譯莊子讀本》，台北：三民書局，10 版。

馮滬祥，1991，《環境倫理學─中西環保哲學比較研究》，台北：學生
　　書局。

程兆熊，1985，《道家思想─老莊大義》，台北：明大書局。

第一次世界道學會議，第四屆國際易學大會，1984 ，《會前論文集
　　（1）、（2），會後》論文集，台北：中華民國老莊學會。

鄔昆如，1972，《》莊子與古希臘哲學中的道，台北：台灣中華書局。

趙玲玲，1985，《中國哲學與中國前途》，台北：東吳大學哲學系傳習
　　錄第四期。

葉啟政，1991A，〈當前台灣社會問題的剖析〉，載《台灣的社會問題》，
　　台北：巨流圖書公司。

1991B，〈創造性轉化的社會學解析〉，載氏著，《制度化的社會邏輯》，
　　台北：東大圖書公司。

葉海煙 ，1992 ，《老子的人的哲學》，台北：東吳大學哲學傳習錄復
　　刊第一號。

蔡明田，1970，《莊子的政治思想》，台北：中國學術著作獎助委員會。

──── ，1976 ，《老子的政治思想》，台北：藝文印書館。

謝政諭，1992，〈超越現代社會環境問題的困境──台灣經驗的分析〉，
　　北京：社科院近史所、台北師範大學合辦：《孫逸仙思想與中國
　　現代化國際學術座談會》論文集。

蕭新煌，1980，〈社會學與環境：環境社會學的基本看法〉，《思與言》
　　第 18 卷第 2 期。

──── ，1990A，《我們只有一個台灣──反污染、生態保育與環境運
　　動》，台北：圓神出版。

──── ，1990B，《環境意識》，台北：行政院國家科學委員會。

嚴靈峰，1966，《老莊研究》，台北：中華書局。

──── ，1983，《老莊的認識論》，台北：輔仁大學哲學論集（17）。

顧忠華，1992，韋伯學說新探《》，台北：唐山出版公司。

Aarne P. Vesilind. Jeffrev J. Peirce著，李公哲譯，1987，《環境工程》，台北：茂昌圖書公司。

Bell Daniel著，高鈷等譯，1989，《後工業社會的來臨》，台北：桂冠圖書公司。

Black C.E.著，郭正昭譯，1978，《現代化的動力》，台北：百傑出版社。

Carson Rachel著，李文蓉、溫繼蓉譯，1989，《寂靜的春天》，台北；大中國圖書公司，八版。

Commoner B.著，宋尚倫譯，1984，《環境的危機》，台北：巨流圖書公司。

Eisenbud M.著，姚克明譯，1985，《環境、科技與健康》，台灣省公共衛生所。

Fromm, Erich著，1971，《希望的革命》，台北：環宇出版社。

Galbraith著，吳幹、鄧東濱譯，1970，《富裕的社會》，台北：台灣銀行。

Murray Bookchin著，1987，《生態學與革命思潮》，台北：南方雜誌。

Ophuls ,William著，何沙崙譯，1981，《生態學與匱乏政治學》，台北：華泰書局。

Simonnet,D.著，方勝雄譯，1989，《生態主張》，台北：遠流出版社。

The Club of Rome著，朱岑樓、胡薇麗譯，1985，《成長的極限》，台北：巨流圖書公司。

The Club of Rome著，黃孝如譯，1992，《第一次全球革命——廿一世紀文明與價值觀》，台北：時報文化。

Canter, Larry W. 1977 Environmental Impact Assessment, New York: Nc Graw Hill Book.

Catton, Jr. W. R. & Dunlap, R. E.,1980,A New Ecological Paradigm for Post-Exuberant Sociology, in special issue of the American Behavioral Scientists, 24: 15～47.

Kuby, D. G.,1977, Ecology and Religion Newsletter, No. 47, November.

Lukacs, George,1983,History and Class Consciousness: Studies in Marxist Dialectics, Cambridge: MIT

Marcuse, Herbert,1964, One-Dimensional Man: Studies in the Ideology of Advanced Industrial Society, Boston: Beacon Press.

1972, Counterrevolution and Revolt, Boston: Beacon Press.

Milbrath, Lester. W.,1984,Environmentalists: Vanguard for A New Society. New York: State University of New York Press.

Milier, G. T. Jr,1988,Living in the Environment, Wadsworld Publishing Co.

OECD,1989, Economic Instruments for Environment Protection, Pari .

OECD,1989, Renewable Natural Resources-Economic Incentives, Paris.

Petulla, Joseph M., 1987, Environmental Protection in the United States : Industry, Agencies, and Environmentalist. San Francisco Study Center.

Schumacher, E.F. ,1973 ,Small is Beautiful, New York.

Tang Dennis Te-Chung ,1990, On the Feasibility Of Economic Incentives In Taiwan's Environmental Regulations Lessons From The American Experience, Taipei: Institute of American Culture Academia Sinica.

Vaclav Smil ,1989, Our changing Environment,Current History, January 1989, PP. 9～48.

Taoist Thought and Environmental Ethics for Postmodern Society

Abstract：

The major statement of this research paper is that the present environmental crisis actually originates from the defect of the concept of modernization, such as the notion of mankind's mastership over nature, instrumental-rationality view of scientific technique, and Epicurism-oriented ethics of consumption, all these are original murderers of ecocide.

Though Lao-tze's and Chuang-tze's criticism on avaricious and desire-unrestrained social and economic ethics , as well as monomaniac and body-bound little skill and cleverness, the author represents the concept system of the way (Tao) of Taoist thought, and proves that Taoist Tao transcends not only passivity, retrogression, and godly superstition caused by awe of Great Nature in traditional agricultural society, but also the concept of modern industrial society that human being is the master of nature, so it is a matter of course to conquer and enslave nature.

Sigmund Freud said, "In the process of mans adaptation to environment, there are mainly two ways—changing myself to conform to environment, or changing environment to conform to me." The concept of modernization chose the latter, and got quite a few achievements, but also brought widespread "environmental refugees". Therefore, the only way for human being to choose is the former—changing myself to conform to environment. Taoist thought exactly emphasizes the reformation and sublimation of human nature, and advocates promotion of maintaining the harmonious and coexistent relation between mankind and nature by no-desire, selflessness, no-doing (non-interference), and the ethical course such as knowing the Eternal Law, knowing stop, and knowing harmony, Harmonious coexistence between mankind and nature is exactly the healthy way for the everlasting development of Great Nature. Establishing this all People's common environmental ethics, as well as making both Chinese traditional Taoist thought and western concept of modernization get creative transformation, enter the life world unitedly, and mutually shine splendidly in post-modern society is the effort and purpose of this research paper that studies how to resolve the present environmental crisis of "Great Nature's counterattack".

本文初稿發表於 1992/11，以〈老子思想與後工業社會環境倫理〉為題

於西安：由中國社會科學院哲學研究所、陝西社科院、中華民國宗教哲學研究學會合辦「道家與道教學術研討會」。除研討會中專家的評論外，又增加篇幅投稿於《東吳政治學報》第二期，經匿名專家審查後，再修改為〈道家思想與後現代社會環境倫理〉，特此申謝。

中國正統思想的本義、爭論與轉型
——以儒家思想為核心的論述

　　自春秋時代以降，正統思想的內涵與貫穿，影響中國政治頗大，形成中國政治史一大特色，歷代發展衍義頗多，加上部分國君或史官有意導致「功能性的模糊」以正其身、正其朝，致使正統觀念，論爭不斷。薩孟武教授曾經指出：正統乃含有兩個觀念，一是倫理的觀念，取天下以「正」二是政治的觀念，統天下於一，也就是兼及「王道理想」──「大居正」與「政治現實」──「大一統」才不致誤解正統思想的兩義。

　　正統觀念，不但重覆出現於中國每一朝代，同時對鄰近的日、韓、越也產生極大影響；其論爭也不因中國滿清專制王朝之結束而止息，民國以降，蔣介石、毛澤東新、舊三民主義之爭，聯合國中國代表權中漢賊不兩立之議……等，都與正統思想有關。因此正統思想研究，有其深遠價值，本文重點即以「儒家」思想中──正統論為分析之主軸，探討此一思想之本義，及其與道統的關係，並述其導致的論爭，且輔以現代政治合法性（legitimacy）的觀念，探究此一觀念如何經由批判性繼承與創造性轉化而得以轉型，以符當代合法性之需要，這是本文論述的旨趣所在。

關鍵字：正統、道統、合法性、爭論、史官、漢賊

一、前言

　　中國歷史特色，表現于史學史之上，以「正統」之論點，歷代討論，最為熱烈。歐陽修認為：「正統之說始于〈春秋〉作」是矣。（饒宗頤，1977：1）何以歷代帝王改朝換代之時，要如此重視「正統」之說？原因在於中國歷史，從春秋開始，就不只是事實和事件的描述，而是一種價值批判，這價值批判的標準，包括正統、王道、德治、仁政以及天命等思想。其中「正統」思想形成帝王統治地位、權威正當

性、合法性（相當於西文之 legitimacy）的象徵。孟子滕文公篇中說：
「……世衰道微，邪說暴行有作，臣弒其君者有之，子弒其父者有之。
孔子懼，作春秋。」史觀有著典範作用的司馬遷亦認為〈春秋〉一書，
是一部道義哲理的評判，他答壺遂說：「夫〈春秋〉，上明三王之道，
下辨人事之紀，別嫌疑，明是非，定猶豫，善善惡惡，賢賢賤不肖，
存亡國，繼絕世，補敝起廢，王道之大者也。……〈春秋〉以道義撥
亂世，反之正，莫近於〈春秋〉……不通於春秋之義者，必蒙首惡之
名，……必陷篡弒之誅，死罪之名。」由此論述知道處於王道衰微，
王官消沈，大義不明，是非不分之際。「孔子成春秋而亂臣賊子懼」，
〈春秋〉大義夜端正政治秩序，建構統治正當性之作。然而孔子並未
明言「正統」，直到〈春秋公羊傳〉才對「正」與「統」作了詮釋，隱
公元年公羊傳曰：

> 「何言乎王正月？大一統也。」

隱公三年公羊傳曰：

> 「故君子大居正。」

這裡的「居正」與「一統」是指統治者必需明修法守正，又要建
元正朔，作為政教之始。前者指道德操守，後者指紀元創業。（陳學
霖，民82：132）名政治學者薩孟武亦要言指出：正統乃含有兩個觀
念，一是倫理的觀念，取天下以「正」，二是政治的觀念，「統」天下
於一。（氏著，民71：34）這兼及道德光環與天下大業的「正統」觀念，
就成為中國歷代改朝換政時，帝王或史官常加以沿用的統治合法性的
依循。這可說是儒家對中國「正統」觀的解釋源流。另一脈絡是源於
戰國時代陰陽家的齊人鄒衍的「五德終始」說，五行為金、木、水、火、
土，首見於「尚書」，鄒衍根據五行相生相剋的概念來解釋政權轉移
的關係，以做為王朝「正統」興衰遞嬗的道理。❶此觀念流傳於朝代更

---

❶ 鄒衍認為天地間有五種元素或原動力：金木水火土名為「五德」或「五行」，依次

迭及盛行於中國民間社會。除上述二種正統論之外，有關政治帝王統繼「法源」尚有殷商上帝傳授說，周代的天命說，以及人歸說、聖立說、革命說等（蕭公權，民59:28-42；Chan Hok-lam, 1984：19-48），本文以影響最深遠的儒家「正統」說為主要論述，探討此一思想的本義及其導致論爭之所在，不以歷代史家一一敘述論爭正統的發展、變遷，是以正統義理為評斷，並述及正統說在當代政治上的意義與轉型趨向，這是本文研究的旨趣所在。

二、儒家正統說本義

　　論者指出，有關正統問題之爭論，從司馬遷對正統之觀念到清人對正統問題之解釋，可看出正統問題是和政治分不開的。⋯⋯所以無論是正統、閏統、偏統、霸統、竊統、無統⋯⋯都是一種掩飾之政治手段。最終目的就是強調當朝之偉大，當朝乃受命於天，當朝乃正統之所在。這種觀念，不但重覆地出現於中國每一朝代，同時對鄰近的國家一日、韓、越，也產生了極大的影響。（趙令揚，1976：72-73）正統論論爭並不因中國滿清專制王朝之結束而止息，民國以降，蔣介石、毛澤東的新、舊三民主義之爭、聯合國中國代表權、漢賊不兩立

運轉，從所不勝，稱為「五德相勝」（或相剋），周而復始。這一理論，不但用於解釋自然界的各類變化，還作為說明統治王朝的興衰。鄒氏曾將五德和遠古傳承帝王相配，顯示兩者的關係，如黃帝以土德王，禹以木王，湯以金王，文王以火王。他又將各德配以陰陽正色，如土尚黃，木尚青，金尚白，火尚赤，指出每一德王者必著明所尚之色，而且有同類色的符瑞相應，表示居於德運的正常。這五行代表五種自然的勢力，各個具有盛衰之運，每個自然力量盛行之時，一切天道人事都要受它的支配，政治興衰，改朝換代亦依五行而不可免。這觀念亦成為宗教迷思（myth）影響著中國人的政治帝王循環觀。參閱：孫廣德，民國69年：陳學霖，民國82年第1篇：Benjamin I. Schwarz, 1985，chap 5。

之堅持，以及近日新黨有「正統」國民黨之議等，都是此觀念的持續影響所致。由於歷史太長、歷代帝王變異太多、太大，有關「正統」的本義如何，使用者在有意「功能性的模糊」之下，常以扭曲的「正統」之名，行權力爭奪之實，或做為種種掩飾之用，本章即在於理清「正統」的本義，以正視聽。正統不應有不當的衍義，亦非有強調本朝、本身之偉大之混淆。筆者認為正統要義有三：

（一）以正名為本份的正統思想

儒家正名論，是以正名分之名為要，孔子眼看當時社會秩序混亂，禮崩樂壞，君不君，臣不臣，是天下亂源之要因，孔子說：

> 「天下有道，則禮樂征伐，自天子出。天下無道，則禮樂征伐，自諸侯出。」（季氏篇）

處此情形，孔子以為苟欲「撥亂世而反之正」，則莫如使天子有天子之名實，諸侯有諸侯之責任，使實皆如其名，此即所謂正名主義。論語中說：

> 子路曰：「衛君待子而爲政，子將奚先？」子曰：「必也正名乎？」（子路篇）
> 齊景公問政於孔子，孔子對曰：「君君、臣臣、父父、子子。」公曰：「善哉！信如君不君，臣不臣，父不父，子不子，雖有粟，吾豈得而食諸？」（顏淵篇）

若使君臣父子……皆如其名，皆盡其份，則由「盡己」以「推人」，政治將趨於安定。

> 子曰：「子爲政，焉用殺？子欲善而民善矣。君子之德風，小人之德草，草上之風必偃。」（顏淵篇）

「上好禮，則民莫敢不敬，上好義，則民莫敢不服，上好信，
則民莫效不用情。」（子路篇）
「必也正名乎？名不正，則言不順……則民無所措手足。」（子
路篇）

　　孔子認為居高位者，應具高德，上行下效，天下才可望治。要求
君王、身作則，表率群倫，是正名的深遠涵義。孔子依魯史，修春秋，
在約240年的歷史中，於字裡行間寓褒貶，對各事件給予道德評價，
其判準之一就在於正名份。
　　莊子天下篇道：「春秋以道名分。」薩孟武先生進一步指出：「春
秋之世，列國日尋干戈，爭地以戰，殺人盈野，爭城以戰，殺人盈城，
民心厭戰，無不希望和平，而諸侯僭天子，陪臣僭諸侯，臣弒君者有
之，子弒其父者有之，所以孔子主張正名。」（氏著，民66：29）名分
敗壞，天下大亂，所以孔子修春秋，以正名分。名分的內涵，學者認
為：以今語解孔子之「正名」，是按盛周封建天下之制度，而調整君
臣上下之權利義務之謂。（蕭公權，民69：57）君君、臣臣……正名觀，
是端正「名與實」、「位與責」的對應關係，因此，第一字的君臣，係
指個人在政治上的名位，第二個字君和臣，係指政治名位下的職責及
其所當具有的才能與道德。此思想，就是春秋公羊傳隱公三年所言：
君子「大居正」的思想源頭及其本義之一。孔子面對政治亂局時，不
主張興兵討伐，以暴止暴，孔子不說：「政者，權力、武力也。」而說：
「政者，正也」，這種立基於人倫、王道之正，而不興霸道，或引神秘
傳說，徒託空言的做法，就是儒家「正統」說的要義之一。

（二）以道統為基礎的正統思想

　　君臣位子的確立，角色職責亦認清後，即構成傳統政治的統治格
局──「政統」。因古代專制君主，政統──政治統治之理，人民無由

參之，因而君主時代政統亦可說是治統。（牟宗三，民80：1-32）在儒家思想裡，政統需要道統的支持，且受道統的規約。余英時先生研究指出：先秦孔、孟思想中，道統是高於政統，政統與道統，顯然成為兩個相涉而又分立的系統，以政統言，王侯是主體，以道統言，則師儒是主體。後來「德」與「位」相待而成的觀念即由此而起。孟子說：「以位，則子君也，我臣也，何敢與君友也；以德，則子事我者也，奚可以與我友」〈萬章下〉〈余英時，1982：58〉德高於位，道高於政，是儒家「政統」論的一大特色。孟子在〈滕文公下篇〉、〈離婁下篇〉、〈盡心下篇〉分述歷代聖王之德行與功業。並述其傳承系列是：堯、舜、禹、湯、文、武、周公、孔子之大義，於是道統有一連繫傳承之系列。後經漢朝——董仲舒、楊雄等人之獨尊儒術、力闢異端，道統已隱然成形。至唐朝韓愈在「原道」中說：

> 「夫所謂先王之教者何也？博愛之謂仁，行而宜之之謂義，由是而之焉之謂道，足乎己無待於外之謂德。……斯道也，何道也？……堯以是傳之舜，舜以是傳之禹，禹以是傳之湯，湯以是傳之文、武、周公，文武周公傳之孔子，孔子傳之孟軻，軻之死，不得其傳焉。荀與楊也，譯焉而不精，語焉而不詳。」

　　此論，至宋朝時孫復、石介等人之強調，已成往後歷代之道統譜系之脈絡。道統的意義——簡言之是在於文化上的——仁義道德，運用到政治上則相信行仁政的道統即是正統之所在。擴充而言，道統包括：人文主義、民本主義、德治主義、民生主義、民族主義、理智主義等。❷也就是說，在儒家思想中君主不過是統治的象徵，君主統治

---

❷ 任卓宣先生研究傳統「道統」觀念，說它是中國一套政治哲學的價值觀念，它可以擴充解釋包括：1.人文主義一著重人及其現世生活，「未能事人，焉能事鬼？」「好生之德」「利用厚生」思想是。2.民本主義一即以人民為施政之根本，「天視自我民

人民，必須本於行「道統」之要義者才能稱為「正統」之所在。歷代正統論者，絕大都肯定此點，例如：

習鑿齒（東晉，？-384）之認為繼統者，必道足以代王之德。

歐陽修（北宋，1007-1072）主張王者之興，必有盛德以受天命。

章望之（北宋，1049前後）認定以功德而得天下者為正統。

鄭思肖（宋末元初，1241-1318）認為：與正統者，配天地，立人極，所以教天下以至正之道。

楊奐（元，1296-1370）主張；王道之所在，治統之所在也。

方孝孺（明，1357-1406）認為：建道德之中，立扛義之極，操正教之原，有以過乎天下，斯可以為正統。

王船山（明末清初，1619-1692）「認為天下所極重而不可竊者二：天子之位也，是謂治統；聖人之教，是謂道統，……德足以君天下，功足以安黎民，統一六宇，治安百年，復有賢子孫相繼以飾治、興禮樂、敷教化、存人道，遠禽獸，大造於天人者不可忘，則與天下尊之，而合乎人心之大順」

柳詒徵主張：衡統一之時代，必以道德為斷……無道德者雖霸九州，不得列之正統。

饒宗頤，1977；傅鏡暉，民83；賴瞖，民70；王船山，讀通鑑論，卷22）

視，天聽自我民聽」、「保民而王，莫之能禦」。3.德治主義一即以德為治的王道，而非以力為治的霸道，「為政以德」「德日新，萬邦惟懷」。4.民生主義一注重人民生活，「足食，足兵，足信」、「黎民不饑不寒，王道之始也」。5.民族主義一即注重血，尤其是文化相同者之共同利益與安危，如「以親九族」、「平章百姓」、「微管仲，吾其被髮左衽矣」等思想要素，是道統關注的中心，其實踐與否，亦是道統傳承的重要判準。參閱任卓宣，民60：294-98。

論者以為：我們可以更進一步的指出「正統」之為「正統」必須
要有一超越而恆定的基礎點始能成為正統，王船山所提出的「儒者之
統」這樣的「道統說」便是此超越而恆定的基礎點。（林安梧，民82：
292）

從以上諸人之說，足見中國政治思想中，認為無道德者，雖雄霸
九州，亦不得列為正統，而王道仁政所在，則土地雖小，亦為正統或
政統所在矣。沒有道統奠基的統治，正統的合法性即刻喪失，儒家思
想的極大特色即在於此。

（三）以大一統為建構的正統思想

大一統思想與中國歷代政權的分合，領土的統合與分裂有很大關
聯。中國自上古部族推舉共主的禪讓制以迄商周的封建大一統，到秦
漢以郡縣代封建的中央集權制，基本上「大一統」觀念已形成，且成
為信念。

大一統在現實上有其好處，少紛亂，較安定。先秦時正統思想即
崇尚大一統，禮記有云：

> 天無二日，土無二王，國無二君，家無二尊，以一治之也。（注
> 述卷63喪服四制）即是此思想根源。

禮記大傳中又說：

> 是故人道，親親也。親親故尊祖，尊祖故敬宗，敬宗故收族，
> 廟嚴，宗廟嚴故重社稷，重社稷故愛百姓，愛百姓故刑罰中，
> 庶民安，庶民安故財用足，財用足故百志成，百志成故禮俗刑

故這可說是孔、孟儒家「從周」，亦即肯定宗法制度推演於政治

上的實際運作的必然結果，先秦儒家據以宗法為主的封建政治理想，
周天子以大宗宗子及天子之尊，統轄天下，力求一統是必然的。重要
的是，儒家用什麼方式來一統？

> 孟子見梁襄王，……卒然問曰：「天下惡乎定？」吾對曰：「定
> 於一」，「孰能一之？」對曰：「不嗜殺人者能一之。」〈梁惠王
> 章句上〉

　　在談「大一統」前，宜先分辨「一統」與「統一」之異，所謂一
統者，以天下為家，世界大同為目標，以仁行仁之王道思想，即一統
之表現。所謂統一，乃約束力之象徵，齊天下人人於一，統國土於完
整歸一，以力假仁的霸道世界，即是統一的結果。「一統」與「統一」
是有所區別的。
　　春秋公羊傳隱公元年傳曰：

> 「元年者何？君之始年也。春者何？歲之始也。王者孰謂？謂
> 文王也。曷為先言王而後言正月？王正月也。何言乎王正月？
> 大一統也。」

　　這表明天下一統是居其正的王者的推展，孔子從周，修春秋，欲
以周之正而統諸侯也。公羊傳由文王一統天下，與孔子奉周政為矩範，
並無二致。而其君君臣臣乃是封建政治之分土而治，亦即領導權合法
之規劃分責；象徵公羊傳之天下一統，乃為以周天子為天下共主之分
權一統：有異於秦漢以來之專制天下，強調集權絕對之一統，則不可
不辨。（李新霖，民78：56）陳芳明先生研究指出二儒家這種大一統
的觀念可說是一種「水平線的正統觀」也就是從橫的關係來說，無論
同時存在兩個或兩個以上的王朝，普天之下只有一個正統，其餘自封
王號的政權，都是閏位，都是僭偽。（另一種是「垂直線的正統觀」，

也就是以縱的關係來說，前後王朝是相承的，王者受天之命，循五德之運而崛起，其統治地位來自一脈相傳的正統源流。）（陳芳明，民60：17）這種大一統觀念的區分，是就其政治現實的結果加以論說的。且混合了儒者與陰陽家的講法，儒家大一統的本義只在於標示由居正的王者，以行仁政、王道、而達宗法社會的一統為應然理想目標而已。這與後世強調一統在於領土、政治都達統一，是有所不同的，如此的大一統觀，當不是儒家正統的本義。

　　當代政治學者R.Dahl談政治合法性時是指：權力（power）、統治（rule）與權威（authority）……而當領袖的勢力披上合法性的外衣時，它通常就被視為統治權了。（Dahl,1976：5-6, 60），「正統」論做為中國改朝換代的合理性、正當性的基礎，在於其君、臣嚴守正名之分，力行仁政的統治，在這基礎上期勉國君行有秩序的、保民、養民、教民的、分土而治的大一統理想。這種政治思想可說是以道德性為基礎的責任政治，不同於赤裸裸的權力、權威政治。M.Seliger就說：當一政治意識型態成為一信仰體系時，則將伴隨著相應的制度、措施，並處處辯護其合理性。（Seliger,1976：119-120）正統思想，是提供了某些中國統治者行王道的合法性的依據，但正統思想也常流於權力、地位爭奪者做為一政爭藉口的守護神或擋箭牌，焉能不加以辨明。

三、對正統說的曲解與論爭

　　由於正統說是儒家等論述中國統治者合理性、正當性的有力論證，而儒家文化又成為大部分朝代中國主流的政治文化，又因部分朝代君王取位不正，所以正統說被衍義曲解的也就特別居多了。舉其大者，亦可歸為三點加以論述：

（一）「大一統」淪為追求統一的「政統說」，
「大居正」之意漸失

亦即強調國君政治事功乃至統一大業高於道德操守的重要性。使原俱道德的大居正與政治大一統意義的正統論，祇成為強調「政統」的片面意義，亦即「政統」凌越「道統」之上。

先秦諸子大多支持、贊同的"道"尊於"勢"，"德"優於"政"的學統，至荀子時已是兩者等量齊觀，至其弟子李斯，更是去儒崇法，倒轉而成"勢"統"道"，"政"凌"德"的政統觀，李斯有段話說：

> 「古者天下散亂，莫之能一，是以諸侯並作，語皆道古以害今，飾虛言以亂實，人善其所私學，以非上之所建立。今皇帝並有天下，別黑白而定一尊。私學而相與非法教之制，人聞令下，則各以其學議之，入則心非，出則巷議，夸主以為名，異趣以為高，率群下以造謗。如此弗禁，則主勢降乎上，黨與成乎下，禁之便。」（史記，秦始皇本紀）

余英時教授認為，這一篇奏議古今熟誦，但是很少人了解它是繫乎先秦以來「道」、「勢」消長的關鍵性文字。（氏著，民71：68）秦朝嚴禁多元學統的發展，且以勢統道，始皇帝之尊位，影響後代深遠。

漢初董仲舒又說：

> 春秋之道，以元之深，正天之端，以天之端，正王之政，以王之政，正諸侯之即位，以諸侯之即位，正竟內之治，五者俱正，而化大行。……〈春秋〉之法，以人隨君，以君隨天。……心之所好，體必安之；君之所好，民必從之。〈春秋繁露春第三，玉英第四；卷一，玉杯第二〉

　　李斯、董仲舒之論，強調了〈春秋〉大義中「政統」中君位的重
要性，其思想中強調「君權」至上，萬民往之的尊君思想。正統中的
「大居正」的倫理道德觀為基礎的「道統」觀被忽略，甚至被貶低其價
值性。尊君以迄追求政治、國土的統一成為正統的核心觀念。尤其秦、
漢以後，統一成為中國人普遍認定的政治常軌。此後無論君主與人民，
懷抱此偏頗的正統思想，在「政統」掛帥下，忽視「道統」，以「正統」
自居者，追求「政統（治統）」「統一」成為其國君名正言順的優位目
標了，清康熙就是顯例，他說：「朕維天生聖賢，作君作師。萬世之
道統，即萬世之治統所繫也。自堯、舜、禹、湯、文、武之後，而有
孔子、曾子、子思、孟子；自「易」、「書」、「詩」、「禮」、「春秋」而外，
而有「論語」、「大學」、「中庸」、「孟子」之書，如日月之光昭於天，
岳瀆之流峙於地，猗歟盛哉！」（「東華錄」康熙十六年「日解四書解
義序」，引自李敖，1989：79）低視道統，提高政統與治統，成為霸
主的心態，焉能說是正統乎？儒家道統高於政統的觀念，自李斯，董
仲舒之片面解釋後，「帝王師」理想已漸喪失，「皇權化儒家」已成為
統治者作之君，作之師的御用思想，「正統」的核心觀念受到曲解，「道
統」已無法發揮規約帝王行為的作用。

（二）道統說演變為排斥異端說

　　道統說，在孟子思想中是因傾慕孔學，所以要闢楊墨，但至董仲
舒向漢武帝詔舉賢良文學之士時，上對曰：

> 今師異其道，人異論，百家殊方，指意不同，是以上亡以持一
> 統；法制數變，下不知所守。臣以為不在六藝之科，孔子之術
> 者，皆絕其道，勿使並進。邪僻之說滅息，然後統紀可一，而
> 法度可明，民知所從！（漢書，董仲舒傳，天人策）

　　至此獨尊儒術，罷黜百家成為漢武帝設「五經博士」之濫觴，在此傳承影響下，為維護儒家道統，而排斥其他學說，視他學為異端邪說，必加息滅。此後儒家如同天主、基督教般都把 "正統"（orthodox）與 "異端"（heresy）看作是一種相互排斥的對立，就這一點而言，兩家所持的 "正統" 概念是可以類比的。但天主、基督教裏所說的 "正統" 之所以有意義並不只因為 "正統" 是 "異端" 的對立，也因為 "異端" 和另外幾個成串的概念之間有著不容忽視的辨別，這些概念包括 "他教"（paganism）、宗教分裂（schism）以及 "背棄"（apostasy）（錢新祖，1988：212），亦即 "正統" 在誤信（false belief）之下，異端說將出現，將很容易把 "誤信" 當成真理。以天子與呂祖謙合編《近思錄》為例。《近思錄》以（道體）為首卷，以（觀聖賢）為末卷，在末卷之前則另有一卷（辨異端），從（近思錄）這種在篇章上的安排很可以看得出朱子與呂祖謙的用心，聖賢是體踐了終極 "道體" 叢典範性人物，《近思錄》以（觀聖賢）為終，一方面固然是為了要強調實踐，希望人們能夠從聖賢的具體生命中去體會首卷（道體）對於終極之 "道" 所作的理論性闡說，另一方面也意謂著《近思錄》所揭示的是一種由天而人而又由人而天的天人一體之理，然而，人在體踐他天人一體的本然宇宙性之化，需要能夠明辨是非正邪，因此末卷的（觀聖賢）之前又特別安排了一卷（辯異端）。（錢新祖，1988：2-18）。

　　也就是說，至宋朝儒學的再興亦是承繼漢朝的辨異端、息邪說的論點：論者以為，兩漢之際，孔子神學化了，儒學宗教化了，官學化的儒學，成為功令之學，經生之業，墮落到利祿奔競之途、繁瑣傳注之事。失去了蓬勃剛健的生命創造精神，也失去了為仁由己，從容中道的生活理想。（張永儁，民79：276-277）至宋儒則偏於內聖的「心性之學」忽略外王之道，如此的「道統論」，流於含渾失義，只為辨異端而營營擾擾，喪失其積極的仁政、德治的王道經世致用的剛健思想。

　　再者，儒學發展過程中，本身也衍生出了異端思想，正統說首在要不正名的君君、臣臣、父父、子子亦如前述，正名的本義，在於名

分的責任弄義務。但後來衍生出的三綱五常——君為臣綱、夫為妻綱的絕對性倫常觀，絕不是先秦正統儒學，論語中說：君使臣以禮，臣事君以忠。(八佾篇)：孟子中說：君之視臣如手足，則臣視君如腹心……君之視臣如土芥，則臣視君如寇讎。(離婁篇下)先秦儒家以肯定個性主體的相互條件性為建構原則，所以有它內在的張力與批判開放性。(錢新祖，1988：227-231)這種相互性(mutuality)及條件性(conditional)的正名主義，異化為後來綱常名教的、機械式強制的「禮教」，強調絕對性君權的異端說，絕不是正統說「正名份」的本義，也就至為明白了。

上述兩論點說明了"道統"窄化為窮於排斥異端以及質變出一些異端性的道統，儒家剛健生命力已失，道統已成空殼，甚至演為吃人的禮教。

(三) 偏離道統的諸多「變統論」

從先秦儒家的學說，可說道統實為形成與維繫正統的中心。一但遠離道統，則歧出的正統論述就一再出現。如

> 皇甫湜 (唐，778-830) 的東晉元魏正閏論——王者受命於天，作主於人，必大一統，明所授，所以正天下之位，一天下之心，堯、三代、秦……唐皆是天統。
> 章望之 (北宋，1049 年左右在世) 的明統論——以功德而得天下者為正統，堯、舜、夏等是，持強力得天下而無功德者為霸統，秦、晉、隋是。蘇軾 (北宋 1036-1101)——後正統論——支持歐陽修論點，指章望之論霸統不盡符名實；晉、梁以弒君得天下，究其實不應止乎霸統。
> 司馬光 (北宋，1019-1086) 通鑑 (論正閏)——以正閏之論，自古及今，未有能通其義確然使人不可移奪者。所述通鑑止欲

敘國家之興衰，著生民之休戚，使觀者自擇其善惡得失，以爲
勸戒。

方孝孺（明，1357-1406）——釋統、後正統論——天下有正統
一，變統三，其建道德之中，立仁義之極，操正教之原，有以
過乎天下，斯可以爲正統。三代，正統也。取之不以正，如晉、
宋、齊、梁之君；守之不以仁義，戕虐乎生民，如秦與隋；夷
狄而僭中國，女后而據天位，如符堅、武后皆屬變統。

魏禧（清1624-1680）——正統論——古今之統有三：正統、偏
統、竊統。正統者，以聖人得天下，德不及聖人，而得之不至
於甚不正，功加天下者亦與焉，如唐、虞、夏……唐、南宋爲
正統。偏統者，不能使天下歸於一統，則擇其非篡弒君中國而
疆大者屬焉，如後唐、後漢。竊統者，身弒其君而篡其位，如
秦、魏、西晉……北宋等是。

柳詒徵（1880-1956）——史統——傳授之正，疆域之正，種族
之正，道義之正，四正備固爲正統。（饒宗頤，1977；賴脀，
1981；傅鏡暉，民83）

　　上述諸統說，只是晉以迄民國論正統之大端而已，其中論點相互
矛盾者不少如晉朝，在皇甫湜是天統，在章望之是霸統，在方孝孺是
變統，不一而止。近人梁啟超（1873-1929）歸納正與不正併爲六事：

1. 以得地之多寡晉，而定其正不正也。……無論何等人，皆奉
之以正，如晉、元。
2. 以據位之久暫，而定其正或不正，享之不久者，皆謂之不正，
如項羽、王莽等是。
3. 以前代之血胤爲正，而其餘皆爲偽，如蜀漢、東晉、南宋等是。
4. 以前代之舊都所在爲正，而其徐皆爲偽。如因漢而正魏，因
唐而正後梁、後唐等是。

　5.以後代之所承，所自出者爲正，而其徐爲僞。如因唐而正隋，
　因宋而正周等是。

　6.以中國種族爲正，其餘爲僞。如宋、齊、梁、陳等是。

　　梁氏認爲此六者互相矛盾，通於彼則窒於此。……此六者前後互
歧，進退失據，無一而可焉。所以有此互相矛盾之正統論，梁氏認爲
有二因：其一則當代君臣自私本國，其二由於陋儒誤解精義，煽揚奴
性也。梁氏提出其看法認爲：統在國而不在君，在眾人非在一人，
如德、日等立憲君主之國是新正統觀是也。（梁啟超，民65：617-
623），梁氏之論，有其精到處，但梁氏忽略公羊傳的「大居正」、「大
一統」的道統與政統雙重兼敘的時代背景，而一筆抹殺之，且以君主
立憲爲上綱，而無民主共和之評述，亦是其一偏之見。

　　總之，在忽略「道統」之下，來立論「正統」的種種，乃至以君
主與史官居於本朝爲本位之偏見來定正統之義，是晉以降一千多年來
正統的論爭，在此論爭下，霸統、血統、偏統、地統等歪論俱出，如
此則遠離了〈春秋公羊傳〉的正統本義，愈增「正統」模糊性的負性
功能而已。

四、正統論的繼承與轉化

　　孔子成春秋，其微言大義影響後代史觀甚巨，使中國歷史進入價
值判斷的朝代，其核心觀念「正統」思想劃開了揚棄暴君、昏君、諸
侯相互撻伐、上下交戰分列之時代，而認同德治、王道、仁政一統的
政權合法性。正統思想在傳統中國發揮了一定作用，也導致了一些歧
路。至今政治社會裡，依然有正統的困惑與論爭，「正統」該如何轉型，
筆者認爲正統思想中值得傳承的是——道統與德治的思想，但必須是
批判性的繼承。而今國體、政體都不同了，不可抱殘守缺，死守正統

的教條，必須以創造性的轉化，開啟憲政三義（constitutionalism）融德治與法治為一體，形塑當代中國政治新正統觀。茲分述如下：

（一）「批判性繼承」與「創造性轉化」
　　　使正統得以轉型

儒家「德治」、「正統」等思想，是將隨著君主專制的結束而隨之走向終結，還是可以發展為歷史運行的有力「常道」之一進而與「法治」結合，成為當代新正統觀，論者有不同的看法。

美國學者李文孫（J. R. Levenson）曾說：「統治者具有天子的「正名」他就具有儒家所認為的內在於他的「德」。這個「德」就是外在的權勢以及他內在本性的「道德心」，一個不傷害人民生活的「德」。……它只是皇帝的合法性的某一更高核准的一個訊號。它在世俗化的民主制度的現代氣氛中卻是另一回事。」（尼微遜等著，孫隆基譯，民69：321）李文孫似乎把「德治」——（道統的意思之一）等同於「政統」——只為政權合法化而存在的消極觀。李氏在其另一著作〈儒教中國及其命運〉更把儒學作否定式結論，他說：「儒家傳統在近代西方文化之衝擊下已失去了生命力，並且由於脫離了它所賴以生長的宗法封建社會而「博物館化」了」。（轉引自李明輝，民82：1）許多西方學者都認為中共的興起，證實了儒家傳統已經死亡了。

旅美學人張灝質疑說：儒家的超越意識（如內聖）恐怕是妨害開展民主政治的一項要因。相對於西方承認人有幽暗意識，不可能成聖，不可能完美化，所以容易發展法治來規範人，因此有利於憲政民主的開展（張灝，1989：3-78）此論點，是承繼且發揮了五四批判傳統，學習西方的論點；亦即認為傳統儒家文化是妨害中國現代化的重要因素。

當代新儒家的興起以及東亞泛儒家文化區的發展，又辯證了儒學具有不可磨滅的意義。

　　美國漢學家狄百瑞（de Bary）及墨子刻（Metzger）都強調儒家倫理具有「理性之轉化」和「道德的動力」之作用（De Bary 1975：21,145；Metzger 1977：60, 238）而儒家此特性對資本主義與民主政治的發展都有其積極作用。牟宗三教授認為：儒家的義理與智慧具有「常道」的性格。它有兩層意義：一是洹常不變，這是縱貫地講它的不變性；一是普遍於每一個人都能夠適應的，這是橫地、廣擴地講它的普遍性，即說明這個道理是普遍於全人類的。……牟氏認為要使儒家這「常道」在當代開出「新外王」必需以「良知的自我坎陷」（selfnegotion）及轉理性的作用表現而為理性的架構表現等轉化的功夫。（牟宗三，民80：1,2344-62）易言之，傳統儒家面臨專制體制的消亡以及現代化種種衝擊，儒學已無法原封不動的繼承，唯有體認其本身內涵具有的守常應變，因革損益、守經通權等精神，再經由批判性的繼承與創造性的轉化，相信新儒學無論在個體或群體、修己或治人等價值上將可開出氣象萬千的第三期儒學新生命。❸

---

❸ 儒家要從「博物館」中走出（甚且從「茅坑」中躍出）必需經一番更新與清洗。首先在於洗滌二千多年來「官方儒學」所造成的積澱，恢復且發揚「道」優於「勢」的原始儒家（第一期儒家）之精神──這可說是一返本溯源的批判性繼承，並揚棄「封建宗法」的意識型態，且超越宋明清理學（第二期儒學）偏於內聖修養的心性之學，較忽視致用的平天下之術，發揮先秦儒學從「自我」「社會」「政治」乃至「宇宙之間關懷的連續性（continum）」，儒學要塑造的人格是一開放性又有無窮動源的全方位倫理觀。它既非窩囊的鄉愿「小人儒」──只求一己福祉的自了漢；而是一心胸磊落，求民胞物與，成己成物，兼備的「君子儒」。這些原始精神再經由批判性的繼承與創造性的轉化，將傳統儒學中的符號、思想、價值與行為加以重組與改造，建構出具有──1.道德的主體生。2.社會的實踐性。3.政治抗議精神。4.文化的歷史精神。5.「宗教」的終極關懷，這將適於現代，亦可扭轉後現代（post-modern）五大偏向：1.意義失落的感覺。2.非人性化的傾向。3.戡天役物的措施。4.普遍商業化的風氣。5.集團主宰人的趨勢。在解消與重建的互坎互嵌的過程中，廿世紀第三期儒學才有可能在現代乃至後現代中再放生命的光采。參閱：黃俊傑，1993；杜維明，1989，1994；林毓生，1989：337-350，387-394；包遵信，1989：39。

（二）批判性繼承的 "德治" 觀
——「大居正」價值的再思考

　　正統要義之一的「大居正」在當前的意義如何，今以其較通俗性的本質內涵——「德治」觀加以省察，德治是儒家政治的一大特色，德治是指由有道德的人，依循道德原則，實行合於道德的統治。中國思想家解釋道德，往往把「道」與「德」分為兩個概念，蓋以「道」為至高無上境界，它是自然之法則或宇宙萬物之本體，屬「形而上學」的概念範疇；而「德」則為人生之所本，萬事之規範，屬於「人生哲學」的概念範疇。德是得天地之道後，行之於心，是一種內在的實踐，形之於身，是一種外在的實踐。道與德合一，便產生忠、恕、仁、義、禮、智、信等各種德目，是傳統人際倫常的標準，與政治行為的圭臬。

　　處在君臣之義喪失，人倫秩序紊亂的時刻，孔子提出其為政之道在於「君君、臣臣；父父、子子」。這正名觀念是儒家德治的重要的一環，當今有人就認為這是強固宗法封建的倫理而全盤加以反對，吾人應以同情式理解這是孔子處當時環境下的回應。但另一層君君臣臣之意就如同前文所言，這是一強調「正名份」之下的權利、義務關係亦即應當是現代國民與國家的關係，這樣的意涵，應是一超時空價值的理念，而所謂批判性的繼承之意就在於此。

　　儒家重視德治、倡行禮教，如此必然離不開人治，這又易使後人加以批判——人治的種種人謀不臧之事，吾人看看儒家怎麼說：

「爲政以德，譬如北辰，居其所而眾星拱之」（論語　爲政篇）

「子爲政，焉用殺，子欲善，而民善矣」（論語　顏淵篇）

「先王有不忍人之心，斯有不忍人之政矣。以不忍人之心，行不忍人之政，治天下可運之掌上」（孟子　公孫丑篇）

「道之以政，齊之以刑，民免而無恥；道之以德，齊之以禮，有恥且格」（論語　爲政篇）

「徒善不足以爲政，徒法不能以自行」（孟子　離婁篇）
「有治人，無治法，……得其人則存，失其人則亡」（荀子　君
道篇）

　　這些詞語，是儒家人治的要點，吾人可從中知曉，儒家是寄望統
治者以身作則，以德化民，且可知儒家並沒有反對「法」，只是認為
德比法重要，有善法猶需有善人加以實踐。梁任公說：「儒家言道言
政，皆植本於仁。」日人五來欣造說：「儒家以道德律己律人，此種政
治理想，乃道德政治（Ethocracy）……道德政治，即是不以力為政治
要素，而以德為政治要素，不以力服人，而以德化民」（轉引自金耀基，
民67：3-4）儒家強調統治者必需是一道德高尚的人，且必需推己及
人。以愛民、養民、富民、教民、安民為內容，亦即推行仁政，反對
暴政。

「道千乘之國，敬事而信，節用而愛人，使民以時。」（論語
學而篇）
「克己復禮爲仁，一日克己復禮，天下歸仁矣。」（顏淵篇）
「詩曰，天生蒸民，有物有則；民之秉夷，好是懿德。孔子曰：
爲此詩者，其知道乎？故有物必有則，民之秉夷也，故好是懿
德。」（孟子告子篇上）
「不教而殺謂之虐，不戒視成謂之暴，慢令致期謂之賊」（論語
堯曰篇）
「地方百里，而可以王，王如施仁政於民，省刑罰，薄稅斂，
深耕易耨……仁者無敵。」（孟子　梁惠王上）
「殘賊之人，謂之一夫，聞誅一夫紂矣，未聞弒君也。」（孟子
梁惠王下）

　　從上述可知儒家主張愛民如己，為仁由己的仁政，反對暴君、昏

君。明太祖命令劉三吾刪〈孟子〉中不便於他專制統治之處而作成〈孟子節文〉（容肇祖，1989：170-183）❹，可見儒家德治思想對推行仁政及牽制皇權是起了很大的作用。

　　儒家道德政治不是一成不變的，也不是黑格爾等西方學界表面性的理解，認為是一昏俗的，缺乏超越性的普通道德而已。試看其原典：

　　「殷因於夏禮，所損益可知也；周因於殷禮，所損益可知也。」（論語爲政篇）
　　孟子曰：子莫執中。執中爲近之，執中無權，猶執一也。所惡執一者，爲其賊道也，舉一而廢百也。（孟子　盡心上篇）「體常以盡變」（荀子　解蔽篇）

　　這些論述，都說明儒家精神面貌是有所變有所不變，維護中道，不偏不倚，但對於禮制等世俗義理則保有順時應變，如此則不故步自封，而能有經權原則。另一爭論是認為儒學受時空限制欠缺超越性價值。其實不然，

　　「子曰：不想天，不尤人，下學而上達，知我者其天乎？」（論語　憲問篇）

❹ 朱元璋晚年殺戮功臣無數，其恐怖統治，由對付活人的猜忌、濫殺，又轉而到已死千餘年的孟子頭上，命大學士劉三吾刪掉不利其統治的孟子章節八十五條之多。朱元璋此事例說明先秦儒家「道統」對暴君的規約作用是如此之大。依據明史專家容肇祖教授比對〈孟子〉原本與刪節本，之話語，被刪去的話語，其意義可歸納為十一項：1.不許說人民有尊貴的地位和權利，2.不許說人民對於暴君污吏報復的話，3.不許說人民有革命和反抗暴君的權利，4.不許說人民應有生存的權利，5.不許說統治者的壞話，6.不許說反對徵兵徵實同時並舉，7.不許說反對捐稅的話，8.不許說反對內戰，9.不許說官僚黑暗的政治，10.不許說行政救人民，11.不許說君主要負善良或敗壞風俗的責任。（參閱，容肇祖，1989：170-183）

「儀封人曰：二三子何患於喪乎？天下之無道也久矣，天將以
夫子爲木鐸。」（論語　八佾篇）
「仁義禮智，非由外鑠我也，我固有之也，弗思耳矣。」（孟子
告子上篇）

這些簡短言語，可以說明儒家是有天命觀，但天命由有德的人來
執行，而人又是有內在道德的自律性，如此足以形成一內在的超越，
亦即儒家天道與人道是通的，不似議論者認為西方式——外在的宗教
才足以形成超越性的道德與思想的理路，儒家相信透過人的道德主體
性可以貫通人性，政治乃至宇宙的道理。（李明輝，年代不詳1-10；
及1990：47-104；傅佩榮，1988）蕭公權先生有段話深刻的指出中國
天命說中的天、君、民的關係，他說：「中國天命之說，天意專在愛人、
君權止於利眾；君尊而民不卑，天貴而人不賤；以民心之向背，占天
命之得失；仁暴之分蔡明，從違之辨甚顯；民賊無親，獨夫可誅。此
天命說所以與神權說貌相似而實大異其趣也。」（氏著，1970：30）這
段話道出了儒家德治、仁道、天命相通的方法與目的。

新加坡儒家倫理委員會主席吳德耀教授，以一個字「正」詮釋儒
家理想政府。他說：「儒家政治思想和政治理想，"政"這個字即可概
括。「政者正也」（顏淵篇）。正的政治就是把國家社會的不公不正的事
矯正過來。如果一個政府能這樣做，那麼人民就可以安居樂業，國家
可以使「近者悅，遠者來」（子路篇）」（劉述先編，1987：177-188），
如此「正」的思想難道不值得繼承嗎？「大居正」是可做為歷史「常道」
的。

蔡明田教授進一步指出：德治思想大抵源於儒家的「道」尊於
「政」的觀念，企圖以道德提升（甚或支配）政治，造就一個「不腐化」
的萬能政府，中國傳統的治道理論的根本用心在此。孔子明白點出「民
無信不立」（顏淵篇）則「民信」當然是統治合法性的基礎，而民信的
達致，則端視統治者的「德」及政治上的「養」⋯⋯民信只襯托出君

德與君權，卻轉不出民權、民主來，這是德治思想的「限」。（氏著，1984：1-26）德治，是君主政權合法性的基礎，亦是「大居正」的核心要旨，而其不足處，即在於這只反應、規約當時君權政體，現代正統應向何方向轉出其合法性基礎呢？這是下文所欲回答的。

（三）創造性轉化[5]的「法治觀」
──「大一統」價值的再考量

用憲法來控制人君或其他形態的政治權力，乃到了近代才出現的事。在中國古代，便只有靠人君的德性來控制人君自己。（此即前文「德治」的主要意義）。在中國過去，政治中存有一個基本的矛盾問題。政治的理念，民才是主體；而政治的現實，則君又是主體。這種二重

---

[5] 創造性轉化，是當代學者在思索中國傳統文化在面對西化的衝擊時如何去蕪存菁，重建中華文化於當代的經世致用中的一種概念。

根據林毓生教授的說法，創造性轉化乃指：「使用多元的思想模式將一些（而非全部）中國傳統的符號、思想、價值與行為模式加以重組與改造，使經過重組與改造的符號、思想、價值與行為模式變成有利於變革的資源，同時在變革中得以繼續保持文化的認同。」葉啟政教授進一步分析說：做為一種計劃變遷的主張，「創造性轉化」所彰顯的「倫理」基礎基本上是在於：它表現出能夠同時吸納本土與外來和傳統與現代之文化基素的潛在空間，而且有不會刻板地先訂出一定預設優位前提的可塑性。因此，在理論上，它可以是一個頗足貼近社會實在、且可行性會較高的主張。

余英時教授在論及中國文化的重建問題時，引述 Kluckhohn 的話說，離開文化傳統的基礎而求變求新，其結果必然招致悲劇。

Toynbee 論文明的發展曾提出「退卻與重回」（withdrawal and return）的公式。及董仲舒「退而結網」的事例，說明重建中國文化之路徑。可見「退」就是為了回，而且也祇有在退的階段中才能創造出「回」的條件。依此論述，正印證筆者的此文要旨，在「退」到儒家「正統」思想的考量下，思索其利弊，接筍與現代意義相當的價值，如以禮接法，以「正義」通「契約」，在互嵌互攝中，從「官治」轉化為「民治」，從「德治」轉化為「法治」，如此創造性轉化的作用，適可提供「回」到現代憲政主義的轉型政治的契機。參閱：余英時 1982；林毓生 1989；葉啟政 1991。

的主體性，便是無可調和的對立。對立程度表現的大小，即形成歷史上的治亂興衰。於是中國的政治思想，總是想解消人君在政治中的主體性，以凸顯出天下的主體性，因而解消上述的對立。……儒家道家，認為人君之成其為人君，不在其才智之增加，而在將其才智轉化為一種德量……「德」——用現代的語言說，是一副無限良好的動機。良好的動機，即道德的動機，總是會捨己從人，而不會於人就己的。……中國歷史中的政治矛盾……只有落在民主政治上才能得到自然而然的解決。由中國的政治思想以接上民主政治，只是把對治之「德」，客觀化出來，以凝結為人人可行的制度。（徐復觀，民77：127，224-225，248）徐教授這段長文，點出了彼時「德治」之可貴，也說明了此時尤需要憲政主義（constitutionalism）才足以解消政治上的矛盾。

　　當代政治思潮中，談及「正統」尤先求一統治的合法性。日裔美籍學者福山（Fukuyama）認為：一個統治體系的自由民主的正統性已在全世界出現，因為自由民主已克服世襲君主制、法西斯與共產主義這類敵對的意識形態。一自由民主可能形成「人類統治的最後形態。」（Fukuyama著，李永熾譯，1994：序論I）自由民主所建構的憲政體制是當前「正統」政治統治的最佳正當性形態，隨著「蘇東波」浪潮已得到印證。

　　中國傳統統治觀所缺乏的正是憲政體制的民治精神，　中山先生在「中華民國建設之基礎」一文中說：「夫主權在民之規定，決非空文而已，必如何而後可舉主權在民之實。……欲知主權在民之實現與否？不當於權力之分配觀之，而當於權力之所在觀之。權在君，不在於民，則為官制；權在於民，不在於官，則為民治。」又說：「中國自革命以後，成立民權政體，凡事都是應該由人民作主的；所以現在的政治，又可以叫做民主政治。」（國父全集第二冊，177-178，128-129）

　　中山先生一語道出中國政治必需從官治（君主專制）走向主權在民的民治。

　　哈佛大學憲法學者麥克伊文說：「真正的立憲主義之最古老

的、最堅定及最持久的成份，為對於政府的法律限制。」(limited government)」(McIlwain, 1947：21-22) 換句話說，即對傳統治道(君權)的分權、限制也。立憲主義的精神包涵眾多意義，其中尤其重要的是英國學者戴雪所說的法律主治觀念(rule of law)其主要內容有三：「1.凡人民不能無故受罰，或被法律處分，以致身體或貨財受累。有一於此，除非普通法院曾依普通法律手續，訊明此人實已破壞法律不可。亦即武斷權力的不存在。2.不但無一人在法律之上，而且每一人不論為貴為賤，為富為貧須受命於國內所有普通法律，並須安居於普通法院的管轄權之治下。亦即法律之前人人平等。3.凡憲章所有規則，必是由法院規定與執行個人權利後所產生之效果。」(A.V. Dicey 著，Dicey 著，雷賓南譯，民80：273-285) 這些構成現代政治合法性的精神，可說是傳統中國政治所缺乏的，因此，只有透過創造性轉化加以學習補充。但儒家思想中有數點精神可與「法治」曲通或接筍而上。

　　中國傳統政治在德治的約束制衡下，統治者頂多發展出「為民所有」(of the people) 及「為民所享」(for the people) 的民本思想而已，此時人民是被動的一被動地接受聖君賢相推行仁政王道的惠澤。這是一德化的性格，欠缺一個客觀法制架構，因而一直沒有完成二步立法：一是「限制君權」的立法，二是「規定人民權利和義務」的立法。這二步立法做不出，則儒家「天下為公」的政治理想就無法充分實現，而中國傳統政治的三大困局——朝代更替、君位繼承、宰相地位，也將不能落在客觀法制上得到根本的解決。(蔡仁厚，民79：61) 如何解決？如何使民本過渡到民主？如何使德治發展到法治？儒家思想中的「禮」可做某些程度的曲通。

　　　「子曰：道之以政，齊之以刑，民免而無恥。道之以德、齊之
　　　以禮，有恥且格。」(論語為　政篇)
　　　「上好禮，則民莫敢不敬。」(論語　子路篇)
　　　「夫禮，先王以承天之道，以治人之情。」(禮運篇)

「足以爲萬世則，則禮是也。」（荀子　禮論篇）

「聖人化性而起僞，僞起於性，而生禮義。禮義生而制法度，
然則禮義法度者，聖人之所生也。」（荀子　性惡篇）

　　這些論述說明儒家主張先禮後法，或德主法輔之義，更要求統治
者先守禮（規矩）則人民可遵從且尊敬之，禮——是人民的行為規範，
實質上具有法規範的性質。德與禮進而可引發民主主義中道德的自
覺。徐復觀教授指出：「民主之可貴，在於以爭而成其不爭；以個體
之私而成其共體的公，但這裏所成就的不爭，所成就的公，以現實情
形而論，是由互相限制之勢所逼成的，並非來自道德的自覺，所以時
時感到安放不牢，儒家德與禮的思想，正可把由勢逼成的公與不爭，
推上到道德的自覺，民主主義至此才真正有其根基。」（徐復觀，民
69：53-54）祇是儒家沒有進言：王子犯法與庶民同罪的法律之前人人
平等的現代法治精神而已。

　　再則儒家思想中的「正義」概念則可與「契約概念」做某程度的
會通。

「行義以達其道。」（論語季氏篇）

「不仕無義。……君子之仕也，行其義也。」（論語微子篇）

「義然後取」（論語憲問篇）

「仁，人心也：義，人路也。」（孟子告子上篇）

「夫仁政必自經界始，經界不正，井地不均，穀祿不平，是故
暴君汙吏，必慢其經界，經界既正，分田制祿可坐而定也。」（孟
子滕文公上篇）

「君子養心莫善於誠，致誠則無他事矣，唯仁之爲守，唯義之
行爲行。」（荀子不苟篇）

「義之所在，不傾鈴權，不顧其利，舉國而與之不爲改視，重
死持義而不橈，是士君子之勇也。」（荀子榮辱篇）

　　仁可說是儒家道德的核心情境，義則是仁的具體落實，君子治理國家，不可缺乏的精神就是義。它是治國安民的態度與行為的準具，義也是儒家思想中肯定他人權益的理性態度，義可說是一種不為權勢、利害所屈的公心公德。「正經界」是儒家對社會、經濟、土地分配的看法，以「公正」的態度，處理人民的財產問題。而不公不正不義的暴君汙吏，必導致生靈塗炭，社會動盪不安。當代政治哲學家羅爾斯（J. Rawls）指出：「作為公平的正義是我所說的契約論的一個標本。……正義論中的契約並不要由此進入到一個特定的社會，或採取一種特定的政治形態，而只是要適用某些道德。」（Rawls, 1971：15-16）由此可知立約者的基礎是建立在一套公平正義的道德原則上。「正義」是通往法治的重要道德。成中英教授認為孔、孟思想要義之一即是以「正義」為骨幹的社會規範論。（氏著，民75：349-380）透過儒家「正義」倫理，轉化為當代「法治」政治，是一條有跡可尋的要道。

　　中山先生有二段看似矛盾的話，一者說：近來經過了革命以後，人民得到了民權思想，對於堯、舜、禹、湯、文、武那些皇帝，便不滿意，以為他們都是專制皇帝，雖美亦不足稱。（民權主義第五講）但民國十年他接見共產國際代表馬林（Maring, 原名J. F. M. Sneevliet），先生告以革命基礎為中國自堯、舜、禹、湯、文、武、周公、孔子一貫相承之道統。戴傳賢進而指出：先生的思想就是繼承這一個正統的道德思想來加以發揚光大。（羅家倫主編，民 74：943-944）細緻的分析，這二段話，並沒有矛盾，反而正是以理性的態度面對中、西文化。中山先生經由批判性方式，繼承了堯舜……部份道統思想及王道文化等，如：「中國有系統政治哲學－格物、致知、誠意、正心、修身、齊家、治國、平天下」（民族主義第六講）及「你們日本既得到了歐美的霸道的文化，又有亞洲王道文化的本質，從今以後對於世界文化的前途，究竟是做西方霸道的鷹犬，或是做東方王道的干城，就在你們日本國民去詳審慎擇。」（大亞洲主義）。中山先生也經由創造性方式，

轉化了部分正統觀念，如：反對堯、舜 … 專制皇帝、建立民主政治的現代民治、法治的新中國，為中華民族的正統觀，開展出一個新類型。

擺正當代正統觀念一司取得政權正當性，合法性的基礎後，當努力實現新的「大居正」的功夫，亦即在憲政主義下，體現民主、自由、均富的實質成效後，再依法律主治的精神之一程序理性（rational process）原則及儒家王道精神來推進「大一統」的目標。孟子篇章中有二段話極可為「大一統」做註腳：

> 孟子見梁惠王，出，語人曰：望之不似人君，就之而不見所畏焉，卒然問曰：「天下惡乎定？」吾對曰：「定於一。」「孰能一之？」對曰：「不嗜殺人者能一之」。「孰能與之？」對曰：「天下莫不與也。王知夫苗乎？七八月之間旱，則苗槁矣。天油然作雲，沛然下雨，則苗悖然興之矣。其如是，孰能禦之？今夫天下之人牧，未有不嗜殺人者也。如有不嗜殺人者，則天下之民，皆引領而望之矣，誠上是也，民歸之，猶水之就下，沛然誰能禦之？」（孟子梁惠王上篇）孟子曰：以力假仁者霸，霸必有大國。以德行仁者王，王不待大：湯以七十里，文王以百里。以力服人者，非心服也，力不贍也。以德服人者，中心悦而誠服也，如七十子之服孔子也。詩云：「自西自東，自南自北，無思不服。」此之謂也。（孟子公孫丑篇）

這兩段論述，說明了儒家治理天下，統一天下的道理是很簡明深切的，那就是革除窮兵黷武之霸功，不施暴於民，推行仁政，以德服人，解民困如久旱之甘霖，不必有大國土，則民眾自然從四方歸服，「大一統」之局，如水之就下，自然形成，非以力促成也。

五、結論

先秦中國社會是以血緣為主幹所形塑的宗法社會（a hierarchical system of societies）及封建政治，因此道德倫理是天子與諸侯間的家族關係，而天子、諸侯、大夫間的親屬關係亦是政治關係。因此君主「大居正」取得效應後，「大一統」格局自然水到渠成，由此建構的「正統」意理，成為中國歷史與政治的常道，此典範概念，當不容邪說混淆，亦不許歪統僭越，是可理解的，且在歷史傳承中發揮了取天下以「正」，以及「統」天下於一的若干作用，但世界潮流浩浩蕩蕩，由「官治」到「民治」的體制已成最佳趨勢，正統觀不可無限延伸與誤用，經由批判地繼承，「大居正」的意涵，正是「性善」、「德治」等內在超越性的發揮，再由創造性轉化而來的「憲政體制」，正可以外在性的超越──「公平正義的法治」來防患「性惡」的流弊，如此轉化的中國式政治的正統觀，或許才有當代的意義，而「大一統」的理想，就依憲政原則──程序理性及王道文化去做最後的決定吧。最後，試著歸納提出一個系統層級圖以示「正統」論的當代形式。

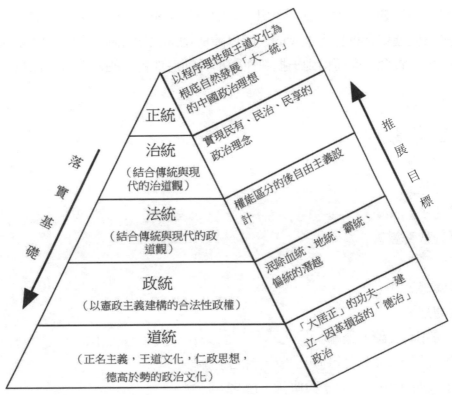

圖一：當代正統論系統結構圖

　　以「道統」為基礎，強調統治者應先正己身，以不忍人之心的王
道、仁政思想，己立立人，己達達人，推行「德治」政治（ethocracy）
，這是一內在的，看不到的高標準—良心政治。再依次建構憲政主義
的「法統」觀念，泯除血統、地統、霸統的心態，建構一合法性政權，
政府與人民依法而治(rule of law)，以人民有權、政府有能的權能區分
架構，如同當前西方政治理論所言，以成熟的「公民社會」與效率的
「法治政府」的理念的後自由主義的政治設計，行使當代「政統」觀。
政府的存在—「治統」是為發揮公益與秩序，而其目標是為實現民有、
民治、民享的政府。依此理念層次逐級而上建構出「大居正」的政府

與自然歸趨的「大一統」理想，如此方不誤解儒家「正統」本意，且與時俱進結合世界上進步的、能保障與增進民眾福祉的後自由主義憲政民主觀念，從而得到一批判性繼承與創造性轉化的當代新正統觀。

參考書目

《四書》
《史記》
《荀子》
《春秋繁露》
《莊子》
《漢書》
《禮記》
王船山，《讀通鑑論》。
包遵信，1989，批判與啟蒙，台北：聯經。
余英時，1982，史學與傳統，台北：時報。
牟宗三，1991，政道與治道，台北：學生。
任卓宣，1971，道統新論，台北：帕米爾。
成中英，1986，知識與價值─和諧、真理與正義的探索，台北：聯經。
杜維明，1989，儒學第三期發展的前景問題，台北：聯經。
───，1994，「孟子──有機智識份子的源頭活水」，台北，中研院
　　文哲所：孟子國際研討會。
李新霖，1989，春秋公羊傳要義，台北：文津。
李　敖，1989，蔣介石研究六集，台北：李敖出版社。
李明輝，年代不詳，儒家思想中的內在性與超越性。
───，1990，儒家與康德，台北：聯經。
───，1993，「當代儒學之自我轉化」，台大三民所：國家發展與兩
　　岸關係學術研討會。

金耀基，1978，「三民主義與儒家政治哲學」，載氏等著：三民主義與儒家思想，台北：中央文物。

林安梧，1993，「『正統論』的瓦解與重建──以王船山人性史哲學為核心的理解與詮釋」，中壢：中央大學第二屆〈明清之際中國文化的轉變與延續〉學術討會論文。

林毓生，1989，政治秩序與多元社會，台北：聯經

孫　文，1981，國父全集（一）（二），台北：中央文物。

孫廣德，1980，「陰陽五行說與漢代政治」，載陳立夫等著：中華民族的歷史文化，台北：中央文物。

容肇祖，1989，容肇祖集，山東：齊魯書社

徐復觀，1980，學術與政治之間，台北：學生書局。

徐復觀著，蕭欣義編，1988，儒家政治思想與民主自由人權，台北：學生書局

梁啟超，1976，「論正統」，載氏著：飲冰室全集，台北：文化圖書。

傅佩榮，1988，儒道天論發微，台北：學生。

許悼雲，1979，「肯定法統的新意義」，載卜大中主編：台灣經驗與中國統一，台北：時報。

陳芳明，1971，「宋代正統論的形成背景及其內容」，台北：《食貨》，第一卷第八期，頁16-28。

陳學霖，1993，宋史論集，台北：東大。

黃俊傑，1993，孟子，台北：東大。

張灝，1989，幽暗意識與民主傳統，台北：聯經。

張永雋，1990，「宋儒之道統觀及其文化意識」，台大：《文史哲學報》，第38期。

曾春海，1992，儒家的淑世哲學─治道與治術，台北：淑馨。

劉述先編，1987，儒家倫理研討會論文集，新加坡：東亞哲學研究所。

葉啟政，1991，制度化的社會邏輯，台北：東大。

趙令揚，1976，關於歷代正統問題之爭論，香港：龍門。

雷家驥，1990，中古史學觀念史，台北：學生。

傅鏡暉，1994，中國歷代正統論研究，台北：政大政研所碩士論文。

賴　瞖，1981，國史的正統以道統為中心，中研院國際漢學論文集（下）歷史考古組，台北：中研院。

蔡仁厚，1990，儒家的常與變，台北：東大。

蔡明田，1984，「論孔子仁學中的正名思想」，台北：《孔孟學報》，第48期。

錢新祖，1988，「儒家傳統裏的"正統"與多元以及個人與名份」《台灣社會研究季刊》，第一卷第四期，頁211-232。

蕭公權，1970，中國政治思想中之政原論，載氏著：《亦園文存》（一）台北：環宇。

＿＿＿＿，1980，中國政治思想史，上冊，台北：中國文化大學。

薩孟武，1977，中國政治思想史，台北：三民。

＿＿＿＿，1982，儒家政論衍義，台北：東大。

饒宗頤，1979，中國史學上之正統論，香港：龍門。

羅家倫主編，1985，國父年譜增訂本（下），台北：中央文物。

尼微遜等著，孫隆基譯，1980，儒家思想，台北：商務。

Dicey, A. V. 著，雷賓南譯，1991，英憲精義，台北：帕米爾。台北：

Fukuyama, F. 著，李永幟譯，1994，歷史之終結與最後一人，台北：時報。

Chen Hok-lam, 1984, Legitimation in Imperial China: Discussions under the Jurchen-chin Dynasty（1115-1234）, Seattle: University of Washington Press,（台北：弘文館）.

Dahl, Robert, A. 1976, Modern Political Analysis; 3rd, Prentice-Hall.

de Bary, T. W. et al, 1975, The Unfolding of Neo-Confucianism, N. Y.: Columbia University.

McIIwain , Chades, H, 1947, Constitutionalism: Ancient and Mordern, Oxford University.

Metzger, T. A., 1977, Escape from Predicament, N, Y.: Columbia University Press.

Rawls, John, 1971, A Theory of Justice, Massachusetts, Harvard University, Belknap.

Schwarz, Benjamin J., 1985, The World of Thought in Accient China, Harvard Press（台北：雙葉）.

Seliger, Martin, 1976, Ideology and Politics, London: Allen and Unwin.

The original Mmanings, Disputation, And Transformation of Chinese "ORTHODOXY" Though
——A Discourse with Confucian Thought as the Core
Chen-Yu Hsieh

From the Era of Spring and Autumn, the content and penetration of orthodoxy thought had greatly influenced Chinese politics. Orthodoxy thought came ot be a great characteristic of the history of Chinese politics. But, many kinds of amplification of it appeared in successive dynasties; moreover, some emperors and historiographers made it vague in function on purpose in order to justify their thrones and dynasties. Consequently, disputation on the notion of orthodoxy happened incessantly. Prof. Sah Menqwuu pointed out: Orthodoxy is composed of two notions. One is the ethical notion that emphasizes righteousness of the establishment of a new dynasty or ascending the throne. Another is the political notion that emphasizes unification of the whole realm. We should understand the both aspects—the ideal of "the kingly way of justice" ("great residence in righteousness")—of the notion of orthodoxy, then we will not misinterpret the two main meanings of orthodoxy thought.

The notion of orthodoxy not only repeatedly appeared in every dynasty of China, but also had tremendous influence on neighboring Japan, Korea and Vietnam. In China, the disputation on the notion of orthodoxy did not cease with the end of the autocratic Dynasty of Ching. From the republic epock of China, the contest between Ching Kai-Shek's old Three Principles of the People and Mao Tsetung's new Three Principles of the People, the debate on the subject that the Han people nd their traitors should not co-exist in the United Nations, and so forth all had relation to orthodoxy thought. Therefore, the research on orthodoxy thought is of deep and far-reaching value. The main point of this treatise is to analyze the theory of orthodoxy of Confucian thought by exploring the original meanings of orthodoxy thought and the relation between it and the system of transmitted orthodox teachings. Moreover, the author states the disputation caused by it, and, under the assistance of the notion of modern political legitimacy, explores how this notion（of orthodoxy）obtains transmutation through critical succession and creative transformation of the present age. This is the purpose of the statement of this treatise.

Keywords: Orthodoxy、transmitted orthodoxy teachings、legitimacy、Disputation、historilgraphers、Han people and their traitors

本文原載：東吳政治學報／1995／第四期／頁 241-266。

肆

自由主義、社群主義與
儒家思想理念下的「公民社會」
——一項兩岸思想與實踐歷程的
初步觀察

摘要

　　本文從近代西方自由主義的若干核心理念，諸如：「理性」、「個體主義」、「自由權」、「財產權」的理念推進下，掙脫中古世紀「皇權－國家」與「教權」的雙重束縛，從而締造「社會」的概念與空間，並從統治者身上爭取「公民」的權益，「公民社會」的理論與實踐於焉誕生。

　　本文進一步論述自由主義下公民社會的弊病。並論述自由主義對百年來兩岸思想史的衝擊，從而檢討沈岱爾（Sandel）的三種「社群主義」的類型（工具性社群、情感性社群、構成性社群）與自由主義的對話，以及當代儒學回應下另一類型的「公民社會」之內涵。並且進一步分析兩岸當前公民社會的特質以及從自由主義與社群主義當中可借鏡之處。

關鍵字：自由主義、社群主義、儒家思想、公民社會、沈岱爾

一、前言：

　　當代公民社會的理念，可說源自於啟蒙運動思想家對中古世紀封建社會的批判、推動與反省之下誕生的，公民社會（Civil Society）這個概念，其起源可追溯到宗教改革與啟蒙運動中自由主義者強調天賦人權，以「理性」、「自由權」、「財產權」擺脫「皇權－國家」與「教權」的雙重束縛，在「國家」直接干預「人民」之間，爭出了「社會」，此一「公民社會」到了18世紀有兩線發展，其中之一沿著蘇格蘭的佛格森和英格蘭的亞當斯密的道路，強調國家與政府減少干預「市民經濟」，另一個則是孟德斯鳩、盧騷、托克維爾等人所強調的自主性的團體，如宗教、學校等等（Calhun,1993）此「公民社會」具有不受政府控制，國家保持中立的特色，以追求自我利益並擴及到我們一群人組成共同體，追求社群的共善，有時候他又以「市民社會」呈現。例如在19世紀中葉，法國人托克維爾到美國觀察美國的民主政治與社會，他就指出，美國人無論年齡多大，處在什麼樣社會地位，不論志趣是什麼，他們都在無時無刻的組織社團，不論是工商團體，宗教團體，道德團體，還有成千上萬的各種團體，他們為了慶典活動，創辦神學院，開設旅店，建立教堂，銷售圖書，向邊遠地區派遣傳教士，美國人都要組織一個團體，他們也利用這些辦法設立醫學院、監獄和學校。——在托克維爾的觀察中，像美國這樣一個民主國家，結社的學問是一門主要學問，其餘一切學問的進展，都取決於這門學問的進展，（T）在托克維爾的觀察，市民生活的結社自由與它的事業的蓬勃發展，是美國民主政治成功的重要因素，也是法國社會所缺乏的，托克維爾的這些論述，簡言之，就是今日所描述的「公民社會」的概念。

　　本文探討的主即在於反省，一個公民社會的健全發展，是否只有在自由主義社會裏才能開花結果，是否像日裔美籍學者福山所講的，到20世紀末人類歷史發展已經印証，自由主義已取得最後勝利，其下

的公民將成為歷史上「最後一人」換言之，依福山之論，公民資質的歸趨將以自由民主為必然的終結。人類祇有此種旅程的目的地嗎？這種文化意識塑造下的公民社會將是唯一的模式嗎？自由主義下的公民社會，有無弊病？晚近社群主義對它的批判與補充又是什麼？對公民社會有無正面的影響？在儒家思想影響下的國度，又有無公民社會成長的空間？本文將從思想史的角度對對上述這些公民社會的歷史發展與問題作初步的探討。

二、自由主義對公民社會的貢獻的貢獻與挑戰

「個體主義」（Indivdualism）優先還是「群體主義」（collectivism）至上一直是中、外思想史上的一大課題，兩種學說以及因而形成政治體制後；衍生的主流價值經常交疊輪替（alternative）在進人類文明史上。

（一）自由主義的要義與公民社會的發展

自由主義的鼻祖洛克、盧梭等人所欲去除的種種人的束縛、個人的枷鎖可說是中古世紀歐洲封建主義的社會，事實皇帝的權力與宗教的權利結合在一起，形成1個對人民雙重束縛的專制國家。在封建社會中人不得自由，受到層層的節制，如同奴隸一般，其結構可圖示如下：

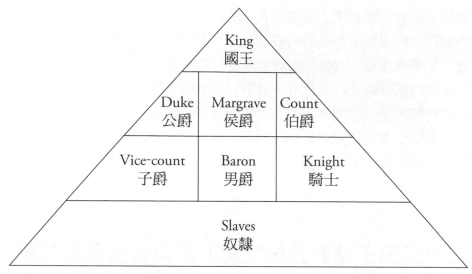

圖一：歐洲中古世紀封建社會結構圖

　　此時人無個體自由可言，基本上呈現的社會形態，是一個不自由不平等的，有著上下階層的隸屬關係，上一層是下一層的領主，下一層則是上一層的附庸。上層對下層有保障生活、保護安全的責任，下層對上層則要盡到服勞役、納糧、納稅的義務。附庸甚至被領主的采邑之封地所束縛，連移動、遷徙的自由都沒有，這是歐洲當時領主與附庸封建社會的寫照。這種國家透過封建形態層層束縛人民的不平等的權力關係，正是自由主義啟蒙運動思想家所欲打破的，如：洛克的《政府論》，就是要衝破這些網羅，爭取一個「生而享有自由、平等及財產權的公民之自然權利」，以及盧梭的《社會契約論》中所說：「人是生而自由的，卻處處束在枷鎖之中（Man is born free, but everywhere in chain）思以道德和法律的平等替代自然所造成人與人之間身體的不平等。」（Cohen & Ferman ,1996:243-279、280-292）例如，人身自由是一項重要環節，日後立憲民主的國家都將人民擁有「遷徙的自由」明訂在憲法之中加以保障。洛克、盧梭等自由主義者有一共同點，那就是欲去除專制封建政權體系，在此體系所代表的國家結構裏，開創出

1個相富有聯繫關係的「共同體」的「社會」之空間，給其成員，亦即人民享有基本的精神自由（言論、出版、集會結社等）與身體自由（居住與行動自由、人身安全、司法保障等），為了保障這些權利，人民以《契約》限制政府的權力，使公民的生命、財產獲得政治上和法律上的保障。

　　自由主義強調以「理性、懷疑、抗拒權威、政府權力分立、國家中立」做為公民在社會上生存與發展的依據與保障，至十八世紀觀念上已完整的發展。在社會機制的實踐上，自由主義先後完成了馬丁路德、喀「宗教入世化」、洛克、　孟德斯鳩的「分權制衡的有限政府」、亞當斯密士「經濟上管理最少的政府是最好的政府」、韋伯「建立入世禁欲主義」，以及各種人權自由平等條款等。自由主義誠然給人類政治史上帶來莫大的成就，但其思想與体系也呈現出貧富差距大、社無論會高度犯罪率、自私自利、經濟混亂、種族衝突問題等病症。（Barbar,1984）對於自由主義諸多理念的反省與批評，來自左邊「社會主義」的批評，如馬克思（Marx）以消滅私有財產，才能免於異化，達到解放與自由為其反自由資本主義主義之學說要旨，再者如韋伯（Weber）的論述就注意到自由資本主義偏重「工具理性」而偏離「實質理性」或「目的理性」。來自右邊的「國家主義」的批評，例如，二十世紀30年代的希特勒、墨索里尼的法西斯主義。貝特森（Bateson）也說自由主義帶來「雙重束縛」（double bind）的偏差理性。（葉啟政，2001：178）也就是說，來自西方社會內部左、右兩派對自由主義的檢討與指陳，始終不斷。

　　市場經濟到了18世紀又結合了工業革命，使得生產結構呈現前所未有的狀態，到了19世紀的達爾文主義，強調「優勝劣敗」、「適者生存」的「進化法則」，當這些信念成為自由社會人類的共同信仰，就造成的前所未有的「強烈若強凌弱眾暴寡」、「強凌弱眾暴寡」的不公平社會。面臨這些問題與挑戰，因而有十九世紀馬克思主義的興起，強調唯有生產工具的公有化，以及消滅私有財產，他們認為「財產權的

私有化」不僅不是自由的保障，更是人性的領內人性泯滅與社會衝突的根源，唯有藉由階級鬥爭與革命，才能解決自由資本主義社會所帶給人類不公不義的痛苦，此學說被俄國革命家那列寧所運用，推翻沙皇，建立人類第一個蘇維埃政權。再者，過度強調自由所形成的放任主義，也造成政府無能、社會失序的狀態，二十世紀30年代，德國、義大利法西斯政權就是強調重建一個「國家安全」與「社會秩序」等集體價值的國家至上、民族至上的國家主義。但實踐所留下的証明，共產主義的社會，所造成的結果更是普遍的貧窮，共產黨摧毀一切「公民社會」的的組織，形成了「黨國」直接領導指揮「人民」的專制政權。法西斯政權也是一樣，當以國家之名控制了社會之後，他們發動第2次世界大戰爭、殘殺異己，國家機器的代言人「蓋世太保」貫穿社會的每一個組織，所形成的恐怖統治，扼殺了一切公民社會的活力，最終導致德國、義大利、日本三個國家主義軸心國的敗亡。

　　當1989年東歐與蘇聯的共產主義理論体系與共產政權產生骨牌效應的崩解之後，所謂「第一世界-資本主義現代型社會」與「第二世界-共產主義現代型社會」對手交戰之局，勝利之分已然呈現，此時日裔美籍學者福山（Francis Fukuyama）說出「歷史的終結」最終將以西方的「自由主義民主」（liberal democracy）成為黑格爾所論述的「普世史」（universal history）。繼此年的論述，福山在1992年進一步完成巨著：「歷史之終結與最後一人」，他說「二十世紀最後二十五年中，最值得注意的發展是，不論軍事的右翼威權主義或共產主義的左翼極權主義，這些看來是強固獨裁體制，都在中心部分呈現脆弱的一面。拉丁美洲、東歐、蘇聯、中東與亞洲的強固政府產生動搖，雖不是全由自由民權所取代，但全球不同地區與文化卻以此為政治憧憬之對象」，不僅在本世紀最後世代如此，福山又說：「在人類史的過程中，君主政治、貴族政治、神權政治到本世紀的法西斯和共產主義獨裁政體，各種政權都已出場，但是在二十世紀結束前，能夠無恙存活下來的唯一政府型態就是「自由民主」（Fukuyama，1992：xiii、43）。而「最後

一人」（依本文論述，此最後一人可理解為公民資質的最後選擇）將搭著如美國西部拓荒蓬車隊伍攸然的向「自由」市鎮的旅程邁進。

福山在1989年發表「歷史以終結」的同時，亨廷頓（Huntington）就指出，自由主義未必勝利。亨氏在1996年進一步在「文明的衝突與世界秩序的重建」一書中指出：「在維也納國際人權大會上，美國國務卿克里斯多福領導的西方同伊斯蘭教和儒教國家聯盟發生了對抗，前者譴責後者『文化相對主義論（cultural relativism）』，後者反駁前者『西方普世主義論（Western universalism）』。」（Huntington,S.P.,1997:38）這種普世主義的價值觀一再出現在西方自由主義國家的外交政策上，在1992年柯林頓大選中一再強調推動民主是其首要優先考慮。上台後，他的國家安全助理協助推動其對外政策的主軸即是「擴張民主」（enlargement of Democracy）。亨氏又說：「但西方國家的領導人認識到，在非西方社會的民主化歷程中，常產生對西方不友好的政府」…面對這種西方普世主義的『擴張民主』所引起的衝突，亨氏感嘆道：「在20世紀的衝突中，自由主義的民主和馬克思列寧主義之間，比起伊斯蘭教和基督教之間持續的、深刻的衝突關係，只不過是一種短暫的和表面的歷史現象。」（Hunting,1997:193、198）簡言之，20世紀的衝突夾雜著自由主義的擴張民主及長久以來存在的東、西文明與宗教的異質性，是重要的思想因素。2001年的911事件，發生的恐佈分子攻擊美國紐約的雙子星大廈及華府五角大廈以及隨之而來的英、美等國聯手對阿富汗的塔利班政權及奧薩瑪賓拉登地反擊，可視為是世代累積文明的衝突，亦是不同「公民資質」對「聖戰」與「無限正義」的不同理念之理解所導致。

（二）來自社群主義對自由主義的挑戰

當代自由主義者一再強調的國家、社會的中立性原則（neutrality principle）。哈佛大學的羅爾斯教授說：「正義的原則最先需尊重的是

個人的絕對自主性及獨立性。」在『差異正義』中，必須使處境最不利的成員，獲得最大利益。」（Rawls,1971:3、60）耶魯大學的艾克曼教授亦說：「沒有任何社會可以去證成（justify）一個掌權者他的價值理念比其他人好或其本質是優於他人的。」（Ackerman，1980：11）在這些理念之下，自由主義的公民資質角色承繼傳統自由主義精神，再三強調「公民」在多元社會中祇需在少許的政治領域內擔負少許的消極義務而已，不需參與政治事務的積極領域，更不用說宗教、哲學、人生理想等私領域；國家更不應該灌輸某一特殊價值給公民身上。國家在對"良善生活的構思"。（Rawls,1971;Dworkin,1989）

　　上述這些理念遭到來自西方社會內部的社群主義者猛烈抨擊，如泰勒（Taylor,C)1973年的《黑格爾與現代社會》（Hegel and the Modern Society），1989的〈交叉的目的：自由主義-社群主義之爭〉（cross-purpose:The Liberal-Communitarian Debate），麥金泰爾（MacIntyre,A）1981年的《德性之後》（After Virtue:Astudy in moral Theory），沈岱爾（Sandel,M)1982年的《自由主義與正義的限制》（Liberalism and the Limits of Justice），瓦瑟（Walzer,M)1983年的《正義的諸領域》（Spheres of Justice），1990年的〈社群主義對自由主義的批評〉。（石元康，1995：94-104；江宜樺，1998：69-98；彭婉如，1998）這些作品對自由主義所展現的文明中卻祇高度維護個人權利與私益、忽視公共正義與社會道德價值，提出嚴厲批評，並對其引起的公民資質的墮落大加撻伐。限於時間、篇幅與能力，本文只以沈岱爾（Sandel）對社群主義的三種分類：1.工具性社群（the instrumental view of commuity），團體成員以私利至上，視社會機制為達到私欲的工具。2.情感性社群（the sentimental view of community）團體成員彼此有善意，亦有合作。3.構成性社群（the constitutive view of community），團體成員不僅自由結盟，且願意相互依存，以達共善。（Sandel，1982：147-154）做為文後討論與對比中國儒家思想變遷與轉型的類比參考。

三、自由主義與儒家思想對比的雙向挑戰　與回應

（一）儒家倫理無從產生資本主義、自由主義　的公民資質？

　　有近代西方文明之子美譽之稱的韋伯，在探討資本主義的「精神」時，提出了「新教倫理」（Protestant Ethics）此一特殊倫理，是不同於過去「經濟上的傳統主義」（economic traditionalism），此新教倫理存在於「上帝之預選說」（predeterminism）的緊張關係，端賴公民以「入世禁欲主義」（inner-wordly asceticism）表現在工作的勤勞、節約與成就去加以克服，以達成上帝的召喚（calling）。（Weber, trans by Parsons,1958），而中國儒家思想缺乏此種倫理，韋伯認為儒家強調「人」（公民）對宇宙和人間社會的和諧性，儒家有「強烈的入世樂觀主義」（radical Worldoptimism）。（Weber,trans by Gerth,1967）在韋伯看來，「儒家思想建立在純個人的、家庭的或半家庭關係基礎上的商業在中國佔了很大份量，……基本上是為氏族崇拜傳統的經濟結果，……特別是缺乏一種市民和相關的城市生活，…而新教倫理則打破了氏族桎梏的羈絆。」（Kasler著，郭鋒譯，2000：130-131）總之，在韋伯看來儒家思想強調和諧並且還停留在傳統氏族經濟，缺乏現代「公民」倫理，以致產生不出資本主義來。

　　儒學做為傳統中國立國精神的主要思想在近、現代中國史上是有著天旋地轉的改變。傳統自足（self-sufficient system）與自大（self-importance system）的「天朝世界觀」從1840年到1919年不到百年的「西潮」衝擊下，儒家教義和天子在整體世界中至高無上的權力，正處於嚴重的解組與破碎之中。（殷海光，1981，頁1～26，費正清，1993，頁1～38）李鴻章在清末已發出「這是三千年未有的變局」的

無比感嘆。西潮與帝國主義對中國侵襲一波強過一波。而面臨思想與政體崩解的中國之回應也就一波比一波急切與激進。論者以為：「從『夷務』到『洋務』，再轉變為『時務』及『急務』這些觀念之轉變過程所代表之意義。簡言之，從『夷』到『洋』，代表了天朝主義的沒落，然而慾念仍存在著中外之防的畛域之見；從『洋』到『時』，則代表著由『西化』（westernization）到『現代』（Modernization）觀念過渡的歷程；最後由『時務』到『急務』，則幾乎完全肯定了現代化的價值。」（Leung Yuen Sang, 1985:56-81）短時間就從『夷務』到『急務』的定位，當代學人余英時院士認為，近代中國在政治上與思想上的發展到最後以革命手段來解決中國的問題，…其特色就是一個「激進化的過程」（process of radicalization），…中國與西方的保守與激進的不同點之一，在於中國在中間缺乏一自由主義的調和。」（余英時，1996A：188-222）換言之，近代中國思潮從保守趨近頑固的守舊份子傾刻間過渡到革命、暴力的激進取向，重要原因之一是，中國「公民資質」缺乏自由主義「理性思維」、「權力制衡」觀念的充分洗禮與轉型所致。

（二）現代中國公民缺乏自由主義啟蒙與洗禮

傳統儒家在近代中國居於教化與立國的角色迅速退位的同時，各種西方思潮聚集中土。處此變局，梁啟超極力提倡「新民說」，他說：「欲其國之安富尊榮，則新民之道，不可不講。」「新民」是中國之急務，「新民」從何處做起？梁氏認為「公德」、「國家思想」、「冒險進取思想」、「權利思想」、「自由論」，他又說：「新民云者非欲吾民盡棄其舊以從人也。」（梁啟超，1976）一代巨擘梁啟超，啟迪無數國人，但批評者認為在梁氏思想中，中、西文化各有取捨，他在〈歐遊心影錄〉中就倡「科學破產說」。蔑視物質文明，其成就，思想史不如學術史貢獻大」（郭湛波，1973：52-53）換言之，梁啟超可謂是過渡時代之人物。

接著，我們來看看受梁啟超思想影響，而力倡自由主義學說者怎麼說，胡適在1931年英文作品What I Believe，同年譯為中文「我的信仰」一文中說：「從當代力量最大的學者梁啟超氏的通俗文字中，我得略知霍布士（Hobbes）、笛卡爾（Descartes）、盧梭（Rousseau）、邊沁（Bentham）、康德（Kant）、達爾文（Darwin）等諸泰西思想家。梁氏是一個崇拜近代西方文明的人，連續發表了一系列文字，坦然承認中國人以一個民族而言，對於歐洲人所具的許多良好特性，感受缺乏；顯著的是注重公共道德，國家思想、愛冒險、私人權利觀念與熱心防其被侵，愛自由，自治能力，結合的本事與組織的努力，注意身體的培養與健康等。就這幾篇文字猛力把我以我們古代文明為自足，除戰爭的武器，商業轉運的工具外，沒有甚麼要向西方求學的這種安樂夢中，震醒出來。它們開了給我，也就好像開了給幾千幾百別的人一樣，對於世界整個的新眼界。」（歐陽哲生編，1998：11）

這段話告訴我們一個重要現象，亦即中國少數知識份子給自由主義思潮震醒後，陸續在《新青年》、《努力週報》、《獨立評論》等學刊上闡揚自由學說，但因軍閥割捨、日本侵華、國共內戰、國事倥傯，加上所介紹之學說零碎，因此中國自由主義者所能發揮的角色功能十分有限，誠如1947年蔣介石想請胡適擔任國府委員兼考試院長，傅斯年寫信勸胡適的一段話說：「與其入政府，不如組黨；與其組黨，不如辦報」，「保持抵抗中共的力量，保持批評政府的地位，最多只是辦報」。（陳儀深，1997：132），這是自由主義的無奈。再者，處在國難臨頭的當時，自由主義者眼見國家覆亡、民生凋蔽之傾，過往信仰自由主義理念者則將它視為次要問題，蔣廷黻就是一例說：「中國人的貧困是個迫不及待需要解決的問題，我認為經濟應該先於政治。…我認為憲法和議會之有無是次要問題。」（謝鍾璉，1984：142），從現代中國史實而論，「群體危亡與個體自由」、「經濟溫飽與政治權力」的確面臨矛盾與抉擇。

在重建公民資質內涵上，蔣介石在大陸統治時代於1934年提倡

「新生活運動」，是年二月十九日，蔣先生在〈新生活運動〉之要義中
說：「我們要改革社會，要復興一個國家和民族，不是用武力能成功
的，要如何才可以成功呢？…現在所提倡的新生活運動是什麼？簡單
的講，就是使全國國民的生活能夠徹底軍事化！…所謂軍事化就是整
齊、清潔、簡單、樸素，也必須如此，才能合乎禮義廉恥，適於現代
生存，配做一個現代國民！」（秦孝儀主編12，1984：72-78），此時在
內有國、共衝突，外有強鄰窺視日本瓜分中國之「安內攘外」之壓力
下，蔣先生的「新生活運動」，所要培育的新國民，是以「軍事化」服
從守則及崇尚「禮、義、廉、恥」的嚴整紀律，慷慨犧牲為主的為群
體做成仁取義之德性為首。也因此在大陸的國民黨政權，被自由主義
者和共產主義者紛紛推向保守、復古、封建的右翼勢力。加上「訓政」
階段的走樣，此時國民黨給人留下「專政」的壞印象，換言之，在當
時國人處在國民黨政府缺乏「憲政」的政治文化的「投入」，也就無法
「產出」現代公民的資質。

　　在國民黨"清共、"剿共"之後，論者以為自由主義人士同國民黨
雖也有過齟齬，在根本的政治立場上，是明確站在擁護國民黨、反對
共產黨的一邊的。在這樣的情況下，共產黨人對自由主義者亦是強烈
批判的。一九三三年瞿秋白在《王道詩話》中痛斥胡適道：『文化班
頭博士銜，人權拋卻說主權，朝廷自古多屠戮，此理今憑實驗傳。』
一九三七年青年胡繩寫了一篇《胡適論》，一開頭列舉了胡適向溥儀
跪拜的故事，『他的"中國五大仇敵"（否認帝國主義侵略和封建主義
壓迫）的說法，他的"好人政府"的主張，他對於李頓調查團的歌頌，
他在兩廣異動、陝西事變中發表的言論…認為這些都使他這位"五四"
時期的明星在歷史的實踐上成為褪掉顏色的人物。"『胡適』兩個
字，在現在已被看做是保守的，中庸主義的，紳士派的學者的代名詞
了。"』。（郁之，2000：117-118），簡言之，時局的急切，在激進思潮
中不只國民黨被劃為封建守舊，自由主義者亦同掉保守的泥沼之中，
在現代中國思想史的論爭與卡位上，馬克思主義也就順勢逐漸取得上

風，而公民權利也就越發激進。

（三）共產主義扭曲自由主義的公民資質

在現代中國思潮紛爭中，所謂「科學的社會主義」─馬、列、毛思想終在1949年取奪中國政治主導權，其中因素錯綜複雜；但中共在思想上結合了傳統「理想主義」思想空窗期（劉家駒，1983：464-483）與及毛澤東以中國實際社會中的弔詭現象，先後完成的「矛盾論」與「實踐論」（1937年）「新民主主義論」（1940年）「論聯合政府」（1945年）及「論人民民主專政」（1949）所匯聚而成的「實用主義」的策略運用，則是中共在思想史上逐漸佔據中國的思想舞台之要因，與重要內涵。

吾人試看「新民主主義」的一段話說：「所謂『全盤西化』的主張，仍是一種錯誤的觀點。形式主義地吸引外國的東西，在中國過去是吃過大虧的。中國共產主義者對於馬克思主義在中國的應用也是這樣，必須將馬克思主義的普遍真理和中國革命的具體實踐完全恰當地統一起來。所謂新民主主義的文化，就是人民大眾反封建的文化。…新民主主義的政治、新民主主義的經濟和新民主主義的文化相結合，這就是新民主主義共和國，這就是名副其實的中華民國，這就是我們要造成的新中國。」毛澤東有批判、有繼承的「新民主主義」論述，符合了當時中國的需要，馮友蘭說：「此篇文章的意義和影響，代表中國共產黨發表了 他的『建國大綱』和政治綱領。」（馮友蘭，1996：149），這綱領文章在思想史上起了滲透與統戰的作用，結合早期群眾性、道德性的思想武裝，如李澤厚所說：「民粹主義因素、道德主義因素和實用主義因素的滲入，似乎是馬克思主義早期在中國的傳播發展中最值得重視的幾個特徵。」（李澤厚，1988：190）。偶後中共在思想上經常發動全民學習，人民只是其強力動員的工具，「國家」群體至上，在中共社會裡，人依然只有「臣民」而無「公民」的意識。

（石之瑜，1997：93-98），建政後，中國共產黨更發展成「全能主義」
（totalism），政治機構的權利可以隨時隨地無限制地侵入和控制社會每
一個階層和每一個領域。（鄒讜，1994：69-72）。換言之，從大陸中
共政權把思想視為統戰的一個環節。更是為政治服務的工具，如此缺
乏權利自主性與權力制約的觀念下，中國共產黨享有絕對性的威權，
人民豈止是「子民」（subject）而已。簡直是棋盤上一顆任人擺佈的棋
子。

　　總而言之，近百年的中國，處在數千年宗法封建的餘毒未能盡除，
先秦儒家精神被扭曲成「御用儒學」，而外來自由主義思想又零星、
破碎的介紹入中土；加上大陸時期國民黨政權因「安內攘外」之困擾
持久不去，而「新生活運動」及「訓政時期建設」，又片面化的侷限在
「服從」、「犧牲」等傳統「群體」優先的價值之上，致使「個體主義」
的公民資質無從養成與實踐。而中共政權及其思想或者裹以「民主」
糖衣，或者以「階級」為考量，最終形成「黨」扮演「全能主義」之
角色。換言之，百年來的政局與思想特色，使得中國「人民」真如盧
梭所言，「自由民主的不可得，生活處處出現桎梏」，「公民」的權利
與義務或者不得滋長，或者畸形發展，至20世紀80年代以降，兩岸
華人才逐步走向─李普賽（Lipset）所述的「政治人」之格局。

（四）儒家倫理對現代公民資質影響的再評估

　　國民黨政權在大陸的失敗，中國共產黨在大陸取得政權，一般也
被視為是傳統儒家思想在大陸的徹底退位與失敗。1960年代初列文
森（Levenson）出版《儒教中國及其現代命運》（Confucian China and
Its Modern Fate）三冊，這是世界漢學史上對儒家傳統進行比較全面
的反思之巨著。列文森提到中共建政後，儒家可說已被博物館化了。
（museumization），儒家已通過了旋轉式柵門，從外部的現實世界來到
了博物館，…這些「藝術品」不再符合我們自己實際意識的任何需要，

…已然消失但願意保存對它的記憶的東西而已。（鄭大華、任菁譯，
2000），這種儒家思想無用論是50年代以降，中、西學界的＂主流看
法＂，一直到日本及東亞四小龍興起之後，儒家思想的 價值才重新再
被評估與肯定。

　　1978年7月25日美國基督教科學箴言報曾以「明日的大國」為
題，指出四小龍與日本「共享孔子的工作倫理—節儉、敬業等」。1978
年，Hahn，H.提出「儒家後期文化」，同一年傅高義著「日本第一」。
1983年柏格（Berger）提出「通俗的儒家精神」（Vuglar Confucianism），
同一年金耀基寫「儒家倫理與經濟發展」，1985年余英時著「中國近
代宗教倫理與商人精神」這些作品一者提出儒家精神被誤解之一面，
再者亦提出儒家思想為「東亞銳勢」提供文化動力的強大推動之倫理
價值。（謝政諭，2001：518）。

　　這些論述依本文脈絡而言，可說是針對自由主義產生的現代性
提出挑戰，證明「歷史的終結」是一誇大的，過早的論斷，東亞成功
經驗，提供了「非個人主義的資本主義現代性。」（non-individualistic
version of capitalist modernity）（金耀基，1998：1-22）不同於自由主義
下的東亞發展經驗，說明了重視「家庭與工作倫理」與「效忠精神」
等價值所形塑的「公民資質」是開啟東亞現代化奇蹟的最重要精神力
量，是勿庸置疑的。

　　東亞成功經驗，所形塑的具有積極意涵的儒家倫理中的「勤勞、
節儉」、「效忠」、「團隊意識」、「憂患意識」等等（如日本「以廠為
家、以廠為校」，台灣家族式的 中小企業之信任尺度與規模及效能）
所開創的不同於資本主義的現代另一類型的成功「經濟人」，其中所
呈現的公民資質類似於社群主義者沈岱爾所說的工具性社群，（Sandel
1982:148-149）亦即人人以「企業體」利益至上，視社經制度（如中小
企業銀行、工業區、優惠政策）為實現私慾之工具，其特色是以工具
性社群觀，全力「拼經濟」。但是，在「消費者倫理」、「環境倫理」等
價值上常形成此時公民資質的缺憾。

四、結語

　　近二、三十年東亞生猛的經濟發展及政治上有了初步的民主與法治型態，基本上不是自由主義所強調給予個體自主與自由的公民觀，也不是強調群體（國家社會）的中立性，而是在一方面保有國家自主性的前提，另一方面社會上也初具個體自由的法治形式的前提中，三者民間重拾「博物館中的陳列品」，去掉「政治化的儒家」（Politicized Confucianism）維繫「精神的儒家」（spiritual Confucianism），使傳統「御用儒」形成政、教分離的「民間的儒家」（popular Confucian），發揮了儒家倫理自主性的力量，締造了東亞奇蹟。這些過程可以說使儒家此一「遊魂」（余英時，1996：159-164）找到了「中小企業」這一個運用體，從而「借屍還魂」，這種「庸俗化的儒家思想」派生出高生產力的工作倫理，講就廠內勞資和諧家庭和諧與廠外競爭緊張兼而有之「第二型公民」的「文化動力」，把東亞經濟推向另一高峰。如再結合與強化「數字化管理」及「科層體制管理」躍昇到「跨國企業」，則此時公民資質則將邁向羅爾斯（Rawls）的「社會聯合體」是一兼有自由主義式的個體及較弱意味下的「社群」（林火旺，1995：248-270）及沈岱爾的情感性的社群主義公民資質之間。

　　晚近儒家倫理中也承繼了若干傳統之缺點，我們借用梁漱溟引張東蓀之語，說：「中國的社會組織是一個大家庭而套著多層底無數小家庭，可以說是一個『家庭底層系』A Hierarchical system of families. 所謂君就是一國之父，臣就是國君之子。在這樣層系組織之社會中，沒有『個人』觀念。」…而歸結到中國是一倫理本位底社會。「但中國的倫理只看見此一人與彼一人之相互關係而忽視社會與個人相互間關係。」（梁漱溟，1977：91-94）儒家倫理下，講究「關係」所形成的網路如同社群主義沈岱爾所分析的情感性社群，而缺乏一種構成式的社群主義亦即自由結社參與，相互依存與合作的社群關係。（Sandel，1982：147-152）

　　在儒家社會理論中，人被安置在一個關係網絡中——人乃是「關係的存在」（relational being）（金耀基，1992：10），這種關係很容易滑落到著重倫常與差序。費孝通就說道：「倫重在分別，在禮記祭裏所講的十倫，鬼神、君臣、父子、貴賤、親疏、爵賞、夫婦、政事、長幼、上下都是指差等。…倫是差等次序。…在我們傳統的社會結構裡最基本的概念，這個人和人往來所構成的網絡中的綱紀，就是一個差序，也就是倫。」（費孝通，1948：26-27）如何避免儒家倫理產生偏離的「差序格局」呢，恐怕需要自由主義中尊重獨立個體，且具體的植入法治主義，才能加以保障。周策縱教授在一篇《胡適對中國文化的批判與貢獻》中說：「傳統中國的個人大多數束縛於家族制度很少尊重獨立的個人。中國傳統中實在缺乏『權利』（Right）的觀念，所以很不容易建立保障人權和民權的法制。中國也沒有憲法、選舉（Election）和多數決的傳統…沒有這種種具體法律制度的保障，若只拿抽象的自由、民本思想說成民主政制，終會只落入一廂情願的自我安慰。」（周策縱等著，1991：332-333）張朋園教授亦說道：「由於傳統中國社會過分強調『家族意識』（Family Consciousness）而阻礙了『個人主義』（Individualism）與『社會精神』（civic spirit）的發展，於是集會結社的風尚極度缺乏，構成為『非社會』（Non-associational）一項特徵。」（張朋園，1986：801-802）這些深具比較中外思想研究分析的論述，明顯指出儒家思想不足之處，有待自由主義的若干補闕，以便中國社會能接筍於從個人到自由結社的「構成性社群主義」，以迄到對國家的責任之認同上。

　　精神上的儒家，或者說先秦儒學及歷代以創造性反思的「君子儒」的著作中，基本上可以瞭解儒家的反省能力。余英時教授說道：「中國傳統社會或文化並不是沒有個人自由，但並不是個人主義社會也不是絕對的集體主義社會，而是介乎個人主義與集體主義之間，以儒家為例，儒家並未忽略個人，例如：孟子講『人心不同，各如其面』，也是注重個性的問題，祇是中國人並不以個人為主導。」「儒家講修齊治平，事實上，『修齊』便事先由個人內在修養做起，『治平』則是個

人道德的延伸；……個人道德不能直接轉化為合理的政治，因為其中
有如何建立制度的問題，我們不可能從『家』一步跳到『國』的層次。
但是健全的個人才能逐漸導向政治的合理化，則是我所深信不疑的。」
（余英時，1992：170，186-187），余先生這段話持平的指出儒家思
想在形塑公民資質之長則在「個人修齊」之重要性，而其短處則在從
「家」到「國」的過渡跳躍。自由主義之長在強調個體與法治。著名的
法學者哈特說：「法律規則只要求『外在』行為，與動機、目的或其它
的『內在』行為因素無關，而道德不要求任何具體的『外在』行為，
只要求善良意志或適確目的或動機。」（Hart，1961:168），從儒家倫
理中強調的修身，再跨進「構成性的社群主義」的互賴德行，將比起
百年來儒家與自由主義之間直接對立的所產生的鴻溝要小的多，當前
的後期儒家與修正式的自由主義將從左、右兩邊向中間的社群主義趨
近，換言之，一個較健康的建立在契約式自由主義的法治原則與互助
互利共存、共榮的儒家倫理在相互搓揉成中形成「構成性的社群主義」
之「公民資質觀」，將如同泰勒所說：「是一個保有多元特質的活動空
間，是一擁有自我認同又相互尊重的多元文化肯認價值。」（Taylor，
1994：66-74），應可做為東亞「公民資質」之特色，從而與西方公民
對話。筆者最後將上述理念圖繪如下：

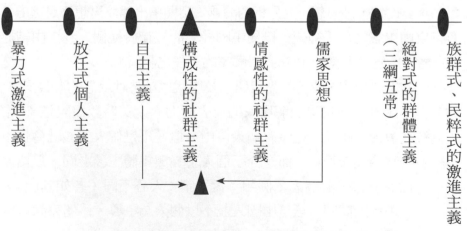

圖一：儒家思想與自由主義可對話的光譜

　　簡言之，吾人當以原始的先秦儒家思想，亦即在當代自由主義修正下的情感性與構成性的社群主義下的意理產生對話的空間。

　　最後，亨廷頓有一段話與本文結論有若干啟示與符合之處，他說：「1919年，威爾遜（Woodrow Wilson）、喬治（Lloyd George）和克里蒙梭（Georges Clemenceau）實際上結合控制整個世界。他們坐在巴黎，決定著哪些國將存在、哪些將不存在。…100年後，將不會再有如此權利的集團，…將不是由三個西方人組成，而是由世界七國或八國主要文明核心國家的領導人所組成。（Huntington, 1997：91）換言之，20世紀初以來，由西方自由主義理念為主軸與掌控的世界体系並沒有取得「歷史的終結」，一個7到8個主要核心文明所共同參與對話以形成共識的体系，將是21世紀和平對話的模式，公民資質的培育將是建立在多元價值的尊重上較為可取與健康，而「構成性社群主義」在調和「個體」與「群體」價值上也較能兼顧各文明的價值。

參考書目

毛澤東，1985，《毛澤東選集》第二卷、第三卷，北京：人民出版社。

石之瑜，1997，《中國文化與中國的民》，台北：風雲論壇出版社。

石元康，1995，〈社群與個體—社群主義與自由主義的論辯〉，台北：《當代》第114期，頁94-104。

余英時，1992，〈中國近代個人觀的改變〉，載氏著，《中國與現代變遷》，台北：三民書局，頁167-206。

1995，《歷史人物與文化危機》，台北：東大圖書。

1996A，《錢穆與中國文化》，上海，遠東出版社

1996B，《現代儒學論》，紐約：八方文化企業公司

李澤厚，1998，《中國現代思想史論》，台北：谷風出版社。

林火旺，1995，〈自由主義可否建立一個政治社群？〉，載陳秀容，江宜樺主編：《政治社群》，台北：中研院社科所，頁249-270。

周策縱等著，1991，《胡適與近代中國》，台北：時報文化。

金耀基，1992，〈儒家學說中的個體與群體〉，載氏著，《中國社會與文化》，香港：牛津大學出版社，頁1-16。

1998，〈中國的現代性與民主發展的前景：論民主與文化之關係〉，載段海興基金會主編，《民主轉型？台灣現象》，台北：桂冠圖書公司，頁1-22。

郁之，2000，〈毛與胡適〉，戴祝勇編，《重讀大師》，北京：人民文學出版社，頁111-128。

秦孝儀主編，1984，《總統 蔣公言論思想總集》第12，台北：近代中國出版社。

梁啟超，1976，《飲冰室全集》，台北：文化圖書公司

張朋園，1986，〈社會達爾文主義與晚清學會運動〉，載《中國近代現代史論第十八篇近代思潮》下，台北：台灣商務印書館。

郭湛波，1973，《近五十年中國思想史》，香港：龍門書局。

陳儀深，1997，《近代中國政治思潮》，台北：稻香出版社。

殷海光，1981，《中國文化展望》，香港：大通書局。

彭婉如，1998，〈社群主義的公民教育觀〉，載張秀雄主編，《公民教育的理論與實施》，台北：師大書苑，頁123-140。

費正通（Fairbank）主編，中國社科院歷史研究室譯，1993，《劍橋中國晚清史1800-1911》上卷，北京：中國社會科學出版社。

費孝通，1948，《鄉土中國、鄉土重建》，上海：觀察社。

馮友蘭，1996，《中國現代哲學史》，香港：中華書局。

鄒讜，1994，《二十世紀中國政治》，香港：牛津大學出版社。

劉家駒，1983，〈海外中國知識份子對大陸淪陷的評論與反省〉，載《中華民國建國史討論集》第五冊，頁464-483。

歐陽哲生編，1998，《胡適文集》第一冊，北京：北京大學出版社。

謝政諭，2001，〈東亞經濟發展中的文化因素—韋伯學說的世界省思〉，國父紀念館主辦「第四屆孫中山與現代中國學術研討會論文集」，

頁 509-532。

謝鍾璉，1984，《蔣廷黻回憶錄》，台北：傳記文學出版社。

Levenson 著，鄭大華，任著譯，2000，《儒教中國及其現代命運》，北京：中國社會科學出版社。

Ackerman，B.1980 Social Justice in the Liberal State New Haven: Yale University Press.

Cohen，M.&Ferman N. eds 1996 Princeton Readungs in Political Thought Princeton: Princeton University.

Fukuyama，Francis 1992 The End of History and The Last ManN.Y.: free press

Huntungton, S.p.1996. The Clash of Civilizations and the Remaking of World Order, New York :Simeon &Schuster

Lipset，S.M.1988 Political man Chicago:The University of Chicago.

MacIntyre，A. 1981After Virtue: A study in Moral theory, Indiana :University of Notre-Dame Press.

Rawls，J.1971，A Theory of Justice, London：Oxford University.

Sandel，Michael.1982Liberalism and Limits of Justice Cambridge:Cambridge University Press

Taylor，C.1994 Multiculturalism and the Politics of Recognition Edited and Introduced by Gutmann Amy. Princeton :Princeton University.

Taylor，Charles 1973 Hegel and the Modern Socirty Cambridge:Cambridge University Press.

Taylor，Charles 1989 Cross-Purpose:TheLiberal-communitarian Debate in Nacy Rosenblum ed. Liberalism and the Morall Life Mass:Harvard University Press.

Walzer，M 1998 Spheres of Justice: A Defence of Liberalism. Political Theory 18:6-23

Weber，M. trans by Parsons T.1958 the Protesstant Ethics and the Spirit of

Capitalism.N.Y:Scribner's sons.

Weberm，M.trans by Gerth H.G.1964 the Religion of China: Confucianism and Taoism N.Y: The Free Press.

本文初稿以〈社群主義與中國儒家思想的公民資質觀之比較──一項自由主義思想的初步觀察〉，發表於2001/11，台北：台灣師範大學公訓系主辦，2001年「公民資質與師資培育」國際學術研討會，經2005及2012年再次修改。

伍

略述中西德治與法治
——兼論孫學的人群管理

一、前言：

　　人之異於禽獸者幾希，中外哲人總以理性與德性應加以區別，如若人類依循理智與道德的良性發展，以營公共的生活與秩序，則社會與國家將朝進步的方向前進。但也常因人性的貪婪、爭鬥乃至衝突與相互毀滅而使人群社會組織朝衰敗、退卻的方向隕落。其間人類組織的行為規範與管理模式之良窳是成效的關鍵因素，無論這個人是以「社會人」、「經濟人」或「政治人」之地位出現，吾人相信就其組織而言，「德治」與「法治」是古今中外一個永恆的課題，本文即以若干思想家的論述為要旨，佐以中山先生學說加以對應並評論之。

二、中西思想中的德、法之治

（一）重視「人性善端」與「禮儀教化」
的中國倫理社會

中國思想家在探討其人群社會的治理之道時，多數研究中國思想家普遍有一看法，指出中國是重視「倫理政治」——文化早熟的「天下觀」而不是講究「權力制約」的「國家觀」，中國社會人群管理的理想是以「王道」、「德治」、「仁政」高於「霸道」、「刑治」。

梁漱溟在《中國文化要義》總結指出中國是「倫理本位底社會」、「中國不屬一般國家類型」原因在於「缺少國家應有之功能一如疏於國防、戶籍地籍一切國勢調查，中國自己通統說不清，重文輕武，民不習兵，幾於為『無兵之國』。」最後是「國家消融在社會裡面，社會與國眾相渾融」（梁漱溟，1977：163-169）梁氏的分析，切中了中國是倫理本位的早熟文化思考，而不是－「權力本位」的現代國家思維。在《尚書·堯典》中所謂「克明俊德」，以親九族；九族既睦，平章百姓」。以及《大學》中所說「欲明德于天下者，先治其國；欲治其國者，先齊其家；欲齊家者，先修其身。身修而後齊家，家齊而後國治，國治而後平天下，這是一張以個人修身為中心以迄平天下的圖像，其基點是倫理道德，是一以身份取向為中心的德治概念。具體而微的中國先賢看法又如何呢？

孔子人群治理之道在於：

「道之以政，齊之以刑，民免而無恥；道之以德，齊之以禮，有恥且格」。《倫語·爲政篇》

子貢問政，子曰：「足食，足兵，民信之矣」子貢曰：「必不得已而去，於斯工者何先？」曰：「去兵。」子貢曰：「有死，民無信不立。」《倫語·顏淵篇》

這兩段話點出孔子在政治治理之道中，德治、禮治與誠信是高於法治、刑治與武備用兵。

孟子的人群治理之道在於：

> 「先王有不忍人之心，斯有不忍人之政矣。以不忍人之心，行不忍人之政，治天下可運之掌上。」又說「行仁政而王，莫之能禦也。……萬乘之國行仁政，民悅之，猶解倒懸也。」《孟子公孫丑篇上》

孟子承孔子以為領導人德治之道是治理天下之根本，並進一步指出，其道德的核心在於教化。施行仁政是要減刑罰，薄賦稅，教民努力生產，他說：

> 「地方百里，而可以王。王如施仁政於民，省刑罰，薄稅斂；深耕易耨；……仁者無敵。」《孟子梁惠王上》

一方面從省刑薄稅，再者教民依時耕作，為民置產是孟子的人群治理著重政治與經濟雙管道下的仁政。

荀子除傳承孔、孟的「德治」、「德化」之外，對於「禮治」的闡揚是其重點，且從「禮」中接荀於法制之中。他說：

> 「天地者，生之始也；禮義者，治之始也。」《荀子王制篇》「人君者，隆禮尊賢而王，重法愛民而霸，好利多詐而危，權謀傾覆幽險而亡。」《荀子疆國篇》
>
> 「法者，治之端也。」《荀子君道篇》

由孔、孟、荀三家思想的發展，基本上「德主刑輔」的觀念是一貫的。當代學人認為對一禮崩樂壞的無秩社會，孔、孟治理之道在於強調以道德約束社會偏差行為，是一種內化義的社會控制（social control）以達成人的自制（self-control）是一類似於康德的由人道德自主性的發善而出之思想，是一種自律倫理學。（曾春海，1992：62；李明輝，1990）到了荀子則開啟「禮治」與「法制」並重的新傳統而已。

徐復觀教授在總結孔、孟、荀德治思想時就指出，「其思想是對人的尊重，是對人性的信賴，是一種內發的政治思想。」（徐復觀，

1980：49-50）這種對「人性」觀看法的異同，正是影響中、西思想中人群治理之道的分野。

孟子的人性本善是清晰的，他說：

「惻隱之心，人皆有之；羞惡之心，人皆有之；恭敬之心，人皆有之；是非之心，人皆有之。惻隱之心，仁也；羞惡之心，義也；恭敬之心，禮也；是非之心，智也。仁義禮智，非由外鑠我也，我固有之也。」〈告子上篇〉。

「盡其心者，知其性也。知其性，則知天矣。存其心，養其性，所以事天也。殀壽不貳，修身以俟之，所以立命也。」〈盡心上篇〉

孟子以仁義禮智四端乃人固有之，亦即本性如善，不待外求，但必須時刻存心養性，才能擴而充之。

一個社會思想文化的形成，受到其特殊的歷史與地理環境的形成的時空因素影響頗大，孔、孟、荀思想形成於封建末期的春秋戰國時代，基本上那是一以血緣為主形構的宗法社會（A Hierachical system of families）天子與諸侯的政治關係亦即是宗族倫理關係的擴大。孔子所重視的「君君、臣臣、父父、子子」之正名與本分關係的重要性，由之而影響漢朝的「三綱五常」的「禮教倫常」不可逾越之觀念，乃至形成「作之君作之師」「倫理關係」流為「人治關係」以及「官大學問大」的後代流弊，筆者稱為流弊，乃指無論是國家社會領導人或企業集團領導人，不可忽略孔子所言「政者正也，子率以正，熟敢不正」、「為政以德，譬若北辰，居其所而眾星拱之」的領導者道德特質之涵養，是「事業成敗」的要旨所在。

德治觀念，運用在今日經濟與企業方面，就有所謂的「義利之辯」當如何，其中可以孟子答梁惠王的話說：

「王！何必曰利？亦有仁義而已矣。王曰：何以利吾國？大夫曰：何以利吾家？士庶曰：何以利吾身？以上下交征利而國家危矣。……苟為後義而先利，不奪不饜。未有仁而遺其親者也，

為有義而後其君者也。王亦曰仁義而已矣，何必曰利？《孟子
梁惠王上篇》

「雞鳴而起，孳孳為善者，舜之徒也；雞鳴而起，孳孳為利者，
跖之徒也。欲知舜與跖之分，無他利與善之間也。」《孟子盡心
篇上》

上述孟子的「義利之辯」亦可以說是「公私之別」，儒家重視「利
他」、「先公後私」以及由之衍生的「君子愛財取之有道」的道德觀，
或可給一味強調「唯利是圖」的片面「功利主義」掛帥的「經濟人」，
所導致的諸如「笑貧不笑娼」的社會亂象若干警語。

（二）區分「德、法之治」與「人性幽暗」 的西方契約社會

古代的社會以種姓、民俗習尚為生活中心，中外皆然，西方早
年倫理道德與人群治理道理結為一體，未曾分立，柏拉圖（Plato 427-
347 B.C.）在其《理想國》中，推論到聖君－哲王（Philosopher king）
是理想的國家統治之道。亞里士多德（Aristotle384-322 B.C.）則首先
把政治學從倫理學當中分類出來，並稱人是政治的動物，人只能在
國家中完成自己。Dunning 在研究亞里士多德所論述的政體之良窳在
於「純正的形態」（pure form）與「腐敗的形態」（corrupt form），而不
是統治者多寡問題。他說：「凡政治以共同利益為目的者都是純正的
形態，在純正的形態之中，統治者一人，稱為君主（royalty）；統治者
少數人，稱為貴族國（aristocracy）；統治者多數人，稱者為立憲的民
主國（constitutional democracy）。反之，政治若以統治者私人利益為
目的，則為腐敗的形態。在腐敗的形態中，統治者一人，稱為暴君國
（tyranny）；統治者少數人，稱為寡頭國（oligarchy）；統治者多數人，
稱為無法的民主國（extreme democracy）。（轉引自薩孟武，1982：128）
換言之，亞氏論述政體的好壞，不在人數，而在純正的形態，且建構

了「立憲國家」的契約觀念。

　　哈佛大學憲法教授Mcllwain將立憲主義的發展從古典希臘民主政體（politeia）論起，歷經羅馬法／自然法時代的共和法治論（jus publicum regni）再經中世紀封建時代的習慣法及土地基本法（consuetudo & lex fundamentalis imperium）到民族國家（nation-state）統一後的絕對王權（absolute kingdom）以迄立憲共和政體。（Mcllwain，1987，chap.2-5）。近代憲法的內涵從規範政府體制到保障國民權利和自由，垂兩千多年，立憲主義發展乃粲然大備。當代日本憲法學者盧部信喜就認為：從中世紀的基本法（fundamental law）發展近代憲法，就有必要以洛克（John Locke，1632-1704）或盧梭（Jean-Jacqes Rousseau 1712-1778）等所倡言的近代自然法或自然權（Natural Rights）思想，重新賦予基礎。依據這種思想，1.人生而自由平等，有天賦權利（自然權）。2.為確實獲得這種自然權，人們就締結社會契約（Social Contract）將國家權力之行使委託政府。3.當政府恣意行使國家權利而不當地限制人民權利時，人民就有抵抗政府的權利。在這種思想的支持下，從一七七六年的法國人權宣言，一七九一年法國第一共和憲法等，乃能制定出來。（盧部信喜著，李鴻禧譯，1995：31-32）在上述論述立憲主義發展過程中，盧梭的《社會契約論》提供了與道德分開的公共生活的政治領域之論述，影響當今「法治主義」頗大。他說：「人類天生是自由的，但他各處都發現了他是在桎梏中。……這種變化是怎麼來的？我不知道。怎樣可使他合理呢？我想我可以解答」就是「順著人性自然研究法律應該如何規定」也就是是說「法律主治」（rule by law）也是由全民制定的「法治主義」（rule of law）的觀念也呼之欲出。盧梭又說「任何人對於他的同類都沒有一種天然的威權」、「人類一方面必須服從政府，一方面又要每人都完全自由。服從與自由（obedience and freedom）是互相矛盾的。」社會契約就是要解決這個問題，「這個問題就是想找到一種型式的社會，這個社會可以用全體的公共力量以保護每一個成員的生命與財產，並且當每人與大家聯合起來的時候，

每個人都只能服從自己簡道和從前一樣的自由。」（國立編譯館編著，1979：174-175）盧梭的契約論之政治哲學解決了近代立憲主義國家與政府的設計與人權之保障等兩難之命題。亦即人群治理之道在於統治者依法行政的「法治」觀而不在於強調「內聖」與「哲君」之「德治」觀。

影響西方「法治」重於「德治」的另一傳統，則在於人性陰暗面的看法，在基督教的「神是至善人是罪惡」的意理中，演變為清教徒的互約論（covenantal theology）人與神的互約保證服從神意。……人們彼此間又訂一信約，言明政府目的乃是阻止人的墮落，防制人的罪惡，以及約束政府保障人民。這些觀念從 17 世紀以降的 John Milton，John Locke、Jame Madison、19 世紀的 Lord Acton、20 世紀的憲法學大師 Carl Friedrich 之著述中斑斑可考，此中源於對人性幽暗意識的警醒與防患，不同於儒家以「內聖外王」、「德治」以駕馭政治權利的看法。（張灝，1989：3-32）

由正視人性的幽暗，而有建立「法治」的必要，是開啟近代西方「法治」優於「德治」的歷史文化與時空因素。論者以為「法治的人性基礎是性惡論或人性自私論。法治論的內在邏輯是外在約束機制（法律）對人的惡性或自私性的制約遠勝於內在約束機制（道德），國家必須通過法律這種強有力的外在約束機制來抑制人的內心惡念，防止其惡性膨脹，幹出違法犯罪的事情來。」（崔永東，2002：118）以「政治人」思考，其最高法就是憲法，以「經濟人」而言，就是「勞動基準法」、「公司法」等法規。在這些法規中，政府的存立與治理，公司的設立與治理都得到「正當性」（legitimacy）的基礎。亦即「治者」與「被治者」的互動關係，當以法治為本。

依此引申到此次研討會主軸上則可以管理學大師彼得‧杜拉克（Peter F. Drucker）所說的公司依法設立但企業管理者要注意到三種決策，「政治性決策」（Political decision）亦即工作是各種利益或價值的均衡。「良心決策」（conscience decision）亦即公司對社會的要求與「人性決策」（People decision）亦即公司對人才尊重都要以管理者的智慧與道

德倫理作基礎。（陳華廷，1984：191-200）法治為主，德治為輔，已
成為當今複雜的、多元的國家體制與企業組織的基本規範。

三、中山先生的「德治」與「法治」觀

（一）中山先生的的德治思想

　　中山先生革命事業是為「打不平」，因此武力是所難免，然其革
命目標是要「以建民國、以進大同」。下面的幾段話或可歸納中山先
生的「德治」觀點：

> 「大凡一個國家所以能夠強盛的緣故，起初的時候都是由於武
> 力的發展，繼之以種種文化的發揚，便能成功；但是要維持民
> 族和國家長久地位，還有道德問題，有了很好的道德，國家才
> 能長治久安……恢復我一切國粹之後，還要去學歐美之所長，
> 然後才可以和歐美並駕齊驅。……用固有的道德和平作基礎，
> 去統一世界，成一個大同之治，這便是我們四萬萬人的大責
> 任。」（民族主義第六講，國父全集（一）1989：46、52、54）
> 「歐洲近百年是什麼文化呢？是科學的文化，是注重功利的
> 文化……是一種武力的文化。……專用武力壓迫人的文化，
> 用我們中國古話說就是『行霸道』，所以歐洲的文化是霸道文
> 化。……我們東方向來輕視霸道的文化。……用這種仁義道德
> 的文化，是感化人，不是壓迫人；是要人懷德，不是要人畏威。
> 這種要人懷德的文化，我們中國的古話就是『行王道』。」（大
> 亞洲主義，國父全集（三）：538-539）
> 「從前學界中人所知者，生存競爭，優勝劣敗而已。然此種學
> 說在歐洲三十年前頗為盛行，今日則不宜主張，此說，應主張

社會道德，以有餘補不足。……聰明材力之有餘者，當輔助聰明材力之不足者，在政治上爲工人，在社會上爲社會公僕。」(學生應主張社會道德，國父全集（三）：64)

「諸君是工人，是國民的一份子，要抬高工人的地位，便先要抬高國家的地位，…工人不但是對於本團體之中有責任，在本團體之外，還有更重大責任，這是甚麼責任呢？就是國民的責任，…」(中國工人所受不平等條約之害，國父全集之（三）：466)

從這四段話可以看出中山先生注重道德之治的重要性，此點中山思想延續了中國傳統以「德治」一平天下思想，也區分中、西政治、王、霸「治理」(governance) 之別，此外，在人群競爭與管理上，中山先生希望人人發揮「巧者拙之奴」以「服務社會、造福人群」，以及強調社會各行業者都能兼負己立立人，己達達人之責任與道德思想，而不是持「優勝劣敗」勤遠略的「霸道」佔有思想。

（二）中山先生的法治思想

清中葉以降內憂外患頻仍，清廷政府治國無方，眼見整個國家沈淪，民生凋蔽之際，有識之士痛心疾首，紛紛提出保國、保種、保教之道，但三年之艾無法挽救百年沈河，諤諤之士終匯流到中山先生的革命組織之中，而中山先生的革命運動，絕然不同於往昔「朝代興替」，與「成王敗寇」的爭端之循環。他的革命目標在於以「驅逐韃虜，恢復中華，建立民國，平均地權」為綱領，並期建立一民有、民治、民享之民主共和國，試看其幾段思想如下：

「中國歷史常是一治一亂，當亂的時候，總是爭皇帝。外國嘗有因宗教而戰、自由而戰的，但中國幾千年以來所戰的都是皇帝一個問題。我們革命黨爲免將來戰爭起見，所以當初發起革命的時候，便主張共和，不要皇帝。」(民權主義第一講，國父

全集（一）：66）

「余之民權主義，第一決定者爲民主，而第二之決定則以爲民主專制必不可行，必立憲然後可以圖治。歐洲立憲之精義，發於孟德斯鳩，所謂立法、司法、行政三權分立是已。…然余遊歐美深究其政治、法律之得失，知選舉之弊，決不可無以救之。而中國相傳考試之制，糾察之制，實有其精義，是以濟歐美法律、政治之窮。故主張以考試、糾察二權，與立法、司法、行政之權並立，合爲五權憲法。更採直接民權之制，以現主權在民之實，如是余之民權主義，遂圓滿而無憾。革命方略，前已言之，規定革命進行之時期爲三，第一軍政時期，第二訓政時期，第三憲政時期。此爲蕩滌舊污，促成新治，所必要之歷程，不容一缺者也。民國之所以得爲民國，胥賴於此。」（中國革命，國父全集二：355-356、360）

中山先生革命之目的在求中國政治問題之真解決，以共和代君主，以民主代專制，其一生建立—人民當家做主的立憲政體為職志。儘管，中山先生的革命事業部份理想是挫敗的，五權憲法也遭受如「龍的憲法」的許多批評（李鴻禧，1995：197-218）。但是在制度設計上，中山先生考察中、外之優劣，去蕪存菁，試圖建立有特色的「五權憲法體制」，1946年哈佛大學法學權威龐德（Pound, Roscoe）曾以社會法學（Social Jurisprudence）、實用法學（Pragmatic Philosophy）的角度分析中國制憲的基本原則，他說：「中國所需要者，乃一種具有中國性格，適合中國情形之憲法，非抄襲外國之憲法。」「現代國家已由以行使統治權為目的，轉變為以服務人民為目的之『服務國家』（Service State）。」「中國憲草最顯著之特點，乃政府職權之五分法。余認為『權之分立』（Separation of Power）不如『權之分配』（Distribution of Power）之妥適。蓋前者含有彼此對抗之意味，後者則否。」（巨克毅、呂宗麟編著，1994：254-259）龐德的分析是中肯的。

今日兩岸政府無法進入正常的憲法之治，一方面是長期內亂外患

的苟且不安的「戰時心理」之影響，一方面是各級領導人行憲力行——「有限政府有限權力」（Limited Government）以及「權力制約」（Check and Balance）的觀念不足，而社會大眾尚無法擺脫傳統臣民式政治文化（Subject Political Culture）以建立現代公民角色（Citizenship）猶未徹底，與五權憲法體制關聯不大，筆者仍以考、堅有其獨立性為要，但其位階編制可以再思之。

四、結語

　　中國傳統的「德治」與近代西方的「法治」，在人群治理上可謂各有所長，也各有所短。中國「德治」強調由內發性的良知良能以達人格內在超越之境，但其缺點也在於弱化了「法治」的外在超越性。固然其效能可能較為徹底，例如當前中外社會，無論是政治領導人或企業領導人，如能在不為人知的幽暗處，多強調領袖特質（Leadership）的修為，則影響所及不僅是組織體系同心同德，同時也可彌補現代社會過於重視「工具理性」（instrumental rationality）的冷酷無情而添填「實質理性」（substantial rationality）的圓融境界。

　　當代「法治主義」，其長處在於「王子犯法與庶民同罪」、「法律之前人人平等」，唯有建立在法治基礎之維護每人的權利，方有基本之保障，不需靠恩賜與屬從（patron-client relation）。但「法治」亦有其短，它無法解決許多複雜的、歷史的、文化的糾葛之情節，亦無法真正彰顯人性慈悲互助之光輝。是以如中山先生之先知先覺者，其思想之特殊處，無論表現在治國與治人之管理上，念茲在茲的是德與法之兼顧與嚴肅地實踐。

參考書目：

尚書

論語

孟子

大學

荀子

巨克毅、呂宗麟編，1994，當代憲法原理與制度─孫中山學說與我國
　　憲法，台北：三民書局。

李明輝，1990，儒家與康德，台北：聯經。

李鴻禧，1995，李鴻禧憲法教室，台北：月旦。

徐復觀，1980，學術與政治之間，台北：學生書局。

秦孝儀主編，1989，國父全集一、二、三冊，台北：近代中國出版社。

國立編譯館編著，1979，西洋治治思想，台北：正中。

崔永東，2002，道德與中西法治，北京：人民出版社。

張灝，1989，幽暗意識與民主傳統，台北：聯經。

梁漱溟，1977，中國文化要義，台北：問學出版。

陳華廷，1984，管理學基礎與中國文化，載工商時報經營叢書小組編：
　　中國式管理研討會時錄，台北：時報文化，頁172-203。

曾春海，1992，儒家的淑世哲學─治道與治術，台北：淑馨出版。

盧部信喜著、李鴻禧譯，1995，憲法，台北：月旦。

薩孟武，1982，政治學，台北：三民書局。

Mcilwain, Charles Howard,1987, Constitutionalism: Ancient&Modern,
　　Ithaca: Cornell University.

本文初稿「德治與法治─兼論孫學的人群管理」發表於2003/12，由臺
北國父紀念館、中華大學主辦，「中山思想與現代化經營管理」學術
研討會，2005年略加修改。

陸

王陽明的出世、
入世與經世思想芻論

楔子：

　　能夠有機會參與這次修文龍場論壇盛會可說來自三個因緣。

　　第一個因緣際會，是 2016 年 9 月在廣州召開的心學會議，見到多年敬仰的浙江社科院吳光教授，承蒙他的介紹與推舉，讓筆者重拾多年來對王陽明研究的興趣進而參加此次貴陽修文的會議。

　　第二個因緣，是久仰貴州貴陽對國際陽明文化節的重視，此一群賢畢至，少長咸集的論壇，油然與起筆者嚮往王陽明龍場頓悟的試煉以及當代日本學者岡田武彥等及眾多企業家們到龍場陽明洞體驗心學的要義，在在引發筆者一探究竟。

　　第三個因緣，是 1975 年在生命的奇蹟般的境遇中，遇到了具深厚人文涵養的潘效如先生 —— 一位安徽黃埔前輩出家軍官，有著儒將氣息的長者。1977 年承蒙他送我《王陽明全集》，慚愧的是，多年來未能仔細研讀此書，但一直惦記著種種。由於時間的匆促，今天呈現在這裏的論文，可說是芻論式的心得與筆記，僅將此文稿獻給永誌懷念的潘先生。

一、前言

王陽明（守仁，1472-1528）出生於浙江餘姚，祖父王倫－竹軒公是個詩人，好陶淵明、林和靖，父王華－龍山公為進士第一人，做到南京吏部尚書。若再上溯，有做兵部郎中、廣東參議而死於賊難的王綱（六代祖）與著《易微》的王與準（四代祖）等。陽明的家世為軍人、學者、詩人、高級官吏輩出之名門。而陽明好像集諸多先人之性格於一身。他先為勇敢的軍人，鎮壓以江西南贛、廣西思田為中心的農民暴動，剿平寧王宸濠之亂，俘虜宸濠。❶他又是很有能力的官吏，訂定鄉約法、保甲法，謀維持南贛及其他地方之治安。⋯⋯他是不折不扣的學者，是思想家，是教育家。這是日本學者山下龍二的研究。根據陽明後學重要人物之一鄒守益在《陽明先生文錄序》裡記道：「當時有稱先師者曰：『古之名世，或以文章，或以政事，或以氣節，或以勳烈，而公克兼之。獨除卻講學一節，即全人也。』先師笑曰：『某願從事講學一節，盡除卻四者，亦無愧全人。』」❷這般自謙，頗類似美國開國元勳傑佛遜的墓誌銘。

王陽明出身世家，但絕對不是一個不食人間煙火的貴族，而是歷經千難險阻的鬥士，以民間疾苦為己任，建立了無數的功業與非凡的學術成就。

---

❶ 赤塚　忠等著，張昭譯，1981，《中國思想史》，台北：儒林圖書公司，頁264-265。
❷ 轉引自朱承，2008，《治心與治世：王陽明哲學的政治向度》，上海：上海人民出版社，頁49。

二、王陽明的出世思想

（一）來自「自然」的呼喚

王陽明的一生，有許多不同於塵世的想法與行動。他力唱「心物一體」，從而也就證明了「心外無物」，可以說時他的人生哲學與政治哲學的重要組成。

某天先生遊南鎮，一友指岩中花樹問曰：「天下無心外之物，如此花樹在深山中自開自落，於我心亦何相關？」先生曰：「你未看此花時，此花與汝心同歸於寂，你來看此花時，則此花顏色一時明白起來，便知此花不在你的心外。」❸王陽明的摯友湛若水指出王陽明的五種嗜好，即「五溺」：初溺於任俠之習，再溺於騎射之習，三溺於辭章之習，四溺於神仙之習，五溺於佛氏之習，正德丙寅（元年）（一五〇六），始歸正於聖賢之學。❹陽明先生的五種興趣，在追求傳統生命的解脫上，求佛、求道、求神仙，學靜坐求養生，這是他超然於塵世，道法自然的生命表現。

（二）超越形體與情感的拘束

王陽明的形體、感情的超越，自小有之，或許來自於懷胎14個月的非凡經歷，5歲之前不能言語，初學講話卻能背誦祖父的詩句，這些奇特的現象，吾人祇能以超越肉體的經驗來理解王陽明。人之所以常有主、客與內、外之分，是因為人們尚未破除形體間隔的觀念。王陽明指出，心之靈明的特點正在於它不為形體所拘圍，而能與天地萬

---

❸ 姜廣輝，1994，《理想與中國文化》，上海：上海人民出版社，頁249。
❹ 秦家懿，1987，《王陽明》，台北：東大圖書股份有限公司，頁38。

物同流。❺他以為「世間總無身外之理」,「格物窮理皆所以致其良知」,「道理不向身體帖,便非知本,便非致知」,他又以爲「在心之理,一也。天下無性外知物,無心外之理。」❻余英時在〈明代理學與政治文化發微〉一文中說:〈五經臆說〉使我們確切知道陽明頓悟前後到底在思考哪些具體的問題。我現在可以肯定地說:「失身枉道之恥」是陽明在痛定思痛之餘,所最不能去懷的「悔咎」。所以頓悟之後,他念茲在茲的便是一個「遯」字,即退出權力世界。在上封事之前,由於程、朱的影響,他多少還抱有「內聖外王」或「得君行道」的意識,到龍場以後,這個意識已徹底破碎了。陽明先生說:「役者以力,仕者以道;力可屈也,道不可屈也。—君猶父母,事之如一,固也。不曰就養有方乎?唯命之從而不以道,是妾婦之順,非所以爲恭也。」這裡的中心論點是「道不可屈」,既引《荀子》「從道不從君」(〈臣道〉篇),又引《孟子》「以順為正,妾婦之道」(〈滕文公上〉)。……他之「汲汲求去」,當然是因為他已徹底看清他所處的是一個「天下無道」的世界,……孔子所謂「天下有道則見,無道則隱」(〈泰伯〉)和「邦有道,則仕;邦無道,則可卷而懷之」(〈衛靈公〉),更會在他胸中激起巨大的回響。❼邦無道,無所求,離塵遯出。

　　陽明先生對生命的體悟,及早有道高於君的理解,使得他年輕以來有不同的想法與行為。例如在結婚大典的前夕,他在無意中碰到道學養生的高人,不知不覺中他跟著靜坐養生,竟忘卻了良辰美景的結婚大事,這是他生命的狂放,以及不受世俗禮教的束縛,也可說追求道家的渾然忘我的境界。

---

❺ 姜廣輝,1994,《理學與中國文化》,上海:上海人民出版社,頁248。

❻ 臺灣開明書店(容肇祖),1978,《明代思想史》,台北:臺灣開明書店,頁309。

❼ 余英時,2004,《宋明理學與政治文化》,台北:允晨文化,頁282-3。

（三）退出權力世界的泰然

　　王陽明處在奸臣當道、宦官為政的時代，一個忠臣不阿的清吏，飽受的挫折與受苦的情境，當千萬倍于投機政客。但他受盡讒言與迫害而不避，其時代江南匪患猖獗，兵部尚書王瓊極力推舉他作為督察院左僉都御史，巡撫南、贛、汀、漳等處，…王陽明的赫赫戰功和他的心學理論有著莫大的關係，他能達到孟子所標舉的一種極高的境界－不動心。陽明平亂後，詩云：「將略平生非所長，也提戎馬入汀漳。旌旗遠，一道春風鼓角揚。莫倚貳師能出塞，極知充國善平羌。瘡痍到處曾無補，翻憶鐘山舊草堂。」[8]此詩顯示陽明先生的性命雙修之境界，明明是戰亂的塵世，卻有無比出塵的胸懷。

　　王陽明因上疏救戴銑主持正義得罪巨奸劉瑾被謫官為龍場驛丞，其自賦詩曰：「險夷原不滯胸中，何異浮雲過大空！夜靜海濤三萬里，月明飛錫下天風。」又曰：「大道即人心，萬古未嘗改，長生在求仁，金丹非外待。謬矣三十，於今吾始悔！」[9]

　　王陽明處此艱苦環境中，反而體悟了聖賢大道，創發了格物致知，心即理，心物一體的偉大學說。

三、王陽明的入世思想

（一）來自聖賢的召喚

　　在儒家學說裡，道德和政治是一體的，「安人」（外王）本於「修己」

---

[8] 王曉昕主編，2011，《王陽明與陽明文化》，北京：中華書局，頁19。
[9] 陳健夫，1954，《王陽明學說新論》，台北：台灣大學青年雜誌社，頁3-5。

（內聖），而「修己」又為「安人」，所謂「修己以安人」、「修己以安百姓」（《論語‧憲問》），…「君子之守，修其身而天下平」（《孟子‧盡心下》），而《大學》章句，「修身、齊家、治國、平天下」之路徑，凡此聖賢的期許，都落實王陽明政治向度的召喚。

　　論者指出：「守仁自計得失榮辱皆能超脫，惟生死一念，尚覺為化，……十一年（一五一六），虔閩不靖，兵部尚書王瓊召舉，以左僉都御史膺任，巡撫南贛汀漳等處。未幾，遂平漳南橫水桶岡大冒浰頭諸賊。十四年（一五一九）……聞寧王宸濠謀反，遂返吉安，起兵討之。宸濠方圍安慶，守仁破南昌，濠返兵自救。」❿下場是反遭流言迫害。北宋時儒學再生了，…根據胡瑗的弟子劉彝的說法，聖人之道包括了三個方面：一是講「體」，一像君臣、父子、仁義、禮樂，歷世不可變的體；一是講「用」，怎樣拿儒家學問來建立政治社會秩序，即所謂經世濟民；最後還有「文」，即指經、史、子、傳，各種文獻。⓫是三方面聖賢的期待 ——「體、用、文」，王陽明都有突出的發揮與留下後人敬仰的創舉。

（二）道高於政的入世情懷

　　王陽明的入世精神與為政之道又是什麼呢？吾人從王陽明的學生朱子禮被委任為諸暨知縣，向陽明請教為政之要可知。陽明與之言「學而不及政」。子禮退而自省其身，知懲忿、窒慾、捨利、惕易、去蠹、明性而能得民心，故到任三月而政舉，乃知「學之可以為政」。…他日又見王陽明而請教「政與學之要」。王陽明乃向朱子禮闡明了「明德、親民、止至善」的關係是「體、用、要」的關係，…明明德，體

❿ 臺灣開明書店（容肇祖），1978，《明代思想史》，台北：臺灣開明書店，頁72。
⓫ 余英時，2000，《論戴震與章學誠：清代中期學術思想史研究》，北京：三聯書店，頁330。

也；親民，用也；而止至善其要矣。子禮退而求至善之說，遂領悟了「至善不外乎良知」的道理，感慨地說：「吾乃今知學所以為政而政所以為學，皆不外乎良知焉。信乎止至善其要也矣。」**⓬**勤學後勤政是陽明的心法。

王陽明心學的要義之一就是每個人都有良知，這良知便是人的本心。按程顥和朱熹的解釋「格物」就是剖析事物，王守仁的解釋不同，他認為，「格物，正也」，「物者，事也」。這樣，「格物」便不再是「剖析事物」，而成為「匡正事物」了。…王守仁說：「心之所發便是意（意志、思想）。…意之所在便是物。如意在於事親，即事親便是一物；意在於事君，即事君便是一物。」物有事非之別，人可以本著良知（直覺知識）來作出判斷。**⓭**事奉君王，秉良知良能做事，並不是在奉承權威下把道貶義。

（三）發揮智仁勇的入世行道

王陽明的入世思想與行為準則，關鍵在於實行，亦即把握儒家核心思想的行仁，其所碰到的千萬般的困難與險阻，他並不為此所阻隔，可謂在意志與行動上發揮了智仁勇三達德的精神。論者以為「知行合一」，促進「人文化成」。王陽明的「致良知」「知行合一」學說，重點放在「行」上。…「致良知」就成了「行良知」，…王陽明的良知學說，一定能夠在21世紀發揮其「經世致用，人文化成」的積極作用！**⓮**進一步說：「凡謂之行者，只是著實去做這件事。若著實做學問思辨的工夫，則學問思辨亦便是行矣。他以為學問思辨都是行，不光是篤行

⓬ 吳光，2016，《國學新講：吳光演講錄集粹》，杭州：浙江人民出版社，頁397。
⓭ 馮友蘭，2012，《中國哲學簡史》，北京：世界圖書出版公司，頁264-5。
⓮ 吳光，2016，《國學新講：吳光演講錄集粹》，杭州：浙江人民出版社，頁405。

是行，這是他的新解釋。」[15]吾人試從他的一句傳誦千古的詩句可知，
他吟：「四十餘年睡夢中，而今醒眼始朦朧，不知日已過停午，起向
高樓撞曉鐘。」「起向高樓撞曉鐘，尚多昏睡正懵懵，縱令日暮醒猶得，
不信人間耳盡聾。」[16]詩以明志，在亂世奸人媾陷下，陽明堅毅不畏艱
險的外在環境所困，發揮了孟子雖千萬人吾往矣的精神。

四、王陽明的濟世思想

（一）踐履做聖賢事

　　王陽明認為社會會墮落的原因不是因為「理」的不正當，而是由
於「人心」的不正當。王陽明認為，「天下不治」、「人心陷溺」…出現
這種現象的原因，王陽明把矛頭指向「學術不明」，「此皆由學術誤人
之故」，而當時的主流學術即是朱子學。因此，革新學術，就是要對
朱子學為代表的官方學術予以深刻的反省，找出其弊病所在。[17]
　　王陽明投入經國濟世的原初想法，則來自於大學章句的親民的思
想與觀念。馮友蘭說：「三綱領…明明德者，立其天地萬物一體之體
也；親民者，達其天地萬物一體之用也。故明明德必在於親民，而親
民乃所以明其明德也。」[18]

---

[15] 臺灣開明書店（容肇祖），1978，《明代思想史》，台北：臺灣開明書店，頁106。

[16] 王陽明，1972，〈王陽明詩集2〉，《王陽明全集》，台北：考正出版社，頁80。

[17] 朱承，2008，《治心與治世：王陽明哲學的政治向度》，上海：上海人民出版社，
頁35。

[18] 馮友蘭，2012，《中國哲學簡史》，北京：世界圖書出版公司，頁264。

（二）濟世追求標、本兼治

王陽明一生在文治武功上都有非凡的表現，在懲治盜匪方面，對一個文人來說尤其不容易，這與他在青少年時期，看到北方的外族入侵，興起他勤研兵書有關。南贛等地民變迭起流寇叢生，王陽明巡撫南贛，其主要任務就是要肅清流寇，平息民變，後來的效果表明王陽明此任不辱使命，他率南贛軍民歷時一年餘，平息了該地區的多處民變。然而也就是在此時，王陽明抒發了著名的「破山中賊易，破心中賊難」的感言：「某向在橫水，嘗寄書仕德云：『破山中賊易，破心中賊難。區區剪除鼠竊，何足爲異？若諸賢掃蕩心腹之寇，以收廓清之功，此誠大丈夫不世之偉績。』」為了維護政治社會的秩序，平息幾個山賊的政治軍事行動，不足為難事。⋯要做的是掃蕩心腹之寇，這是難事，也是偉業。❶⑲

尤有進者王陽明並不以肅清匪患為滿足，他更進一步在各地建立「鄉約」制度，使戡亂與治本雙重作用。其弟子曰：「先生自大征後，以爲民雖格面，未知格心，乃舉鄉約告諭父老子弟，使相警戒。而舉鄉約的目的在於「共成仁厚之俗」：故今特爲鄉約，以協和爾民，自今凡爾同約之民，皆宜孝爾父母，敬爾兄長，教訓爾子孫，和順爾鄉里，死喪相助，患難相恤，善相勸勉，惡相告誡，息訟罷爭，講信修睦，務成良善之民，共成仁厚之俗。」⑳一年之間，悉平四省邊境巨寇，復奏設平和、和平、崇義三縣。舉社學易風俗、舉鄉約創自治。㉑王陽明希望地方鄉里能夠長治久安，鄉土民情能夠移風易俗，已達一「善治」的地步。才是他做一個良臣將相的真目的。

---

⑲ 朱承，2008，《治心與治世：王陽明哲學的政治向度》，上海：上海人民出版社，頁43。

⑳ 同上書，頁55。

㉑ 李福登，1977，《王陽明的政治思想》，台南：私立台南家政專科學校，頁89。

（三）學問為濟世之本

　　王陽明學術的傳承來自於孔孟之道，猶有進者他更加發揮而創造出致良知與知行合一，近代以降，影響日本結束幕府到明治維新的革命派，以及孫中山知難行易與蔣介石行的哲學，是一個的從理論到實踐都有創舉的劃時代人物。論者謂陽明：「物我一體」、「心物一體」的思想路數，是沿著孟子「萬物皆備於我」、張載「民胞物與」……、陸九淵「宇宙便是吾心，吾心即是宇宙」的思想下來的。[22]他傳承宋朝的陸九淵、明朝的陳白沙，並與其道友湛若水相交甚篤。王守仁的見解和陳獻章的接近，而良知良能之說蓋已自陳獻章發其端。陳獻章的思想，重要的貢獻，在打破書籍或聖言的偶像的束縛，而要自求之於吾心。[23]王陽明掌握了要經世治國必先從高深的學問作起的道理。他在序《象山先生全集》謂：「聖人之學，心學也。……析心與理而為二，而精一之學亡。世儒之支離外索於刑名氣數之末，以求明其所謂物理者，而不知吾心即物理初無假於外也……至宋，周程二子，始復追尋孔、孟之宗…自是而後，有象山陸氏……簡易直截，真有以接孟氏之傳。…其學子必求諸心，則一而已。」[24]他在「為學」與「為政」上，都充分掌握了「知行合一」的創見與效能。

　　在「知行合一」論述上，陽明說：「知是行的主意，行是知的工夫。知是行之始，行是知之成。若會得時，只說一個知，已自有行在。只說一個行，已自有知在。」則陽明所謂心，是知行合一的。錢穆說王學是朱學的進一步發揮：「朱子只說心能覺見理，卻沒有說心之所好即是理。朱子是性與心分，陽明是性與心一。」[25]「若心知只是覺，則

[22] 姜廣輝，1994，《理想與中國文化》，上海：上海人民出版社，頁251。

[23] 臺灣開明書店（容肇祖），1978，《明代思想史》，台北：臺灣開明書店，頁77。

[24] 金公亮，1979，《中國哲學史》，台北：正中書局，頁154。

[25] 錢穆，1992，台北：臺灣學生書局，頁228。

知了未必便能行，因此心與理是二。若心知覺中兼有好，則知了自能行，因此心與理是一。」陽明繼此提出一誠字。他說：「凡學問之事，一則誠，二則僞。殺人須就咽喉上著刀，吾人爲學，當從心髓入微處用力。自然篤實光輝。雖私欲之萌。眞是紅鑪點雪，天下之大本立矣。」人自有生以來，即有種種習染，積疊成私欲，如鏡上塵埃，如水中渣滓，夾雜在心，把此心體之誠遮掩了，所以要揚除心中的塵埃，以達致良知。㉖此義有著在為學上，首重正本清源之意。

　　王陽明則進一步把陸象山的這些論點系統化、周密化、條理化，陸象山不講「工夫」，於是「道」的「本體」便似乎不可得而求；王陽明強調「工夫」，認為「工夫」即「本體」，這就一面保持了講求修養持敬的理學本色，同時又論證了「知行合一」的哲學理論：「知」即是「行」，「行」不離「知」，「知是行之始，行是知之成」；「知」在這裡就不同於朱熹「格物致知」的客觀認識，而完全成為道德意識的純粹自覺。王陽明最終把這一切集中在「致良知」這個綱領性的口號之上。㉗終生致之、行之。

　　在學術史的發展上，王陽明更是將程顥、程頤與朱熹宋朝理學「道問學」的主流，秉批判性的繼承與創造性的轉化將此主流推展到與「尊德性」並重的新傳統。余英時論道：宋明理學從朱熹到王陽明當然是一條主流，是以道德修養為主的。或者用儒家的舊名詞說，就是「尊德性」之學。和尊德性相對的，還有「道問學」的一方面，道問學相當於我們現在所說的求實在的學問知識。尊德性也要有道問學來扶翼，否則不免流於空疏。這本來是儒家的兩個輪子。…「博」與「約」，或者「聞見之知」和「德性之知」，或者「居敬」與「窮理」。㉘王陽明

㉖ 同上書，頁229。
㉗ 李澤厚，1987，《中國古代思想史論》，台北：谷風出版社，頁271。
㉘ 余英時，2000，《論戴震與章學誠：清代中期學術思想史研究》，北京：三聯書店，頁328。

一生基本上都是在和朱子奮鬥之中，他心中最大的問題之一還是如何對待知識。在王陽明的《傳習錄》中，我們清楚地看到他和他的學生歐陽崇一討論到聞見之知和良知的關係。㉙

（四）得君行道到覺民行道

　　王陽明認為良知、良能是所有人心中普遍存有的，因此，王陽明進入書院，勤於講學。王陽明在答聶文蔚說：「良知之在人心，無間於聖愚，天下古今之所同也。世之君子惟務致其良知，則能公是非，同好惡，視人猶己，視國猶家，而以天地萬物為一體。」㉚又說：「大人者，以天地萬物為一體者也，其視天下猶一家，中國猶一人焉。若夫間形骸而分爾我者，小人矣。」㉛王陽明一生所教授的弟子眾多，建立和主講的書院計有十多處，而且，王陽明「為官一任必教化一方」㉜，他在為教事業上的功績，對於移風易俗、安定時代的政治秩序來說貢獻卓著。因此，當王陽明走下政壇，他更積極走向講堂與教壇。

　　陽明持「良知」之說以「覺民行道」是他悟後的真信仰，而且立即見諸行動。《年譜》正德五年（一五一〇）「陞盧陵縣知縣」條載：先生三月至盧陵。為政不事威刑，惟以開導人心為本。……民胥悔勝氣囂訟，至有涕泣而歸者。由是囹圄日清。他所扮演的角色與其說是「知縣」，不如說是「師儒」。「開導人心」即是喚醒人的「良知」，可見他是在認真奉行悟後所得的「覺民行道」的新路線，十足地作到了「知

㉙ 同上書，頁332。
㉚ 朱承，2008，《治心與治世：王陽明哲學的政治向度》，上海：上海人民出版社，頁79。
㉛ 同上書，頁3。
㉜ 同上書，頁26。

行合一」。[33]這是中國知識人，達時得君行道兼善天下，離開政壇後走入民間，肩負起傳道、授業與解惑，啟迪民心，共同改造社會的職責。

五、結語

　　王陽明弟子王龍溪對陽明之「良知說」有段言簡意賅的闡述，即所謂「四句教」：*無善無惡是心之體，有善有惡是意之動，知善知惡是良知，為善去惡是格物*。[34]他將無數的不同概念，通過「良知」宗旨，化而為一；這是「化繁為簡」的成果。陽明成立的思想體系。是圓融透澈的「一體」而且是有機體（organic）；…這是以一心明萬理，而化萬里為一心；又從不同角度觀心說心，所以他的思想的動態，是螺旋性的，由裡而外，達到「易簡」與「精微」的至上功夫。[35]王陽明的學說不僅是哲學體系、心性之學與生命之學的創見，亦即是「內聖」之學；它更是來自於中國聖賢傳統的以天下為己任的「外王」之學。余英時先生的扛鼎之作《朱熹的歷史世界－宋代士大夫政治文化》一書〈序說〉的結尾部分說道：「最後我要鄭重指出，理學系統中有必要通過政治解讀才能澄清的部分，但並不是將全部理學都化約為政治問題。」[36]此言甚是。

　　由於宋明理學細密地分析、實踐地講求「立志」、「修身」，以求最終達到「內聖外王」、「治國平天下」，宋明理學的發展，強調人的責任與主體性的自覺，但這項儒學內在理路的發展，以及外在環境與

[33] 余英時，2004，《宋明理學與政治文化》，台北：允晨文化，頁305-6。
[34] 赤塚忠等著，張昭譯，1981，《中國思想史》台北：儒林圖書公司，頁272-273。
[35] 秦家懿，1987，《王陽明》，台北：東大圖書股份有限公司，頁201。
[36] 余英時，2004，《朱熹的歷史世界－宋代士大夫政治文化的研究》，北京：三聯書店，頁182。

責任的承擔，正是理學發展的嚴肅的使命。論者以為：「把道德自律、意志結構，把人的社會責任感、歷史使命感和人優於自然等方面，提升到本體論的高度，空前地樹立了人的倫理學主體性的莊嚴偉大。」❸日本學者研究亦指出，陽明學及其左派思想中所存在的和西洋一樣的自我覺醒的近代思潮，在明末清初遭受了挫折，或曰「曲折」。和文藝復興不同，中國是從宋代的「理」（外在於人心的天理）的「他力約束」，轉向明代的「心」（內在於人的心性）的「自力約束」，這種轉變極容易啟動「心」的凸顯和「情欲」的高揚，因為這給了人心以判斷和裁判善惡的最高權力，而這種凸現個人和自由的思想，在李贄時代達到了高峰。王陽明的心學，已經到了儒家世界可以忍受的極限，如果再往前走一步，就走到了儒家世界的邊界外面，就是強調個人、自由、平等等等價值的近代了。❸這般論述，亦即王學左派所碰到的曲折過程，是否正足以凸顯其心理主體性，以及追求自由的價值與突破，此在日本研究王陽明的學術史上，有若干爭辯，但更有其學術發展上的重大意義。

　　王陽明的學術與事功，除了在中國思想的脈絡仍然值得做大量的清理功夫外，將其學理放在「前近代」與「近代」的學術與政治的發展脈絡上，尤其是放在中外學術的對比探索上，更值得吾人投入學術的視野大力開拓。就以美國學術史與政治史的大課題，也就是美國1620年清教徒搭乘「五月花號」移民美洲開拓史，在他們偏離航道登陸前夕所簽訂的「五月花號公約」，其所彰顯的「約」的精神對比於王陽明的「鄉約」的自治精神，王陽明的思想創建與實踐，早了美國100多年，如此的學術意義，值得吾人深入研究。

---

❸ 李澤厚，1987，《中國古代思想史論》，台北：谷風出版社，頁284。

❸ 葛兆光，2012，〈前近代、亞洲出發思考與作為方法的中國：重新理解溝口雄三教授的一些歷史觀點〉，《思想》第20期《儒家與現代政治》，台北：聯經出版社，頁10-11、13。

本文初稿發表於2016年10月29-30日中國貴陽修文第5屆國際陽明文
化節——龍場論壇。

柒

東亞價值的省思
——從「鄉約」與「村八分」
文化探討中、日價值的古與今

一、前言

　　1840年鴉片戰爭以降，一百多年來中國人民在一波強過一波的西潮拍打中載沈載浮，時而幾近覆滅，時而無比「自卑」，民族情懷跌入谷底，時而又無比「自豪」（如義和團），「自居」浪頭之巔；民族自信心與民族認同也就在跌入谷底與重登浪頭間起起伏伏。其間癥結所在，就是如何正確認識自我民族的問題，以及如何喚起民族自信心與重鑄國魂。同時代的日本1853年的黑船事件也帶來了幕府時代的輓歌，以及明治時代的「文明開化」、「產殖興國」等重大變革。這當中無論是中國的「中學為體、西學為用」或者是日本的「脫亞入歐」、「和魂洋才」都呈現出對東亞價值的疑慮與遺棄。

　　就中國而言，19世紀呈現的「西風」壓倒「東風」的文化與國家的霸權主義，而一般庶民卻不自覺地淪為「洋貨崇拜」的拜物主義者，或者激昂的反帝、反封建的「革命崇拜」的革命份子。盲目追求自由與平等成為西化的新名教，而傳統的倫理道德也就成為被汙名化的舊名教。這是20世紀中葉以前普遍的中華文化與思想不如人的民族自信

心喪失的心理寫照。但從歷史的長河來看任何一個政治、經濟與社會的發展，離不開其本土文化的土壤與資源。

二、東西方價值觀世紀「典範」的再省思

文化與價值觀有其一定的生命力與惰性，因此，文化的基因禁不起挑戰的必然走向式微與衰亡，能夠與時代的脈動相呼應再加上與時俱進的學習與創新，必然能夠開展出新的歷史格局。

（一）西方個體主義所創造的第一類型的現代化

以西歐、北美政經發展為典範所出現的當陽稱尊的「第一類型現代化模式」，也就是以個人主義為核心價值所推動與形朔的自由的經濟、民主的政治、多元的社會的發展模式。哈佛大學的貝爾（D.Bell,1989）在《後工業社會的來臨》一書中預言，在發展中國家的前景中，將有一個標準化的公式：亦即「工業化、現代化、西方化」。換言之，1970年代中期第一類型「現代化」理論風行時期，學術上普遍認為近代西方文明之所以一日千里，主因在於「基督新教」與「啟蒙運動」之後所呈現的個人主義、自由主義的精神所起的作用，而這中間的價值因素，正是東方儒、釋、道文化所普遍欠缺的。

（二）東方社群文化亦開展出第二類型現代化

當1970年代日本及東亞4小龍——南韓、台灣、香港、新加坡的經濟快速成功的發展，被譽為是繼西方歐美基督文明對現代性或資本主義發展的成功類型的挑戰與檢驗。東亞發展動力普遍認為是儒家文明或東亞文明，依此學術界也開展了不同於西歐文明的「第二類型的

現代性」或「資本主義」。進而言之，這當中泛儒家文明的勤勞、重視家庭倫理與企業倫理等觀念絕然不同於西方基督新教倫理所強調的個人主義、上帝召喚的經濟發展模式。「東亞銳勢」（The East Asia edge）的興起，一再為學術界所論證，如H.Kahn（1979）的「儒家後期文化」（post-Confucius culture）視日本與四小龍的經濟組織成員深受儒家傳統的薰陶。同一時間傅高義（E.Vogel,1981）的《日本第一》中所申論之勤奮、富耐心、律己嚴格等泛儒家東亞文化特質亦是。社會學者柏格（P.Berger,1984）所提的「通俗的儒家精神」（Vulgar Confucianism）亦強調一套推動「人民努力工作的信仰和價值」，「一種對家庭幾乎沒有保留的許諾，以及一種紀律和節儉的規範」，「這種通俗的儒家精神衍化為高生產的工作」。1980年代中國大陸「改革」、「開放」之後，強調市場經濟非資本主義的專利，以及中國傳統文明的基因作用下，同樣帶來突飛猛進的經濟發展成果，在30年左右的時間其經濟總產值已超越歐盟與日本，從1978年到2008年的30年間，GDP總產量從364,5億元增加到300670億元，年均增長9%。人均國民總生產從381元增加到22,600元，國家的綜合實力躍昇為世界第2大經濟體。（俞可平，2014：103-110）

（三）文化價值觀交疊輪替的世紀反思

以歐美價值觀為主軸的「第一類型現代化理論」出現了許多問題，諸如生態主義對經濟開發主義的反省，社群主義對原子式的個人主義的批評，經濟平等對經濟自由的挑戰，這一正一反的理論與實踐的差異，凡此正足以思索「後自由主義」、「後現代主義」的時代中，提供了建構現代化第二類型的東亞社會中「東亞價值」的意涵與成效。

哈佛大學經濟學家Perkins指出：文化因素、價值觀和態度對東亞經濟奇蹟的成長其重要性超過其他單一變項，如政策、世界經濟環境等（Harrison,1994:124-125）。「個體主義」（Indivdualism）優先還

是「群體主義」（collectivism）至上，一直是中、外思想史上的一大課題，兩種學說以及因而形成政治體制後；衍生的主流價值經常交疊輪替（alternative）在進人類文明史上。經濟原理如此，政法思想也不例外，1946年在抗戰勝利後被邀請來到中國大陸的哈佛大學法學權威龐德（Pound,Roscoe）曾以社會法學（Social Jurisprudence）、實用法學（Pragmatic Philosophy）的角度分析中國法治的基本原則，他說：「中國所需要者，乃一種具有中國性格，適合中國情形之憲法，非抄襲外國之憲法。」「現代國家已由以行使統治權為目的，轉變為以服務人民為目的之『服務國家』（Service State）。」本文的重點一方面反思西方文明從文藝復興、啟蒙運動在近代化所開展出來的個體主義社會。另一方面本文也從歷史時刻推到15、16世紀之交的中國與日本的從其國情出發的「群體社會」。也就是展現在當時中國的「鄉約社會」與日本的「村八分社會」的內涵與比較。

三、從中國「鄉約」制度與文化談東亞價值與治理

　　20世紀70年代東亞地區所開展出來成功的第二類型的現代化，中外學者深究其因，傳統的東亞群體主義是一個重要的推動力。也因此推動出更多的東亞價值的研究。如：臺灣大學東亞文明研究中心近十五年的努力，已經研究出版具有份量的100本以上的傳統經典與當代價值相結合的著作。在筆者收集資料的過程中就看到上世紀70年代東北哈爾濱大學的楊一凡教授及其家屬以一個民辦的文化機構致力於社會公益事業以收集、整理、傳播中華法律文獻為主要業務。他與北京日本科學文化研究中心共同創辦一個藏書館，收集中外社會有關各種鄉約的古籍，結合北京法律文化研究中心、中國法律史學會東方法律文化分會、中國東方文化研究會法律文化分會和中國社會科學院法

律所法制史研究室的有關學者共同策劃並出版了三大本的《古代鄉約及鄉治法律文獻十種》及其他多種著作，論者以為古代中國是典型的鄉土社會，鄉村秩序的穩定與和諧是國家政權鞏固的基礎。尋求適當的鄉村治理是構建穩定和諧的鄉村秩序，包括鄉村士紳在內的朝野上下共同的目標。因此，以鄉民自治、自律為特色的鄉約制度因應而生。（劉篤才，2005：3）此一具有真知灼見的作法，是探究東亞價值的重要歷史資源，從而也帶動了中外社會對鄉約等制度的研究。例如日本名古屋大學法政國際教育協力研究中心就在2003年11月邀請多國學者舉辦「鄉約的比較法研究：中國、韓國、越南、日本學術研討會」。此一具有本土與歷史豐富的文化自覺議題，早在1930年代人類學家就有深度體認，誠如費孝通所說近幾百年來西方文化屬於強勢地位，進而產生殖民主義、種族主義、極端民族主義、文化沙文主義、單線進化論等形形色色的自我中心的思潮，費氏之師馬林諾斯基等大儒所具有比較視野的人類學家，對西方文化中心主義進行反思與反制的學術流派，提出了文化自覺的概念。（謝立中主編，2010：127）

（一）鄉約制度在中國歷史上源遠流長

　　一般認為鄉約淵源於周禮的法典，它具有三代之治的理想人間秩序在鄉里的實踐的意涵。北宋《藍田呂氏鄉約》制定于宋神宗熙寧九年（西元1076年）呂大鈞昆仲四人以關中理學為宗旨，定立規約，倡行鄉里。它的意旨在於「德業相勸、過失相規、禮俗相交、患難相恤」，其目的在於提昇鄉里的社會道德以及在地方生活上的互助合作。此約為後代許多鄉約所沿襲。南宋理學家朱熹十分重視，又作《增損呂氏鄉約》。湛若水在明朝嘉靖23年（西元1544年）在他任南京兵部尚書退休後，在其家鄉廣東增城沙貝村制《沙堤聖訓約》，此約有明顯的志願參與性和各宗族全體參與的平等意識，它的預防性及非官方色彩相當明顯，相應的功能自限性也強。（朱鴻林，2016：52）王陽明在《十

家牌法》的基礎上又頒佈了《保甲法》與《南贛鄉約》。之後又有黃佐的《泰泉鄉約》、李坤的《鄉甲約》、曾惟誠的《帝鄉紀略》、章潢的《圖書編・鄉約總序》、尹畊的《鄉約》、劉宗周的《鄉保事宜》、陸世儀的《治鄉三約》等等都是明朝有名的鄉約範本。這些著作和主張以鄉約為中心，結合保甲、社學、社倉融成一片，相輔相成（曹國慶，年代不詳）。論者以為：「在新儒家的鄉約設想中，鄉約不僅僅作為一套制度具備功能的效率性，他們在對天道性命的探討中，通過據理義、因時勢、定禮儀、嚴分守、行教化、和民情的各種努力，意圖達到一種秩序井然與其樂融融的太平氣象。（王悅，2013：8）簡言之，在宋明理學的構想與實踐中，透過鄉約制度是一個實現治國、平天下的理想有效的方式。宋、明的鄉約制度的推展殊為可惜的是，明朝末年黃梨州先生的著作《明夷待訪錄》，其中〈原君〉、〈原臣〉兩篇較法國盧梭的《民約論》早數十年，但中國有梨州先生的《明夷待訪錄》200餘年卻毫無影響。革命黨人陳天華說法國自盧梭之後，還有千百個盧梭相繼其後。中國僅有梨州先生，以後沒有別人了，又怎麼能有影響呢？（溝口雄三，2008：10）明朝王陽明、黃梨州在思想與制度上的確有劃時代的發現，也比西方的相關思想與制度早了幾十年，甚至上百年。（美國五月花號公約是在西元1620年發生的，與王陽明的鄉約晚了100年）思想與制度必須一波接一波的強化並得到朝野的理解與重視才能水到渠成。

　　清朝在順治九年（西元1652年）欽定的《六諭臥碑文》其內容有「孝順父母、恭敬長上、和睦鄉里、教訓子孫、各安生理、毋作非為」，之後康熙為了化民成俗，特頒佈《聖諭16條》作為教化的大綱，許多巡撫將此16條奏進《鄉約全書》分送到州縣鄉村，永遠遵行。清朝的鄉約由上到下，官方的味道較為濃厚。清朝的鄉約，官員指定生員才有資格講解鄉約，「到咸豐年間生員每月下鄉宣講《聖諭廣訓直解》，大體而言清朝的鄉約大多掌握在鄉紳、地主的手上，它長期打著勸善規過、正人心的旗號。」（高永建，2008：112）用今天話來說，頂多

是官方督導民間辦理，原因可能來自異族統治的關係，對基層的治理官方也有所憂慮。

　　民國時代的國學大師梁漱溟一生致力於推動中國鄉村建設的現代化。他就他就把鄉村建設拿來和鄉約做比較，他說我們做的村學這件事情，實在是新鄉約，對於中國地方自治問題的解決不啻發明了一把鎖鑰，找著了他的訣竅。（梁漱溟，1994（5）：535-6）梁先生進一步舉歷史上的朱熹、王陽明、李新吾三位先生所實行的鄉約不算政府真成功。因為他們是以自己的人格，領導著他們的朋友，與他們的僚屬，以自己的人格感化起發鄉村人的向善之意，如此才能有點成功；否則只能落於怕官或貪獎，還能有什麼結果呢？（梁漱溟，1994（2）：335）民國時期除了梁漱溟的鄉村建設推動之外，尚有晏陽初、陶行知鄉村改革、蔣經國的贛南新政等，尤其是蔣經國的江西經驗也參考了王陽明的鄉約制度與精神，日後的蔣經國在台灣推動的十大建設，個人以為相當程度也受到他的贛南經驗的影響。中國大陸在80年代改革開放以後中國大陸也在推展具中國特色的社會主義，其中不乏從傳統借鏡的地方，如《村民委員會組織法》就是援引、參考於中國的鄉約運動的一種。但各地方的實際運作不能成為操縱鄉民社會的工具從而向上是人民的治邦價值。尤其在土地政策上不得侵犯人民人身的權利、民主的權利和財產的權利。（許娟，2008：109），鄉約的傳統，不能以官威壓人，或者是以競賽得獎為推動的目的。梁漱溟先生早就提醒指出，唯有如此以人民的權利做出發點，才是構建和諧鄉村社會理想的基本圖像。

（二）以王陽明《南贛鄉約》為例的分析與探討

　　王陽明一生在文治武功上都有非凡的表現，在懲治盜匪方面，對一個文人來說尤其不容易，這與他在青少年時期，看到北方的外族入侵，興起他勤研兵書有關。

　　南贛是對江西南安、贛州兩府的合稱，有十多個縣城民，明朝中葉以後民變迭起流寇叢生，王陽明巡撫南贛，其主要任務就是要肅清流寇，平息民變，後來的效果表明王陽明此任不辱使命，正德十三年（1518年）正月七日至三月八日期間，王陽明率軍趕赴廣東龍川縣，一舉蕩平浰頭匪患。之後，王陽明又掃平了九連山匪寇。湖廣、江西、廣東、福建諸匪中，最強悍、最狡猾的莫過於浰頭之賊。征剿浰頭匪患，可謂困難重重。❶何以在浰頭、南贛一帶匪寇如此的兇悍惡劣，調查顯示弘治15年（西元1503年）與洪武26年（西元1393年）相比較，發現稅田總額由8507632（公）頃下降到4228058（公）頃，降額超過50%。稅田總額銳減，但稅額卻沉重依舊，農民被各種苛捐雜稅壓得喘不過氣來，生活困苦潦倒，因此匪患叢生。（袁炎林、林孝文、賴韋文、向安強，2014：73）

　　王陽明率南贛軍民歷時一年餘，平息了該地區的多處民變。然而也就是在此時，王陽明抒發了著名的感言：「某向在橫水，嘗寄書仕德云：『破山中賊易，破心中賊難。區區剪除鼠竊，何足為異？若諸賢掃蕩心腹之寇，以收廓清之功，此誠大丈夫不世之偉績。』」為了維護政治社會的秩序，平息幾個山賊的政治軍事行動，不足為難事。…要做的是掃蕩心腹之寇，這是難事，也是偉業。（朱承，2008：43）尤有進者王陽明並不以肅清匪患為滿足，他更進一步在各地建立「鄉約」制度，使戡亂與治本雙重作用。其弟子曰：「先生自大征後，以為民雖格面，未知格心，乃舉鄉約告諭父老子弟，使相警

---

❶ 王陽明暗自派人分頭尋找深受浰頭賊匪禍害的百姓，將他們帶到軍營，共商討賊之事。約十天後，有數十名百姓相繼來到軍營。王陽明向他們詢問如何才能掃平浰頭匪寇，眾人言道：「此賊狡詐兇悍，非比他賊，其出劫行剽，皆有深謀，人不能測。自知惡極罪大，國法難容，故其所以捍拒之備，亦極險譎。前此兩經夾剿，皆狼兵二三萬，竟亦不能大捷。後雖敗遁，所殺傷亦略相當。（岡田武彥，楊田〔等〕譯，2015）王陽明不但擅用兵法，更長於攻心，因此能一舉蕩平浰頭匪巢。王陽明不僅是偉大的儒學家，同時也是傑出的軍事家。可說是一個儒將。

戒。而舉鄉約的目的在於「共成仁厚之俗」：故今特為鄉約，以協和爾民，自今凡爾同約之民，皆宜孝爾父母，敬爾兄長，教訓爾子孫，和順爾鄉里，死喪相助，患難相恤，善相勸勉，惡相告誡，息訟罷爭，講信修睦，務成良善之民，共成仁厚之俗。」（朱承，2008：55）王陽明在十家牌法中又說自今各家務：「要父慈子孝，兄愛弟敬，夫和婦隨，長惠幼順，小心以奉官法，勤謹以辦國課，恭儉以守家業，謙和以處鄉里，心要平恕，毋得輕意忿爭，事要含忍，毋得輒興詞訟，見善互相勸勉，有惡互相懲戒，務興禮讓之風，以成敦厚之俗」。❷對照兩文無論在家庭宗族，王陽明念茲在茲的是敦厚的倫理道德的建立與與鄉里間互惠互助的情義。王陽明在江西福建一帶「一年之間，悉平四省邊境巨寇，復奏設平和、和平、崇義三縣。舉社學易風俗、舉鄉約創自治」。（李福登，1977：89）王陽明四十七歲，在贛平寇後，又奏設和平縣《訓蒙大意示教讀劉伯頌等》，七月，刻古本《大學》，刻《朱子晚年定論》。八月，門人薛侃刻《傳習錄》。九月，修濂溪書院。十月，舉鄉約。十一月，再請疏通鹽法。社學、書院與鄉約融合為一是王陽明接二連三在各地任官所推動的兼具上下交流、官民同治的治理方式。

　　王陽明希望地方鄉里能夠長治久安，鄉土民情能夠移風易俗，以達一「善治」的地步，是他做一個良臣將相的真目的。士人的社學施策和理念，多見社學和鄉約並舉。王陽明、魏校、葉春及、呂坤等官員認為社學與鄉約皆具教化風俗的作用，在其轄境以社學教育童蒙，以鄉約教化鄉民。社學教育以讀書和禮樂等文化教養，以及生活道德為主；鄉約則以民眾生活上的風氣習俗為重心，以彰善、糾過

---

❷ https://zh.wikisource.org/wiki/%E7%8E%8B%E9%99%BD%E6%98%8E%E9%9B%86/%E5%8D% B716#.E2.97.8B.E5.8D.81.E5.AE.B6.E7.89.8C.E6.B3.95.E5.91.8A.E8.AB.AD.E5.90.84.E5.BA.9C.E7.88.B6.E8.80.81.E5.AD.90.E5.BC.9F,2017/5/20查閱。

之法進行教化。[3]宋明理學家之所以全力發展儒學的「內聖」之學其首要目的是為從間人間秩序尋求宇宙論及形而上的根據。（余英時，2004：154）哥倫比亞大學副校長狄百瑞認為新儒家的士大夫所建立的亞傳統的努力在與社倉（community granaries）、鄉約（community compact）、鄉飲酒禮（community wine-drinking ceremonies）的實踐，而這是中國自由主義的傳統所激發出來的自願合作的理想，基本上是一種自治社群的基本憲章（constitution），「約」是為了互惠互利而進入了社群成員之中。「約」是一人格主義的，強調對個人需要與希望的互尊，而不是對財產權和商品交易交換中準確報酬的尊重（DeBary,2003:51,65）此即「新儒家所建立鄉治論傳統中，他們明顯希望由在位的『官』和無位的『紳』暨限制住『吏』對『民』的擾害，又能對『民』安置到儒家的禮樂秩序之中來。」（王悅，2013：13）換言之，中國士人的理想不是在追求個人如何達到「內聖」的功夫，而是在於透過諸如鄉約的實踐，以一步一步地達到安民、教民、治民的人間秩序。

　　日本著名學者溝口雄三對於中國傳統的鄉約、鄉治，認為中國型的鄉村治理不同於歐洲型的城鎮自治，歐洲型的自治模式總是將自治領域，獨立於官的範圍之外，而中國型的鄉治則是「以地方之手理地方之公事」在意義上是「官、紳、民合作」的道德性自發行為。（溝口雄三，2008：10-11）鄉約在中國歷代的禮法文化的影響下，有些朝代具有官辦的性質，有些朝代呈現出官督民辦或者是民辦官方認可，有些時代則完全是士大夫與鄉民共治，在不同朝代衍生出的不同鄉約、鄉治的傳統，一方面是落實中國德治與法治文化的實踐，也可以說是儒官與鄉紳共同通力合作的為建構美好鄉村社會的願景與藍圖。

---

[3] http://web.nchu.edu.tw/~leehsin/Graduate-abstracts/cou91.pdf/2017/5/20查閱。

四、從日本文化特質與「村八分」制度文化 談東亞價值與治理

（一）「忠」與「恥感文化」是日本社群文化的核心

　　1933-5年日本新潮社出版的12卷《日本精神講座》。這套叢書的封面畫著朝陽中盛開的櫻花，宣稱為了「了解日本，回歸祖國」而發行。第一卷的卷頭論文是平泉澄的〈武士道的神隨〉，他把武士道當成「日本精神之粹」，而以「忠義精神與尚武氣象」為其神隨。1935年和達哲郎出版《風土》，也強調櫻花的重點不在開花，而在花落，發揮了鼓舞人們勇敢犧牲生命的效果。（鹿野政直，2008：7）。有關日本在二戰期間思想文化的核心影響到日本在戰爭中的精神、意志與表現，美國人類學家Benedict（潘乃德）所提出的「恥感文化說」名著影響深遠。認為它與西方的「罪感文化」不同。該學說從"菊與刀"（台灣翻譯成《菊花與劍》）。在《菊與刀》中，如此描述日本文化的矛盾性，"菊"本是日本皇家室徽，"刀"是武家文化的象徵。但本尼迪克特以此命名本書，似乎未從這種含義出發，而是以"菊"和"刀"來象徵日本的矛盾性格，亦即日本文化的雙重性。日本人生性極其好鬥而又非常溫和；黷武而又愛美；倨傲自尊而又彬彬有禮；頑梗不化而又柔弱善變；馴服而又不願受人擺佈；忠貞而又易於叛變；勇敢而又懦怯；保守而又十分歡迎新的生活方式。他們十分介意別人對自己的行為的觀感，但當別人對其劣跡毫無所知時，又會被罪惡所征服。"（Benedict, Ruth.1989：2）這種雙重的性格，我個人認為是源於日本的戰國時代的武士精神所積累而成。一方面武士對大名的尚禮與絕對服從，一方面又強烈的與其他封建大名展開頑強的戰鬥。來自於德川家康時期所吸收的中國傳統儒家文化，特別是「忠」的文化。論者以為，德川時代的日本，忠誠觀念被高度地灌輸到政治系統之中。…「忠誠

已成此時代的中心價值。對政治權威強迫式的、壓倒一切的忠誠，毫無疑問的，可以在「報恩」這一觀念中見到。…忠誠已是一種絕對的義務」（Robert Bellah, 1985,19-21）。

在二戰徹底失敗之後，日本知識界展開反省，日本人從日本意識形態的拘束中解放出來。評論家加藤週一提出的「雜種文化論」引起很大的迴響。在他1965年的《雜種文化──日本的小小希望》一書中提到：「以往的文化運動，是由知識份子對文化雜種性強行純粹化的運動。其中分成兩種型態一種是『把日本種的枝葉剪去，想把日本西洋化』；另一種正好相反，『想把西洋種的枝葉除去，換成純粹日本式的東西』。當然兩種都不可能成功。」他主張「西洋的近代市民社會，並不是應該到達的目標，而是在與日本社會比較對照時，我們可以這麼做的參考。」（鹿野政直，2008：8-9）。政治學者丸山真男認為，日本人處在精神的雜居狀態，即多種多樣的事項並未從內部真正相「交」，只是在空間上同時存在著。村上春樹認為日本文化本身是凹陷型的，是女性的、被動的容易接受由高而低流入的文明高地的精神和養料。（武心波，2008：159-160）在這種反省與比較的過程中，研究者認為：「1980年代隨著日本資本主義現代化的成功，『東亞文化圈』的約定俗成，日本學者展開對中國哲學的研究與日本民族文化思想相比較、相聯繫，逐漸形成了中日文化比較的新趨勢，這對於兩大民族文化的相互吸收、借鑒有積極的意義。」（卞崇道主編，1996：327）而針對中國儒家經典與宋明理學的比較研究，是1980年代迄今日本學術界的重點研究之一。其中本文所要特別指出的是「忠」的精神與集體主義或者是今天所說的社群主義是本研究的一個切入點。

（二）日本「村八分」的意涵與作用

日本獨特的風土與文化，自古以來形成的生活，「圈內人」的意識非常強烈。而這個「圈子」可以是一個村落，也可以是工作的場域

或職場，也可以是一個宗教信仰圈，或者是一個都市，乃至一個國家。在日本人的眼裡，社會可以是很具體的，它通常叫做「世間」。「世間」的價值取向，遠高過個人的意識，至今皆然。日本有兩句俗語：「一句是『用口殺不了人，用眼可以』、另一句是『眼比口更能說明白事情』。」所以日本歷史學家木村尚三郎就說到：「日本人的眼睛既是視覺器官又是語言器官」、「日本人對他人的目光非常害怕」。（孔祥旭，2007：34-35）簡言之，在意他人的眼光，也就是在意「世間」人的看法。

　　村落是日本社會組織的原形，政治學者矢部貞治在其著作《政治學入門》說到：「在一個社會組織中，它的成員對內部的對立和分化沒有自覺意識，自己的意識埋沒在全體中，從而達到本能的全體一致性，這樣的組織就是共同體。」共同體往往以『人格者為中心』，如血緣共同體的家長，地緣共同體的領主，精神共同體的導師。共同體的規則既不是專制獨裁形式，也不是多數民主表決形式，而是通過本能或者說規則、潛規則來表現集團的一致。」村落到17世紀的江戶時代，逐漸制度化，其中最典型的村規，就是「村八分」。許多日本人把它看作是日本傳統中最惡劣的陋習，羞於出口。「村八分」是指在日本農村大家對嚴重傷害「集體利益」和嚴重的違規者進行絕交或孤立的懲罰方式。按照江戶時代《御定書百條》的規定，在村落生活中人與人之間的交往或者互助有分，此十個方面：一.出生、二.成人、三.結婚、四.建房、五.火災、六.水災、七.生病、八.葬禮、九.出行、十.法事。對一個人實施村八分就意味全體村民有八個方面與他斷交，只剩下二分的交往。（喪禮和火災）。（孔祥旭，2007：38-40）日本的這種「村八分」形成一種在共同體內，由多數人排擠少數人的力量，人人畏懼自己成為少數人，怕作丟臉的事，而成為少數人，從而形成Benedict所說的另一種帶有懲罰性的「恥感文化」。

　　這種特殊的集體主義的取向，日本人對集體主義所產生的秩序及等級制的信賴至今天不變，人類學家潘乃德所說的，了解日本首先必須弄清他們「各安其所」的涵義。這是日本人對等級、秩序的遵從以

及各安其份的心理，是注重集體觀念的表現。這種集體主義的觀念又可從日本語言表達的含蓄，不夠自白，在外人看起來可能是模糊難懂，所以葡萄牙傳教士弗洛伊斯曾經稱為「魔鬼的語言」。往好處說日本人愛用模糊性的語言正是日本人注重「以和為貴」，強調集體觀念的具體表現。另一方面日本學者中根千枝在《日本社會》一書中認為語言模擬兩可、捉摸不定，這種智巧是為了隱藏敵意，避免對立，保護自己。逢迎奉承、笑容可掬，同時又不露真心本意，是為了撈到好處。（李朝暉，2005（6）：138-139）至今仍然表現在政治經濟的結構體及其衍生體中。如同戰後日本推動民主政治就衍生出所謂的日本「三益」說，也就是國會「族」議員（legislative tribes）與「省」部會的上的官僚，加上「產」業界的利益三結合的日本政治所呈現的現代集體主義的「派閥政治」。在不同的經濟行為者如生產商、供應商及精選者與轉包商之間建立相對長遠關係的穩定，表面上看好像忽視了直接的市場力量的引力。—在大多數組織的內部，出現了等級取向和集體主義取向的結合，相對重視藏起的、大量的集體主義目標，而且更重視集體成員對他們各自集體目標的義務和承諾。（Eisenstadt,2008:345,348）這種深層的集體主義文化，在不同的日本時期，有不同的表現方式，例如戰國時代的幕府與大名字的合縱連橫。論者以為，東亞的中國與日本透過各種形式的禮儀社群（ritual community）與當代西方的法律社會（society of laws）是有著明顯的區別。其中最顯著的對照就是一種基於羞恥感（sense of shame）的自我修身以及隨之而來的社群的自我糾正，而達到自我與社群相互調節的和諧。（Ames,2006:524）從正面上說村八分所形成的自我約束與團體約束兼而有之是日本特有的社群文化。

　　2015年筆者到九州的中部——大分縣參加日本的西社會分析學會學術活動，了解日本振興農村的做法，當代日本自1970年代即陸續推動造町、村落振興，初期之際，主要立基於農村經濟發展觀點，強調各地的農業振興，提倡「一村一品」，以農產特性活化農村經濟，以降低人口持續外流現象。近年，農業經濟發展觀點逐漸受到挑戰，尋

求社會學觀點的論述，強調「文化、藝術化的造町」。日本造町之相關論述已從農業經濟觀點轉換到文化、藝術化的觀點，亦值得關心留意。市町與鄉村文化的再造，說明了東亞基層組織依然是社會再生不可忽視的傳統動力。

五、以王陽明的鄉約反思東亞價值與社群主義
——代結論

（一）以王陽明覺民行道的路徑反思當代社群主義

王陽明認為良知、良能是所有人心中普遍存有的，因此，王陽明進入書院，勤於講學。王陽明在答聶文蔚說：「良知之在人心，無間於聖愚，天下古今之所同也。世之君子惟務致其良知，則能公是非，同好惡，視人猶己，視國猶家，而以天地萬物為一體。」又說：「大人者，以天地萬物為一體者也，其視天下猶一家，中國猶一人焉。若夫間形骸而分爾我者，小人矣。」（朱承，2008：79、3）王陽明一生所教授的弟子眾多，建立和主講的書院計有十多處，而且，王陽明「為官一任必教化一方」，他在為教事業上的功績，對於移風易俗、安定時代的政治秩序來說貢獻卓著。因此，當王陽明走下政壇，他更積極走向民間講堂與教壇，發揮覺民行道的新轉向。

王陽明持「良知」之說，以及「覺民行道」是他悟後的真信仰，而且立即見諸行動。《王陽明年譜》記載正德五年（一五一〇）「陞廬陵縣知縣」曰：先生三月至廬陵。為政不事威刑，惟以開導人心為本。……民胥悔勝氣囂訟，至有涕泣而歸者。由是囹圄日清。他所扮演的角色與其說是「知縣」，不如說是「師儒」。「開導人心」即是喚醒人的「良知」，可見他是在認真奉行悟後所得的「覺民行道」的新路線，

十足地作到了「知行合一」。（余英時，2004）這是中國知識人周遊天下，以期得君行道，進而兼善天下。但能有多少人能夠得君主的信念與重用，受貶抑的王陽明被並沒有心灰意冷，反而有更深的體認，離開政壇，走入民間，肩負起傳道、授業與解惑，啟迪民心，承擔起共同改造社會的職責。

由於宋明理學細密地分析、實踐地講求「立志」、「修身」，以求最終達到「內聖外王」、「治國平天下」，宋明理學的發展，強調人的責任與主體性的自覺，但這項儒學內在理路的發展，以及外在環境與責任的承擔，正是理學發展的嚴肅的使命。論者以為：「把道德自律、意志結構，把人的社會責任感、歷史使命感和人優於自然等方面，提升到本體論的高度，空前地樹立了人的倫理學主體性的莊嚴偉大。」（李澤厚，1987：284）日本學者丸山真男（1914-1996）的《日本政治思想史研究》、島田虔次（1917-2000）的《中國近代思維的挫折》都指出，陽明學及其左派思想已所存在著與近代西洋相同的自我覺醒，並加以廣泛宣揚。（河田悌一，2002：538）近代思潮，在明末清初遭受了挫折，或曰「曲折」。和文藝復興不同，中國是從宋代的「理」（外在於人心的天理）的「他力約束」，轉向明代的「心」（內在於人的心性）的「自力約束」，這種轉變極容易啟動「心」的凸顯和「情欲」的高揚，因為這給了人心以判斷和裁判善惡的最高權力，而這種凸現個人和自由的思想，在李贄時代達到了高峰。王陽明的心學，已經到了儒家世界可以忍受的極限，如果再往前走一步，就走到了儒家世界的邊界外面，就是強調個人、自由、平等等等價值的近代了。（葛兆光，2012：10-13）20世紀以降的中日學者，認為透過王陽明思想的研究，是了解中國「走向近代」，尤其是政治史所碰到的曲折是不可忽視的典範意義。

以上論述，亦即王學左派所碰到的曲折過程，是否正足以凸顯其心理主體性，以及追求自由的價值與突破，只可惜這個趨勢自有傳統士大夫階級加以承擔，而缺少了新興的資產階級或者是市民階級，因此近代喚起人民自由平等意識的市民主義也就走不出挫折與曲折的中

國道路。簡言之宋明理學的發展，到了王陽明等人所提倡的透過鄉約發展，由下而上的自治体與當代的社群主義有著若合符節的理論旨趣與現實意義。

（二）以東亞價值接軌當代西方社群主義

1. 一元化的發展觀與自由主義的問題

當代自由主義者一再強調的國家、社會的中立性原則（neutrality principle）。哈佛大學的羅爾斯教授說：「正義的原則最先需尊重的是個人的絕對自主性及獨立性。」在『差異正義』中，必須使處境最不利的成員，獲得最大利益」，（Rawls,1971:3、60）耶魯大學的艾克曼教授亦說：「沒有任何社會可以去證成（justify）一個掌權者他的價值理念比其他人好或其本質是優於他人的」，（Ackerman，1980：11）在這些理念之下，自由主義的公民資質角色承繼傳統自由主義精神，再三強調「公民」在多元社會中祇需在少許的政治領域內擔負少許的消極義務而已，不需參與政治事務的積極領域，更不用說宗教、哲學、人生理想等私領域；國家更不應該灌輸某一特殊價值給公民身上。國家在對"良善生活的構思"。（Rawls,1971;Dworkin,1989）日裔美籍學者福山（F. Fukuyama, 1992）於1990年代初，預言「歷史的終結」——「民主自由的理念」已取得「最後一人」的勝利。歷史的終結有2個重要的政治哲學觀，其一、民主多元主義是政治組織的最佳方式，其二、自由市場是創造財富與實現幸福不可少的工具。但事實發展，歷史的軌跡並不如福山所言的順遂。對西方自由主義的批判，來自於社群主義的反思，自由主義以個人權利為尚，終極的結果是一原子式的，與他人不交集的權利追求。

早在1970年代芝加哥大學政治思想家史特勞斯（Leo Strauss, 1899-1973）有一段思考近代西方文明危機的話語，頗值得當前東亞在如何營造和平文化的未來作為參考座標。在史特勞斯看來，「現代性的危

機」和「西方文明的危機」的實質是虛無主義的盛行。必須從西方古典的視野來全面批判審視西方現代性和自由主義（兩者在他那裡往往作同義詞用）。對自由主義的批判必須首先獲得一個「超越自由主義的視野」（a horizon beyond liberalism）。（徐戩選編，2010；劉小楓選編，2010）。這項理論的反省更體現在非西方世界的全面崛起，尤其是東亞社會的價值觀與實踐經驗對人類社會發展的意義是十分深遠的。針對自由主義產生的現代性提出挑戰，證明「歷史的終結」是一誇大的，過早的論斷，東亞成功經驗，提供了「非個人主義的資本主義現代性。」（non-individualistic version of capitalist modernity）（金耀基，1998：1-22）不同於自由主義下的東亞發展經驗，說明了重視「家庭與工作倫理」與「效忠精神」等價值所形塑的「公民資質」是開啟東亞現代化奇蹟的最重要精神力量，是勿庸置疑的。這意謂著「一元現代性」（singular modernity）的歷史框架鬆動了，取而代之的是「多元現代性」（multiple modernities）的格局（Chalmers Johnson,2004），過去在一元現代性框架下，衡量「進步」與「落後」的座標是明確的，現在這個我們熟悉的歷史座標開始受到質疑。這也意謂著，非西方社會在面對社會制度與價值體系之選擇時，享有更大的思維的想像空間，與西方文明接軌未必是「進步」，與自己文化傳承重新接軌未必是「落伍」。再進步與落伍之間的文化對比，恐怕必須以更多的歷史傳統文化價值與當代發展經驗相互參照，從而反思出一個理性的融合與創新的路徑。

2. 當代社群主義對自由主義的質疑

上述這些自由主義的理念遭到來自西方社會內部的社群主義（communitarianism）者猛烈抨擊，西方社群主義沒有單一明確的定義，被歸入此一學派的思想家學術背景不相同。普遍的說法是一種提倡民主卻與個人主義、自由主義對立的政治哲學，又稱為「社區主義」、「共同體主義」、「合作主義」等。社群主義者指出，自由主義教人們要尊重個體與目的間的距離，但為了確保此距離，自由主義會削弱它自己

的洞察力，一旦陷入沒有共識、共善的混亂之中（Sandel, 1982: X-XI, 1, 183, 210-212）。一個共同體的形成，必須具有追求共善與共識的可能與機制，例如，亞太經合會（APEC）、世貿組織（WTO）等國際社群，兩岸共同參與，兩岸官員與NGO、NPO成員，應共同利用此機制，解決問題，追求區域資源的合作與共善的達成。而中華文化（日本文化亦然）基本上在調和個體與群體之間，則從義務與責任之間著手，並以追求共善為目的。（De Bary, W. Theodore（狄百瑞）,2003）此與當代西哲的社群主義不謀而合。

而社群主義旨在恢復社群價值的重要性，而非取代自由主義在當今社會中的重要地位。如泰勒（Taylor,C）1989的〈交叉的目的：自由主義-社群主義之爭〉（cross-purpose:The Liberal-Communitarian Debate），麥金泰爾（MacIntyre,A）1981年的《德行之後》（After Virtue:Astudy in moral Theory），沈岱爾（Sandel,M）1982年的《自由主義與正義的限制》（Liberalism and the Limits of Justice），瓦瑟（Walzer,M）1983年的《正義的諸領域》（Spheres of Justice）。（石元康，1995：94-104；江宜樺，1998：69-98）這些作品對自由主義所展現的政治文明中卻祇高度維護個人權利與私益、忽視公共正義與社會道德價值，最後淪為追求「原子式」的個人權益與價值，提出嚴厲批評，並對其引起的公民資質的墮落大加撻伐。限於時間、篇幅與能力，本文再引前文以沈岱爾（Sandel）對社群主義的三種分類：1.工具性社群（the instrumental view of commuity），團體成員以私利至上，視社會機制為達到私欲的工具。2.情感性社群（the sentimental view of community）團體成員彼此有善意，亦有合作。3.構成性社群（the constitutive view of community），團體成員不僅自由結盟，且願意相互依存，以達共善。（Sandel，1982：147-154）做為文後討論與對比中國儒家思想變遷與轉型的類比參考。

東亞成功經驗，所形塑的具有積極意涵的儒家倫理中的「勤勞、節儉」、「效忠」、「團隊意識」、「憂患意識」等等（如日本「以廠為

家、以廠為校」，台灣家族式的 中小企業之信任尺度與規模及效能）
所開創的不同於資本主義的現代另一類型的成功「經濟人」，其中所
呈現的公民資質類似於社群主義者沈岱爾所說的工具性社群，（Sandel
1982:148-149）亦即人人以「企業體」利益至上，視社經制度（如中小
企業銀行、工業區、優惠政策）為實現私慾之工具，其特色是以工具
性「社群觀」，全力「拼企業私利經濟」。但是，在「消費者倫理」、「環
境倫理」等價值上常形成唯自由主義或工具性社群倫理至上，重視一
己公民權益的缺憾。鄉里社會官紳民共同致力於鄰里生活更美好的追
求與努力現代社群主義的共善觀念，也正契合中國以天地萬物為一體
的情感性與構成性的社群觀念。

3. 孟子、王陽明等學說與社群主義的接軌

儒家倫理中強調的修身，再跨進宋、明的鄉約與鄉治的具體實
踐，可以說與當代「構成性的社群主義」強調互賴德行，將比起百年
來儒家與自由主義之間直接對立的所產生的鴻溝要小的多，當前的第
四期儒家與修正式的自由主義將從左、右兩邊向中間的社群主義趨
近，換言之，一個較健康的建立在契約式自由主義的法治原則與互助
互利共存、共榮的儒家倫理在相互搓揉成中形成「構成性的社群主義」
之「公民」自發結成的社群，將如同泰勒所說：「是一個保有多元特
質的活動空間，是一擁有自我認同又相互尊重的多元文化肯認價值。」
（Taylor，1994：66-74）。孟子的治理之道強調君王必須使百姓，仰足
以事父母，俯足以蓄妻兒。王陽明的鄉約精神必須從破除心中之賊著
手，並進一步結合眾人的心，在政治與經濟上形成一個共同體，以破
除外在的動亂共同營造一個安居樂業的社群。鄉約在實際的生活當中
事實上也發揮了發揮著法律的作用他對鄉民的顏姓卻有自飲、平價、
浴廁、教育、懲罰的規範作用和從調整關係到為此秩序的社會作用。
（張中秋，2004：53）筆者十分認同鄉約的精神，誠如張中秋教授所
說的這符應現代法學，實際上存在於鄉民社會中的「活的法律」。

表一、西方個人主義vs.西方社群主義vs.孟子、王陽明

	西方個人主義	西方社群主義	孟子、王陽明
個人定義	個人是獨立自足的單位；但也認為人性是不完美的幽暗意識。因此有Power tends to corrupt, and absolute power corrupts absolutely	個人是社會中的一部份。	個人乃是道德主體，仁義理智乃我人所固有，非由外鑠。以不忍人之心，行不忍人之政，治天下可運之掌上。因此要發展出聖王意識。
追求目標	1. 康德：「自己立法，自己遵守」之先驗主體，其內在「無條件律令」（categorical imperative），提供法治體系普遍性原則，強調自由之法觀點，而成為法治基礎。 2. 追求個人目標與快樂，如英國的約翰・彌兒	追求公共利益	追求道德實踐；君子有三樂，而王天下不與存焉。父母俱存，兄弟無故，一樂也；仰不愧於天，俯不怍於人，二樂也；得天下英才而教育之三樂也。 強調明君制民之產，必使仰足以事父母，俯足以畜妻子；樂歲終身飽，凶年免於死亡。
強調價值	不要讓權利睡著了，以保障個人權利為要	共同增進社會的善	努力在社會文化的脈絡下凸顯人性尊嚴。王何必言利，亦有仁義而已矣。賊仁者謂之賊，賊義者謂之殘，殘賊之人謂之一夫。聞誅 一夫紂矣，未聞弒君也。"進而追求利己利人的道德價值。 王陽明曰，親吾之父，以及人之父，以及天下人之父，而後吾之仁實與吾之父、人之父，與天下人之父而為一體矣。

資料來源：筆者閱讀文獻後自製。

從表一清晰可見西方社群主義，特別是重視個人或企業體必須承擔社會責任與增進公共利益是接近孟子學說中的「保民」、「教民」、「利民」及王陽明所說的「仁體」。

19世紀初葉日本學者二宮尊德（Ninomiya Sontoku 1789-1856）即說到世界事務如竹竿節一般有長有短，如日本的神道文化是奠定國家根基的道，中國儒家文化則是用來管理國家的道，印度佛教文化只是用來控制人心的道，三者相輔相成，才能從內到外的完整治理。日本的「村八分」從約束的角度來規範鄉民負面行為，而王陽明的鄉約文化與制度，從人心的改造正面立標做起，早為近代中、日學者所重視，其所強調的從「人心」的修鍊做起，相對於印度佛教文化有過之無不及。

參考書目

卞崇道主編，1996，《戰後日本哲學思想概論》，北京：中央便利出版社。

孔祥旭，2007，《櫻花與武士》，北京：同心出版社。

王悅，2013，〈梁漱溟與新儒家鄉治論傳統〉，第九屆北京大學史學論壇論文。

石元康，1995，社群與個體─社群主義與自由主義的論辯，台北：當代第114期，頁94-104。

朱承，2008，《治心與治世：王陽明哲學的政治向度》，上海：上海人民出版社。

朱鴻林 2016（10），〈一道德、通風數相同風俗習慣相約的理想與實踐〉，《讀書》，頁48-57。

江宜樺，1998，《自由主義民族主義與國家認同》，臺北：揚智文化。

余英時，2004，《宋明理學與政治文化》，台北：允晨文化。

李朝暉，2005（6），〈由模糊表達解讀日本人的集團觀念〉，《開放時

代》，頁134-139。

李福登，1977，《王陽明的政治思想》，台南：私立台南家政專科學校。

李澤厚，1987，《中國古代思想史論》，台北：谷風出版社。

岡田武彥，楊田等譯，2015，《王陽明大傳：知行合一的心學智慧》，
　　重慶：重慶出版社。

武心波，2008，《「一元」與「二元」的歷史變奏──對日本國家主義
　　的再認識》，上海：三聯書店。

河田悌一，2002，〈民國初年近代學術研究之成立──整理國故與戴
　　震評價〉，周質平、Willard Peterson編《國史浮海開新錄──余英
　　時教授榮退論文集》，台北：聯經出版社，頁537-565。

金耀基，1998，〈中國的現代性與民主發展的前景：論民主與文化之
　　關係〉，載殷海光基金會主編，《民主轉型？台灣現象》，台北：
　　桂冠圖書，頁1-22。

俞可平，2014，〈民主在中國：挑戰還是機遇？〉，吳敬璉、俞可平、
　　羅伯特‧福格爾等著，《中國未來30年》，北京：中央編譯出版社，
　　頁100-110。

徐戩選編，2010，《古今之爭与文明自觉:中国语境中的施特劳斯》，
　　上海：華東師範大學出版社。

袁炎林、林孝文、賴韋文、向安強，2014（3），〈《南贛鄉約》與贛南
　　新政：歷史時期贛南鄉村治理的跨時域比較〉，《農業考古》，頁
　　73-82。

高永建，2008（12），〈鄉村文化建設與社會和諧──論清朝的鄉約〉，
　　《中國改革》，頁111-112。

張中秋，2004（5），〈鄉約的諸屬性及其文化原理認識〉，《南京大學學
　　報》（哲學、人文科學、社會科學），頁51-57。

曹國慶，年代不詳，〈王守仁與南贛鄉約〉，《明史研究第三輯》，頁
　　67-74。

梁漱溟，〈村學的作法〉，1994，《梁漱溟全集》第五卷，中國文化書院學術委員會編，濟南：山東人民出版社。

梁漱溟，〈鄉村建設理論〉，1994，《梁漱溟全集》第二卷，中國文化書院學術委員會編，濟南：山東人民出版社，頁141-572。

許娟，2008（1），〈新型鄉約若干問題探討〉，《法學論壇》第115期，頁107-113。

鹿野政直，許佩賢譯，2008，《日本近代思想》，台北：五南出版社。

彭如婉，1998，〈社群主義的公民教育觀〉，載張秀雄主編，《公民教育的理論與實施》，台北：師大書苑，頁123-140。

溝口雄三，2008（4），〈辛亥革命新論〉，《開放雜誌》，頁5-17。

葛兆光，2012，〈前近代、亞洲出發思考與作為方法的中國：重新理解溝口雄三教授的一些歷史觀點〉，《思想》第20期《儒家與現代政治》，台北：聯經，頁1-44。

趙平略主編，2016，《王陽明名言名篇賞析》，貴陽：貴州人民出版社。

劉小楓選編，2010，《施特勞斯與現代性危機》，上海：華東師範大學出版社。

劉篤才，2005，〈序言〉，《古代鄉約及鄉治理法律文獻十種》第一冊，哈爾濱：黑龍江人民出版社，頁1-10。

謝立中主編，2010，《馬林諾斯基到費孝通》，北京：社會科學文獻出版社。

Ames,Roger t.2006,彭國翔編譯，《自我的圓成：中西互鏡下的古典儒學與道家》，石家莊：河北人民出版社。

Bell,Daniel（貝爾）著，1989，高銛、王宏周、魏章玲譯，《後工業社會的來臨：對社會預策的一項探索》，臺北：桂冠。

Benedict, Ruth.（潘乃德）著，黃道琳譯，1989，《菊花與劍：日本的民族文化模式》，臺北：桂冠。

Berger , Peter 著任元杰譯 , 1984 ,〈世俗性─西方與東方〉，中國論壇第十九卷第六期。

De Bary, W. Theodore（狄百瑞），2003，《亞洲價值與人權：儒家社群主義的視角》，台北：正中書局。

Eisenstadt（艾森斯塔特），王曉山、戴耳譯，2008，《日本文明：一個比較的視角》北京：商務印書館。

Halper, Stefan（斯蒂芬哈爾珀）,2010，《北京說了算?—中國的威權模式將如何主導二十一世紀》，新北市：八旗文化。

Harrison , Lawrence E. 著，黃葳葳譯，1994，《強國之路——文化因素對政治、經濟 的影響》，台北：正中。

Perry, Elizabeth（裴宜理）著，余間譯，2008，〈中國人的「權利」概念〉，許紀 霖、朱政惠編《史華慈與中國》，長春：吉林出版集團，頁 267-284。

Vogel Ezra（傅高義）著，吳逸人譯，1981，《日本第一》，台北：金陵圖書。

Ackerman,B.,1980 ,Social Justice in the Liberal State New Haven:Yale University Press.

Bellah, Robert N.,1985,Tokugawa Religion: The Cultural Roots of Modern Japan,N. Y.: The Free Press.

Chalmers Johnson, &Blowback,2004 The Costs and Consequences of American Empire ,New York: Henry Holt & Co.

Fukuyama,Francis, 1992,The End of History and The Last ManN.Y:free press Helm.

Huntungton,S.p.,1996.,The Clash of Civilizations and the Remaking of World Order. New York : Simeon& Schuster Kahn, K.1979,World Economic Development：1979 and Beyond, London：Croom.

MacIntyre,A. 1981 ,After Virtue: A study in Moral theory. Notre-Dame Indiana: University of Notre-Dame Press.

Rawls,J.1971, A Theory of Justice Lodon :Oxford University.

Sandel, M. 1982, Liberalism and Limits of Justice, Cambridge: Cambridge

University Press.

Sandel,Michael.1982, Liberalism and Limits of Justice Cambridge:Cambridge University Press.

Taylor, Charles ,1989 ,Cross-Purpose: The Liberal-communitarian Debate ,in Nacy Rosenblum ed. Liberalism and the Morall Life, Mass: Harvard University Press.

Taylor,C.1994, Multiculturalism and the Politics of Recognition Edited and Introduced by Gutmann Amy. Princeton :Princeton University.

Walzer,M. 1983（18）, Spheres of Justice: A Defence of Liberalism. Political Theory ,pp.6-23.

Weber,Max. trans by Gerth H.G.,1964, the Religion of China :Confucianism and Taoism N.Y:The Free Press.

Weber,Max. trans by Parsons T.1958 ,the Protesstant Ethics and the Spirit of Capitalism, N.Y: Scribner's sons.

http://web.nchu.edu.tw/~leehsin/Graduate-abstracts/cou91.pdf /2017/5/20 查閱。

https://zh.wikisource.org/wiki/%E7%8E%8B%E9%99%BD%E6%98%8E %E9%9B%86/%E5%8D%B716#.E2.97.8B.E5.8D.81.E5.AE.B6.E7.89.8C. E6.B3.95.E5.91.8A.E8.AB.AD.E5.90.84.E5.BA.9C.E7.88.B6.E8.80.81. E5.AD.90.E5.BC.9F/2017/5/20查閱。

本文初稿發表於2017/7/7-8/四川成都，由中國西南交通大學主辦第四屆東亞論壇——「東亞的共同價值與和平發展」國際學術會議論文。

第二篇

20世紀以降中、日、台
文化與民族認同的流變

壹

台灣民族認同的浪潮到
公民投票的浪潮

一、前言

　　近三、四百年來，特殊的歷史與地理時空因素交錯進入台灣社會，天朝中國的沒落如同世界體系中心滑落到邊陲，使台灣政治出現如同走馬燈的忽明忽暗，一會兒紅，一會兒藍又轉為綠的快速轉換與變動著，局內人，局外人共同都有詭譎莫測之感。

　　由於異族統治（清）與內亂頻仍（民國），迫使大陸同胞一波波移民台灣，移民性格如同沖積扇平原一樣，由於一層層的仇恨、忽視、斷裂、揉合開拓、冒險等意識的「積累」或「遺忘」迫使部分台灣人淡化了血緣、地緣等原生論（primordialism）的民族認同（Horowitz,1975）轉向了英國學者Anderson所說的想像的共同體（imagined Communities）的創造式的民族主義。（Anderson, 1991）何以台灣民族認同的轉換浪潮會有日趨激化而近數個月公民投票的浪潮也一波高於一波，本文簡要分段分析如下：

二、台灣民族認同的遠近因素

　　台灣民族大部分是三、四百年以來，從中國大陸陸續移殖而來，同文同種，本應無『非我族類、其心必異』之念，二次荷蘭、日本的外來殖民統治，理當思念祖國，但是當時的「母國大陸」卻又無法無力援助台灣什麼？二次的「棄民意識」是台灣人的二層悲哀。而荷、日在侵略殖民過程中，也移殖、體現了若干「現代性」與「現代化」的建設，相較於祖國的落後，或許也給予台灣人另一層的困惑與徬徨。

　　台灣與大陸的民族與政治認同問題，在近因上可說是國、共內戰下所形成的台灣社會長期處在戒嚴與戡亂的不正常社會所形成的錯亂。在兩蔣時代的威權統治，教育上又以憲政民主為目標。因此轉型的內、外在思潮與動力不斷潮湧而來。論者以為：「台灣地區威權體制的轉型，基本上涉及政治體制、經濟體制，及其政府與民間社會間關係的改變，而且也不能獨立於外來政經環境與政經勢力的影響。……1970年代初後東西陣營的和解，直接促成台灣的國際獨立，也使威權政府必須透過局部的政經『本土化』以改善內部政府與民間社會間的關係。」（蕭全政，1995：34-35）冷戰的和解與威權的轉型，讓台灣一方面陷於國際獨立，一方面此時兩岸政經、文教（大陸文化大革命、台灣復興中華文化）差距的拉大加上主權的誓不兩立，讓兩岸民族與政治認同產生另一種微妙的變化後台灣民眾以「民主化」（蕭全政教授名為國民主義）強化台灣民族認同。尤其近十年來大陸在國際空間的打壓更促使台灣民族認同的凝聚。

　　1987年7月將經國在完成「十大建設」後，又說出『我也已經是台灣人了。』1998年12月李登輝牽成馬英九以『新台灣人』論述為選戰主軸中，蔣、李當時的談話，可說以鞏固政權為主，尚且還不是要與中國大陸民族認同一刀切割之獨立意識。但先後兩位總統說出了含有新的認同用語，卻也給予台灣民族認同起了若干正當性的基礎，這點足堪大陸反思。

由於上述遠近因素，更激動了學理上以及尋求台灣獨立自主的人士創造出台灣民族論。政治大學民族學者林修澈就從確立「Ho Lok 語、客語的民族語言地位之後，這兩種語言的族體便可稱為民族。澄清省籍集團說或族群說的疑團之後，我們便可以確定台灣是一多民族國家。」（林修澈，1994：86）林教授從傳統本質的角度想尋求一自然式的多民族國家之形成。再者，黃昭堂教授分析各時期台灣獨立運動與台灣民族主義的發展，文中不太強調台灣民族與台灣獨立的直接關係，但論述中具有建構式的想像共同體之意味。他強調島內四族融合共同對抗「內、外政權」的打壓（黃昭堂，1994：195-227），亦即本質上台灣人要出頭天之意思。這裡蘊含一個隱默的邏輯之一是『台灣民族認同』是為反抗內、外政權的不民主，換言之，兩岸主政者更多民主化，多少可以消弭兩岸民族認同的異化。

遠近因素的推移，迫使在建構台灣民族認同，進而主張台灣獨立的正當性、合法性論述時，就只有訴諸人民自決、公民投票等現代法治國方式。

三、台灣公民投票的浪潮與本質

公民投票（plebiscite）是由拉丁文 Plebiscitum 而來，意指普通之人民（Plebs）直接來議決與贊成（scitum）公共事務。由於國家人口眾多與政治事務的複雜性與專業性，代議民主已成為十八世紀以降各國運作民主的常態。但人民對直接民主（Direct Democracy）的憧憬以落實國民主權（Popular Sovereignty）的願景始終存在，也因此，十九世紀以降，無論是先進民主國家如瑞士、法國、德國或當代具民族衝突之國家，如魁北克 vs. 加拿大、東帝汶 vs. 印尼或者國家為解決歷史結構性的爭議問題、憲法複決問題、領土紛爭問題或涉及道德性的公共議題如墮胎、同性戀合法化問題，代議政府無法解決時，最後手段往往

以「公民投票」作直接之議決。亦即以制度化（institutionalizution）的直接民主方式，透過公民直接的政治參與（Political Participation）以取得正當性的、合法性的基礎以補代議民主之不足。

　　台灣地區在憲法第27條、123條136條相關規範下，賦予人民擁有公民投票相關權力，但因國民大會職權問題以及中央未及立法，過去十幾年以縣市、鄉鎮甚至是村、里為範圍，曾實施過十幾次公民投票，大到台北市民是否贊成核四、台中縣是否贊成拜耳設廠，小到三峽老街保存與否以及永康公園巷道闢為單向車道等民生議題。由於沒有法源，上述議題只是政府諮詢式的複決投票（consultative referendum）而已。但公民投票的意識已漸被炒熱，則是無庸置疑。1993年長期旅美主張台獨的學者蔡同榮，以『公投救台灣』參選第二屆立法委員，在僅有一席的嘉義市席次中脫穎而出，也當選了三屆。隨後他在立院提出公投法草案，趙永清委員也提創制、複決法草案，換言之民間與國會已步步爭取向擁有國民主權的權力邁進。

　　一向標舉台灣主權獨立的民進黨於1987年10月13日在中常會中通過「民主進步黨現階段中國大陸政策」中主張「台灣前途應由台灣全體住民決定」，1991年10月13日該黨第五屆第一次全國黨員代表大會中通過「建立主權獨立自主的台灣共和國」，其基本綱領中說：「基於國民主權原理，建立主權獨立自主的台灣共和國及制訂新憲法的主張，應交由台灣全體住民以公民投票方式選擇決定。」如是綱領已成民進黨的一塊神主牌。

　　公元2000年陳水扁以『新中間路線』加上國民黨連、宋分裂之下，取得總統大選寶座。在五二〇就職演說中，阿扁說道：「只要中共無意對台動武，本人保證在任期之內，不會宣佈獨立，不會更改國號，不會推動兩國論入憲，不會推動改變現狀的統獨公投，也沒有廢除國統綱領與國統會的問題」，此一，四不一沒有的宣示，帶來了政黨輪替初期的島內與兩岸的穩定。但2002年8月世台會年度大會中，阿扁脫稿演出「一邊一國論」，並提到要審慎思考公投立法的重要性

與急迫性。因馬上引來中、美、台三邊的緊急,阿扁並無後續之公投政策推動。

2003年3月17日林義雄在阿扁當選三週年前夕至行政院靜坐,推動核四公投,之後全省徒步推動。而後台灣發生SARS疫情擴散至高度傳染區,且得不到世衛支持,五月份WHO大會上又受到大陸官員打壓。阿扁在五二○就職三週年時宣佈推動公投入WHO。六月份又發生親民黨立委高明見醫生到吉隆坡受矮化的開會事件,輿論沸騰。國親聯盟在6月24日提出:「公投在民進黨沒有說明清楚之前,國親不會推波助瀾、不會阻擋,也不會積極回應」。6月27日陳水扁在非核家園會議中提出:「將在明年總統大選或之前針對核四及其他重大公共議題舉行公民投票。」此舉引來美國嚴重關切,並馬上被台灣媒體解讀為干涉內政與違反美國一貫的民主與人權立國精神,執政黨得此支點後,輿論更加炒作公投議題。是日國親一方面擔心公投被用來進行國家統獨公投,造成政局動亂,一方面又不願意在公投議題上挨打,陷入民進黨的「反改革」陷阱,且各項民調都顯示過半民眾支持公投。6月28日國親主張支持公投法與財經六法在7月份臨時會中通過,8月公投。在朝野各有盤算下,7月臨時會公投法不了了之。7月15日阿扁宴請黨籍立委,宣佈「沒有法也可公投」。行政院亦以行政命令方式公布「公民投票實施要點」打算硬幹到底,8月初花蓮補選縣長,民進黨失利,黨內一片檢討聲,8月12日陳水扁在民進黨中常會上回應黨內大老張俊宏的建言表示:「『一邊一國和公投』就是民進黨的黨魂。」(聯合報、自由時報,2003年8月13日,第二版),看來民進黨公投一役已如箭在弦上,不得不發。

台灣內部推動公投法,除了立法院至少有八個草案版本外,支持民進黨的新世紀文教基金會亦積極推進,並提出支持公投的數點理由:「『公民投票』不是洪水猛獸,而是現代國家民主化的指標,公投不等同於統、獨對決,公投可消弭『議會獨裁』、『黑金政治』的弊病。……所以,台灣以公民投票決定統獨議題時,並不是要藉此從中

國分離獨立，而是藉此確認宣示已經獨立自主的地位．假使公民投票的結果是選擇放棄主權獨立與中國合併，就會破壞現有的國家主權，根本危害國家安全。在中國對台進行武力威脅或恫嚇時，以公民投票的方式向國際社會宣示台灣拒絕武力併吞的決心，反而具有最大的民主正當性，可以作為無形的國家武器。」（新世紀文教基金會，1999：2、24）這類論述，已為民進黨的「防禦性公投」做了準備，但明顯地，此理由中共不會接受，問題將更複雜化。獨派的人士以及民進黨內並不是完全支持以公投決定獨立。許慶雄教授就說道：「國民黨說『中華民國在台灣是一個國家』，新黨說『維持現狀、保衛中華民國』，民進黨說『台灣是一個國家、名稱是中華民國』。試問，如果台灣已經是一個國家，為什麼還要投票決定是否要獨立呢？因此，民進黨才會說，要改變獨立的現狀才要公投，不需投票表明要建國。所以重要的是，必須讓台灣民眾了解台灣沒有國家，台灣只是中華民國一個叛亂團體的事實，喚醒台灣人民的建國意志，從中國分離獨立，加入聯合國，成為堂堂正正的會員國，才有可能適用當事國紛爭和平解決的原則。」（許慶雄，1999：163）激進左翼人士認為公投只是一種民意表達機制與台灣獨立建國並無關係，總之，當前民進黨操作公投，為大選考量應是主要策略。

　　台灣社會，公投浪潮何以一波強於一波，除上述理由外，筆者認為尚有（1）歷史上的遺留，多數人被壓抑，人人想追求出頭天，公投可滿足此悲情。（2）過去的動員性政治，公投是另一種集體意識與行動的延續。（3）兩岸的緊張與壓力，公投對部分人是別無選擇的方式之一。在這些情結的激盪下，面對明年大選，執政黨經濟牌失效下唯有走向情緒化的動員性公投，在野黨在民調高漲上也只有配合演出。

四、若干反省──代結論

　　民族認同是一種集體意識的情操，以此追求民族國家的獨立自主，但中、外歷史一再印證過高的民族主義將妨害民主的發展，研究者一再指出，唯有民主與民族主義相融才是健康之途。（洪泉湖、謝政論主編，2002。王小東，2002）政治學家亦在經驗研究中指出，「民族國家（national states）與民主化要如何形成互補的邏輯，必須超過兩個障礙（Two Surmountable Obstacles）亦即超越多種族的族群衝突之危險性以及防止經濟逆轉，相對的，國家推動民主政策，要能以保障、包容、平等的公民權多重認同（multiple indentities）以及協合式民主（consociational democracy）以保護個人與集體的權利、減少衝突，鞏固民主。」（Linz著，張佑宗譯，1997：65-95）這些政策精神，深值兩岸決策人士參考。尤其是歷史矛盾累積的民族與缺乏共識型黨派更需要時間的包容與多元協商精神以解決歷史情結。

　　政治學家李伯特亦指出，四種公民投票：「一是政府發動的公民投票，二是憲法規定的公民投票，三是人民對立法申請的公民投票，四是公民的創制。」（Lijphart，1984：228-229）目前民進黨宣示的無法也要幹，在類型上是一種政府發動的公民投票，此一類型僅是一諮詢性公投的作用，但民進黨政府卻要以此公投解決加入WHO、國會減半、核四等大議題，實屬草率，並且在朝野極端缺乏共識之前提下，政府層面要硬幹，恐怕與「公投」要取得最大共識的原旨將愈離愈遠。

　　政治發展理論大師韓廷頓指出，第三波民主國家的威脅主要來自：「1.贏得選舉、掌握政權，並藉由操弄民主機制來削減或摧毀民主的政治領袖與團體。2.具有明顯反民主之意識型態之政黨或政治運動贏得選舉。3.行政部門的擅權，這涉及民選的行政首長將整個權力集中在他一人身上。4.民主國家的政府毫不遲疑地剝奪人民的政治權與自由權。」（Huntington著，廖益興譯，1997：48-64）台灣曾經是韓氏言下第三波民主化的典範，但他所提的威脅民主鞏固的四大因素，

近年卻在台灣陸續發生。多年來好不容易建立的台灣社會內部多元價值，自由經濟的理性基石，能否抵擋諸如政府無法也要實施公民投票的反民主的民粹政治（populism）的高度集體情緒，就要看台灣人民的理性強度了。論者以為「困境在於，基於中國威脅而要圍堵之與基於全球化而要演變之的兩種思路。對於像美國這樣的公民民族主義國家而言，其間輕重緩急只是戰術性的問題，但對於台灣而言卻是新民族得否建立的主體政治抉擇。在台灣，民族不是個人化的概念，甚至連民主都因為各種動員、派系、關說而高度的非個人化。」（石之瑜，2000：200）台灣藍、綠陣營如果只是本位主義思維，不能超越黨派利益，不能回歸到保障個人權益的自由主義理念，近日不滿朝野惡鬥的泛紫聯盟的成立，將是一大警訊。

　　就外部環境而言，兩岸必須降低武力對峙，大陸記取以大事小以仁，台灣則時時想到以小事大以智，雙方才能找出互動的共識出來。誠如大陸學者提出：「近幾年，中國菁英和知識份子的民族主義衝動，構造了『大中國』的概念，大中國概念包括『政治中國』、『經濟中國』和『文化中國』。」（徐迅，1998：152-153）兩岸目前在政治上中國可以說一點交集都沒有，唯有在經濟與文化領域上開誠布公的推動並吸收「先進科技與文化」，迎頭趕上世界潮流，使「大中國」步上全球化的浪頭，兩岸的民族認同才有交集，兩岸人民的福祉才能互惠互利。

參考書目

中文部分

王小東，2002，〈民族主義和民主主義〉，載李世濤主編，《民族主義與轉型期中國的命運》，長春：時代文藝出版。頁86-101。

石之瑜，2000，《文明衝突與中國》，台北：五南圖書。

林修澈，1994，〈台灣是一個多民族的獨立國家〉，載施正鋒編，《台灣民族主義》，台北：前衛，頁23-98。

洪泉湖，謝政諭主編，2002，《百年來兩岸民族主義的發展與反省》，台北：東大圖書。

徐迅，1998，《民族主義》，北京：中國社會科學出版社。

許慶雄，1999，《台灣建國的理論基礎》，台北：台灣共和國申請加入聯合國運動聯盟出版。

黃昭堂，1994，〈戰後台灣獨立運動與台灣民族主義的發展〉，載施正鋒編，《台灣民族主義》，台北：前衛，頁195-227。

蕭全政，1995，《台灣新思維：國民主義》，台北：時英出版。

新世紀文教基金會，1999，〈政策建言－公民投票法的制定〉，載陳隆志主編，《公民投票與台灣前途》研討會論文集，台北：前衛。

自由時報，2003年8月13日第二版。

聯合報，2003年8月13日第二版。

Huntington著，廖益興譯，1997，〈民主的千秋大業〉，載田弘茂、朱雲漢主編，《鞏固第三波民主》，台北：業強出版社，頁65-95。

Linz著，張佑宗譯，1997，〈邁向鞏固的民主體制〉，載田弘茂、朱雲漢主編，《鞏固第三波民主》，台北：業強出版社，頁48-64。

英文部分

Anderson,Benedict.1991,Imagined Communities :Reflections on the Origin and spread of Nationalism ,London:Verso Editions and New Left Books.

Horowitz,Donald L,1975,Ethnic Identity ,in Natha Glazer and Daniel P.Moynihan. (ed) Ethnicity :Theory and Practice .Cambridge :Harvard University.

Lijphard,Arend.1984,Democracies :Patterns of Majoritain and Consensus government in twenty-one Countries, New Haven,Conn:Yale U .Press.

本文初稿發表於2003年8月中國桂林，由中國社科院台灣研究所等主辦：第十二屆海峽兩岸關係學術研討會論文。

貳

民族認同與公民社會
——以兩岸發展為例

摘要

台灣與中國分居海峽兩岸，絕大部分人民有相同的血緣、文化與風俗習慣，如此都是促成凝聚民族認同的「原生論」與「生物心理論」的有力憑藉。但是百年來兩岸的民族認同卻產生微妙的變化，其原因為何？耐人尋味。本文從歷史角度加以反思，本文認為主政者的保守思想與政策偏失，例如，兩岸的正統之爭、割讓台灣予日本、「228事變」、國、共兩黨把持政權長期專政，以及因「文化大革命」、「六四事件」的屠殺與鬥爭，這些因素都無法提供民族成員產生認同，更別論一個共同體的功能是在提供其成員安全、發展和自由的機制，在這些負面的歷史因素下，「原生論」的民族主義其作用力是有限的。

在體系結構方面，從世界體系理論的角度而言，一百多年來台灣社會在政經結構的發展，已經走出邊陲與次邊陲而邁向世界經濟自由、政治民主的核心地位之一，1950年以後，全球冷戰結構的對立，台灣與中國分屬不同的陣營，促使台灣走向「建構論」與「結構論」分離式的民族認同與國家建構。但是國際現實主義

的「一個中國」政策，以及近20多年中國改革開放的成就，對臺灣財經的磁吸效應，如此，又產生對台灣民族認同的壓力與拉力。最後本文以 Appadurai 的5種全球化的景觀圖像，以及建構兩岸發展「公民社會」，實現了類似於梁啟超的「新民論」，亦即具有自由意識的「新臺灣人」與「新中國人」的「公民社會」形成時，相信當有助於兩岸化對抗為對話，以和平取代戰爭，追求民族的「共善」才有可能一步一步到來。

關鍵詞：民族認同、原生論、生物心理論、建構論、結構論、公民社會、兩岸發展、國家圖像。

一、前言

在近代西方強勢文明的衝擊中，古老中國面臨天翻地覆的轉變，一百多年來兩岸政府與人民在一波強過一波的浪潮拍打中載沈載浮，時而幾近覆滅，時而無比「自豪」，「自居」浪頭之巔；時而無比「自卑」，民族情懷跌入谷底，民族自信心與民族認同也就在跌入谷底與重登山頭間起起伏伏。其間癥結所在，就是如何正確認識自我民族的問題，以及如何喚起民族自信心與重鑄國魂，進而產生新的「民族認同」，這是古老專制帝國面臨「解構與重建」的首要課題，一如李鴻章所言：「這是三千多年來中國未有的大變局」，在此變局中這一古老又沈重的「國家」該何去何從？

康有為、梁啟超提出「革新保皇」，孫中山、黃興認為「驅逐韃虜」才能「再造中華」，蔣介石、戴傳賢等人視三民主義為一「新道統」，企圖建立一個「新正統的中國」，胡適等自由主義者認為唯有「全盤西化」才能使整個民族起死回生，中共黨人則堅持「以俄為師」才能讓中國人站起來，種種思潮與主義衝擊著這個古老的民族與國家。這

當中國家新圖像該如何？政府型態又當如何轉變？傳統文化如何轉化
與創新？新的文化質素那些值得吸取？亦即如何重組文化、民族、政
治、國家等龐大的基因工程？這些課題不僅激起中國知識份子的濤濤
雄辯，也引發了一波波軍人、武夫、政客在亂世中，假操作「愛國主
義」情結，卻垂涎於「江山如此多嬌」的「權力」與所謂「理想」的競
逐之中。換言之，一百多年來，以大中國角度而言，各黨派愛國人士
操持著強烈的各種「藥方」，搓揉著「民族認同」、「國家再生」與「政
治野心」，亦即如何重構「新民族」與「新中國」是「啟蒙與救亡」的
雙重大課題，哪種方略能激起有效的「民族認同」又能喚起理性的建
國步驟，正嚴峻地試煉當代中國！

　　再者，從台灣的角度而言，一百多年來特殊的歷史時空，造就了
台灣特殊的「民族認同」與「國家命運」之情懷。論者以為：「台灣人
自1895年到1945年間生活在日本統治下，在中華民國政府遷至台北
前，僅於1940年代末期的短短幾年受大陸政權保護。進而到了1990
年代末期，台灣已經發展出與大陸截然不同的文化：高教育水平、眾
多中產階級、西化且民主。生活方式的發展與政治民主化的結合使得
維持台灣獨特的認同，成為台灣政治中強而有力的議題。」（Lieberthal,
K.著，張鐵志等譯，2000，203-204）百年來大陸與台灣有共同的歷史
累積與遭遇，亦有特殊的發展命運，導致今日海峽兩岸最根本的「民
族認同」危機的產生與僵局的未能解決，兩岸長時間的分裂分治，而
又無法在「一個中國」與國際關係共存上取得共識，因此，台灣意識逐
漸崛起，1964年彭明敏提出「台灣人民自救運動宣言」的自決論主張，
1986年蔣經國也說出了「我也是台灣人」，1987年民進黨通過「臺灣前
途決議文」，1999年李登輝提出「台灣的主張」，2000年陳水扁更進一
步以「臺灣之子」作為競選的主軸，且取代國民黨政權，完成「中華民
族」從未有過的「政黨輪替」，更是四百年來「台灣人」第一次當家作主。

　　1949年中共取得大陸政權之後，面對台灣問題，也呈現階段性的
變革。1950年代毛澤東以「血洗台灣」作為解放台灣的基本手段，到

1980年代鄧小平改以「一國兩制」完成祖國統一，到1995年江澤民提出所謂的「江八點」，宣揚從經濟、文化、到政治的統一。2002年1月24日錢其琛在「江八點」七週年座談會上宣稱：「歡迎廣大民進黨黨員以適當身份前來參觀、訪問」，這可解讀為中共認知「台灣本土化並不等於台獨」、「民進黨也不等於台灣獨立」，這意含著大陸當局向新的台灣執政當局，可說是向「台獨」政黨跨出善意的一步。但論者認為「兩岸目前處於『統一不易、台獨也難、民國可恃』，台灣問題不是北京策略調整可解決，它牽涉到諸多方面的基本因素。」（金堯如、伍凡，2002/3：87-90）。吾人相信，這基本因素之要端之一即是兩岸的民族認同問題。本文主旨即在反思此認同僵局之起因與問題之所在，及思考以公民社會的建立作為舒緩兩岸民族對立的可能方案之一，在研究取向與時間點的對應上，本篇論文以歷史角度反思二十世紀的兩岸民族認同的變遷，作為縱向主軸之分析，並兼及江澤民與陳水扁主政期間的對應時代，希望做到實事求是，不因人廢言。（江澤民在2002年中共「16大」將總書記交棒給胡錦濤，但至2004年才交出軍委主席的棒子，在執政的時間點上與阿扁首任總統時間相當）

二、民族認同的理念類型與公民社會的意涵

（一）本文民族認同的類型指涉

　　民族認同就學理與實然發展而言，本文分為四大類型，其一即認為，民族認同是從世代間遺傳及其文化的傳承與融合而來，基本上是一種融合原生與後天的因素「取得的」（acquired）（Horowitz,1975），這種論述可說是從血統、語言、文化等所謂的原生論（primordialism）或本質論（essentialism）出發。葛烈菲德（Greenfeld）從中世紀英格蘭、

法蘭西、德意志的近代文化，如新的統一的貴族政治的形成與認同而上溯民族主義的形成當在15世紀左右，基本上是文化的自然形成，含風俗語言與統一的貴族政治文化（Greenfeld, 1992: ch1, ch2, ch4），在此論述下兩岸絕大多數民族同文同種、血濃於水，加上地理與經貿結構的互賴性，長久以來，歷史文獻是如此記載與強調的，除非特別狀況介入，否則兩岸民族認同是自然之理。

　　民族認同的第二種論述，是從一種本能性的生物心理（biopsychological）的需求，對外在不明世界在生存競爭中，如何消除不安因素，從而建立一己生存與外在不明世界的有利關係（Erikson,1980）。也就是說，人的最基本認同是在環境中選擇趨利避害的自然生存之道，這種理論頗適合在清末民初，在面臨帝國主義列強欺凌的時候，兩岸中華民族發出共同的民族情懷與心聲。同樣的，當前的兩岸因政治信念與政治制度的不同，加上大陸對臺灣政策以軍事威脅與外交打壓為主軸，因此，台灣人民在心理上，也就自然產生與大陸民族認同的割裂作用，這是後弗洛依德學派的生物避害求生的自然本能，兩岸民族認同問題，也隨著兩岸間「衝突vs.和解」而產生微妙變化。

　　第三種論述是建構論（constructivism）的民族認同，就如當代學者蓋爾納（Gellner）認為農業社會（可視為18世紀以前）由孤立的社會組成，文化同質性共識性高（如野生文化）。工業化後，分散的社群身分認同必須由一新式的、共同的新的文化自覺才能產生與國家相聯結的意識，亦即認為民族主義是受文化認同與願意下對政治實體產生效忠與捍衛之意識，是一種高級文化（Gellner, 1983: ch2-4；Gellner著，李金梅譯，2000：99-105）；安德森（Anderson）從比較與歷史的寬廣與縱深角度，提出了不同於往昔的血緣、文化的原生論，他提出民族認同與民族主義是在一種主觀主義下的「現代」的想像，認為民族主義是隨著前工業社會的三個特性：聖經¾宗教共同體、神聖王朝主權與宇宙本體論與歷史哲學合一的崩潰後才產生的。一近代民族意識的興起，是從中世紀基督教文明的分裂，拉丁文的淡化，以及資本主義生

產體系、印刷技術的蓬勃發展與傳播、語言的分歧性,使民族成員產生一種「我群的」想像聯結,從而在政治與文化中「建構」出來的產物(Anderson,1991:ch2,ch3)。這理念的提出與論述,促使二十世紀90年代台灣若干尋求獨立自主的政治運動人士找到了新的理論基礎。

影響民族認同的凝聚與離散又有第四種「餘論」,或可言之為「結構論」(structuralism),從人口結構言,台灣98%與大陸同文同種,語言、文化傳統結構大體上相同。地理結構而言與大陸近者3公里不到的金門、廈門對望者,隔開閩、臺兩地的台灣海峽亦不過130公里。當前經濟結構而言,台灣對大陸的出口與進口在1991年分別是69億美元與11億美元,2001年是240億美元與59億美元。10年來對大陸投資的金額在200億美元左右(《兩岸經貿》第123期:58)。2001年台灣對大陸的出口與進口依存度分別是19.6%及5.5%。這些數字與比率都強力的說明了台灣愈來愈依賴大陸的經濟結構。但從區域政治結構而言,台灣在全球冷戰前,是站在民主自由的世界体系一邊,與中國大陸的社會主義陣營是處在「兩極」對抗的一環,冷戰後政治意識形態雖然有不少的變化,但兩岸間政治體制仍存有很大差距。紐約「自由之家」(Freedom House)亦評比台灣的「政治權力」與「公民自由」與日本、韓國在七個等第中不是第1就是第2級,居亞洲前三名,而中國大陸不是處在第6級就是第7級,1代表最自由,7代要最不自由(Karatnycky,2000: 3-8, 475-477)。簡言之,從當前兩岸經濟「結構論」而言,兩岸的認同情節有推進的效應,但就兩岸的政治與國際的「結構論」而言,兩岸彼此間的認同關係,則又處於極度敏感與互不信任,尤其當中國在國際社會打壓臺灣的國際空間時,兩岸的民族認同,瞬間可以降到冰點。總之,就「結構論」而言,兩岸彼此距離,真有咫尺天涯的矛盾,也就是說,在當前兩岸「經濟趨統」、「政治趨獨」的結構矛盾下,台灣與大陸的民族認同,是在於一拉一推的辯証邏輯之中發展著。

民族認同是一種主客觀上區別於其他民族的一種歸屬感,在此基調上如進一步對另一族群產生「情感的對立」(polar affect)、「權力的

對立」(Polar power)與「體制的歸咎」(systemblame)此時民族認同即深化成民族意識(Miller et al, 1981:494-511)。換言之，如果兩岸處在情感、權力與體制的對立，則民族認同已從文化心理意識轉到政治意識的疏離，再往前發展就是「國家認同」的不同了。本文隨著文意的發展，有時民族認同與國家認同做自然的轉換。

(二) 本文「公民社會」所指涉的內涵

公民社會(Civil Society)這個概念，其起源可追溯到宗教改革與啟蒙運動中，自由主義者強調天賦人權，以「理性」、「自由權」、「財產權」擺脫「皇權－國家」與「教權」的雙重束縛，在「國家」直接干預「人民」之間，爭出了「社會」的空間。當代法蘭克福學派思想家哈伯瑪斯(J. Habermas)也指出，由於金融資本主義和貿易資本主義的出現，一種新的社會秩序在形成中，它創造出了「商品流通」和「新聞流通」，逐漸地，「公民社會」作為商品交換和由其自身規律支配的社會勞動領域也跟著出現和存在。這其中，「公民輿論」，尤其是大眾傳播的「公開出版」(publish)就成為一「公之於眾」(publicize)的媒介。此媒介是做為國家政治與私人領域溝通不可或缺的「公共領域」(public sphere)(Habermas著，童世駿譯，2002：122-123，135-139)。哈伯瑪斯對「公民社會」的溯源探究，一方面指出了歐洲在商品的資本主義化運作的發展，提供公眾成員彼此交往與溝通，成為一「公共機構」。宗教改革後，追求宗教自由，也確保了私領域空間的成長。政府的公共權力也分化為議會與司法機構，城市自治團體也多元分化，發展成為與國家分庭抗禮的具自主性的「公民社會」。

此一「公民社會」到了18世紀有兩線發展，其一沿著蘇格蘭的佛格森(Ferguson)和英格蘭的亞當斯密(Adam Smith)的道路，強調國家與政府減少干預「公民社會」的「經濟體系」，另一個是孟德斯鳩(Montesquieu)、盧騷(Rousseau)、托克維爾(Tocqueville)等

人所強調的社會關係進到一個「自主性的時代」（Taylor,1991:95-118；
Calhoun,1993:391-392），「公民社會」的功能在於強化公民在「政治
生活」生活的介入，以防止政府專權與腐化，以及增進代議民主體
制能夠更充分考量各種社會團體的需求、問題與利益。這種自主性
的「公民社會」有什麼特色呢？吾人以十九世紀中葉，法國人托克
維爾到美國，觀察美國的民主政治的「公民社會」的特質可知，他
說：「美國人無論年齡多大，處在什麼樣社會地位，不論志趣是什
麼，他們都在無時無刻的組織社團，不論是工商團體，宗教團體，道
德團體，還有成千上萬的各種團體，他們為了慶典活動，創辦神學
院，開設旅店，建立教堂，銷售圖書，向邊遠地區派遣傳教士，美
國人都要組織一個團體，他們也利用這些辦法設立醫院、監獄和學
校。在托克維爾的觀察中，像美國這樣一個民主國家，結社的學問
是一門主要學問，其餘一切學問的進展，都取決於這門學問的進展」
（Tocqueville,1969:513,517）。換言之，市民生活的結社自由與它事業
的蓬勃發展，是美國民主政治成功的重要因素，也是法國社會所缺乏
的。本文對「公民社會」的界定，除了包括國家成員─「公民」自由行
使其「公民權」之外，它尚有以下特徵：（1）、此公民權有免受國家侵
害的法律保障，（2）、在不同公民組織間存在多元與互相制衡的關係
（Mouzeis,1995:225-226），亦即「公民社會」具有不受政府控制，國家
保持中立，以追求自我（或團體）利益並擴及到我們一群人組成一個
共同體，追求其社群的共善。

　　1980年代以降，東歐、蘇聯、拉丁美洲的社會主義政府發生劇烈
轉型，不少學者以「公民社會」復活的角度分析之。由於其社會內部
的異質性團體，如歷史上各種自主性的社會團體，未被共產政權所完
全消滅，因此在馬克思主義及社會主義黨國式微以後，其政權失去合
法性依據，此等「公民社會」進而集結民力，推動國家走向民主化，
尤其東歐與拉丁美洲（Cohen and Arato, 1992:2,15-16;Hann, 2005:203-
205），「公民社會」繼18世紀啟蒙運動，19世紀美國社會及當代社群主

義研究之後，再度成為當代理論與實踐上熱門議題。兩岸因為種種歷史積累導致政權的對立，加上當代兩岸民族認同的糾葛與激化，導致兩岸政府間持續對抗，理性對話空間受到極度壓縮，本文借取政治學者Diamond、Linz、Lipset及胡佛等人，有關國家機能可區分為「政治社會」（執國家公權力者及其機關，含政黨）與「公民社會」（相對獨立於政權勢力的各種民間團體所組成的社會）等❶，用以說明當兩岸「政治社會」由於歷史糾葛與現實「政治社會」陷於僵局時，本文嘗試以「公民社會」作為突破兩岸民族認同困局的因素加以分析。

三、影響兩岸「民族認同」的歷史癥結

（一）歷史上「天朝世界觀」的朝貢心態

　　幾年前去逝的美國中國通費正清（Fairbank）曾說：「中國信仰經典的儒家教義和天子在整個世界中至高無上的權力，天子高居於一個和諧的、存在著等級和名份的社會秩序之巔，以他的富有教導意義的道德行為的標榜來維繫自己的統治。──並以此心態，自居政治統治

---

❶ Diamond、Linz、Lipset政治學者三人將一個國家機能區分為：「政治社會」（political society）、「經濟社會」（economic society）與「公民社會」（civil society）三者。必須是具掌握公權力的「政治社會」，有相對自主性，給予媒體、教育、研究機構自由，一個自由且活潑的「公民社會」才能不斷成長。（Diamond、Linz、Lipset,1995:27-32）我國學者胡佛也將國家機制區分為：「民間社會（即本文公民社會之意）、政治社會及統治社會」，而一個威權的政黨就是傘柄，黨魁為樞紐，控制上述三個傘骨，胡佛教授稱之為現代威權政治的傘狀理論（the umbrella theory of modern authoritarianism）（胡佛，1992:22），本文藉取上述三個社會的區隔概念，亦即認為兩岸「政治社會」陷於僵局之中，「公民社會」是其突破口。

的中心，與他的鄰邦國家，進行一種上對下的朝貢關係」（費正清，1993：1-38）。中國這種以文明帝國的自足體系（self-sufficient system）與自大體系（self-importance system）的「天朝世界觀」，在1840年到1919年不到百年的「西潮」衝擊下，儒家教義和天子在整體世界中至高無上的權力，正處於嚴重的解組與破碎之中（殷海光，1981：1～26）。二千年來這種以中國皇權中心的世界觀影響下，屢見不鮮的展現，中國對邊陲地區的宰制心態，彼此間為一種臣屬性的朝貢關係，一但這種主從關係被破壞，隨之以武力霸權加以征服。清康熙、雍正年間因沿海倭寇作亂，所以對台灣展開「片木不可下海」的海禁政策。

　　面對高高在上的「皇權」統治，地處亞洲邊陲，東南一隅的台灣，即連橫描述的「土番所處、海鬼所踞、未有先王之制」，田納西大學的Copper所說的「台灣長期被輕忽，被視為處在中國文明之外。」（outside the pale of Chinese civilization）（Copper,1990:18）在這等文化的鄙視下，清季一無名詩人在「渡台悲歌」中所言：「勸君切莫過台灣，台灣恰似鬼門關，千個人去無人轉，知生知死誰都難」（天下雜誌，1991：82），這些描述一再說明在這般危險艱難的「黑水溝」與島上瘴氣等威脅又是「外化之地」的台灣，奇妙地是清中葉以後卻興起一波波「唐山過台灣」的移民風潮，這當中呈現天朝心態的無知，以及已隱約出現的「陸地中國」與「海洋中國」的認知的不同與發展格局差異的出現。

　　根據郭廷以教授研究台灣開發史所示，至十九世紀末，台灣的現代化程度已不下於大陸東南沿海各省（薛光前等主編，1977：131-164），換言之，從世界體系理論而言（Wallerstein,1974），台灣二十世紀初已經從邊陲地區，逐漸發展形成與中國並列東亞的「次邊陲地區」，但這情況一直不為中國中央政權所識。清朝末年仍以天朝心態視台灣為「花不香、鳥不語、男無情、女無義」的文明與教化之外的荒島，因而有馬關條約的割讓台灣，毫不憐惜。1947年陳儀政府仍然因族群歧視等問題，而引發的「228事件」，國民政府派兵鎮壓，造成

三千人以上台灣「異議人士」逃亡海外，在香港、日本等地，籌組「台灣獨立運動」。（賴澤涵、馬若孟、魏萼著、羅珞珈譯，1993:309），1950年後蔣介石長達25年在台執政，只信「半山」（有大陸經驗的台灣人），都是嚴重的裂解台灣島內族群的關係，與日後「台灣人」與「中國人」難以弭平的族群仇恨。凡此因素，部分原因可說是「天朝世界觀」迴光返照，也是一種「上」對「下」的臣屬性政治文化（subject political culture）持續作祟，一個過時的統治心態與錯誤的政策，是台灣人尋找獨立，建構自己「民族國家」的分水嶺。

（二）日本統治台灣的去「漢民族意識」政策

　　一般把日本殖民台灣分為：綏靖時期、同化政策時期、皇民化時期，日本治台無論是武力鎮壓或籠絡政策，最終是要在台灣生活的漢民族從生活上徹底的消滅民族意識（林衡道主編，1994：493-494），日本人對台灣的五十一年統治引發了一波波台灣人或以武力抗暴或以「自治運動」或以保住民族文化傳承回應，但此回應卻欲振乏力，得不到當時中國的任何支助。1928年，日本在其本國第一次實施直選之際，蔡培火趁此機會發表專書《與日本國民書》希望喚起日本開明人士，正視台灣的現狀，他直斥「同化乃愚民化的招牌」，並從教育、土地、蔗農等不公，斥「總督特別立法之毒害」，並進一步提出「設置台灣議會」制定「台灣特別法」，做為「我們的主張」，在結語中，他呼籲「我等所靠的是正義人道，不是砲台與軍艦。我輩所用的是文章與言論，決非鎗劍與彈藥。我們是易被玩弄，但難被推倒的。我儕在開設台灣議會之下，斷不再讓一步。」他勸開明的日本人，不要再躊躇。又說：「深受中國文化薰陶的我們台灣島民，其大多數如今還未丟去人類協調，世界大同的理想，以待諸君奮起，立足於自治主義的精神設置台灣議會，蹈上互相實踐協同生活的第一步」（蔡培火，1974：56），台灣議會請願、設置運動，歷經14年的奮戰，終在日本

軍國主義興起下消亡。但台灣人尋求以「中國文化」中與人和善，追求世界大同的根基，表露無遺。簡言之，日據時期台灣大部分菁英抱持的仍是漢民族文化主義，只是政治訴求得不到祖國任何的協助，一再呈現無助與無力感。

許地山先生在1930年曾說道：「台灣割讓於日本已經三十多年了。我們住在中國本部底人注意台灣同胞底生活恐怕很少…中國現在的光景，自顧還有些來不及，何況能夠顧到三十多年前放棄了底姊妹弟們？….我們不要忘記漢族底子孫有一部分已做了別族底奴隸，做了所謂被征服的劣等民族，做了亡國奴！這一部分中最大部分便是台灣人！羞恥和悲慘應當時常存在中國底任何國民底心理。」（王曉波編，1985：28）試問對台灣人如此少的關注與可能的協助，那一代中國人有多少人心生悲憫呢？許地山所感受到的羞恥和悲憤如同空谷回音般，如此的稀有與沈寂。

1895年當滿清割讓台灣於日本時，台灣人就發生深沈的悲鳴－「宰相有權能割地、孤臣無力可回天」這等意識，由蔡培火、許地山的史實陳述，可以理解那一代台灣人對祖國文化與政治認同的矛盾，助長了台灣人「孤兒意識」與「棄民意識」產生異化，加上日本在皇民化政策下加速去「漢民族意識」，這等意識的深植，將一絲一絲斷裂台灣與大陸「祖國意識」的臍帶關係。民族主義學者Gellner的民族肚臍的論說，恰可說明日本殖民台灣與當代兩岸臍帶聯繫與斷裂自然且又弔詭的發展現象。❷

---

❷ Gellner將莎士比亞（Shakerspeare）作品「第十二夜」（Twelfth Night）（副標題：What You Will，此作品又譯為「悉聽尊意」）的一段詞句：「有些人是生而尊貴的，有些人贏得尊貴，又有些尊貴（是）相逼而來的」（梁實秋譯，1996（三）:531），改為：「有些民族擁有自己的肚臍（navel），有些民族必須靠努力才有肚臍，至於其他民族的肚臍則是自動送上門來的」（李金梅譯，2000:111）。台灣vs.中國的民族主義，在1895年前以及1950-1987年間，在「原生論」與「正統論」（文後論述）的血緣與政治力作用下，兩岸的臍帶是聯結的，1987年當蔣經國講出「我也是台灣人」後，

四、影響兩岸「民族認同」的當代意識癥結

（一）兩蔣時代的「正統」意識對民族認同之作用 與反作用

　　面對1920～1940年代國共之間的衝突，蔣介石掌權時代一直秉持中國傳統「正統」歷史觀，一方面以其掌政是延續與維護傳統中國文化的道統自居，一方面視中國共產黨是歷史上所謂的「竊統」、「變統」，必除之以延續歷史之正統血胤關係。簡言之，所謂「正統」是指取天下以「正」及「統」天下於一的統治正當性與延續性之謂也。（薩孟武，1982；饒宗頤，1977）這種正統歷史觀尤其深植在蔣介石主政階段，從大陸「五次剿匪」以迄「國共內戰」到台灣後，都無視國際政治現實與險惡，始終以「漢賊不兩立」之觀念，堅持一己為正，堅持大一統思想，這是一種原生性文化民族主義的具體寫照。

　　形式上看，蔣介石在台灣主政階段，台灣民族認同交集在「大中國意識」之中，例如國語政策，強力推動漢語及中國文化以取代大和文化；「半山」的台籍人士受到一定提拔；加上1966年中華文化復興運動的提倡，與同時期大陸文化大革命的「破四舊」到「批孔批林」運動形成兩岸對中華文化認同上的強烈對比。這是蔣介石高舉中華文化大纛，強調中華民國的正統傳承與認同。再者「三七五減租」等土地改革運動、「經濟合作發展委員會」「農村復興委員會」、「獎勵投資條例」、「加工出口區」等一連串的財經政策，讓台灣地區經濟迅速轉型與起飛，成功實踐了建設台灣省成為「三民主義模範省」之現代化目標（蔣碩傑，1986；李國鼎，1987），蔣介石到台灣

　　「建構論」的民族主義逐漸在台灣滋長，台灣正努力找自己的臍帶，其臍帶是否是相逼而來，端視兩岸政治與學術菁英、大眾傳播與人民的智慧了。

主政的25年以及蔣經國的12年「十大建設」，經濟明顯的超越了同時期的中國大陸甚多，這段「台灣經驗」的共同經歷，讓台灣人民尤其是在經濟上感到相當程度的進步，在「民族認同」觀念上具有增進但也產生與大陸區隔的作用。此期間所建構的民族認同可名之為「三民主義現代化的民族意識」，這是兩蔣詮釋孫中山思想以及在台灣實踐出來的中華民國走出「第二性」現代化的模式，亦即 Peter Berger 所說的「庸俗化的儒家」、「非個人主義的資本主義」，此東亞資本主義文明，不同於西歐文明以個人主義所造成的「第一性」現代化模式。（Berger, 1988:3-11），亦即文化對經濟發展扮演一定角色。今日中國也以「同文同種」吸引台商赴大陸投資，亦是立足於同一「文化」的吸力作用。

　　在這段期間，就台灣內部族群關係與政治認同而言，則潛存著若干問題。如「二二八」事件及「土地改革」政策後，若干本省受害菁英第二代，以及地主與統治者間的緊張關係一直存在著。如林獻堂、廖文毅、辜寬敏、王育德、林忠義等人到美、日等國，或主張台灣民族論或支持台灣獨立自主運動數十年如一日。1960年蔣介石政權修改「動員戡亂時期臨時條款」，使總統選舉不受憲法連任一次之限制，「自由中國」等革新人士力勸無效，政治民主不可得。1964年彭明敏等人草擬「台灣人民自救運動宣言」中說：「台灣儘管具有現代化的良好基礎。」其目標確認「『反攻大陸』為絕不可能。推翻蔣政權，團結一千二百萬的力量，不分省籍，竭誠合作，建設新的國家，成立新政府」（彭明敏，1989：157），彭明敏等人的言論呈現出台灣島內不分彼此的「民族認同」，但對「一個中國」的「國家認同」則明顯不以為然。

　　1970年代，中華民國退出聯合國，邦交國急速下降，國際上，承認「中華人民共和國」者日多。此時「中華民國法統體制的外部正統性轟然而倒，——蔣經國上台後，啟用台灣人為中央層級的黨政要人，增加國會名額，這樣做是在強化內部的正統性，但是也出現了『台灣化』作用」（若林正丈著，洪金珠、許佩賢譯，1997：254）。但是70

年代台灣的「公民社會」不因蔣經國的改革，而放慢要求「萬年國會」全面改選，有限性的「正統」體制的修補，終究無法徹底解決問題。此時「黨外雜誌」風起雲湧，批判國民黨中央集權體制，並成立「黨外編輯會」、「黨外公共政策委員會」，以迄1987年「民主進步黨」成立，是年11月9日民進黨第二屆全國黨員代表大會通過決議文「人民有主張台灣獨立的自由」聲明中說：「自1971年國民黨政府拒絕友好盟國認為最可能被當時國際社會所接受的『中華民國名義台獨案』和『台灣名義台獨案』而被逐出聯合國以來，國民黨僵化的大一統理論使其本身及台灣在國際舞台上幾無立錐之地。台灣前途亦因而蒙受嚴重傷害…為了實質貫徹本黨『住民自決』基本綱領，我們重申確保人民提出各種和平性政治主張的自由和權利，…我們要特別強調『人民主張台灣獨立的自由』」（民主進步黨中國事務部編，2001:2）。這項「台獨黨綱」給民進黨定了調。該黨所追求的是「一中一台」的「國家認同」目標。這是1950年代以降台灣反對運動從民主的改革呼聲不可得，到另建新的國家的認同情結之轉變。

（二）李登輝、陳水扁主政時代台灣認同的強化與侷限

蔣經國主政時代（1973-1988），拔擢台灣人士上台，平衡省籍人士入閣與增加國民黨中常委台籍比例，基本上是逐步把台灣從蔣中正時代，視為反攻大陸的「跳板」導向到積極建設台灣為目的的作為上來。在他過世的前半年，1987年7月27日他說出：「我也已經是台灣人了。」王作榮解讀認為此話，具有族群融合與不做回大陸之美夢等意涵（王作榮，1995：24）。筆者認為蔣經國的本土化政策，用人唯才不分省籍推動，族群融合與進一步在社會層面認同台灣等都值得肯定，但謂其不回大陸則恐言過其實。雖然他任內積極推動「務實外交」，但台灣處在「一個中國」的「不正常國家」狀態，仍然是李登輝

與台灣人民所深感無奈的。

　　李登輝主政的12年（1988-2000），基本主軸可以「經營大台灣，建立新中原」視之，1995年他解讀此話的涵義是：「在多元文化長期而充分的輻輳整合下，使台灣在整個中國文明的總體發展趨勢中，躍居為最先進的新生力量，成為中國文化的『新中原』。今天，正是我們走出歷史悲情，攜手同心，徹底融合族群，凝聚全民共識，為『經營大台灣，建立新中原』而開啟新機運的空前良機。」（李登輝，1999：78）。此論述要旨裡，台灣與中國是具有連結性認同的關係。在同一年他又提到：「詮釋誰是台灣人，以移民時間來推斷，是沒有意義，也沒有必要。只要認同台灣一疼惜台灣，願為台灣努力奮鬥，就是台灣人。我們應該提倡這種『新台灣人』觀。而懷抱民族情感，崇尚中華文化，不忘記中國統一的理想，就是中國人。」一這些思想內涵，一位政治學者解讀是李登輝兩個國家主義 nationalism 的內涵，「一個是以台灣這個區域為基礎的『大台灣』國家主義；一個是以『中國文化』為背景的文化國家主義」（李登輝，1999：77）。李登輝在他的「政治哲學」中談到的「新台灣人」，內容重點在於「主權在民」以「智慧、寬容和同胞愛」來凝聚出「台灣生命共同體」，除此之外，並沒有太多豐富的政治哲學內容。可以說，整個重點，是在向臺灣民主化前進的「主權意識」而已。另一個重點就是「台灣內涵」與「中國內涵」的「兩個國家主義」認同問題孰先孰後，李登輝說：「我認為台灣必須取得國際間的認同與地位，至於思考中國整體的問題，則是以後的事」（李登輝，1999：63）

　　台灣認同問題何以會發展至如此地步，政治學者分析道：「台灣意識的出現和強化，一方面是台灣內部民主化過程中，多數台灣人尋求更多的自主性及更清晰的文化認同的過程，另一方面又何嘗不是對『中國中心主義』的批評及對台灣在國際上受到中共打壓的一種受挫的對抗性反應」（葛永光，2000：2-3）。亦即當台灣優先、台灣國際生存空間受嚴重擠壓時，認同問題就會出現困擾，1995年李登輝成功

訪問康乃爾大學，讓台灣成為全球輿論的焦點，但卻換來中國對台灣的「文攻武嚇」，1999年李登輝提出「特殊的國與國關係」當時是擁有高民意支持的，雖然無法被國際環境接受，在受挫之餘，主政的李登輝索性也就把文化中國的國家主義的主張被迫斷裂，「未來國家統一論」也消失不論了，這是一種「量變」到「質變」的辯證邏輯作用。至2001年李登輝離開國民黨，見風轉舵的航向了比民進黨更左的「台灣團結聯盟」的國家認同光譜。

陳水扁主政的前四年，在爭議政策上，他基本上選擇「之」字型路線，迂迴與模糊兼而有之，例如以「統合」代替「統一」，以「一中」是「議題」不是「前提」等等論述即是如此。儘管其幕僚或行政院屢有「去中國化」之舉，如新聞局的CIS標緻，外交部的護照加註「台灣發行」，總統選罷法增加「台生條款」以及近年的國營企業去「中國」化政策等即是。但其第一任就職演說中的「兩岸人民源於相同的血緣、文化和歷史背景…秉持民主對等原則……共同來處理未來『一個中國』的問題。只要中共無意對台動武，本人保證在任期之內，不會宣佈獨立、不會更改國號、不會推動兩國論入憲、不會推動改變現狀的統獨公投，也沒有廢除國統綱領與國統會的問題」（陳水扁，2001：316-329），亦即台灣與中國大陸間血緣與文化的「民族認同」的連結仍是陳水扁首任期間展現於外的和平橄欖枝善意的公共論述，也是國際社會以此壓抑與檢證台灣領導人「維持現狀」的符碼。

在陳水扁就職兩週年的前夕，政治大學舉行「陳水扁政府的期中考成績單」座談會中公佈一項民調顯示，在兩岸關係定位中，贊成兩岸是「特殊國與國關係」的比率只有一成四，顯然比1999年李前總統提出這項說法時得到過半數支持要下降許多。但有將近三成的受訪者將兩岸定位為「一中一台」，上述兩種論述合計約有四成二。李英明教授解讀是：「台灣民眾對兩岸定位或國家認同立場有逐漸轉變之趨勢，這可能與台灣想改善兩岸關係，但中共持續打壓，導致台灣民眾對中共感到不滿與不耐，而逐漸改變其認同取向。」（郭乃日，聯合報

2002/5/20，第三版），吾人認為，陳水扁首任執政期間兩岸無法正常
對話與談判，加深了台灣朝野的疑慮，加上其政府官員許多「去中國
化」的動作可能是影響台灣民眾認同轉變的主因，總而言之，陳水扁
首任期間，其台灣的民族意識可名之為兩岸文化認同意識與「自決自
主意識」交互運用，見機行事的策略。

　　有位文化觀察者在尋找《台灣生命力》一書中，指出台灣文化「就
如同沖積平原一般，受到歐美雨、東洋味的海潮以及多樣的中原各省
文化侵蝕、搬運、推積」（小野，1998：193-194），這種比喻用在認同
問題上是貼近的，亦即在台灣沖積文化中積累了「移民意識」、「棄民
意識」、「皇民化意識」、「難民意識」、「三民主義現代化意識」與「自
決自主意識」的層層沖積之下，台灣人的認同意識是處於複雜、矛盾
的糾葛情節之中。

（三）中共政經作為與台灣「民族認同」的變動

　　西潮與帝國主義對近代中國侵襲一波強過一波，而面臨思想與政
體崩解的中國之回應也就一波比一波急切與激進。論者以為：「從『夷
務』到『洋務』，再轉變為『時務』及『急務』這些觀念之轉變過程所
代表之意義。簡言之，從『夷』到『洋』，代表了天朝主義的沒落，然
而慾念仍存在著中外之防的畛域之見；從『洋』到『時』，則代表著由
『西化』（westernization）到『現代』（Modernization）觀念過渡的歷程；
最後由『時務』到『急務』，則幾乎完全肯定了現代化的價值」（Leung
Yuen Sang, 1985:56-81）。對西方民族現代化的認同，中國短時間就從
『夷務』轉到『急務』的定位，當代學人余英時認為，近代中國在政治
上與思想上的發展到最後以革命手段來解決中國的問題，…其特色就
是一個「激進化的過程」（process of radicalization），…中國與西方的保
守與激進的不同點之一，在於中國在中間缺乏一自由主義的調和」（余
英時，1996：188-222）。換言之，近代中國思潮從保守趨近頑固的守

舊份子傾刻間過渡到革命、暴力的激進取向，重要原因之一是，中國「公民社會」發展中缺乏自由主義「理性思維」、「權力制衡」觀念的充分洗禮與轉型所致。

　　當近代中國面臨樣樣不如人的局面時，迴盪在解救國家的方略與藍圖，只有愈來愈激進的「革命」一途。當傳統一切體制與價值被盡棄在「毛坑裡」；孫中山的三民主義無法取得菁英與全民共識；胡適等人的自由主義又緩不濟急；而燃眉之急的「救亡」危難也就壓倒了「啟蒙」的功夫。在此激進狂潮的時代裡，1917年蘇聯共產黨革命建國成功，給同樣衰敗落後的中國帶來另一線生機。中共常言，「十月革命一聲炮響，給我們送來了馬克思列寧主義」，在它的作用下，知識份子、政治人物、無產階級成為了一個「自為」（class for itself）的政治勢力，加上「遵義會議」、「西安事變」、「第二次世界大戰」的因緣際會，使得中國共產黨衝破了所謂壓在中華民族身上的「帝國主義、封建主義、官僚資本主義」三座大山，贏得了1949年毛澤東在天安門上所說的「中國人民站起來了」。此時中共「民族認同」的情感是揉合著烏托邦的共產主義理想。這一刻蔣介石所領導的國民黨政府退守台灣，在生聚教訓中進行黨的改造，透過「軍人魂」、「革命魂」、「民族正氣」一篇篇血淚講詞，強化民族憂患意識，力圖東山再起。

　　在未取得政權時，中共曾高唱民族自治、民族自決，建政後「區域民族自治區」成為其實踐民族平等的方略，並且不再主張「民族自決」了。在戰勝敵人，實現共產主義新中國時，「黨的建設」、「統一戰線」、和「武裝鬥爭」此「三大法寶」則成為中共領政、建政的綱領思維與政策。經過「三反」、「五反」運動，及其文化大革命史無前例的政治的、思想的、文化的全面性鬥爭，中國共產黨的權威也就與日遽增，貫穿了社會所有層面，消滅了一切社會團體的自主性，黨的無限權威，可以「全能主義」（Totalism）視之（鄒讜，1994：3、59），此時「階級」思維與「階級」認同壓倒「民族認同」，代表無產階級先鋒的共產黨的地位與角色就自然取得無限上綱，也快速摧毀了傳統以來

的「民間社會」，更不用說「公民社會」的滋長。1983年光明日報曾有一篇評論寫道：「中共所標榜的『無產階級專政』或『人民民主專政』已墮落為共產黨一黨專政，形成黨政不分，以黨代政的現象。而共產黨員居功自傲，濫用權力謀取個人私利，造成官僚主義的弊端」（引自吳安家，1991：46）。這種倒退的現象，歷史學家余英時先生指出：「客觀地分析，毛澤東的『新中國』在社會革命方面所表現的意義是遠大於民族革命的…毛澤東接受了『五四』以來反傳統的思想洗禮；…但以思想的方式而言，他卻把『封建』發展到了從來未有的高度。…他所想建造的地上王國則依然是陳舊的。正因為如此，他的『新中國』竟成為『封建主義』無限氾濫的重災區。這樣的國家對於絕大多數的中國人而言是沒有『新』的意義可言的」（余英時，1995：36-37），換言之，1950年代到1980年代之間的反右、三面紅旗、文化大革命、四人幫奪權階段，給中國帶來的是一場民族的浩劫與災難，大陸問題專家就指出，中國這些不利的政治經驗，強化了台灣方面對大陸的疏隔（alienation）（趙建民，1994:13）。也由於這種疏離感，拉大了兩岸民族認同的差距。其中以「階級鬥爭」、「革命至上」、自我封閉於黃土地文明，懼怕邁向蔚藍色的海洋文明的改革等種種違逆「程序理性」、「法治社會」與「改革主義」之行逕，40年間所造成的「民族」逆反與「國家」的倒退與落後，差一點有被開除「球籍」之虞（蘇曉康、王魯湘，1989）。這樣的「新國家」－「新的階級社會」與「紅色中國」之圖像，難以取得台灣人民之認同。

　　1978年中共十一屆三中全會鄧小平上台，實施改革開放，積極推行四化，20年間在經濟上不僅「翻兩番」，其成就是空前的。這期間，港、澳、臺問題是中共視為80年代三大課題之一。1979年元旦中共「人大常委會」發表「告台灣同胞書」，強調中國終將統一，呼籲兩岸「三通四流」，1981年9月30日中共人大委員長葉劍英提出九條實現和平統一方案。1984年鄧小平提出「一國兩制」下的香港與台灣模式的統一。1995年1月30日江澤民發表對台「江八點」政策。1997年、1999

年港、澳結束殖民體制，回歸中國，一波波的認同與回歸的論調湧向台灣。這種「和、戰」兩手策略，亦即在經濟、文化上極盡低調與吸附，在軍事、外交上又極力打壓台灣的作法，再歷經1995年、1996年的飛彈危機，反而激起台灣人的歷史「悲情」意識與移民性格中的「鐵齒」（有種明知山有虎，偏往虎山行之精神）情結之反抗，中國應認清「和平交流」才是促進認同的唯一法門。

（四）共產主義 vs. 公民社會

在現代中國思潮紛爭中，所謂「科學的社會主義」—馬、列、毛思想在1949年奪得中國政治與思想主導權，其中因素錯綜複雜；但中共在思想上結合了傳統「理想主義」思想空窗期，是其思想勝利的一大原因（劉家駒，1983：464-483），毛澤東再以中國實際社會中的弔詭現象，先後完成了「矛盾論」與「實踐論」（1937）「新民主主義論」（1940）「論聯合政府」（1945）及「論人民民主專政」（1949）所匯聚而成的「實用主義」與偽裝的「自由主義」作為策略運用，則使中共在思想史上逐漸佔據中國的思想舞台。

吾人試看「新民主主義」的一段話說：「所謂『全盤西化』的主張，仍是一種錯誤的觀點。形式主義地吸引外國的東西，在中國過去是吃過大虧的。中國共產主義者對於馬克思主義在中國的應用也是這樣，必須將馬克思主義的普遍真理和中國革命的具體實踐完全恰當地統一起來。所謂新民主主義的文化，就是人民大眾反封建的文化。…新民主主義的政治、新民主主義的經濟和新民主主義的文化相結合，這就是新民主主義共和國，這就是名副其實的中華民國，這就是我們要造成的新中國」（毛澤東選集第2卷，1966：623-669），毛澤東有批判、有繼承的「新民主主義」論述，似乎給「公民社會」若干盼望與生機，也符合當時中國普遍的政治期待，馮友蘭說：「此篇文章的意義和影響，代表中國共產黨發表了 他的『建國大綱』和政治綱領」（馮友蘭，

1996：149），這綱領文章在思想史上起了滲透與統戰的作用，結合早期群眾性、道德性的思想武裝，如李澤厚所說：「民粹主義因素、道德主義因素和實用主義因素的滲入，似乎是馬克思主義早期在中國的傳播發展中最值得重視的幾個特徵」（李澤厚，1988：190）。但是印証中共政權，在歷史發展軌跡上，往往是說一套做一套，理想流於空洞，意識只是口號，禁不起時間與實踐的檢驗，例如中共建政後的反右鬥爭，以及對高崗、彭德懷的黨內整肅，足以說明其「民主」的虛偽性。中共的革命哲學與鬥爭意識每每在歷史上摧毀了民主自由的種子與秧苗。而後中共在思想上經常發動全民學習，人民只是其強力動員的工具，「國家」群體至上，在中共社會裡，人依然只有「臣民」而無「公民」的意識（石之瑜，1997：93-98）。中共政權把思想視為統戰的一個環節，更是為政治服務的工具，如此缺乏權利自主性與權力制約的觀念，中國共產黨享有絕對性的威權，人民又退回專制時代的「子民」（subject）的臣屬性角色。

　　近年大陸學者反省到，在以「階級鬥爭為綱」的「泛政治化」時代和高度集權的計劃經濟體制下，僅存在「自在」（in itself）的利益群體，而不存在「自為」（for itself）的利益集團，與西方國家相比，利益集團典型特徵，如非政府性、自願性、獨立性、自主性等，還不是很明顯（程浩、黃衛平、汪永成，2003：64-65）。大陸的學者，對80年代以前的「利益集團」之特性，僅做了保留性的批評。美國學者白魯迅就直接的說，在90年代以前，中國不曾有過全國性的「公民社會」，所以談論國家與社會的關係也就毫無意義（Pye,1991:443）。在共產主義的社會裏，「黨國體制」扮演「全能主義」角色與全面的控制下，全國可說是鐵板一塊，自由、自主的公民社會難以生存與發展。

　　當代自由主義者一再強調的國家、社會的中立性原則（neutrality principle）。哈佛大學的羅爾斯（Rawls）教授說：「正義的原則最先需尊重的是個人的絕對自主性及獨立性。」在『差異正義』中，必須使處境最不利的成員，獲得最大利益」（Rawls,1971:3、60），耶魯

大學的艾克曼（Ackerman）教授亦說：「沒有任何社會可以去證成（justify）一個掌權者他的價值理念比其他人好或其本質是優於他人的」（Ackerman，1980：11）這些理念，再三強調「公民」在多元社會中祇需在有限性的政治領域內擔負少許的消極義務而已，不需參與政治事務的積極領域，國家不用進入宗教、哲學、人生理想等私領域，國家更不應灌輸某一特殊價值給公民身上。國家是在對"良善生活的構思"而已（Rawls,1971）。哈佛大學杜維明教授也指出，如何為中國的「公民社會」催生，必須在知識份子之中具有文化資源深厚的「群體的批判的自我意識」的覺醒。（郭齊勇、鄭文龍編，2002（五）:263-265）從這些論述中，我們可以論斷，自由主義與「公民社會」是當代中國在共產主義「黨國體制」下所最缺乏的國家圖像，也是兩岸體制與交往不對等的問題之所在，要突破此困境，必須在中國內部上下體認「黨國角色」的有限性，讓自由主義的氣圍與知識份子群體批判意識覺醒、發展，由自主的「公民社會」成為新的「自為階級」，來分擔部份國家的責任，追求社會共同的利益與良善的生活，從而增進「兩岸民間社會」的互尊互榮。

五、以「公民社會」化解兩岸激進且對立的　「民族認同」

（一）兩岸「國家圖像」和「民族認同」的差異

　　由於近代中國歷史，各黨派在追求「國家圖像」上，產生紛爭，加深了當代兩岸「民族認同」的岐路。Appadurai結合Anderson從個人「想像的共同體」（imagined community）理念出發之學說，發展出五種景觀圖像（scapes）以描述全球的差異與分離之現象。亦即族群圖像

（ethnoscapes）、媒體圖像（mediascapes）、科技圖像（technoscapes）、財政圖像（finanscapes）與意識圖像（ideoscapes）作為未來「想像的世界」（imagined worlds）的發展形式（Appadurai,1993:296）。這五種圖像是現代性下西化與全球化的趨勢，吾人借由Appadurai的國家圖像說，以了解兩岸的分歧。整體而言，大陸在財政與科技上已趕上全球化的列車，且已成為世界各國亦想擠上的東方快車，但是在族群、媒體與意識圖像上則顯然與全球化有一段距離。台灣在財政、科技圖像上則越來越受大陸市場的影響，其他三者則朝西方主流圖像發展與接近。宋朝大儒張載在《正蒙‧太和篇》上有句話說：「有像斯有對，對必反其為；有反斯有仇，仇必和而解。」，百年來兩岸五種圖像的發展，尚有三種圖像是在「對立」的差異之中，如果這種圖像的差異是一種根本價值取向的差異，則兩岸很難邁向「求同存異」的共識。民族主義的解構是有兩面性的，中國大陸如果一味強調「只是共同的語言和血緣，只是意識形態操作和政治暴力，仍然不足以使人民認同一個民族。當一個民族不能給民族成員的個體提供安全、發展和自由，這個共同體的存在就失去了它最初產生的根據」（徐迅，1998：61）。這段大陸學者的論述與反省，足以說明中國大陸對原生性的「族群圖像」的政治操作與脫離了進步的全球化進展的反思空間，在此意義上五種圖像與時俱進的解讀和實踐，毫無疑問的提供了兩岸政府與人民「按圖」索驥，尋求自己「民族國家」認同的最適空間，亦是兩岸未來有無交集的省思圖像。

　　Appadurai在討論未來世界「意識圖像」是朝自由、福利、權利、主權、代表發展，尤其是民主價值（Appadurai,1993:299），依此脈絡，「民主」價值成為「民族認同」的第一義。傳統中國民族主義意識能否發展成為一「自由、民主的民族主義」，也就是當代學人余英時、金耀基不約而同呼籲兩岸加強民主化的腳步與民主自由的生活，意即以「民主的民族主義」取代族群式激進的「民族主義」，──兩岸如果一味地強調狹義的「愛國主義」與分離的「民族認同」只會引發兩岸更

激進與對立。──如何使之成為建設性的健康力量呢？民主、自由與民族主義相融合是一當代的價值與必要之途（洪泉湖、謝政論主編，2002，序言1-9，1-6）。人民不僅是國家機器統治的對象，更是政治合法性的根源，這個根源就應該付給人民有自主性的空間，更有政治參與的機會，一起思考什麼樣的政治共同體，是能夠兼顧國家利益與人民福祉的，這樣的意涵，應當是正常的「公民社會」中由下而上自覺發展出來的「自由民族主義」。中國大陸如何減少「黨國中心論」與片面的「愛國主義論」，加強、加快「全球化」腳步，突破馬、列、毛僵硬思想，朝優質的中華文化發展以及以民主自由理路，建構由下而上的政治體制的正當性，取代由上而下「全能主義」政權。再由「自由的民族主義」，或「公民的民族主義」之氛圍下，形成可以有對話機制的「公共論述」，以決定兩岸民族的未來去向。

（二）以「公民民族主義」強化兩岸的「公民社會」

　　研究政治思想與民族主義的學者往往以「自由民族主義」或者「民主民族主義」指涉一個自主的、由下而上的「民族意識」的形成，這種意識在政治哲學上往往被稱為「公民民族主義」，換言之，這三個名詞，探討的取向不同，但有著極為接近的內涵，也唯有在一個成熟的公民社會裡，才能健康地成長出「公民民族主義」，作為兩岸「公民民族主義」的當代價值，這些價值理念有部分核心論述在中國文獻中是不難找到的。

　　1902年梁啟超提倡「新民說」，他說：「欲其國之安富尊榮，則新民之道，不可不講。」「新民」是中國之急務，「新民」從何處做起？梁氏認為「公德」、「國家思想」、「冒險進取思想」、「權利思想」、「自由」、「自治」、「自尊心」、「義務思想」、「政治能力」等綱目層面加以申論，他又說：「新民為今日中國第一急務」（梁啟超，1976:1-133）。一代巨擘梁啟超，啟迪無數國人，他的「新民說」綱目，與今天「公民民族

主義」的理論要點有著若合符節的相似性，主張「改良」重於「革命」的梁啟超，他總認為革命將摧毀一切，包括剛剛萌芽的中國「公民社會」，因此他在《非革命之理由》的遺稿中，力主中國社會「不必革命」、「不忍革命」、「不能革命」、「不可革命」，但是他晚年時期動盪，讓他從有限度的「非袁不可」到「非去袁不可」，面對袁世凱的胡作非為、軍閥亂政，改良主義的梁啟超也走到了「革命」的復國運動中（孟祥才，1990：153-319），這真是一幕「救亡壓倒啟蒙」的「個人意志」的轉變，當代「新民」的啟蒙工作，也就不斷地淹沒在救國與革命的洪流之中。

接著，我們來看看深受梁啟超思想影響，而力倡自由主義學說的胡適之論點，胡適在1931年英文作品 What I Believe，同年譯為中文「我的信仰」一文中說：「從當代力量最大的學者梁啟超氏的通俗文字中，我得略知霍布斯（Hobbes）、笛卡爾（Descartes）、盧梭（Rousseau）、邊沁（Bentham）、康德（Kant）、達爾文（Darwin）等諸泰西思想家。梁氏是一個崇拜近代西方文明的人，連續發表了一系列文字，坦然承認中國人以一個民族而言，對於歐洲人所具的許多良好特性，感受缺乏；顯著的是注重公共道德，國家思想、愛冒險、私人權利觀念與熱心防其被侵，愛自由，自治能力，結合的本事與組織的努力，注意身體的培養與健康等。就這幾篇文字猛力把我以我們古代文明為自足，除戰爭的武器，商業轉運的工具外，沒有甚麼要向西方求學的這種安樂夢中，震醒出來。它們開了給我，也就好像開了給幾千幾百別的人一樣，對於世界整個的新眼界」（歐陽哲生編，1998：11）這段話告訴我們一個重要現象，亦即中國知識份子在自由主義思潮震醒後，陸續在《新青年》、《努力週報》、《獨立評論》等學刊上，闡揚自由學說，但因軍閥割捨、日本侵華、國共內戰、國事倥傯，加上所介紹之學說零碎，因此中國自由主義者所能發揮的角色功能十分有限，啟蒙不及，公民社會也就無由產生健全的「新民」了，一百多年來了，中國人仍然在自由主義的門口上徘徊。

　　中國自由主義的敵人之一，是傳統中國「作之君，作之師」的父權意識，美國學者白魯迅解釋父權意識，他說，在中國歷史上推演到社會政治領袖，無論他叫皇帝、統帥或主席，他將享有絕對式的權威，從古至今依然如此，無論是蔣介石、毛澤東或鄧小平，他們的政治權威就如同是「全能的上帝之妄想」（Illusion of Omnipotence）（Pye, 1985: 182-187）。將父權的威望推至中國政治領導者都妄想成為全能的上帝，或許人人不盡贊同，但Pye指出了一點，在中國大部份的政治與社會情境裏，由上至下的權威性格與權威文化的領導則不容否認。

　　兩岸民族認同是繼續疏離，還是得以解消？關鍵之一在於大陸「威權的領導」甚至是「霸權政治」。大陸對台灣如果是宰制性的霸權對待，則兩岸民族危機無由解消。到底台灣是否如日本學者大前研一所分析，因企業不斷向大陸遷移，導至北京與台灣達成歷史上的和解，而將在2005或2008走向「中華邦聯」回到傳統的一個中國認同觀呢？（http://home.kimo.com.tw/snews 1965/polit_oo）還是如美籍華裔學者章家敦所分析地，大陸將因種種內外在困境而在2007年走向「中國即將崩潰」，並進一步激化成「一邊一國」論呢？（http://www.google. com. tw/ search?q =cache:DBrgG5RkgDYJ）。雙方各有所據，那一觀察與學理將成真呢？兩岸「民族認同」又將何去何從？2007年已至，兩者的觀點都有偏差，但是有一點則是顛撲不破的，那就是「國家的統一可以賴飛彈大砲來達成，民族感情卻不能賴武力統一。對一個歷史記憶的指責、糾正與爭辯，不如去理解這個歷史記憶的產生背景；這種理解，必有助於解決歷史爭端背後的認同爭端」（王明珂，1997: 426）。吾人認為如中共以「霸權」論出現，不僅台灣週邊國家都將感到「中國威脅」，如是民主台灣將只有持續與大陸疏離以至於武力相向。2003年中國、香港、台灣都面臨SARS疫情擴散，該年5月份在WHO大會上，中國官員連起碼的「血肉之情」、「人道主義」都不顧及，對臺灣照樣打壓，就是一個惡例。民進黨政府，運用此時民眾的激情，推動「公投議題」，該年6月份陳水扁提出：「將在2004年總統大選或之前針對

核四及其他重大公共議題舉行公民投票」就是一個見機行事的議題。站在「公民社會」的角度，期待的是公民投票的舉辦，但願此舉辦是在彌補「代議政治」之不足，讓公民社會有更多理性論辯的空間，而不願是因兩岸民族認同的激情，迫使公民投票成為政局操控的工具。

　　台灣在實現民主的過程中，雖取得不少成果，但仍然有不無檢討之處，林毓生教授就嚴肅地指出：台灣近年是在搞「民粹主義的民主」，台灣社會所缺乏的是「自由主義民主」（林毓生教授，2002年3月8日，中研院演講），當然中國更需要全面的民主，薩托利在《民主新論》結語中強調「自由主義的民主理論是含有實踐論的，它是兼有目的與手段的政治理論，他在每塊土地上都能成長，問題是，這顆種子需要艱辛地培育」（Sartori, 1986: 506）。衡古論今，兩岸不要激情的「超級民族主義」而要以民主、自由為基調「超越民族主義」（supra not super-Nationalism）（Smith, 1996：116-146），如是才能超越激情建構一和平的民族認同，如此也才能走向自由民族主義取那民族主義的善果，避開那國家至上的揚威式民族主義（prestige nationalism），更不應是一強凌弱、眾暴寡的侵略式民族主義（expansive nationalism）。如中共以「和平掘起」與鄰近地區交往，並不斷突破上述三個負面的國家圖像，邁向政治現代化，誠如《聯邦黨人文集》第49篇Madison所說：「為了某種偉大而不同尋常的事業，人民應當決定並打通一條憲法道路」（Rossiter, ed., 1961: 314）亦即在自由主義與憲政民主的理路下，重拾昔日先哲的自由主義思想種子，塑造成眾多的「新中國人」與眾多的「新台灣人」，在這般「新民」的公民社會路徑中，彼此間有了較多的交集，當有助於在各種層面邁向以「對話代替對抗」的開展。

（三）以社群主義彌補自由主義不足的公民社會

　　晚近以來，社群主義對自由主義的反省，不容忽視，他們指出，自由主義教人們要尊重個體與目的間的距離，但為了確保此距離，自

由主義會削弱它自己的洞察力，一旦陷入沒有共識、共善的混亂之中
（Sandel, 1982: X-XI, 1, 183, 210-212）。一個共同體的形成，必須具有追
求共善與共識的可能與機制，例如，亞太經合會（APEC）、世貿組織
（WTO）等國際社群，兩岸共同參與，兩岸官員與NGO、NPO成員，
應共同利用此機制，解決問題，追求區域資源的合作與共善的達成。

　　有關自由主義的侷限性，葛烈（Gray）也指出：「構成自由主義的
四個要義：普遍主義（universalism）、個人主義（individualism）、平等
主義（egalitarianism）及改良主義（meliorism），無一樣禁得起價值多
元論的考驗，…恐怕只剩下『公民社會』這項歷史資產尚帶有生機與
市民和平的允諾」（Gray, 1993: 284）。1990年以前，在國際權力走廊
上很少有人談到公民社會，但是近10多年來，除了「軟權力」、「複合
的多邊主義」之外，公民社會此概念與運作機制已經被放置在國際政
策的討論和解決全球性問題的核心位置（Edwards,1999）。換言之，公
民社會的概念已經超越國界，形成一個由社區到國際社會的成員對其
公共領域的共同關注與重視。它應超級日本憲政學者杉原進一步指陳
「市民社會」（亦指civilsociety）的有限性，他說，依「市民社會」所建
構的「現代市民憲法」在處理人權、民主主義、裁軍、和平、非核戰
爭等問題上都有其侷限（杉原泰雄，2000: 161-179），杉原教授所提的
「市民憲法」與「市民社會」，指的是在傳統自由主義下一國內部憲政
機制對某些議題的侷限。

　　運用社群主義的理念所形成的「超國家體制」，如歐盟憲法正在
興起。區域性與全球性一體化的組織正在起著規範區域整合與調節的
法治作用。國內學者江宜樺教授也指出：「如果自由主義要恢復其引
領世代的地位，它必須先道德化一點、社會化一點、特殊化一點」（江
宜樺，2001: 20），這種道德化、社會化的針砭，正是自由主義公民社
會的弱點，無論是從一社區到國際間的互動皆然。英國政治學家赫
爾德（Held）說道，以自由主義民主所建構的「民族國家」、「公民社
會」尚不足以解決今日全球政治之諸多問題，他引用康德的和平聯盟

（pacific federation）、和平條約（pactum pacis）概念，進而建立一民主的世界主義，跨越不同區域與國際性組織與會議所形成的網絡，從外部來理解和加強民主，以鞏固當今公民社會內部民主和國家聯盟，以達一全球治理（global governance）（Held, 1995: 229, 237），簡言之，自由主義思想促進了「權力分立」、「契約論」以保護「個體的自由與平等」之憲政主幹，但亦有其枝脈的不足，尚需社群主義、世界主義等思潮以濟其窮，從這樣的思考脈絡來看兩岸的民族認同的癥結，由社群主義所衍生的區域性、國際性組織所共同推動與追求的共善邏輯，正有助於消解兩岸因歷史情節與國家認同所產生的對抗。既然兩岸政府間「國家認同」與「主權糾葛」無限上綱，也因此直接對話不可得，無妨利用迂迴前進的國際社群與第三者－「公民社會」，透過此「人民的力量」、「團體協商的方式」與「地球村」生命共同體觀念，「和平」的展開合作，促進兩岸走向「共善」。

六、結語

　　回顧過去20多年來，從1986年台灣開放對大陸探親，就是─「血緣團體」與「地緣團體」開先鋒，緊接著是「文教團體」、「運動團體」、「觀光團體」、「工商利益團體」的交流與投資。以2006年為例，台灣對大陸出口金額高達577億41,00萬美元，如果從1991年到2006年總計有4,060億86,80萬美元（《兩岸經貿》，第182期：52），如果以台灣居民到大陸地區旅遊、探親或經商等各種交流總數，據大陸「國家旅遊局」統計，2005年超過四百萬人次，如將1986年到2005年總計有3,798萬7,485人次到大陸，總數超過台灣總人口1.5倍以上[3]，可以說，

---

[3] http://www.mac.gov.tw/gb/index1.htm/2007/5/31

台灣以旺盛的「公民社會」的活力，消解了兩岸數十年來政治的冰凍
與政府的對抗格局，這種先「民間」後「政府」的交流模式，不同於
南、北韓的「先政府，後民間」的交流模式。其間所發揮的效應，可
說大大的緩和了兩岸民族的歷史糾葛。而後具有民間特質的準官方團
體「海基會」與「海協會」的交流，及其近年來許多「民間團體」接
受政府的「複委託」談判，也取得了不少成就。由過去20多年的歷史
印証，台灣「公民社會」已成功地突破了若干兩岸「民族認同」的歷
史癥結，它已成功的扮演了從「對抗」到「對話」的「轉轍器」與「和
平的尖兵」。根據著名的大陸經濟學家樊綱指出：「到1990年代末，
中國非國有經濟的產值已經占到工業總產值的70%」，這樣的變化使
得改革前中國所呈現的「國家－個人」兩層的結構，轉化為「國家－
民間－個人」三層的結構。（張祖樺，2001:20-22）新興的「私人企業
與利益團體」帶給中國社會經濟逐漸走向有部份自主性的公民社會已
出現曙光，這種新興的階級，也導致了江澤民主政時代推動「三個代
表」進入黨綱，納入新資產階級，重新合理化共產黨專政的領導。吾
人期待，中國能夠由自主性的「利益團體」發展到更多的「社會團體」，
以形成健康多元的「公民社會」，經由兩岸更多自主的「公民社會」的
發展、互動與協商，進而化解不必要的源於「政治社會」衝突下的「民
族仇恨」，營造出兩岸雙贏格局。

參考文獻

小野，1998，《尋找台灣生命力》。台北：天下文化。

天下雜誌，1991，〈勸君切莫過台灣〉，《打開歷史・走出未來・發現
　　台灣1620-1945》。台北：天下雜誌特刊6，頁82-83。

毛澤東，1966，《毛澤東選集第二卷》。北京：人民出版社。

王作榮，1995，《王作榮談李登輝》。台北：稻田出版社。

王明珂，1997，《華夏邊緣——歷史記憶與族群認同》。台北：允晨。

王曉波編，1985，《台灣的殖民地傷痕》。台北：帕米爾書店。

民主進步黨中國事務部編，2001，《民主進步黨兩岸政策重要文件彙
　　編》。

石之瑜，1997，《中國文化與中國的民》。台北：風雲論壇出版社。

江宜樺，2001，《自由民主的理論》。台北：聯經。

余英時，1995，《歷史人物與文化危機》。台北：東大圖書。

余英時，1996，《錢穆與中國文化》。上海：遠東出版社。

吳安家，1991，〈意識形態〉，吳安家主編，《中共政權四十年的回顧
　　與展望》，台北：政治大學國際關係研究中心，頁9-66。

李國鼎，1987，《工作與信仰》。台北：天下文化出版公司。

李登輝，1999，《台灣的主張》。台北：遠流。

李澤厚，1998，《中國現代思想史論》，台北：谷風出版社。

孟祥才，1990，《梁啟超傳》。台北：風雲時代出版公司。

林毓生，2002，〈民主的條件〉，2002年3月8日中央研究院演講。

林衡道主編，1994，《台灣史》，南投：台灣省文獻委員會。

金堯如、伍凡，2002，〈錢其琛講話與兩岸關係〉，香港《明報月刊》
　　2002年3月，頁87-90。

《兩岸經貿》，第123期，2002年3月，台北：海峽交流基金會。

《兩岸經貿》，第182期，2007年2月，台北：海峽交流基金會。

洪泉湖、謝政諭主編，2002，《百年來兩岸民族主義的發展與反省》，
　　台北：東大圖書公司。

胡佛，1998，《政治變遷與民主化》，台北：三民書局。

徐迅，1998，《民族主義》。北京：中國社會科學出版社。

殷海光，1981，《中國文化展望》。香港：大通書局。

張祖樺，2001，《中國大陸政治改革與制度創新》。台北：大屯出版社。

梁啟超，1976，《飲冰室全集》。台北：文化圖書公司。

郭乃日，2002，〈開放三通近七成贊成〉，《聯合報》，5月20日第3版。

郭廷以，1977，〈台灣的開發和現代化〉，薛光前等主編，《近代的台

灣》，台北：正中書局，頁131-164。

郭齊勇、鄭文龍編，2002，《杜維明文集》（五），武漢：武漢出版社。

陳水扁，2001，《世紀首航－政黨輪替500天的沈思》。台北：圓神出版社。

彭明敏，1989，《自由的滋味》。台北：前衛。

程浩、黃衛平、汪永成，2003，〈中國社會利益集團研究〉，《戰略與管理》總第59期，2003年第4期，頁63-74。

馮友蘭，1996，《中國現代哲學史》。香港：中華書局。

葛永光，2000，〈新台灣人與中國人－中華民族整合的契機或危機〉，台北：國父紀念館主辦《第三屆孫中山與現代中國學術研討會》論文，頁1-17。

鄒讜，1994，《二十世紀中國政治》。香港：牛津大學出版社。

趙建民，1994，《兩岸互動與外交競逐》。台北：永業出版社。

劉家駒，1983，〈海外中國知識份子對大陸淪陷的評論與反省〉，《中華民國建國史討論集》第五冊，台北：近代中國出版社，頁464-483。

歐陽哲生編，1998，《胡適文集第一冊》。北京：北京大學出版社。

蔣碩傑，1986，《台灣經濟發展的啟示》。台北：天下文化出版公司。

賴澤涵、馬若孟、魏萼著、羅珞珈譯，1993，《悲劇性的開端：台灣228事變》。台北：時報文化出版社。

蔡培火，1974，《與日本本國民書》。台北：學術出版社。

薩孟武，1982，《儒家政論衍義》。台北：東大圖書。

蘇曉康、王魯湘，1989，《河殤》。台北：風雲時代出版社。

饒宗頤，1977，《中國史學上的正統論》。香港：龍門書局。

中國社會科學院歷史研究室編譯，費正清（Fairbank）等著，1993，《劍橋中國晚清史，1800-1911》（上卷）。北京：中國社會科學出版社。

呂昶、渠濤譯，杉原泰雄著，2000，《憲法的歷史》。北京：社會科學文獻出版社。

李金梅譯，Gellner,E. 著，2000，《國族主義》。台北：聯經出版社。

洪金珠、許佩賢（譯），若林正丈著，1997，《台灣－分裂國家與民主化》。台北：月旦出版社。

童世駿（譯），哈伯瑪斯（Habermas）著，〈公域的結構性變化〉，鄧正來，J.C.亞歷山大編《國家與市民社會》。北京：中央編譯出版社，頁121-172。

張鐵志等譯，Lieberthal, Kenneth著，田弘茂等編，2000，〈兩岸關係的解決之道〉，《江澤民的歷史考卷》，台北：新新聞，頁202-211。

梁實秋（譯），Shakerspeare著，1996，《莎士比亞全集》（三），海拉爾：內蒙古文化出版社。

Ackerman, B.1980, *Social Justice in the Liberal State*, New Haven: Yale University Press.

Anderson, B.1991, *Imagined Communities: Reflections on the Origin and spread of Nationalism,* London: Verso Editions and New Left Books.

Appadurai, A. 1993, Disjuncture and Difference in the Global Culture Economy, in Mike Featherstone（ed.）. *Global Culture: Nationalism, Globalization and Modernity.* London: Sage Publications.

Berger, P.L. 1988, An Asian Development Model? In P.Berger and Hsin-Haung Hsiao（eds.）. *In Search of An East Asian Development Model.* New Brunswick: Transaction Inc. pp.3~11.

Calhoun, Craig. 1993, Nationalism and Civil Society: Democracy, Diversity and Self-Determination, In *International Sociology*,Vol.8,No.4:387-411.

Cohen, Jean L. and Andrew Arato.1992, *Civil Society and Political Theory*, Cambridge, Mass.: The MIT Press.

Copper, John F.1990, *Taiwan: Nation-State or Province?* San Francisco: Westview Press.

Diamond, L, Linz, J.& Lipset,S.M.1995,*Politics in Developing Countries:*

comparing Experience with Democracy. Boulder. London: Lynne Rienner Publishers.

Edwards, M. 1999, *Future Positive: International Cooperation in the 21st Century,* London: Earthscan and Sterling.

Erikson, E.H. 1980, *Identity and the life Cycle,* New York: W. Norton &Company.

Hann , C.2005, Introduction: Political Society and Civil Anthropology, in John A. Hall & Frank Trentmann（eds.）, *Civil Society: A. Render in History, Theory and Global Politics.* N.Y.: Palgrave Macmillan. PP.203-205

Horowitz, D. L. 1975, Ethnic Identity, in Nathan Glazer and Daniel P. Moynihan.（ed）. *Ethnicity: Theory and Practice,*Cambridge: Harvard University.

Gellner, E. 1983, *Nations and Nationalism,* Oxford: Basil Blackwell.

Giddens, A. 1998, *The Third Way: The Renewal of Social Democracy,* London: Polity Press.

Greenfeld, Liah. 1992. *Nationalism: Five Roads to Modernity.* Cambridge, Mass: Harvard University.

Gray, John.1993, *Post-Liberalism: Studies in Political Thoughts,*New York: Routledge.

Hamilton, Jay& Madison.1961, *The Federalist Papers,* by C. Rossiter（ed.） New York: Penguin Group.

Held, D.1995, *Democracy and the Global Order: From Modern State to Cosmopolitan Governance.* California: Stanford University.

Karatnycky, A.2000, *Freedom in the World: The Annual Survey of Political Rights and Civil Liberties,* New York: Freedom House.

Leung, Yuen Sang.（1985）. *The Tragic Passage to a New World: Changing Attitudes of the Chinese Intellectuals to the West in the Late Ch'ing Period.*《中國文化研究所學報》第16卷, 香港：香港中文大學.pp.55-83.

Miller, A. , Patricia G.., Gerald G.., and Oksana M.1981, "Group Consciousness and Political Participation." *American Journal of Political Science.* Vol.25,No.3: 494-511.

Mouzelis, N., 1995, "Modernity, Late Development and Civil Society. " in Hall（ed.）, *Civil Society: Theory, History,* Comparison. Cambridge: Polity.

Pye, Lucian. 1985, *Asian Power and Politics: The Cultural Dimensions of Authority.* Cambridge : Harvard University.

,1991,"The State and the Individual." *China Quarterly*, No.127:443-466.

Rawls, J.1971, *A Theory of Justice,* London: Oxford University.

Sandel, M. 1982, *Liberalism and Limits of Justice*, Cambridge: Cambridge University Press.

Sartori, G.. 1987, *The Theory of Democracy Revisited*, New Jersey: Chatham House publishers.

Smith, A. D.1996, *Nations and Nationalism in a Global Era*, Cambridge: Polity Press.

Taylor. C.1991, "Modes of Civil Society", *Public Culture* 3（1）: 95-118.

Tocqueville, A. De. 1969, *Democracy in America*, Trans by George Lawrence in J.P. Mayer

（ed.）, New York: Doubleday & Company.

Wallerstein, I., 1974, *The Modern World-System*, New York : Academic Press.

http://home.kimo.com.tw/snews 1965/polit_oo

http://www.google. com.tw/ search?q =cache:DBrgG5RkgDYJ

http://www.mac.gov.tw/gb/index1.htm/2007/5/31

英文摘要：
National Identities and Civil Society: the Development across the Straits

Abstract:

　　Most of the people inhabiting in Taiwan and Mainland China share the same blood, culture, and customs. This is a firm ground for primordialism and biopsycologialism, both of which help the formation of one national identity. However, we are curious why there has been a slight change in the national identity across the Strait. This essay gives a reflection on the history. In terms of history, there are the governor's conservativeness and faulty policies, such as the fight for orthodoxy, the cession of Taiwan to Japan, and "the 228 incident." The KMT had and the Communist Party still has long and dictating political power. Along with the Chinese Cultural Revolution and the slaughter in June Fourth Tiananmen Square Protests, these factors all deepened the difficulties to form a unified identification among members of a nation, let along to form a community to provide its member safety, development, and freedom. Under these obstructing history factors, the function of nationalism in the view of primordialism is quite limited.

　　In terms of a country's system, Taiwan has made progress in building economical and political structure within its society and walked out from peripheral (semi-peripheral) area to the core place in world's democracy and competitive economy. After 1950, the confronting positions of Taiwan and China during cold war led to Taiwan's national identity and construction in the view of constructivism and structuralism. With realistic view of "one China" policy around the world, plus the success of Chinese's reform and open policy in the past twenty years, China has been an attraction for Taiwanese investors, which imposes pressure and drawing effect for Taiwanese national identity. In the last part, the essay introduces Appadurai's five globalized landscapes and tries to construct a civil society across the strait. It seems to realize the thinking of Liang Chi-chao's "New Citizenship", that is, the civil society constructed by liberal "new Taiwanese" and "new Chinese". With the belief that this will serve as a model for ethical Chinese to turn conflicts into conversation, and war into peace, it is only possible that the pursuit of "common good" for the nation can finally be realized.

Keywords: primordialism, constructivism, structuralism, national identity, civil society, national scapes.

本文初稿以《兩岸民族的認同與前景》為題,曾發表於2002年7月中國青島,由中國社會科學院台灣研究所等主辦「第十一屆海峽兩岸關係」學術研討會論文,2007年經修訂增補後投稿《國家與社會》第二期。感謝研討會之諸多教授與該刊兩位匿名審查人的細緻寶貴意見,本文已做了修正與補充。

日本311東北大地震中的台灣媒體角色與災害關懷之反思[*]

摘要

台灣人民對於311地震的援助金額累計超過200億日元，也是此次各國的賑災行動中人均捐款數額最高的國家。日本的地震

＊ 本論文一～四節由謝政諭教授撰寫；五～六節由蔡韻竹助理教授撰寫，發表於2012年6月，日本名古屋愛知大學國際問題研究所、台灣東吳大學共同主辦：「民主與文化的東亞觀點」國際學術研討會論文，經修改後由松慧出版社出版《文化、民主與兩岸關係的東亞觀點》專書論文。

又註：日本2011年發生311九級大地震，並引發福島核能發電廠的污染嚴重外洩傷害，台灣政府與民間發揮空前的捐款救濟達68億台幣，居世界第一。近十年來台灣民眾在日本各地旅行都可聽到日本朝野、民間的感激之情。日本首相安倍晉三於2020年1月20日下午發表國會施政方針演說，席間提到311地震重災區岩手縣野田村將成為東京奧運帕奧期間台灣接待城，以表達感謝之情，議場內爆出熱烈掌聲掌聲，持續了7、8秒之久。

https://www.msn.com/zh-tw/news/national/安倍晉三國會演說提「台灣」-全場爆熱烈掌聲/ar-BBZ9VO8,2020/1/28查閱。

人道救援的行動將是21世紀人類跨越國界邁向生命共同體的大和諧社會。本論文一方面思索災害發生的學理思考及台灣不分黨派朝野上下與民間社會對日本的同理心所謂何來？而台灣媒體的報導又為何？本文有第一手剴切分析。

反映出自然環境的反撲力量之大，絕非現有的人力或科技能力所能全然控制，這也是包括台、日兩國在內的世界各國所需共同面臨的環境挑戰：本文認為如何改以「與自然和平共存」的綠色政治，取代現行「人役自然」、追求高度經濟發展的現代化法則，才是真正能夠避免自然環境突發性反撲的解決之道。

　　「為日本祈福！」是台灣集體在日本遭逢311地震變故後的共同心境。此一共同心境實源於台灣與日本兩地的多重關連：地緣歷史的、政治經濟的、文化交流等個層面的集體記憶，在地震後台灣新聞媒介對於地震消息的大量放送後被激發出來。由於台灣媒介在本次地震相關報導中所傳遞的訊息特質，激發了台灣人也面臨地震（或核能威脅）而「身同此感」的同理心，也是何以能夠激發台灣人民在日本地震後，高度關注後續訊息、慷慨解囊提供援助捐款的部份重要原因。

關鍵字：綠色政治、氣候難民、台日關係、媒體角色、移情作用

一、前言：近十年來「自然災害」的反思

　　近十年來的自然災害，嚴重的威脅全球各地人類的生存，舉其大者1999年9月21日震央發生在台灣南投縣的「九二一大地震」，對台灣而言那是一場世紀災難。曾幾何時，臺灣又面臨2001年桃芝風災、納莉風災，2004年南亞海嘯，2008年中國汶川地震，2009年臺灣的莫拉克颱風所造成的88水災，讓整個高雄縣、屏東縣部分地區，數個村莊流失與被掩埋，也導致了台灣行政院長劉兆玄的下台。2010年海地地震、智利地震、中國青海地震、冰島火山爆發。2011年日本東北地區規模9的地震引發海嘯與福島核電廠的三合一災變，造成日本空前巨大災難，最後也導致菅直人首相的下台。接二連三的天災也是人

禍，嚴重考驗人如何與「天」，或者說人如何與「自然」相處？現代化以「戡天主義」來看待自然，視天生萬物以養民為自然之理。近年來地震、颱風、海嘯、火山爆發、地球暖化，海水上升，瞬間暴雨等等大的災難不斷重演。弗洛依德曾說：人在適應環境的時候，主要有兩種方法，一是改變自己適應環境，一是改變環境適應自己，現代化理念以後者為取向，雖取得不少成就，但也帶來普遍的「環境難民」。當今全人類恐怕需要重新反思「改變自己適應環境」，如何因應氣候（climate）變遷（change）及其帶來無比的挑戰（challege），也就是如何節能減碳、防止地球暖化的３C意識，已成為全球最夯的議題。

二、自然災害的起因：資本主義政治 與經濟邏輯的反思

　　追求經濟成長是近兩百年來資本主義政治的核心價值，此一現代化成長模式，基本上是把人當為自然與地球的主宰者。而現代化社會的芻形，又淵源於文藝復興、宗教改革、工業革命、啟蒙運動等胎息作用所促成，由此帶來生產技術的進步以及「價值倫理」的改變，大大改善了人類的生活環境，其成就大約一百七十年前的馬克思（K. Marx）就曾有過讚揚之詞，他說：資產階級的成就（現代社會的主流形式）它首次證明了，人類的活動能夠取得怎樣的成就。它創造了與埃及金字塔、羅馬水道、哥德式的教堂根本不同的藝術奇蹟，它舉行了同民族大遷移和十字軍東征完全異趣的遠征（馬克思、恩格斯，1965：469）。啟蒙運動以後的科技革命，固然帶來空前的成就，但它卻隱含基本哲學本體與價值倫理的錯置與偏差。科學主義、啟蒙運動興起之後的近300年來，從西方哲學家笛卡兒、牛頓到達爾文，其學說有幾個重點：1.對存有論的看法，以二元論的學說為主體，也就是心－物二元，人與自然二元，二元分離而對立，強調人獨立於自然界。

2.分析主義、直線性思維成為其分析人與自然的規律與思維方法。3.強調自然事物獨立於人的客觀性，它不以人的意志為轉移。可以說將西方豐富的自然法哲學（Nature law），簡單化到追求自然法則（Law of nature）（文潔華，2001）。因此，「人役自然」成為科學興起之後，人的宰制性意識與價值。簡言之，啟蒙運動以後西方二元論的思想，容易滑落到對自然窮盡一切探討與征服的權利，宰制大自然，此二元主義的思考，男/女、左/右、好/壞、有限/無限，成為西方的思維方法與行為模式。

　　1968年有十個國家、三十位學者（有一日本學者Saburo Okita）在義大利Dei Lincei舉行了一系列跨國的研討（會後組成羅馬俱樂部），針對以現有知能與技術尚無有效對策的「人類困境」問題，諸如：環境的惡化、對制度喪失信心、傳統價值遭到反抗等各種議題展開討論，會後於1972年出版《成長的極限》（Meadows,etc.1975），該書嚴正的指出，我們的文明發展模式正在耗盡其賴以存續的資源，該書提出「世界體系的均衡成長狀態」以降低環境污染等負回饋。而「永續發展」這個詞也在1987年世界環境與發展委員會中提出。但是人類發展路線似乎沒有得到教訓與糾正。在尋求環境問題的妥善解決時，有許多環保方案、制度、法令的提出，例如：強調經濟誘因的方式，如透過政策獎勵減少污染公害，使用者付費等經濟人效率觀念及法律人公正觀念的運用（OECD, 1989）。但筆者認為這方式仍然在「現代化」理念的胡同中打轉，以此方式與理念，恐怕解決不了環境問題。

三、「綠色」政治與經濟時代的到來

　　所謂綠色政治與經濟，是指在追求政治與經濟的發展過程中，不再以人為中心的價值觀宰制自然與地球，而是將人與生態視為相互依存的共同體。環境學者Vaclav Smil（1989）曾說：環境意識的覺醒所發

生的可能影響，將可擬為近代西方世界的三種重要變革，即文藝復興、宗教改革和工業革命。但是現代化社會環境危機的產生，即來自於人與自然關係的誤解與失調。因此，後現代社會環境倫理（Environmental Ethics）該何去何從，此中研究已備受當代學者普遍重視。

　　近200多年來人類文明形成以擴張經濟規模、促進大量消費，和以石化燃料為主要能源的發展模式。這一條發展路線（development pathway）造就的符合它的基礎建設、政治系統、文化價值和世界觀。依循此一現代化發展路線，人類與大自然變成宰制性的關係，地球環境不斷受到重症性的傷害。我們必定得找出另外的路，打造一個生態主義以低碳、低污染的能源自主力更強，與大自然和諧共存的不同的道路。研究「第三條道路」出名的英國學者Giddens在《氣候變遷政治學》（2009）中以為，如果我們繼續照目前的情況使用石油、天然氣與煤，並且極力追求高度經濟發展，全球均溫將在2100年之前增加超過6度。在這樣的情況下海平面可能上升26到50公分。

　　如何因應氣候變遷，國際頂尖學者提出各種對策，如研究後共產民主與協商民主的先驅，也是環境政治研究的開拓者Dryzek（1997）在《地球政治》一書中提出：生態現代化（ecological modernization）也就是政府、企業、溫和的環境保護人士與科學家形成夥伴關係，重組資本主義政治經濟模式，朝向在環境上更能被接受的方向發展。後現代社會必須改變資本主義政、經的經營策略與邏輯，才能解決環境與生態問題。Giddens（2009）則提出「政治匯流」（political convergence）亦即是把公共政策和氣候政策結合起來，使得氣候變遷問題的解決獲得比較大的動力，以及增加解決的誘因。例如改善大眾運輸的服務品質或補貼政策，以減少個人買車開車。以及「經濟匯流」（economic convergence），也就是把經濟政策和氣候政策結合起來，例如透過獎勵節能或低碳政策，限制高污染的產業，並且通盤考量從地方到國際層次的各種政策「打包」在一起。澳洲學者Shearman&Smith在《氣候變化的挑戰與民主的失靈》（2007）一書中也提出，自由民主及其制度

已經從最初的利他主義變成了強國的一種機制，以便強國通過商業上的侵略來控制世界，對於民主的生態學批判就是以人對面臨的環境危機為基礎而展開。而一切問題似乎都從溫室氣體的排放出發，石油這一過去被視為是「黑金」，但它卻是一「魔鬼的排泄物」，人人都應該找出安全的、可替代性的能源，並建立一個所有生物都存在一個相互依賴的生態與生命之網中。芝加哥大學政治學系教授 Posner&Sunstein（2008）就提出〈氣候變遷的正義〉，其中在談到「矯正的正義」，也就是不管過去本身的錯誤行為以及當前追求高度經濟成長必然導致的溫室氣體排放的國家，都必須對國際社會提出更多的資源以糾正這個問題來達到矯正的正義，2011 年日本發生三合一災變，不知日本各界是否嚴正的反思到「生態現代化」、「政治匯流」、「矯正的正義」諸問題？

而許多古文明中人類與自然和諧關係的經驗及智慧，即「前現代」的環境思維與態度，將可做為當代環境議一個重要的借鏡及參考座標。諸如：佛教經典的人欲望的消除、眾生平等，儒家的天人合一與澳洲當代學者 Lawrence E. Johnson 所提的 "Humanity, Holism and Environmental Ethics" 其中所展現的「整合論」、「宇宙道德」的環境哲學觀都可展開與當代環境議題對話（莊慶信，2002）。中國《易經》整合式的生命觀，其生生不息的觀念認為宇宙萬物是共有共存即一明證。1992 年在巴西召開的地球高峰會議中，展示的古印第安人與「自然」和諧相處的生活方式…等。生態保育之父 Aldo Leopold 說：「生態保育，就是保持人與大地的和諧」，簡言之修正宰制的現代化史觀，回歸「萬物並育而不傷害，道並行而不悖」之理。美國詩人 Emerson 也早在 1836 年即不斷抗議破壞森林的伐木活動，並主張我們應該恢復祖先們更享有的，與自然之間直接的聯繫，那是美的體驗與道德的共同來源。散文家 Thoreau 曾在麻州的 Walden Pond 湖邊獨居了兩年，這地方被許多人認為是自然保育運動的誕生地，並完成《湖濱散記》，作品中說道：「能享受最不用花錢的快樂的人，是最富有的人」（Giddens,2009）。我們應珍惜從自然與生態和諧中所體悟產生的生態智慧。

四、2011年日本複合災害中台灣人所表現的「認同」投射

2011年日本大地震，臺灣民眾對日本複合性災害發揮史無前例的巨額捐款，追究其社會心理因素，恐怕只有從台灣對日本的認同情節加以解讀，而這又是屬於深層次的社會心理，乃至必須在歷史與文化淵源才能加以解讀，大體而言，其認同投射可歸納為六大因素使然。

（一）近百年來日本與台灣的歷史情結

1895年到1945年日本在台灣實行殖民政策，產生多層的「愛憎情節」，誠如台灣大學許介鱗教授在《戰後台灣史記》（1998，卷一：15~20）一書中所說，日本遺留台灣的殖民地傷痕，可以說，台灣的「皇民化」和「工業化」、「南進基地化」是三位一體同時進行的，因一三合一情結，極易使台灣對日本產生錯綜複雜的認同投射效應。

（二）當代政治人物促動台、日情誼

無論是李登輝、陳水扁到馬英九可以說台灣政治人物不分藍綠都努力在維持台灣與日本的良性交流，因此就自然產生台灣對日本的進一步的友誼。日本右派認為在李登輝身上，可找到昔日日本精神。311日本災害發生，馬英九親自在電視上為日本募款，都是明證。

（三）台、日企業結構早已形成利害共同體

近百年來，無論是食品工業、醫療衛生工業、汽車工業等，台灣對日本產業的技術移植與合作早已形成密切的關係，因此，日本的災難，台灣企業界在利害與情感上也就顯得特別的濃厚。

（四）台、日地理結構、能源結構的相近性

此次日本發生的311複合災難，同處海島地形與地震帶的台灣，以及同樣擁有核子發電所面臨的危險性，日本所面臨的災難，對台灣而言亦有同樣的威脅性，因此，感同身受也就不言而喻。

（五）台、日民間的綿密性交流與連接

台日之間的娛樂界、體育界、公益團體、宗教團體…等等都有非常綿密的、歷史悠久的交流情誼，因此，當日本災難發生，台灣相當普遍的民間團體，在最短時間內自動自發的慷慨解囊，挹注日本災難。就以筆者所接觸的中華民國童軍總會、嘉義市童軍會、東吳大學、淡江大學、台中龍族童軍就發起捐助睡袋、帳篷…等災難物資，或投入各地紅十字會的捐助與服務；又如東吳大學茶道社團，亦有同樣的捐輸活動。

（六）東亞政經情勢變遷，促使台、日產生安全的連結

近數十年來東亞情勢的變化，無論是在冷戰前後，台灣、日本、南北韓、中國大陸、美國所產生出來的政經情勢拉鋸關係的變化，這當中台、日關係一直有著相互密切的關連。

基於上述六大因素的相激相盪，台灣與日本在「災難」發生之刻，就會產生感同身受情節的發酵，也因此，台灣在日本此次311複合災難中捐款數額，累計總額達日圓兩百億以上，高居世界第一，其來有自。

五、台灣媒介在東日本大地震事件中的角色

本文以為，由於台灣媒介在本次地震相關報導中所傳遞的訊息特質，激發了台灣人也面臨地震（或核能威脅）而「身同此感」的同理心；再加上台日間歷史情結、民間交流、產業連結等上述多重因素的交錯、發酵，是何以能夠激發台灣人民在日本地震後，高度關注後續訊息、慷慨解囊提供援助捐款的主要原因。本文也將引用傳播理論中的相關論點來加以解釋，為何比起其他重大天災人禍，為何此次的311地震能夠引起台灣人民的普遍關注並進而採取各種援助作為。本文並在此提出一個粗淺的因果假定：由於台灣媒體在東日本地震中的密集報導與新聞處理方式，是造成台灣人在此次震災中自發性慷慨解囊、捐助大筆賑災資金的重要原因。

（一）311地震訊息在台灣媒體的呈現

台灣在地震發生後的第一時間就報導了日本地震和海嘯訊息，以現行新聞收錄量最廣的新聞檢索系統「立法院新聞知識管理系統」來看，從台灣時間下午一時四十六分地震發生後，至當日結束為止，還不到半天的時間台灣各大平面媒體即刊載達194則相關報導。訊息內容除了對於台灣東部海岸地區所發佈的海嘯警報、人員疏散訊息以外，也包括日本震災的傷亡、損失訊息，也有搜救工作進度、可能對台灣引發的經濟衝擊和相關工業原料可能面臨斷鏈考驗等主題。在平面媒體的報導中，當日的媒介報導焦點多為地震的規模與初步的傷亡報導，包括後來引發世人關注的福島核電廠則尚未在相關報導中被提及。

由於台灣東部海岸在地震發生後一度也被列入海嘯警戒區域，臨警戒區的各級政府、學校、公共運輸工具都在海嘯預估抵達時間前採取各種緊急應變措施，包括緊急停課、派遣警消人員至警戒區疏散民

眾、公共交通陸續封閉或停駛，加上大眾傳播媒介密集的傳佈海嘯
警報訊息；儘管最後海嘯並未對於台灣東部海岸造成人員或財物的損
失，然而也因此讓絕大多數的台灣人在地震發生後的第一時間都知
道：日本剛遭遇規模達9.0的淺層強烈地震、地震進一步引發大海嘯，
鄰近震央的東北地區遭遇到毀滅性的衝擊。與近幾年鄰近各國陸續發
生的重大天災相較，由於台灣東部海岸被列入海嘯警戒範圍，連帶地
也使得此次日本地震的消息在短時間內達到大量流通，並且得到台灣
人民高度且持續關注的結果。

　　首先觀察媒介對於地震消息的報導數量：台灣媒介對於這次地震
的報導數量之多，清楚地傳達了新聞媒體及台灣整體社會對於這次地
震及相關發展的共同關心。從2011年3月11日至2012年地震屆滿一
週年為止（檢索標準為：災害發生日至災害發生滿週年＋3天），台灣
各主要平面媒體共刊登了19438則相關新聞，這個數量是相當驚人的；
因為用相同檢索條件與發生在2008年5月12日，地震規模8，造成
69227人死亡的中國汶川大地震相比，台灣媒體當時的報導數量僅有
7543則；發生在2004年12月26日，對於印度洋沿岸國家造成數十萬
人重大傷亡的南亞海嘯，台灣媒體的報導數量也只有10615則。台灣
媒體對於汶川大地震及南亞海嘯的報導數量，皆遠不及此次對於311
地震的報導數，本文認為台灣上下對於此次東北地震消息高度關注的
具體證據之一。

　　進一步分析台灣媒體在此次地震上的報導內容。總的來看，台灣
媒體對於地震消息的關懷角度約可分為三類：一是關於地震及後續訊
息的報導、二是從日本想台灣，由此次的案例思考台灣現況和不足，
第三則是預判分析日本地震後對於台灣各個產業可能造成的正反衝擊。

　　台灣媒介對於日本地震消息關懷的第一個角度是與地震及後續災
害、救災進度的相關訊息，以及台灣旅日旅客、留學生及僑民的現況
是否平安，震災後交通設施、電力系統的運作情況等。包括「強震後
日小鎮逾萬人失蹤」（中央社，國外社會：2011年3月12日）、「赴日

留學生積極聯絡」(台灣時報,第四版:2011年3月12日)、「日盼台灣提供緊急救援物資」(中央社,國內政治:2011年3月13日)、「日強震 佛光山賑災物資將啟運」(中央社,地方:2011年3月13日)。從地震後的第二日起,福島核電廠的狀況也逐漸開始被台灣媒體所關注、被報導,如「福島核能恐慌 反應爐壓力升高」(自由時報,第四版:2011年3月12日)。值得一提的是,因台日之間正式與非正式的密切交流基礎,多位政商界的代表性人物都公開表達震驚、關懷與慰問的言論或行動;其中又以總統馬英九在震災後六天的募款晚會上,與夫人周美青共同擔任募款晚會上,接聽捐款電話的接線生最具代表性(台灣時報:第六版,2011年3月17日);在募款晚會上也有不願具名的台灣企業家指名捐款5000萬元,給死守日本福島核災現場的50壯士家屬(中央社:國內文教:2011年3月18日)。在野的民主進步黨、和台灣團結聯盟也同步號召黨務主管率先捐出自己一日所得並對外募款,表達對於地震災民的關懷援助(自由時報:第A08版,2011年3月15日)。這些政黨、知名人士在此次震災的具體賑災作為,透過媒體訊息的即時放送,帶給全台民眾更深和更迫切的感動:遭遇地震、海嘯洗禮的災民,確實需要大家共同伸出援手協助他們走上重建之路。

其次,由於台灣在1999年9月也曾經歷損失慘重的921地震,多數台灣人民對於地震的發生以及之後的救災、安置、重建事宜仍然記憶猶新。因此在台灣媒體的第二類報導角度是「由日本想台灣」,不但是對照比較台灣在921地震與此次震災中政府和民間在緊急應變、社會秩序與災後重建等方面的經驗之外;許多媒體也以此次在日本所經歷的地震情況及結果,來預想若台灣面臨相同的境況之際,可能會出現什麼樣的狀況,現行政府或民間的預防準備是否足夠等等。諸如「日重災 我如何防震補強」(聯合報:第A23版,2011年3月12日)、「同級震撼在台發生 恐全毀?」(自由時報:第A10版,2011年3月12日)、「巨災應變 日本足堪台灣學習」(中央社:國內政治,2011年3月13日)、「日震殷鑑 國科會建海嘯資料庫」(中央社:國內政治,2011年3

月13日）。在福島核電廠的問題逐漸受到注目後，媒體報導更聚焦在台、日核能電廠防災應變能力的相互比較討論上，台灣媒體諸如「緊鄰山腳斷層台灣核一核二安危成隱憂」（民眾日報：A02版，2011年3月13日）、「日震借鏡 公視檢視台灣核安」（中央社：國內影劇，2011年3月14日）的報導，加上社會知名人士的公開言論及相關專著論述，爾後進一步在台灣形成新一波的反核風潮與反核論述。

　　台灣媒體報導311地震的第三個焦點，則是由產業結構的觀點，觀察分析311震後產業原料供需狀況、是否可能為台灣帶來轉單效應、對於全球經濟與金融秩序的影響等，例如「日強震後 記憶體現貨價大漲」（中央社：國內財經，2011年3月14日）、「股匯震動？國安基金待命」（聯合報：第A7版，2011年3月14日）。誠如本文在理論部分曾經提及，台灣與日本之間的經濟往來熱絡，在高科技電子產業、汽車工業及多項傳產民生製造業方面，早已是一密不可分的生產鏈結與「利害共同體」，自然也會成為台灣媒體聚焦報導的另一個重點。

（二）台灣媒體對於311地震的報導分析

　　在地震發生後約一個多月後，自四月起陸續有媒體披露各國對於此次震災中的援助金額，根據自由時報的報導：『日本「每日新聞」十八日晚刊報導，台灣人民對日本東北大地震的救助捐款，到十三日為止，已累積多達四十八億五千三百七十四萬元（約日幣一百三十九億圓）報導指出，台灣人口為兩千三百萬人，平均每人捐出六百日圓，而人口四千九百萬人的南韓，到四月中旬的捐款約四十二億日圓（聯合通訊社統計）；美國人口三億，到三月底捐款約九十九億日圓。與此相較，「台灣的突出受到全球矚目」』（自由時報，第A08版：2011年4月18日）；至2011年7月為止，台灣透過各種管道捐助311東北大地震的總金額，約達190億日圓，且絕大多數的捐款來自於一般民眾的自發性捐獻。短短時間內，台灣對於遭遇地震、

海嘯、和災襲擊的日本人民竟然自發的匯集了如此龐大的捐款能量，著實使得日本各界與台灣自身同感驚訝，也開始探討各種可能的影響因素。本文認為促成此結果的原因之一，即是台灣媒介對於東北地震訊息的報導量及報導內容。

在傳播理論中的框架理論（Framing Theory）認為大眾媒體會用特定的語彙、字詞或句子，選擇與強調特殊的經驗與觀點，在閱聽人腦海中形成一個以事實和評斷共築而成的長期認知。並且在新的事件發生後，最新的新聞訊息框架將啟動原本即存在人們心中的某個框架或認知元素，並影響閱聽人對於最新事件的詮釋、評價與判斷以及閱聽人對於事件的態度和決策，形成所謂的「框架效果」（framing effect）。值得一提的是，多數人往往最只啟動腦內印象最深刻的記憶，而不見得是腦中相關認知的全部記憶（陳憶寧，2003:6）。特別值得強調的是，當新聞媒體對於特定事件的報導聚焦在某一特定的觀點或角度時，媒介對於閱聽人的框架效果也將越為明顯。

另一方面，根據蔡琰和臧國仁的觀察：台灣的新聞媒體在報導類似重大災難事件的「傷痛新聞」時，基於時間和版面的限制，因而必須將手中眾多的相關素材中加以整理、編輯，並經由新聞室內管控單位組織後才能呈現在讀者面前。在911、921等災難新聞的報導上，經新聞篩選後的報導內容更加凸顯了災難事件的傷痛、憐憫、悲情、混亂、害怕與無序等元素，隨即喚起閱聽眾存在於自身腦海中的內在經驗，進而產生移情心理，從而導致新聞報導對於整體社會行動影響力（2003）。

框架理論與新聞報導內容對於閱聽人所帶來的移情效果，皆適用於理解和解釋此次台灣對於日本311地震的集體反應：311地震發生之初即廣泛地為全台各地的民眾知曉，而後經由媒介長時間、連續性的大量報導，台灣民眾持續接收各種驚心觸目的地震與海嘯畫面、東北和東京地區的災民和受影響的群眾，他們無助與無奈等候救援物資的神情；福島核能電廠反應爐冒出的白煙和爆炸畫面，一幕幕的透過

電子媒體與文字訊息持續的傳佈到台灣民眾的眼前。啟動了多數台灣人民心中有關於台灣與日本間交互連結的各種認知元素：地理與歷史的接近性、文化層面的、經濟層面的以及台灣自己曾經遭逢過921大地震的痛苦記憶。再加上台灣媒體在報導311地震消息的選材處理上，高達近半數的新聞內容的主要框架都是有關於地震後台灣與日本在援災方面，在台灣對於震災、海嘯與核能災變的應變準備、在台灣經濟產業衝擊等各層面的報導：在全部19438則的新聞中，同時談到台灣與日本的新聞報導數量共有8677則。也就是說，此次台灣媒體對於日本地震訊息的報導，不但啟發了台灣人民心中與日本有關的各種認知元素；還透過大量的相關新聞及新聞訊息的呈現方式，助長了更進一步的框架和移情效果：塑造了台灣集體對於此次地震的移情作用：多數的閱聽人不只是知道地震訊息，更發展出對於此次地震事件的「感同身受」與「憐憫之情」；鉅額的賑災捐款，則可視為是台灣人民在此種感同身受之下，不約而同的集體行動。在311地震前後幾個簡單的調查數據，也能夠間接佐證海嘯與核能事故台灣集體態度意向上的轉折：根據台灣的TVBS民意調查中心在2011年4月8日所公布的民意調查結果顯示，有將近六成（58%）的民眾希望台灣能夠逐步停用核電（資料來源：TVBS民意調查中心，2011）。但類似的調查題目在2009年行政院原子能委員會所委託公布的的民意調查結果卻顯示：有61.2%的民眾對於台灣核能電廠的營運安全覺得有信心（資料來源：98年度「民眾對核能安全相關議題」民意調查總結報告）。

　　總結來說，在此次日本大震之中，台灣媒介對於災難事件的大量關懷，為台灣集體對於事件的認知造成了具體的影響結果：多數的台灣民眾由媒體的報導中得知地震以及相關後續消息，經由新聞媒體的框架訊息造成集體民意的框架和移情效果；多數台灣人在經歷了充斥各種震撼地震畫面的訊息洗禮後，再將集體的記憶和經驗投射在此次的震災事件上，而後啟動了一連串對於此次震災的集體關懷行動。

六、結論

　　近十數年來，日本與台灣兩地分別遭逢重大的天災劇變，共同面臨「改變自己適應環境」或者是「改變環境適應自己」以因應環境變遷與氣候異常等自然力量反撲的威脅處境。各國學者陸續為自然力量的反撲提出各種解決之道，例如芝加哥大學政治學系教授Posner&Sunstein（2008）就提出氣候變遷正義下的「矯正正義」：每一個國家都必須對國際社會提出更多的資源以糾正這個問題。台灣在2009年遭遇莫拉克風災後、日本於2011年發生三合一災變後，更應嚴正反思「生態現代化」、「政治匯流」、「矯正的正義」等問題並且拿出具體的因應作為。

　　「為日本祈福！」是台灣集體在日本遭逢311地震變故後的共同心境。此一共同心境實源於台灣與日本兩地的多重關連：地緣歷史的、政治經濟的、文化交流等個層面的集體記憶，在地震後台灣新聞媒介對於地震消息的大量放送後被激發出來。由於台灣媒介在本次地震相關報導中所傳遞的訊息特質，激發了台灣人也面臨地震（或核能威脅）而「身同此感」的同理心，也是何以能夠激發台灣人民在日本地震後，高度關注後續訊息、慷慨解囊提供援助捐款的主要原因。

　　本文針對台灣媒體對於311地震的報導數量與報導內容進行分析，初步結果發覺台灣媒體對於日本地震的報導數量極多，且遙遙領先於近幾年鄰近各國所發生的重大災難報導數量。其次再檢視台灣媒體對於地震消息的關懷角度，台灣媒體對於地震的報導約可分為「地震及後續訊息」、「從日本想台灣」以及「日震對於台灣各產業的正反衝擊」。本文以為，傳播理論中的框架理論或是新聞報導內容對於閱聽人所帶來的移情效果，皆適用於理解和解釋此次台灣對於日本311地震的集體反應。由於台灣民眾持續接收各種驚心觸目的地震與海嘯畫面、東北和東京地區的災民和受影響的群眾，他們無助與無奈等候救援物資的神情；福島核能電廠反應爐冒出的白煙和爆炸畫面，一幕

幕的透過電子媒體與文字訊息持續的傳佈到台灣民眾的眼前。啟動了多數台灣人民心中有關於台灣與日本間交互連結的各種認知元素：地理與歷史的接近性、文化層面的、經濟層面的以及台灣自己曾經遭逢過921大地震的痛苦記憶。媒介的報導助長了台灣閱聽人更進一步的框架和移情效果：塑造了台灣集體對於此次地震的移情作用：發展出對於此次地震事件的「感同身受」與「憐憫之情」，從而採取積極的援助行動。

　　總結來說，在此次日本大震之中，台灣媒介對於災難事件的大量關懷，為台灣集體對於事件的認知造成了具體的影響結果：多數的台灣民眾由媒體的報導中得知地震以及相關後續消息，經由新聞媒體的框架訊息造成集體民意的框架和移情效果；多數台灣人在經歷了充斥各種震撼地震畫面的訊息洗禮後，再將集體的記憶和經驗投射在此次的震災事件上，而後啟動了一連串對於此次震災的集體關懷行動，最終成就了令日本及台灣自己都同感驚訝的賑災數額。

參考書目

文潔華，2001，〈初探生態女性主義與儒教哲學中的自然觀〉，賴品超、李景雄編著，《宗教與中國社會研究叢書（二）－儒耶對話新里程》，香港中文大學崇基學院宗教與中國社會研究中心，頁104-123。

馬克思、恩格斯著，馮世熹、唯真等譯，1965，〈共產黨宣言〉，《馬克思恩格斯全集》第四冊，北京：北京人民出版社，頁461~504。

莊慶信，2002，《環境哲學-一個整合的進路》，台北：五南。

許介鱗，1998，《戰後台灣史記》卷一，台北：文英堂。

陳憶寧，2003，〈當天然災難可能成為政治災難：策略框架效果再探〉，《中華傳播學刊》，第三期：3-35。

臧國仁，19五部覽巴98。〈新聞報導與真實建構：巴新聞框架理論的

觀點〉,《傳播研究集刊》,第三集,頁1-60。

蔡琰、臧國仁,2003,〈由災難報導檢討新聞美學的「感性認識」:兼談新聞研究向美學轉向的幾個想法〉。《新聞學研究》,第七十四期:頁95-120。

Dryzek,John.1997,The Politics of the Earth. Oxford: Oxford University Press.

Giddens, Anthony. 2009,The Politics of Climate Change, MA. Cambridge: Polity.

Meadows, Donella H., Dennis L. Meadows, Jorgen Randers, and William W. Behrens III.1975,The Limits to Growth, London: Cavaye Place.

OECD,1989, Economic Instruments for Environment Protection, Paris.

Posner, & Sunstein著,劉仁勝譯,2008,〈氣候變遷的正義〉,曹榮湘主編,《全球大變暖—氣候、經濟、政治與倫理》,北京:社會科學文獻出版社,頁261-323。

Shearman, David& Joseph Wayne Smith, 2007, The Climate Change challenge and the Failure of Democracy, CT: Praeger Press.

Smil, Vaclav.1989, Our changing Environment, Current History, January, 1989, PP. 9～48.

肆

中國、日本、台灣
「和」文化的世紀挑戰

摘要

近100年來中國、日本、台灣，如何從紛爭與戰爭走向和平，本文將以歷史學家湯恩比（Toynbee）的「挑戰與回應」（challenge vs. response，亦即C-R模式），來解讀近百年來中、日兩國從傳統東方專制國家躍升為「大國」的過程？梁啟超在維新變法失敗后，亡命日本，觀察到日本的富強之道，心有所感地說：「取『道』日本、回到中國」，這句話具有多元深遠的意義，也就是日本人在明治維新的過程中，所追求的民族團結、國家富強之道，足以當中國的借鏡。本文亦將以辯證發展的觀點來審視中、日、台「和」文化的世紀挑戰。

日本明治時期思想人物，普遍認為日本要力挽狂瀾，必須轉向「脫亞入歐」以來國富民強，通往文明之路，也因此醞釀了強國與強權意識。福澤諭吉（1834-1901）在其著作《文明論概略》討論到「日本的文明化應以西方文明為標的」。又世界各國可分為「文明國」、「半開化國」以及「野蠻國」。19世紀末、20世紀初葉多數著作，一再引導日本人民發揮進取、甚至是歌頌戰爭的

作品。這些著作大事宣揚日本大和魂精神，一步步強化國家主義，並以日本人民的一生是為天皇盡忠為鵠的。一般認為這樣的理念對於後來日本發動1895年的甲午戰爭、1905年的日俄戰爭、1930年及1937年侵略中國戰爭，具有築基與激化的作用。

　　1924年孫中山在日本神戶演講「大亞洲主義」，他說：「大亞洲主義……是什麼問題呢？……就是文化問題，東方文化是王道，西方文化是霸道：王道是仁義道德，霸道是功利強權；講仁義道德，是由正義公理來感化人；講功利強權，是用洋槍大砲來壓迫人。」日本文化要取霸道或王道，「就在你們國民去詳審慎擇。」

　　中、日、台結束20世紀上半葉戰爭蹂躪與國族動亂，各國進入和平的大環境與勞資合作的文化，加上東亞民族勤勞節儉的優質傳統文化，因此創造了日本與東亞4小龍的經濟榮景，隨後中國大陸在鄧小平改革開放的宏觀理念領導下，也開啟了世紀以來未有的繁榮景象，究其實可歸結到東亞的「和的文化」，也可謂是經濟上「和氣生財」、「以德服人」的王道文化。

　　2013年4月台灣與日本在釣魚台海域上簽署《漁業協定》，就是一項展現東亞合作與和平的成效。日、台以和解的理念，善意、理性的溝通，加上透過合作議題，未來共同開發或許是釣島爭議最佳的解決途徑。東亞政治家必需面對20世紀的戰爭責任與國族動亂，避免重挖歷史的傷痛。吾人相信「和」的文化是中、日、台為凝聚民族、安定社會、治理國家與國際交往的主體力量與基本原理。

關鍵字：戰爭、和平、霸道、王道、合作、民族主義、辯証發展

一、前言

　　研究東亞歷史的權威學者費正清（J.K. Fairbank）、賴世和（E.O.Reischauer）等人對東亞的描述指出，「他們認為當歐洲人向東長途跋涉到中國、日本和印度的時候，他們將這個遙遠的地區稱為『遠東』，當美國人橫越大西洋到達日本、中國，按照同樣的邏輯，他們應該稱這個地區稱為『遠西』，對於生活在美國而言，那個地區既不是東方，也不是西方，肯定也稱不上遙遠。因此『東亞』是對該地區恰如其分的稱呼，這可以說擺脫了已經過時的所謂『歐洲文明中心論』」。東亞的定義有3：首先它是一個地理概念，指巨大山脈與沙漠阻隔以東的亞洲地區；第2個是人種概念，指的是蒙古人種居住區；最後是文化概念，主要指淵源於古代中國的文明，從這些意義上看，可以說東亞就是「中華文化區」（Fairbank, Reischauer & Craig, 1989：1）。本文的東亞研究，主要指中國、日本以及臺灣對19世紀以來所謂的歐、美文明的衝擊與反應模式的解析，並試圖解讀此地區能否走出「和」的文化之路？

　　西方文化由希臘、羅馬二個不同質素發展到中世紀後，經商業革命、文藝復興、宗教改革、科學革命到啟蒙運動，基本上結束了封建專制體制，進到十八世紀的「民族國家」（nation state），並以自由、平等、人權的「立憲民主」（constitutional Democracy）作為國家存在之正當性之基礎。換言之，人從神權政治（theocracy）與封建政治（feudal-cracy）的雙重束縛中解放出來，發展到民主政治（democracy）成為新世紀神聖的生活價值。

　　大體而言，西方在啟蒙運動以前，歐洲人的「東方觀」，尤其是對中國文明是抱持肯定贊歎的。其中「和」的思想是中國與日本強調的傳統優質文化，這個和的精神一般認為是來自於中國古籍《易經》的〈乾卦〉中，和的思想❶。日本在第7世紀聖德太子的「17條憲法」，其中第一條亦是「以和為貴」。「和」作為中、日國家治理與社會安定

的基本質素，由來已久。曾幾何時，西方科學革命、資本主義運動的「工業文化」所帶來的競爭與擴張文化，很快的演變為「優勝劣敗」與「強凌弱」的侵略性文化。因而17世紀以降歐、美以經濟性、軍事性的對外擴張，形成殖民主義，進而形成「白種人的負擔」、「西方文明優越論」等行徑，東亞「和」文化面臨嚴重的衝擊。

　　傳統東亞的儒家文化，果真無助於進步的當代文明？它是集合各種保守、落後、迷信、封建於一身？因此，唯有儘快拋棄此一文化，方可邁向現代化。文革時儒家在中國被視為已走入「博物館化」的文化（Levenson, 1968）。韓國學者黃秉泰亦悲觀的說：「儒學這個潘朵拉的魔盒在現代化尚在進行時，必須被牢牢封住，只有在現代化已經成為現代性之後，才能小心翼翼的把它打開」（黃秉泰，1995：506）。

　　19-20世紀對於東亞而言，是一個文明發展模式轉變的時代，當面臨西方列強以洋槍大砲向東亞叩關，其帝國主義本質對東方的種種侵害與殖民的過程，中國、日本、台灣如何回應？本文特別著重分析「富國強兵」背後的哲理，亦即對戰爭與和平及國家發展之道的決擇問題。英國歷史學家湯恩比（Toynbee）認為一個國家能否走出現代，端視其挑戰與回應（challenge vs. response，亦即C-R模式），簡言之，當一個文明實體面臨挑戰，而無法作出適度的回應，這個文明將面臨衰落甚至死亡（Toynbee, 1978）。19世紀以降中、日、台在面對西方的挑戰時，其或快或慢的回應就形成東亞國家轉型與強弱的格局。本文

---

❶《易經》第一卦乾為天。象曰：大哉乾元，萬物資始，乃統天。雲行雨施，品物流形。大明始終，六位時成，時乘六龍以御天。乾道變化，各正性命，保合大和，乃利貞。首出庶物，萬國咸寧。象曰：天行健，君子以自強不息。文言曰：「元者，善之長也，亨者，嘉之會也，利者，義之和也，貞者，事之干也。君子體仁，足以長人；嘉會，足以合禮；利物，足以和義；貞固，足以干事。君子行此四者，故曰：乾：元亨利貞。」又老子在道德經第四十二章沖和篇中闡述宇宙萬物的法則，他提倡：「道生一、一生二、二生三、三生萬物，萬物負陰而抱陽，沖氣以為和」，「和」處處展現。法語以「咖啡加牛奶」（Cafe au leit）來譬喻中國古書的「沖氣以為和」。

也將以正、反、合辯證法❷的發展觀來審視一個世紀以來，中、日、台「和」的文化所面臨的衝擊與回應。

二、19世紀中葉後中、日、台面臨西化 的挑戰與回應

　　十九世紀的歐、美列強，以經濟、外交與軍事力量對外侵略，此時期的歐洲思想，充斥著資本主義擴張與生物學家達爾文「優勝劣敗、適者生存」的生存哲學的影響。東方在回應西方過程中，亦步亦趨的從「器物論的現代化、制度論的現代化」，進到「思想的現代化」。簡言之，19世紀中葉以降，東、西文明的碰撞，東、西方的思想家普遍認為西方文明優於東方文明。因此，東方國家要力求一分的現代化就要捨去一分的傳統文明，要充分的現代化，就要完全的捨去傳統東方的文明。「全盤西化」似乎是20世紀中葉以前多數的東亞思想家與政治人物思索國家發展之道的共同語言。

（一）西方的挑戰與中國的回應

　　1840年在英國霸道的鴉片戰爭侵略下，接連而來的西方列強以船

❷ 文化的發展有時呈現「辯證式」的，尤其是一個劇烈地變動的十字路口。19-20世紀對於東亞而言，正是一個文明發展模式劇烈轉變的時代，它正面臨來自國內外錯綜複雜的力量與思潮的衝擊。誠如嚴靈峰教授所分析的「辯証法」（Dialectics）運動，包括四種傾向與形式，（1）Antinomie即「背反律」，如「兩可之說」。（2）Zigzag即「之」方向屈曲運動，如「左右逢源」。（3）Paradox即「似是而非」之「自相矛盾」的言論，如老子的「正言若反」。（4）Antagonism互相對抗，各不相讓，相持不下；如「鷸蚌相持」。參閱（嚴靈峰，1975：1-2）。辯証哲學「正」、「反」、「合」的思維邏輯與行動準則，某種程度正符應了中國、日本、臺灣在過去100多年來文化思想模式的變遷。

堅砲利粉碎了中國華夏中心的千年神話，少數一批有涉外經驗的有志之士，較能以開放的胸懷，比較中西文明之別，如1842年（道光22年），魏源完成《海國圖志》，1848年（道光28年）徐繼畬出版《瀛環志略》，這些介紹近代西方國情的新知識，啟蒙了不少年輕的學子。例如，1879年（光緒五年），康有為22歲，這一年他去了英國統治下的香港，有感而發道：「薄游香港覽西人宮室之瑰麗，道路之整潔，巡捕之嚴密，乃始知西人之治國有法度，不得以古舊之夷狄視之。乃復閱《海國圖志》、《瀛環志略》等書，購地球圖，漸收西學之書，為講西學之基矣」《康南海自編年譜》。康南海的學生，另一位影響中國維新改革運動甚大的梁啟超，他也受這批新知識的啟蒙，十八歲（1890）入京會試的梁啟超，在〈三十自述〉中說道：「下第歸，道上海，從坊間購得《瀛環志略》讀之，始知有五大洲各國，且見上海製造局譯出西書若干種，心好之，已無力不能購也」（梁啟超著，吳松等點校，2001（四）：2223），梁啟超認為，要改變國弱民愚的現狀，就要學習西方文化，而且要人、事、法全面性的改革與學習，在〈戊戌政變答客難〉中說：「故康先生之上皇帝書約：『守舊不可，必當變法；緩變不可，必當速變；小變不可，必當全變。』」又曰：『辦事而不變法，變法而不變人，則與不變同耳』。…夫以皇上與康先生處至難之境，而苦衷不為天下所共諒，庸何傷焉」（梁啟超著，吳松等點校，2001（一）：107-108）。

　　面對洋務運動的改革，中國守舊派仍然死抱「天朝」的優越感，頑固派對於西方資本主義國家的生產技術、機器更斥為「奇技淫巧」，害怕傳入中國，敗壞人心。他們說：「以忠信為甲冑，以禮儀為干櫓」便足以對付西方資本主義。他們反對洋務運動，反對開設同文館，反對修築鐵路。李鴻章面對頑固派的抨擊，他左右為難的道及：「今日喜談洋務，乃勝之時。人人怕談厭談，事至非張皇及魯莽，尠不誤國。公等可不喜談，鄙人亦不談，天下賴何術以支持耶」（桑咸之，林翹翹編著，1987: 91-93）？誠如鄭觀應所說：「今之自命正人者，動以不談

洋務為高。見有講求西學者，則斥之曰：名教罪人，士林敗類。」《盛世危言‧西學》（1884年寫成，1895年增編14卷出版）這位孫中山同鄉，力陳解除國家危難的重要途徑在於：「治亂之源，富強之本，不盡在船堅砲利，而在議院上下同心。」設議院，以「行民治，民情達。」《盛世危言議院篇》。實行立憲，唯有變法，才能達到「窮則變，變則通，通則久。」透過有志之士的倡議，近代西方文明的新知識的輸入，中國才逐漸改變華夏中心的天下觀，但這種改變卻是緩慢性、局部性與個別性。亦即，相對於日本而言，中國錯過了回應西方挑戰的寶貴時間，加上頑固派強烈地反彈聲勢，1898年的康、梁變法，卻變成「政變」，維新派的革新運動，面臨一波三折，最終亡命日本。梁啟超在日本其間，觀察到日本的富強之道，心有所感地說：「取『道』日本、回到中國」，這句話具有多元深沈又帶悲涼的意義，亦即日本人在明治維新的過程中，所追求的民族團結、國家富強之道，足以當中國的借鏡。

　　近代西方的衝擊，中國如何回應？這當中國家新圖像該如何？傳統文化如何轉化與創新？新的文化質素那些值得吸取？亦即如何重組文化、民族、政治、國家等龐大的結構甚至是基因工程？如此龐大的課題不僅激起中國知識份子的濤濤雄辯，也引發了一波波軍人、武夫、政客在亂世中，假操作「愛國主義」情結，卻垂涎於「江山如此多嬌」的「權力」與所謂「烏托邦」的競逐之中。一個多世紀以來，康有為、梁啟超、孫中山、黃興、蔣介石、戴傳賢、胡適、李大釗、毛澤東等人代表著近代「改革派」與左、右翼「革命派」的南轅北轍的極端不同思潮；種種思潮與主義衝擊著這個古老的民族與國家，影響所及，不只思潮光譜不同，更引發你死我活的戰火連天。換言之，一百多年來，以大中國角度而言，各黨派人士操持著強烈的各種「藥方」，搓揉著「民族認同」、「國家再生」與「政治野心」，亦即如何重構「新民族」與「新中國」是「啟蒙與救亡」的雙重大課題，哪種圖像能激起有效的「民族認同」又能喚起理性的建國方略，正嚴峻地試煉著當代

中國！「激而不和」的文化爭辯，「分而不合」的政治鬥爭，躊躇不決的矛盾與遲緩的政策，錯過了改革良機，終至帶來百年中國的紛爭與分裂。

（二）西方的挑戰與日本的回應

　　1853年（嘉永六年）七月，美國東印度艦隊司令馬修‧培里（Matthew Calbraith Perry，1794~1858）將軍，率領四艘軍艦開到江戶灣口，以武力威脅幕府開國。這些軍艦船身都塗上黑色，所以日本人稱這次事件為「黑船來航」。由於這四艘軍艦共有六十三門大砲，而當時日本在江戶灣的海防砲射程及火力可與這四艘軍艦相比的大約只有二十門，在不開國就開砲的威嚇下，如果日本拒不開放，培里的使命與準備，他將以武力解決。這個龐大的艦隊使日本人感到「日本歷史上最嚴重危機」已經臨頭（Toriumi,（鳥海）1992:294）幕府不敢拒絕開國的要求，但又恐接受培里的國書，會受到全國的抨擊，於是當時幕府的首席老中阿部正弘藉口要得到天皇的批准方可接受條約，並約定培里明年春天給予答覆。美國至日本叩關，要求入境避難、補給與貿易，江戶幕府不知所措，呈報天皇，表示其在外交上無法處理的情況。而後薩摩藩、長州藩結盟力倡「尊王倒幕」與「尊王攘夷」，加上土佐藩、肥前藩群起勤王，終走上結束德川幕府。在大政奉還、版籍奉還、廢藩置縣下，開啟1868年日本「明治維新」的時代。是年三月，明治天皇率公卿諸侯在紫辰殿宣布開國進取的5條誓文❸，這5條誓文表示新政時期的基本方針，其中以產殖興國、正視全世界的開放

---

❸ a.廣興會議，萬機決於公論。（有穩定大名作用）b.上下一心共展經綸。（以天皇為中心）c.文武官員以至庶人，務使各遂其志。（廢除身分、朝向社會平等）d.破除舊有陋習，凡是順從天地公道。（破舊立新）e.廣求知識新世界，振興皇基大業。（富國強兵、向世界開放），參閱：（臧廣恩，1972：33）。

性格，令人讚歎。1868年《政體書》又陸續推動改革，其中廢除封建領主土地所有制實施地稅改革，保護扶持資本主義發展，獎勵自由貿易、設立了工商及預備立憲成立議會，日本改革的大開大闔早了中國三十年，亦可說是成功的步上了資本主義擴張的道路。

　　本文以影響當時日本明治維新的幾位重要人士的言論為依歸，試圖分析其背後的理念。

　　西周助（1829-1897），認為趨樂避苦是人的本性。保護健康、廣求知識、聚富求財是人世的三寶。疾病、愚昧、貧乏是人世三禍。追求幸福的普遍性與功利性（張玉柯、李甦平等著，2001：72-76），此說有利於強化日本資本主義的現代性。被視為近代日本啟蒙文化的大師－福澤諭吉（1834-1901），其文明論述，對日本的文化轉向，起了關鍵性的轉變。他認為東方儒學vs.西方文明的差異在於缺乏數理學與獨立性，反對傳統男尊女卑的想法，倡導男女平等。國家獨立是目的，而國民文明是達到國家目的的手段。文明有兩個內涵，外在事物（物質）與內在精神（精神）缺一不可。其文明論的議論進一步發展出「日本的文明化應以西方文明為標的」。依文明相對程度的概念，世界各國可分為「文明國」、「半開化國」以及「野蠻國」。（子安宣邦，2010：17-19）他又說道：「我國不可猶疑不決，與其等待鄰國開明，共同振興亞洲，還不如脫離這個落伍的夥伴，與西方文明國家進退與共。與中國和朝鮮來往，不要因為他們是鄰國家而特別客氣，應該遵照西方人與他們往來的方式對待他們」（松本三之介，2005：136-137）。一般認為這是福澤諭吉「脫亞入歐」的宣言。這樣的文明論述深深影響到日本日後作為一個自視為文明國家而對東亞、東南亞其他「野蠻國家」進一步以戰爭的方式進行略奪，有其文明論衡的親近性。

　　再如知名的教育家加藤弘之（1836-1916），曾經擔任東京大學校長，主張天賦人權、民主自由、提倡進化論，著有《國體新論》、《人權新說》等。又如在近代日本民主和平思想發展歷程中享有崇高地位的內村鑑三（1861-1930）（他曾經拒絕對放在教壇上的日本「教育敕

語」頂禮膜拜，因而遭到來自學校內外激烈非難，最終被迫辭職）。他有名的兩個J的愛是其思想的核心，亦即對耶穌基督（Jesus Christ）與對於日本（Japan），他曾經在聖經的扉頁上寫道「我為日本；日本為世界；世界為基督；一切為神」。但他在一篇〈我是怎樣成為基督徒〉的文章中卻表示：「只有祖國，才是具有高遠的目標和高貴的雄心，為了世界和人類而存在的神聖的實在」（松本三之介，2005：125-130）。亦即國家主義仍是內村鑑三的第一因。究其實，明治維新的人士，只要能使國家近代化（公明正大的國體），政體是否為民主，均不是關鍵因素。（李永熾，1970：74-75）上述知名的思想家，儘管其思想內涵具有若干自由人權等民權意識，但是一但碰到國權問題，民權也就成為次要的議題。

　　1871年11月到1873年9月，日本派出岩倉使節團以長達1年10個月時間，到美國、歐洲考察，該使節團的目的是為了與歐、美國家協商、平等的新約（值得注意的是，十九世紀中葉日本已經知曉並尋求以「條約體系」進入到當代世界），以及為改革和健全國內體制而調查歐美先進諸國的制度與設施，這個龐大的包括多個部會的50名使節團，率領50名留學生（團長年齡最大47歲，最年輕的18歲，平均年齡約30歲），考察一、二十個國家，回國後撰寫《美歐回覽實記》共100卷，其內容涵蓋憲政、議會、司法、領袖性格、貴族、人民、風俗、衛生、教育、工業、商業貿易、建築、劇場等等，（升味准之輔，1997：114-120；原口清，1986：77-84）這個豐富的考察，直接、間接的影響了日本「脫亞入歐」、「和魂洋才」的現代化改革方略，使日本快速轉型。哈佛大學教授Greenfeld認為19世紀中葉，日本能夠接受「民族主義」且快速改革成為一個「民族國家」，其實早在17世紀，德川幕府時代，日本已一步一步融合了「儒家的王道」、「（荷）蘭學」與「日本的神道」，而形成「國學」，所以當民族主義到來之際，日本已經鑄造好模具（Greenfeld,2001:242-243,251,277）。這個快速成長出來的「民族國家」，得以在1895年打敗清朝，1905年打敗帝俄，稱雄

亞洲。從中、日的對比，吾人可知，統治者的治國新知、決心與前瞻性以及治國藍圖的完整性、實踐性的重要。

　　論者總結明治精神的脊樑有三個因素，「一是國家精神；二是進取精神；三是武士精神，這三點就是明治精神的共同特性」（松本三之介著，2005：11）。1882年公布的《軍人敕諭》，1890年公布的《教育敕語》，都深具強化對國家的絕對效忠。日本將教育分成兩部分，密道（與神道結合）與顯道，國家神道滲入其中，神恩、皇恩、親恩、主恩、師恩交錯作用於生活之中。國家主義成為日本明治維新以來發展的主軸之所在。

　　在強調武力與國權至上的時代思潮中，1889年日本憲法捨棄英國憲法而取中央集權的德意志憲法也就不足為奇，論者以為明治新政府雖名為憲政，但究其實際則為絕對「帝政」的建立。天皇大權無限強大，統帥權、軍權是獨立的，議會、政府對軍令絕無發言權。以後軍閥即利用此一特權，操縱政權，橫行霸道一此種實情，都表現當時新政府官僚心目中的行憲，並無近代民主精神，不過是藩閥專制下的政治演進中的手段而已（臧廣恩，1972：76）。

　　日本明治時期思想人物，普遍認為要克服日本危機，只有致富強，實行資本主義。資本主義化是通往文明之路，因此醞釀了國權意識，明治27年中日甲午之戰，福澤諭吉認為是「文、野之戰」，就是最好的証明（李永熾，1970：24）。福澤諭吉在其著作《文明論概略》中努力傳達一個信息，那就是日本要快速的引進西方文明，他進一步認為「一個國家的獨立與文明化就在於政府用心保護人民，人民則勤以買賣；政府用力於征戰，人民則能得其利」（子安宣邦，2010：136）。另一位學者內村鑑三，在其《典型的日本人》一書（在甲午戰爭爆發前夕撰寫），他就將甲午戰爭，稱之為「正義之戰」（船曳建夫，2011：23）。一般認為這樣的理念對於後來日本發動1895年的甲午戰爭、1905年的日俄戰爭及1937年侵略中國戰爭，具有築基與激化的作用。

（三）滿清、日本對台灣的經略及其回應

在清朝中葉期間，台灣的圖像，在「中華帝國」的眼中，誠如耶魯大學的 Reisman 所說的，1895 年台灣割讓給日本之前的 20 年，中華帝國稱東海岸的台灣為沒有法治的「化外之地」（outside its jurisdiction）（Cohen, 1993:10），即連橫描述的「土番所處、海鬼所踞、未有先王之制」的地方，誠如清季一無名詩人在「渡台悲歌」中所言：「勸君切莫過台灣，台灣恰似鬼門關，千個人去無人轉，知生知死誰都難」（天下雜誌，1991：82），這些描述說明了，移民台灣者，在「黑水溝」阻難、島上瘴癘感染、以及和「原住民」的衝突等，都是面臨「外化之地」的危險與挑戰。弔詭的是，清以降，卻興起一波波「唐山過台灣」的冒險移民風潮。

根據郭廷以教授研究台灣開發史所示，至十九世紀末，台灣的現代化程度已不下於大陸東南沿海各省（郭廷以，1997：131-164），換言之，從世界體系理論而言，臺灣地理位置在歐、亞海運經濟的必經之地，17 世紀以降，當西方勢力向東方擴張的過程中，台灣曾經淪為荷蘭與西班牙的殖民地，相對的，也帶動了台灣人的海洋性格與對外進取的經貿能力。台灣在二十世紀初已經從邊陲地區，逐漸發展形成與中國並列東亞的「次邊陲地區」，兩岸間已隱約出現「陸地中國」與「海洋中國」的不同認知與發展格局差異的出現，但是滿清政府仍然認為台灣是一個蠻荒與與落後的地方，這當中呈現滿清天朝心態的持續與落後顢頇的無知。

余英時在一篇〈台灣的認同與定位——一個歷史的觀察〉一文中引用了歌德（Goethe）的一首詩說道：如有人兮，不知三千穰；渾渾沌沌兮，日復一日！意思是說，一個人如果不能對三千年的事有所交代，那麼他不過是一個沒有經驗的人，只好一天一天的混日子過。（He who can not account for 3000 years is basically inexperienced and therefore can only exist from day to day.）——我們討論台灣的定位決然不必涉及

三千年的中國歷史，但是幾百年的歷史眼光還是不可少的。否則我們將無法了解今日的台灣為什麼會處在這樣一個難以估定的特殊地位。一鄭成功在台灣建立明鄭政權，第一件大事便是大規模造商船向日本、暹羅、安南、呂宋等地開拓商務。一1868年到1894年之間，台灣對外貿易的成長速度，還在中國大陸之上（余英時，1993：64-65），順著這段話的意理，吾人可說，1895年日本打敗清朝，參與談判決策的清朝大臣李鴻章，他是不了解近代台灣，仍然持台灣是一個「花不香、鳥不語、男無情、女無義」的文明與教化之外的荒島之論，因而有「馬關條約」的割讓台灣，清朝官員（筆者認為當代兩岸政府官員對台灣認知依然不足）缺乏歷史知識和對於未來世界走向缺乏了解，這種「混日子」的心態，是造成了百年來「台灣」與「中國」紛爭的濫觴原因之一。

三、20世紀上半葉中、日、台深陷戰爭的泥沼 ── 「和」文化的衰退

20世紀上半葉，在中國土地上是充滿了戰爭與殺戮的時代。1904年日本在中國土地上對沙俄作戰，1918年日本利用巴黎和會的強權談判與協約國的矛盾，從而竊取德國在山東半島的權利。1915年到1936年代中國陷入嚴重的軍閥混戰與國、共衝突，陷入你死我活的血腥爭戰之中。1931年日本發動918事變，占領東三省成立偽滿洲國。1937年日本發動七七事變，在中國土地上陷入了8年的中、日浴血戰爭。1941年日本攻擊珍珠港，全面發動太平洋戰爭，終嚐兩顆原子彈的轟炸，最終無條件投降。日本據台，武力綏靖與反抗，始終不已。1946年到1949年又有3年國民黨與共產黨在大陸的內戰。慨然言之，半世紀的中、日、台都籠罩在戰爭的蹂躪之下，遍地哀嚎、血流成河，國族仇恨、生靈塗炭，無止境的廝殺、以及槍桿子出政權的謬論，導致

人民陷入永無寧日的仇恨與戰爭的循環。流血戰爭，在中國國內族群之間、派閥之間；在中國與日本之間都嗅不出和諧相處、和平以待的文化氣息。

（一）20世紀初葉日本的國家發展觀

在日本明治維新國家轉型的初期，除了有明6社等思想家提倡富國強兵的理念之外，19世紀末、20世紀初期又有多本重要著作，引導日本人民發揮進攻、甚至是歌頌戰爭的重要作品。例如：志賀重昂的《日本風景論》；內村鑑三的《典型的日本人》；新渡戶稻造的《武士道》；以及岡倉天心的《茶之書》、《東洋的理想》、《日本的覺醒》；這些著作基本的論調在於積極倡導日本與歐美發達國家相抗衡、日本的獨特性。他們承繼了明治維新初期領導者交給他們時代的任務——快速趕上歐美的近代化，並在殖民主義的競爭中取勝（船曳建夫，2011：15-29）。強調日本民族優越性的著作在20世紀初葉亦接二連三的出版與強調，例如社會學家遠藤隆吉的《日本我》，芳賀什矢一的《國民性十論》，日本新潮社推出12卷的《日本精神講座》以及大場喜嘉治的《新日本主義》，到醫學博士堀江憲治的《日本人強大之研究》，這些著作大事宣揚日本大和魂精神，一步步強化國家主義，並以日本人民的一生是為天皇盡忠為鵠的（張玉柯、李甦平等著，2001：44-46）。

再者，日本神道教的信仰在20世紀初葉發展為國家神道。日本是一個神道的國家，雖然神道現在不是國教，但是研究者指出神道代表著民族的感情，義務的觀念，忠義的熱誠，以及國民的愛國心，倘若國家危急存亡之秋來臨，神道就發揮他的力量（小泉八雲，2008：234）。19世紀結束幕府時代，神道有助於明治維新的中央集權化與效忠觀，神道又復活了。在明治天皇時期，薩摩藩士馬新七在《大疑問答》就講到：「皇國，真正的神國。…余等皆為同一神之御裔」，這般言論有助於「拋卻地方藩意識而朝向全國的神國意識，使天皇與臣民

成為一體化」，日本學者丸三真男也認為：「德川社會這種武家的獻身精神的忠，與其說是盡倫理的義務，毋寧說是帶有濃厚的宗教色彩」，因此，「明治以後把天皇當作父親的大家族觀的皇民教育，透過國家總動員的機制已深植國民心中，尤其在昭和時代戰爭時期，充分地被政府與軍隊運用」（張崑將，2003：202-203）。

　　二次世界大戰期間，日本兵可以以竹竿當武器，可以一當十，誓為日本天皇效忠的精神，美國軍事與情報單位結合人類學家潘乃德（Ruth Benedict）研究何以日本兵具有如此犧牲精神？戰後潘乃德寫出《菊花與劍》（The chrysanthemum and the sword）她強調：「日本人具有菊花的美麗、劍的冷酷，好戰又祥和，黷武又好美，傲慢又尚禮，呆板又善變，馴服又倔強，日本人對可寬裕的事情倍加責難；對罪大惡極的事卻寬大的接受矛盾性格」。所以，「近代日本戰爭，日本兵都抱持的為神國、為天皇而戰的信仰」（Benedict,1975:18-37）。從日本近代啟蒙大師的鼓吹，又有神道教與對天皇效忠的鼓鑄，加上一代代思想家推波助瀾，日本近代文化產生轉向，戰爭侵略觀變本加厲。

　　在1930年代，日本無論是國體論、民主自由說，紛紛「轉向」為「國家主義」，乃至「軍國主義」。日本「大正民主政體」輕易地轉向「法西斯軍國體制」，並以「大東亞共榮圈」的迷思侵略中國、東南亞以及美國，意圖成為亞洲的霸主。何以至此？當代日本學者丸山真男反省指出：「日本中產階級民主主義革命的欠缺，限制了法西斯主義運動進展的方向」，任由軍國主義侵蝕國人的中心意識，他進一步論道：「正因為日本政黨並非民主主義的鬥士，自始即與專制主義體制妥協結合，且自甘於『表面立憲制』─因而明治以來專制主義的寡頭體制，遂能原原本本的轉移到法西斯體制」（丸山真男，1984：62），此法西斯體制對台灣的殖民轉為更徹底的「皇民化」政策。如此轉向的法西斯軍國主義的日本，將侵略戰爭無限上綱，最後換得無條件投降的悲劇。

（二）孫中山對國家發展與戰爭的看法

對於戰爭與和平，乃至於戰爭與國家發展關係，吾人試從與上述所論述的日本思想人物處在同一時代的中華民國肇建者孫中山（1864-1924）的思維與角度來審視其對中國與亞洲的看法。

孫中山革命之初，雖曾主張驅逐韃虜、恢復中華，革命成功之後，他在民國元年二月致大同府何宗蓮告以「五族共和」，電曰：「文始終主義，在救同胞於水火，毫無私意於其間。共和民國係結合漢、滿、蒙、回、藏五大種族，同謀幸福，安有自分南北之理，更安有苛遇滿族之理」（秦孝儀主編，1989，《國父全集》（三）：265）。同年九月在張家口演講「合五族為一體建設共和」團結國內各民族，以平等的立場，乃致倡導以文化融合與共和之政體之方式，建設富強康樂的新中國是孫中山追求民族平等的目標。因此孫中山的種族革命可視為亞里斯多德所談的「矯正式的正義（corrective justice）」，而不是一種「報復式的正義（retributive justice）理念」（Spicker,1988:136）。強調和諧與合作是孫中山國內、外族群理念的本質。

歐戰期間，孫中山於1917年發表〈中國存亡問題〉長文剖析歐戰間中國應有的認知與立場，孫氏首先剖析「戰爭與外交」之關係，他說：「國家為戰爭而存在者乎？抑戰爭為國家而存在者乎？此一可研究之問題也。…昔人有言『兵者凶器，戰者危事』。」又曰：『兵者國之大事，死生之道，存亡之理，不可不察也。』以一國而為戰爭，萬不得已之事也。…國家既不可以長期從事於戰爭，而對外國之關係則日增無日減。於此關係日密之際，不能用戰爭以求達其存在發達之目的，則必求其他之手段，所謂外交者由是而發生。凡國家之政策既定，必先用外交手段以求達其目的。」（秦孝儀主編，1989，《國父全集》第二冊，頁284-285。）有識之士，認為中國應早日步上以「外交和談」為原則與友邦相待。論者以為，孫中山研究世界史與國家交往之道，他認為清末以來中國沿用李鴻章「以夷治夷」的外交方法是失敗的；

袁世凱因循使用也失敗。就國家利益的觀點而言,他主張中國在歐戰期間應該保持中立,才是國家安全有利無害之道,也才能建設中國所急需的工業與農業(Ganschow,1993:131)。此觀點與當時北方的段祺瑞及其他軍閥主張支持協商國,接受美國勸進參戰才能為中國帶來利益,孫中山認為這種想法太天真。

中山先生對戰爭與國家存亡認識深刻,且以「外交優先」,其理至明。在民族主義第六講中,孫先生說:「中國如果強盛起來我們不但是要恢復民族的地位,還要對于世界負一個大責任。……中國對於世界究竟要負什麼責任呢?…要濟弱扶傾,才是盡我們民族的天職。我們對於弱小民族要扶助他,對於世界列強要抵抗他。」(秦孝儀主編,1989,《國父全集》(一):64)可見中國民族強盛後是扮演除強扶弱的角色,以維護世界和平與正義。

1924年孫中山最後一次訪問日本,當時兵庫縣和神戶市的政治界、商業界的重要人物都參加了孫中山的歡迎會,神戶市商業會會長瀧川儀作希望孫中山以「大亞洲」為題進行演講,根據日本《神戶新聞》在演講後的報導寫道:在演講前瀧川這樣說道:「東亞的和平只有在與中華民國和日本建立起一種完全對等的同盟關係時才能解決。現在,日中兩國的感情正日趨親善,中國的內亂也必將在超越人類的孫閣下以及孫閣下意見統一的人民的英明決斷下得以解決。東亞的和平關係著世界人類的和平。這一時機終於到來。問題解決的鑰匙就在孫閣下的手中。我謹代表日本人民對孫閣下致以最高的敬意」(安井三吉,2007:61-62)。

孫中山在神戶市商業會演講「大亞洲主義」,他念茲再茲的告訴日本人,「歐洲近百年是甚麼文化?是科學的文化。是注重功利的文化。這種文化運用到人類社會,只見物質文明,只有飛機炸彈,只有洋槍大砲,專是一種武力的文化。歐洲人竟有專用這種武力的文化來壓迫我們亞洲,所以我們亞洲便不能進步。這種專用武力壓迫人的文化,用我們中國的古話語說就是『行霸道』」(秦孝儀主編,1989,

《國父全集》（三）：538）。他又說：「大亞洲主義……究竟是什麼問題呢？…就是文化問題…東方文化是王道，西方的文化是霸道：講王道是主張仁義道德，講霸道是主張功利強權；講仁義道德，是由正義公理來感化人；講功利強權，是用洋槍大砲來壓迫人。…所以我們現在所提出來打不平的文化，是反叛霸道的文化，使求一切民眾和平等解放的文化。一日本民族既得到了歐美的霸道的文化，又有亞洲王道文化的本質，從今以後於世界文化的前途，究竟是做西方霸道的鷹犬，或是做東方王道的干城，就在你們日本國民去詳審慎擇。」[4]（秦孝儀主編，1989，《國父全集》（三）：540、542）孫中山主張以正義公理取代功利強權，並希望友邦國家以此王道文化，促進世界和平，這是他以「公理正義」、「互惠互助」的和平精神的展現。孫中山希望日本作為東方王道文化的干城，這段預言很遺憾的，日本在往後的日中關係並沒有實現，而是踏上了霸道文化，繼續不斷的對朝鮮、中國進行侵略戰爭。

蔣介石與毛澤東兩造都號稱繼承孫中山的遺業，他們的國家發展觀又如何？西方歷史學界常把蔣介石的思想評論為「儒教」（Confucianism）、「法西斯主義」（Fascism）、「保守主義」（Conservatism）連結起來就是「權威主義」（Authoritarianism）、「獨裁的」（Dictatorial）、反民主的（Antidemocratic），但也有認為中國要維持一名符其實的中央政府，就需要上述性格導向，也因上述性格與特質，不如毛澤東，所以蔣介石失去了大陸。（艾愷，1986：592-676）簡言之，在蔣介石

---

[4] 這篇演講，得到神戶市民雷鳴般的掌聲和震耳欲聾的萬歲聲，神戶市民是以怎樣的語境了解孫中山充滿激情的演講，根據研究者指出，「孫中山的演講在神戶市民聽來是在批判歐美列強對亞洲民族的侵略，讚揚日本自明治維新以來率先與歐美的人進行鬥爭而取得勝利的榮光，同時謀求以日中提攜為核心、亞洲各民族團結起來，齊心協力趕走歐美列強這些入侵者。」參：安井三吉，2007，〈孫中山和神戶－考察近代日中關係的一個素材〉，王柯主編，《東亞共同體與共同文化認知－中日韓3國學者對話》，北京：人民出版社，頁70。

與毛澤東半世紀的紛爭中，名為追求國家統一，實為你死我活反民主的鬥爭，用毛澤東的一句話說，「不信中國不能出兩個太陽」，蔣與毛一生革命不離口、槍桿子不離手。簡言之，在蔣、毛之間毫無協商監督、和平競爭的現代政黨觀，至今兩岸的分裂，仍然餘波盪漾。

（三）20世紀上半葉日本對台灣的經略及其回應

　　從日本而論，殖民臺灣與發動對中國及東南亞侵略戰爭是一回事，最后戰敗是另一回事。但此期間，中國與台灣的認同關係也微妙地產生了矛盾性的質變，則是另一件事。甲午戰爭後，台灣淪為日本殖民地，一般把日本1895-1945年殖民台灣分為：綏靖時期、同化政策時期、皇民化時期，日本治台無論是武力鎮壓或籠絡政策，最終是要在台灣生活的漢民族從生活上徹底的消滅民族意識（林衡道，1993：493-494）。日本經略台灣的殖民地傷痕，壓榨的本質引發一波波台灣人或以武力抗暴或以「自治運動」或以保存民族文化回應。概略而言，日本治台是以「皇民化」和「工業化」、「南進基地化」此三位一體是同時進行的（許介鱗，1998，卷一：15-20）。日本統治台灣的五十一年，引發台灣人產生多層次的「愛憎情節」（resentment），此一情結極易使台灣對日本產生錯綜複雜的認同投射效應。

　　日本為進一步推動「皇民化」運動，於1941年成立「皇民奉公會」以拉攏台灣精英分子，此會一方面在各級政府推動，一方面號召、籠絡台灣精英，擔任理事，例如林獻堂、林呈祿、蔡式穀等人，推動宗教風俗的改革、要求台灣人敬拜日本的「天照大神」、改姓名、響應日本的志願軍參與二次大戰等（李筱峰，1999（上））。其目的在促使台灣人拋棄「漢民族」意識。具不完整的統計，1945年日本戰敗前，台灣民眾被威脅利誘而改為日本姓氏者，高達十萬戶左右。日本殖民台灣期間，中國對台灣又曾經付出什麼關懷呢？許地山先生在1930年曾說道：「台灣割讓於日本已經三十多年了。我們住在中國本部底人，

注意台灣同胞底生活恐怕很少……中國現在的光景，自顧還有些來不及，何況能夠顧到三十多年前放棄了底姊妹弟們？……我們不要忘記漢族底子孫有一部分已做了別族底奴隸，做了所謂被征服的劣等民族，做了亡國奴！這一部分中最大部分便是台灣人！羞恥和悲慘應當時常存在中國底任何國民底心理」（王曉波，1985：28）。試問中國對被殖民51年的台灣如此缺乏關注與可能的協助，那一代中國人有多少人心生悲憫呢？許地山所感受到的羞恥和悲憤就如同空谷回音般，如此的稀有與難得。

1895年當滿清割讓台灣於日本時，台灣人士就發生深沈的悲鳴「宰相有權能割地、孤臣無力可回天」，這等意識加上種種無奈，助長了台灣人「孤兒意識」與「棄民意識」的衍生，這等意識的深植，將一絲一絲斷裂台灣與大陸「原鄉意識」與「祖國意識」的臍帶關係。

四、20世紀下半葉日、台、中「和」文化的發揚

二次世界大戰結束，日本在盟軍統帥麥克阿瑟將軍結合日本弊原喜重郎、吉田茂等推出1946年的日本憲法，其中第9條日本永久放棄戰爭與不保持陸海空軍及其他戰爭力量的所謂「和平憲法」。和平憲法是日本二次大戰戰敗後所修的新憲法，其概念淵源可遠溯至27個世紀以前的猶太預言家，以賽亞書中的第二章第二節「刀劍回爐化作鋤，矛槍回爐鑄成鐮」的義涵。戰後美國不以戰勝國的方式對待日本，在「和解與信賴」的精神與原則下，日本才能夠開啟了1951年的「舊金山合約」以及「中（台灣）日合約」。在不虞國防軍事預算的壓力下，日本以和平進程的方式努力創造奇蹟的經濟發展，最終走向世界舞台。（吉田茂，1971：77-95）戰後美日同盟的結構，雖然使日本成為一個「不正常國家」（意指沒有武裝力量，放棄戰爭），但其低廉的自

衛隊經費，使得日本得以全力發展經濟，至1970年代，哈佛大學傅高義（Vogel）教授就高度稱讚日本經濟繁榮，已至「日本第一」的成就，應歸功於盟軍對日本的和解政策，以及日本再次發揮傳統「合作與和諧」的企業文化有極其密切的關係。

（一）戰後日本與台灣「和文化」的發揚

本文某種程度基本上同意韋伯（Max Weber,1864-1920）在論述西方基督教倫理對資本主義發展的影響的相關論述，也就是「文化基因」對經濟發展有著不可化約的重要影響，以此進一步分析東亞儒家以及日本神道教對日本經濟發展的重要性。韋伯在《諸世界性宗教的經濟倫理》一書導言中說：「宗教對於經濟倫理具有重要意義的那些特徵使我們感興趣，只有從一個特定的角度，那就是他們以何種方式相關於經濟理性主義。（Weber,1958:292-293）」。韋伯在這段話裡衡諸世界史的發展，不是簡單的「唯物論」或「唯心論」可以建構的，但是「新教倫理」的出現代表了一種前所未見的「理念」之轉轍。換言之，西方近代資本主義之興起，除了經濟本身的因素之外，文化背景因素不可忽略。

韋伯認為「新教倫理」的入世節欲主義（inner-worldly asceticism）將勞動視為天職，並且視為證明神寵的最佳甚且唯一的方法而給它以心理上的鼓勵…..，勤勞心營利是正當乃至合法。這樣，當作天職履行勞動義務以尋求天國的努力，以及教會薰陶對無產階級所要求的格制慾，必然有力的提高具資本主義意義的勞動「生產力」，是十分明瞭的（Weber,1974:83-85）。

在近代日本發展歷程中，雖有論者以為，日本現代化的成功是從「和魂漢才」轉到「和魂洋才」。但力唱《論語與算盤》的明治維新大實業家澀澤榮一（1840-1931）則反覆闡釋「以論語為商業上的聖經」、「一手拿論語、一手拿算盤」、「闡述東方企業經營的最高理念『士魂

商才』——（儒魂商才）的奧義」（澀澤榮一，1988）。當日本以「脫亞入歐」所學習的西方霸道文化，所帶來的結果幾乎導致日本國家滅亡、經濟破產與人民死傷慘重的嚴重教訓。此後日本再次回歸東方和平與合作的王道文化上。美國前駐日大使賴孝和（Edwin O. Reischauer）在其所著「日本人」中即指出「現代日本身上仍然散發出儒家的價值倫理觀，儘管沒有一個人認為自己還是孔孟之徒，但是，在某種意義上來說，幾乎一億日本人都是『孔孟之徒』。」（楊仲揆，1994：238-239）至今，日本仍然在中小學教育上列上「論語精義」，尊重中國古代「冠禮」制度、重視家庭、長子繼承法等儒家典範精神。

　　1978年7月25日，基督教科學箴言報曾以『明日的大國』為題發表專欄，指出中華民國、韓國、香港、新加坡，是向現有工業超級強國挑戰，而「與日本共享孔子的工作倫理」，「孔子的工作倫理，是使他們擠身於世界之前茅的推動力」，因為「孔子的工作倫理，包括辛勤工作、節儉、效率與敬業等美德。」（李元簇，1994：2）此「東亞銳勢」（The East Asia Edge）的興起，一再為東亞學術所論證。

　　1983年社會學者柏格（Peter Berger）提出的「通俗的儒家精神」（Vulgar Confucianism）意指一套推動「人民努力工作的信仰和價值」，「一種對家庭幾乎沒有保留的許諾，以及一種紀律和節儉的規範」，「這種通俗的儒家精神衍化為高生產的工作」（Berger，1984:14-24），同年金耀基教授的〈儒家倫理與經濟發展：韋伯學說的重探〉專文中對韋伯觀點一再引證相對性的看法，金教授對東亞經濟發展認為文化論與制度論都不可偏失。（金耀基，1985：253-280）。1985年，余英時教授在〈中國近代宗教倫理與商人精神〉宏文中則從唐代以降的「新禪宗」、「新道教」、「新儒家」的興起引證豐富史實，說明「中國宗教」的入世轉向對中國商人精神的積極影響（余英時，1987：259-404）。這些論述，一者說明了儒家精神被誤解的一面，再者，亦提供了儒家創造性轉化的意涵，此「和合生財」的生機意理為「東亞銳勢」提供了文化動力的養分。論者以為：「台灣人自1895年到1945年間生活在

日本統治下，在中華民國政府遷至台北前，僅於1940年代末期的短短幾年受大陸政權保護。進而到了1990年代末期，台灣已經發展出與大陸截然不同的文化：高教育水平、眾多中產階級、西化且民主。生活方式的發展與政治民主化的結合使得維持台灣獨特的認同，成為台灣政治中強而有力的議題。」（Lieberthal Kenneth,2000:203-204）百年來大陸與台灣有共同的歷史累積與遭遇，亦有特殊的發展命運，主要在於台灣已逐漸建立以「民主」方式決定「國是」問題，凡此，致使今日海峽兩岸最根本的「民族認同」危機的產生與僵局的未能解決。

（二）後毛澤東、後共產中國「和」文化的推進

中國現代革命採取馬克思的歷史進化論，事實上德國大儒韋伯的史觀，某種程度是在回應馬克思的歷史唯物論。韋伯論點有：1.他不同意任何歷史單因說，因此他也不能同情經濟決定論。2.他不取社會進化論。3.韋伯認為同樣的下層建築可以有不同的上層建築。他顯然認定文化因素-如思想-也可以推動經濟型態的改變。4.大體上說，他認定資本主義的興起可以歸之於三個相互獨立的歷史因素，即經濟基礎、社會政治組織、和當時佔至尊地位的宗教思想（余英時，1987：262-266）。韋伯一生的論述，可說基本上已拆解了馬克思主義的若干迷思，可惜20世紀東方的俄國與中國的社會主義思想家們未及深入認識，誤植「唯物史觀」、「階級鬥爭」的歷史進化論之神話，造成在馬克思主義的革命狂飆下，俄共七十年的迷航與中共在1980年前激進的共產風。

1917年俄國共產黨革命成功，影響所及，中國知識份子開始「俄傾」，紛紛提出「以俄為師」的口號。中共思想界常言，「十月革命炮響給我們送來了馬克思主義」即是。北京大學中共理論學者石仲泉用三個代表思想解讀中共80年（1921-2001）的歷史，在理論演變上中共以新民主主義掠奪孫中山革命理論與成果，再以新民主主意打敗蔣

介石並做為建政初期的理論基礎,而後的「三面紅旗」、「社會主義總路線」犯下了「共產風」、「浮誇風」、「強迫命令風」以及「十年文革、十年浩劫」的極左思想之錯誤後,鄧小平的1979年十一屆三中全會後,1980年代才轉向「中國式社會主義」的改革文化,也就是在經濟上以「改革」、「開放」來取代以「階級鬥爭」為綱的共產經濟文化,用以建設「有中國特色的社會主義」。經過20年的改革歷程至21世紀初,中國社會經濟已取得部分成效,但也引發了一系列內部矛盾與問題,因而有了「三個代表」的提出,以做為江澤民的十三年成績的總說明與未來行動之指針(石仲泉,2001:19-20)。

　　三個代表現實上可以在「講政治」上堅持江路線,在「講正氣」上防貪污腐化,以及因應資本家入黨以保持和世界先進文明接軌之作用。三個代表的反思是中共在21世紀初的思想困境及其回應之路[5]。三個代表在某種意義上是共產化的改造論,又何嘗不是中國在20世紀以

---

[5] 21世紀初「三個代表」理論的成形,有其時代背景,是在一定的時空條件下所形成的,它形成的國內、外背景,根據分析總結有:「其一,國際共產主義出現嚴重的低潮。從20世紀前半葉世界三分之一的國家「江山一片紅」,到如今蘇聯解體,東歐劇變,資本主義浪潮席捲全球,中共在政治、經濟、軍事、文化各領域承受著西強我弱的強大外部壓力。其二,國內改革進入攻堅階段。表現在農村經濟發展中第一次生產力飛躍已經終結,新的生產力潛力沒有形成,國企改革使城市再就業壓力加大,黨的階級基礎—工農聯盟沒能成為改革中獲益最大的階層;社會財富分配的模型結構沒有形成,東西、城鄉、腦體貧富差別拉大,社會不穩定因素迅速增多;歷經20年的極"左"歲月和20多年的改革開放,很多優秀的傳統文化被丟棄,在新的社會文化秩序中,封建糟粕和資產階級腐朽文化表現不應有的影響力,社會風氣不盡如人意。其三、黨風廉政建設問題較多。黨自身建設水平與人民群眾對執政黨的要求之間還存在明顯差距,黨的凝聚力、吸引力下降。作為我們事業的核心領導力量,黨要經受住這些挑戰與考驗,僅靠發揚優良傳統是遠遠不夠了,必須通過理論的創新尋找新的實踐動力,從而保持自己的先進性,成為人民信任和擁護的合法利益代表。(劉志富,2001:375-376)。「三個代表」固然留下改革空間且成為「十六」大中共黨史上的指導思想,亦即是「後江澤民」時代「垂簾聽政」的政治路線指針與政治忠誠的貫徹綱領。

來對西化論的修正，其弔詭之處，令人三嘆。筆者用了若干篇幅探討當前中國以三個代表思索21世紀中國特色社會主義思想的矛盾及追尋其政權正當性的弔詭。中國在20世紀初所追尋的西化在某種意涵上可以說明，至21世紀初又轉回到中國傳統「和」的文化，以作為後共產文化、思想的推進點。亦即正視各階級「和諧相處」的關係，以強調科學發展觀的生產力，以及修改憲法，保障私有財產，推動「和諧」的小康社會發展觀。

　　20世紀90年代後期發生在日本及東亞的金融風暴，其中有關文化缺失所致的，亦當經由文化途徑解決之（結論會有所論及）。解鈴還需繫鈴人，哈佛大學經濟學家Perkins指出：文化因素、價值觀和態度對東亞經濟奇蹟的成長其重要性超過其他單一變項，如政策、世界經濟環境等（Harrison,1994:124-125）。

　　20世紀中、日、台經濟生猛有力的經濟興起，給予「和」文化對經濟發展提供了有力的解釋空間，再者以歐美價值觀為主軸的第一類型「現代化理論」出現了許多問題，諸如生態主義對經濟開發主義的反省，社群主義對原子式的個人主義的批評，經濟平等對經濟自由的挑戰，這一正一反的理論與實踐的差異，凡此正足以思索「後現代主義」的時代中，提供了建構現代化第二類型的東亞社會中「東亞價值」的意涵與成效。

五、後冷戰下中、日、台和文化的浮與沈

　　二次世界大戰之後，由於蘇聯的軍事與意識型態擴張，形成以美國及西歐為主的自由資本主義體系，及其蘇聯與東歐為主的計畫性社會主義體系，台灣與日本是站在自由資本主義的一方，而中國則站在社會主義的陣營一方。而雙方都處在近50年軍事對立的狀態下，此即所謂的冷戰的兩極對抗結構。

（一）後冷戰下東亞的基本思維

第二次世界大戰後，為追求全球政、經穩定、和平與發展而設的國際貨幣基金（International Money Foundation）、世界銀行（World Bank）及世界貿易組織（World Trade Organization）一般被認為是加速推進二戰後全球化的三部曲。1980年代中共堅持「改革、開放」促使私有化的強化、管制減少、外貿鬆綁。加上1990年蘇聯、東歐的非共化，進入後冷戰，全球一體化更加明顯。（Williamson, 1990）其中經濟全球化、區域聯盟所表現的跨國投資與生產及國際貿易是晚近以來最生猛有力的表徵，如WTO、EU、APEC、ASEN等機制。在政治全球化方面，民主、自由的意識已成普世的價值與共識（Fukuyama,1992）。國家主權觀念有淡化趨勢，普遍人權受到讚揚，換言之「全球化」議題與現象，已涵蓋全人類全面性的政治、經濟、文化、教育、國家安全等生活與生存範疇。1990年代，蘇聯、東歐社會主義陣營垮台，意識形態與軍事對抗有不少變化，全球進入後冷戰體系。1997年亞洲金融危機，日本經濟有泡沫化現象，而中國經濟快速崛起，東亞新格局已然形成。

（二）年來靖國神社參拜與釣魚台問題引發東亞新 的危機

日本學者村上重良在《國家神道》一書中表示：「國家神道乃近代天皇制國家製造出的國家宗教，從明治維新至太平洋戰爭失敗的80餘年間一直統治日本人精神的國家神道。」因此，在日本戰敗由美國對日本佔領政策的基礎，「即對國家體制進行根本改革當中相關聯的指令之一，即所謂神道指令中被責令廢止的，作為國教的神道。將宗教從國家中分離，作為日本戰後憲法原則的脫離」（子安宣邦，2007：2-11）。美國麥克阿瑟將軍期以從憲法條文上理清日本神道思想從國家宗教中分離，但這項追溯戰爭責任與建構和平憲法的深意，至21世

紀初，有動搖的跡象。

　　日本前首相小泉在2002年參拜靖國神社，2004年又前往參拜，並在首相官邸網頁表示：「對過去的戰歿者獻上敬意和感謝的同時，保証今後日本絕不能再發起戰爭，在和平與繁榮中，可以開始進行各種改革。我就是懷著這樣的願望去參拜的」（引自高橋哲哉著，徐曼譯，2008：4-5）。小泉這段話是站在日本本位主義表達對靖國神社內那些所謂崇高的犧牲者的敬意，但他有沒有想到在戰爭中被日本士兵殺害的鄰國數以萬計的無辜人數。在此後日本政要春、秋兩祭參拜象徵國家與祭祀的靖國神社成為慣例。根據外電報導2013年10月20日日本總務大臣新藤義孝與160名國會議員到靖國神社參拜，引來中國和韓國的強烈不滿和批評。日本公安委員長古屋圭司在拜祭後說，他認為一個國家如何追悼陣亡戰士「純屬內政」，並指責「媒體渲染」拜祭靖國神社問題不符合日本國家利益。中國外交部副部長劉振民召見了日本駐華大使抗議新藤義孝等人參拜靖國神社。韓國外交部同日也對新藤義孝等人參拜靖國神社提出譴責。❻到靖國神社參拜，不只是日本內政問題，中、韓、台都認為那是戰爭的傷痛與具挑釁的作法，顯然靖國神社參拜威脅到東亞和平。

　　又「釣魚台問題」，最容易引發中、日、台領土與主權的爭議。2012年是中、日、台內部政權轉移年，各種紛爭不平容易滋生，政治人物常藉事件衍生激昂的民族主義以轉移內部不安焦點。誠如劉曉波所言，「民族主義就像善惡雙刃劍，它可激勵國家擺脫殖民地邁向獨立，亦可煽動成為可怕的法西斯主義、軍國主義宗教原教旨主義」。劉曉波對東亞民族主義的毒害相當憂心，他又說倘若「民族主義的憤怒情緒進一步將我們吞沒，我們就注定要滅亡」（劉曉波，2010）。台

---

❻ http://www.bbc.co.uk/zhongwen/trad/china/2013/10/131020_japan_war_shrine. shtml。

灣在野黨領袖蔡英文也說到，由於東北亞各國近期都面臨國內的政治換屆和總體經濟發展停滯的困局，不排除有藉操作國際爭端來解決國內矛盾的意圖，政府應該密切掌握各種可能的情勢發展，謹慎以對，在區域關係上尤其要避免捲入日、中兩國的相互對抗，特別是當中可能引發的民族主義情緒。[7]2012年釣魚台爭端讓中、日關係急遽惡化，日資企業在中國的工廠店面遭反日民眾破壞，損失金額上看數十億元台幣，日本企業對中國的投資信心大受影響。據路透社民調顯示，在400家日本中大型企業逾4成認為釣魚台爭議對其事業計劃造成影響，部分企業主考慮撤離中國。近日在廣東深圳進行網路民調，有61%民眾回答不買日貨。是年9至11月的中日團體旅行訂位取消約5萬個日本航空訂位。[8]針對大陸連日對日採取的經濟反制，日本首相野田佳彥強硬警告說，中國對兩國領土爭議的激烈反應，包括暴力抗議活動和顯而易見的非正式貿易制裁，可能會嚇跑外國投資者，從而進一步削弱中國本已脆弱的經濟。《華爾街日報》評論指出，野田此番言論顯示中日外交僵局可能擴大為破壞性的商業對抗。[9]

　　相對而言，台灣的民族主義情緒尚稱理性，台灣在釣魚台爭議中能夠發揮的國際空間也相對有限。但不容否認，東亞國際爭端所引發的國際政、經「結構」變遷，亦衝擊東亞區域和平問題。在2012年「中日合約」生效60周年的紀念會上，馬英九鄭重提出「東海和平倡議」，呼籲相關各方：一、應自我克制，不升高對立行動；二、應擱置爭議，不放棄對話溝通；三、應遵守國際法，以和平方式處理爭端；四、應

❼ http://tw.news.yahoo.com/%E8%94%A1%E8%8B%B1%E6%96%87-%E6%97%A5-%E4%B8%AD%E5%85%A9%E5%9C%8B%E9%80%8F%E9%81%8E%E9%87%A3%E9%AD%9A%E5%8F%B0%E7%88%AD%E8%AD%B0-%E5%8C%96%E8%A7%A3%E5%85%A7%E9%83%A8%E7%9F%9B%E7%9B%BE-114538693.html。

❽ http://www.appledaily.com.tw/mobile/article/issueid/20120922/artid/34527040/appname/twapple/secid/5。

❾ http://news.chinatimes.com/focus/501011997/112012092500165.html。

尋求共識，研訂「東海行為準則」；五、應建立機制，合作開發東海資源。[10]日本和臺灣自1996年開始先後進行了16次台灣與日本在釣魚台海域上簽署的漁業協定交涉，但一直未能達成共識。至2013年4月台灣與日本在釣魚台海域簽署《漁業協定》，就是一項展現東亞合作與和平的成效。日本學者小笠原在《朝日新聞》上撰文表示，「此協定不僅限於漁業，同時也是實現東亞穩定化的一步，是日本安倍首相與台灣馬英九總統高度政治決斷下的共識，是日本外交久違的漂亮一擊。」[11]日、台以和解的民族主義理念，善意、理性的溝通，加上透過東亞合作議題，未來共同開發或許是釣島爭議最佳的解決途徑。

　　簡言之，後冷戰時代中、日、台如果再次捨棄「和」文化的核心價值，加上日本再次又回到具濃厚戰爭氣息的靖國神社參拜氛圍，則東亞尤其是中、日將再次捲入紛爭，而台灣與日本先解決漁權問題的合作協定，則可作為未來中、日、台處理東海主權紛爭的參考。

六、21世紀中、日、台「和」文化的再考驗
——代結論

　　100多年來中、日、台有關「和」文化的辯證發展，已如上述章節所分析，在不同階段，經由掌權者或者是思想的啟蒙者對國家發展方向的引導，而有不同的成與敗，斑斑可考。例如日本明治維新時期因受到「脫亞入歐」理念的影響，國家發展方向逐漸轉向強權與霸道，終而引發日本軍國主義對中國、俄國、韓國、東南亞乃至美國的出兵，最終日本嘗到國破家亡無條件投降的慘劇。之所以會產生「和」文化

---

[10] http://www.president.gov.tw/Default.aspx?tabid=1103&itemid=27867
[11] http://asahichinese.com/article/news/AJ201304120031

轉向，吾人再以政治學者有關「政治社會」、「公民社會」、「經濟社會」的概念來進一步加以解讀。研究政治發展權威學者Diamond、Linz、Lipset三人將一個國家機能區分為：「政治社會」（political society）（執國家公權力者及其機關，含政黨）、「經濟社會」（economic society）與「公民社會」（civil society）（相對獨立於政權勢力的各種民間團體所組成的社會）三個部份。一必須是具掌握公權力的「政治社會」，給予媒體、教育、研究機構有相對自主性，一個自由且活潑的「公民社會」才能不斷成長（Diamond、Linz、Lipset,1994:27-32）。三部分各有所屬，也各自能夠發展不同功能，不過政治發展尚不穩定的國家，其「政治社會」最後將扮演關鍵角色。

（一）降低「政治社會」的霸權、推進東亞和解

　　政治社會的霸權，莫過於操控民族主義。中國在90年代民族主義可說實質上已取代共產主義成為統治正當性的基礎。中國大陸的民族主義，甚至可說是愛國主義，基本上是「政治社會」亦即掌政者幕後推動的結果。

　　大陸學者徐迅說道：「民族主義訴諸的是『民族』這一文化共同體，它在90年代的中國，遠比政治意識形態要具有連續性和合法性。…四個現代化後（指中共80年代的改革目標），社會動員機制和社會控制機制發生了根本變化，即從政治層面轉入到社會和文化層面，同時社會認同的方式也從『共產主義』轉變為『龍』的崇拜」（徐迅，1998：152）。此論述印證民族主義已成為90年代當陽稱尊的中共政治與社會的顯學，應驗了民族主義學者蓋爾納（Gellner）所說民族主義就是關乎政治合法性的一套理論（Gellner, 1983: 1）。大陸民族主義的高漲，從90年代至今，其目標對準美國、日本，以及所謂「藏獨」、「疆獨」「臺獨」。

　　2007年報紙報導，大陸知名女星章子怡從「中華民族之光」變成

網友斥責給「中國穿舊鞋」，只因，她與美國男友交往，而最近被媒體捕捉到「小腹略顯隆起」，以及她拍《藝妓回憶錄》和今年她為日本廠商拍攝的裸體背部廣告，從而引發「脫給日本鬼子看」的不滿民族情緒。一位女星個人的行為，都會引發網路、媒體排山倒海的撻伐，最後得由人民日報發表署名文章，指責媒體過於八卦的情緒（林克倫，2007：A13）。從這則報導，吾人更可感受到中國「官方」與民間不理性的民族主義的濫情，如此濫情與官方控制，只有更增漲東亞對中國的民族主義危險性的恐懼。此與 Almond & Verba 所說的固執地且忠誠於專業化中央政府權威，可說是一複雜性的政治系統停滯在「地域－臣屬性的政治文化」（parochial-subject culture）或臣屬性參與文化（subject-participant culture）的權威政治文化中若合符節（Almond & Verba,1963:23-27）。換句話說，一個以中央動員式操作的政府，人民仍然停留在一個狹窄的、自我封閉的被動元的文化中，如此的「政治社會」特色，要期盼具有理性的、民主的國家對話與交流是有所困難的。

　　《紐約時報》2013年6月有一「東亞各國為何拂不去歷史陰雲」？的報導，指出 2013年5月12日，一名記者拍下日本首相安倍晉三（Shinzo Abe）微笑坐在一架戰鬥機駕駛艙中的照片。安倍晉三的照片一出現，中國各地便爆發出憤怒的吼聲，韓國最大的報紙之一，《朝鮮日報》（Chosun Ilbo）對安倍發起猛烈抨擊，指責其「永無止境的挑釁」。日本在官方名義上仍是和平主義國家。但是，漫不經心的觀察者中幾乎沒人會預見到，這張照片竟引發了如此多的憤怒，或者是照片的什麼細節導致了這些憤怒。其實，真正引發憤怒的不是安倍晉三坐的戰鬥機，而是戰鬥機側面的一個標號：731。而很不幸的巧合是，731也是一支臭名昭著的日本帝國陸軍部隊的番號，大約70年前，這支部隊在滿洲進行過慘無人道的化學武器活體實驗。⑫東亞政治人物必需誠摯

---

⑫ http://cn.nytimes.com/opinion/20130528/c28tepperman/zh-hant/，2013/06/10

的面對20世紀的戰爭責任，避免以各種形式重挖歷史的傷痛。

　　當前，日本的明智之士大力提倡「和解的民族主義」，它是日本結束20世紀對亞洲的「妄言政治史」走向「道歉政治史」的重要理念（若宮啟文，2008）。日本的「和解政治」，亦可當作為解決釣島爭議，建立東亞和解、互信的有力座標。也唯有東亞和解，才能進一步建立非激進民族主義及去軍事化的綜合性東亞合作架構，誠如澳洲外長伊文斯（Gareth Evans）所說，合作是多層次的，是確保（reassurance）而不是威懾（deterrence），是開放性（inclusive）而不是排他性（exclusive）（閻學通、金德湘主編，2006：367）。

（二）擴大「經濟社會」的合作、共創東亞榮景

　　日本著名哲學家梅原猛教授在20世紀70年代提出「和」的思想存在日本宗教、道德之中，是貫穿整個日本歷史。事實上與中國人民大學教授張立文先生的「和合學」有相同之處，他們都將「和」的思想進一步發揮為「和生原理」、「和處原理」、「和立原理」、「和達原理」、「和愛原理」。簡言之，就是和平相處，共存共榮、己立立人、共同發達與泛愛眾等精神。（張玉柯、李甦平等著，2001：76-80）又如1979年 H. Kahn 亦認為「儒家後期文化」（post-confucian culture）對日本與四小龍的經濟組織成員，是深受儒家傳統的薰陶所至（kahn；1979）。同一時間傅高義（Vogel）在《日本第一》書中，申論日本人勤奮、富耐心、律己嚴格等文化特質，是日本企業凌駕歐美的要素，值得美國警惕與借鏡（Vogel,1981：85）。

　　再者，從台灣的角度而言，一百多年特殊的歷史時空，造就了台灣特殊的「民族認同」與「國家命運」之情懷。二次大戰後的半個多世紀中，東亞各國是世界各地區變化最大的地區，其政、經成就不只領先絕大部分新興工業國家（New Industrialized Countries）也有迎頭趕上西方先進國家曾創造的紀錄之讚喻，而成一「超級競爭者」（The super competitors）。

　　1998年諾貝爾經濟獎得主沈恩（Amartya Sen），其研究領域在於發展經濟學、福利經濟學與政治經濟學等方面，他關懷亞太國家經濟發展如何避免西方不良的覆轍，又能擷取西方自由經濟理論之長，從而建構一超越GNP、強調效率與技術進步及財富累積的經濟發展而忽略人類福祉的公平、正義與自由的學說。Sen提出效益主義（utilitarianism）作為一種道德中的福利主義，一個人的成就，不只為個人自利，也為家族、鄉里、社群（community），具福利的相合性（congruence）與對他人的尊重（Sen, 1987:15,39,44-45）在團體中求效益呼應了東亞「和」文化的外溢效果。他又說：互賴互惠（reciprocity）和功能的計算，不能只重內在經濟利益評價，要跟道德評價的立場相對性和行為主體敏感性相結合（Sen,1987:xii）。Sen的經濟互惠說，清楚的指出經濟發展競爭固然是要素之一，道德性的互惠合作也是經濟互蒙其利不可少的要件，中、日、台的經濟發展，無論是產業結構也好，自然資源也罷，或者是技術層面，都存在著互補、互惠的因素。簡言之，中、日、台經濟可以做到擴大合作，例如，捨棄釣魚台主權的爭議，共同保護魚權的獲得乃至於東海油田的共同開發，就是一個「經濟社會」共蒙其利的事業。

　　20世紀初韋伯的基督新教倫理對西方資本主義的解釋與促進產生了一定的貢獻，當代「新儒家」為主軸的東亞特色之「工作倫理」對東亞經濟發展亦產生了強有力的推動作用，則是不容抹殺的。檢視廿世紀的發展經驗，「基督倫理」與「儒家倫理」實可相互豐富、相互證成，面臨此兩個開放式軸心文化如同社群主義泰勒（Charles Taylor）所言，是一自我認同與相互尊重（Taylor，1994：25-74）。到相互豐富化的過程，這是「後」現代「東亞文化」相互証成的過程。

（三）推動「公民社會」的深化、改造東亞價值

　　吾人進一步再理解第2類型現代化的東亞銳勢，其內涵涉及東亞文化或者是亞洲價值在當中的作用及其轉化。這或許有助於進一步釐清中、日、台的「經濟社會」發展型態，以及如何突破其發展極限。「亞洲價值」的意涵如何？它常被理解為「紮根於亞洲的傳統文化之中，是與自由民主主義的核心的市民權、參與權以及公開批評政府的權利互相拒斥的。因此，所謂『亞洲模式』，說穿了其實就是要舉行一種『沒有政治自由的經濟自由』的體制」（井上達夫，1999：4）。「亞洲價值」往往給予亞洲威權政治提供正當性的支柱，亦為捍衛歐美民主自由價值體系者所反對。事實上關於亞洲價值觀的問題，有三種討論，第一，以西洋發展模式討論亞洲價值觀；第二，以儒家為主的亞洲價值觀；第三，以亞洲地域之間的穩定性為目標的亞洲價值觀（濱下武志，2000：11）。對於提倡「亞洲價值」必然排斥西方價值體系中的民主、自由、理性、法治等論述，吾人抱持保留之看法。「亞洲價值」或「東亞文化」可對「西方價值」的若干反省。例如以「人文主義」、「仁」的儒學概念來彌補西方自由主義之不及。又如孫中山先生以「亞洲王道文化」來取代「歐洲霸道文化」。以及宋明以後的新儒家、新道家、新禪宗的創造性轉化觀念，如重視「世俗性」、「實踐性」、「和諧化的辯證」對近代中國商業的促進（余英時，1987；成中英，1991）。如此討論與建構下的「亞洲價值」才有積極的對比與取捨意義。

　　當然亞洲價值不能只是一集體主義與國家至上的價值，自由與民主的個人主義基因，必須深入中、日、台的民族血液與文化之中，尤其是和平、寬容與協商的自由主義精神取而代之20世紀東亞高亢的民族主義與戰鬥的軍國主義，將自由與王道文化精神融入中、日、台的公民社會之中，才是東亞未來區域發展之道。

　　誠如Diamond、Linz、Lipset三人所言，一個成熟的「公民社會」

可平衡、可糾正國家將「政治社會」帶往錯誤的道路，也可成功搭起「政治社會」從「對抗」到「對話」的「轉轍器」及橋梁的角色。近年來，台灣與中國大陸的交流，就是一個「先民後官」的「民間社會」交往運作模式，這當中消解了國、共近40年的仇恨與對峙，也開啟了兩岸經濟發展與學術文化交流產生合作、互惠雙贏的結果，此即是「公民社會」成功扮演兩岸和平的尖兵角色。

（四）融入「國際社會」的體系、構建東亞和平

　　面對清末、民初以來中國淪為「次殖民地」，孫中山念茲在茲的是「喚起民眾」使國人對「世界體系」有進一步了解，及其「聯合世界上以平等待我之民族共同奮鬥」之遺囑，其理都在以國家之復興、世界之和平。如是概念，當先求中國進到一個平等的國際「條約體系」的運作。而〈國際共同開發中國實業書〉是一具有「超國家體系」或「全球一體系」的前瞻性理念，亦是寄望中國早日進入世界文明之做法。在〈實業計畫〉一文，中山先生說道：「近日世界戰爭，已証明人類之於戰爭，不論或勝或負，均受其殃，──威爾遜總統今既以國際同盟，防止將來之武力戰爭；吾欲以國際共助中國之發展，以負將來之貿易戰爭」（秦孝儀主編，1989，《國父全集》第一冊，頁408）。這其中，我們看到了孫中山在國際關係上以「貿易」交流取代「戰爭」的「共存共榮」思考。

　　英國政治學家赫爾德（Held）說道，以自由主義民主所建構的「民族國家」、「公民社會」尚不足以解決今日全球政治之諸多問題，他引用康德的和平聯盟（pacific federation）、和平條約（pactum pacis）概念，進而建立一民主的世界主義，跨越不同區域與國際性組織與會議所形成的網絡，從外部來理解和加強民主，以鞏固當今公民社會內部民主和國家聯盟，以達一全球治理（global governance）（Held, 1995: 229, 237），簡言之，自由主義思想促進了「權力分立」、

「監督機制」、「契約論」，以保護「個體的自由與平等」為目標，從這樣的思考脈絡來看中、日、台的思維價值，作為中、日、台所共同推動與追求的共善邏輯，正有助於消解因近代歷史情節所產生的民族對抗。

　　當前高亢的「東亞民族主義」情結，以及21世紀「東亞價值」的轉向，不能只求經濟發展，而缺乏「政治自由與和平」的思考與對話！20世紀在亞洲發動戰爭的日本，尤其應當深思東亞和平傳統價值。論者以為日本人今後除了要把美國人教給他們的民主主義變成日本人的血和肉外，更要各守儒家的「恕道」、「人溺己溺」精神，痛定思痛，來維護人類的和平及文明。（陳水逢編著，1992：530）日本當代思想家梅原猛在1976年出版《日本文化論》，在該書中他提出兩種文明原理論，他認為基督教文化與希臘文化的西方文明是「力」的文明、攻擊性的文明、憤怒的文明；而居於佛教或儒教文化的東方文明，則是「和」的文明、慈悲的文明、平靜的文明。今後文明的發展，將轉到和平的文明或慈悲文明方向上來，將轉到科學技術文明與和平、慈悲文明共存一致的方向。因此他主張為了創造新的文明，在吸收西方文明的同時，更要著力繼承和發揚東方的優良傳統（卞崇道主編，1996：382-383）。這給亞洲價值帶來若干取與捨的抉擇。直言之，中、日、台必須降低「政治社會」對衝突議題的淡化處理，並加強「公民社會」對「和」的文化所帶來的3贏局面有所體認，才能走出中、日、台的歷史與當前的矛盾。

　　2013年4月7日，博鰲亞洲論壇舉行開幕式，習近平發表主題演講。他在演說中十四次提到「和平」二字，不斷強調維持和平的重要性，他說：「和平猶如空氣和陽光，受益而不覺，失之則難存」，除間接傳達對朝鮮半島緊張情勢及東海、南海主權爭議的基本立場，也表明中國大陸期望與各國共同發展。習近平強調，中國發展離不開亞洲和世界，亞洲和世界繁榮穩定也需要中國；將堅持與鄰為善、以鄰為伴，鞏固睦鄰友好，深化互利合作，努力使自身發展更好，惠及周邊

國家。他還吟對句說,「一花獨放不是春,百花齊放春滿園」。**⑮**期待
中國與東亞新一代領導班底,不能只有和平的理念,更要展現具體的
和平行動,誠如韋伯所說的在「信念倫理」之外,必須堅實地掌握「責
任倫理」,才能讓東亞和平之花朵開滿東亞的國土與園地之中。

　　審視辯證的發展觀,它告訴我們事務循著正(肯定)—反(否定)
—合(否定之否定)的軌跡,由量變到質變,由漸變到突變,由連續
到中斷,經過飛躍(Spring)向著更高級發展。換言之,中、日、台不
應再輪迴到19世紀中葉到20世紀中葉停留在「中體西用」或者是「和
魂洋才」的論點,甚而走上「脫亞入歐」的迷思,導致日本取徑西方
霸道文化,最終危害到中、台及自己的錯誤道路。東、西方傳統文化
取應走上互攝互取的健康道路,尤其是優質的東亞「和」文化,更應
該被發揚、被實踐在共存共榮的區域發展道路上。

參考書目

Almond, G.A.& Verba,S.,1963,*The Civil Culture*, N.J.: Princeton University.

Bauman, Zygmunt ,1998, Work, Consumerism and the New Poor. Buckingham: Open University Press.

Diamond, L., Linz, J.& Lipset,S.M.,1994,*Politics in Developing Countries: Comparing Experience with Democracy,* London: Lynne Rienner Publishers.

Fairbank, John K. ,Edwin O. Reischauer,& Craig, Albert M.1989, East Asia: tradition & transformation, Boston : Houghton Mifflin Co.

Fukuyama, Francis, 1992 ,The End of History and the Last Man. New York: Free Press.

---

⑬ udn 兩岸新聞報〈mailman@mx.udnpaper.com〉,2013/04/08

Gellner, Ernest.,1983,*Nations and Nationalism*, Ithaca: Cornell University.

Greenfeld, Liah ,2001，The Spirit of Capitalism: Nationalism and Economic Growth.

Cambridge: Harvard University.

Held, D.,1995 ,Democracy and the Global Order: From Modern State to Cosmopolitan.

Huntington, Samuel P. 1996,The Clash of Civilization and the Remaking of World Order ,New York, NY: A Touchstone Book.

Kahn,K.1979，World Economic Development：1979 and Beyond，London：Croom Helm.

Levenson, Joseph R. 1968 ,Confucian China and Its Modern Fate. Berkeley: University of California.

Sen Amartya,1987,On Ethics & Economics,U.K.：Basil Blackwell.

Spicker, Paul. 1988, Principles of social welfare : an introduction to thinking about the welfare state ,New York : Routledge.

Toynbee, Arnold Joseph, edited, 1973,Half the World : the history and culture of China and Japan, New York : Holt, Rinehart and Winston.

Taylor，Charles，1994，Multiculturalism，Examining the Politics of Recognition，Edited and Introduced by Gutmann，Amy，Princeton：Princeton University.

Weber, Max,1958, From Max Weber：Essays in Sociology. Tr'ed by H. Gerth，C.Mills,New York：Oxford University Press.

Weber. Max,1964,The Religion of China：Confucianlism and Taoism，Tr. by H. Gerth，ed.N.Y.：The Free Press.

Williamson, John,1990 ,Washington Means by Policy Reform, in Williamson edited, Latin American Adjustment: How Much Has Happened? Washington, D.C.: Institute for International Economics.

Benedict, Ruth.（潘乃德）著，黃道琳譯，1975,《菊花與劍》,臺北：

華新出版公司。

Berger , Peter 著 任元杰譯 , 1984 ,〈世俗性—西方與東方〉，中國論壇第
　　十九卷第六期。

Ganschow, Thomas William 著，李台京編譯，1993，A Study of Sun Yat-
　　Sen's Contacts with the United States Prior to 1922。〈1922年前孫逸
　　仙與美國的接觸〉－1991年印地安那大學歷史系博士論文，《外國
　　學者研究中山思想博士論文目錄索引及摘要》（上）高雄：中山大
　　學中山學術研究所主編出版。

Guy Allitle（艾愷）1986,〈西方史學論著中的蔣中正先生〉，載《蔣中
　　正與現代中國》學術討論集第一冊，台北：近代中國。頁592-
　　676。

Harrison , Lawrence E. 著，黃葳葳譯，1994，《強國之路——文化因素
　　對政治、經濟的影響》，台北：正中。

Lampton, D.M.（蘭普頓），許秋楓譯，《同床異夢——處理1989至
　　2000年之中、美外交》，香港：香港中文大學出版社。

Lieberthal, Kenneth 著，2000,〈兩岸關係的解決之道〉，載田弘茂等編，
　　張鐵志等譯，《江澤民的歷史考卷》，台北：新新聞，頁202-211。

Toriumi,（鳥海）1992,〈日本的新角色——明治維新及餘波〉，湯恩比
　　主編，梅寅生譯，《半個世紀：中日歷史與文化》，台北：久大文
　　化，頁293-311。

Toynbee, Arnold J. 著，陳曉林譯，1978，《歷史研究》，臺北 : 桂冠圖書
公司。

Vogel Ezra 著，吳逸人譯，1981，《日本第一》，台北：金陵圖書。

Weber 著，張漢裕譯，《基督新教倫理與資本主義精神》，台北：協志。

丸山真男著，林明德譯，1984，《現代政治的思想與行動》臺北 : 聯經。

子安宣邦著，陳瑋芬譯，2010,「福澤諭吉《文明論概略》精讀」，北京：
　　清華大學。

子安宣邦著，董炳月譯，2007，《國家與祭祀》，北京：三聯書店。

小泉八雲著，曹曄譯，2008，《神國日本》，吉林：吉林出版集團。

井上達夫，1999，〈自由民主主義與亞洲價值〉，載《二十一世紀》雙月刊第54期，10月號，香港：中文大學。

升味准之輔著，董果良譯，1997，《日本政治史》第一冊，北京：商務印書館。

卞崇道主編，1996，《戰後日本哲學思想概論》，北京：中央編譯出版社。

天下雜誌，1990，〈勸君切莫過台灣〉，《打開歷史‧走出未來‧發現台灣1620-1945》。台北：天下雜誌特刊6，頁82-83。

王曉波編，1985，《台灣的殖民地傷痕》，台北：帕米爾書局。

石仲泉，2001，〈"三個代表"思想與中國共產黨八十年〉，載趙存生、趙可銘主編：《北京大學紀念建黨八十周年書系理論篇—理論創新與21世紀的中國》，北京：北京大學出版社，頁1-28。

安井三吉，2007，〈孫中山和神戶－考察近代日中關係的一個素材〉，王柯主編，《東亞共同體與共同文化認知－中日韓3國學者對話》，北京：人民出版社，頁51-78。

吉田茂著，張行深譯，1971，《一百年來日本》，台北：東方出版社。

成中英，1991，《世紀之交的抉擇》，上海：知識出版社。

余英時，1987，〈中國近世宗教倫理與商人精神〉，載氏著：《中國思想傳統的現代詮釋》，台北：聯經。

余英時，1993，《民主與兩岸動向》，台北：三民書局。

李元簇，1994，〈序言〉，載楊仲揆，《儒家文化區初探》，台北：國立編譯館。

李永熾，1970，《日本的近代化與知識分子》，台北：水牛出版社。

李筱峰，1999，《台灣史100件大事》（下），台北：玉山社。

林克倫，2007，〈章子怡掀起民族情仇，人民日報制止〉，《中國時報》，2007/3/30，A13。

林衡道主編，1993，《台灣史》，南投：台灣省文獻委員會。

松本三之介著，李冬君譯，2005，《國權與民權的變奏——日本明治

精神結構》，北京：東方出版社。

金耀基，1985，〈儒家倫理與經濟發展：韋伯學說的重探〉，載香港中文大學：《現代化與中國文化研討會論文彙編》。

若宮啟文著，吳寄南譯，2008，《和解與民族主義》，上海：上海譯文出版社。

原口清著，李永熾譯，1986，《日本近代國家形成》，台北：水牛出版社。

高橋哲哉著，徐曼譯，2008，《國家與犧牲》，北京：社會科學文獻出版社。

桑咸之、林翹翹編著，1987，《中國近代政治思想史》，北京：中國人民出版社。

徐迅，1998，民族主義，北京：中國社會科學出版社。

秦孝儀主編，《國父全集第一冊》、《國父全集第二冊》、《國父全集第三冊》、《國父全集第五冊》（台北：近代中國出版社，1989）。

張玉柯、李甦平等著，2001，《和魂新思－日本哲學與21世紀》，上海：華東師範大學出版社。

張崑將，2003，《德川日本「忠」「孝」概念的形成與發展--以兵學與陽明學為中心》，台北：喜馬拉雅研究發展基金會。

梁啟超著，吳松、盧雲昆、王文光、段炳昌點校，2001，《飲冰室文集點校》第一集、第四集，昆明：雲南教育出版社。

船曳建夫著，蔡放達譯，2011：23《新日本人論12講》，上海：華東師範大學。

許介鱗，1998，《戰後台灣史記》卷一，台北：文英堂。

郭廷以，1997，〈台灣的開發和現代化〉，薛光前等主編，《近代的台灣》，台北：正中書局，頁131-164。

陳水逢編著，1992，《日本文明開化史略》，台北：台灣商務印書館。

黃秉泰著，劉李勝等譯，1995，《儒學與現代化：中、韓、日儒學比較研究》，北京：社會科學文獻出版社。

楊仲揆，1994，《儒家文化區初探》，台北：國立編譯館。

楊炳章，1991，〈關於儒學第三期和中國文化的前途〉，載陳奎德主編，《中國大陸當代文化變遷》，台北：桂冠圖書。

臧廣恩，1972，《日本近百年史綱》，台北：東方出版社。

劉志富，2001，三個代表理論體系解析，載趙存生、趙可銘主編：《北京大學紀念建黨八十周年書系理論篇—理論創新與 21 世紀的中國》，北京：北京大學出版社，頁 375-385。

劉曉波，2010，《單刀毒劍──中國民族主義批判》，台北：博大出版社。

閻學通、金德湘主編，2006，《東亞和平與安全》，北京：時事出版社。

濱下武志，2000，《亞洲價值、秩序與中國未來──後國家時代之亞洲研究》，台北：中研院東北亞區域研究。

澀澤榮一，洪墩謨譯，1988，《論語與算盤》，台北：正中。

謝立中主編，2010，《馬林諾斯基到費孝通》，北京：社會科學文獻出版社。

嚴靈峰，1975 ，《易簡原理與辯證法》，台北：正中書局。

http://tw.news.yahoo.com/%E8%94%A1%E8%8B%B1%E6%96%87-%E6%97%A5-%E4%B8%AD%E5%85%A9%E5%9C%8B%E9%80%8F%E9%81%8E%E9%87%A3%E9%AD%9A%E5%8F%B0%E7%88%AD%E8%AD%B0-%E5%8C%96%E8%A7%A3%E5%85%A7%E9%83%A8%E7%9F%9B%E7%9B%BE-114538693.html 。

http://www.appledaily.com.tw/mobile/article/issueid/20120922/artid/34527040/appname/twapple/secid/5 。

http://news.chinatimes.com/focus/501011997/112012092500165.html 。

http://news.chinatimes.com/focus/501012002/112012092600157.html 。

http://www.president.gov.tw/Default.aspx?tabid=1103&itemid=27867

http://asahichinese.com/article/news/AJ201304120031 。

http://cn.nytimes.com/opinion/20130528/c28tepperman/zh-hant/udn 兩岸新聞報〈mailman@mx.udnpaper.com〉，2013/04/08。

A Century's Challenge for "Peace" Culture in China, Japan and Taiwan .

Chen-Yu Hsieh[14]

Abstract:

I intends to research on how China, Japan and Taiwan have marched from conflicts and wars to peace. The thesis is titled A Century's Challenge for "Peace" Culture in East Asia. Under the historian Toynbee's challenge vs. response model（C-R model）, this essay aims to review in the past century how China and Japan have risen from traditional eastern authoritative to strong thriving countries. Liang Qichao went to Japan after a failure in the political reform. He made an observation and was impressed by the prosperity in the archipelago country, thus the comment, "We should bring what we learned from Japan back to China." The words entail the Japanese exemplified how its people joined their forces as multiple and consolidated the country. This is what the Chinese should take as example and reflect on themselves. This essay also uses a dialectical analysis to show how various factors have influenced the peace culture development of China, Japan and Taiwan in the past century.

The thinkers during Meiji Restoration held the views that Japan should look to the Europeans instead of remaining just a part of Asia and that they should thrive and become civilized as soon as possible. This gives rise to the ideology of being a strong power. Yukichi Fukuzawa（1834-1901）in his writing, An Outline of a Theory of Civilization, he discussed the necessity

---

[14] Professor of Political Science, Soochow University

that the Japanese road to civilization should take western civilization as their goal. In his view, all nations in the world could be divided into civilized, semi-civilized, and barbaric countries. Large numbers of writings in the late nineteenth and early twentieth century encouraged Japanese people to be aggressive and beautified the meaning of wars. They promoted the Japanese national spirits and consolidated their nationalism and the loyalty to their emperor. It is widely considered that this ideology contributed to the first Sino-Japanese war in 1895, Russo-Japanese War in 1905, and invasions into China in 1930 and 1937, all of which started by Japan.

Dr. Sun Yat-sen spoke in Kobe in 1924 on "the Great Asianism significance". "What does the Great Asianism mean to us?"he detailed. "It means cultural issues. The eastern culture is based on ruling principles while western culture is promoted with hegemony. To rule means to govern with righteousness and morality, and affect people with justice. On the other hand, hegemony encourages utilitarianism and to be the strongest, and controls others with guns and violences." He questioned whether Japan was asking for the right way of ruling, or the hegemonic way. "It is you, the Japan citizens, who are to deliberate and choose."

China, Japan and Taiwan ended upheavals in the first half of the twentieth century. These nations have entered a peaceful environment and commercial era where labors collaborate with the capitalists. The well-known industrious East Asian people have created prosperity among Japan and the four smaller rising countries. China started its era under the lead of Deng Xiaoping and has thrived. The flourishing East Asia is rooted in the culture of seeking peace. In business we cooperate with peace. In politics, we rule with an aim to achieve peace and affect people with righteousness.

In April, 2003, Taiwan and Japan signed the Fishing Agreement in Diaoyu island area. This is an act of peace and collaboration in East Asian countries. Japanese and Taiwan extract a sense of compromise from their ideas, communicate on the basis of good will and rationality. They will develop what may be the best solution for China, Japan, and Taiwan over the Diaoyu island dispute. East Asia politicians should face the consequences of wars in the twentieth century, reflect the lessons on themselves and prevent the past mistakes from reoccurring. We believe the sense of the"peace and cooperation" culture will serve as the strength and principle behind racial consolidation, social stabilization, political and foreign affairs in China, Japan, and Taiwan .

Keywords: wars, peace, hegemonism, kingly way, nationalism, dialectical development.

本文投稿《孫學研究學報》第十七期，投稿日：西元2013年12月10日；接受刊登日：西元2014年11月12日。感謝兩位論文審查人的意見，本文已針對審查人諸多問題作出了回應與修改。

伍

1945年後「戰爭物語」迷思的拆解
——形成日本II戰「戰爭觀」的思想淺解

一、前言：戰後日本「戰爭物語」的迷思

　　2次世界大戰結束至今，恰好70年，有關戰爭的各種「物語」，卻仍然在東亞地區迴盪，今天這場研討會，不是在重挖傷口，而是希望以更多理性的檢討，更大視野的胸懷了解歷史、了解彼此。誠如，1945年8月15日蔣介石在〈抗戰勝利對全國軍民及全世界人士廣播演說〉中說的：「希望這場戰爭是世界文明國家所參加的最末一次的戰爭」，蔣介石在這文稿中強調「待人如己」、「不念舊惡」，抱著「要愛敵人」、「與人為善」的心情「要作到我們的敵人在理性的戰場上為我們所征服，使他們能徹底懺悔，都成為愛好和平的分子」[1]。本文即基於理性的立場，檢視與拆解II戰後「戰爭物語」的迷思。

　　每年8月15日是日本「終戰紀念日」，這是日本接受《波茨坦公告》向同盟國無條件投降的日子。從1945年8月15日至1946年5月日本實

---

[1] 蔣總統思想言論集編輯委員會編，《蔣總統思想言論集》卷18，（台北：生活出版社印行，1968），頁285-288。

施大選前，東久邇宮稔彥及幣原喜重郎二任內閣使用「終戰」取代「戰敗」，時人稱是「終戰處理內閣」。東久邇內閣恐戰爭責任算到天皇頭上，於是拋出「一億總懺悔」，是年8月28日東久邇會見記者表示「此時此刻我認為軍、官、民等國民全體都必須徹底反省與懺悔，全體國民的總懺悔是我國再建的第一步，也是國內團結的第一步」[2]，此論在迴避戰爭指導者的主要責任。整個日本社會經年有「反思戰爭」與「戰爭物語」的狀態，幾乎每年公營電視台NHK都有針對二戰的不同主題之探討與反省。不過，這種反思的意涵是複雜的。

　　這種複雜因素，關鍵在於戰爭責任未能理清。所謂戰爭責任關鍵就是那一方開第一槍。當年日本首相近衛文麿的說法：根據近衛內閣書記長風見章的記述，在接到盧溝橋兩軍衝突的報告，也就是1937年7月8日，立即轉報首相，同時陸軍大臣杉山元也加以補充：「在我方面來說，真正是偶發的事件。」但近衛的反應卻是：「真沒想到竟然不是日本陸軍有計畫的行動！」[3]1945年元月近衛向昭和天皇祕密呈文，更明白指出，「畢竟是軍部中分子居心策劃，發動『滿州事變』『支那事變』，使之擴大，終於爆發『大東亞戰爭』，至今已明明白白」[4]日本的「侵略」戰爭在右派軍人與文官中是一醞釀已久、蓄意已久的事。

　　日本國際政治學者藤原歸一指出，日本政府通過「村山談話」已經承認戰爭責任並進行了道歉。國外不少人認為日本國民患上了二戰健忘症，如果只追悼特定的受害者，戰爭記憶就會產生「政治性」。從「南京物語」的視角來回憶那場戰爭的人們，不用說「靖國物語」，

---

[2] 王希亮，《戰後日本政界戰爭觀研究》，（北京：社會科學文獻出版社，2005）頁2-8。

[3] 風見章，《近衛內閣》，（東京：中央公論社，1982），頁30。

[4] 立野信之，《公爵近衛文麿》，（東京：大日本雄辯會講談社，1950），頁361。轉引自陳在俊，〈中日兩國全面戰爭的導火線〉，中央研究院近代史研究所編《第三屆近百年中日關係研討會論文集》下冊，（台北：中央研究院近尤以事項好代史研究所，1996），頁547。

連「廣島物語」都覺得很異樣。反之，通過「廣島物語」來回憶戰爭的日本國民，遇到「南京物語」時，也會抱有反感和排斥吧，覺得「我又沒到戰場上殺人，為什麼被說成是殺人犯一樣」[5]做為戰爭的肇端者，日本不應有「物語」的迷失。何況「廣島物語」，可理解為是因為日本神風特攻隊攻擊珍珠港，所造成美國「夏威夷物語」的報復，也是日本對中國戰場上進行多年戰爭後，最終中國與美國等聯盟反擊所導致日本本土慘重的災難所致。

二、近代以降日本激進右翼思想的狂飆

　　筆者認為任何社會都有激進的左右兩極政治與思想人物，日本在明治維新以迄2次世界大戰期間，至少可歸納有三股極右的力量匯集而成對外侵略。平實而論，它不能反映全日本的市民大眾的普遍想法。個人認為第一股右派力量來自於德川家康時期所吸收的中國傳統儒家文化，特別是「忠」的文化。論者以為，德川時代的日本，忠誠觀念被高度地灌輸到政治系統之中。…「忠誠已成此時代的中心價值。對政治權威強迫式的、壓倒一切的忠誠，毫無疑問的，可以在「報恩」這一觀念中見到。…忠誠已是一種絕對的義務」[6]。第2股力量來自日本右翼思想與文化的傳播，19世紀末有多本重要著作，引導日本人民發揮進攻、甚至是歌頌戰爭的重要作品。例如：福澤諭吉的《文明論概略》中說：「在中國和日本，…認為人有君臣之倫，猶如夫婦夫子之倫，君臣之分，是前生注定的。…就連孔子也沒能擺脫這種迷惑。」福澤進一步說，文明可以比作鹿，政治如同射手。「只要能獲得鹿，

[5] http://asahichinese.com/article/opinion/AJ201402200003
[6] Robert N. Bellah, *Tokugawa Religion: The Cultural Roots of Modern Japan*,（N. Y.: The Free Press. 1985），pp19-21.

不管立射和坐射，…如拘泥於一家一派的射法，射箭不能中的，失去當獲之鹿，那就是拙笨的獵戶了」❼此謂以政治引導文明的進步。其次又如：志賀重昂的《日本風景論》；內村鑑三的《典型的日本人》；新渡戶稻造的《武士道》；以及岡倉天心的《東洋的理想》、《日本的覺醒》；這些著作基本的論調在於積極倡導日本向歐美發達國家躍進，甚至起而相抗衡，以呈現日本的獨特性與文明的進步性。他們承繼了明治維新初期領導者交給他們時代的任務──快速趕上歐美的近代化，並在殖民主義的競爭中取勝。❽

　　又如20世紀初社會學家遠藤隆吉的《日本我》，芳賀什矢一的《國民性十論》，日本新潮社推出12卷的《日本精神講座》以及大場喜嘉治的《新日本主義》，到醫學博士堀江憲治的《日本人強大之研究》，這些著作大事宣揚日本大和魂精神，一步步強化國家主義，並以日本人民的一生是為天皇盡忠為鵠的。❾1927年田中義一執政提出「田中奏摺」，主張「先佔領東北，囊括中國，進而稱雄世界」。此論在右翼團體中擴散。20世紀初期日本的右翼思潮不僅侷限於民間，更向在鄉軍人、現役軍人和官僚階層發展。如1932年，由田中國重大將組織「明倫會」，1933年，等等力中將組織在鄉軍人成立了「皇道會」。在官僚方面，平沼騏一郎為與社會主義對抗而建立的「國體社」，安網正篤建立的金雞學院，新官僚為中心的「國維會」等。由於這些國體的存在，使得日本統治者的上層相對密切地聯繫起來，迅速走向戰爭道路的重要原因。❿在1938年11月3日近衛文麿內閣聲明中已可看出：「帝

---

❼ 福澤諭吉著，北京編譯社譯，《文明論概略》，（北京：商務印書館，1997），頁35、41。

❽ 船曳建夫著，蔡放達譯，《新日本人論12講》，（上海：華東師範大學，2011），頁15-29。

❾ 張玉柯、李甦平等著，《和魂新思－日本哲學與21世紀》，（上海：華東師範大學出版社，2001），頁44-46。

❿ 步平、王希亮，《日本右翼問題研究》，（北京：社會科學文獻出版社，2005），頁

國所希求的是：確保東亞永久之安定，建設東亞新秩序。一這新秩序的建設是：日滿支三國相提攜，樹立政治、經濟、文化等各方面的互相關聯關係。」1940年8月1日，外相松崗洋右發表「皇道外交宣言」說：「當前我國的外交方針要根據我們皇道的偉大精神，必須首先建立以日滿支三國為一環的『大東亞共榮圈』。然後宣布強而有力的皇道，以貢獻於公正的世界和平的樹立」，至1942年1月21日東條首相在帝國議會上的演說中確立了大東亞共榮圈的主要內容。[11]在民間部份，石原莞爾在1933年偽滿洲國協會綱要中就提出了「東亞聯盟」的概念，1939年10月8日，在石原的主持下成立了「東亞聯盟協會」，第一年在全日本建立了35個支部。到1941年，會員發展到一萬多名，直到1945年日本投降的時候，會員有1.6萬餘人，此外，協會還確立了所謂四大原則，即「政治獨立；國防共同；經濟一體化；文化溝通」。[12]此等論述在戰爭中強化了日本在二戰中戰爭行為的理論與合法性，亦是為其右翼軍國主義支配亞洲的正當性找尋藉口。

　　第3股右翼的力量是來自明治維新以來神道教被提升到國教的地位，並且建構出，對為國家在作戰中犧牲的軍人亡靈建立「靖國神社」。

　　日本是一個神道的國家，雖然神道不是國教，但是研究者指出神道代表著民族的感情，義務的觀念，忠義的熱誠，以及國民的愛國心，倘若國家危急存亡之秋來臨，神道就發揮他的力量。[13]19世紀結束幕府時代，神道有助於明治維新的中央集權化與效忠觀，神道又復活了。在明治天皇時期，薩摩藩士馬新七在《大疑問答》就講到：「皇國，真

131。

[11] 伊原澤周，〈「大東亞共榮圈」論的成立及其構想〉，中央研究院近代史研究所編《第三屆近百年中日關係研討會論文集》下冊，（台北：中央研究院近代史研究所，1996），頁772-774、778-779。

[12] 步平、王希亮，前揭書，頁185-187。

[13] 小泉八雲著，曹曄譯，《神國日本》，（吉林：吉林出版集團，2008），頁234。

正的神國。…余等皆為同一神之御裔」，這般言論有助於「拋卻地方
藩意識而朝向全國的神國意識，使天皇與臣民成為一體化」，論者引
述丸三真男的話說：「德川社會這種武家的獻身精神的忠，與其說是
盡倫理的義務，毋寧說是帶有濃厚的宗教色彩」，因此，「明治以後把
天皇當作父親的大家族觀的皇民教育，透過國家總動員的機制已深植
國民心中，尤其在昭和時代戰爭時期，充分地被政府與軍隊運用」。⓮

　　在這三股右翼思想的積累下，日本的近代化歷程形成一種「文明
優越與擴張」的史觀，形成了福澤諭吉所謂的「一國政治裡最有影響
的因素－眾論」，在一國人民的「氣力」與「風氣」之作用下，決定了
現代日本的歷史政治方向。⓯福澤的《文明論概略》此一為日本設計
的近代化藍圖，是一對外擴張的始作俑者，後繼者變本加厲，也就一
步步走向以「戰爭」為手段的日本。

　　二次世界大戰期間，日本兵可以以竹竿當武器，可以一當十，誓
為日本天皇效忠的精神，美國軍事與情報單位結合人類學家潘乃德
（Ruth Benedict）研究何以日本兵具有如此犧牲精神？戰後潘乃德寫出
《菊花與劍》（The chrysanthemum and the sword）她強調：「日本人具有
菊花的美麗、劍的冷酷，好戰又祥和，黷武又好美，傲慢又尚禮，呆
板又善變，馴服又倔強，日本人對可寬裕的事情倍加責難；對罪大惡
極的事卻寬大的接受之矛盾性格」。所以，「近代日本戰爭，日本兵都
抱持的為神國、為天皇而戰的信仰」⓰。從日本近代啟蒙大師的鼓吹，
又有神道教與對天皇效忠的鼓鑄，加上思想家推波助瀾，日本近代文

⓮ 張崑將，《德川日本「忠」「孝」概念的形成與發展 -- 以兵學與陽明學為中心》，（台
　北：喜馬拉雅研究發展基金會，2003），頁202-203。
⓯ 子安宣邦著，陳瑋芬譯，《福澤諭吉《文明論概略》精讀》，（北京：清華大學，
　2010），頁84-85。
⓰ Benedict, Ruth.（潘乃德）著，黃道琳譯，《菊花與劍》，（臺北：華新出版公司，
　1975），頁18-37。

化產生轉向，戰爭觀念變本加厲。

三、從戰爭物語到文明轉向的沉思

　　論者以為日本自1867年明治政府成立以來，日本國民都生活在攀登文明階梯的使命感中。……為文明階梯此一虛構物，一直在日本國民的想像中發揮作用。至1930年代，「轉向」成為日本日常語彙而被廣泛使用。其歷史的主要意義是在國家權力下發生思想的變化（亦即「轉向」）。[17]易言之，1930年代短暫的、淺蝶式的日本「大正民主政體」，紛紛「轉向」為「國家主義」、「軍國主義」的政體，乃至「法西斯軍國體制」，並以「大東亞共榮圈」的迷思侵略中國、美國以及東南亞，意圖成為亞洲的霸主，最後導致無條件投降。何以至此？當代日本學者丸山真男反省指出：「日本中產階級民主主義革命的欠缺，限制了法西斯主義運動進展的方向」，任由軍國主義侵蝕國人的中心意識，他進一步論道：「正因為日本政黨並非民主主義的鬥士，自始即與專制主義體制妥協結合，且自甘於『表面立憲制』，因而明治以來專制主義的寡頭體制，遂能原原本本的轉移到法西斯體制」[18]，如此轉向的法西斯軍國主義的日本，將對外戰爭無限上綱。

　　當代學者安世舟言及，現代國家發展有四個階段：「國家形成、國民形成、參與階段及分配階段」，日本政治屈從於「壓縮近代化進程」的強制轉型，以至留下許多負面的「歷史弊病」，二十世紀末日本又遭逢金融危機、政黨輪替、憲法修改等大政治課題，日本應以大局出

---

[17] 鶴見俊輔著，李永熾譯，《日本精神史》，（台北：台灣學生書局，1984），頁7、17。

[18] 丸山真男著，林明德譯，《現代政治的思想與行動》，（臺北：聯經出版公司，1984），頁62。

發，使「持續性社會重生」，並「制定國家百年目標」，結束「漂流的日本政治」⑲

　　個人以為思想的重建才能進行持續性的轉型與社會重生。日本如此，東亞各國皆然。中國儒家文化何等豐富，他既有忠的文化，更有仁義的內涵，強調忠，忽略仁，必然產生強烈的我群優越感，也就容易引發對外擴張性與侵略性。而忽略了與人為善及近者悅，遠者來的王道精神。在當前東亞諸多問題仍未解決的時刻，中國儒家文化更具有「和」文化，而日本以「大和」民族為名，及聖德太子所建構的「和」的神聖精神注入日本憲章之中。以此基礎，想想約在140年前中國派駐日本的公使黃遵憲（1848-1905），當年他在日本說：「滔滔海水日趨東，萬法從新更大同」。⑳這樣的思想不只是作為中日友好交流的先驅加以看待，更值得當今東亞各國深思，為持續建構一個戰後東亞和平的新典範齊心努力，如此我們才能說我們吸取了二戰的戰爭教訓。

　　唯有深刻反思為戰爭鋪陳的思想因素，從而指陳思想的盲點，走出思想意理的侷限性及其乖離錯位的戰爭觀。進而深化民主與自由，實踐寬容與和平，如此，才能走出偏狹的「戰爭物語」，一步步邁向以和平為中心的東亞共榮社會。

本文初稿以〈「二戰物語」的反思〉發表於2015/04/於名古屋，由日本愛知大學、美國加州大學聖地牙哥分校、東吳大學人文社會學院共同主辦：「何謂戰後 —— 亞洲的1945年及其之後」國際學術研討會論文，修改為今日篇名發表於允晨出版社出版《何謂戰後 —— 亞洲的1945年及其之後》書中論文。

---

⑲ 安世舟著，高克譯，《漂流的日本政治》，（北京：社會科學文獻出版社，2011）。
⑳ 王曉秋，〈黃遵憲與日本〉，關捷主編，《影響近代中日關係的若干人物》，（北京：社會科學文獻出版社，2006），頁228。

陸

孫中山思想中的社會公平正義觀

摘要

　　本文以孫中山思想中的內涵，探討其中的公平、正義理念。並從民生、政治、人生三個哲學層面，以及養民、平均地權、節制資本、勞資合作、社會福利、民族問題、實業計畫等六個社、經層面說明中山先生實踐公平、正義的理念與方略，並輔以若干中、西哲人的公平、正義觀念相互辯證。最後以若干台灣地區的經驗驗證中山思想的實踐性。

關鍵詞：中山思想、公平、正義、民生哲學。

一、緒論

　　思想是環境的產物，思想更是指引行動、改造環境不可或缺的內在動力。作為革命開國的人物，如 孫中山與中華民國，其思想之內涵與國家發展方向息息相關。回顧清中葉以後，國事日衰，社會動盪不安，內有白蓮教、洪秀全等起義，外有帝國主義一波強於一波殖民

侵略，在此內憂外患下，清帝節節敗退，陷國家民族於窮困與危急之秋，李鴻章謂：「這是中國二千多年來未有的變局」。孫中山先生早年曾力陳改良主義，試圖挽救國勢，在不被清帝採納之餘，只有逼上革命一途。誠如金耀基教授所說：「就在內外因子之交光互影之下促成了辛亥革命。亦即當時的中國是在外環境有帝國主義殖民政策對中國的不公，內有滿人對漢人的不義交相煎迫，使中國處於相對剝奪感嚴重的革命爆發前兆中。」（金耀基，1980：95）換言之，在此不公不義的相對剝奪感中，激發了孫中山先生興起「正義之師」的革命思想與行動。

相對剝奪論（theory of relative deprivation），以不滿為出發點，認為相對的不平等（inequality）、不公平（inequity）、與不公道（injustice）是革命爆發的根源，而且，人們對於這種狀況的認知程度（degree of perception）愈高，參加革命運動的可能性就愈大（Gurr,1970）。亞里士多德曾說：「不平等的感覺以及追求平等的慾望是革命的主要原因」。社會運動家 Hoffer 也說過：「心滿意足的人，認為這個世界不錯，願意使其繼續保持下去，而失意者則贊成急遽的改革。」（Hoffer，且文譯，1981）以革命方略去除剝奪現象以追求公平社會，自古以來為許多思想家與行動者所推崇，「相對剝奪感」是否是孫中山革命運動爆發的充分條件，或者只是必要條件之一，其所要追求的理想社會與當代自由主義的著名學者如 Rawls 等所談的公平、正義觀有無相通之處，並引申中、西公平、正義思想傳統，與 中山先生思想中的類同理念相互對此檢證，並以若干台灣經驗印證之。

本文以 孫中山思想的公平正義概念以及若干台灣經驗，對比中西方哲人的論述相互檢證與反省，以期許給我國社會在追求與實踐公平正義之同時，提供若干參考作用，並期待指正。

二、中、西思想傳統中的公平、正義觀

公平（Fairness）與正義（justice）的概念，在中、西思想傳統裡中一直佔有非常重要的地位。西方文化的重要質素之一，是競爭性的奧林匹克型態，在運用到政治社會中時，就容易滑落成奴隸制度和殖民政策；但是另一般反省型的西洋哲學從古希臘起，就不斷指出這種霸道文化的偏差，而用盡方法去補救之。柏拉圖的理想國，亞里斯多德的倫理學，司多噶學派的修行……到康德的道德哲學，都莫不在設法拯救文化、拯救人類，針對霸道文化的傷天害理，西方文化提出的針砭重點就是追求「公平」與「正義」概念。從宗教上的博愛、犧牲精神到近代自然法中的平等、理性觀念以迄契約論、法治社會的建立皆然。（鄔昆如，1981：93；鄒文海，19821：331-338，369-380；Sabine and Thorson,1973:390-394,490-498）日裔美籍學者福山繼1989年的「歷史終結」的市場經濟、民主制度的自由由資本主義已取得最後勝利的論述之後，又著書說到，誠信（Trust）是不可量化的社會資本，是建構一合理、公平社會不可或缺的倫理道德價值（Fukuyama,1992&1996）這是西方面對不平等社會的種種現象，政治思想家欲以「公平」、「正義」之精神建立人類更合理與平等生活的傳承理念。

在中國，以主流思想傳統的儒家而言，論語〈衛靈公篇〉云：「君子義以為質」，〈季氏篇〉道：「行義以達其道」。孟子〈告子上篇〉云：「仁，人心也；義，人路也。」公孫丑上篇道：「行一不義，殺一不辜，而得天下，皆不為也。」職是之故，論者指出：「先秦儒家以『仁愛』為組成社會之原則，復以『義』來實踐之。義是『正當』、道理』的意思」。（勞思光，1981：59）也就是說，「義」是儒家中心思想「仁」的具體實踐。成中英教授指出，孔孟思想包含三大方面，一為以「仁」「恕」為中心的人性本體論，一為以「正義」為骨幹的社會規範論，一是以「禮」、「樂」為重點的人生理想論。三者相互依持，形成息息相關的一個全體的三面。成教授進一步從孔、孟著作中自四方面闡述

孔、孟的正義意識：「1.以『義』釋正義。2.以『正』釋正義。3.以『直』釋正義。4.以『中』釋正義」。（成中英，1986：352，354）亦即儒家思想中若干用語和當今西方「正義」觀念是相通的。美國學者白魯恂（LucianPye）以民主的三個必要條件「文明、社會資本、公民社會」中儒家具備了前兩項。羅思文（Henry Rosemont）亦指出當代政治權利有三：「公民與政治權利，社會與經濟權利和團體（Solidarity）權利。」儒家具有後兩者，且不分貴賤，充分展現對人的關懷。（哈佛燕京學社主編，2001，172～183，227～255）這些西方政治學者進一步區分出若干儒家理念是有助於公平、正義的達成且部分超越自由主義之傳統。1906年，民報發刊週年紀念，孫中山先生在東京應邀發表「三民主義與中國前途」，他強調說：「我們革命的目的是為眾生謀幸福，因不願少數滿州人專利，故要民族革命；不願君主一人專利，故要政治革命；不願少數富人專利，故要社會革命。這三樣有一樣做不到，也不是我們的本意。」（國父全集（二）：205）換言之，孫中山革命不僅在消除滿清的剝奪，在積極意義上中山先生借革命之途，實現三民主義以濟中國社會的公平正義其理甚明。

三、孫中山哲學思想的公平正義原則

　　本段以孫中山思想的民生哲學、政治哲學、人性論的看法來闡釋其「公平」、「正義」概念。

（一）民生哲學的公平、正義概念

　　孫中山先生在演講「民生主義第一講」時說：民生的定義就是人民的生活、社會的生存、國民的生計、群眾的生命……。社會之所以有進化，是由于社會上大多數的經濟利益相調和，……我們現在解除

社會問題中的紛亂，便要改正這種錯誤，再不可說物質問題是歷史的中心，要把歷史上的政治、社會、經濟種種中心都歸之于民生問題，以民生為社會歷史的中心」（國父全集（一）：157、176）。中山先生這段話與美國開國元勳傑弗遜（Jefferson）在「獨立宣言」上一段名言所說：「生命權，自由權和追求幸福的權利不可被剝奪，經被治者同意產生的政府，其職責就在保障這些權利」（Agel ed，1997）。其共同處就在保障生命與幸福的生活。中山先生以民生的廣袤之範圍包括生活、生存、生計與生命，並思以合作、和諧、民主的方式完成此一社會、歷史的中心課題。它不同於馬克思、列寧的鬥爭哲學，也不是亞當斯密的資本主義放任哲學，戴季陶名之曰：「民生哲學是孫文主義的哲學基礎是也」。美國當代政治哲學家羅爾斯（Rawls）說道有兩個重要的原則以論述「正義」的內涵：

第一原則：每個人都有平等權利，享有最大限度的各項平等基本自由權（equal basic liberties）；且所享有的自由人權中所有人彼此相容。（簡稱自由平等原則）

第二原則：社會和經濟的不平等可以被如此的安排對最不利成員獲得最大利益。

各項職位（offices）及地位（positions）必須在公平的機會平等（fair equality of opportunity）下，開放給所有人。第二原則又稱差異原則。（Rawls，1971:60）

第一原則比第二原則具有優先性，即未滿足第一原則之前，第二原則不可能實現；亦即一個社會不可能在沒有自由的情況下，作出公平、合理的分配。

Rawls又說：所有社會中的基本利益（Primary goods）自由與機會、所得與財富，以及自尊的基礎……都必需平等的分配，除非不平等的分配是對最不利的人有好處。（Rawls，1971：303）此即A Theory of Justice所提到二項正義原則及適用上的先後次序規則（priority rules）。Rawls所建構的上述「正義」理論，第一原則與中山先生所說「權能區

分」、「直接民權」意念相通，第二原則與中山先生所說立足點平等輔
以「人生以服務為目的、不以奪取為目的」之服務人生觀相符。以下
段落逐一探討與對比之。

（二）孫中山政治哲學的公平、正義概念

1.革命的意義

　　中山先生一生推動革命，消極意義在消除清朝社會的種種不公不
義之剝奪面，積極面在贏造一正義的未來。換言之，中山先生借革命
之途以濟中國社會的公平正義其理甚明。1908年在同盟會革命方略文
中說：「前代為英雄革命，今日為國民革命。所謂國民革命者，一國
之人，皆有自由、平等、博愛之精神，即皆負革命之責任，均政府特
為其樞機而已。」（國父全集（二）：285）民國元年在南京講「中國人
之天職在促進世界和平」中說：「本總統自中華民國正月初一日，至
南京受職，今日四月一日，至貴院（參議院）宣布解職……中國為何
而發起革命？蓋吾輩革命黨之用心，以聯合中國四萬萬人，推倒惡劣
政府，造成國利民福宗旨。……今日中華民國，南北統一，五族一家，
……中華民國成立以後，凡中華民國之國民，均有國民之天職。何謂
天職？即是促進世界的和平。」（國父全集（二）：212-213），從這話中，
吾人可知，無論是辛亥革命之前之後，孫先生的革命過程與目的，為
去除少數人的專利，為增進多數人的福祉，為國家來自全世界的自由、
福祉與和平的信念始終如一，其中所彰顯的「正義」概念，十足濃厚。

2.以憲政民主保障公平正義

　　中山先生在闡述民權政治的內涵時說：「中國自革命以後，成立
民權政體，凡事都是應該由人民作主的，所以現在的政治，又可叫做
民主政治。換句話說，在共和國之下就是用人民來做皇帝」。（國父全
集（一）：128-129）

中山先生以國民革命的軍政時期開始，中間經過訓政，以實施憲政作為革命工作的完成，是其所謂革命三程序，是其特殊的政治學觀，中山先生革命的目的在推翻君主專制，最終成立一符合潮流，保障人權的立憲政府。如何保障正義的理念，Raws說道：「憲政民主的一個最重要的目標就是提供一種政治的正義觀，這種正義觀不但能為政治和社會制度的正當性提供共享的公共基礎，而且保證將穩定性從一代傳到下一代。」（應奇，1999：124）晚近的Raws進一步說明了立憲政體三個本質的要求：「第一，它一勞永逸地確認基本權利和自由的內容。第二，它的推理清楚明白。第三，它以自由的公共理性觀鼓勵合作性的政治美德。」（Raws著，姚大志譯，2002:320）當代憲政主義不斷豐富化人的基本權利，且亦朝合作美德的互信互惠的「社群主義」發展以進求更符合正義原則。

這是今天憲政民主的先決條件。唯有在法治下所追求的「正義」亦即在規範下加以保障，如W.A. Galston所言：「追求正義的熱情是不可缺乏的，但卻也是危險的，因其常常成為破壞性的狂熱的掩護，如此，無規範的『正義』才可減少」。（Galston,1980:282）

（三）孫中山人性思想的公平、正義概念

孫中山先生並不以立足點平等為滿足，他在民權主義第三講結論中如是說：「世界人類其得之天賦者，約分三種：有先知先覺者，有後知後覺者，有不知不覺者。此三種人互相為用，協力進行，則人類之文明進步，必能一日千里。所謂巧者拙之奴，雖天生人之聰明才力有不平等，而人之服務道德心發達，必可使之成為平等了。這就是平等的精義」（國父全集（一）：104-105）。

當代康乃爾大學教授Clinton Rossiter亦說：「沒有自由即無幸福，沒有自治即無自由，若無憲政即無自治，沒有道德即無憲政，沒有安定與秩序，以上這些偉大的目標都將不可得。」

（Rossiter,1961: ⅩⅥ），中國學人余英時教授亦說：「人與人的關係通過法律和制度只能保障起碼的公平或『立足點』的『平等』，中國社會尚須以仁、禮等道德的個人自覺來達到更高的發揮」（余時英,1987：27-36）。孫先生的觀點與當代中、西學人都有相似的看法，亦即自由與法治是保障個人與群體的規範與活力進而建立起碼的公平正義，但道德心的發揮，則使人有所為、有所不為，實乃可說憲政constitutionalism與道德moral對於社會公平，正義的保障、追求與提升是相輔相成的。

四、孫中山社會思想的公平、正義概念

（一）養民思想的公平、正義概念

在民生主義第三講中 孫先生說：「資本主義是以賺錢為目的，民生主義是以養民為目的。」（國父全集（一）：192-208）孫中山對民生需要的看法，可與當代政治學者Sartori對平等的二種分析：

1. 同等對待全體（the same to all）……全體每一成員都得到相等的利益（或負擔）。
2. 同等對待相同者（the same to sames）──相同者得到相等的、差異者得到差別的利益（或負擔）。（Sartori,1987：348）

民生主義的目的在養民，正是the same to all由國家與社會全體共同負起責任，而 孫先生在「民生主義第四講」中以穿衣為例認為「在文明進化中人的需要可分為：需要、安適、奢侈……我們要解決民生問題，並不是要解決安適問題、也不是要解決奢侈問題，只要解決需要問題」（國父全集（一）：219）。這趨近於the same to same，孫先生是反對「假平等」的，因此依後天貢獻大小而得不同利益是為孫先生養

民思想之餘所兼顧的「差異原則」，這是孫中山「真平等」的精義所在。

（二）平均地權的公平、正義概念

孫先生在中國國民黨第一次全國代表大會宣布中說：「蓋釀成經濟組織之不平均者，於土地權之為少數人所操縱。故當由國家規定土地法、土地使用法、土地徵收法、及地價稅法。私人所有土地由地主估價，呈報政府，國家就價征稅，並於必要時依報價收買之，此則平均地權之要旨也」（國父全集（一）：833）。在漲價歸公的辦法中，孫先生說：「因為地價漲高，是由於社會改良和工商業進步。……推到這種地步和改良的功勞，還是由眾人的力量經營而來的，所以這種改良和進步之後，所漲高的價，應歸之大家，不應歸之於私人所有」（國父全集（一）：188）。又說：「若實行稅價法，及土地收用法，則大資本家不為此項投機業，將以資本進投之於工商，然後謀大多數之幸福之目的乃可達」（國父全集（二）：232）。這是對都市土地問題的處理。在鄉村農地上，孫先生說：「我們解決農民的痛苦，歸結是要耕者有其田。這個意思，就是要農民得到自己勞苦的結果」（國父全集（二）：723）。

孫先生平均地權的用意，一方面在於土地有效運用，一方面在於強調社會眾人的努力與進步之結果不應歸少數人利得，這是實現社會公道（justice）的力證。

（三）節制資本的公平、正義概念

因為外國富，中國貧，外國生產過剩，中國生產不足，所以中國不單是節制私人資本，還是要發達國家資本。

孫先生說：「凡本國人及外國人之企業或有獨佔的性質，或規模過大為私人之力所不能辦者，如銀行、鐵道、航路之屬，由國家經營

管理之。使私有資本制度不能操縱國民之生計，此則節制資本之要旨也」（國父全集（一）：883）。這當中包括節制私人資本及發達國家資本兩項。

在發達國家資本方面，孫先生認為：「中國不能和外國比，單行節制資本是不足的，因為外國富，中國貧，外國生產過剩，中國生產不足，所以中國不單是節制私人資本，還是要發達國家資本。何謂製造國家資本呢？就是發展國家實業是也。……振興實業的方法很多，如交通事業、礦產、工業等」（國父全集（一）189-191）。這是孫先生興中會宣言中所言「興大利以厚民生」之發展也。在儒家思想之中有「見利思義」、「義然後取」（論語憲問篇）「不義而富且貴，於我如浮雲。」（論語述而篇）孫先生的思想並不否認「私人資本」只是主張節制而已，但他同時主張「發達國家資本」，其意如同「義」一般的指大我的利益，如同語云：「取利當計天下利」之意。

無論是平均地權的「漲價歸公」或節制資本的「直接徵稅」都可看出孫中山反對應有報酬以外的「不勞利得」（unearned income），「不勞利得」是造成經濟不平等的主因之一，應加以去除，以達經濟公道。

（四）勞資合作的公平、正義概念

孫中山在民國元年時指出：「將來中國之實業，建設於合作的基礎之上，政治與實業皆民主化。每一階級皆依賴其他階級而共同生活於互愛的情形」（全集（二）：91）。又說：「資本家改良工仁的生活，增加工人的生產力。工人有大生產力，便是資本家多生產，……這是資本家和工仁的利益相調和，不是相衝突」（國父全集（一）：169）。由這兩段話可知孫先生絕非主張「階級」利益，更不是以「鬥爭」的方法解決勞資問題。1938年共產國際第六次大會所通過的剛領說：「孫逸仙所表現的是一種小資產階級的社會主義。在三民主義裡，『人民』的觀念煙沒了『階級』的觀念」（崔書琴，1982：236）。重視整體的利

益，以「社會價值」取代「剩餘價值」，正是孟子所言：「一人之身，而百工之所備」，亦是 孫先生在民生主義演講中一再申論的。

　　當代統合主義（Corporatism）福利國家理論亦指出：「結合社會與經濟政策、兼顧勞、資雙方、或生產者與消費者的福利發展模式，是較具理性的發展基礎。」（Harrison,1986:18）國人的研究也指出：「統合主義的政、經結構在政府主導下，以『同舟共濟』（Social partnership）的精神來協調全國主要利益代表組織，特別是有組織的勞工與資方這兩大經濟團體之間的衝突，及制訂其有高度社會共識性經濟政策」（朱雲漢、黃德福，1989：26），筆者研究亦發現：「中山先生勞資學說深深影響台灣地區1980年代以前政、勞、資三者在合作互惠政策下，創造三贏之目標」（謝政諭，1989）。

　　因此，唯有政、勞、資與時俱進，在「和諧、互助」之下興革、力行勞資合作制度，在互助互利之下，不只是公道、正義的表現，亦是社會進化的道理。

（五）社會福利的公平、正義概念

　　依據前文Rawls的差異原則，使處在社會弱勢若能夠獲得最大的福利，於是有所謂「積極差別待遇」（positive discrimination）的政策，亦即是「選擇性福利」（selective welfare），以使合乎社會所共認的弱勢人口得到差異原則的選擇性福利。（詹火生，1990：10-11）孫先生一方面在發達實業之利，一方面將社會不勞利得之部份，做為選擇性福利，如育幼、養老、……等各項目的支付，孫先生在民國8年「中國實業當如何發展」中說：「一切壟斷性質之事業，悉當歸國家經營，以所獲利益，歸之國家公用……而實業陸續發達，收益日多，則教育、養老、救災、治病及夫改良社會，勵進文明，皆由實業發展之利益舉辦」（國父全集（二）：169），此規劃的雛型，正是二次大戰以後，普通流行的「社會安全」social security或「福利國家」welfare state制度努

力的標的。

（六）民族問題的公平、正義觀

中國境內種族複雜，歷朝歷代種族相互征伐者有之，和親者有之，圍堵者有之。中山思想如何解決此問題呢？1904年 孫先生在「重訂致公堂新章要義」中說：「而清國則世人以目之為病夫矣，其國勢積弱，疆宇日蹙，今滿州為其祖宗發祥之地，陵寢所在之鄉猶不能自保。而謂其能長有我中國乎？此必無之理也。我漢族四萬萬人豈甘長受滿人之羈軛乎？」（國父全集（二）：866）1906年在東京講「三民主義與中國民族之前途」中說：「我們並不是恨滿州人，是恨害漢人的滿州人。……他當初滅漢族的時候，攻城破了，還要大殺十日，才肯封刀，這不是人類所為。我們決不如此，惟有他來阻害我們，那就盡力懲治，不能與他並立。照現在看起來，滿州政府要實行排漢主義，謀中央集權，拿憲法作愚民的器具，他的心事真是一天毒一天」（國父全集（二）：201）。

由此可見是由於滿清無能腐化，遭致我中華受外邦的蠶食鯨吞，更由於滿族對漢族的壓迫欺凌，因此孫先生才發起種族革命，懲治滿族，是以孫先生說：「滿清專政，彼為主而我為奴，以他民族壓迫我民族，不平熟甚？故種族革命因之而起」（國父全集（二）：494）。因此孫先生的種族革命可視為亞里斯多德所談的「矯正式的正義」（corrective justice）（Spicker,1988:136）但孫先生的種族革命卻不是一種「報復式的正義」（retributive justice）理念，民國元年二月孫先生致大同府何宗蓮告以五族共和電曰：「文始終主義，在救同胞於水火，毫無私意於其間。共和民國係結合漢、滿、蒙、回、藏五大種族，同謀幸福，安有自分南北之理，更安有苛遇滿族之理」（國父全集（三）：265）。同年九月在張家口演講「合五族為一體建設共和」曰：「諸君回思去年今日，猶處於專制政權之下，以四萬萬人受制於一人，以四大

族屈服於一族。較之今日共和政體，人人自由，五族平等，其尊貴卑賤相去何如！……界無分乎軍學農工商，族無分乎漢滿蒙回藏，皆得享共和之權利，亦當盡共和之義務」（國父全集（二）：265）。團結國內各民族，以平等的立場，乃致倡導以自由文化融合方式，建設富強康樂的新中國是孫先生民族平等的目標。

在民族主義第六講中，孫先生說：「中國如果強盛起來我們不但是要恢復民族的地位，還要對于世界負一個大責任。……中國對於世界究竟要負什麼責任呢？……要濟弱扶傾，才是盡我們民族的天職。我們對於弱小民族要扶助他，對於世界列強要抵抗他」（國父全集（一）：64）。可見中國民族強盛後是扮演鋤強扶弱的角色，要維護世界和平與正義。

民國十三年孫中山先生在日本講「大亞洲主義」，他說：「大亞洲主義……究竟是什麼問題呢？……就是文化問題……東方文化是王道，西方的文化是霸道：講王道是主張仁義道德，講霸道是主張功利強權；講仁義道德，是由正義公理來感化人；講功利強權，是用洋槍大砲來壓迫人。……日本民族既得到了歐美的霸道的文化，又有亞洲王道文化的本質，從今以後於世界文化的前途，究竟是做西方霸道的鷹犬，或是做東方王道的干城，就在你們日本國民去詳審慎擇」（國父全集（二）：763-771）。

孫先生主張以正義公理取代功利強權，並希望友邦國家以此王道文化，促進世界和平、以進大同。以達其所說：人類進化的目的為何？即孔子所謂「大道之行也，天下為公」（孫文學說第四章）又說：「然使文明日進，知識日高，則必能擴廣其博愛主義，使全世界合為一大國家，……即所謂大同之世是也」（國父全集（二）：259），孫先生的國家觀，是以仁義道德去促進世界大同，其民族主義的主張絕不是走「勤遠略」的「擴張式民族主義」路線也就甚為明顯了。

上述分析，可知孫先生的民族思想不是狹義的種族主義Racism，而中國強大後也不會是一個帝國主義者Imperialism，而是以「平等」

為出發點，以世界主義Cosmopolitanism為理想。

（七）實業計畫的公平、正義概念

　　實業計畫是一部兼具國防、經濟、社會綜合目標之區域性交通運輸建設、人口分配、富源開發、邊疆開發、產業發展的區域均衡發展計畫，孫中山以六大計劃，十大目標加以規劃，他進一步說：「於詳議國家經營事業開發之先，有四原則必當注意：1、必選最有利之途，以吸外資，2、必應國民之所最需要，3、必期抵抗之至少，4、必擇地位之適宜」（國父全集（一）：517），中山先生並以慎重的態度說：「至於實施之細密計畫，必當再經一度專門名家之調查，科學實驗之審定，及可從事」（國父全集（一）：507）。在計畫縝密，並期以國民最需要之原則加以開發，當可合理縮短地區間或民族、團體間的不平衡發展及所得差距，這是一種「空間正義」觀念的設計思維，亦是均衡區域發展以及開發各地資源以求得就地實踐公平、正義問題之解決。

　　中山先生提出上述概念從國家社會基本養民責任到土地、資本、勞資、弱勢族群、種族及實業計劃等事項，可說從人群結構與資源結構齊頭並進，與Rawls企圖以「結構性的理想」來引導社會變遷的方向。（張福建，1993：292）以實現公平、正義，可說是極盡微妙與相通之處。

五、若干台灣經驗──代結論

　　十八世紀初以來「管得最少的政府是最好的政府」成為當時政治經濟學家信奉的鐵律，但自由放任Laissez-faire的結果，不只貧富差距日趨擴大，企業間亦造成「割喉競爭」（譚典，1986：457）使得資本主義制度面臨毀壞或轉變的考驗，共產主義者預言資本主義必將毀

滅。但歷史印證了Schumpeter所說的：「資本主義是在其輝煌的成就中而結束其歷史任務的；他不但毀滅了自己，而且還為其後繼者創造條件。因此毀滅（destruction）兩個字似乎還不很確當，也許我們可以稱之為轉變（transformation）與創造（creation）」（Schumpeter，1976,xiv,83）。資本主義向何種方向轉變呢？keynes在「自由放任的末路」書中說：「個人漫無止境的追求最大利潤，爭奪商品與原料市場以及對殖民地的無煙饜榨取，是造成世界混亂的主因。」他認為：「要想解除資本主義崩潰的危機，恢復社會經濟的健康，只有加強國家對國民經濟所負的責任」（魏萼，1981：214）。近兩百年的思潮變遷，一再說明完全放任的自由競爭與完全管制的計劃經濟已被時代所淘汰，中山先生的「計劃式自由經濟」以及「民生哲學」、「憲政民主」以及上述諸多社會思想等理念則是經得起時代考驗的思潮，其目標在在指涉以建構——公平、正義的社會為職志。

　　台灣地區在落實 孫中山思想「社會公平、正義」概念時，亦有其相當成果，諸如學者在15個發展中國家比較下，中華民國所得分配最平均，人口成長率與嬰兒死亡率居第一，所得成長率居第二（孫震，1981：15~20）。其次如不斷投入教育的普及與提升、耕者有其田的實施、重視與鼓勵中小企業的發展，工業區的普及與開發、都市土地增值稅劃歸社會福利基金與開辦九年國民義務教育使用，水電半價優惠軍眷、軍人與中小學老師的免稅、臺肥低價售予農民肥料、政府優惠收購稻米、中油折價售油給漁民……等等均可視為從思想到制度與政策的落實，可說是台灣地區在90年代之前體現了孫中山公平正義的諸多目標。如以下表所列若干國民生活重要指標所示，90年代末以後國家政策搖擺，忽左忽右，貧富差距在拉大之中、經濟成長率下滑、失業率上升，原因諸多，但「孫學」在此時被忽略恐怕是其中要因之一。國家目標缺乏共識，如何在前進21世紀中，繼承若干優良傳統，再吸收合宜之思潮使人民了解為何而戰？為誰而戰？如果立國中心思想不明確，內閣各部會，朝、野上下各行其事，無異如同漂流的船隻在茫

茫大海，置國家安全與人民福祉於驚濤駭浪之中。記取兩岸近百年的經驗與教訓並結合超越歐、美先進社會公平正義的路徑，將是國家立國思想與未來政策的艱鉅挑戰。

中華民國國民生活指標

年別	平均每人國民所得單位：新台幣元	經濟成長率	第五分位組者／第一分位組倍數	失業率
1981	89818	6.16	4.21	
1991	219637	7.55	4.97	1.51
1993	264196	7.01	5.42	1.45
1995	308086	6.42	5.34	1.79
1997	357503	6.68	5.41	2.72
1998	379202	4.57	5.51	2.69
1999	390466	5.42	5.50	2.92
2000	403382	5.86	5.55	2.99
2001	393447	−2.18	6.39	4.57

資料來源：行政院主計處，2001、2002。

　　從 1980年到2000年的「黃金20年」的台灣高度經濟成長到所得分配的均衡，與世界國家在所得均衡部分媲美於北歐，與南美洲最高國民平均所得與最低平國民平均所得的五等量表，動輒高者高達10倍、20倍的所得差距，依此而說，孫中山的「正義學說」已相當程度營造出台灣的公平社會。

參考文獻

論語

孟子

行政院主計處，2001，《社會指標統計——民國九十年》。

行政院主計處，2002，《中華民國統計年鑑》。

朱雲漢、黃德福，1989，〈政治民主與社會福利——建立台灣的政治經驗新秩序〉，台北：《國家政策季刊》創刊號。

成中英，1986，《知識與價值——和諧、真理與正義的探索》，台北：聯經出版事業公司。

余英時，1987，〈從價值系統看中國文化的現代意義〉，氏著，《中國思想傳統的現代詮釋》，台北：聯經。

金耀基，1980，〈從社會系統論分析辛亥革命〉，載張玉法編：《中國現代史論集》第三輯，台灣：聯經。

哈佛燕京學社主編，2001，《儒家與自由主義》，北京：三聯書店。

孫文，1981，《國父全集》（一）、（二）、（三），中國國民黨中央黨史委員會編，台北：中央文物供應社。

孫震，1981，《我國三十年來民生經濟建設的成就》，台北：中山學術會議論文集。

張福建，1993，《羅爾斯的差異原則及其容許不平等的可能程度》，台北：中研院中山人文社會科學研究所。

崔書琴，1982，〈中山先生的思想體系〉，於蕭公權等著：《社會主義》（近代中國思想人物論）台北：時報。

崔書琴，1983，《三民主義新論》，台北：商務，修訂15版。

勞思光，1981，《中國哲學史》（一），台北：三民書局。

鄒文海，1982，《西洋政治思想史稿》，台北：鄒文海先生獎學基金會，3版。

詹火生，1990，〈一個日漸浮現的社會期望〉，載許倬雲等：《站在歷史的轉振點上—李登輝先生政策理念之探析》，台北：正中書局。

鄔昆如，1981，《三民主義哲學》，台北：中央文物供應社。

應奇，1999，《羅爾斯》，台北：生智戴季陶1987（1925），〈孫文主義之哲學的基礎〉，戴季陶等著《三民主義哲學論文集》，台北：中央文物供應社。

謝政論，1989，《三民主義勞資和諧關係之研究》，台北：正中書局。

魏萼，1981，《民生主義經濟學》，台北：中央文物供應社。

譚典，1986，〈政策產生，現代政府做些甚麼〉，於黃紀等譯《政治學名精選》，台北：唐山出版社。

Hoffer 著，且文譯，1981，《群眾運動》，香港：今日世界出版社。

Raws 著，姚大志譯，2002，《作為公平的正義》，上海：三聯書局。

Agel Jeromeed. 1997,Words that Make America Great. New York：Random House Inc Fukuyama, Francis.1992,The End of History and the Last Man,New York：Avon Books 1996, Trust: the Social Virtues and the Creation of Property. New York:Touchstone Books.

Galston, William A.1980: Justice and the human good, Chicago: The University of Chicago Press.

Gurr, T.R.1970, Why Men Rebel, N.J.: Princeton University Press.

Rawls, John.1971, A Theory of Justice, Mass: Harvard University Press.

Rossiter, Clinton, Edited and with an Introduction,1961. The Federalist Papers. New York: Penguin Group.

Sabine, G.H. and Thorson, T.L.1973: A History of Political Theory, Illinois: Dryden Press, fourth edition.

Satori, Giovanni.1965, Democratic Theory. N.Y.: Frederick A. Praeger.

1987, The Theory of Democracy Revisited, N.J.: Chatham House.

Schumpeter J.A.1976, Capitalism Socialism and democracy, London: George Allen and Unwin Fifth edition.

Dr. Sun Yat-sen's perspectives on social justice and Fairness

Abstract:

The main thesis of this paper is to explore the concept of social justice and fairness on the basis of Dr. Sun Yat-sen'sthoughts. It will take three philosophy of **"livelihood""politics" and "humanity"**and six social-economical level **such as "nourishing people,""the equalization of land ownership,""social welfare,""ethnic equality,""labor-capitalist cooperation"and "well balanced area plan"**dimensionsto demonstrate how Dr. Sun Yat-sen achieved the goal of social justice and fairness. In addition, this paper will bring both the oriental and western philosopher's perspectives on social justice and fairness to supplement and justify the main thesis. In the end, it will take several Taiwan experiences to examine and justify how Sun Yat-sen's central thoughts are applicable and practical to the reality.

Key Words: Dr. Sun Yat-sen's thought、Fairness、justice and livelihood philosophy

本文初稿發表於1991/3，香港：香港大學、台北師大合辦：「孫逸仙思想與廿一世紀國際學術研討會」論文。

第三篇

兩岸政治與交涉轉型的
世紀解讀

新政局中「行政」與「立法」的關係
——以小三通為例的分析

一、前言

　　行政與立法是一個立憲國家組織的二大核心，其運作的良窳與否，不僅關係著政府的效能，更與人民福祉息息相關。兩岸事務的進展，儼然已成為台灣政局穩定與否的重要因素。一年來新政府政策空轉者多，原因複雜但唯獨金馬「小三通」政策如期實施，其過程是如何？成效又如何？亦可檢視中共政權對台灣民進黨政府的態度，由此見微知著的兩岸政策，可反映出當前兩岸的底線，亦可檢證新政府的行政、立法的憲政思維，以及由此看出更大的東亞區域及 WTO 架構下的兩岸經貿及大三通的未來，這是本文研究的旨趣之所在。

　　回顧台灣地區從一九八七年十一月開放大陸探親，一九九一年修憲中制定「兩岸關係條例」等法令的解禁以來，兩岸關係可謂峰迴路轉，時而樂觀順暢無比，時而悲觀逆境重重，真叫人眼花瞭亂、乃至心驚膽跳不已。兩岸的問題錯綜複雜，有國際共產黨赤化全球共產革命意識型態問題，有國、共內戰權力爭奪因素作祟，當中又夾雜台灣特殊時空的被殖民歷史等情境下激盪出所謂「外來政權」抑制下尋求台灣人出頭天之「當家作主」特殊因素等等。在二○○○年三月十八

日，台灣總統大選結果，亦即所謂「政黨輪替」後，中共一直強調的如果台灣新當權者以「分離主義」割裂與中國的關係時，則不惜以武力解放台灣。

　　審視現今政權掌握在有「建立主權獨立自主的台灣共和國」的民主進步黨黨綱的決議文中，兩岸「獨」與「武」的險峻如何突破？衝突如何化解？正考驗著當前的兩岸政策領導人以及國際社會關心此問題者。

　　本文關心的重點在於「扁」政權當政後，推出的「可操之在我」的「小三通」政策，以此來論述此政策如何形成？其憲政機制的考慮如何？是居於安全取向呢？還是發展取向？尤其著重在「行政」與「立法」的互動，朝、野政黨意見的牽動等等因素加以分析。

二、影響兩岸關係的體系理論

　　區隔大陸與台灣的分別，除了有形的台灣海峽之外，兩岸的意識形態、主權觀念、政治體制、倫理價值與經濟型態等仍然存有一定程度的相互推移與作用，這些理論體系已超乎一般正常國家內部憲政體制的「行政」與「立法」主導政局的基調。換言之，台灣特殊情勢是一「分裂國家」（divided nations or partitioned Countries）（Henderson,etc,1974；申相振，1987）的寫照，但無論是因外在因素或內在因素所導致的分裂，兩岸的情勢遠比兩德、兩韓、南北越還來的複雜與險峻，一者歷史正統論爭議與地理大小懸殊，促成了「另類的分裂國家」模式。茲就這些理論體系略述兩岸的異同與變化。

（一）兩岸的意識型態體系是阻隔的主要藩離

　　大陸在過去二十多年的變革中，鄧小平所推動的經濟改革和對外

開放政策，促使中共在政治、經濟、社會、文化各層面都出現許多
巨大變革，美國學者何漢理稱之為中共的「第二次革命」。（Harding,
1987），其改革的巨大幅度與成果，讓中共政權的若干轉變不同於蘇
聯與東歐共產國家的轉型。江澤民自一九九七年黨「十五大」正式掌
權以後，為了深化改革，繼一九七八年鄧小平「實踐是檢驗真理的唯
一標準」衝破了「兩個凡是」的禁錮，是進行了所謂第一次思想解放，
及一九九二年鄧小平南巡時衝破「姓資姓社」爭論不休的第二次思想
解放後，江澤民於一九九七年更突破了「姓公姓私」的爭論，進行第
三次思想解放，這些改革，帶來大陸世紀末翻天覆地的大變遷。

　　但是，限於「四項基本原則」下的改革，仍無法突破思想的底層，
江澤民在第十五大的報告「高舉鄧小平理論偉大旗幟把建設有中國特
色社會主義事業全面推向二十一世紀」中說：「在當代中國，馬克斯
列寧主義、毛澤東思想、鄧小平理論，是一脈相承的統一的科學體
系。堅持鄧小平理論，就是真正堅持馬克斯列寧主義、毛澤東思想；
高舉鄧小平理論的旗幟，就是真正高舉馬克斯列寧主義、毛澤東思想
的旗幟。」（厲平主編，1997：5）對於這樣的思想框架，意識形態仍
然維持定於一尊，大陸朝、野人士在檢討「關鍵時刻－當代中國極待
解決的二十七個問題」一書中，有關「意識形態」問題就提出：「在改
革開放中，在意識形態和文化道德、價值信仰諸多方面，有時放任自
流，有時風行批判，唯獨缺乏系統的正面建設。新時期出現大量新問
題，老的理論解釋不了，新的理論又未系統建立，科學社會主義理論
在當代中國意識形態的中心地位受到極為嚴峻的挑戰。」（許明主編，
1997：56-57）換言之，大陸上層建築的意識形態未能做徹底的解凍，
而台灣地區的政權領導人的更迭，意識型態大幅鬆動，「三民主義」
已從必考、必修中解放出來，政治領導人一再闡釋「我也是台灣人」、
「新台灣人」等論述已顯示開放意識正形成中，亦即兩岸意識形態仍
在一緊一鬆的不對稱狀況中。

（二）兩岸存在的第二個理論差距是「主權」與「國家認同」問題。

「主權」從十六世紀布丹建構理論以後，已逐漸從「君主主權」過渡到「國家主權」、「議會主權」到「國民主權」原理。在兩岸「政權」互不隸屬之下，所謂「一個中國，各自表述」之下，中華民國從「漢賊不兩立」已修正為「主權統一、治權分享」、「一國兩席」等「屋頂理論」之探索與表述。但這些論述仍不為中華人民共和國所接受。

在國家認同上，學者或者以「實存論VS.意志論」（substantialist view vs. volitionalist view）（Parekh，1994：503-504）或者稱之為「原生論VS.現代論」（Primordialist view vs. Modernist view）（Dahbour，1996：2），這理論說明了，民族主義的支持者認為國家是維護民族文化、實現民族使命的制度性組織，個人確認民族國家對自我實現的關鍵性。而自由主義的支持者則認為國家乃是一群人為了保障私人的利益，防止彼此侵犯的弊病而組成的政治共同體。在這種意義下的認同比較不強調歸屬與情感，而多了一些意志選擇的成分。」（江宜樺，1998：21-22）當前大陸較強調「實存論」、「原生論」、與「國家主權」、「大中華民族主義」之意識自然形成。而台灣整體思想逐漸趨向自由主義孕育下的「意志論」、「現代論」、與「國家主權」論，再者如「台灣人的民族認同──民進黨的準民族主義──公投自決」的論述下的台灣民族主義亦成長之中（施正鋒，2000：41-61）。換言之，兩岸的「主權」與「國家認同」理念差距是有著理論淵源的分殊化所形成之當代問題。

（三）兩岸存在的第三個理念差距是「民主集中制」、「共產黨專政」與「憲政民主」問題

民主集中制是馬列主義建黨學說和無產階級政權學說的重要組成

部份，是中國共產黨的根本組織原則和領導制度。江澤民在「堅持和健全民主集中制維護黨的團結和統一」一文中說：「現代化建設和改革開放是極其宏偉艱鉅的事業。只有實行民主基礎上的集中和集中指導下的民主相結合，才能充分發揮各級黨組織和廣大黨員的積極性創造性，集中全黨智慧，保證黨的決策的正確和有效實施，增強黨的紀律和戰鬥力，使我們的事業順利前進。」（列寧等，1994：1）共產黨是無產階級的先鋒部隊，是達成共產社會的尖兵，是代替「人民民主專政」的必要組成，民主集中制使黨成為權威式的領導體制。「專政」理念又使共產黨成為「人民」的唯一代言人。毛澤東在「關於正確處理人民內部矛盾問題」一文中說：「專政的第一個作用，就是壓迫國家內部的反動階級、反動派和反抗社會主義革命的剝削者，壓迫那些對於社會主義的破壞者，就是為了解決國內敵我之間的矛盾。…專政還有第二個作用，就是防禦敵人的顛覆活動或可能的侵略。」（毛澤東選集第五卷，1977：366）簡言之，共產黨專政就是由共產黨領政下，打倒一切反動派。

　　中共的專政體制，在政權最初三十多年，一般以極權主義視之。晚近改革開放，在「政左經右」的矛盾中，是做了一些變化，但論者仍以「間歇性極權主義」〈sporadic totalitarianism〉來描述其社會控制之本質。（Liu，1992：293-316）這種體制思維不變，不同於他的就是反動派、就是顛覆活動。中國能否走上蛻變而帶來民主化契機，論者以為關鍵仍在「憲政的選擇」上，亦即「讓全國人民代表大會握有更多實權」、「賦予選舉活力」、「憲法監督權」、及「司法獨立」等要項上。（Nathan，1997，ch. 15）中共政體近年是有些許鬆動（decompression）和官僚化（bureaucratization）和理性化的跡象，但是並未發生政治自由化，更不用說是民主化，…台灣的經驗至少顯示，即使環境十分惡劣，在儒家文化和黨國體制的土壤上還是可能誕生民主。」（林佳龍，1999：60-61）大陸民主化的困難，主要在掌權者身上，論者以為：「很難看出，無論如何，在中共領導人中，幾乎沒有人不想馬上丟官而去

邁出第一步，放棄黨一貫堅定執行的反對給予任何黨外政治團體以自主權的強硬路線。」（Blecher，1997：226-227）堅拒民主潮流的中國與逐步民主化的台灣是當前兩岸互動差距的一大要素，恐怕亦是談判決策與思維僵硬的一大阻力。

（四）兩岸互動的第四個理念是「中華傳統文化的復甦與對話」

八十年代的大陸學者開始有孔子、老子等儒道思想的討論，並成立各種研究會、發行學術刊物，在「七五」計劃中，儒學已成一項鼓勵的課題。論者以為，當前大陸文化思想上有三個主要系統，「一是中國和東方固有的傳統文化；二是從早期蘇聯傳入的馬克思主義學說和社會主義思潮；三是來自現代歐美和日本的西方文明」，「中國新文化的發展只能在上述三種文化體系的互動之下進行，互相碰撞，又相互滲透，既改變對方，又改變自己。」（牟鍾鑒，1997：10-11）上述論點，大體上符合大陸現有的價值體系之衝擊，由是觀之，其中的中國固有傳統文化及歐美、日本西方文明的再深化是可以產生深度對話與趨同作用，是接近台灣主流價值理念的，這二個共同點是兩岸良性交流、互動的有利基礎。

（五）兩岸互動的第五個理念是經貿交流的持續加溫

兩岸經貿交流近十多年來可謂日趨頻繁，年年加溫。原因在於「大陸地區充沛與低廉的資源及勞力、文化語言差異小的優勢，引發產業赴大陸的投資熱潮。去年五月民進黨執政後，由於政策上對兩岸關係態度不明，加上核四、美濃與縮短工時等重大爭議，致使國內投資環境急遽惡化。對大陸投資近七成集中於民進黨執政後的下半年。經濟部長林信義於去年十月廿六日坦承，大陸地區在土地、工資、市場等

投資條件上相較台灣好得太多，中國大陸對台灣廠商」的確具有『磁吸作用』。」（黃鎮台，2001：33）

在過去一年（西元二千年）兩岸重大經貿互動數字如下（王嘉州，2001：3-4）：

第一、兩岸貿易總額323.86億美元，較上年同期成長25.8％，台灣對大陸輸出金額為261.62億美元，較上年同期成長23.3％，自大陸輸入金額為62.23億美元，較上年同期大幅成長37.5％。第二、台灣對大陸投資增加一倍，去年經投審會核准對大陸投資案共八百四十件，金額為26.07億美元，與上年同期比較，件數增加72％，金額增幅更高達108％。在兩岸貿易依賴的密切可從四方面說明：第一、在貿易往來上，台灣較依賴大陸：台灣對大陸貿易占台灣總額的11.2％，而大陸對台貿易僅佔其總額的6.4％。第二、在出口貿易上，台灣較依賴大陸：台灣對大陸出口佔台灣總額的17.6％，對台出口則佔大陸的2％。第三、在進口貿易上，則大陸較依賴台灣：自大陸進口佔台灣總額的4.4％，自台進口則佔大陸的11.3％。第四、台灣是大陸第五大貿易夥伴，第二大進口市場；大陸則是台灣第二大出口市場和最大貿易順差來源地。

在經濟成長上，兩岸的互賴關係值得注意：自一九九一年起，香港已取代美國成為台灣最大貿易順差地區，再將台灣歷年貿易順差與對大陸順差進行比較，發現自一九九三年開始，若扣除對大陸的貿易順差，台灣貿易即成為逆差。對大陸方面而言，台灣赴大陸投資對大陸的經濟發展，特別是在資本形成、生產、出口創匯、創造就業機會以及技術轉移等方面作出了相當貢獻。

在投資發展上，資金是單方面從台灣流向大陸。根據經濟部投審會的統計，歷年投資金額已累計達171億美元；大陸經貿部統計的協議金額為472.2億美元，而實際到位金額則為255.5億美元；據非官方統計，則約達一千億美元。去年對大陸投資佔台灣對外投資總額（76億美元）的34％，為大陸第六大外資來源國，而大陸則為台商對外投

資的第一選擇。

從這些資料與數據可得到幾項特徵：1.兩岸經貿往來愈形密切，台灣政權替換後，反而呈現「政治冷、經濟熱」之不正常現象。2.經濟成長上，大陸依賴台商經驗與技術，但此特點大陸可移轉而台灣依賴大陸市場，此特點逐漸加重，且有不可逆轉之症候。3.在投資上則為台灣對大陸單向關係。上述這些「依賴」特徵，如果出現在一和平的兩岸環境，溝通管道順暢，則無可厚非，但如兩岸敵意未除，則隱憂重重，誠如國內報刊社論所言：「企業、資金拜戒急用忍太鬆之賜，漫無節制地流往中國，已使中國掌握更多威脅台灣的籌碼。所謂的『以商圍政』、『以經促政』，已經不是中國對付台灣的抽象理論，而是活生生的將統戰手腳伸進台灣的現實。」（自由時報，2000年4月3日第三版）這種以商圍政，會不會進一步使台灣形成「香港第二」，或者如同六十、七十年代拉丁美洲依賴美國，導致種種不平等關係的存在。而明知此依賴關係是「不割有害」但「欲斷不能」。吾人如是之言，絕非「妖魔化」對方，而是尋求政治、經濟上兩岸的政府與人民都能雙贏。

海峽兩岸上述這五種理論關係與體制現象與特徵在交流與互動的過程中，呈現一種「互斥又互補」、「異質又相容」的矛盾與弔詭現象已愈形增加。兩岸的詭譎莫測的種種未來之發展就存在更多不可測知的變數了。

三、小三通政策的形成與兩岸架構的衝擊

新政府成立以來，施政上延續了選舉口號如「全民政府」、「超黨派」之理念，但一年運作下來，卻導致股市崩盤、投資不足、經濟下滑、失業率上升以及種種社會、政治亂象，印證了這些選舉口號只是虛幻的政治迷思。扁政府的兩岸政策，最初幾次的政策談話，如去年三月十八日勝選當晚的呼籲兩岸領導人為彼此關係未來的良性發展，

竭盡智慧與勇氣，邁向「善意和解、積極合作、永久和平」的永久目標。（中國時報，2000年3月19日）五二○就職演說中強調：「只要中共無意對台動武，本人保證在任期之內，不會宣布獨立、不會更改國號，不會推動兩國論入憲，不會推動改變現狀的統獨公投，也沒有廢除國統綱領與國統會的問題。」六二○記者會上說：「九二年…如果有『共識』，應該是『一個中國各自口頭表述』，…我們為什麼不繼續努力，試著尋找出『一個中國』的涵意，一個能為兩岸所能真正接受的『一個中國』的真正涵意。」（民進黨中國事務部，2000），這些展現和緩氣氛的談話暫時換來中共當局以「聽其言、觀其行」加以回應。但後來阿扁關於「國統會主委人選未定」、「統一不是唯一選項」的談話。就引來中共發表「國防白皮書」中重申對台動武的「三個如果」，兩岸開始陷入「冷處理」的新困境之中。

在新政府「新手上路」的「政策空轉」將近一年的渾沌狀態時期，兩岸關係誠如上段有五項相剋相生的因素相互撞擊，但其中經貿關係卻異常地持續加溫，「小三通」且意外地獲得一些進展，原因何在？頗耐人尋味，尤其台灣首次出現在政治學上所謂的「分裂政府」（divided government）（cox & kernell, 1991, Fiorina, 1992）亦即行政、立法部門分別由不同政團支配下，此一政策如何形成，就格外引人注目。

（一）「小三通」的背景：

二○○○年三月二十一日立法院通過「離島建設條例」，並於四月五日公布實施，該條例第十八條規定：「在台灣本島與大陸地區全面通航之前，得先試辦金門、馬祖、澎湖地區與大陸地區通航，不受台灣地區與大陸地區人民關係條例等法令限制，其實施辦法，由行政院定之」，此即所謂「小三通」。行政院於五月十八日邀集有關機關協商「離島建設條例」相關子法訂定事宜，指定由陸委會與交通部適時研訂「試辦金門、馬祖、澎湖地區與大陸地區通航實施辦法」，這是

國民黨主政時期「小三通」的若干進度。

（二）二〇〇〇年六月八日
——「實施離島建設條例第十八條之相關問題及評估作業計劃」期間行政與立法部門之考量：

　　新政府在二〇〇〇年六月八日立法院第四屆第三會期內政及民族委員會第五次會議中，陸委會蔡英文主委在「實施離島建設條例第十八條之相關問題及評估作業計畫」專案報告中以新政府對「三小通籌備情形」作了規劃步驟：（一）在影響評估上：1.國防安全--例如：離島國防戰略地位、離島防務（空防預警、海防監控、地面防衛等事項）。2.經濟影響--例如：航運、工商、農、漁業發展、金融及金、馬、澎湖地區整題建設等。3.社會影響--例如：走私、偷渡、防疫等問題及中長期治安維護等。4.法治層面影響--例如：管轄權問題、兩岸人民關係條例通用問題。5.大陸政策及兩岸關係的影響--例如：對兩岸整体關係的可能衝擊、與「三通」政策之互動影響等。（二）規劃期程上：「小三通」之相關評估、規劃及整体實施方案之研撥，預定在六個月內完成。（蔡英文，2000（一）：11-13）這類的綱領性評估大體上是完整的，只是細節評估要項無以得知，無法再深入檢證。在質詢部分則點出了不少「小三通」政策朝、野之看法。

　　金門地區選出的國民黨籍立法委員陳清寶質詢中說：

小三通這個名詞是中共先提出來的，我們已經錯過回應的第一先機。

光是小三通，如果要由海基會與海協會來來談，恐怕是遙遙無期。

你們口口聲聲說安全，把安全無限上綱。當年台灣人不准去金門觀光，國防部長回答立法委員說，去金門觀光要睡哪裡？讓金門人覺得很好笑，政府都是在倒因為果。我們要求開放長途

電話，政府說開放會洩密；要求開放民航，政府說萬一飛機開
往大陸怎麼辦？……..安全在哪裡？大陸漁民到金馬沿岸，成
群的牛上岸你們何時看到安全？本席希望看到主委表現出主
動、積極的一面，而不是踩煞車、退縮的表現。(立法院公報，
89(38)：242)

蔡英文主委答覆：

這不是遙遙無期，而是可以期待的事情。

委員方才所說的問題，不是不存在，我也不刻意去批評舊政府，
事實上，舊政府在兩岸關係上有很穩健的作法。新政府希望以
積極的態度來作此事。(立法院公報，89(38)：242-243)

由於過去金、馬實施戰地政務的關係，金、馬地區在國家安全考
量下，「建設」步伐太慢了，尤其相對於對岸的廈門等地之高樓大廈
等發展，金、馬民眾希望政府採主動、積極的一面是極其迫切的。

民進黨鄭寶清委員質詢說：

在考量國家安全、考量航運安全、考量人民在大陸的人身保障
及權力上的保權，希望陸委會能夠作全面性的規劃。不管「小
三通」、「大三通」，是未來必走之路。現在政府若放任不管，
造成離島做很多投資在小三通上，未來因「大三通」實施優於
「小三通」，將對離島的建設造成很大的傷害。(立法院公報，
89(38)：245)

蔡英文主委答覆說：

我們對此也深感憂慮，所以在評估「小三通」時，同時也評估
「大三通」。

不想因為「小三通」和「大三通」有評估的落差，造成「小三通」
部分有投資過剩的現象。(立法院公報，89(38)：245)

從執政黨立法與行政的對話中可看出其政策將兼顧國家安全與人
民權益，並以此防堵在野黨儘速推動「三通」之訴求。而此時「大三通」
與「小三通」實施時間先後並沒有一定的規劃時程。

國民黨籍的朱鳳芝委員質詢說：

> 陳水扁先生曾到鎮瀾宮二次，目的為了推動宗教直航、推動三通、單向定點直航。立法院在今年三月底時，不分朝野，迅速通過「離島建設條例」。
>
> 主委也於六月二號承諾一個月內解決「小三通」的問題，可是現在全部被推翻掉。……我們不知道新政府是否選前沒有考慮到「小三通」、「大三通」等問題的後遺症而亂開支票，還是在騙選票，甚至騙媽祖？（立法院公報89（38）：245）

蔡英文主委答覆說：

> 我絕對未在六月二日對e世代委員做出一個月的承諾，我很了解這件事的複雜性，因為當時評估方案的初稿已出爐，已經知道不可能在一個月內解決。（立法院公報，89（38）：246）

這段對話，讓人了解選前、選後兩樣情。光「小三通」問題已牽涉到國安、社經、法令諸多問題。

國民黨籍的丁守中委員質詢說：

> 當台灣主體意識愈來愈強烈說，中共立場也不見轉圜，兩岸未來妥協的空間是不是會愈來愈小？是不是該利用政治敏感度較低，只限地方層級的小三通來有所突破？本席記得主委曾經表示過小三通是主委將優先推動的政策，可是現在好像又要牽延？
>
> 中共將來會不會將政治上的一個中國原則納為小三通協商的前提條件？
>
> 如果他們不設一個中國的前提條件，也同意小三通是我們的善意，可是他授權福建地方政府來談判，接不接受？（立法院公報，89（38）：281）

蔡英文主委答覆說：

> 陸委會從頭到尾的評估的期限都是六個月。
>
> 中共有一定基準的立場，（指一個中國原則），也有一定的彈

性，……

這些話是有一定的事實資料來源。

現在沒有答案，但不排除此種模式。（指與福建省政府談）。（立法院公報，89（38）：281-282）

小三通是不是政治敏感度較低之地區，中共會做出何種反應？六個月後將可見真章，再者此時與對岸中央政府或地方政府談都不預設立場。

另外國民黨籍黃顯洲委員提書面質詢說：

陳水扁在當選總統之後的公開場合都提到要促成三通，蔡主委您剛到立法院時也自信滿滿提到要促成三通；然而才不到兩個禮拜新政府從「全面三通」到「小三通」，從「年底前開放小三通」到「小三通沒有時間表」。

在歐洲整合運動的研究中有一所謂的功能途徑（functionalist approach），其假設在某些特定的事務領域進行整合，會帶走其他事務的整合，最後形成全面性的整合，……如果三通的政治結果最後妨礙到陳水扁的台獨運動時，您會繼續贊成三通嗎？還是會搬出「戒急用忍」的主張？

對於交通部葉部長提到三通的規劃先後程序是「先海後空」，本席認為只要將目前實施的「境外航運」從高雄港擴大到基隆和台中兩港，直接開放高雄、台中、基隆三港與大陸港口。

通航、通商即可達到小三通的效果。（立法院公報，89（38）：307-308）

黃委員的質詢可以看出，「小三通」或「三通」的經濟整合可能帶來政治的整合，如同歐盟模式，或部分香港發展趨勢，對此時此刻多數台灣民眾是有憂慮的。而「小三通」與「境外航運」的政策轉變，一方面是居於金、馬民眾的需要，另一方面未嘗不是「新政府」大陸政策的一項試探。

二○○○年六月十三日立法院第四屆第三會期第二十三次會議將

新黨黨團、國民黨黨團及親民黨黨團為台中大甲鎮鎮瀾宮「媽祖」赴大陸湄州尋根接火活動，行政院應基於尊重民俗與尊重民意，宜採「專案特許」案及上述三黨團共同提案，為金馬兩地實施「小三通」，行政院應即遵照「離島建設條例」第十八條之立法意旨，從速訂定施行細則或相關執行辦法，並於三個月內完成，二案併案討論。

　　基本上三個在野黨團上述兩案共識性極高，而執政黨不願將「小三通」與「宗教直航」掛勾在一起。

　　民進黨籍的王麗萍委員質詢說：

　　　　政府應注意也應深思，基於憲法所規定宗教自由平等發展的原則，是否應特定的、特權的開放單一團體或單一的個人？再者，媽祖應繼續扮演台灣海峽兩岸的和平女神、心靈重建的女神，不要使媽祖變成威脅到國家安全的籌碼（立法院公報，89（34）：59）

　　民進黨立委戴振耀質詢說：

　　　　民調的結果，有百分之七十以上的台灣人民基於國家安全、主權獨立以及人民的福祉，反對媽祖在這個時候直航中國。（立法院公報，89（34）：63）

　　執政黨立委以憲法上的宗教平等及主權獨立、國家安全及民調數據等理由來反對在野黨團的尊重民意、「專案特許」的自由權之行使，可說是朝野政黨拿平等權與自由權之對抗。

　　六月十三日院會的質詢，可謂聊備一格，緣由在於六月十二日上午立法院與行政院已進行協調當天下午王金平院長又主持朝、野黨團協商，並做出了三個決議：「（一）政府應在三個月內完成小三通評估，再三個月內完成規劃後，隨即實施優先試辦項目：1.除罪化2.可操之在我部分。（二）在前項架構下，政府應優先試辦經離島宗教通航。（三）在評估與規劃同時，政府應盡力推動兩岸協商之恢復。」（立法院公報，89（34）：67）

　　朝野協商的結果，「宗教直航」行政院爭取到三個月評估與三個

月規劃的時程，緩和了七月中旬直航的民意壓力及擲杯神意。而在野黨亦得到「小三通」與由宗教通航在六個月內實施之時程。馬祖選出的國民黨籍曹爾忠委員就認為：

> 這協商基本上「落實離島建設條例第十八條的部分，具有考量國家安全、兩岸對等、漸進試辦、解決離島現存的問題，以及開創離島未來新希望等五大功能。」（立法院公報，89（34）：56）

換言之，離島建設條例第十八條所衍生出的「小三通」是在一「漸進試辦」的原則下優先的項目，而「宗教直航」有「大三通」之疑慮，是不宜超前的。這項朝、野協商的共識，是新政府主政初期難得的成果，而在野黨團的共識，未嘗不是立院中「在野聯盟」合作的濫觴。

前述朝、野兩項共識，經內政部、國防部、財政部、經濟部、交通部、經建會、農委會、海巡署以及國安單位等，分別從國防安全、社經秩序、經濟建設、法令適用、大陸政策及執行層面加以評估，由陸委會彙整，於二〇〇〇年九月中旬完成兩岸「小三通」影響評估報告，經提報九月十四日行政院政務會議討論，完成修正後，於九月二十五日函報行政院核准轉立法院。

（三）二〇〇〇年十月十九日
——「小三通執行可行性評估」期間行政與立法部門的考量

立法院於二〇〇〇年十月十九日內政及民族委員會中聽取蔡英文主委有關「小三通執行可行性評估」專案報告備詢。

在這次專案報告中，行政院陸委會的著重點有：

（一）以漸進、局部方式實施「小三通」，金、馬地區可優先實施，俟運作正常後，再評估澎湖地區與大陸地區有限度「通航」。

（二）現階段不宜開放中轉（台灣貨品經金馬輸往大陸，或大陸貨

品經金馬輸入台灣）及彎靠，但可考慮專案核准特定項目之需要。

（三）開放項目將分階段推動，初期規劃：

1. 航運：先開放海運「通航」，以「一區一港」爲原則，採「定點、定期、定線」方式進行。以金門料羅灣及媽祖福澳港，航線則以「金門-廈門」、「媽祖—福州」較單純。

2. 商品貿易：以滿足金馬民生需求爲重點，加工型貨品轉運貿易爲輔；中轉型貿易在兩岸「三通」前不宜開放。輸入部分以除罪化爲主要目的，並採正面列表方式。輸出部分除管制出口項目外，在金馬地區生產製造之貨品均可出口。

3. 人員往來：金馬人民進入大陸應限於民生需要及促進離島經濟有關事項，以及人道因素。大陸人民進入金馬地區，依金馬地區防務需求、安檢人力及設施等初步估算，大陸人士在金馬停留人數每日七○○人以下，媽祖一○○人以下。

4. 工商發展：未來發展仍以觀光業及相關商業有較大發展空間，可規劃「大陸（兩岸）貨品交易中心」。

5. 農、漁業發展：金馬地區可朝轉型爲休閒農漁業。

（四）「小三通」規劃原則：

1. 以國家安全爲最優先考量。

2. 以「離島建設條例」之整體立法精神爲依歸。

3. 與加入WTO及「三通」政策相互配合。

4. 本於「雙向往來」、「互利互惠」原從，從建立穩定、正常的兩岸關係爲出發點，並考量短程及中長程之不同情況，以「整体規劃、階段實施」方式進行。

5. 依據金馬地區與澎湖地區之不同情況，予以區隔規劃。

（五）金馬地區民意反應：對優先實施「小三通」表肯定，爲仍有

不同意見如下：

1. 認為「一區一港」規劃不能充分滿足當地實際需求。

2. 認為不開放人、貨中轉，將影響「小三通」之經濟效益。

3. 希望開放大陸地區人民進入金馬地區之人數能夠增加，並開放大陸人民到金馬地區觀光。

4. 希望能專案核准自大陸進口砂、石、鋼材及勞工，以利推動重大工程。

5. 希望在無安全顧慮情況下，推動興建金夏大橋。

6. 希望推動「除罪化」亦即能將當地漁民所進行之小額貿易納入，為亦需注意「除罪化」可能造成對經濟及治安之負面影響。

7. 希望能配合金馬地區之長程發展上更宏觀、具體之規劃。

8. 請求中央准許地方政府就「小三通」所涉與大陸協商事宜，與對岸地方政府進行協商。

（六）規劃統籌機關：如港口管理（包括海關檢查、證照查驗、檢疫、緝私、安全防護、警衛、商品檢驗等）及軟硬体設施之規劃部分，由交通部統籌；商品進出口管理之規劃部分，由經濟部統籌；人員進出管理規則部分，由內政部統籌。

（七）執行時程：規劃作業，預計十月底至十一月初各部會可以完成初步規劃方案，再由陸委會協調，並完成行政作業程序。全案預計十二月中旬可以定案，短期內即可實施優先試辦項目：

1.「除罪化」；

2.「可操之在我」部分。

這項執行可行性評估，大體上是結合了中央政府眾多部會去執行一項地方性業務，所處理的貿易額年度約二十億，人員往來年度飽和量約二萬人左右之業務，而這項政策與金馬地區民意期待是有相距的。各黨派的立法委員又有何看法呢？

民進黨的蘇煥智委員質詢說：

陸委會所做的小三通評估非常仔細，……不過你們的小三通似乎在沒有大三通之前提下所做的規劃，對於大三通沒有時程以及小三通是否做改變，我們認為這是需要再檢討的。

過去李登輝時代的戒急用忍禁止三通、直航，這是愛台灣的….可是這是冷戰時代的舊思維，……台灣現在採取戒急用忍採取禁止直航，這樣子的作法跟全球化的方向是互相違逆的。……戒急用忍以及禁止直航的政策已經讓台灣的產業空洞化，……本席今天以作為一個台獨信仰者及實踐者，卻必須要說三通跟台灣的主權獨立不但不衝突而且是相輔相成的，只有直航以後，台灣才能建構在全球的安全網上，讓跨國公司來台灣做運籌中心，讓全世界的跨國利益能夠在台灣生根，……三通在台灣有可能邁向國際化，三通絕對不是狹隘的兩岸關係而已。……我們也呼籲陳總統水扁儘速宣布大三通，這樣陳總統才能成為兩岸和解的良人。（立法院公報，89（62）：44-46）

蔡英文主委答覆說：

大三通已經在進行規劃，至於他的實施是分階段實施，而第一階段就是在加入WTO的時候。（立法院公報，89（62）：45）

民進黨籍的王雪峰委員說：

陸委會在產業方面要open minded，不要把國家安全無限上綱。……陸委會第一步應該適度開放，不要只做政治性考量，也要從經濟觀點來考量。（立法院公報，89（62）：80）

蔡英文主委答覆說：

新政府成立後，我們一直強調對大陸政策採取實用主義，在經濟需求前提下，盡量考慮國家安全要如何處理。（立法院公報，89（62）：80）

親民黨籍的邱創良委員質詢說：

他們（指中共）釋出的訊息是地方與地方談就好了，可是中華

民國卻是以中央政府來與對岸的地方做這些行爲。

小三通我們就不談，而交由金門縣政府去談可以嗎？（立法院
公報，89（62）：91）

蔡英文主委答覆說：

小三通所涉及的問題是有關中央的職權，絕對不是地方政府自
己可以決定的。這是憲法体系的分工，我們不能違反憲法規定
讓地方去談。（立法院公報，89（62）：91）

親民黨籍的周錫瑋委員質詢說：

截至目前爲止，我們和對岸沒有談過，也沒有接觸，是我們順
理成章認爲有些部分是屬於可操之在我，我們一定可以做的
到？（立法院公報，89（62）：93）

蔡英文主委答覆說：

我們的假設是對方現在在開放下，不往後倒退的情況來做規
劃。…我想中國大陸應該也體認到，沿海居民的民生、經濟需
求，沒有理由用政治因素予以干擾。（立法院公報，89（62）：
93）

國民黨籍的高育仁委員質詢說：

新政府對舊政府所通過的國家統一綱領並不認爲是個指導綱
領？

可不可以違背國統綱領？（立法院公報，89（62）：96）

蔡英文主委答覆說：

我們在很多場合都説過，國統綱領還是一個重要的政策指導文
件。它是一個政策考量的因素，但不是單一的或唯一的因素。
但如果我們有更重大的利益必須做相對考量的話。（指違背國
統綱領）（立法院公報，89（62）：96）

由上述問答可知，在行政部門規劃「小三通」時，不分朝、野黨
派、不分意識型態左、右的民意代表，幾乎一致的要求行政部門加快
腳步、加大幅度實施「小三通」，乃至「大三通」。並且樂觀的認爲大

陸會朝前進的方向配合之，但六月時所說不排除與福建省談的政策已改變了。

（四）二〇〇〇年十二月廿七日「因應『小三通』之實施後，如何確保國家安全之具

體作法與規劃」期間行政、立法部門的考量

二〇〇〇年十二月二十七日立法院第四屆第四會期國防委員會第八次全體委員會邀請國防部部長、陸委會主委、國安局局長、海巡署署長、法務部調查局局長、警政署署長及相關人員報告「因應『小三通』之實施後，如何確保國家安全之具體作法與規劃」，並備質詢。此報告重點如下（立法院公報，90（5）：283-286）

（一）行政院已經決定於2001年一月一日開始試辦小三通。

（二）維護國家安全相關措施又分

　　1. 國防因應作為：如增強陸上警監系統、強化海上監督設施等。

　　2. 海巡強化措施：加強情報蒐集、增補巡防人力等。

　　3. 治安維護工作：加強料羅灣及福澳港灣區治安維護、結合海關及檢疫單位落實安檢及貨運檢查工作，切斷私貨中轉、健全戶口查察等。

　　4. 組織建制及人員增補。

（三）成立「行政協調中心」，初期由陸委會指派適當層級人選擔任召集人，各機關派員參與，並由海基會派員協助事務性工作及提供兩岸連繫及協調之服務。

（四）行政院張院長於十二月二十六日在金門說明，未來將由金防部司令官擔任安全協調會報召集人，負責協調國防、治安及海巡等機關。

　　除陸委會做如上綜合性報告外，國防部、安全局、海巡署、調查局、警政署又分別提出業務主管部門的安全維護之工作，並作了進一步的詢答如下：

民進黨籍的蔡明憲委員質詢說：

> 全體國民，尤其是工商業者，他們都希望「小三通」後能再實施「大三通」；但在實施「小三通」甚至將來的「大三通」後，是否仍能確保金馬臺澎的安全？……日本在今年九月開放大陸三個城市市民到日本觀光，有四百人未回中國，南韓開放中國人民觀光兩年歷史，在一萬六千名旅客之中，有四百多人滯留未歸；美國政府移民局對中國人蛇集團、偷渡客和觀光客到該國非法居留者，亦感到相當大困擾。……若大陸觀光客出現類似非法逗留情況，我們有何因應作法，以確保金馬臺澎安全？美國智庫蘭德公司於今年十一月十八日發表的「可怕的海峽——兩岸對峙的軍事層面與美國的政策選擇」報告中就提出，決定兩岸戰事的關鍵，首先在制空，其次是制海。我們希望小三通除了往好的方向思考外，仍得事先做最壞的打算，試想，若在金馬海域發生衝突，不論是漁民與漁民間的衝突，或是中國漁民與海巡署的衝突，我們該怎麼辦？是否會因此影響兩岸關係？（立法院公報，90（5）：297）

林中斌副主委答覆說：

> 關於國外經驗的部分，是主要的資訊，我們會嚴肅地思考此問題。至於中共方面的反應，目前看得到的仍是冷處理。他們所持的二大觀點，一是表面上爭取臺灣的民心；二是利用間接施壓方式，希望我們就「一個中國」原則表示同意，恢復協商。在這二大架構下，金馬地區衝突升高的可能性並不高，但冷處理應該是他們大布局的一部分。（立法院公報，90（5）：297）

親民黨籍的王天競委員質詢說：

> 我們對於小三通，宜採主動積極抑或被動消極之看法？

你認為規劃實施小三通是否有助於化解兩岸對立，可否作為大三通的前奏？你覺的它的可行性是悲觀或樂觀？

林中斌副主委答覆說：

兩岸問題必須雙方互動才能改善，一個人是跳不起探戈的，明年一月一日開始實施的小三通，就是總統和張院長所提善意和積極之表現。

我個人對長期是持樂觀的看法，而前一段日子對短期的看法並不樂觀。以長期觀點，因為世界民主化與經濟全球化的趨勢，經濟依賴度隨之增加，加上資訊擴散，這三大要素不斷地衝擊著不民主政權；就短期觀點，不民主政權的經濟成長可能用在國防上，但長期仍是無法抵抗此潮流。(立法院公報，90（5）：300-301)

金門籍的陳清寶委員質詢說：

中共研判我們在推動小三通的過程中，就經濟的層面而言，對他們沒有任何的影響，就政治的層面來說，更不是他們想要的，而他們要的是全面三通，回到一中議題及九二共識。

民國三十八年前與現在的兩岸關係，金門都在為國家做犧牲，一直扮演白老鼠的角色，國人誤解小三通對金門當地會帶來很多幫助，其實什麼都沒有，我認為會完全落空，反而是為兩岸關係與國家扮演階段性的過渡角色。….治安的維護工作，在金門地區警力夠不夠？為什麼金門人民反對小三通的比例會高達五至六成以上呢？最重要的原因就是對於治安問題產生疑慮。希望情治首長能夠更加重視金馬地區的安全。(立法院公報，90（5）：305-306)

對於以上三個問題，行政首長答覆依次是：

王進旺署長答覆：

我同意這樣的看法。

第二個問題，王署長答覆說：

感謝金門縣議會已經通過增加三十八人。

第三個問題,海巡署王郡署長答覆說:

好。

馬祖籍的曹爾忠委員質詢說:

很多人質疑小三通是否不顧金、馬的安全,我個人在此表示嚴正立場,小三通就是為了安全。……很多人基於安全問題產生質疑,如果真的有安全問題,大三通是永遠沒有機會的。……以前金馬是反共的跳板,那現在是什麼跳板?在戰略地位上有改變嗎?

國防部副部長陳必照回覆說:

不會有改變,小三通是大三通的第一個步驟。(立法院公報,90(5):309)

從這些質詢過程中,可看出金馬民眾對治安的憂慮,而金、馬列島從過去的戰備對峙到今日敵意未消之下,要進行通航與人員探親、通商、觀光之往來,這當中「安全」上的考量,恐怕不是有恃無恐就能平安過日子,何況各種防務如軍事、海岸巡防、關務、內部治安等調整的配套措施都有極為匆促之感。如中共不是為爭取臺、澎、金、馬民心而有若干善意的話,金、馬的「階段性」過渡角色,實令人更加擔憂與鳴不平。

(五)二〇〇〇年十二月廿七「小三通相關業務規劃及執行情況」期間行政、立法部門的考量

二〇〇〇年十二月二十七日立法院除上述國防委員會召開之同時亦召開交通委員會第十三次全體委員會,會中邀請交通部部長暨陸委會主委率同相關首長報告「小三通相關業務規劃及執行情況」並備質詢。此報告重點在於有關航政事項,重點如下:

(一)航政作業辦理情形,如航線申請已核准金門浯江輪渡有限

公司之「太武號」及「浯江號」自金門至廈門申請案及台灣
航業股份有限公司所營運之「台馬輪」由馬祖福澳港到福建
福州港之包船申請案。

（二）港口進駐單位辦公場所空間及港埠設施整建情形。

（三）港口檢查作業方面。

（四）後續應辦的，如料羅港服務中心及福澳港的增建等。

　　蔡英文主委的報告則與十月十九日的「可行性」評估內容大體上
一樣。在詢答上重點有：

　　民進黨籍的王拓委員質詢說：

　　　　倘若真如張院長所說「小三通」變成是「大三通」的前奏曲，
　　　　本席即非常關心王永慶所說：如果不通的話，台灣就完了。你
　　　　認為呢？大三通必須進行協商，但問題的關鍵是對岸不理不
　　　　睬，妳如何進行協商呢？…新政府一直用非常模糊、曖昧的方
　　　　式，來傳達訊息給社會大眾。

　　蔡主委答覆：

　　　　「大三通」從長期的角度來看，對於兩案的經濟互動確具有正
　　　　面的關係與效應，但並不表示它沒有負面的效應。…「大三通」
　　　　必須有相當程度的協商。

　　　　「一個中國」的問題是政治的問題，而且還有經濟的考量，所
　　　　以不論是政治或經濟的，均不能絕對地主導政策，必須經過一
　　　　定的均衡考量。（立法院公報，90（5）：385-386）

　　「小三通」是行政院遵照「離島建設條例」第十八條的立法要旨，
所訂出的施行細則及相關執行辦法，基本上朝、野多數立法委員否決
了新黨黨團擬具的「金門、馬祖地區與福建地區小三通暫行條例草案」
中的重要精神，將之視為「地方」對「地方」之事務（立法院公報，
89（36）：3-20），而以憲政層級中央政府的行政命令視之。從二〇〇〇年
六月八日的「小三通籌備情形」到六月十二日行政院、立法院協商的
三原則之確立到十月十九日的「兩岸『小三通』影響評估報告」以迄

十二月二十七日的「因應『小三通』之實施後，如何確保國家安全之具體作法與規劃」及「小三通相關業務規劃及執行情況」二份報告，可說大體上皆獲得朝、野政黨的認同與支持，新政府在此政策上可說大體上以國民黨「行穩才能致遠」的政策效應之延續，金、馬民眾及多數立委大體上是支持小三通的，只是在開放程度上普遍要求加大、加快，並且亦考量到未來「大三通」及「政治層面」、「國家安全」等諸多面向。換言之，作為民主政治「安全瓣」、「煞車閥」的立法院把關工作，吾人可從「小三通」的諸多詢答中見到多元、理性、制衡的機制已大體上形成。而民進黨政府亦可說調整了若干在野時代對中共的諸多否定之態度，以「階段性試辦」的政策，展現善意。朝野之間的充分協商與共識迥然不同於「工時案」、「刑事訴訟法修正案」、「核四案」、「中央政府總預算案」等。這是「少數政府」、「分裂政府」下行政與立法部門少數達成協議具成效的特例，換言之，「小三通」朝野政策共識形成大體上做到了「行政權與立法權的均衡」、「國家安全與人民福祉的均衡」；唯獨「政治與經濟的均衡」則不可得，政治冷經濟熱，大陸冷台灣熱之不正常現象又可從「小三通」政策上得到印證。

（六）輿論、金門地區及中共對「小三通」的基本回應

在一份陸委會針對「二○○○年民眾對大陸政策及兩岸關係的看法綜合分析報告」中指出：「對於開放離島地區（金門、馬祖）先行試辦「小三通」的政策，有六成以上的民眾表示支持，並認為將有助於地方的繁榮及兩岸關係的良性發展。但亦有六成左右民眾憂慮其對於地方治安之影響。對於應否先行試辦離島小三通，多數（五成五）民眾表示贊成，只有極少數（一成八）的民眾認為應跳過離島小三通，直接開辦兩岸三通。（www.mac.gov.tw/mlpolicy）」在多數支持之刻，一位金門的知識份子郤憂心地如是說：「小三通熱潮出現在媒體的話題諸如『金門給廈門養』、『金馬終將大陸化』、『金廈共築共榮圈』等，

都認定金門終將移向對岸。這些綜合著金門官方、地方人士以及兩岸觀察家的論述，相當程度的代表目前的主流思潮，即金門先一步與大陸『通』，金門也將先一步與大陸『合』。…如果金門逐步被推（或吸）向大陸，也許符合部分金門人的情感認同，但是真要走往這個方向，得先把已經台灣化的腦袋安裝不同的版本才行。」（周成來，2001年1月30日中國時報第15版）在兩岸錯綜複雜的情勢下，「小三通」實施後，金馬所引發的「自主權」的諸多效應如何發展？深深值得台灣朝、野人士寄予更大的關懷。

小三通實施後，國民黨中常會邀請金門縣長陳水在、連江縣長劉立群進行「小三通」執行工作之簡報，二位縣長都提到「人貨不能中轉或彎靠；一區一港等限制，不符現實需要，無法真正達到繁榮離島經濟目標」，「金門可設計為兩岸緩衝和平島的定位，將縣改制為特別行政區」，會議中前陸委會主委蘇起批評「小三通」只是「除罪大於創新、國際多於國內、局部大於全面」（中央日報2001.1.11第三版）換言之，小三通實施的初期，執行的金馬地區首長就認為法令不符實際，在野人士亦評為作用不大。

金門的陳清寶委員在「小三通」政策實施三個月向行政院張院長、陸委會蔡主委提出檢討與建議中說：「小三通政治化也導致中共的政治化」，「我方政治化的表現為：中共介入太深，層次太高敲鑼打鼓做國際宣傳；將小三通與改善兩岸關係直接掛勾」、「中共政治化的表現為中央高層直接介入，將小三通定位為國內事務頒布『對台貿易管理辦法』，切斷金馬中轉的可能。」（陳清寶，2001）陳委員道出了兩岸中央政府過度以政治角度去考量金、馬的「小三通」問題，使得原本以發展經貿為主軸的「離島建設條例」之精神大打折扣。

至於執行地區的人民如何看待「小三通」的成效呢？金門縣政府觀光局長就提出檢討說道：「金門受體制之限制，五十餘年來的發展思維侷限於東向台灣」，「可操之在我的關鍵因素未能充份發揮，有減促進兩岸良性互動的政策效應，如：大陸商品輸入金門的品項，幅度

與免關稅項目,岸際灘頭交易主動規範」,「除罪化的內涵過於狹隘,如:漁船即存作業型態、貨品中轉方式」等(林振查,2001),小三通固然帶給台灣當局釋出善意的主動角色,且把金門港推向「國際化」接軌機制,但政策幅度尚可加大,則是金門民眾普遍希望。

大陸商品輸入金門法令規範不足,導致小三通走調,民進黨立委蔡煌瑯即說:「走私交易持續惡化,金馬地區就將成為『走私者的天堂』」。海巡署巡防處副處長林星亨表示:「兩岸小三通後,相關單位查緝的走私案件比往年都多,高達兩百一十二件,共逮捕四百八十九名嫌犯,查扣一百二十三艘船,其中農漁畜產品重量一百六十九公噸。」(中央日報,2001.5.4,第九版)這些統計資料是以五月初為止。而正常往來的航運與人員呢,根據陸委會至五月底的資料顯示:「我方船舶:金門-廈門船舶29航次,馬祖-福州21航次;大陸船舶:金門-廈門6航次,福州-馬祖2航次。」「人員來往,我方人民:金門-廈門2688人次,馬祖-福州1144人次;大陸人民:廈門-金門162人次,福州-馬祖0人次」(行政院研究會等,2001:14-15)從這些數字顯示,無論航運與人員都呈現去多來少,我方熱大陸冷之現象。而大陸人、貨卻都以「走私」猖獗於金馬海域,除罪化效果難以達成。

小三通規劃後引發的問題,諸如有「邊區貿易」的模式,但卻沒有植基於「邊區的和平」與「協定」的簽訂。而「一區一港」的原則,偷跑者又如何呢?按目前「不罰」政策,又何來「除罪化」的原始用意。其他如未透過協商片面作為,隨時可能因兩岸氣氛而產生不確定因素等,都是新政府推動小三通的若干盲點。

中共方面,對台北的「小三通」初期低調以應,採取「不支持、不拒絕、不回應」之態度,媒體上以「拖延大三通」稱之。但二○○一年元月一日親中共的香港文匯報公布了福建處理小三通之三原則:1.雖非兩岸直接三通,但考慮實際需求,不會拒絕,並將給予落地簽證及提供方便。2.不開放遊客到金馬旅遊,但允許探親。3.將提供金馬生活必需品,但禁止轉口貨物。一月十一日人民日報的人民網上說:

「台灣當局提出的開放金門、馬祖與福建沿海地區的貨物及人員直接往來，並不是兩岸民眾盼望已久的直接『三通』，…兩岸盡早實現直接『三通』已是人心所向，大勢所趨」。二月九日新華社引用海峽兩岸關係協會主辦的二月份《兩岸關係》上一篇「堅持一個中國原則，推動兩岸直接三通」一文中說：「所謂『小三通』並不是兩岸同胞二十年來呼籲的兩岸全面的直接『三通』。…祖國大陸方面主張，兩岸『三通』應遵循『一個中國、直接雙向、互惠互利』的原則，這個原則是兩岸『三通』談判的基礎，也是將來實際運作的基本準繩。」從這些論述，可看出中共堅持地、僵硬的政治思維，但亦可嗅出他在經濟作法上的若干修正。

學術界人士則認為，扁政府選擇這個時候拋出「小三通」，讓中共沒有太多的時間去考驗台北執政當局的「一個中國」意向。中共立刻透過「外交部」、「國台辦」、和「海協會」，把「小三通」定位成中國內部的事務，而隨後頒佈的「對台貿易管理辦法」，更予兩岸的經貿互動一個明顯的政治意義。…從扁政府與北京當局的第一回合交手，…中共強調的是「大處著眼」，而台北表現的則是「小處著手」…究竟誰的段數較高、道行較深，有賴看倌自己去判斷。（趙春山，2000年1月4日聯合報第15版）兩岸政府因政治因素互相對抗，也在相互磨合之中，在「小三通」滿三個月的最後一天，終於有第一艘大陸的貨船「博運號」從漳州運載貨物直航到金門，內容是五百六十噸的碎石，這些碎石，為小三通不定期航線的貨物運輸開啟了先例，而人員交流船隻也在三月卅一日挺進到兩位數字「10」。（中央日報2001年4月1日第九版）吾人相信，政府存在之緣由在於營造一安全的秩序下，人民將以行動追求自己的福祉，「博運號」的碎石，是否為兩岸小三通鋪下了一段順暢的路途？值得持續觀查。

兩岸共同尊重的孫中山先生，他的若干言論、思想與智慧，至今仍可作為兩岸及台灣島內各政黨論爭時之有力參考，他說：「各政黨之中，若逢政見與自己黨見不合之事，可以質問，可以發揮黨見。逐

日改革，則無積滯，無積滯即無變亂之禍患。變亂云者，有大小，大則流血革命，小則妨礙治安。是故立憲之國，時有黨爭，爭之以公理法律，是為文明之爭，圖國事進步之爭也。……前在清政府之下，所有革命黨，某某黨，是時不能謂之黨爭。因我國民要堆倒滿清，恢復漢人之國，為生死之爭，為兩國之爭。……今各黨之爭，皆維持民國，以民國為前提，以國民為基礎，故曰黨爭，今日所爭為公理，為法律。」（秦孝儀主編，1989（三）：154-155）中山先生這段話，發人深省，兩岸間如能以「黨爭」為界，而不是為堅決分離「兩國」或霸道式的、以大欺小併吞式的「一國」之流血革命而爭，則「小三通」政策應是兩岸清除歷史的「積滯」，是國民黨與共產黨也好，民進黨與共產黨也罷，「雙方以憲政主義」中理性，分權制衡為原則，爭公理，圖國事之進步，則當是兩岸共創和平，自由，均富之境，亦是航向文明統一的必要過程。

四、結論

　　扁政府在執政的初期，拋出「小三通」之政策，一方面有兌現競選諾言「積極推動三通」的部份成績，一方面可說是在不分黨派的民意代表普遍的、一致性的民意與壓力下促成的，亦即是在「離島建設條例」的基礎上的後續工程之推動。再者小三通畢竟不是大三通，較無「一中問題」意識型態攤牌之困局。又可以此向國際社會展現其改善兩岸關係之努力與善意。在戰術上，扁政府則是在普遍「政策空轉」之下，總要有若干前進，因此「可操之在我」及「除罪化」的「小三通」總算在摸著石頭過河之下，緩緩前行於料羅灣及馬祖海域。扁政府可說是「以通促談」的戰術對應於中共「以談促通」的格局。從這項試行的政策及本文的分析脈絡又可以下列二個圖例做總結分析。

國家安全，人民福址

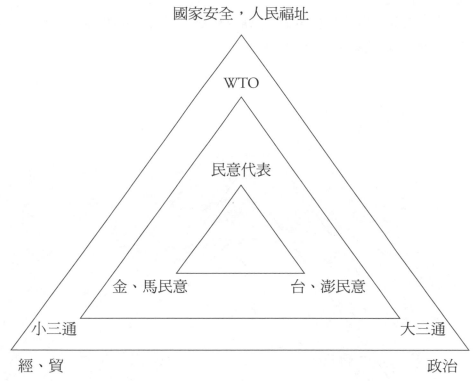

圖一：影響「小三通」的內、外政經情勢

　　金馬民意調查除治安因素外普遍支持小三通，且期待政府擴大通商口岸及具「中轉」之功能，而台澎民意也支持且本島又有「宗教直航」之推波助瀾，而民意代表亦不分黨派支持這一「階段性」的政策。「小三通」的成效如何？將做為　與兩岸入會（WTO）之後不可避免的「大三通」之開放與「談判」之基礎條件，此一以民生必需品為主的經貿通航與受限性的人員往來與觀光，實施半年後，已見規範法令不足，大體上應朝更大更鬆的以經貿及福建地區台商的需求為考量。上述需求的擴大之同時，又得到中共善意的回應，則未來將不斷衍生出若干政治問題及國家安全嚴肅課題等將無法避免，諸如意識型態、國家主權等若是，朝、野政黨應秉人民福祉優先之立場，未雨綢繆，

及早準備才是。

　　「小三通」亦是「分裂政府」執政初期，行政與立法部門高度妥協與共識的一項政績，可再圖示如下：

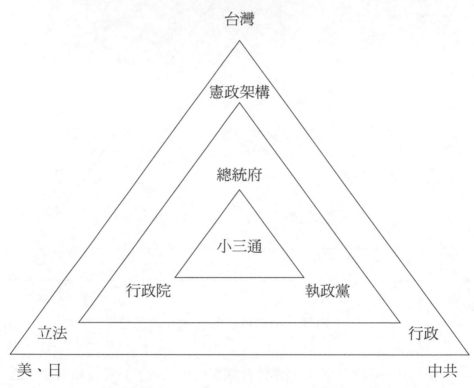

圖二：影響憲政運作的內外環境（小三通的外圍大環境）

　　初期的「離島建設條例」之朝野共識及金、馬、台澎之民意支持與壓力下促成「小三通評估與實施」六個月內完成之壓力。加上二〇〇〇年十一月十四日扁政府放棄「超黨派」的競選語言迷思，回歸到務實的黨內協商，決定每週二召開「府、院、黨」擴大決策會議。在這機制下，社會大眾減少看到執政黨不同的放話與政策主張，執政的行政層面作為漸趨一致。又得到立法部門多數採階段性開放「小三通」的支持，可說是「少數政府」得到一次成功的「共識型政治」之

佳例。其原因所在是社會民意在此議題上是難得的整合了族群與前、後方之民意，暫時放下「衝突性的政治理念」，以高度的「共識性經貿通航」為交集所劃下的初步句點。在此同時，亦是國際社會所樂於看到與支持的作為，而中共也以不回應的默許下所得來的一項初步結果。

　　無論如何「小三通」的順利出航是「行政」與「立法」部門以穩健的步伐，在若干大環境不排斥的前提下理性問政的一項結論。其「小範圍試辦」、「經貿為主軸」且得到台灣朝野民意及國際社會樂觀其成支持的「低政治性議題」操作下，得以可以在「分裂政府」架構完成的一項異數，常理而言，整體憲政架構所隱含的「雙首長制」、「行政、立法權利均衡觀」與「權責相稱」的理念就更需要朝野政治人士抱持「守憲」、「護憲」的精神，相忍為國唯有如此才能推動憲政主義下的正常化「行政」與「立法」良性互動。擴大而言，處於分裂國家的兩體制關係更需要大陸政權與民進黨政府拋棄意識型態束縛等上述理論體係的差距，正確認識實踐普世化的憲政民主價值觀，實事求是地以「人民福祉」為先，從而「『小三通』方能順利的與「大三通」接軌，朝「經貿和平區」擴大之，兩岸統合或統一才不是遙不可及的夢想。

　　換言之，短期而言「行政」與「立法」部門所以能夠在政策初步達成，是歸功於孕蓄很久的民意與動能，加上以小範圍的金、馬地區試行，及國際輿論界期盼兩岸和平交往的若干壓力下的一項共識。就中期而言，兩岸恢復協商管道，才能達成「可預期性」、「制度性」的正常、正面的、雙贏的交流。再者，唯有國人信守當前憲制是「改良式雙首長制」，對此一「二元體係」（dual system）的「二元正當性」（dual legitimacy）皆加以尊重（Shuagart and Carey, 1992:51）則分裂政府此一無法迴避的台灣新起政治生態才能正常運作。長期而言，台灣內部社會必須培育可溝通‧協商的「共識型政治文化」或修改憲法明確化總統制、內閣制或法國式的半總統制以定紛止亂。且兩岸間在意識型態、政治體制等必須逐漸接近，如此一方面可降低台灣內部「行政」、「立法」間無謂的杯葛，再者兩岸政策協商與形成減少理念羈絆與增加透

明度，兩岸互動交流或者融合才能可長可久。

參考書目

毛澤東，《毛澤東選集》第五卷，1977年，北京：人民出版社。

王嘉州，2001，〈現階段兩岸經貿交流評估〉，台北：中華歐亞教育基金會主編，《歐亞研究通訊》2001年第四期。

民進黨中國事務部，2000年，《民主進步黨兩岸政策重要文件彙編》。

《立法院公報》，第89卷第34、36、38、44、62期申相振，1987，《分裂國家交叉承認模式》，台北：台灣商務。

列寧等，1994，《論民主集中制》，北京：中國方正出版社。

行政院研考會等，2001/6/15，《金門縣地方發展公共論壇手冊》。

江宜樺，1998，《自由主義、民族主義與國家認同》，台北：揚智出版社。

周成來，2001，《小三通金門航向何方？》，2001/1/30，《中國時報》第15版林佳龍，1999，〈比較兩岸的政體轉型〉，載王振寰等著，《兩岸黨國體制與民主發展－哈佛大學東西方學者的對話》，台北：月旦出版社。

林振查，2001，《金門與大陸試辦通航實施概況與展望》，金門縣政府觀光局。

施正鋒，2000，《台灣人的民族認同》，台北：前衛出版社。

秦孝儀主編，1989，《國父全集》第三冊，台北：近代中國出版社。

第90卷第5期陳清寶，2001年4月，《「小三通」政策實施三個月檢討與建議》，立法院委員研究室。

許明主編，1997，《關鍵時刻——當代中國極待解決的27個問題》，北京：今日中國出版社。

黃鎮台，2001，〈由全球化看產業赴大陸投資〉，載財團法人國家政策研究基金會，《國家政策論壇》第一卷第二期，頁33-35。

趙春山，2001，〈小三通中共拿面子換了裡子〉，2001/1/4《聯合報》第

15版。

厲平主編，1991，《解凍年代－中國三次思想解放備忘錄》，北京：經
　　濟日報出版社。

蔡英文，2000（一）《「實施離島建設條例第十八條之相關問題及評估
　　作業計畫」專案報告》，2000年6月8日立法院內政及民族委員會。

蔡英文，2000（二）《「兩岸『小三通』影響評估報告」》，2000年10
　　月13日，陸委會 Blecher, Marc. 1997, China: against the tides--
　　Restructuring through Revolution, Radicalism and Reform, London:
　　Pinter.

Cox, gary W., and Kernell, Samuel. Eds, 1991, The Politics of Divided
　　Government. Boulder, colo.: Westview Press.

Dahbour, Omar. 1996, Introduction: National Identity as a Philosophical
　　Problem, Philosophical Forum 28（1-2）: 1-20.

Fiorina, Morris P. 1992, Divided Government, New York: Macmillan.

Harding, Harry. 1987, China's Second Revolution: Reform after Mao.
　　Washington D.C. : The Brookings Institution.

Henderson，Lebow，R.N，stoessinger，J.G eds，1987，Divided Nations
　　in a Divided World，New York:David Mckay。

Liu，Ya-Ling.1992 ,Reform from Below:The Private Economy and Local
　　Politics in the Rural Industrialization of Wenzhou，China Quarterly
　　（130）:293-316

Nathan, J. Andrew. 1997, China's Transition, New York: Columbia University
　　Press.

Parekh, Bhikhu. 1994, Discourses on National Identity, Political Studies
　　42:492-504.

Shugart，Matthew Soberg and Carey ，John M，1992，President and
　　Assemblies: Constitutional Design and Electoral Dynamics.Cambridge
　　University Press。

中央日報，2001年1月11日第三版，缺政治配套，小三通長短腳。
中央日報，2001年4月1日第九版，小三通滿三月─兩岸通貨首航碎
　　石抵金門。
中央日報，2001年5月4日第九版，小三通走調，金馬成走私天堂。
中國時報，2001年3月19日，第二版。
自由時報，2001年4月3日，第三版社論「挽救台灣經濟關鍵絕非開
　　放中國投資」。

www.mac.gov.tw/mlpolicy,2001/3/20查閱。
www.peopledaily.com.cn,2001/3/ 20 查閱。

本文初稿發表於2001/05以「小三通」政策論憲政與兩岸架構的問題
與前景，台北孫文學會、師範大學三民主義研究所合辦：第三屆海峽
兩岸孫中山思想與實踐學術研討會論文，2004年5月小修。

貳

中國西部大開發中經濟與民族政策的反思
——兼論若干新疆經驗

一、前言：實質西部開發的延宕

　　三年來，兩次到中國西部、天蒼蒼、海茫茫、風吹草動見牛羊的景象，地域雖遙遠，情感卻濃厚，因而興起若干研究的興趣。

　　西部地區開發是中國大陸三代領導集體在不同時期，口頭、文獻上都十分關注的問題。毛澤東在1965年在《論十大關係》一文中強調要處理好沿海工業和內地工業關係。60年代黨中央提出在內地省份建立三線基地。據不完全統計，1964年下半年到1965年，在西南、西北三線基地部署的新建和擴建、續建的大中型項目達300餘項，由一線遷入三線的工廠有49個。80年代，鄧小平根據發展力生產水平和各方面條件，提出了「兩個大局」的思想。1988年9月他說：「沿海地區要加強對外開放，使這個擁有2億人口的廣大地帶較快地發展起來，從而帶動內地更好的發展，這是一個事關大局的問題。」鄧有生之年，改革開放比較集中在東部，亦即先讓一部份人富起來。這是鄧小平的「梯度發展策略」。至90年代以江澤民為核心的第三代領導集體才高度

重視加快中西部地區的發展規劃。1997年9月，江在中共十五大報告中指出：『中西部地區要加快改革開放和開發、發揮資源優勢，發展優勢產業。國家要加大對中西部地區的支持力度，優先安排基礎設施和資源開發項目逐步實行，規劃的財政轉移支付制度，鼓勵國內外投資者到中西部投資。進一步發展東部地區同中西部地區多種形式的聯合和合作。更加重視和積極幫助少數民族地區發展經濟。從多方面努力，逐步縮小地區發展差距。』（新疆維吾爾自治區委員會宣傳部編，2000:2-4）簡言之，90年代大陸中央方才感受到東西部發展差距的嚴重性並思之加以強化。

　　根據中國科學院國情分析研究小組的第七號國情研究報告《民族與發展—加快我國中西部民族地區社會經濟發展研究》中所提及的範圍包括內蒙古、廣西 、西藏、新疆、寧夏五個自治區以及貴州、雲南、青海、甘肅、四川、湖北、湖南等省，而前八個省區即是所謂"西部"民族省區。該份報告提及民族地區存在五個相對落後:1.交通、郵電等基礎設施相對落後。2.社會發展相對落後，如人口增長速度較快，但文化素質普遍較低。3.經濟發展相對落後。4.對外開放相對落後。5.改革進程相對落後，如受傳統計劃體制影響深，形成思想舊、膽子小、辦法少、目標低。（中國科學院國情分析研究小組，2000：89-105）這些人為導致的落後加上自然環境高原、沙漠、內陸之制約，造成西部地區愈加貧困與落後。

　　茲以兩項數據略加說明西部民族地區與全國之平均數相比較。

表一：1990年大陸每萬人擁有各種文化程度人數

類別	大學	高中	初中	小學
全國	139.0	792.9	2323.3	3706.6
漢族	143.1	811.1	2385.4	3704.5
少數民族	91.9	581.6	1161.2	3725.1

資料來源：全國第四次人口普查資料，引自:中國科學院國情研究小組，2000:93

　　受教育年限及其人口每萬人擁有各種教育程度反映區域文化教育
程度的綜合指標，而教育文化程度與其區域社會經濟的發展一般是呈
現正相關。從表一可得知西部少數民族地區文化程度較全國平均值
低，小學階段相差不大，初中、高中、大學則普遍性的偏低。

表二：大陸1992年各省區經濟市場化進程得分及位次

區域	得分	位次	區域	得分	位次
廣東	2.58	1	江西	-0.29	16
福建	2.42	2	河南	-0.3	17
浙江	1.4	3	湖南	-0.34	18
江蘇	1.35	4	西川	-0.43	19
天津	1.17	5	廣西	-0.56	20
上海	1.11	6	陝西	-0.65	21
遼寧	0.89	7	黑龍江	-0.81	22
北京	0.72	8	甘肅	-0.96	23
海南	0.58	9	寧夏	-1.0	24
山東	0.56	10	內蒙古	-1.04	25
河北	-0.02	11	新疆	-1.3	26
山西	-0.21	12	青海	-1.32	27
安徽	-0.26	13	貴州	-1.34	28
吉林	-0.27	14	雲南	-1.37	29
湖北	-0.29	15			

資料來源：陳述雲等《我國地區經濟市場化程度的比較研究》，數量經濟技術研究
　　　　　1995.1
引自：中國科學院國情研究小組，2000：104

　　大陸經濟體制改革以社會主義市場化為取向，市場化程度高低基
本上反映了經濟體制改革成就的大小。據陳述雲等人的調查，西部民
族地區經濟市場化進程普遍基於大陸各省區的最末段。
　　龍遠蔚先生針對《民族地區百家縣級國有虧損企業調查》，了解
虧損主要原因包括「企業的負債過高，流動資金不足、技術裝備落後，

社會負擔過重等，但是最根本原因還是體制改革滯後，不能適應市場經濟的發展變化」（李鐵映主編 2000:487）這項大型實證研究再次證實，公有體制企業效能的低落及其虧損的結果。

這些數據一再說明西部地區貧困落後之實證。相對於東部而言，已形成嚴重對比。早在1994年6月大陸「中國科學院」對中央黨校30多各省、地領導人的問卷調查其中有83.9％認為地區差距過大可能帶來的最壞結果是導致社會不穩定有61％的人認為可能會出現「國家分裂」（中國國民黨前揭書:85）。一直到「九五計劃」（1996-2000年）實施綱要中，才明白提出西部開發策略。至1999年相關領導陸續至西部考察，是年十月才成立「西部大開發領導小組」，朱鎔基任組長、溫家寶任副組長，下設「西部大開發辦公室」由『國家計畫委員會』主任曾培炎擔任主任。

至於西部地區發展戰略則略述如下：

1. 戰略目標：逐步縮小與全國平均水平的發展差距。
2. 戰略指導思想：促進社會經濟四個轉變
   （1）農業社會向工業社會轉變
   （2）自然經濟向市場經濟轉變
   （3）封閉向開放轉變
   （4）民族關係向政治經濟並重轉變
3. 戰略內容:實施四個加快
   （1）加快社會進步：以人力資源開發為重點，實施「科教興民（族）」
   （2）加快經濟發展：以經濟建設為中心。
   （3）加快開放步伐：擴大對內對外開放，打破區域封鎖、條塊分割建立統一市場。
   （4）加快改革進程：從經濟體制、行政體制、社會結構和民族關係等方面，改革不適應市場經濟發展的體制和模式。（中國科學院國情研究小組，2000：144-147）

　　這些戰略構想與內容可謂提綱挈領抓住了西部發展的種種陳痾舊病，問題在落實上。

二、西部開發的經濟社會政策

　　茲以財政優惠政策，人口文化教育照顧政策、開放聯合政策加以檢視西部發展的現況。

表三：中國少數民族地區財政優惠政策

序號	政策名稱	起止時間	保證執行程度
1	國家設置少數民族地區補助費	1955-現在	
2	國家實施少數民族地區財政三照顧政策	1964-現在	
3	國家規定民族自治地方財政超收分成全額留用	1964-1988	
4	國家對邊疆民族地區設置補助專款	1972-1975	
5	國家設立邊疆建設事業補助費	1977-現在	44%
6	國家設置邊疆建設專項補助投資	1977-1988	
7	國家設立支援不發達地區發展資金	1980-現在	
8	國家規定對民族自治區補助數額每年遞增百分之十	1980-1988	
9	國家對貧困地區棉布提價實行補貼	1983-1985	

註：保證執行程度＝該項政策中繼續執行的政策數／該項政策總數*100％
引自：中國科學院國情研究小組，2000：277

　　大陸建政初期，對民族地區所實行的「財政補助」政策，對於穩定社會經濟、恢復促進生產，起了積極作用。60年代實行「財政適當照顧、必要補助」。80年代實施「劃分稅種、核定收支、分級包幹」的財政管理體制，如表2所列各項，但因「物價上漲、政治經濟體制機構改革等因素影響，卻使補助款大量被抵消，加上國家經濟、價格

等政策還未完全理順，民族地區能源及原材料等初級產品以及低成本
的調撥價格支援國家，以高成本的市場價格大量買進日用工業品，造
成民族地區資金的雙向外流，致使民族地區與經濟發達地區利益矛盾
不斷激化，更使民族地區財政問題日趨嚴峻。」（中國科學院國情研究
小組 2000:277）這種資金雙向外流抵消了西部地區財政優惠政策，使
產業競爭能力原本較弱的民族地區，更加呈現弱化現象。而保證執行
44%的程度，又說明政策的中斷與搖擺。

　　再就人口文化教育照顧政策而言，如同下表所列：

表四：中國少數民族人口文化教育照顧政策

序號		政策名稱	起止時間（年）	保證執行程度
人口生育政策	1	國家對少數民族實行 " 人口興旺 " 政策	1951-1980	75%
	2	國家對少數民族提倡計劃生育	1982-現在	
	3	國家對少數民族聚居地區實行計畫生育	1982-現在	
	4	國家對少數民族人口實行生育照顧政策	1984-現在	
文化教育政策	5	國家確定設立民族院校	1950-現在	90%
	6	國家設立民族教育專項補助經費	1952-現在	
	7	國家建立民族教育行政機構	1952-現在	
	8	國家規定興辦民族教育時必須照顧民族特點	1951-現在	
	9	國家對民族學校經費列支作了規定	1963-現在	
	10	國家對少數民族考生進入高校予以降低錄取分數線照顧	1977-現在	
	11	國家對雜散居少數民族教育給予照顧	1979-現在	
	12	國家給予邊境一線民辦教師轉正照顧	1979-1987	
	13	國家確定發展民族教育方針和政策	1981-現在	
	14	國家對少數民族地區職業技術教育採取特殊政策	1992-現在	

引自：中國科學院國情研究小組 2000:282

　　60年代少數民族進入人口第一高峰，其膨脹迅速給民族地區帶來經濟、就業、資源、生態等諸多問題。80年代，人口在一千萬以下的少數民族，允許一對夫婦生育二胎、個別可三胎、不准生四胎。90年代初略有限制，但少數民族人口仍表現出數量上的迅速增長，質量上的素質降低。（中國科學院國情研究小組，2000:281）在文化教育政策上至今雖有90％政策繼續照顧的執行程度，但普遍高等學校，西部地區仍然為數偏低。1998年，大陸普通高等學校共1022所，西北僅佔89所，佔8.7％其中43所在陝西，17所在甘肅，18所在新疆，11所在青海和寧夏；西南地區共有116所，佔全國的11％強，其中四川64所、貴州22所、雲南26所、西藏4所。整個西北西南地區大學數占全國的比例下降到僅有1/5左右。

　　再從另一個統計數字來看：在全國30個省、直轄市和自治區（不包括台灣）當中，有25省份至少有1所『211工程』學校，其中東部沿海的10省份58所；加上黑龍江9所、吉林4所、東部共有69所，佔總數的68％；中部的7省15所；西部地區四川（含重慶）、貴州、雲南、廣西、西藏、陝西、甘肅、青海、寧夏、新疆等10省份17所。全國共有5省份沒有211工程學校，其中除海南外其餘四個都在西部。（中國國民黨中央委員會政策委員會編，2001：144-149），這二個數字都具有體說明了東西部之教育不均衡的情況，這相差的存在將繼續加劇東西部間教育人力資源的不平衡發展，影響所及區域差距將愈拉愈大。

表五：中國少數民族地區開放聯合政策

序號		政策名稱	起止時間（年）	保證執行程度
對口聯合政策	1	國家實行對口支援政策	1979-現在	75%
	2	國家對橫向經濟聯合給予照顧	1983-現在	
	3	國家對橫向經濟聯合企業計畫物資給予照顧	1987-現在	
	4	國家對橫向聯合企業稅收實行優惠	1986-1990	
外貿邊貿政策	5	國家對邊境小額貿易實行五項原則	1984-1995	75%
	6	國家對少數民族地區出口商品外匯留成給予照顧	1985-現在	
	7	國家對少數民族地區實行外匯補助	1991-1995	
	8	國家對邊境市縣及邊境經濟合作地區實行優惠照顧	1990-現在	
	9	國家對內陸省會（自治區首府）開放城市對外投資實行優惠政策	1992-現在	
	10	國家推出少數民族地區改革開放試驗點、農村改革試驗區和高技術開發區	1994-現在	

引自：中國科學院國情研究小組，2000:295

　　中國少數民族地區改革開放以來，實行「雙向開放」或「全方位開放」政策，對內開展橫向聯合、對口支援，對外實行全面開放，發展邊稅對外貿易，利用國內外資金、資源和技術，積極開闢國內、國際兩個市場，以切實增強民族地區的發展活力。例如對口支援政策，70年代末就曾提出，90年代更進一步確定由經濟發達的9省市及4個計畫單列市分別支援幫扶10省區的貧困地區發展經濟，北京支援幫忙內蒙古、江蘇支援幫忙陝西、山東支援幫扶新疆、寧波支援幫扶貴州…和全國支援幫扶西藏的對口支援格局。幫扶項目包括資金、資源、技術人才訓練幫扶到縣、鎮、鄉村甚至到戶，但由於多是臨時性的，短期性政策措施缺乏相對連貫一致的時效性保障，因而對口支援並未能達到應有的目的效果。（中國科學院國情研究小組2000:298～301）在

對外開放政策上尤其是管理稅收物資等邊境貿易政策統管過死、缺乏
靈活性且二項政策是95年已停止，凡此皆影響成效。（中國科學院國
情研究小組2000:298～301）

　　再以新疆生產建設兵團對外招商，農業項目15項、工業項目32
項、商貿流通項目3項、科技信息項目2項、旅遊項目5項、城市基
礎設施建設項目3項，合計60項項目。不少資金需百萬者多，經大多
部分是5千萬以上的項目（新疆生產建設兵團經濟技術協作辦公室，
2001）這些項目建設期間1到5年，絕大部分資金尚未到位。除了類
似「屯兵」制的新疆生產建設兵團積極加入西部開發之外，共軍亦參
加和支援大陸西部開發其項目包括綠化、生態維護、「西氣東送」的
管道、光纖工程興建二百多所的「希望小學」、軍中科研單位為西部
開發的數十頃技術研發等。中共軍委副主席遲浩田在2001年4月份考
察共軍在陝西甘肅新疆等地支援西部開發時特別提到：「支援西部大
開發與抓好部隊中心工作的關係」、「支援經濟建設與維護安全穩定的
關係」（中國國民黨中央委員會政策委員會編（90）：254-256）。換言
之，共軍除日常工作之外，積極投入援建工作，並把此工作視為提高
「管邊控邊」的一部份亦是鞏固邊防與民族團結及促進政治穩定與經
濟發展的一個環節。

　　大陸經濟學者辛文認為「造成區域差別擴大的原因是政府對東部
地區長期實行經濟、金融、外貿、人才政策等多方面的傾斜，傾斜的
力度相當大。」（李瑞、徐滇慶，1999：273）政府的傾斜，加上優惠
政策低廉工資及廣大市場的「致命吸引力」使得世界資金無窮盡的往
大陸發展讓大陸東部快速地發展起來。

　　大陸經濟開發，以政府政策作背後的主要推動力，經濟學家普遍
認為政府可以影響經濟發展，但卻不能改變經濟發展的內在規律。

　　西部的開發能否產生「後發優勢」追上東部基本上存在著若干經
濟發展的內在規律需要突破。

　　經濟發展大體上存在兩個內部規律，一是集聚效應（Agglomeration

Effect），另一是擴張效應（Spread Effect）前者認為資金技術之所以會集聚某地（東部）是由於：「1.規模效益 2.交易成本 3.分工 4.信息 5.外在效應 6.基礎設施與服務 7.競爭和企業活力 8.要素流動性 9.消費者的選擇機會 10.廠商或產品的聲譽等因素促使某些地點經濟增長點不段增高、增大。至於擴張效應出現是指1.規模效益消失2.新產品開發3.擴張市場4.現代網路發展使得信息傳遞成本大大下降5.經濟增長中心伴隨日益嚴重環境污染迫使這些企業遷移6.城市交通擁擠7.土地價格飛漲8.城市生活費用上升工資節節攀升9.交通通訊和銀行系統改進大大降低交易成本10.知識和生產技能的傳播速度加快，使得外圍地區的生產效率和技能迅速完善競爭能力加強。」（李瑞、徐滇慶，1999：252-260）西部地區期望透過政府政策的干預及投資和技術轉變，產生「擴散效應」的「後發優勢」出來。從上述章節分析可知，西部地區基礎設施尚差一大節，教育文化人才也遠為不足東部地區，東部尚處於集聚效應的熱潮與未飽和狀態中，而且西部地區經濟型態多樣，包括草地畜牧業經濟、綠洲經濟邊貿經濟和民族經濟，看來西部地區經濟發展上有一段艱難的道路限制。底下僅再從西部地區「民族」與「經濟」、「政治」的關係加以論述。

三、西部開發與少數民族政策
──兼談若干新疆個案

　　共產主義創始人馬克思在論民族問題時曾說：「各民族之間的相互關係取決於每一個民族的生產力、分工和內部交往的發展程度。這個原理是公認的，然而不僅一個民族與其他民族的關係，而且一個民族本身的整個內部結構都取決於它的生產以及內部和外部的交往的發展程度。」（轉引自郝時遠，1996；13）把生產力、生產關係乃至階級關係無限上綱，是馬克斯主義的重要公設原理。大陸西部發展的遲

緩與這項「左」的錯誤指導有關。郭正禮教授研究指出：「從1957年
以後，『左』的指導思想逐漸有了發展，在民族問題上『左』的指導
思想認為民族問題的實質是階級問題，解決民族問題是一個階級鬥爭
問題、革命問題。『文革』時期更把民族問題與階級問題等同起來，
建國以來實行的一整套行之有效的民族政策被否定。」（郭正禮主編，
1998：63），民族學者郝時遠亦說：「在『左』的錯誤指導之下，保障
少數民族平等權利的特有權力被視為滋生地方民族主義的溫床，而地
方民族主義在社會主要矛盾仍是兩個階級、兩條道路的鬥爭條件下實
質就是民族分裂主義，這也即是『文化大革命』中林彪、江青一伙在
少數民族地區製造所謂『宮廷政變』『叛國案』、『新內人黨』等大量反
映民族分裂的冤、假、錯案的出發點，也是導致他們全面破壞民族、
宗教、統戰工作、踐踏黨的各項民族政策，取消或肢解民族自治地方，
扼殺民族文化教育等罪惡行徑的原因。」（郝時遠，1996：197）由於
偏頗原理的錯用，導致民族關係陷入冤、假、錯案叢出，嚴重妨礙了
少數民族地區數十年來社會穩定與經濟發展。對於『左』的錯誤，鄧
小平有段話說：「思想、文化、教育、衛生部門都要以社會效益為一
切活動的唯一準則，它們所屬的企業也要以社會效益為最高準則…堅
持對思想上的不正確傾向以說服教育為主的方針，不搞任何運動和
『大批判』，對堅持錯誤拒絕改正的黨員要執行黨紀，但是不允許重犯
任何簡單化、擴大化的『左』的錯誤。」（毛澤東等，1992：325-326）
不搞大批判、擴大化的左傾錯誤，教育與企業重視社會效益這股「實
事求是」的精神，也逐漸擴散到西部開發問題上。

　　1979年大陸實施改革開放後，繼之以「堅持和完善民族區域自治
制度」為民族工作的重要任務。就經濟發展而言，西部開發的落後又
約晚了一、二十年。論者以為：「東、中、西階梯性發展戰略的總體
格局所反映的地區性經濟發展不平衡的現實，正在深化改革和全方位
開放的推動下發生著變化。…邊疆少數民族地區與東南沿海、內陸省
市的經貿、科技、資源開發、教育等方面的內聯合作項目以不同層次，

多種方式日益增多。新近確定的北京、內蒙古、電子部聯合開發內蒙古西部電源項目，集三方優勢於一體，既解決首都嚴重缺電狀況又促進民族地區經濟發展，即是內聯合作的一例。」（郝時遠，1996：238）無論是內聯或向外爭取資源，有幾方面是需要並進配套發展的。

（一）民族自治區法規與政策体系及監督機制，
　　 完備化上有一段距離

　　90年代初，江澤民總書記在中央民族工作會議中指出：「我們必須建立和健全同實施《民族區域自治法》配套法規體制和監督機制使自治法在建設有中國特色的社會主義中更好地發揮作用。」易言之，諸如自治法規中，財政收支如何規範、內聯、外聯合作又當如何？自治區人大、黨委權限如何，都應加以規範清楚，論者指出：「僅1979年到1989年的10年中，國家對民族地區的財政補貼和各項補助費，就達800多億元。但是，有的上級機關，一方面對民族地區給予補貼另一方面又通過向民族地區財政借款，並把借款打入地方財政包幹基數的方式，實際上又把資金抽走，再加上一度出現的通貨膨脹，上級財政給民族自治地方的財政補貼呈減少的趨勢。這是應糾正的。」此外，「很多民族自治地方都建議，國家應恢復實行對民族地區定額財政補助每年遞增10％的政策，至少在民族自治地區的各族人民生活尚未達到小康水平之前不予改變」。（楊候第、吳宗金，1995：180-181，232）

　　財政問題是《民族區域自治區》第五十八條中原則性規範不足之處，必待相關條例或政策加以具體落實，在民族政策上，論者以為：「加速民族政策決策過的民主化、科學化與具體化的進程。提倡對民族政策展開民主式的科學討論提高民族政策的可操作性程度建立和健全民族政策的反饋與修正機制。」（周星，1993：295）政策的民主化、科學化是法令形成可行性措施的重要步驟。

中共的民族區域自治法及其相關經濟發展措施，如何兼顧財稅公平性與偏遠西部民族地區的特殊需要。法規與政策的與實俱進與完備化是發展上軌道的必要保障。

（二）經濟人才幹部技術亦感缺乏

據一項研究指出：「1950年全大陸的少數民族幹部約有一萬多名而到1998年已達250萬名。…不過少數民族幹部的培養及其成長，還是跟不上各項建設事業發展的需要。…就素質而言，現有幹部的科學文化素質偏低，在理論水平、領導能力文化知識方面都有待加強和提高。」（沈桂萍、石亞洲，1998：199-211）這項研究呈現的事實，中共中央有何對策呢？據國家人事部正在研擬西部人才資源開發計畫中說：「西部地區人才總量不足，優秀人才嚴重短缺，現有隊伍不夠穩定。每萬名勞動者中擁有中專以上學歷及初級以上職稱人員僅稱92人，不到東部地區的1/10，這將成為制 約西部開發的一個重要因素。」（中共新疆維吾爾自治區委員會宣傳部編2000：27）人才嚴重不足，中共預定從海外、大陸東部引進人才，並培訓本地幹部等幾方面著手。

再者人的自立自覺等素養習性問題亦是推動發展的一股原動力。朱培康先生就說：「實施西部大開發…更要靠西部地區廣大幹部群眾自立更生、艱苦奮鬥，靠西部地區各級政府、各族人民和企業自身的自覺行動。」（同上註，頁65）以及「民族地區國家幹部隊伍包括少數民族幹部在內的廉政建設問題。官僚主義、家長制、宗法制、等級觀念、任人唯親、特權等不正之風，對民族地區的社會進步和各民族人民的相互團結與共同發展都是十分有害的。」（周星，1993：295）這些反省指出了西部人才市場上的深刻問題，唯有把自動自發自立自強的潛能給激發出來，加上以「賢能代血親」的用人唯才觀念的建立，方能以最好的人力素質開拓艱鉅的西部工作。

（三）歷史遺留的民族文化宗教與意識型態的問題依然嚴重

民族與民族間的接觸如果潛伏著歷史留下的鴻溝，則民族間互動或發展將面臨更多挑戰。

以新疆為例，突厥人（今新疆邊境內稱維吾爾族）與漢人或斯拉夫人之衝突，哈薩克族與維吾爾、漢族之摩擦，常種因於歷史仇恨與法令政策的偏差。當前新疆人口1800多萬，有47個民族，少數民族佔總人口62％，維吾爾族佔47％，是新疆第一大族。過去一段時間，『在土耳其的泛突厥主義者，不斷地聲援所謂『被壓迫的突厥』或『被奴役的突厥』，聲稱『除突厥人自己，沒有人會愛突厥、突厥人』。至今來自中亞的『泛突厥主義』和『泛伊斯蘭主義』的狂熱份子，對許多中亞國家，包括中國新疆依然存在著二個不定時炸彈『雙泛』的分離主義之威脅（陳廷琪、潘志平主編，2000：32-40）這當中糾雜著民族間歷史的若干仇恨以及民族與宗教迥異的情結。而「少數領導幹部在複雜重要的宗教工作面前無所事事，無能為力。出現了對宗教問題不敢管、不願管、不會管的『三不現象』（郭正禮主編，1998：141）如何處理好少數民族宗教與馬、列思想相適應此一大課題，而後才能同心協力共謀民族經濟發展才是。

對於民族問題、民族政策如何理出一個調和可行、能行的政策以之共同促進西部民族地區之開發是關鍵因素，而非單單只能從『經濟開發論』、或『地區差異論』著手。據研究指出，困擾當前西部民族政策綱領，但也是處理社會主義市場經濟過程中的民族問題，民族關係的『熱點』和『難點』有：

A. "過時論" "即認為黨和國家的民族政策綱領乃中央集權大一統思想和計畫經濟體制下的必然產物，已經老化退化過時了"。

B. "破產論" "即認為東歐演變，蘇聯解體宣告了社會主義民族政策綱領的破產"。

C. "失敗論" "即認為我國現行的民族綱領比蘇聯還右，不如蘇聯，所以蘇聯的今天很有可能是我們的明天"。

D. "唯我論" "即認為我國現行的民族綱領絕對的好是所有社會主義國家中唯一成功的只能堅持不宜改革"。

E. "復歸論" "即認為現行的民族政策，應復回到毛澤東時代，應堅持毛澤東的民族綱領和政策"。

F. "特殊論" "即認為民族政策好不過特殊政策，自治地方不如經濟特區，自治權比不上優惠權"。

G. "相悖論" "即認為人民要革命、民族要解放、國家要獨立是大趨勢我們的現行民族政策與這個大趨勢相悖"。

H. "分類論" "即認為一個民族區域自治管全國行不通，應分類指導"。

I. "無用論" "即認為現行的民族政策軟弱無力這種民族政策只能安撫，加固民族堡壘，刺激離心而不能最終解決民族問題"。

J. "不科學論" "即認為我們的民族政策和科學社會主義一樣不科學"。

郭正禮教授等人的研究指出，這十個觀點，有其片面性與有害性對大陸社會主義的方向瞭解不足所致，當前的改革開發已跨越了民族與地域。……實事求是的精神正帶動大陸走向充實與完善的民族綱領政策。（郭正禮主編，1998：283-291）

西部地區土地遼闊，民族成分複雜，多元開放的民族政策是一重要原則，費孝通先生的「多元一體」之格局應是西部民族地區政策實行的有利參證。實事求是的精神、尊重多元文化，更是各級領導幹部發揮的整合，與認同之民族政策的前提要件。

四、結語

　　近代中國走向發展的歷程，基調上是一外發展性、現代化（exogenous modernization）的類型，外力的促逼，使中國步步向前，而又以交通便捷的沿海地區為先，當中新疆與台灣在十九世紀而言，可說是屬於滿清政權的邊陲，各項建設開發程度與沿海、北京中樞有如天壤之別，兩省在1884年、1885年先後建立行省，由劉錦棠與劉銘傳分任首任新疆與台灣之巡撫，之後，兩地的現代化程度開始拉大。這些歷史的相近性與分野，促使筆者產生高度興趣一探地處邊陲的新疆，與台灣的發展歷程。

　　近年大陸當局，戮力開發大西部，也取得了初步輝煌成效，二次新疆之行，讓筆者看到多層面實質的進步，九月份在南京召開的世界華商會議，大陸朱鎔基總理的演說中一再強調，鄉親們！全球華人僑胞的資金、技術、資訊、人才多多到大陸投資與開發。動人的演說，引起高度迴響，這篇短文，是以恨鐵不成鋼之心情，提出若干淺見，遙遠兩地研究不易，學術資料收集不易，期望有機會再次拜訪，向大西部地區學界先進多作請益，尚請批評指教。

參考書目

中共新疆維吾爾自治區委員會宣傳部編，2000，《西部大開發－面向新世紀的重大決策》，烏魯木齊：新疆人民出版社

中國大陸問題研究所主編，2001，《中共建政五十年》，台北：正中書局

中國科學院國情分析小組，2000，《中國大陸民族與發展－加快中西部民族地區社會經濟發展研究》，台北：大屯出版社

中國國民黨中央委員會政策委員會編，2001，《大陸情勢綜合研析》（九〇年）台北：編者毛澤東等，1992，《論民族文化》，北京：人民

出版社

李瑞、徐滇慶，1999，《中國大陸政府政策與經濟發展》，台北：大屯
　　出版社

李鐵映主編，2000，《中國人文社會科學前沿報告》（1999），北京：社
　　會科學文獻出版社

沈桂萍、石亞洲，1998，《民族政策科學導論 - 當代中國民族政策理論
　　研究》，北京：中央民族大學出版社

周星，1993，《民族政治學》，北京：中國社會科學出版社

范錦明編，2001，《九十年代中國大陸經濟發展論文集》，台北：大屯
　　出版社

郝時遠，1996，《中國的民族與民族問題——論中國共產黨解決民族
　　問題的理論與實踐》，南昌：江西人民出版社

馬克斯、恩格斯《馬克斯恩格斯》全集三卷，1960，北京：人民出版
　　社

郭正禮主編，1998，《市場經濟條件下新疆民族關係的對策研究》，烏
　　魯木齊：新疆人民出版社

陳廷琪、潘志平主編，2000，《泛突厥主義文化透視》，烏魯木齊：新
　　疆人民出版社

楊候第、吳宗金編，1995，《民族區域自治法教程》，北京：法律出版
　　社

鄧英淘、王小強、崔鶴鳴，2001，《西部大開發》，上海：文匯出版社

本文初稿發表於 2001 年 10 月 8-10 日，新疆大學主辦：西部大開發與
少數民族經濟社會發展學術研討會。

初探三個代表與中共政治發展之習題

一、前言

　　共產黨裡有句話說:「有革命的理論才有革命的行動」,印證過去共產國家政治史上常常是如此,中國共產黨尤其具有如是特性。在新世紀第四代政治領導人接班前夕的二〇〇二年六月「經濟學人」,曾以專題報導寄望中共「十六」大的召開,能以解放中國「鳥籠政治」,走出自負的一黨專政,讓政治自由化成為中共下一波改革目標,(The Economist, June:15-21),「十六」前後,中共提出了「三個代表」新理論,並於二〇〇二年十一月十一日,正式提列為黨章的一部份,這代表甚麼意涵?它是否能在中共政治發展上起新的作用?又能否解決歷年積累下來的政治難題?

　　本文從政治發展理論及中共政治領導人主政理念等角度加以分析。

二、政治發展的理論與中共五十年來的發展對照

第 II 次世界大戰之後，許多學者研究發展中國家，政治從威權政體如何轉型到民主政體的，或所謂「第三世界」的民主化過程中，建立了多種理論，試圖建立若干核心概念，以之解釋「政治發展」的歷程。如白魯恂（Lucian W.Pye）的平等（equality）能力（capacity）及分化（differentiation）（1966）三個概念以檢驗政治系統發展的功效。1971年「比較政治委員會」建立五種政治危機理論亦即認同（identity）、合法性（legitimacy）、參與（participation）、行政貫徹（penetration）及分配（distribution）危機（Binder,et al,1971）檢證政治系統能否解決這五種危機，如是將可帶來政治穩定及民主化，否則政治將衰退。

阿爾蒙（Almond）及佛巴（Verba）則以地域性政治文化（parochial political culture）、臣屬性政治文化（subject political culture）以及參與性政治文化（participation political culture）（1965）。說明參與式政治文化是民主政治發展所必需。日裔美籍學者福山（Fukuyama）在1989年中共、蘇東波非共化運動風潮時以自由主義已取得意識型態的勝利，是政治發展與歷史的終結（1992），本文將以上述這些開發中國家政治發展理論參照對比於五十多年來中共政治的若干經驗與反省。

（一）毛澤東統治時期的政治發展概述

文件上看，中共經常把「人民民主專政」掛在嘴上，用以批評「資產階級的假民主」，實質而言，正如毛澤東所說的：「工、農、商、學、兵、政、黨這七個方面，黨是領導一切的」（轉引自吳安家，1999：17）換言之，共產黨專政是中共政治領導的實質。從而形成『黨、政與意識型態』的組織全力控制的高度集中，毫無當代西方政治發展中

政治系統與職權的「分化」的發展。

　　1950年代中共取得政權不久，就展開不斷地政治鬥爭，如三反五反運動、人民公社運動、文化大革命運動、批林批孔運動…等等，毛澤東以「動員政治」（mobilization politics）的群眾鬥爭方式踐行其「階級鬥爭萬能論」、「暴力革命萬能論」，借之排除異己，塑立獨裁領導之「人治」權力慾。

　　毛澤東也曾倡言民主，1957年在最高國務會議結束語中，他說：「所謂大民主就是群眾運動。」論者以為「這種大民主是不受法治約束，是無法無天、無政附主義的；同時也是實現領袖個人事權的手段與產物。」，「這種『人治加群治』的治國方略，從建國以來到文革結束，成了中國領導人，特別是毛澤東個人治國、治官和治民的一大特色。」（郭道暉，2000：3-4），大陸法政學家，這樣的評論是保守兼具保留形式分析的。研究中國問題與歷史的專家，則常一針見血的形容毛政權，白魯恂以「全能上帝的幻想」（illusion of Omnipotence）形容之。（Pye，1985:182）。日本學者竹內實則以「始皇帝與毛澤東」總結對毛澤東擁有「皇帝型權力」的描述。（竹內實著，黃英哲譯，1991）、旅美中國學者鄒讜以『全能主義』（tolalism）亦即政治機構的權力可以隨時、無限制地侵入和控制社會每一個階層和每一個領域的指導思想。」來形容中共統治下的「政治」與「社會」的關係。（鄒讜，1994：3）、余英時教授亦說：「毛澤東擁有『皇帝型權力』，但他真正認同的不是皇帝而是造反者。」余先生又說：「他在『反』的方面的成就和他在『正』的方面的幼稚形成了最強烈的對照。」（余英時，1995：61、86）。換言之，毛澤東終生在「造反有理」觀念下，絕口不提正面政、經現代化的發展道路，在幻想至高權力的過程中，無法無天、為所欲為。毛澤東以無窮的鬥爭哲學之政治領導風格，否定知識，否定專業，轉以階級為綱，處處「以紅領專」的反「科層體系」（bureacracy）把大陸帶到一個「一窮二白」趨近到被「開除球籍」的全面倒退之地步，其思想是充分「逆」政治現代化的發展路向的。

（二）鄧小平主政時期的政治發展概述

1978年底鄧小平上台，取消「繼續革命論」，少談意識形態，強調「實踐是檢驗真理的唯一標準」，推動「社會主義初級階級論」，一九八一年提出「調整、改革、整頓、提高」的八字方針，期待建設出有「中國特色的社會主義」。至其逝世的二十年間，大陸經濟成長率節節高昇，造成全球性財經磁吸效應，已快速發展到了「世界的工廠」、「宇宙的黑洞」的引喻。鄧小平主政期間經濟成就雖取得了不只「翻兩番」的實效，但是在政治發展則陷於進退維谷之矛盾，「在其主政期間1978-1978年壓制了北京之春，1986-1987壓制了政治改革，1989年更鎮壓了天安門民主運動，在這三次事件中，改革派並沒有向制度性的政治改革邁進，鄧小平模式充其量經濟鬆、政治緊。」（吳玉山，1995：118-136）的所謂政治左與經濟右的現象亦即擺盪在極權政治與自由經濟的矛盾運作下的「新權威主義」。

鄧小平模式，以其經濟改革的成效，加上運用暴力鎮壓的方式，維繫其政權，經濟上雖擊退了左的思想與「鳥籠經濟」的保守派。在政治理念上，鄧小平雖進行了三次思想解放運動，「亦即八十年代初，提出『解放思想，實事求是，團結一致向前看』，以此取代『兩個凡是』的路線並做為修正毛澤東的革命意識型態。1987年趙紫陽總書記提出社會主義初階級論，以此做為政經改革的正當性與指導方式。在中共十四大前、後發起第三次思想解放運動。1992年，鄧小平到上海、深圳、珠海等地講話，衝破姓「資」、姓「社」的左傾勢力的恐嚇和阻撓，提出「發展是硬道理」的思想解放里程碑。」（鄭永年，2000：51-60，厲平主編，1997）。這是大陸近二十年的所謂思想解放。但也有把1997年十五大前後衝破姓公姓私的枷鎖視為第三次思想解放（馬立誠，1998）。鄧小平強力主導政經路線，經濟上取得空前的成效，並以此成就，暫且避免了90年代「蘇東坡」非共化骨牌效應的劇變。但是在政治發展上，依然是鐵板一塊，以至導致近10多年來政、經矛盾

叢生。政治路線上依舊以「四個堅持」維繫政權的「正當性」，政治上
的專政與專制，無法與時俱進的結果，終於葬送了胡耀邦、趙紫陽兩
位欲圖改革的總書記，政治改革者成為政治祭酒也就不足為奇了。鄧
小平把政治改革派派鎮壓下去，錯過了「妥協」（compromise）、「選舉」
（elections）與「非暴力」（nonviolence）的全球第三波民主化浪潮的改
革方式與特徵（Huntington,1991:164-165），其延宕改革的列車，迫使
中國政治現代化不知又要遲滯多久。

（三）江澤民主政時期的政治發展概述

　　1997年初鄧小平過世，97年9月中共召開第十五次全國代表大
會，正式從「後鄧時期」進入「以江澤民為核心的第三代領導集體」
的所謂江澤民主政時期，此時橫梗在江澤民眼前的國內政經的艱難挑
戰之大端有：「1.深化市場經濟改革問題。2.國企改革，社會保障問題。
3.區域、城鄉發展不均問題。4.因應社會多元化，重新定位共產黨社
會控制，政治動員與利益代表問題。5.政治體制改革，引入新的監督
與制衡機制以矯正腐敗問題。6.如何處理西藏、新疆、台灣的民族矛
盾與分離運動之問題等等。」（田弘茂、朱雲漢，2000：2～3）這些問
題相當程度反應出中共政、經分離的矛盾與欠缺結構分化、權力分化
以及行政貫徹與分配的危機解決問題之機制，簡言之，停滯的政治，
將與超快的經濟成長產生愈來愈大的鴻溝與矛盾的嚴重性。

　　著名的中國經濟學家樊綱指出：「1992年，中國經濟出現了一
個標誌性的數位：非國有經濟的產值在工業總產值中第一次超過了
50％。到90年代末，非國有經濟的產值已佔到工業總產值的74％。」
這樣的變化，在社會層面上連帶的起了很大變化，「1.兩層結構轉化
為三層結構：改革前，中國社會呈現典型的『國家—個人』兩層結構，
改革以來，產生了一個新的民間，如民營企業、民間社團、各類仲介
組織、民辦學校等，將兩層結構轉化為『國家—民間社會—個人』三

層結構。2.中產階級的產生與成長，據保守估計，全國個人融資超過100萬元的人數遠遠超過100萬，全國個人融資超過10萬元的則達3000萬人以上。」（張祖樺，2001：20、22）。換言之。改革開放後，已經鬆動了「全能主義」下國家與個人的關係，一個經濟自主性的民間社會已隱然成形。而第三代中共領導人仍試圖以黨國的宰制性霸權緊抓意識型態與權力的解釋權，因此中共「代表中國先進生產力的發展要求，代表中國先進文化的前進方向，代表中國最廣大人民的根本利益」的所謂「三個代表」理念乃應運而生。

三、「三個代表」的產生及其在政治發展上的效應

在經濟發展帶動了新興中產階級以及若干民間社會的芻形後，一方面中共必須採取較合理的理論更新或調整政策，以面對新的現實，另一方面又不能也不願放棄共產黨專政的領導，於是在夾縫中求其政權的正當性的做法也就出現了。無論是片面性的理解或曲解傳統儒家再搓揉列寧主義的所謂「儒家列寧主義及家長威權主義」（Confucianism Leninism and patriarchal authoritarianism）。（Friedman,1995:148-187）或是將中國共產黨與國家機器揉合八個參政黨的組合主義（Corporatism）（李英明，1999：46-50）這些理論的援引與提出，都祇是幫閒的政治學者對中共政治現實的解釋，或是中共政治智囊團的政權合法性的理論前沿附會。直到「三個代表」的提出與寫入黨章，算是正式「革命理論」上邁前一步，形成「發展式」馬克思主義的一部份了。

「三個代表」的內涵根據文獻最早可追溯到2000年2月江澤民到廣東茂名高州市視察領導幹部「三講」（講學習、講政治、講正氣）的教育會議和當次在廣東考察工作期間提出來的。以清除腐化與提升政

治道德為目的的「三講」會上提出「三個代表」論，說明了「三個代表」與若干問題的最初關聯性。到2001年7月1日建黨80週年的「七・一」講話到2002年5月31日的「五・三一」講話，以迄2002年11月8日在「十六」的政治報告以及三天後的寫入黨章，期間「三個代表」歷經多次左派人士的萬言書批評，終敵不過龐大的民間社會、三資企業的既成事實，正式成為共產黨指導理論的歷史文獻。這種變革，不僅是意識思想上，觀念上的一大改變，它必然影響到黨員結構、組織方式及黨與民間社會與國家機器的關係。

　　「三個代表」理論的成形，是在一定的時空條件下所形成的，它形成的國內、外背景，根據分析總結有：「其一，國際共產主義出現嚴重的低潮。從２０世紀前半葉世界三分之一的國家“江山一片紅”，到如今蘇聯解體，東歐劇變，資本主義浪潮席捲全球，中共在政治、經濟、軍事、文化各領域承受著西強我弱的強大外部壓力。其二，國內改革進入攻堅階段。表現在農村經濟發展中第一次生產力飛躍已經終結，新的生產力潛力沒有形成，國企改革使城市再就業壓力加大，黨的階級基礎—工農聯盟沒能成為改革中獲益最大的階層：社會財富分配的模型結構沒有形成，東西、城鄉、腦體貧富差別拉大，社會不穩定因素迅速增多；歷經20年的極“左”歲月和20多年的改革開放，很多優秀的傳統文化被丟棄，在新的社會文化秩序中，封建糟粕和資產階級腐朽文化表現不應有的影響力，社會風氣不盡如人意。其三、黨風廉政建設問題較多。黨自身建設水平與人民群眾對執政黨的要求之間還存在明顯差距，黨的凝聚力、吸引力下降。作為我們事業的核心領導力量，黨要經受住這些挑戰與考驗，僅靠發揚優良傳統是遠遠不夠了，必須通過理論的創新尋找新的實踐動力，從而保持自己的先進性，成為人民信任和擁護的合法利益代表。」（劉志富，2001：375-376）。

　　換言之，近十多年來共產中國面臨國際外部共產主義與世界的解體聲浪，以及內部東西、城鄉差距拉大，貪污腐化黨風廉政等領導文

化出現嚴重問題與民眾信任問題層出不窮下，三個代表理論內涵漸次發展形成。

四、總結三個代表的內涵及其問題
——代結論

綜觀「三個代表」在當前中共政治發展的意義而言，將產生有以下數點正、負作用，這些政治習題部分待中共全力突破，部分有待大陸社會精英與人民去弊轉化。

（一）它可說是給予當前數百、數千萬大陸新興「中產階級」或「資產階級」入黨建立了正當性的基礎，是一種共產主義及共產黨向中間修正的「新組合主義」，但如此將衝擊傳統中共代表工、農階級的面貌，是否會因量變而引起新的質變與矛盾，值得觀察。

（二）三個代表所言及的「先進文化」，如汎指西方進步的自由主義、後現代主義理論、社群主義、協商民主等一切價值，則未來大陸將在後江澤民時代面臨對「四個堅持」的衝擊，從而是否會牽動共產黨一黨專政的「正當性」領導，值得從未來中共援引新的理論做切入觀察。

（三）中共代表「先進生產力」的「發展要求」和「前進方向」將帶給中共邁向資本主義生產方式，從而由下層建築影響到政治現代化的西方政治文化的上層建築發展的可能性。不過，中共內部學者評論三個代表將產生的民主化等作用依然保守，一方面他們言及「民主化、法制化是實現人民廣義利益的保證」但又指出「這裡講的民主化、制度化和法制化是指保證物質利益的政治體制和機制。」（陳章亮，2001：468），以物質利益為前提就是一個改革力道不足的明證，但基本上修正了馬克思主義的主要理論。

（四）「三個代表」有無轉化成歐洲「社會民主黨」的可能，胡錦

濤在十六大前擔任中共黨校校長，他曾數度邀請歐洲社民黨人士，如
Giddens、Habermas 等大師到校訪問、演說，大有走出「第三條道路」
之勢，但一般看法，認為「三個代表」不是自發性的民間社會力量之
組合，其自主性不足，中共轉型為社會民主黨也就如同緣木求魚。換
言之，缺乏自主性的「參與」，無由產生權力分立與制衡之民主原理。
「十六」大的首場記者會上中宣部副部長吉炳軒仍強調「按照黨要管
黨，從嚴治黨的要求，全面落實黨風廉政建設責任制的原則。」(朱建
稜、王銘義，2002)亦即中共仍相信一黨主政的無限可能，中共領導
下的政治人民仍然只能在臣屬性的政治文化與政治系統輸出的接受者
而已。

　　(五)「三個代表」可說是後江澤民時代檢驗政治路線與忠誠的指
標作用，亦是維繫江系人馬權力正當性的理論依據，胡錦濤能否在鄧
小平與江澤民經濟改革之後，所帶來的經濟上的「分配危機」，以及
難度更高的政治上的「參與危機」之中過關，「恩賜」式的三個代表，
是否能夠在政治改革邁大步，以解決政、經分離的種種矛盾與危機，
未來吾人可以政治發展中結構的分化與自主性加以檢視。

　　(六)「三個代表」是江澤民路線的指導思想，江又保持軍委主席
及龐大的江系人馬，而胡錦濤總書記及國家主席職位將是也衹是有限
權力而已，在此「雙元中心」的領導結構中，如何解決本已嚴重的腐
化問題，並且面臨政治發展中不可或缺的「行政貫徹」之危機，其關
鍵所在就是雙頭馬車中之領導所呈現的左右矛盾無所適從問題。

參考書目

田弘茂，朱雲漢編譯，江澤民的歷史考卷，台北：新新聞。

竹內實著，黃英哲譯，1991，毛澤東，台北：自立晚報。

朱建稜、王銘義，2002，反腐敗堅持黨要管黨，中國時報2002年11
　　月8日第2版。

余英時，1995，「打天下的光棍—毛澤東一生的三部曲」、「在榻上亂天下的毛澤東—讀《毛澤東私人醫生回憶錄》，載氏著：歷史人物與文化危機，台北：東大圖書。

吳玉山，1995，共產世界的變遷—四個共產政權的比較台北：東大圖書。

吳安家，1999，中共統治五十年的理論與實際—黨的領導，載「中共建政與兩岸分治五十年」學術研討會，頁1-17。

李英明，1999，中國：向鄧後時代轉折，台北：生智文化。

馬立誠、凌志軍，1998，交鋒—當代中國三次思想解放實錄，北京：今日中國出版社。

張祖樺，2001，中國大陸 政治改革與制度創新，台北：大屯出版社。

郭道暉，2000，法制：從蒙昧到覺醒的五十年，載東吳法學，蘇州大學百年校慶專號，頁1-28。

陳章亮，2001，弘揚人民利益高于一切的價值觀，載中共上海市委宣傳部編：三個代表與新世紀的中國共產黨，上海：上海人民出版社，頁460-469。

鄒讜，1994，二十世紀中國政治，香港：牛津大學出版社。

劉志富，2001，三個代表理論體系解析，載趙存生、、趙可銘主編：北京大學記建黨八十週年書系理論篇—理論創新與21世紀的中國，北京：北京大學出版，頁375-385。

厲平，1997，解凍年代—中國三次思想解放備忘錄，北京：經濟日報社。

鄭永年，2000，政治漸進主義—中國政治改革和民主化前景，台北：吉虹資訊。

Almond, Gabriel A. and Sidney Verha, 1965, The Civic culture, Princeton University.

Binder, Leonard. Et al（eds）1971, Crises and Sequences in Political Development. Princeton University.

Friedman, Edward. 1995, National Identity and Democratic prospect in

Socialist China. N.Y: M.E. Sharpe.

Fukuyma, Francis.1992, The End of History and the Last Man , N.Y.: Free press.

Huntington,Samuel P.1991, The Third Wave Democratization in the late Twentieth century, Norman: University of Oklahoma.

Pye, Lucian W, 1966, Aspects of Political Development, Little Brown

1985,Asian Power and Politics. Harvard College.

The economist, 2002 /June 15th-21st,China: A Party Out of puff, pp. 54-56.

本文初稿發表於2003/03，台北：民主亞洲基金會、東吳大學發展處合辦：「東亞自由化、民主化與區域和平」國際圓桌討論會。

肆

閩台經濟如何互惠？
——從Sen「倫理與經濟」談起

一、前言：文化在經濟發展的作用，備受重視

　　18世紀工業革命以降，經濟活動成為人類各項活動中最為生猛有力的一項動能，經濟發展快速者不僅改善一時一地人民的生活質量，亦逐漸形成了以「原料、勞力、產品」三角關係的世界體系核心網路。何以甲地經濟發展比乙地好，又何以A民族經濟成長比B民族快，各種學說嘗試從不同角度推論經濟發展背後的動力與緣由，如「現代化學說」、「世界體系論」、「依賴理論」以及「技術論」、「剩餘價值剝削論」、「生產力革命論」、「社會結構論」、「民主法治論」、「民族文化論」等不一而足。本文以「倫理—文化論」探究閩、台兩地經濟發展論。

　　工業革命後，歐洲各地出現經濟發展快慢有別之分，德儒韋伯（Max Weber）以「基督新教倫理與資本主義精神」（The Protestant Ethic and the Spirit of Capitalism）巨著指出新教倫理的「入世節慾主義」（inner-worldly asceticism）等教義是促進資本主義發展的「文化」動力，入世的成就才是上帝選擇人進天堂的判準，亦是新教徒實現天職的「倫理精神」。美國學者貝拉（Robert Bellah）的「德川宗教」（Tokugawa

Religion: The Cultural Roots of Modern Japan）我國學者余英時的「中國
近世宗教倫理與商人精神」，金耀基的「儒家倫理與經濟發展」以迄
1998年諾貝爾金濟學獎得主 沈恩（Amartya Sen）的「倫理與經濟」等
等宏儒碩學一再指出「宗教倫理」等文化層面的因子與文化自覺與革
新是促進經濟發展、社會開明進步不可或缺的一項動力。

二、大陸區域經濟的成形環境

　　回顧大陸自1949年中共建政以來的經濟發展，與意識形態的作用
與領導人的經濟戰略發展觀密不可分，1956年毛澤東提出「論十大關
係」，強調沿海與內地工業的關係，他說：「我國全部輕工業和重工業，
約百分之七十在沿海，只有百分之三十在內地，…為了平衡工業發展
的佈局，內地工業必須大力發展。」（毛澤東選集（五），1977：269-
270）而從60年代初期至70年代中期，因國防與地理戰略之需要，將
全大陸劃分為三大地帶，推行工業生產力佈局的「三線建設」，這種
由上而下的政治、人為干預的經濟發展策略，因一時、地的需要，基
本上違逆了「市場法則」，亦即在缺乏經濟自由為動力的前提下，其
成效是大打折扣的。粉碎四人幫後，80年代領導人鄧小平以「改革開
放」之思維，推動中國式社會主義市場經濟，鄧小平提出「兩個大局」
的說法，確立先求「沿海地區要加快對外開放……反過來，發展到一
定時候，沿海來幫助內地發展。」（鄧小平文選（三），1993：277-278）
換言之，經濟成長由東漸次向西推移，亦即建構一「梯度推移政策」。
在土地如此遼闊，人口如此眾多，先天經濟區塊如此懸殊之下，此政
策是一權宜之策。
　　1991年大陸又居於「全國一盤棋」理念，提出「十大經濟圈」的
構想，因此，「長三角」、「珠三角」、「華南經濟圈」、「渤海經濟圈」、
「振興東北」、「開發大西部」等不一而足的區域經濟發展策略，呈現

地區競逐之現象。在擴大自主權和市場刺激雙重激勵下，大陸經濟史出現了「規範認識的危機」（黃宗智，1994：36-37），整體而言，大陸經濟有其靈活性亦有其脫序性。在上有宏觀經濟規劃，下有區域經濟結盟的靈活操作下，大陸近二十年的經濟發展，舉世注目，儼然已成為「世界的工廠」、「全球的市場」、「宇宙的黑洞」，其勞務、資金、產品已成為全球最熱點之所在。在政策推移加上經濟學上的「群聚效應」，2003年「中國」有一四大經濟區GDP的統計，閩台3592億美元〈台灣2959億、福建633億〉，長三角3401億美元〈上海759億、江蘇1508億、浙江1137億〉，珠三角3295億美元〈香港1567億、澳門7億、廣東1649億〉，環渤海1599億美元〈北京443億、天津296億、河北859億〉（海峽都市報，2005年5月23日，A3版），依此統計數字觀之，目前福建省正在推動的「海峽西岸經濟區」的經濟發展似乎是四大經濟區的龍頭，其前景大有可為。

三、閩、台文化的共性與殊性，台灣能福建也能

　　吾人從世界經濟史發展的實然面觀之，近二、三百年來，經濟發展呈現出「文化」的地理發展區塊——西歐、北美、拉美、東亞、東南亞、中東各自成形，依此論之，台灣能成為亞洲四小龍的經濟發展奇蹟，處在同一文化源流的福建亦當也能。概略言之，閩、台近百多年來，文化發展有其共性與殊性。

（一）閩、台共性文化有：

1. 同文同種：

閩、台兩地，同文同種，台灣有近80%人口是近二百多年從福建

移民而來，同根同源，文化、語言相同，全面性的溝通一致，將心比心，台閩經濟發展將是先發後至而已。

2. 宗教信仰類同：

無論是媽祖、觀音、大道公等，。淵源流長，從閩到台兩地人民，心靈深處有著相同的信仰與平安的守護神，由宗教信仰相同，當容易衍生出誠信的商業行為，閩、台應在媽祖、觀音、大道公等的信仰上多加深化，以建立宗教倫理中的「誠信」的商業平台與機制。

3. 家族、宗族觀念濃厚：

金耀基教授在「儒家倫理與經濟發展」一文中對韋伯（Max Weber）學說有了繼承與修正，亦即東亞現代化的動力，是老百姓日常生活的工作倫理，是一「庸俗化的儒家思想」（Vulgar Confucianism），這是一套引發人民努力工作的信仰和價值。一種對家庭幾乎沒有保留的許諾，以及一種紀律和節儉的規範。（金耀基，1985：270-271）換言之，東亞四小龍的台灣，其「家庭企業」的成功是東亞現代性的核心價值，台灣各地家族式中小企業的打拚精神，應是福建的有利借鏡。

4. 理學之鄉-崇儒與重視教育的傳統：

在古代中原，閩、台是「南蠻」荒蕪之地，但中唐、五代、兩宋以後，閩台有了飛躍的變化。宋朝朱熹到福建，集諸儒之大成，將儒學建成廣大精微思想體系的閩台理學。（劉登翰，2002：205）明末鄭成功經營台灣，「建孔廟、立學校」，也將台灣推進到一文化之邦，至清朝、日據、民國時期，台灣儒學、理學教化，延綿不絕。余英時先生的宏文「中國近世宗教倫理與商人精神」就討輪到中唐以來的新禪宗和宋以後的新道教，以迄新儒家，其「入世盡本分」的轉向，有助於立德、立功、立言的不朽事功，亦是儒商「賈道」理性化的文化思

想根基。（余英時，2003：395-510）依此脈絡推演，閩台所發展的新儒學是一儒家世俗化與積極入世的精神找到了一肥沃土壤。

5. 移民與向外開拓的性格：

有了積極入式的文化精神轉向，當海事發達，世界體系三角貿易形成，交流頻繁之際，地域性向外開拓與移民之性格自然滋生，福建先民於清際大量到台灣、東南亞或美洲或經商或墾殖，其刻苦勤勞之精神，不多時，在僑居地總成就一番事業，其昌險，奮發向上之開放性格，擴大了「海洋中國」的版圖，亦接筍於當代經濟全球化之精神。

6. 原鄉與尋根文化

中國人的習俗，遊子離鄉背井後，無論是一代到數代，不停止的尋根文化是顯示其不忘祖、慎終追遠的重要表徵之一。其中隱含的顯親與功成名就衣錦返鄉之深遠意義，一直是鼓舞遊子奮發向上的精神動力。近代中國，福建是台灣移民最大多數人的原鄉，透過宗教、同鄉會的凝聚活動，一者可圓尋根之夢，再者可借助與結合「僑鄉」、「鄉親」之力量，開拓、組織、發展、回饋「原鄉」之種種事業。

閩、台有淵源流長的文化共性，其中包含了大傳統的新儒學的義理，也有小傳統的民間性格與宗教信仰，這些文化共性所涵攝的「倫理精神」當是「海峽西岸經濟區」進一步互惠發展的重要基因。在注視共性的同時，亦應反思閩、台近百年來的文化殊性。

（二）閩、台殊性文化有：

1. 現代化程度不一：

台灣歷經劉銘傳的大刀闊斧、歷經國治的奠基之作，基本上其現代化程度以追上19世紀末大陸沿海開放省市。（郭廷以，1977：131-164）日據時代，日本帝國主義在台灣有剝削，亦有建設〈視台灣為南

進政策的跳板〉，1950年兩岸分裂分治後，蔣介石把「台灣建設為三民主義的模範省」，蔣經國的「十大建設」等轉型性的發展策略，相對於大陸同時期的「三反」、「五反」運動，及「文化大革命」的停滯，鬥爭時期倒退型的經濟，使兩岸在20世紀80年代以前，其現代化程度拉大了距離，台灣的GNP約大陸福建省同時期的20倍以上。其現代化的觀念更是閩、台的無形差距。福建省想進一步與台灣合作，必須縮小現代化價值觀的差異，才能在經濟上合作互惠。

2. 中土、東洋、西洋、馬列文化的傳承與浸染不同：

　　基本上，文化有世襲亦有採借與創新的過程。台灣文化近百年來，是中土、東洋、西洋文化多元碰撞與交織而成，其基調是快速、創新與講究變化。福建，近五十年來，以馬列文化為主調，近二十年來，傳統中國文化復甦，西洋文化大量移植，唯根基尚不深厚。當前大陸社會主流價值「三個代表」有必要再大步邁前，審視中、西文化之長與短，不斷更新與超越既有的價值系統，使之能趕上當代文明，這是閩、台兩地不以「地方區域」為限，而以世界文化為舞台的開拓包融性格為之互勉互勵到共融，而後才能互進。

3. 經濟發展策略與企業文化不一：

　　台灣經濟發展策略，基本上由「耕者有其田」，農業自主到釋放農村勞動力轉到工商、服務業，再由進口替代到出口擴張，由加工出口區到科學園區，由輕工業到科技、生技工業，企業文化顯得漸進有序。福建則在壓縮的時間下要迎頭趕上，因之農、工、商齊頭並進，基礎建設與高附加價值產業交織而來，這是福建面臨的時間壓力與重重問題之所在。它需要有為者一肩挑扛，幹部與經理人才以先進的做法結合社會大眾齊心協力，突破再突破。

　　閩、台兩地可以共性的文化為基調，開創不同於西歐的東亞現代化的第二型，並且借鏡台灣人才教育、勤儉、勞資和諧等經濟發展中

的倫理文化因素。在殊性上，福建可避免與跨越台灣在經濟現代化過程中的負面作用，截長補短、迎頭趕上。

四、Sen的經濟發展相關學說之印證與閩、台借鏡

　　1998年諾貝爾經濟獎得主沈恩（Amartya Sen），其研究領域在於發展經濟學、福利經濟學與政治經濟學等方面，他關懷印度、中國等開發中國家經濟發展如何避免西方不良的覆轍，又能擷取西方自由經濟理論之長，從而建構一超越GNP、強調效率與技術進步及財富累積的經濟發展而忽略人類福祉的公平、正義與自由的學說，甚值閩、台經濟發展之借鏡。

（一）Sen說效益主義（utilitarianism）作為一種道德中的福利主義，－個人的成就，不只為個人自利，也為家族、鄉里、社群（community），具福利的相合性（congruence）與對他人的尊重（Sen, 1987:15.39.44-45）如台灣的中小企業家族化趨勢強調忠誠與福祉分享以及「耕者有其田、工者有其股」互惠式福利經濟理念等，發揮台灣經濟發展自利利他的雙贏效益，值得福建參考。

（二）Sen說市場機制的深遠力量必須基於社會的自由公平與正義（Sen,1999:54-86），如台灣的「農地政策」、「都市地權平均條例」、「勞動基準法」、「兩性平等就業服務法」、「青年創業貸款」等，這些政治經濟政策是以社會的公平、正義為基石建構出經濟自由及自由競爭的精神的市場機制，一方面它保有市場上的利潤法則，一方面它又兼顧基層的公平正義之原則的落實，如此勞、資雙贏法則有助於經濟長期穩定發展。

（三）Sen說專制威權政治幫助經濟成長的證據不存在，至少是
　　　相當少的（Sen,1999:150）。政府的責任不可有「尋租活動」
　　　（Rent Seeking Activities）亦即巧言名目以權謀私等腐化作為，
　　　而政治的權威應在稅制、環保、社會保障、教育、交通基
　　　礎建設上等公共性多加著力，這是清廉有效率政府的應循
　　　之道。

大陸學人也指出，中國國家能力應在「汲取財政能力，宏觀經濟
調控能力，合法化能力以及維持社經穩定的強制能力」上多予加強其
職能。（王紹光、胡鞍鋼，1994：7-12）整個國家能力用在對的地方，
如此，地方政府的福建又如何能例外呢？

（四）Sen說互賴互惠（reciprocity）和功能的計算，不能只重內在
　　　經濟利益評價，要跟道德評價的立場相對性和行為主體敏
　　　感性相結合（Sen,1987:xii）。閩、台經濟合作必須考量兩岸
　　　在一大政經戰略架構下的真誠、互惠與合作。無論是1991
　　　的大陸「全國一盤棋」中的「十大經濟圈」或三沿戰略（沿
　　　海、沿江、沿邊）或三角戰略，港、台、中的「小三角」或
　　　亞洲新興工業化國家與東南亞的「中三角」或兩岸四地與
　　　美、日的「大三角」，閩、台都是地理、文化上的最親切夥
　　　伴並居於核心位子。此刻，福建可以「華中、華南經濟圈」
　　　的前哨位置，與台灣形成經濟圈或以「農業發展特區」、「產
　　　業合作特區」、「擴大兩岸小三通」等措施逐步建立閩、台
　　　兼顧經濟互賴、道德互惠，再進一步到「關稅同盟」（Custom
　　　Union）以及建構「自由貿易區」（Free Trade Agreement）中
　　　所設的「原產地規定」、「能源」、「技術標準」、「投資」、「金
　　　融服務」等協議的「試點」落實，最後到「兩岸共同市場」
　　　（common market）的全面實現。90年代中期，大陸學者就
　　　提出要全面維護國家利益，在經濟策略上，必須「深化體
　　　制改革」、「促進貿易自由化」、「加強地區合作」（閻學通，

1997：278-282）這些策略與目標，不正可以運用在閩、台經濟的共同發展上以強化海峽西岸經濟區建設的落實，而其中的精神，如果有「文化根基」的共識，才能「行穩致遠」，是不？

參考書目

毛澤東，1977，毛澤東選集〈五〉，上海：人民出版社。

王紹光、胡鞍鋼，1994，中國國家能力報告，香港：牛津大學出版社。

余英時，2003，士與中國文化，上海：人民出版社。

金耀基，1985，金耀基社會文選，台北：幼獅文化出版。

郭廷以，1977，台灣的開發和現代化，載薛光前等主編，近代的台灣，台北：正中書局，頁131-164。

海峽都市報，2005年5月23日，A3版。

黃宗智，1994，中國研究的規範認識危機，香港：牛津大學出版社。

鄧小平，1993，鄧小平文選〈三〉，北京：人民出版社。

劉登翰，2002，中華文化與閩台社會，福建：人民出版社。

閻學通，1997，中國國家利益分析，天津：人民出版社。

Sen Amartya，1987，On Ethics & Economics，U.K.：Basil Blackwell

Sen Amartya，1999，Development as Freedom，Oxford：Oxford University Weber Max，1958，Trans by Parsons，T. The Protestant Ethics and the Spirit of Capitalism，N.Y.：Scribner's sons.

本文初稿發表於2005/5/19-20/福州：海峽西岸經濟區建設與閩台區域合作研討會。

伍

兩岸互信基礎的
深層文化課題與前景

一、前言

　　1991年臺灣通過修改憲法，結束《動員戡亂時期臨時條款》，並在憲法上重新賦予《兩岸關係條例》的法源基礎，重新定位國、共兩黨關係及海峽兩岸關係定位之後，與此同時，相繼成立「國家統一委員會」、「大陸工作委員會」、「海峽兩岸交流基金會」（簡稱海基會），強化對大陸政策的指導、執行與協調工作。大陸也在同年成立了「海峽兩岸交流協會」（簡稱海協會）與「海基會」成為白手套的交流機制（1988年中國大陸成立國務院台灣事務辦公室）。1992年以後，海基、海協兩會展開兩岸事務性協商談判。

　　1992年10月，「海基會」與「海協會」達成「九二共識」，雙方在此基礎上於1993年在新加坡舉行首次辜振甫與汪道涵的「汪辜會談」，並達成四項協定與陸續開展兩岸事務性議題的商談。在1995年李登輝訪問康乃爾之後，兩岸協商中斷，陳水扁執政8年兩岸正式協商機制停在原地踏步。根據大陸官員劉剛奇的分析，由於1999年至2008年海基會與海協會之間進行商談的「兩會模式」長期停止直接對話，代之而起的便是後來被稱之為「澳門模式」的兩岸關係談判方式。學

者論道，規範澳台關係的中央政策《澳門錢7條》比《香港錢7條》更為寬鬆自由，可以在兩岸關係中發揮「獨特」作用。（譚志強，2011：25）簡言之，最近10多年的過程中，澳門在兩岸談判過程中發揮具有突破性的意義與成就。此獨特性，進一步促使本文也嘗試做若干嚴肅問題的提出與挑戰。

2008年馬英九政權執政之後，再度展開海基會董事長江丙坤與大陸海協會會長陳雲林的「江陳談判」，至2010年，兩岸之間已建立了一項共識、「十四項協議」，此重大突破，對兩岸互信的建立起了非常積極的作用。

但是兩岸之間仍能存在若干重大議題的隔閡，使得兩岸之間談談停停，簡言之，兩岸之間仍存在若干根本性的矛盾未解，妨礙互信基礎的癥結需要抽絲剝繭地加以釐清。

1990年代中期研究兩岸的問題專家何漢理（Lieberthal）就說道：「國民黨民主化也將帶來台灣化的問題，任何類此的行動並將帶來和北京之間的危機，輕則會打斷兩岸日益增長的經濟合作，重則會有不同的民族主義主張而釀成公開的衝突。」（Lieberthal,1998：320-321）公元2,000年，美國另位中國問題專家藍普頓也說道：「中華人民共和國－台灣－美國的關係是中美關係中和亞太地區內一個時時引發不穩定和摩擦的根源。把握住這個三角關係，要求三方領導集團都認清什麼是其他兩方能夠容忍的事態，並進而依據這個認識來採取行動。可是，這對三方中的任何一方來說都不是容易做到的事情。」（Lampton,2003：240）2011年1月15日胡錦濤訪問美國前夕，媒體報導歐巴馬將在白宮以小型晚宴的方式，期待中美領袖就「整籃的問題」包括「雙邊整體問題、安全及政治問題、經濟問題、全球問題（包括人權問題）」彼此「坦誠」的交換意見。（《聯合報》2011年1月16日）這3段話告訴我們30年來美、中、台三角關係中就如藍普頓的大作《同床異夢》（Same Bed Different Dreams）所標示的三方之間，雖然有共同關切的重要議題，但似乎處在缺乏誠信的猜疑過程；因此，本文的重

點在於嘗試從文化思想的層面來探討兩岸「信任」的基礎，並且把互信基礎分為6個層面加以釐清。

二、兩岸信任基礎的文化思想底蘊的意涵

（一）文化與兩岸當代文化的意涵

　　本文所指文化是思想概念的累積，如同英國著名文化思想家阿諾德（Arnold）所說，文化是通過閱讀、觀察和思考，是集體的優秀的自我，使民族健全的理智，它不僅為維護秩序，也為實現改革通向理想的天道（God）（Arnord,1994:60,66）。根據阿諾德的觀念，文化就包括古今思想言論之最精美、最優秀的積澱，文化與思想就有了相互貫通的作用，阿諾德的文化觀念，很明顯的含有與時俱進的功能，文化如果不存反應時代的進步，則文化的惰性將進一步制約人類社會政治等全面性的發展。如進一步區分，則思想也者，是指政治與知識精英之想法，而文化概念則是經過歷史的積累而為一代一代人普遍經常引用的價值概念及其行為模式。

　　一國的人民社會大眾經由「學習行為」和「心理現象」的文化觀念時，人類學家表示，此一文化觀念，它不僅是一套符號系統，更通過各種各樣的意識作用而將人民連貫為一體，無論是一項行為、儀式或一種制度。如：權力、變革、信仰、壓迫、勞動、激情、權威、美麗、暴力、愛情、名望等生活模式，文化在其中起了深刻的作用和抽象分析（Geertz,1973:17-23），這就是本文以「文化」作為分析的理據。

　　當代學人余英時教授論述政治文化時，指涉的是政治與文化兩個互別而又相關的活動領域，如儒家思想對中國政治、文化以至社會各方面的實際關連與交互作用，再者，政治文化就是這一套交互作用中

所呈現的政治思維方法與政治行動的風格。（余英時，2004：3-6）這
樣的政治文化文化思想意涵，往往牽動著兩岸關係的變化，不可不察。
余英時在一篇文章中引用了歌德（Goethe）的一首詩說道：

> 如有人兮，不知三千稷；渾渾沌沌兮，日復一日！
> 意思是說，一個人如果不能對三千年的事有所交代，那麼他
> 不過是一個沒有經驗的人，只好一天一天地混日子過。（He
> who can not account for 3000 years is basically inexperienced and
> therefore can only exist from day to day）——我們討論臺灣的認
> 同與定位決然不必涉及三千年的中國歷史，但是幾百年的歷史
> 眼光還是不可少的。否則我們將無法了解今日的臺灣爲什麼會
> 處在這樣一個難以估定的特殊地位。—鄭成功在臺灣建立明鄭
> 政權，第一件大事便是大規模造商船向日本、暹羅、安南、呂
> 宋等地開拓商務。——1868年到1894年之間，臺灣對外貿易
> 的成長速度，還在中國大陸之上（余英時，1993：64-65）。

　　近100多年來兩岸問題之所在，就是在於缺乏歷史文化思想因素
的考量，缺乏整全的觀念，來對待彼此。例如：往往以北京觀點看台
灣，或者以台北關觀點談台灣，如果以此觀念形成政策，往往失之毫
釐差之千里。

　　多數研究中國思想者，普遍有一看法，就是中國文化有著一個早
熟的「天下觀」的文化融合主義，而不是講究「權力制約」、主權、
政府與人民的現代「國家觀」。誠如錢穆所說，中國人常把民族觀念
消融在人類觀念裏，也常把國家觀念消融在天下或世界的觀念裏。他
們只把民族和國家當作一個文化機體，並不存在狹義的民族觀與狹義
的國家觀，「民族」與「國家」都只是都至爲與文化而存在。（錢穆，
2002：23）。美國學者Levenson指出傳統中國統治者與大夫階層的文
化、意識形態與身分認同是文化主義的形式，是表現對一種普遍文明
的道德目標和價值觀念的認同，到了20世紀初，中國的士大夫階層才
由「文化主義」轉到「民族主義」，才意識到民族國家是群體的最終目

標（Levenson,1965）。當今之世一種「有限政府」、「權力制約」、「依法行政」、「秩序理性」、「法治主義」、「契約文化」的思想與制度，是中華文明的不足之處，至少是隱晦不明的。

（二）中國的「誠信文化」融合西方的「契約文化」是兩岸建立互信的基礎

　　清朝末年以來北京政府在對待台灣問題上，常常以「中央」對待「地方」的心態，來處理兩岸問題，都有著某種「中央天朝」心態的基因，當「天朝的基因」不去除，「臣屬性的政治文化」（subject political culture）就將餘留在政治的運作之中，形成一種「上對下」的不對等的支配關係，作為國家體系的公民，也就無由參與政治系統的輸入取向（Almond & Verba,1963:19）。當平等的政治文化無法形成政治決策的輸入取向時，「民意政治」、「法治政治」無由形朔，平等原則為依歸的兩岸「契約體系」，也就難以產生。

　　近100多年來的中國大陸、澳門或者是香港，都處在帝國列強侵略中國的殖民地文化，及其擺脫與尋求圖強過程之中，因此，近100多年來兩岸四地，有著相同的歷史格局與命運。尤其是沿海一帶的發展經驗，誠如哈佛大學歷史家柯文（Cohen）所說：「中國改良主義思想受沿海制約的特定道路，…19世紀乃至20世紀初中國的沿海充當了變革力量的角色。」柯文創造了「香港－上海走廊（Hong Kong－Shang Hai Corridor）」的概念說明「沿海改革者的經歷類型和世界觀念與同時代的中國人顯然不同。」（Cohen著，雷頤、羅檢秋譯，1994：235-8）

　　這項改良主義具什麼內涵呢？其中，法治主義的「契約文化」是沿海改革者與世界接軌的要旨所在。分而言之，當代西方文明的要旨有「人文主義」、「分權制衡」、「有限政府」、「依法行政」、「秩序理性」、「法治主義」思想與制度。余英時先生進一步所說：「……由於近百年來知識界在思想上的紛歧和混亂，中國文化的基本價值一直沒有機會

獲有系統，有意識的現代清理，情緒糾結掩蓋了理性思考。」（余英時，1987：49）本文同意若干中、外學者有談的中、西法治文明有其相近性，如哥倫比亞大學的狄百瑞（De Bary）所說的，中國的社會、鄉約之中的互助、互約的精神可對比於當代西方的「社群主義」的共同體觀念。（De Bary,1998）以及儒家的「仁與禮」的內在緊張性與當代的「道德自主與社會制約」的法治精神有其相近性。（張端穗，1989）簡言之，當代中華文明的體系，就應該發揮儒家文明過去隱晦不明之處，結合「權責相符」的當代契約文化，以形成現代化社會及兩岸之間溝通的基礎。

　　100多年來從上海、廣東到香港、澳門這條擺脫中國傳統的若干束縛，以西方現代化的動力，帶動中國器物、制度與思想的革新與現代化的走廊，如今已更加耀眼，無論是上海所代表的長三角，或者是廣東、香港、澳門所代表的珠三角，不僅象徵著中國現代化的希望，更標示著中國在21世紀的崛起地標，也是近30年來台商投資大陸最多的地區。在後殖民地的發展過程中，大陸沿海、香港、澳門、台灣兩岸四地已形成東、西文化交流與融合最有成效的地區。這些地區融合的著中國人傳統的「誠信和平」的美德，以及西方溝通協調的「契約文明」。這兩項文明可以說是現代化社會美德所賴以建立的基石，也就是當代學者所講的「信任」的社會資本。（Fukuyama,2001）。

三、兩岸互動中的社、經、文教交流的互信　與問題（低度政治）

（一）兩岸互動的社會、經濟交流與問題

　　由過去20多年的歷史印証，臺灣「公民社會」在兩岸交流中所進

行的社會性與經濟性的交流已成功地突破了若干兩岸的歷史癥結，它
已成功的扮演了從「對抗」到「對話」的「轉轍器」與「和平的尖兵」。
從1986年台灣開放對大陸探親，就是—「血緣團體」與「地緣團體」
開先鋒，緊接著是「文教團體」、「運動團體」、「觀光團體」、「工商利
益團體」的交流與投資。以2009年為例，台灣對大陸出口金額高達
620億9000萬美元，大陸對台灣進口金額更達245億300萬美元（《兩
岸經貿》，2011年1月號），如果以台灣居民到大陸地區旅遊、探親或
經商等各種交流總數，據大陸「國家旅遊局」統計，2005年超過四百
萬人次，如將1986年到2010年總計有5千萬人次到大陸，總數超過台
灣總人口2.5倍以上，❶可以說，台灣以旺盛的「公民社會」的活力，
消解了兩岸數十年來政治的冰凍與政府的對抗格局，這種先「民間」
後「政府」的交流模式，不同於南、北韓的「先政府，後民間」的交
流模式。其間所發揮的效應，可說大大的緩和了兩岸民族的歷史糾葛。
而後具有民間特質的準官方團體「海基會」與「海協會」的交流，近
年來許多「民間團體」接受政府的「複委託」談判，如「臺北市航空
運輸商業同業公會」參與兩岸包機談判，「臺灣海峽兩岸觀光旅遊協
會」參與大陸來臺觀光談判，都取得了不少成就。

　　經貿的改革開放，讓大陸擁有全球500大企業中的80％以上移到
大陸投資、經貿體系已大步邁向全球化，這也是台商認同大陸在全球
化市場中所扮演的生猛有力的市場角色之所在。在全球化的共同利益
推動下，到2005年底的統計，中國已批准外商企業超過50多萬家，同
時也有3萬多家企業走出國門展開跨國經營，中國已成為全球社會的
共同參與者，在這參與過程中，中國必須遵守全球性的「條約體系」，
也將受這些國際公約的共同規範，誠如大陸學者時殷弘指出，隨著大
陸經濟力量的急劇增強，內部社會價值觀和基本社會關係也會相應產

---

❶ http://www.mac.gov.tw/gb/index1.htm,2011/1/10查閱。

生變化，為確保政權穩固，「經濟第一」及「融入世界體系」之思維，已成為分析當代中國對外關係的主要工具。（時殷弘，2006：192）

　　各國大企業入主中國，亦帶來了部份高科技產業的移植，在這二種全球化景觀中，中國可說費盡心思，意圖與全球同步發展。但是在經濟管理體系則有若干尚待加強，論者以為：「全球管理機制的建構必然是透過北美、歐洲、與東亞三大經濟體間的協商與合作來達成，而這三大經濟板塊，北美與歐洲都具備一個經濟實體所需要的政治操作機制，惟有東亞還只是一個地理概念，缺乏緊密的協調與合作機制。…未來東亞關係在中國與日本，而北京與東京關鍵在台灣…兩岸在建構東亞新的安全與經濟合作機制上，責無旁貸。」（朱雲漢，1999：14-161）換言之，東亞區域經貿的健全化，關鍵仍在於兩岸和諧互惠的關係，而兩岸民族認同的分與合則是兩岸此時的歧見所在。2009年兩岸全面直接雙向「三通」邁出歷史性步伐，兩岸文化交流邁入大交流、大合作、大發展的新時期。

　　自從1980年代以來，有關兩岸與經貿合作的議題層出不窮，如「華人經濟圈」、「兩岸共同市場」之類的構想，是近年來海內外討論下具有智慧結晶的一些方向。如何將這些方向在兩岸之間「存同化異」，成為需要高度智慧與意識提昇的工作。2010年4月25日醞釀多時的馬英九總統與民進黨主席蔡英文，針對兩岸應否簽訂ECFA，展開所謂的「雙英辯論」，在開場白中，馬英九說：「現在世界變局，應該選擇民進黨的鎖國和邊緣化，還是國民黨的開放和國際化？過去十年亞洲出現很多國際貿易協定，2000年還只有三個，現在已多達五十八個，未來十年亞洲可能出現十七個國家地區組成超大型經濟體，我們跟北韓卻被排除在外，成為孤鳥」。[2] 馬英九在辯論中又強調，「不論是這次簽ECFA還是未來協商，我一定全力捍衛中華民國主權，

---

[2] http://talk.news.pts.org.tw/show/12901,2011/1/10查閱。

捍衛台灣的尊嚴，這個立場絕不改變」。而蔡英文則批評國民黨是「通過中國走向世界」，並說民進黨是「走向世界，並和世界一起走向中國」。另外，蔡英文還表示馬英九誇大了事實，同時還質疑馬英九傾中。蔡英文還在辯論中提出了與中國大陸經貿往來的四個原則：「第一，要有主控權，進退自如；第二，要循序漸進，不能冒進；第三，要遵循世界貿易組織的國際協定，不能離開多邊體系的保護傘；第四，要維持整體外貿平衡，不能過度向中國傾斜」。❸

簡言之，「雙英辯論」都強調台灣有一股力量要如何積極的投入到經貿國際化與全球化的陣營裏，台灣才不會被邊緣化。

當時執政的馬英九強調，兩岸簽署ECFA後，除了有助台灣促進國際化、完成制度化、避免邊緣化之外，更重要的是兩岸和平繁榮，已經不是天邊的玫瑰，已經可以手摸得到，本來其他兩岸之間必需要選邊的國家，現在可以同時與兩岸發展和平繁榮的關係。2011年1月份開始，就是落實檢驗ECFA的時刻了，除了美國關稅免關稅的優惠，雙方企業能否在食品安全、衛生檢驗、產品標準化各方面多路時多路時多多的落實「誠信」原則，以達到「共同體」的雙贏，就將拭目以待。

（二）兩岸互動中的文教交流與問題

兩岸所共同具有的豐富民族資產，亦即是有共識的「儒道文化」、「孫中山研究」、「文化新中原」、「實現國家現代化的願景」就是一共同的資產與交集所在，就如同英、美兩國，無論歷史如何變遷，其「基督文明」、「洛克思想」是其共同的信仰與交集。當然，民族文化與資

---

❸ https://zh.wikipedia.org/zh-tw/%E5%85%A9%E5%B2%B8%E7%B6%93%E6%BF%9F%E5%8D%94%E8%AD%B0%E9%9B%BB%E8%A6%96%E8%BE%AF%E8%AB%96, 2011/1/10查閱。

產需要重新反思，也需要有創造性的轉化。但是，如果只是一廂情願、不負責任的「去中國化」，則將拉大民族認同差距，將激化兩岸民族主義，則內耗、衝突不斷，災難也將別無選擇的降臨兩岸民族。

就以恢復儒家文明而言，大約在中國大陸的「85」計畫當中，儒學研究就進到國家5年計畫與研究時程的檯面上來，大陸學者蕭功秦指出：「在承認共產主義已經降低對於中國人的吸引力的基礎上，儒家學說被明確指為『凝聚民族向心力的新資源。』」（吳國光，2001：328）這是向「本土文化」乞靈的現象作用之一，可詮釋是某種建立於文化上的「民族認同」，由此進而解決「國家認同」的危機。作用之二在於：「中國走向『文化本質主義』又可區隔中國與代表西方的現代性之不同。強調中華文化傳統的重要性，強調復興中華傳統來做為中國面對西方壓力時的一個槓桿。」（李英明，2001：81）作用之三就如同「中共官方學者指出，突出中國傳統，尊孔崇儒，可以抗擊西化，對抗『和平演變』。」（齊墨，1997：177）簡言之，當代儒學中國大陸當代儒學的研究，仍然脫離不了學術為政治服務、為他人作嫁衣裳，以及將儒學作為一種工具性的價值而已。

吾人必須指出，政治與學術之間，應給予學術獨立研究的空間，如此，才能夠讓儒家文化回歸本來至大至剛、乃至是德國學者雅斯培（Jaspas）所講的人類文明中可貴的「軸心文明」之一。

四、兩岸互動中的意理、政治、軍事交流的互信與問題（高度政治）

（一）兩岸互動中的「意理」與政治的互信與問題

2008年3月22日馬英九當選了總統，兩岸之間一般意料應有一些

突破性的意識主導停滯多年的交流與對話。2008年4月29日胡錦濤總書記與國民黨榮譽主席連戰會面時提出「**建立互信、擱置爭議、求同存異、共創雙贏**」十六字箴言，並將「建立互信」提到最重要位置。2008年12月31日，胡錦濤在紀念《告臺灣同胞書》發表30周年座談會上發表重要講話，提出推動兩岸關係和平發展的六點意見，六點之首即「恪守一個中國，增進政治互信」，尤見建立互信的重要。建立互信既是歷史上兩岸關係和順發展的前提基礎，也是新形勢下兩岸良性互動、實現兩岸關係可持續和平發展的前提基礎。六點意見成為今後中國大陸對臺工作的主軸心和依據。這份文件明確指出「兩岸可以維持簽訂綜合性經濟合作協議，建立具有兩岸特色的經濟合作機制」，就北京而言，自從「胡六點」提出後，在兩岸步入「和平發展的軌道」，開創和平發展的里程，朝向最終的「和平統一」，策略方法與最終目標是清晰而明確的。而兩岸經貿上的正常化與制度化，暨兩岸政治關係的和平與穩定同樣重視，經濟與政治的齊頭並進正是推進「和平發展」的「雙軌」。

2010年7月12日國民黨榮譽主席吳伯雄與中國大陸總書記胡錦濤在北京會面，吳主席受馬英九總統之託傳遞了十六字箴言，希望海峽兩岸「**正視現實、累積互信、求同存異、續創雙贏**」，馬英九把「正視現實」放在第一位，就是希望大陸了解臺灣存在的「現實」從歷史、現在思考兩岸的未來的發展。針對這方面，大陸的意識很清楚，就是擱置爭議。其他12字箴言，可說是幾乎一樣。

兩岸最高領導者當前的意識大體相近，但關鍵的「正視現實」卻還存在許多基本性的差異，例如：抗戰八年抗戰當中「國民黨所扮演的角色」問題，兩岸憲法（套用吾人研究的所謂「肚臍問題」，兩岸的憲法就存在著「蘇維埃的肚臍」、「歐美的肚臍」、以及「孫中山的思想肚臍」）當中所共同指涉的「一個中國」問題，中華民國「主權問題」、以及由此了延伸的台灣「國際空間」問題，凡此，都是兩岸當中不能不處理的爭議是全問題。沒有處理，兩岸的關鍵性「互信問題」無法

徹底解決，也將使得事情演變成事半功倍，甚至是前功盡棄。作為2
次世界大戰罪魁禍首之一的日本，他對於東北亞、中國、東南亞的侵
略行為，可能出自於19世紀以來日本所形成的「與亞洲訣別」的「脫
亞」論的延續，最終導致以軍事行為侵略亞洲。當前，日本的明智之
士大力提倡「和解與民族主義」才是日本結束對亞洲的「妄言政治史」
走向「道歉政治史」的重要理念。（若宮啟文，2008）日本的「和解政
治」，當可以作為兩岸建立和解、互信的有力座標。

（二）兩岸互動中的軍事互信與問題

　　當前兩岸的軍事對立，仍然未見緩和，尤其是每當臺灣選舉的時
刻，大陸有多少飛彈對準臺灣，往往影響台灣正常的選舉投票行為，
因此，兩岸軍事問題未和解，兩岸的互信基礎就缺少一個最重要的
基石。2005 年中國大陸發布《反分裂國家法》，其目標也針對臺灣，
同樣引起國際之間強烈的反應，美日之間也因此修正美日關係同盟
的《安保條約》解釋安保條約周邊有事擴大到台灣海峽一帶。又根據
2007年7月美國蘭德公司（RAND）所做的〈臺灣地位問題解決之後
的美中關係〉所做的分析，未來兩岸關係可能的發展模式有10種，其
中4種是和平的方式包括：「繼續目前未決的現狀；和平統一；和平獨
立；妥協解決」，以及6種牽涉中國對台灣使用武力的方式包括：「美
國介入，動武後統一；美國不介入，動武後統一；美國介入，動武後
臺灣獨立；美國介入，動武後臺灣獨立；美國介入，動武後問題未決；
美國不介入，動武後問題未決」。（陳國雄、鄭光劬合譯，2007）這是
一個具有戰略與商業利益的公司所作的臺海兩岸武力衝突與統獨問題
的分析，兩岸關係可能的10種發展模式，正說明兩岸的軍事問題與統
獨關係問題錯綜複雜。

　　吾人舉這兩個例子，說明了臺海軍事問題涉及到整體東亞安全問
題，再者，戰爭似乎無法解決兩岸未來的正面發展問題。因此，無論

是《兩岸和平協議》或者是《停戰協議》此一類型的談判，應該有所
準備。

五、結語

　　2007年10月15日，中共召開第17次全國代表大會，中共總書記
胡錦濤發表「政治報告」，其中在臺灣議題上，第一次由中共領導人
提出《兩岸和平協議》，且論述的重點有「三個有利於」，也就是「對
臺灣同胞有利的事情」、「對維護臺海和平有利的事情」和「對促進祖
國和平統一有利的事情」（聯合報，2007年10月16日A1版）。筆者認
為，這3個有利於的前提是，做為一個「大國崛起」的中國大陸，如
能夠在「維護臺海和平有利的事情」，展現善意與具體的行動，則「近
者悅、遠者來」的古訓，當產生連鎖效應。

　　目前兩岸「統一」缺乏共識，但是兩岸「和平」應是臺灣人民共
同的願景。如以強硬的手段加在臺灣人民身上，如此對兩岸人民一百
多年來努力建構「民族國家」的願景，都將重蹈歷史的覆轍。兩岸人
民應有一個歷史的認識，民主的臺灣，憲政程序的逐步完備、公民社
會的成長，這些都是得來不易的成果，因此，唯有秉持「民主」、「和
平」與「尊嚴」的原則，一步一步建構出「民族的新肚臍」（謝政諭，
2007），才能夠讓兩岸民族得到正常的發展與和平交流，兩岸民族追
求的和平與共善的價值才能一步步到來。

　　再者，在國際與兩岸事務上，一個分裂分治的事實必需被接受，
或者分享主權或者擱置爭議，接納「一國兩府」、「一國兩席」或東、
西德、南、北韓之模式。另一方面，大陸內部繼經濟改革之後亦應開
展政治、社會的法治化與民主化；台灣在快速民主化的過程中，不操
作省籍與族群意識，唯有在自由與民主大道上才能讓兩岸中華民族的
多元一體性再融合，而可能交會在一起。

　　三者，深耕一個兩岸的啟蒙運動，濡化兩岸民族成為具有現代公民文化洗禮下的「新民」，是一個不可缺乏的築基工程，唯有一個具有理性、寬容、和平、參與的政治文化成為兩岸民族生活的態度、價值的體系與行為的規範，到那個時候，兩岸和平交流、共存共榮才能水到渠成。在理性的社會支持的機制之下，坐上談判桌的兩岸官員，才能夠理性的、前瞻的擘劃兩岸光明的未來。

參考書目

Almond,G.A.& Verba,S.（1963）*The Civil Culture*, N.J.: Princeton University.

Arnold, Matthew, Lipman, S.（ed.）（1994）*Culture and Anarchy*, New Haven: Yale University.

De Bary, W.T. *Asia Values and Human Rights: A Confucian Communitarian Perspective*, Cambridge: Harvard University, 1998.

Geertz, Clifford（1973）*The Interpretation of Cultures*, New York: Basic Books.

Levenson, Joseph R.（1965）*Confucian China and Its Modern Fate,* Berkeley: University of California.

Cohen（柯文）著，雷頤，羅檢秋譯，（1994）。《在傳統與現代性之間－王韜與晚清改革》，南京：江蘇人民出版社。

Lieberthal ,k.,（何漢理）著，楊淑娟譯，（1998），《治理中國－從革命到改革》，台北：國立編譯館。

Lampton,D.M.（蘭普頓），《同床異夢 —— 處理1989至2,000年之中美外交法》香港：香港中文大學出版社。

朱雲漢（1998）〈中國人與二十一世紀世界秩序〉，載中央研究院歐美所主辦：《西方文化與現代化兩岸學術研討會論文》，頁1-16。

余英時（1987）〈從價值系統看中國文化的現代意義〉，氏著《中國思想傳統的現代詮釋》，台北：聯經。

余英時（1993）《民主與兩岸動向》，台北：三民書局。

余英時（2004）《朱熹的歷史世界－宋代士大夫政治文化的研究》
　　（上），北京：三聯書店。

吳國光（2001）〈中國民族主義的歷史變遷〉，載林佳龍、鄭永年主編，
　　《民族主義與兩岸關係》，台北：新自然，頁317-334。

李英明（2001）《全球化時代下的台灣和兩岸關係》，台北：生智。

若宮啟文著，吳寄南譯（2008）《和解與民族主義》，上海：上海譯文
　　出版社。

時殷弘（2006）《國家政治與國家方略》，北京：北京大學出版社。

陳國雄、鄭光勛合譯（2007）〈臺灣地位問題解決之後的美中關係〉，
　　《台灣安保通訊》第4期，台北：台灣安保協會，頁1-19。

張祖樺（2001）《中國大陸政治改革與制度創新》，台北：大屯出版社。

張端穗，〈仁與禮¾道德自由與社會制約〉，載黃俊傑主編，《天道與
　　人道》，台北：聯經，1989，頁107-169。

齊墨（1996）〈民族主義－中共的替代性意識形態〉，王鵬令主編，《民
　　族主義與中國前途》，台北：時英出版社，170-182。

錢穆（2002）《中國文化史導論》，北京：商務印書館。

謝政諭（2007）《文化、國家與認同：打造兩岸「民族新肚臍」》，台北：
　　幼獅。

譚志強（2010）〈歷史悠久、穩定發展的澳台關係〉，台北：中華港澳
　　之友協會、淡江大學中國大陸研究所合辦：《陸委會成立20週年
　　系列活動 ——「台灣與港澳關係的發展與挑戰」》研討會論文，頁
　　19-34。

http://www.mac.gov.tw/gb/index1.htm,2011/1/10查閱。

http://talk.news.pts.org.tw/show/12901,2011/1/10查閱。

https://zh.wikipedia.org/zh-tw/%E5%85%A9%E5%B2%B8%E7%B6%93%
　　E6%BF%9F%E5%8D%94%E8%AD%B0%E9%9B%BB%E8%A6%9
　　6%E8%BE%AF%E8%AB%96, 2011/1/10查閱。

《兩岸經貿》，2011年1月號，台北：海峽交流基金會。

〈胡錦濤訪問美國〉《聯合報》2011 年 1 月 16 日

本文初稿發表於 2011/01/25-26 澳門理工大學主辦：「第 2 屆兩岸關係澳門論壇」學術論文。

陸

孫文學說的意涵與當代兩岸軟實力建設

摘要

1911年辛亥革命對現代中國的影響，需要有更多的視野、更多的學說來加以理解，甚至上下求索300年都不為過。在孫中山誕辰150年的此刻，本文主要以《孫文學說》亦即「心理建設」，加以剖析孫中山在40年的革命歷程中，除了以組織、武力之行動推翻滿清外，他更重視國人思想的革新與正本清源之途，即尋建構以「思想文化以解決問題的途徑」，《孫文學說》即是一部企圖以思想文化革新各界遺續傳統「知易行難」的弊病。

本文研究發現「知難行易」學說旨在喚起民眾 ——「覺民行道」的功夫，亦即期望社會各界，忠誠的理解三民主義，以作為迎頭趕上世界潮流的新民。本文亦發現孫中山是將王陽明的「個人性」的知行合一，擴大為「社會性」的知行合一。三者，《孫文學說》的論理方式是一個兼採中、西文化思想精華，有批判、有創新的會通之學。誠如胡適所說，孫中山不僅是位實行家，亦是位理想家。

走過一個多世紀，兩岸有許多落實中山學說的部分，尤其是

經濟建設上，如同諾貝爾經濟獎得主 Sen 所說，經濟活動除了重視效益主義外，更在深層結構上，體認互賴互惠（reciprocity），落實民眾的福利經濟的道德意涵。即經濟發展要走向「軟實力」的深層意識才能可長可久。本文認為這些理念是兩岸領導者與人民共同體認民生主義或者是有特色的中國社會主義後，落實當年「實業計劃」的若干要項實踐的結果。當前兩岸在思想革新上，孫中山的心理建設仍深具參考價值，當以「先知先覺者」知識上的真誠，紮實建立中西文化融合與創新的功夫，以覺民行道的信念，齊力實踐對國家與社會事務的行動，則 21 世紀是否是中國人的世紀，才能步步印證。

關鍵詞：孫文學說、心理建設、知易行難、知難行易、知識的真誠、
　　　　軟實力、互賴互惠

一、前言

　　今天我們紀念孫中山誕辰 150 年，這是重新探索 20 世紀「中國革命」的重要年代，在 2011 年的時候，中外學術界紛紛紀念辛亥革命 100 年的熱潮，例如在中國上海華東師範大學首先開啟紀念辛亥革命 100 年的學術活動，日本神戶、東京就有舉辦「寄語辛亥革命百年」的系列活動。香港中文大學、香港大學有許多紀念性的學術論壇。美國哈佛大學亦舉辦辛亥革命 100 年論壇演講，其中華中師範大學的章開沅教授提出「需要對辛亥革命進行上下 300 年的探索」，[1]1911 年辛亥革命推翻滿清，作為亞洲第一個民主共和的中華民國的誕生，在孫

---

❶ 章開沅，2012，〈辛亥百年遐思〉，《不確定的遺產》，北京：九州出版社，頁 11-25。

中山誕生150年的此刻，當以孫中山的學說及其革命事業再啟學術的
論辯，如何從歷史的軌跡中再尋民主共和在當代中國，乃至在後帝國、
後殖民的世界史中，無論是從「帝國到民國」體制的探討或者是「極
權到自由」思想的遞進，都是具有深刻意義的。

　　民主共和的到來，這是何等不容易的事，誠如1930年代南開大學
歷史學家雷海宗教授所說「皇帝在中國人的傳統認知裏，不只皇帝自
己是神，通俗小說中甚至認為皇帝有封奇人或妖物為神的能力。這是
平民的迷信，卻是由秦漢所建立的神化皇帝制度產生出來的」。二千
年間變動雖多，皇帝的制度始終穩固如山。「近百年來西洋政治經濟
文化的勢力與前不同，是足以使中國傳統文化根本動搖的一種強力。
所以辛亥革命由清室一紙輕描淡寫的退位詔書，就把這個戰國諸子所
預想，秦始皇所創，西漢所完成，曾經維繫中國二千餘年的皇帝制度，
以及三四千年來曾籠罩中國的天子理想，一股結束，廢舊容易，建新
困難。在未來中國的建設中，新的元首制度也是一個不能避免的大問
題」。❷從根深蒂固的政治思想史角度言之，蕭公權說：「二千年政治
思想之醞釀衝擊不能產生近代國家的觀念，此實歷史環境之所限，不
足以前賢病。一必經辛丑、庚申、甲午、庚子諸役喪師辱國，然後朝
野人士始漸覺專制天下之舊制度舊思想不足以圖存。於是效法西人，
維新變法之議大起。歐美近代國家觀念乃傳入中國，與傳統思想互相
爭鬥，局部調和。陸離璀璨，蔚為大觀。先之以戊戌維新。繼之以辛
亥革命。至孫中山先生集全局之大成，而吾國政治思想之第三期於是
正式開始」。❸孫中山與一般的革命人物最大的不同點，在於它有一套
革命學說，革命的事業不僅是非常的破壞，更重要的是非常的建設。
這非常的建設之一，就是本文所要探討的《孫文學說》中的「知難行

---

❷ 雷海宗，1968，《中國文化與中國的兵》，香港：龍門書店，頁121-122。
❸ 蕭公權，1980，《中國政治思想史》上冊，台北：中國文化大學出版社，頁11-12。

易」的奧意,也就是孫中山要國人實踐的三民主義、五權憲法。

　　至今孫中山的革命志業與學說仍然影響兩岸的歷史進程,舉其大者就有民權主義、主權觀念、民生主義等至今兩岸乃至於東亞地區都未加以成功實踐的現代化國家建設。民權主義方面耿雲志教授以為,孫中山思想遺產中,最豐富、最有啟發意義的是他的民權思想。孫中山說:「中國人民知識程度之不足,──且加以數千年專制之毒深中于人心,因此中國人大多數的心理,寧為太平犬,不做亂離王」。「孫中山一方面堅持好的主義好的政黨來對人民實施訓政,幫助人民提高程度,逐步學會管理國家」,他認為儘管普通人民對於政治學說不能深悉,但是「對於切身利害,皆能知能行也」。所以教他們學會掌握運用是民權。這就是孫中山這位偉大的「民主主義者給我們留下的寶貴的遺產」。❹

　　在主權方面上,北京清華大學汪暉教授直言之,亞洲區域的主權建構過程始終沒有完成:「朝鮮半島、臺灣海峽的對峙局面,戰後日本的不完全性主權國家形式,都表現19世紀啟動的民族主義過程仍然是支配東亞地區權力關係的重要方面。在這個意義上,新的亞洲想像既需要超越20世紀的民族解放運動和社會主義運動的目標和課題,又必須在新的條件下對這些運動未能解決的歷史課題進行探尋和反思」。❺在中國經濟發展與全球化方面,孫中山在民國元年(一九一二年)四月十七日在上海對中華實業聯合會歡迎會演講就指出:「中國乃極貧之國,非振興實業不能救貧。──中國有鑒於此,既求國利,更應求民福。……僕之意最好行開放主義,將條約修正,將治外法

❹ 耿雲志,2005,〈孫中山的思想遺產的積極意義〉,林家有、李明主編,《看清世界與正視中國 ── 孫中山與世界國際學術研討會論文選集》,天津:天津古籍出版社,頁 324-328。
❺ 汪暉,2004,《現代中國思想的興起第2部 ── 科學話語共同體》下卷,北京:三聯書店,頁 1604-1608。

權收回，中國有主權，則無論何國之債皆可借；即外人之投資亦所不禁」。[6]中國共和成立之後，當將中國內地全面開放，對於外人不加限制，任其到中國興辦實業這就是孫中山有名的「實業計劃」的觀念與作法，直到1970年代蔣經國在台灣，1980年代鄧小平在中國就掌握這個觀念與作法，讓台灣與中國大陸實現經濟現代化的成果。審視此事實，我們發現兩岸不是正在做孫中山當年想做，只因知行觀念不足，而非不可能做的事情嗎？

德國學者Kindermann（金德曼）說，孫中山先生對外交與未來中國在全球的角色有其超越時代的看法，「對帝國主義的詮釋孫中山不像列寧一樣，認為是單一的因素。它能夠深入探討政治的、軍事的、經濟的以及文化的因素彼此之間的相互影響，而理性的對待資本主義與帝國主義」，孫中山一生不希望中國在追求武力上重建中國在世界上的勢力，「他希望中國本身及全世界人類的和平發展上看待中國的發展」。[7]1925年孫中山過世前夕，他的遺言「革命尚未成功、同志仍須努力」，這也就是此時此刻我們在廣東紀念孫中山誕生150周年最大的緣由與目的，就在於進一步反思孫中山學說對於當前兩岸與全球化等議題的啟示。

二、《孫文學說》寫作的背景與目的

孫中山「非常的建設」是在革命的環境與行動中所淬煉出來的革命學說。民國成立，國事如麻，種種困難不下於清末革命的艱辛歷

---

[6] 秦孝儀主編，1989，《國父全集第三冊》，台北：近代中國出版社，頁40。

[7] Kindermann（金德曼），1995，〈孫中山先生對外交政策與帝國主義的看法－其全國性與全球性的意義〉，《國父建黨100周年學術討論集第一冊－革命開國史》，台北：近代中國出版社，頁1-25。

程，民主共和的民國成立以後，政治並沒有因此而進步，思想也沒有因此而發達。「北京文化圈有敢於國家內憂外患之嚴重，學術思想之落後，愛國精神之不振，紛紛創辦刊物，從事救亡圖存之鼓吹，紛紛創辦刊物，如『新青年』、『新潮』」雜誌等等。[8]這些具有新思想的雜誌，固然引進若干西方進步的理念，但卻展開對中國傳統文化無情的批判，研究五四運動的周策縱教授就指出：「在這種對舊傳統作批判性重估的開始階段，唯心主義、自由主義、實用主義、理性主義、功利主義、實在論、未知論論等五花八門的理論充塞著青年知識分子的頭腦」。[9]此時思想界以為新的就是好的，傳統就是守舊就是落伍，在這種社會秩序的變革中，往往是知識分子首先開始在思想意識方面對現狀的反叛。「一些革命的歷史學家稱這種現象稱為『知識分子忠順的改變』（transfer of the allegiance of the intellectuals），或者是『知識分子的背叛』（the desertion of the intellectuals），五四運動就是這種變革的一個範例」。[10]這在當時蔚為一股風潮，亦是源於中國淵源流長的傳統，即「借思想文化以解決問題的途徑」，此途徑可上溯至「孟子和荀子，在陳獨秀、胡適和魯迅身上也有明顯的表現」。這些思想家們相信思想力量含有一種預設，「在知與行之間的密切關係幾乎是同一性的關係」，[11]這些知識分子也許是無意識地認為，他們最需要的是通過極有效的手段向人民表述他們的信仰，並提出使這些信仰付諸實現的最佳綱領。1910年孫中山與劉成禺在舊金山談監察、考試兩權為中國歷史所獨有，以剖析三權與五權憲法之別，孫中山說：

　　先生喟然嘆曰：歐美、日本留學生如此，其故在不研究中國歷

❽ 李守孔，1979年，《中國現代史》，台北：三民書局，頁43。

❾ 周策縱著，周子平等譯，1996，《五四運動：現代中國的思想革命》，南京：江蘇人民出版社，頁491。

❿ 同上書，頁495。

⓫ 林毓生，1988，《中國意識的危機》，貴州人民出版社，頁45-46。

史風俗民情，奉歐美爲至上。他日引歐美以亂中國，其此輩賤中國書之人也。⑫

　　孫中山對於那些盲目抄襲西方模式的新潮學者與留學生並不以為然。1924年在制訂建國大綱宣言時，民國成立以後，孫中山就政治勢力與現實的劇烈變遷有一段言簡意賅的描述，他說：

自辛亥革命以至於今日，所獲得者，僅中華民國之名。國家利益方面，既未能使中國進於國際平等地位。國民利益方面，則政治經濟擧擧諸端無所進步，而分崩離析之禍，且與日俱深。⑬

　　為何政治上會陷溺於分崩離析呢？簡言之，就在於反革命的勢力不斷的滋生，孫中山分析說道：

夫反革命之發生，實繼承專制時代之思想，對內犧牲民眾利益，對外犧牲國家利益，以保持其過去時代之地位。觀於袁世凱之稱帝，張勳之復辟，馮國璋、徐世昌之毀法，曹錕、吳佩孚之竊位盜國，十三年來連屬不絕，可知其分子雖有新陳代謝，而其傳統思想，則始終如一。此等反革命之惡勢力，以北京爲巢窟，而流毒被於各省。⑭

　　此一時期的孫中山，一方面改造組織，將民初分裂為四股力量的國民黨，改造為必須宣誓效忠領袖的為「中華革命黨」⑮並南下廣州組織軍政府，展開二次革命、討伐袁世凱、護法運動等等。另一方面孫中山亦取「藉由思想文化以解決問題的途徑」，創辦「民國雜誌」、「建設雜誌」，並展開著書立說系列的著作。例如1917年能完成《民權初步》，1919年完成《孫文學說》，1920年《地方自治開始實行法》，

⑫ 秦孝儀主編，1989，《國父全集第二冊》、台北：近代中國出版社，1989，頁417。
⑬ 同上書，頁171。
⑭ 同上書，頁170。
⑮ Jean Chesneaux 等著，張玉法等編譯，1980，《現代中國史》，台北：經世書局，頁64。

1921年完成《實業計畫》，1924年公佈《國民政府建國大綱》等等，都是這時期的思想與行動的方略。

孫文學說是孫中山先生建國方略中的「心理建設」，又名「知難行易」學說。為什麼孫中山先生要強調「知難行易」。最重要的就是希望國人能夠力行實踐，不要空說、空想，這本書寫於1918年。

三、《孫文學說》的要義與詮釋

首先要解說的是，孫文學說和「知難行易」兩者並不是等同關係，在孫中山的構想中孫文學說全書包括三部分，卷一是知難行易，卷二是三民主義，卷三五權憲法，但是因為革命志業的繁忙，孫中山只完成「知難行易」的部分。1919年5月20日，《孫文學說》卷一"知難行易"付印，由上海強華書局發行。

辛亥革命建立的民主共和的政權，同時也對中國的政治體系產生了很大的變化，「將傳統的中國帝國和皇帝的權力，以自身為核心的世界體系」，「變成一個被吸收到另一個世界系統當中的被主宰被控制的國家」，外來模式「馬列主義的蘇聯模式都進到了中國」。[16]哈佛大學學Elizabeth Perry（裴宜理）說辛亥革命帶來了兩個政治遺產，「一是帝制結束，如果沒有帝制結束，就不可能有中國新的政治體系的實驗；二是中國真正開始對國際上的政治模式感興趣」。[17]亦即中國的政治與思想的主體性面臨劇烈的轉型，這是中國知識人面臨中、西文化的取捨與轉化的百年困境，至今未息。面臨此困境，孫中山一方面在政治上要糾正時人的流弊亦即「知易行難」，一方面在知識上展開對中西

---

❶ 鄒讜，1994，《20世紀中國政治》，香港：牛津大學出版社，頁51。

❷ Elizabeth Perry（裴宜理），2012，中國尚未完成的制度探索，余英時、章開沅等著，柯偉林、周言主編，《不確定的遺產》，北京：九州出版社，頁3-10。

文化的批判性的繼承與創造性的轉化，這是筆者認為孫中山在知難行易的方法論上的突破。孫中山在《孫文學說》的序言中，有兩段話說的至為深切，他說：

> 文奔走國事三十餘年，畢生學力盡萃於斯，精誠無間，百折不回，滿清之威力所不能屈，窮途之困苦所不能撓。吾志所向，一往無前，愈挫愈奮，再接再勵，用能鼓動風潮，造成時勢。卒賴全國人心之傾向，仁人志士之贊襄，乃得推覆專制，創建共和。本可從此繼進，實行革命黨所抱持之三民主義、五權憲法，與夫《革命方略》所規定之種種建設宏模，則必能乘時一躍而登中國於富強之域，躋斯民於安樂之天也。不圖革命初成，黨人即起異議，謂予所主張者理想太高，不適中國之用；眾口鑠金，一時風靡，同志之士亦悉惑焉。⑱

在分析國人積累了數千年的思想流弊上，他進一步說：

> 此思想之錯誤為何？即"知之非艱，行之惟艱"之說也。此說始於傅說對武丁之言，由是數千年來深中於中國之人心，已成牢不可破矣。故予之建設計劃，一一皆為此說所打消也。嗚呼！此說者予生平之最大敵也，其威力當萬倍於滿清。⑲

這段話清楚說明了中山先生在數十年革命的經驗教訓中，產生痛切的體會與發覺，亦即要改變國人的思想流弊比推翻滿清難上幾千倍，這不就是王陽明給他的學生楊仕德一封信中所說：「破除山中之賊易，破除心中之賊難」，王陽明要楊生格物致知，掃蕩心腹之寇，破除心中之欲，那才是士大夫不朽偉業之至理名言嗎？

在孫文學說的撰述過程中，吾人以為，其方法論基本上是批判性的繼承與創造性的轉化來處理上下古今的問題，又匯通了中西學術的

---

⑱ 秦孝儀主編，1989，《國父全集第一冊》，台北：近代中國出版社，頁351。
⑲ 同上頁。

盲點。孫中山以飲食為例，展開他融中、西之學理，從而剖析知難行
易的道理，他說：

> 我中國近代文明進化，事事皆落人之後，惟飲食一道之進步，
> 至今尚為文明各國所不及。中國所發明之食物，固大盛於歐美；
> 而中國烹調法之精良，又非歐美所可並駕。—夫悅目之畫，悅
> 耳之音，皆為美術；而悅口之味，何獨不然？是烹調者，亦美
> 術之一道也。—中國烹調之妙，亦足表文明進化之深也。昔者
> 中西未通市以前，西人隻知烹調一道，法國為世界之冠；及一
> 嘗中國之味，莫不以中國為冠矣。—餘曩時曾肄業醫科，於生
> 理衛生之學，自謂頗有心得，乃反於一己之飲食養生，則忽於
> 微漸，遂生胃病，幾於不治。幸得高野先生之抵抗養生術，而
> 積年舊症一旦消除，是實醫道中之一大革命也。於此可見飲食
> 一事之難知有如此。—括而言之，食物入口之後，其消化工夫、
> 收吸工夫、淘汰工夫、建築工夫、燃燒工夫，種種作為，誰實
> 為之？—由此觀之，身內飲食之事，人人行之，而終身不知其
> 道者，既如此；而身外食貨問題，人人習之，而全國不明其理
> 者，又如彼。此足以證明行之非艱，知之實惟艱也。[20]

他又說：

> 夫科學者，統系之學也，條理之學也。凡真知特識，必從科學
> 而來也。舍科學而外之所謂知識者，多非真知識也。[21]

　　孫中山在以飲食為例的長篇論述中，一再說明無論是烹調的技
術，以及每天吃飯的尋常動作對一般人而言是簡單不過的「行」的道
理；但是涉及到飲食的化學結構、飲食對生理的作用、衛生學、醫學
等涉及到「知」層面的事情就非一般人容易了解的了。他接著又以用

---

[20] 秦孝儀主編，1989，《國父全集第一冊》，台北：近代中國出版社，頁355、356、
360、361、362。

[21] 同上書，頁384。

錢、作文、建屋、造船、築城、開河、電學、化學、進化等十件事情
加以解釋知難行易的道理。知難行易的道理上，孫中山有來自中國傳
統文化的精華，也有來自西方科學主義的補充，當亦有來自對王陽明
學說的反思。

在知行問題上中國先哲有如是說：

子曰：「生而知之者，上也；學而知之者，次也；困而學之，
又其次也。困而不學，民思維下矣。」

易經上說：「天行健君子以自強不息。」

中庸也說道：「力行近乎仁。」

孟子曰：「行之而不著焉，習矣而不察焉，終身由之而不知其
道者，眾也。」

王陽明在《傳習錄》中說：「知是行的主意，行是知的功夫，知
是行之始，行是知之成。」又說：「知之真切篤實處即是行，行
之名覺精察處即是知。」此即「知行合一」的精義。

上述幾段話，先秦諸子與經典都一再強調「行」的重要性。孫中
山的行與王陽明的知行，是有些許的不同，王陽明強調「個人性」良
知的「知行合一」，孫中山的知與行是把它擴大到群眾性，是一「社會
性」的「知行合一」的角度來加以思考。吾人由下面的兩段話可以看
得更加清晰：

夫國者人之積也，人者心之器也，而國事者一人群心理之現象
也。是故政治之隆污，系乎人心之振靡。吾心信其可行，則移
山填海之難，終有成功之日；吾心信其不可行，則反掌摺枝之
易，亦無收效之期也。心之為用大矣哉！夫心也者，萬事之本
源也。滿清之顛覆者，此心成之也；民國之建設者，此心敗之
也。❷

---

❷ 同上書，頁352。

中山先生又說：

> 夫人群之進化，以時考之，則分為三時期，如上所述：曰不知
> 而行之時期，曰行而後知之時期，曰知而後行之時期。而以人
> 言之，則有三系焉：其一先知先覺者，為創造發明；其二後知
> 後覺者，為仿效推行；其三不知不覺者，為竭力樂成。有此三
> 系人相需為用，則大禹之九河可疏，秦皇之長城能築也。乃後
> 世之人，誤於"知之非艱"之說，雖有先知先覺者之發明，而
> 後知後覺者每以為知之易而忽略之，不獨不為之仿效推行，且
> 目之為理想難行。[23]

　　文化人類學家 Geertz 曾經說：「文化是學習的行為和心理現象的
一個非常明顯進步現象」。人的文化行為表現在「對於任何事物一首
詩、一個人、一部歷史、一項儀式、一種制度、一個社會、一種好的
解釋，總會把我們帶入一事物的心靈本質深處，那是一種民族誌的主
要部分，也可以說是一民族的文化解釋」。[24]思想更是文化的產物，這
位長期任教於美國普林斯頓大學的著名文化學者的話語中強調文化是
可以學習而來的，由此，吾人亦可論証，從「知易行難」到「知難行易」
是我們這個民族需要重新打破與學習的工作。

　　孫中山認為在理解知識的層面，先知先覺者必須扮演更多的角
色，必須到群眾中作啟蒙的工作，亦即是一種「覺民行道」的工作，
而社會群眾再從行動實踐中逐步體認知行的功夫。余英時教授研究指
出：「孫中山知難行易的命題是對傳統觀念的反駁，當他在上海會見
杜威的時候，這個命題得到杜威的証實，孫中山感到很滿意」[25]。在孫
文學說出版之後，胡適在1919年7月20日在每周評論第31號發表〈孫

---

[23] 同上書，頁385。

[24] Geertz, Clifford. 1973, The Interpretation of Cultures, New York: Basic Books, p.18.

[25] 余英時著，程嫩生、羅群等譯，2007，〈孫逸仙的學說與中國傳統文化〉，何俊編，
《余英時英文論著漢譯集－人文與理性的中國》，上海：上海古籍出版社，頁263。

文學說之內容及評論〉，胡適在文章中說道：「孫文學說這部書是有正當作用的書，不可能把它看作僅僅是有政黨作用的書。……沒有計畫的政客，混了天算一天。嘴裏說『專尚實際，不務空談』，其實算不得實行家，只可說是胡混。中山先生一生所受的最大冤枉就是人人都說他是『理想家』，不是實行家。……我所稱中山先生做實行家，正因為他有膽子敢定一種理想的建國方略」。[26]胡適進一步列舉的孫中山在這部書裏提到的「不知而行」，「行而後知」，「知之則更易行」。胡適進一步批判當時社會更大危險在於認為胡混為實行，認為計畫為無用。這位自由主義的大師對孫文學說有中肯的評論，如果說胡適的一生，是扮演烏鴉的角色，為中國思想的再生，不斷的刮刮的啼，他對中國有恨鐵不成鋼的情懷。胡適終生努力為中國建立一「新文化」，「其中含有一個中心觀念，就是把新生命吹進中國的古文明。」[27]他認為：「需要中國思想領導人的遠見和歷史連續感的意識，將世界文明與中國最好的事物做成功的連結。」[28]這是胡適一生在思想上努力的目標。西方學者Jerome B. Grieder（格里德）總結胡適是一個「中國革命中的自由主義者」，他不畏權勢，敢於挑戰權威，一生致力於改造中國文明，以登世界文明之殿堂。吾人以為孫中山一生苦心孤詣所追求的民族、民權、民生主義的實踐，亦即「三民主義的目的就在於救國、改造人民的思想、建設新中國」[29]，以期中國早日進入到浩浩蕩蕩的世界潮流之中，如是，吾人可說孫中山是位「中國革命中的公民民族主義者」。

---

[26] 胡適，《胡適文集》第11卷，北京：北京大學出版社，頁283。

[27] 余英時，2012，《重尋胡適歷程：胡適生平與思想再認識》，上海：上海三聯書店，頁251。

[28] Jerome B. Grieder（格里德）著，魯奇譯，《胡適與中國的文藝復興》，南京：江蘇人民出版社，頁175-176。

[29] 崔書琴，1983，《三民主義新論》，台北：台灣商務印書館，頁407。

　　西方思想史學者史昆納（Skinner）追根究底就認為，不是十七世紀自由主義帶來立憲主義，倘若沒有「文藝復興」、「宗教改革」恐怕就難以產生「啟蒙運動」的政治民主與立憲思想。[30]從史實發展而論，「西方資本主義國家都是思想文化變革在前，經濟技術變革在後」、「中國卻不然，幾次現代化的嘗試都沒有成功。…這些嘗試都被環境逼出來的，事先都缺乏思想文化準備」，譬如「洋務運動就是發生在維新思潮產生之前，辛亥革命又是發生在新文化運動之前，都是社會經濟政治變革先於思想文化的變革」。[31]筆者深有同感，沒有思想文化做準備，新制度與行為引入往往只是浮光掠影，亦如20世紀許多發展中國家發展的普遍現象一樣，淪為「淺碟形的政治文化」，其國度經「革命」後，動亂循環不已，其原由即在此。

四、《孫文學說》對當代兩岸軟實力的啟示

　　軟實力（soft power）概念由哈佛大學甘迺迪政府學院（Kennedy School of Government）前院長約瑟夫 - 奈伊（Joseph Nye）於1990年提出。他指出一個國家並非透過以軍事動武威逼，而是用一種近悅遠服的吸引力，一種為人所喜愛的文化與政治的理想，此懷柔的力量於焉產生。（soft power through persuasion and attraction rather than coercion or force or payments.）[32]奈伊認為，美國在前幾十年中利用文化和價值觀方面的軟實力，成功地獲得了很大的國際影響力。但後來越來越多地使用「硬實力」（hard power）（尤其是軍事力量和經濟手段），影響力反

[30] Skinner, Quentin, 1979, The Foundations of Modern Political Though, Cambridge: Cambridge University Press. vol. I ch1 & vol. II ch9

[31] 龐樸著，錢文忠編，1996，《薊門散思》，上海：文藝出版社，頁231。

[32] Nye, Joseph S.,2004, Soft Power, New York: Public Affairs. pp. xi, 7.

倒日趨式微，但關鍵不在殲滅敵人，而在增加盟友，軟實力才是贏得
和平的本質。

　　一般國際的學者把國防與經濟的實力視為是一種硬實力，吾人審
視兩岸近半世紀以來，在經濟發展上先後取得亮麗的成果，為舉世所
稱羨。當前兩岸所需要的應該進一步透視經濟發展背後的互助互惠與
更多合作、正義與和平的「軟實力」互動價值。1998年諾貝爾經濟獎
得主沈恩（Amartya Sen），其研究領域在於發展經濟學、福利經濟學
與政治經濟學等方面，他關懷亞太國家經濟發展如何避免西方不良的
覆轍，又能擷取西方自由經濟理論之長，從而建構一超越GNP、強
調效率與技術進步及財富累積的經濟發展而忽略人類福祉的公平、正
義與自由的學說。Sen提出效益主義（utilitarianism）作為一種道德中
的福利主義，一個人的成就，不只為個人自利，也為家族、鄉里、社
群（community），具福利的相合性（congruence）與對他人的尊重。㉝
此效益觀呼應了中華文明「和」文化的外溢效果。他又說：互賴互惠
（reciprocity）和功能的計算，不能只重內在經濟利益評價，要跟道德
評價的立場相對性和行為主體敏感性相結合。㉞Sen的經濟互惠說，清
楚的指出經濟發展競爭固然是要素之一，道德性的互惠合作也是經濟
互蒙其利不可少的要件，兩岸的經濟發展，無論是產業結構也好，自
然資源也罷，或者是技術層面，都存在著互補、互惠的因素。

　　在軟實力研究之餘，「巧實力」（smart power）應運而發，「巧實
力」首先在2004年由羅塞爾（Suzanne Nossel）於《外交事務》（*Foreign
Affairs*）期刊中提出的，該文主要係針對小布希政府外交作為進行思
考，羅塞爾認為小布希政府為反擊911恐怖攻擊，以出兵阿富汗、伊
拉克，亦即以戰爭的形態取代傳統外交政策。羅塞爾認為小布希的外

㉝ Sen Amartya,1987,On Ethics &Economics, U.K.：Basil Blackwell, pp. 15,39, 44-45.
㉞ Ibid, pp xii.

交政策有誤，美國應該回歸二十世紀美國外交政策主流的自由國際主義（Liberal Internationalism），並將貿易、外交、對外援助、推廣美國價值觀等視為重要的外交手段，一般認為，從理論與經驗意涵而言，一個由自由民主社會所組成的區域國際體系將比較不會爆發戰爭。因此，羅塞爾認為「巧實力」的意涵不是一個神聖的理念，而是一個合理巧妙的運用自由國際主義，美國應該透過盟友、國際制度、審慎的外交及合乎道德力量來爭取他國對美國價值的認同，藉此促進美國本身的國家利益。❸❺

　　在21世紀當中、美國力不斷高漲時，英國外交大臣戴維・米利班德（David Miliband）曾警告說，歐洲有可能成為「美國和中國形成的G2世界中的觀眾」❸❻，從G-7到G-20到G-2的變化，足以說明中國的快速崛起。2016年9月初剛剛在浙江杭州由中國大陸所主辦的 G -20大會，其文藝晚會「印象西湖」所表現的西湖元素、杭州特色、江南韻味、中國氣派到世界大同的景致，就是最好的軟實力與巧實力的結合，也大大的展示了中國的和平崛起。上文提到的國際問題大家，「軟實力之父」美國前國防部助理部長奈伊，他反對美國對中國採取遏制戰略。他說：「Only China can contain China（只有中國才能遏制中國）。」2013年1月他為《紐約時報》撰文《不要遏制中國，要和它合作》（Work With China, Don't Contain It）指出，「應對一個崛起的中國，遏制根本就不是一個合理的政策工具。實力的意義就是能夠獲得想要的結果。有時候，美國與別國合作時，比單純壓制別國時，實力更強」。❸❼2013年12月10日台灣馬英九總統接見奈伊，除歡迎訪賓再度來臺，也再次推崇渠所提出的「軟實力」與「巧實力」概念，以及分享我國以和平方式處理東海與南海爭議之經驗。馬英九表示，他上任後提出台灣

---

❸❺ Nossel,Suzanne,2004（2）,Smart Power, In Foreign Affairs Vol.83,No.2 ,pp.131-142.

❸❻ http://cn.nytimes.com/asia-pacific/20140422/c22power/zh-hant/

❸❼ http://cn.nytimes.com/china/20130702/cc02kato/zh-hant/

應在國際社會扮演「和平的締造者」、「人道援助的提供者」、「文化交流的推動者」、「新科技與商機的創造者」及「中華文化的領航者」等五項角色，該五項角色均與奈伊博士所倡導的「軟實力」有關。[38] 在「和平的締造者」方面，兩岸政府於2008-2016年努力改善兩岸關係，促進海峽和平與繁榮，雙方迄今已簽署25項協議、達成兩項共識，使臺灣海峽從過去潛在的衝突海域變為和平海域。

五、結論

　　19世紀中葉以降，中國面臨三千年來未有的變局，一連串的內憂外患，讓中國無暇於啟蒙運動的推展，反省一個多世紀以來李澤厚教授提出中國是「救亡壓倒了啟蒙」[39]。姜義華教授認為現代中國處在啟蒙不足的前提，本質上是一「理性缺位」的啟蒙[40]。簡言之，傳統若干僵化不理性的思想、文化觀念仍盤據國人的心裡。20世紀末，李澤厚進一步提出中國「要改革不要革命」的「和平進化論」，而應強調「多元、寬容、理性、法治」作為啟蒙的走向，今日談啟蒙不應再是憑激情來評價、估價、否定、壓倒一切，也就是巴伯（Karl Popper）所講的「你也許對，我也許錯，讓我們共同努力以接近真理」的「批判理性」。[41] 復旦大學姜義華教授也進一步提出未來中國所需要的「新理性主義」，是指：「科學精神與人文精神並行不悖、個性化精神與整體化精神相礪相長、戡天役物的進步精神與自然諧適的保守精神並行不

---

[38] http://www.president.gov.tw/Default.aspx?tabid=131&itemid=31374
[39] 李澤厚，1987，《中國現代思想史論》，北京：東方出版社。
[40] 姜義華，2000，《理性缺位的啟蒙》，上海：三聯書店。
[41] 李澤厚、劉再復，1999，《告別革命－20世紀中國對對談錄》，台北：麥田出版社，頁371-392。

悖、世界化精神與本土化精神相礪相長」。❷這些內涵在當前中國大陸提到的十二項核心的社會主義文明中都涵蓋了，問題在於由上到下的知行合一的落實而已。

　　在結束本文之前，吾人不厭其煩的再引兩位知名的社會學家說道：「推翻滿清建立民國是一個事實。從此以後中國的不爭氣，已經沒有滿洲人也可以推諉責任。以後再不能富強，再不能現代化，一定是中國的社會文化有問題，而思想界尤其要負起責任」。論者進一步指出，「辛亥之後的10年頗有『時代愈黑暗，思想愈激盪』的感慨，未來中國的思想變得必須向深度與廣度發展」。❸這是當代中國知名的國際楊慶堃、劉創楚的深切反省。在100年前孫中山提出的《孫文學說》不就是一個具有前瞻眼光的思想革命20世紀初孫中山所建立的民主共和國，是將中國社會、政治與文化思想的全面性的從不變到巨大變動的時代運動嗎？

　　20世紀80年代中國的改革開放，先讓一部分人富起來，已經取得了很大的成效。一份在華人世界頗為受重視的香港中文大學中國文化研究所出版的學術性刊物《21世紀》，在期待21世紀到來的專題中，余英時教授的一篇〈讓一部分人在精神上先富起來〉，此文具有世紀的針砭之道，「在思想市場上，把個人自主應用到學術與思想的領域內，以知識的真誠（Intellectual integrity），重建21世紀中國的精神財富」。文末他引嚴復所說的：「所以百千萬志士，爭持建鼓搗頑聾」作為對21世紀中國的獻詞。❹簡言之，「先知先覺者」深耕一個理性的再

❷ 姜義華，2002，〈中國走向現代化的和平革命與新理性的主義〉，李世濤主編《激進與保守之間的動盪》，北京：時代文藝出版社，頁493-506。

❸ 劉創楚、楊慶堃，1990，《中國社會－從不變到巨變》，香港：中文大學出版社，頁161-162。

❹ 余英時著，彭國翔編，2012，《中國情懷－余英時散文集》，北京：北京大學出版社，頁15-21。

啟蒙運動，濡化兩岸民族成為具有現代公民文化洗禮下的「新民」，是一個不可缺乏的築基工程。21世紀是否是中國人的世紀，就看中國知識精英與政治菁英能否擷取中、西文明的精華，進行全民不可或缺的心理建設，才能迎接21世紀科技智能的新時代。

本文初稿發表於2016/9/24-25，廣東省嶺南心學研究會、廣東中醫藥大學經濟與管理學院等主辦，紀念孫中山先生誕辰150周年 —— 孫中山心理建設與興學國際學術研討會暨兩岸興學論壇。

柒

百年來兩岸憲政發展
的文化解釋初探

摘要

　　本文要旨在於分析憲政主義是一複合概念，它絕不是單一法典與表章制度的引用或移植就可以成功的。在中、西憲政發展史上，內發型的憲政如英、美或因「宗教幽暗意識」、或因「社會力量的衝突與妥協」等因素推進了立憲的成功。而外發型的憲政，如中國、今日東歐或因片面移植、或因傳統文化中的某些因素產生扞格作用，而遲滯了憲政運動的順利推展。

　　是故，個人研究以為傳統中華文化中的「正統」、「道統」觀念以及當代中國激進化的革命思潮、革命手段、權威型政治文化、民族認同危機、政治人物領導風格與公民文化的養成與否，這些特性是阻卻當代兩岸憲政主義推展的複合式文化因素。

關鍵詞：憲政主義、複合概念、文化解釋、正統、道統。

一、前言

在人類文明的演進過程中,無論是16世紀以降的歐洲,其政治發展軌跡是結束封建王朝與教會權威的制約,亦即擺脫「皇權」與「教權」的束縛,發展為自由的資本主義民族國家型態,最後歸結到「憲政主義」的落實與保障。以迄18、19、20世紀美洲、亞洲、非洲則普遍以革命運動擺脫「殖民主義」與「朝代帝國」雙重束縛,最終亦結穴於憲政主義的追求與營造。這一發展與建構於西方文明的憲政思潮,似乎已成為人類共同努力的普世價值,其在文明演變中就如同南宋大詩人楊萬里所云:「萬山不許一溪奔,攔得溪聲日夜喧,到得前頭山腳盡,堂堂溪水出前村」般的波瀾壯闊成為思想的主流。其中心要義與價值在於「主權在民」、「自由、平等、福利等權利的保障」、「政治(政府)權力的分立與制衡」、「程序正義」、「法治原則」等理念被普遍遵循。憲政主義是一複合概念,它正確的出現包括一部權力分立的憲法、人民具有基本的憲政文化以及遵守民主共和體制等內涵及其背後複雜的,具邏輯性、層次性的文化與事實諸多價值所推演而成(Ostrom, 1987)。亦即它是在西方歷史文化脈絡中,由一層層相互關係推演而來,它與「宗教信仰」、「自然法」、「社會契約論」、「自由主義」、「財產權的保護」、「公民文化」等等價值與文化密切互動相關,才能發展成功。當然其間的國情差異、歷史文化的特殊性應被尊重與適當的融入憲政的架構中,但其效應不能對上述共通性的憲政精神有所妨害或產生逆反作用;這其中「複合性質」,千萬不可被忽略。

本文重點即在反思兩岸「中國」百年來在研擬、制定、修改、落實憲政時所橫亙其間的若干較為負面的傳統民族文化思維,與當代發展中國家在政治現代化歷程中容易發生的「政治危機」理論加以分析,本文把「文化」,當成一憲政主義發展的自變項,而「文化」之內涵則視為一國人民生活中成套的行為系統與思想價值系統,在這概念下,筆者提出「道統」、「正統」、「革命情操」、「權威文化」、「認同危機」、

「領導特質」、「公民文化」等當為文化之質素，以分析憲政主義在兩岸落實過程中的「複合因素」。

二、影響憲政主義發展的多元向度
（approaches）

　　憲政主義做為一種人民與政府體系的信仰、態度與行動準據是近二百多年的事。其內涵泛指人民依據一部憲法，實行保障人民權利，限制政府權力的政治體制與行為規範。印證在各國的發展經驗上，筆者基本上將他們初步歸納為四種發展類型。第一種是一「內發型」（indigenous）的，受其締造者及後繼實行者不斷以某一文化特質，如「宗教幽暗意識」引導於憲政設計與實踐，如尤以美國是（Friedrich, 1964, 1968；張灝，1989；謝政諭，2004）。第二種也是一「內發型」的，基本上是社會各階層在歷史發展中不斷衝突與調和的過程所積累下的各種「契約」與「憲章」的結果，如歐洲從封建主義到君主主權制以迄憲政國家，尤其是英國（Bagehot, 1929; Vile, 1967）。第三種基本上是一種「外發型」（exogenous）的類型，或者因戰敗、或者因原先賴以建國的「意識型態政權」徹底崩潰。前者如日本的「麥克阿瑟」憲法（Kataoka, 1991），或1990年前西德憲法；後者如以芝加哥大學為核心的憲法學者幫忙寫成的「後共產主義的」東歐數國憲法（U. of Chicago: East European Constitutional Review, Vol. 5, No. 2 & No. 3）。第四種也是一種「外發型」的憲法，基本上這些國家大都在19世紀至20世紀中葉前，經由民族革命運動、自決運動或在聯合國協助下推翻殖民帝國，獨立後所思圖「迎頭趕上」的新興立憲國家，基本上是一「外力逼迫下」立憲運動的產物，這些國家的基本特性是有著傳統悠久的文化及世襲王權專制體制，如：中國、印度、中東回教國家。或者是在擺脫異族統治或軍事強人領導的新興獨立國家，如非洲國家。換言

之，影響憲政主義發展的因素是多元的，其後設理論（metatheory）有其不同的文化思想背景所刺激引發的。本文即在此脈絡思考下，反思文明古老國家的中國如何在立國精神上從「王權」走到「民權」，第四種「外發型」的憲政道路上的若干不利的「內在文化」因素之要項。

　　從民族習性而言，中國有著三千多年的文明史，或許受儒家思想所建構的「堯、舜、禹」公天下的禪讓制及「郁郁乎文哉吾從周」的禮治秩序的回溯型理想社會的思考模式影響，中國人有著「好古」、「崇古」的心理。美國知名的漢學家 Levenson 在其巨著 *Confucian China and its Modern Fate* 一書中就指出，因中國人對歷史的深厚情感，使其面對西方價值的選擇時特別歧嶇，終而影響其現代命運（Levenson, 1965）。亦即了解歷史文化意識的因素，是探究現代中國往何處去的重要途徑。20世紀中國思想家也一再指出，近代中國在面臨西學時，根本上有不同時期、不同層面的挑戰與回應，1922年梁啟超指出，中國五十年來接受西學有三時期，第一期在器物上，第二期在制度上，第三期在文化心理上（轉引自陳衛平，2004: 1）。1970年代金耀基亦以器物技能、制度、思想行為三個層次概念分析中國現代化的三個歷程，並指出，國人的調適、學習的困難度有一層深於一層之困境（金耀基，1983: 183-189）。筆者深深認為「憲政主義」所涉層面正是「制度因素」與「文化思想」兼而有之，且是一全盤式的、整體式的思維與體制的翻新。影響這次翻新的變局，套用李鴻章的話，這是「三千年未有的變局」。基本的障礙，論者以為有：「(1)民族的崇古心理、(2)知識份子不健全的心態、(3)普遍認知的不足、(4)舊勢力的反抗。」（金耀基，1983: 189-206）這四點分析有三點內涵，明顯地與「文化」層面有關。簡言之，由文化角度切入，當是中學在與「西學」踫撞後，產生何種迎拒關係的重要入門。

　　1944年蕭公權在答覆青年朋友問到「中國是否在短期中有實行憲政的可能」？之問題時，說道：「沒有民主的心理修養，憲政的制度便成為無效的空文。今日中國許多問題，平心而論，大半生於國民缺乏

民主的習慣而不是由於政治缺乏立憲的形式。……我們應當努力於民主習慣的培養而不可僅僅注意於憲法的公布。……英國的憲政由發端到完成，歷時數百年之久。美國的憲政，受英國經驗之賜，其完成也需時十數年或數十年，……我們對於中國憲政的實行既可以不著急，也可以不害怕。」（蕭公權，1970（二）：414-415）過去六十年兩岸憲政實施得如何？中華民國政府歷經了五次「動員戡亂時期臨時條款」的修改與六次修改憲法，中共政權也經歷了四部憲法的制定與「八二憲法」的四次修正。何以這麼頻繁的制憲與修憲，原因一方面固然是國家分裂所致，另一方面何嘗不是政治人物與百姓大眾缺乏憲政習慣的養成，亦即缺乏憲政文化的培育。1998年台灣司法院大法官在編撰《釋憲五十週年紀念論文集》時，城仲模大法官在〈泛論憲法文化與法治社會〉一文中說到：「憲法條文固然有骨幹的價值，但必須等到它潛移成文化及表徵成憲政精神時，才讓人民感受到有血肉的身軀，而成為具有生命活力的國家最高法規範；否則，祇是印在紙張上的憲法典或置於書櫃上的裝飾品而已。憲法文化是指國家憲法的存在事實與人民日常生活貼切的結合，使它成為與其他文化素材一樣，讓全民在多方位上敬謹地監督總體憲政之運作，並細心地去維護和遵循憲法之規範涵意，以催化其持續而多元地生根滋長的一種憲治理念與教化。……我國近百年來，前半段在熱衷於制憲運動，後半段則在忙碌於行憲活動；前者的舞台是在大陸，後者的場所多是在台灣。……實施憲政推展法治是無法用單純移植或複製方式達成的，更不能使用東湊西拼的拼圖法，以為有了一部包羅萬象的憲法典就可以高枕無憂。事實上，它所需要的是和平的國度、累積的憲法習慣、愛惜群己生活的情操和優良的傳統文化。」（城仲模，1998: 570, 579）上述所引的二段長文都提到祇有形式的憲法條文是不夠的，缺乏憲法習慣的養成亦即憲法文化無法在政治人物與百姓的心理獲得遵循、維護與滋長的話，憲政運動將落空。法國學者盧梭不也早就說過，「憲法不是　刻在銅版上的裝飾品，而應　刻在人民的心板上嗎？」職是之故，本文

即是以把文化當一向度與進路（approach），探討影響我國憲法發展的
數點「文化因素」。

三、影響我國憲政發展的數項文化因素的反思

　　古老中國文化面臨經文藝復興、宗教改革、工業革命與啟蒙運動
洗禮過後的近代西方文化的衝擊，呈現出急速的敗象，從1840年前視
西方為「夷務」到1860年的「洋務」運動，到1890年的「時務」改革
再到1919年「五四運動」中「全盤西化」論的「急務」運動，基本上
代表著從盲目「排外」到盲目「媚外」的激進化改變，亦代表中國「天
朝世界觀」的隕落（Leung Yuen Sang, 1985: 56-81; 殷海光，1981: 1-26）。
在這百年巨變中，西方價值與制度幾乎成為失敗中國的救命仙丹。余
英時先生在〈從價值系統看中國文化的現代意義〉一文中理性客觀的
指出：「文化變遷可分物質、制度、風俗習慣與思想價值四層。……
中國現代的表面變動很大，從科技、制度，以至一部分風俗習慣都與
百年前截然異趣。但在精神價值方面則並無根本的突破。……由於近
百年來知識界在思想上的紛歧和混亂，中國文化的基本價值一直沒有
機會獲得有系統、有意識的現代清理。」（余英時，1987: 48-49）在此
思想脈絡的引導下，本文基本上希望做到有意識的整理若干妨礙憲政
發展的文化價值因素。當然本人並不是否定中華文化具有極多至今有
意義、有互攝作用於憲政民主的因素，如「仁與禮」的緊張性對比於
當今「道德自主與社會制約的法治精神」（張端穗，1989: 107-169）。
儒家內在具有「階層權威的依賴」又有「自主精神」的矛盾（Solomon,
1971: 78-79）；「修己」傳統之於「個人主義與近代中國個人觀的改變」
（余英時，1995a: 167-205）；中國「社倉」、「鄉約」等「倫理社會」對
比於當代「社群主義」（De Bary, 1998: ch. 4, 5, 8）、儒學中的人、身、
群己發展出道德的社群責任觀，映照當代「人權」（黃俊傑，1997: 33-

55)、「從人的主體心性發掘普遍法則，來會通儒學與現代民主」（何信全，1996）以及「孟子與康德」同屬「自律倫理學」且在「人性隱默之知上是可會通的」（李明輝，1990、2004）等等當代許多極其深入中、西文明的會通思考，這些基本上是採取「正面」的取向與進路的。本文重點在於反思若干較具負面的文化質素分析，以求價值觀的突破，進而接筍上憲政精神上來。

（一）「道統」與「正統」意識的困境

「道統」之理念可說是中國士人為駁斥學術上的邪說而建構自己思想統序與脈絡以為「治道」之備。「正統」則指統治者以兼具道德之名與實而取得天下的正當性。歷代讀書人寄望統治者是一秉持「道統」之君以行「政道」，以居「正統」之尊。追溯源流，在《春秋公羊傳》中，隱公元年《傳》曰：「何言乎王正月？大一統也。」隱公三年《傳》曰：「故君子大居正」，這裏的「居正」與「一統」是指統治者必須明修法守正，又要建元正朔，作為正教之始。前者指道德操守，後者指紀元創業（陳學霖，1993: 132）。典籍的詮釋如此，薩孟武教授將「正統」之意轉化成當今的政治語言道：「正統乃含有兩個概念，一是倫理的概念，取天下以『正』，二是政治的觀念，『統』天下於一。」（薩孟武，1982: 34）準此以觀，「道統」與「正統」的自許與維護成為中國歷代史學上的一大特色，也在中國分裂朝代討論最多（饒宗頤，1996）。

百年前孫中山欲推翻滿清建立其革命事業時，即謂：「中國有一個正統的道德，自堯、舜、禹、湯、文、武、周公至孔子而絕。我的思想，就是繼承這一個正統的道德思想，來發揚光大。」（羅家倫主編〈下〉，1985: 944）而後蔣介石以「國民革命軍出師北伐告將士書」、「三民主義之體系及其實行程序」、「民生主義育樂兩篇補述」等論述，亦在取得孫中山思想之「道統」與「正統」地位。1920年代中國共產黨亦以「聯俄」、「聯共」、「扶持農工」之所謂「三大政策」來詮釋「新

三民主義」，之後毛澤東又以「三座大山」理論，建構思想上新的「革命」思維，用以爭取社會大眾對其「革命」行動的支持。這是1950年以前，「大陸時期」國、共的「正統」與「道統」之爭。

國民黨政權到台灣後，蔣中正藉以「反共保台」及維護1971年前聯合國會員國地位的，亦以「正統」、「法統」自居。近日報載，蔣經國以行政院副院長接見美國駐中華民國大使，於1971年兩岸在聯合國代表權問題上，不接受美國「二個中國」代表權提議，所持的理由仍是「漢賊不兩立」的「道統」與「法統」論（2004年9月13日，自由時報第2版）。吾人以為，國、共之爭，緣由甚多，但雙方互爭誰是孫中山革命「道統」傳人，就使國、共兩黨陷入「天無二主」的「正」、「邪」之禍，而無法以憲政精神的寬容與妥協找到和平共處的折衷點。在國、共鬥爭的歷史上，「憲政精神」始終無法形成解決雙方歧見的依據，例如1945年的國共「重慶會談」有如同床異夢般各自解讀，形同具文；1946年的「政治協商會議」條文又無法形成是年底的國、共憲法共識，終至兵戎再起（謝政諭，1998）。

「道統」、「正統」之爭，基本上是傳統中國史觀使然。也可以說是政權移轉、朝代興替的正當性學說，傳統知識份子與政治領導者視為終身職志。清末民初倍受敬重的學者王國維，面臨「西學東漸」及「皇權體制」一去不可回時，踫到了身、心、靈極大的困境，有著「所愛的不可信」、「而所信的又不可愛」內在嚴重價值衝突，終使他「以死殉道」（杜維明，1996: 316-317）。梁漱溟的父親梁巨川又是另一個「以死殉道」之例（林毓生，1982: 155-182）。他們的過世，都說明了對「道統」與「正統」的堅持氣節，但也足以說明此種有著「意識形態」、「正統」（orthodoxy）自居，以斥他人「異端」（heterodoxy）之爭，當中缺乏的就是憲政主義協調（coordinative）、讓步（concession-making）與競爭行為（competitive behavior）之憲政理念。大陸學者批評中國歷史觀受「正統論」的影響，發展成類似黑格爾「絕對精神」式的自我封閉循環論，是一種「蠻性遺留」（楊念群，1998: 23）。台灣學

者也認為「正統論」不僅顯示台灣歷史教育的前近代性，也顯示國民意識的不健全和為政的封建性；因此對內導致國民在意識上發生國家認同的危機，對外則外交失敗、國格喪失（鄭欽仁，1991: 39）。拋棄「正統論」，兩岸學人有共識，但這種「正統」之爭，近年在台灣又以另種語言與形式出現，每當選舉激烈之時，誰是「正港」的台灣人，往往成為選戰第一義，使得在位者政績檢測、候選人政見內容反成為次要。總而言之，如果僵硬的「道統」、「正統」的史觀與政治文化盤據國人心靈與政治生活，如無法轉化為「多元並存」、「和平競爭」之價值觀念與行動時，中國憲政體制將不可得。唯有濡化憲政主義成為「新的道統」，以人民為本位，依「民之所欲」前進到「大居正」的現代價值觀的「新正統」之爭才能開出政權的和平轉移與政治秩序的穩定。

（二）革命情操壓倒改革理性

二十世紀是中國人以革命的熱情結束了二千多年的專制帝國，但革命號角甫落，武人政客紛爭又起，且外患入侵變本加厲。從民國初年的軍閥割據到國民黨的武力北伐，緊接著日本佔領東三省到全面侵華，國、共內戰到兩岸分裂，至今五十年來台海兩岸仍舊潛存著與和平理性的憲政之爭的道路相悖的方向對峙著。也就是說，過去一百年來，在中國土地上，動輒以「革命」的方式做為主要紛爭的解決方式。這當中，雖說「革命」的行動，有結束舊帝國的滿清專制體制，也有迎戰新帝國的日本軍國主義的「正義之師」。但亦有「槍桿子出政權」的個人與黨派的權力與意識形態之爭，革命行動的頻繁，讓本來是「順天應人」的神聖本質，遭到了質疑、污名與破壞。這種有形的兵戎殺伐，明顯地阻卻了冷靜地、理性地憲政的改革的施行。

從1800到1985年將近二個世紀，美國漢學家費正清認為那是一場從「天朝世界觀」到科技、社經結構、教育、政治制度乃至文化思

想全面性的變動，他稱之為「偉大的中國革命」（Fairbank, 1986）亦即，中國革命不只是前段所分析的接二連三有形的「武力戰爭」，在「思想革命」上更是一波比一波激進化，「五四」以降，被青年稱師的往往是「全盤西化」論者，或者是反西方的西方「無政府主義」者、「馬克思主義」者，或者是主張「把線裝書丟到毛坑」及「隻手打倒孔家店」的激進反傳統論者，暨力倡「革命文學」的創造社、太陽社的左翼作家都成為那一代的顯學與英雄，思想的激進，終於推到了「無法無天」的文化大革命。此激進化思潮，把中國的傳統破壞無遺，當時認為，棄一分傳統才能得一分現代化。余英時先生稱道近代中國思想史就是一激進化的過程（process of radical），對比於西方近現代的思想演變，中國在激進與保守論戰之間，缺乏自由主義等中間理性的思想與團體，以至形成有如「政治退化」般，民主的秩序始終不能建立（余英時，1996: 188-222）。激進、狂熱的思潮空間下，一個缺乏自由主義灌溉的國土是無法滋長憲政主義的果實。

　　革命的思想與行動，在20世紀的中國被付予過度「正當性」的價值。20世紀初葉，魯迅有段話說的妙：

　　　　革命，反革命，不革命

　　　　革命的被殺於反革命的。反革命的被殺於革命的。不革命的或當作革命的而被殺於反革命的，或當作反革命的而被殺於革命的，或並不當做什麼而被殺於革命的或反革命的

　　　　革命，革革命，革革革命，革革……（轉引自李歐梵，1995: 187-188）

　　這種詞韻，說明革命已成為國人習性，革命行為充斥在20世紀的中國時空，文革時「革命無罪，造反有理」的心態，給中國帶來了無比的苦難與悲劇。大陸學人李澤厚、劉再復一再呼籲，中國人放下百年狂熱與幼稚的一「革命」與「激情」。以「告別革命」為題，希望中國能放下這個世紀最沈重的包袱，以「要改良不要革命」的「和平進化」復興中華（李澤厚、劉再復，1999）。在革命的激情下，理性必然

缺位，彼此間只有你死我活的鬥爭，想想啟蒙運動思想家伏爾泰所言的，「我反對你的意見，但我卻願誓死保護你生命的自由、說話的權力」，亦即將「革他人之命」改造為「革自己之心」，以現代民主性格，尊重異己、尊重多數決，以憲政精神進行不同層次的改革與改良行動，人的社會實踐，就是如此而已。由此印證，「革命」心態一日不除，改革的憲政之路終不可得。

（三）威權政治文化凌駕平權政治文化

　　政治文化（political culture）是晚近1956年，時任美國政治學會會長的阿爾蒙（Almond）利用伊斯頓（Easton）的政治系統論發展而來，它的意義是指人民對政治對象的認知、情感與評價。此概念成為1960年代美國社會科學研究會中成立一個比較政治委員會，用以分析開發中國家政治發展與政治現代化過程中重要的思想系統與理論模型之一，用政治文化以解釋政治現象，尤其是做為政治轉型穩定與否的影響因素之一。如是觀之，其實在中、外社會自古皆有類似之解析，如亞里士多德認為：「公民各為他所屬政治體系的成員，他的品德就符合此政治體系，民主風格的公民，不會塑造寡頭政體。」（Cohen and Fermon editors, 1996: 113）余英時先生近年亦以「政治文化」來解析宋明知識份子與理學，如以「天下為己任」是宋朝士大夫的普遍政治思維方式與政治行動風格（余英時，2004: 22）。換言之，無論古今，用政治文化的概念切入解析政治發展與變革應是妥適的。

　　白魯迅（Lucian Pye）就以儒家的父權模式，推演到中國社會政治領袖，無論他叫皇帝、統帥或主席，他將享有絕對式的權威，從古至今依然如此，無論是蔣介石、毛澤東或鄧小平，他們的政治權威就如是「全能的上帝之妄想」（Illusion of Omnipotence）（Pye, 1985: 182-187）。將儒家在家庭中父權的威望推至中國政治領導者都妄想成為全能的上帝，或許你不盡贊同，但Pye指出了一點，在中國大部份的政

治情境裏，權威性格與權威文化的領導則不容否認。這一傳統的權威主義，在中共建政後的二十年中，將之發揮到最高，論者指出：「毛澤東接受了『五四』以來反傳統的思想洗禮；……但以思想的方式而言，他欲把『封建』發展到了從來未有的高度。……他所想建造的地上王國依然是陳舊的。正因為如此，他的『新中國』竟成為『封建主義』無限氾濫的重災區。這樣的國家對於絕大多數的中國人而言是沒有『新』的意義可言的。」（余英時，1995b: 36-37）毛澤東的權威，就是中國朝代中的「始皇帝」（竹內實著，黃英哲、楊宏民合譯，1991），毛把個人偶像默拜型的權威（如 Max Weber 所說的 Charisma），以及衍生出的黨的權威無限上綱，形成學者所述的「全能主義」（Totalism）的政治文化籠罩在全中國，穿透政、經、社會、文化每一個層面（鄒讜，1994: 3-59），縱觀毛所領導的時局，無絲毫憲政文化可言。而與之對峙的台灣也處在三十年的「戰時憲法」的動員戡亂體制之中。兩岸此階級都處在五十步與百步之別的威權政治文化之中。

　　台灣在 1970 年代蔣經國上台，推動「行政革新」與「十大建設」及增額的中央公職人員改選，可謂開啟了社會、經濟、文化的充份參與及有限度的政治參與。1980 年代，大陸鄧小平復出，推動「四個現代化」以及社會主義初級階段論後，同樣地，在社、經、文、教上立現蓬勃發展，兩岸此時可說進到了「軟性威權」的政治文化之中（Winckler, 1992）。1990 年代以降，台灣開啟各級公職人員全面改選，大陸也進行村級到縣級的基層選舉，各級人民代表大會的「人事案」、「政策案」也出現了辯論及否決之事，換言之，兩岸已逐漸走出臣屬性的政治文化（subject political culture）進到了參與性的政治文化（participation political culture），此一民主平權的政治文化已進入到政治角色與政治結構，以中央民意代表的多元性、自主性參與而言，台灣是比大陸快約二十年。這種政治文化的形成，可以對政府效能、政治信任與體系規劃的輸入與輸出，產生回饋、期望與監督的功能（Rosenbaum, 1975: ch. 5）。這種「自主性」、「多元性」的參與政治文化

的增長，不就是對「政治系統」產生一種憲政主義的制衡作用嗎？

（四）兩岸跌落到「發展理論」的「認同危機」中

兩岸民族同文同種居絕對多數，從原生論（primordialism）或本質論（essentialism），亦即血統、語言、文化上而言，民族認同不成問題，但因歷史因素，如滿清政府以來的漠視邊陲台灣政策、日本殖民時代的去「漢民族意識」以及國民政府時代的「二二八」事件，以及中國分裂後，中華民國在國際社會遭大陸的打壓與受挫，從而產生了「移民意識」、「棄民意識」、「皇民化意識」、「難民意識」、「三民主義現代化中心意識」與「自決自主意識」的積累而形成複雜的認同情結（謝政諭，2002: 1-13），在歷史意識夾雜當代困境的交錯作用下，晚近台灣形成一建構式（Constructuralism）的新民族認同與國家認同觀（Anderson, 1991）。使原本是開發中國家政治發展理論中為達到政治現代化所欲解決的認同危機（crisis of identity）、合法性危機（crisis of legitimacy）、參與危機（crisis of participation）、分配危機（crisis of distribution）與行政貫徹危機（crisis of penetration）（Binder etc, 1972: 52-72）反成為當前兩岸政治現代化的落差的理論借鏡，成為台灣與大陸產生政治疏離（political alienation）的另類「危機理論」。

以本土意識為核心所形成的台灣認同問題為何發酵至此？論者以為經歷了「反日」、「反西化」和「反中國」三個階段，分別是台灣歷史和社會變動的產物。在前面兩個階段，台灣意識與中國意識，在台灣人心中有重疊的現象。「反中國」階段的形成，先是解嚴之後內外形態變化的產物，其中包括「美日帝國主義的鼓勵，台灣在與大陸隔離之下的獨自發展，大中國主義者的『反激』、國共兩黨的打壓都是因素，另有一種很實際的解釋是受到海外台獨運動的鼓舞。」（陳昭瑛，1995: 29）有關台灣做為國際強權社會的馬前卒，或國家分裂對峙下的軍備競賽與面臨戰爭邊緣等問題，目前是各國「市民憲法」上的盲

點與需要繼續努力修訂的，如禁止武器進出口、和平條款等課題的入
憲才能解決問題（杉原泰雄著，呂昶、渠濤譯，2000: 165-179）。至於
台灣雖處在「反中國」階段，但並無陳昭瑛所分析的台灣民眾在認同
上就消弭了中國意識，原因在大陸經濟的崛起的磁引作用暨國際上的
「一個中國」政策，使得兩岸之間出現了現實主義的推拒效應。目前
這種分合的力量正在競逐之中，在行政院陸委會或民間媒體調查中，
仍然以自己是中國人也是台灣人的維持現狀的「民族認同」及「國家
認同」居多數，但已在產生種種量變與質變的過程，值得密切注視。

　　到底台灣是否如日本學者大前研一所分析，因企業不斷向大陸遷
移，導到北京與台灣達成歷史上的和解，而將在2005或2008走向「中
華邦聯」，還是如美籍華裔學者章家敦所分析地，大陸將因種種內外
在困境而在2007年走向「中國即將崩潰」。❶雙方各有所據，那一觀察
與學理將成真呢？兩岸「民族認同」又將何去何從？論者以為，「國
家的統一可以賴飛彈大砲來達成，民族感情卻不能賴武力統一。對一
個歷史記憶的指責、糾正與爭辯，不如去理解這個歷史記憶的產生背
景；這種理解，必有助於解決歷史爭端背後的認同爭端。」（王明珂，
1997: 426）吾人認為如中共以「霸權」論出現，不僅台灣週邊國家都
將感到「中國威脅論」，如是民主台灣將只有持續與大陸疏離以至於
武力相向、玉石俱焚；如中共以「和平掘起」論與鄰地區交往，並不
斷突破上述五個「危機理論」，邁向政治現代化，則大陸對台灣就不
只是經濟磁吸作用而已，兩岸統合將水到渠成。在這一天到來之前，
兩岸如能訂定類似「中程和平協約」或如西德「基本法」般認同「東德」
的國際地位。有著兩岸超越現有憲法架構條款的共識，誠如聯邦黨人
文集第49篇中Madison所說：「為了某種偉大而不同尋常的事業，人

❶ http://home.kimo.com.tw/snews 1965/polit_oo; http://www.google. com.tw/ search?q
=cache:DBrgG5RkgDYJ, 2004/9/10查閱。

民應當決定並打通一條憲法道路。」(Rossiter, edited, 1961: 314)這種超越現有兩岸憲法規範與政治對立的看法，才有可能解決現有的「認同危機」。

（五）法治主義下的領導特質與公民文化的養成

日本憲法學者小林直樹參考德儒韋伯的類型論，認為憲法取得正當性根據，也是開展憲法生命力的泉源有五點：「1. 傳統、2. 血統、3. 宗教、4. 政治菁英、5. 人民」，他特別強調「人民」的重要性，以符民主立憲的精神（轉引自許志雄，2000: 15-16）。吾人認為，像我們這種民主政治起步的國家，又有俗諺所云「風俗之厚薄，繫乎一、二人心之所向」的深厚傳統之社會，「政治菁英」的領導風格與願景往往是法治與政策能否穩定順利推動的關鍵因素之所在。

政治人物要能在不同政治發展階段，相同法律授權下能推陳出新、與時俱進，端視自己的領導特質。在20世紀的美國政治發展史上，就出現一個又一個的口號來做為各個領導計劃的標誌——平等交易（Square Deal）、新自由（New Freedom）、新時代（New Day）、新政（New Deal）、公平施政（Fair Deal）、新共和主義（New Republicanism）、新邊政（New Frontier）、大社會（Great Society）、新聯邦主義（New Federalism）、新基礎（New Foundation）、新開端（New Beginning）、新風尚（New Breeze）、新盟約（New Covenant）等。這些口號在一定程度上表明了總統重視執政期間所欲實行的願景之政治意義，以改變他既有的關係，以其政治動力實現歷史性的計劃（Skowronek, 1993: 25）。在同樣憲法所授予總統的相同地位上，能否大開大闔，改善國家與人民的福祉，實現具歷史性的計劃，這就要看領導人能否發揮成功的領導特質了。在李登輝執政的前期，以「經營大台灣、建立新中原」……及「新台灣人」的政策，釐訂國家發展目標，此一宣示是以台灣民意為基礎的主張，與過去由上而下的政治口號完全不同（中島

嶺雄、李登輝著，駱文森、楊明珠譯，2000: 184-186）。這些口號的
理念，有台灣的主體性且在兩岸間有交集，從而也開啟了辜振甫、汪
道涵新加坡會談，簽訂數項兩岸協定，營造兩岸雙贏的局面。2002年
中共「十六大」前，江澤民推動「三個代表」又是一兼具整體方向與
個人領導風格的做法，他說：三個代表要求統領社會主義文化建設，
要立足於改革開放和現代化建設實踐，著眼於世界科學文化發展前
沿。❷其內涵中「代表中國最廣大人民的根本利益」可解讀為一修正
「無產階級專政」的特權做法，也是回應大陸改革開放後，各階層在
經濟普遍向上提昇的歷史事實。中國共產黨作為「中國最廣大人民的
根本利益」，果如是執行其政策，則代表著共產黨人的謙抑特點。論
者以為，政府與黨「謙抑」的風格，修正了中國古代權力文化中的「擴
張力量」，這種「力」的拜物教嚴重損傷了政治的理性，給政治增添了
太多的野蠻成份，這種政治傳統是中國長期難以實行真正的憲政的重
要原因（徐祥民，2004: 206-208）。中國正在崛起，做為一個大國，國
家及其領導人以謙抑風格，營造「和平」氛圍，則將自然產生「近者
悅，遠者來」之效應。

　　上述這些政治領導願景、特質與風格的展現，必須在憲法的規範
之下，亦即做一憲政主義的僕從，有權力的人遇到憲法界限不要企圖
改變憲法，應該是民主政治領袖的道德界限（石之瑜、李念祖，2002:
23）。如動輒以領袖之尊，亂提口號、朝令夕改、逾越法律、鼓惑人心，
必如脫韁之馬，最終將踐踏民主政治之果實。憲政民主的體制是建立
在對政治人物的「不信任」之上，而這一切又反應在憲政體制內種種
監督機制之設計上，如以終身職的法官，監督民選的代表等是（Ely,
1980: 102-103）。但作為憲政內部的機制而言，政治人物對自己言行
負責，那是一種誠信；人民彼此間亦講究誠信，因為那是自由與自治

❷ http://big5.china.com.cn/zhuanti/154381.htm,2004/9/20查閱。

的「公民社會」之所以能夠成立的條件（Seligman, 2000: 18）。換言之，從政治領導者的特質，到其誠信問題，攸關政治能否開出新局，憲政民主制度設計的不信任原理在此，信任也在此。

四、結語

　　憲政主義是今日西方民主先進國家實施的一套成功的政治信念與體制。在引入到東方時，不是被視為只要條文完備就是一部好憲法，就是被賦與過多的期待，以為有了憲法就必然帶來國強民富。芝加哥大學的海耶克早就指出，西方世界充分運用導致其文明發展的東西，並不必然能成功的做為非西方世界發展的動力，如果他們只有模仿、移植而缺乏創制的話（Hayek, 1960: 2-3）。原因在於引介者一方面簡化了西方的語詞內涵，而另一方面又過度賦與其功效。憲政主義一詞就是如此，可謂是「知其然，但不知其所以然」。憲政主義的宗旨在於「政治權力的穩定繼承」、「政府權力的分立制衡」、「人民權利、義務受保障」等功能受到一定的規範與實踐，如此簡單邏輯而已。但其發展歷程卻可上溯古希臘的民主思想與制度，以迄啟蒙運動前的封建主義、宗教改革乃至中產階級的興起等一波波思想的衝擊與制度的妥協所演化而來。易言之，西方憲政的發展與西方的諸多文化相配合才能步步前行，成熟發展。

　　分析至此，羅素在撰寫《中國的問題》一書之卷首語引了《莊子、應帝王》篇中的一段話頗值結語做參考，莊子說：

> 南海之帝為儵，北海之帝為忽，中央之帝為渾沌，儵與忽相遇於渾沌之地，渾沌待之甚善。儵與忽謀報渾沌之德。曰：「人皆有七竅，以視、聽、食、息，此獨無有，嘗試鑿之。」日鑿一竅，七日而渾沌死（宋　平譯，1973）。

　　羅素這段話，不難發現他對中、西問題的深入觀察與幽默。近現

代中國思想與體制正是在「渾沌」（chaos）階段，在引進西學的過程
中，如眼見西方都有七竅而獨中國一片渾沌，而師以樣樣抄襲、依樣
畫葫蘆，囫圇吞棗與胡亂鑿竅，則莊子喻言當成真，「七竅」鑿竣，「渾
沌」即死。筆者淺見以為要鑿之處必先審視我國傳統文化那些有礙現
代憲政民主之處？如本文分析的「正統」思想、革命情操、威權政治
文化等負面價值，亦即在小心翼翼的「鑿」掉這些不利的文化複合因
素後，才能較平順地建構起法治原則、程序理性等新憲政文化，以重
塑創新一健康的「渾沌」。

參考書目

一、中文部分

王明珂。1997。《華夏邊緣──歷史記憶與族群認同》。台北：允晨。

石之瑜、李念祖。2002。《當代台灣憲法文化省思》。台北：五南。

竹內實著，黃英哲、楊宏民合譯。1991。《毛澤東》。台北：自立報系。

自由時報。2004年9月13日。

何信全。1996。《儒學與現代民主──當代新儒家政治哲學研究》。台
　　北：中研院文哲所。

余英時。1987。〈從價值系統看中國文化的現代意義〉。載氏著：《中
　　國思想傳統的現代詮釋》。台北：聯經，頁1-51。

──。1995a。〈中國近代觀的改變〉。載氏著：《中國文化與現代變
　　遷》。台北：東大。

──。1995b。〈歷史人物與文化危機〉。載氏著：《中國文化與現代
　　變遷》。台北：三民，頁167-205。

──。1996。《錢穆與中國文化》。上海：遠東出版社。

──。2004。《宋明理學與政治文化》。台北：允晨。

李明輝。1990。《儒家與康德》。台北：聯經。

──。2004。《康德倫理學與孟子道德思考之重建》。台北：中研院

　　文哲所。

李登輝、中島領雄。2000。《亞洲的智略》。台北：遠流。

李歐梵。1995。《鐵屋中的吶喊》。台北：風雲時代。

李澤厚、劉再復。1999。《告別革命》。台北：麥田出版社。

杜維明。1996。《現代精神與儒家傳統》。台北：聯經。

杉原泰雄著，呂昶、渠濤譯。2000。《憲法的歷史》。北京：社會科學
　　文獻出版社。

林毓生著，陳忠信、陳弱水合譯。1982。〈論梁巨川先生的自殺：一
　　個道德保守主義含混實例〉。載傅樂詩等著：《保守主義》。台北：
　　時報，頁155-182。

金耀基。1983。《從傳統到現代》。台北：時報。

城仲模。1998。〈泛論憲法文化與法治社會〉。《司法院大法官釋憲
　　五十週年紀念論文集》。台北：司法院，頁567-589。

徐祥民。2004。《文化基礎與道路選舉——法治國家建設的深層思
　　考》。北京：法律出版社。

殷海光。1981。《中國文化的展望》。香港：大通書局。

張端穗。1989。〈仁與禮——道德自主與社會制約〉，載黃俊傑主編：
　　《天道與人道》。台北：聯經，頁107-169。

張灝。1989。《幽暗意識與民主傳統》。台北：聯經。

許志雄。2000。《憲法秩序之變動》。台北：元照出版。

陳昭瑛。1995。〈論台灣的本土化運動：一個文化史的考察〉。《中外
　　文學》，第23卷第9期。

陳衛平。2004。〈接受西學與中學比較：從明清之際到近代〉。論文
　　發表於「西方思想對東亞文明的衝擊——跨文化的視野學術研討
　　會」。台北：台灣大學東亞文明研究中心。

陳學霖。1993。《宋史論集》。台北：東大。

黃俊傑。1997。〈儒學與人權——古典孟子學的觀點〉，載劉述先主編：
　　《儒家思想與現代世界》。台北：中研院文哲所。

楊念群。1998。〈中國歷史上的“正統觀”及其“蠻性遺留”〉。載賀照田主編：《學術思想評論第四輯》。遼寧大學出版。

鄒讜。1994。《二十世紀中國政治》。香港：牛津。

鄭欽仁。1991。《歷史文化意識對我國政策之影響》。台北：國家政策研究中心。

蕭公權。1970。《迹園文存（二）》。台北：環宇出版。

謝政諭。1998。《蔣中正政治思想之研究——以正統及憲政主義為中心的論述》。台北：政治大學中山所博士論文。

──。2002。〈兩岸民族認同的問題與前景〉。論文發表於「第十一屆海峽兩岸關係學術研討會」。中國社科院台灣研究所。

──。2004。〈西方憲政主義的宗教向度——兼論中山先生的憲政思想〉。論文發表於「孫中山與世界國際學術研討會」。廣州：中山大學。

薩孟武。1982。《儒家政論衍義》。台北：東大。

羅家倫主編。1985。《國父年譜（下）》增訂本。台北：中央文物供應社。

羅素著，宋謂平譯。1973。《中國問題》。台北：有志圖書。

饒宗頤。1996。《中國史學上之正統論》。上海：遠東出版社。

http://home.kimo.com.tw/snews 1965/polit_oo

http://www.google. com.tw/ search?q =cache:DBrgG5RkgDYJ

http://big5.china.com.cn/zhuanti/154381.htm

二、英文部分

Anderson, B. 1991. *Imagined Communities: Reflections on the Origin and Spread of Nationalism*. London: Verso.

Bagehot, W. 1929. *The British Constitution*. Oxford University.

Binder, Leonard, etc. 1972. *Crises and Sequences in Political Development*. Princeton: Princeton University.

Cohen, Mitchell & Fermon, Nicole, eds. 1996. *Princeton Readings in Political*

Thought. New Jersey: Princeton University.

De Bary, W. T. 1998. *Asia Values and Human Rights: A Confucian Communitarian Perspective*. Cambridge: Harvard University.

Ely, John Hart. 1980. *Democracy and Distrust*. Cambridge: Harvard University.

Fairbank, J. K. 1986. *The Great Chinese Revolution 1800-1985*. New York, NY: A Cornelia & Michael Bessie Book.

Friedrich, Carl J. 1964. *Transcendent Justice: The Religious Dimension of Constitutionalism*. N. C.: Duke University Press.

——.1968. *Constitutional Government and Democracy*. Mass: Blaisdell Publishing.

Hayek, Friedrich A. 1978. *The Constitution of Liberty*. Chicago: University of Chicago.

Kataoka, Tetsuya. 1991. *The Price of a Constitution: The Origin of Japan's Postwar Politics*. New York: Crane Russak.

Leung, Yuen Sang. 1985. "The Tragic Passage to a New World: Changing Attitudes of the Chinese Interllectuals to the West in the Late Ch'ing Period." 香港中文大學：中國文化研究所學報，頁56-81。

Levenson, J. R. 1965. *Confucian China and Its Modern Fate*. Berkeley: University of California.

Ostrom, Vincent. 1987. *The Political Theory of a Compound Republic*. Lincoln: University of Nebraska Press.

Pye, Lucian. 1985. *Asian Power and Politics: The Cultural Dimensions of Authority*. Harvard University.

Rosenbaum, Walter A. 1975. *Political Culture*. New York: Praeger.

Rossiter edited. 1961. *The Federalist Papers*. New York: Penguin Group.

Seligman, Adam B. 2000. "Trust and Civil Society." In Tonkiss, F. & Passey, A., eds. *Trust and Civil Society*. New York: Macmillan Press.

Skowronek, S. 1993. *The Politics Presidents Make-Leadership from John Adams to George Bush*. Cambridge: Harvard University.

Solomon, R. M. 1971. *Mao's Revolution and the Chinese Political Culture*. Berkeley: U. of California.

The University of Chicago. 1996. East European Constitutional Review, Vol. 5, No. 2, Vol. 5, No. 3.

Vile, M. J. C. 1967. *Constitutionalism and the Separation of Powers*. Oxford University.

Winckler, E. A. 1992. "Taiwan Transition?" In Cheng, Tun-jen & Haggard Stepan, eds. *Political Change in Taiwan*. Boulder: Lynne Rienner.

First Research on Cultural Interpretation of a Century's Cross-Strait Constitutional Development

Abstract：

　　The dissertation aims to analyze constitutionalism as a complex concept, which can not be accomplished only by the quotation or the transplantation of a single code of laws, charters, and systems. In the western and Chinese history of constitutional development, the indigenous constitution as in the United Kingdom and the United States of America has been successful, which may be attributed to "religious dark consciousness" or the "conflict and compromise among social forces", while the exogenous constitution as in the China and today's eastern European countries has been contradictory to itself owing to the partial introduction of foreign laws or certain factors in the country's traditional culture, thus causing procrastination in their constitutional movements.

　　Hence this study infers some of the characteristics that are the complex cultural factors obstructing the advancement of present Cross-Strait

constitutionalism: the "orthodoxy" and "Confucian orthodoxy（dao tong）"
in the traditional Chinese culture, the radical revolutionary ideologies as well
as means, the authoritative political culture, the crisis of nation identification,
the leaderships of the politicians, and whether civic culture has been
cultivated.

**Keywords: Constitutionalism, Complex Concepts, Cultural Interpretation,
Orthodoxy, Confucian Orthodoxy（dao tong）**

文初稿發表於2004/11，澳門大學、中華炎黃文化研究會主辦，「第三
次21世紀中華文化世界論壇」國際學術研討會論文。

捌

台灣在世紀交錯中的兩岸再定位

一、前言

　　2017年是臺灣老兵返鄉探親也是兩岸開始邁向正常交流的30周年，這項政策改變了自1950年國民政府到台灣後一再聲言的「不接觸、不談判、不妥協」的兩岸政策。就其實，此「先民後官」的返鄉探親創舉是1986年3月29日中國國民黨召開十二屆三中全會，提出六大「政治革新」案的一環，當時在「以黨的革新帶動全面的革新，開拓國家光明前途」目標下，要求積極研擬「充實中央民意代表機構」、「國家安全法令」、「民間社團組織」、「地方自治法制化」、「改善社會風氣」、以及「黨務革新」工作等六大革新議題。[1]隨後的15年內解除戒嚴、開放黨禁、開放報禁、開放中央民意代表全面改選終結「萬年國會」、省市長民選，使得中華民國政權在台灣，從外來政權到台灣主體性的確立，也從一個軟性威權轉型到民主政體。

　　就以返鄉探親為例，1987年7月27日蔣經國邀請12位「民間友人」

---

[1] 廖光生，1997，〈憶蔣故總統經國先生偉績〉，陳鵬仁主編，《蔣經國先生思想行誼研究論集》，台北：近代中國出版社，頁76。

茶　，表達對各地民眾關懷，並交換意見。在會中，他說：「我在臺灣住了四十年，是臺灣人，當然也是中國人。」之後「台灣認同」成為突破禁忌、不分省籍的住民意識。又蔣經國不止一次對親近的僚屬說：「離開家鄉三四十年的人，沒有人不想家的，這是人情之常。政府對開放民眾赴大陸探視，應樂觀其成，並希望大家「超越一切地域、派系、小我利益之上，開闊心胸，把眼光放到大陸。」[2]1987年可說是步入「后蔣經國時代」關鍵一年（1988年1月蔣經國過世），亦是台灣邁向一個政治經濟社會全面變遷的新紀元，也是民進黨成立剛跨周年。至公元2000年台灣第一次政黨輪替，從而開啟了千禧年之後台灣政、經的天旋地轉，也牽動了兩岸情勢劃時代的轉變。本文將以台灣社會、經濟發展及兩岸關係的劇烈變遷，作為重要的自變數，以此推論台灣在世紀交錯中的政治發展樣態。

二、台灣在世紀交錯中的社、經發展

　　蔣經國在台灣主政期，可以從1970年起算，此時台灣社會快速的從一個農業社會，頂多是一個初級工業加工的社會，轉型到重化工業以及技術密集產業的社會。法國《費加洛》（Figaro）雜誌，總結這段期間台灣年經濟成長率7.2%，台灣國民生產毛額增加了12倍。[3]基本上從美元500提升到近6,000元，貿易總額達到880億美金，居全球第十三位，創造出所謂的東亞四小龍之一的「台灣奇蹟」。但是也進入

---

[2] 蔣孝勇口述，王力行、汪士淳整理：《蔣孝勇的最後告白》，北京：時事出版社。

[3] 王曾才，1997，〈民主憲政的奠基者──敬悼 經國先生〉，陳鵬仁主編，《蔣經國先生思想行誼研究論集》，台北：近代中國出版社，頁1-12。孫震，2003，〈經濟自由化、產業科技化蔣經國時代台灣經濟的成長與轉變〉，財團法人近代法治研究基金會主辦：『蔣經國先生主政期間（1972-1988）的財經政策與經濟發展』研討會，頁1-15。

了日本學者若林正丈所指出的中華民國的「台灣化」。[4]此一觀點美國的中國通問題專家何漢理（Lieberthal）也說道，1990年代國民黨民主化也將帶來台灣化的問題，1990年年中期以後任何類此的行動並將帶來和北京之間的危機，輕則會打斷兩岸日益增長的經濟合作，重則會有不同的民族主義主張而釀成公開的衝突。[5]有關這方面本文只點到為止，無法再加以申論。在後蔣經國時代，若林進一步指出，關鍵的焦點所在，仍然是政權的領導能力問題。[6]印證後來的李登輝、陳水扁、馬英九、以及現在的蔡英文政權，的確出現在政治經濟的發展方向，以及台灣的國際地位與兩岸關係能否出現具前瞻遠見的領導能力問題。凡此，就構成本文所說的世紀交錯中台灣再定位問題。

公元2000年前後台灣雖歷經政治民主化等政治革新工作，但經濟發展則出現疲軟的現象。國民平均所得緩慢成長。近五年來，年輕人就業停留在月薪22,000台幣，所謂的22K，年輕人的失落與徬徨，就會轉化為對政治的疏離以及在選票上的鐘擺效應。究其因恐怕是跨世紀以來，台灣政治人物忙於內鬥與統獨爭議，許多政治、經濟、社會革新的事務陷於空轉，使得台灣經濟出現疲軟衰退的現象。

進入到21世紀，在台灣周邊的韓國、中國大陸、乃至越南、菲律賓以及東南亞都出現快速的經濟發展，而台灣卻經常在原地踏步，此衰退的經濟現象也常常是社會運動的溫床。

吾人體察台灣近年關鍵的的社會運動其性質，迥異於一般國家社會運動的性質，吾人列舉其中三個社會運動的類型加以探討。

[4] 若林正丈，1988，〈台灣政治改革與中台關係新階段〉，日本文摘編譯中心編，《日本人看台灣政治發展——從黨外到後蔣經國時代》，台北：故鄉出版有限公司，頁140-4。

[5] Lieberthal ,k.,（何漢理）著，楊淑娟譯，1998，《治理中國－從革命到改革》，台北：國立編譯館，頁320-1。

[6] 同上書，頁147-8。

（一）2006年8月爆發的倒扁紅衫軍運動

　　2005年8月爆發的「高雄捷運外勞弊案」，從此之後總統陳水扁週遭人士也陸續傳出了多起貪污弊案，部分台灣媒體稱之為「一妻、二秘、三師、四親、五總管」❼，主要有總統女婿趙建銘涉及的內線交易案、總統夫人吳淑珍被控收受太平洋Sogo百貨的禮券並介入該公司經營權之爭、炒作股票、總統府的國務機要費案等，讓陳水扁的聲望不斷下跌。2006年8月12日起，由前民主進步黨主席施明德於台灣發起政治訴求運動百萬人民反貪倒扁運動或稱反貪腐倒扁運動、紅衫軍運動，：要求中華民國總統陳水扁應為國務機要費案、其親信及家人相關的諸多弊案負責，並主動下台。❽這運動所呈現的意義有三：1、來自與民進黨內部也是阿扁的戰友施明德的發起，增強了此運動的正當性。2、破解民進黨長期以來的清廉形象。3、這是長久以來具有指標意義的跨黨派社會運動，而且具有一定的社會效應，此三原因也正是兩年後馬英九在總統大選後勝利的主要因素之一。

（二）2013年洪仲丘事件——引發的白衫軍運動

　　此運動指2013年7月發生在中華民國陸軍的死亡案件——義務役士官洪仲丘原預定於2013年7月6日退伍，卻在7月4日死亡，由於死者生前疑似遭欺凌、虐待或其他軍事醜聞而引發社會輿論關注。2013

---

❼ 一妻（總統夫人吳淑珍），二祕（總統府副秘書長陳哲男、總統府副秘書長馬永成），三師（華夏律師事務所林志豪律師、陳水扁家庭醫師黃芳彥、吳淑珍私人會計師張兆順），四親家（陳總統親家趙玉柱、陳總統親家母簡水綿、陳總統女婿趙建銘、趙建銘胞弟趙建勳），五總管（內政部、交通部、金管會、國科會、公平會等五個部會，都有首長或副首長等高層涉案）馬英九接受自由時報專訪-2006年9月9日自由時報。

❽ https://zh.wikipedia.org/zh-tw/%E7%99%BE%E8%90%AC%E4%BA%BA%E6%B0%91%E5%80%92%E6%89%81%E9%81%8B%E5%8B%95, 2017-10-6查閱。

年7月12日，有網友上美國白宮的請願網站「We The People」請願，指出台灣有一名軍人因為熱衰竭死亡，台灣政府有嚴重人權缺失，希望美國政府能對洪仲丘案表達看法。8月3日在凱道發起二次遊行，據主辦單位發布的資料，遊行人數達25餘萬人（北市警局統計為11萬人，CNN依規模估算為10萬人），此運動是自2006年倒扁活動以來規模最大的「公民運動」，有台灣媒體為該次遊行命名為「凱道八月雪」，除台灣媒體之外，更引起國際媒體的關注，如遊行當天晚上〈台灣時間〉BBC將該次遊行的報導置於亞洲版的首頁。[9]筆者同樣歸納此運動有三大影響：

此運動激起年輕人對台灣事務的積極參與。一般研究政治參與或者是國家社

會的政策相關性的事務也好，一般的年輕人比較缺乏政治熱忱，這是一個中西社會普遍的現象。但此運動是台灣年輕人積極參與社會事務的轉捩點。2、這個運動的參與者將問題的層次，上升到軍中人權及其相關法令，由此形成了兩面性的解讀，一者人權議題具體化且更受重視；二者，也使得軍中的領導士氣備受打擊。3、此運動直、接間接影響到2014年的太陽花運動。

（三）2014年佔領立法院的太陽花運動

2014年3月17日下午台灣立法院內政委員會中，民黨立法委員張慶忠以30秒時間宣布完成《海峽兩岸服務貿易協議》的委員會審查，引發一群大學與研究生以及社會人士的反對，並於18日在立法院外舉行「守護民主之夜」晚會，抗議草率的審查程序；之後有400多名學

❾ https://zh.wikipedia.org/zh-tw/%E6%B4%AA%E4%BB%B2%E4%B8%98%E4%BA%8B%E4%BB%B6#.E6.B0.91.E7.9C.BE.E9.81.8A.E8.A1.8C.E8.88.87.E8.BF.BD.E6.82.BC,2 017-10-6查閱。

生非法進入立法院內靜坐抗議，接著於晚間21時突破警方的封鎖線佔領立法院議場。此次學運多被媒體稱為「318學運」，外界也使用「台版茉莉花革命」、「318學潮」、「佔領立法院事件」、「反黑箱服貿運動」、「太陽花運動」、「向日葵學運」等名稱。另法國《世界報》以「臺灣之春」稱之，對比阿拉伯世界所發生的阿拉伯之春。最普遍使用的「太陽花學運」名稱，則源自於3月19日黑色島國青年陣線在臉書專頁發文希望大家幫忙買太陽花來為學運加油打氣，一名新北市永和區的花店負責人與其兩名友人立刻自掏腰包，在兩天內送了1300多朵太陽花給現場民眾。活動總指揮陳為廷表示：「向日葵有向光性，代表陽光，又稱太陽花，希望能照亮黑箱服貿，也期盼台灣未來能如太陽花般，迎向太陽。」[10]

　　日本學者若林正丈為文評論，運動期間，在許多參與或支持運動的年輕人、學生們中出現了種種認為自己理所當然是「臺灣人」而非其他任何身分的故事，此處不作詳述。對運動產生共鳴的多數人，我們或許可將他們都視為包含在了這種「臺灣人認同」的大眾之中。…參與了「太陽花運動」的市民組織等發起了旨在糾正現行民主制度中問責制（accountability system）缺失的公民運動——「新憲法運動」，還應運而生了「公民組合」。[11]

　　此運動有其遠因與近因，總結而言，吾人也提出三個影響。1、省籍情結與「關說」文化的複雜糾葛，從1997年柯建銘擔任全民電通公司總經理期間，所涉及的司法案件，及之後立法院被監聽、檢察總長是否洩密，及本土藍綠的結合，以迄2013馬、王鬥爭的複雜情結。2、由兩岸簽署服貿協議所引發的立法監督問題及兩岸政策快、慢與

---

[10] https://zh.wikipedia.org/zh-tw/%E5%A4%AA%E9%99%BD%E8%8A%B1%E5%AD%B8%E9%81%8B, 2017-10-8查閱

[11] 若林正丈，2014，〈臺灣的「太陽花運動」和「多數」群體的意義〉，參閱：http://www.nippon.com/hk/currents/d00128/2017-10-8查閱。

傾斜比重，影響了台灣意識的再凝聚與擴散。3、由公民不服從的論理依據而形成太陽花運動所凝結的新的公民組合，也導致了2014年台北市長選舉所形成的柯文哲白色政治力量以及新的政黨時代力量的崛起。其中關鍵的因素又激發了台灣年輕人對政治的參與熱度，此即2014年柯文哲白色力量的勝利，以及2016年蔡英文的崛起，可說是直、間接來自於太陽花運動「秋後收割」的正面效應。

　　白衫軍運動社會運動，論者以為它標誌的台灣新世代的學運的起點，也就可以說從樂生保留運動基本上，它不牽涉到統獨意識形態的差異，承繼了台灣左派社運傳統，找回弱勢者被剝奪的聲音出發，關懷、理解，進而展開行動。新時代抗爭者接續了這個，進一步連結上反全球化、反都更、反滅農、勞工權利、性別平等等議題。戰略上常見以深度理解與培力／賦權支援弱勢者、結合藝文創作展演和青年網絡動員為特色的「樂生模式」。[12]至於太陽花運動，基本上這是一個倡議型的意識形態顯著的運動，他所結合的團體台教會、公投盟、基進側翼，及為數頗多的左翼團體，而以黑色島國青年、公民1985行動聯盟為主的20多個偏向強烈的台灣自主意識的團體為主導。[13]當然追朔近十年的社會運動還有來自於反國光石化、反核四案、新莊樂生案、苗栗大埔拆屋案、士林文林苑都更案等，有「超越政黨」、「網路動員」、「為弱勢者發聲」等特性，形成新的社會運動模式，最後在選舉中民進黨收割了。

　　總結而言，台灣近十多年來的社會運動一方面激發了年輕人對台灣政治的參與。再者，台灣社會運動不再以在野的力量為主，關心的議題已上升到國家認同的層次，更牽動的統獨力量的消長。凡此，

---

[12] 劉美妤，2014，〈一夜長大：台灣當代青年社會參與自濫觴〉，《思想》第27期，台北：聯經出版社，頁112-113。

[13] 曾柏文，2014，〈太陽花運動：論述軸線的空間性〉，《思想》第27期，台北：聯經出版社，頁129-148。

都已經是一種政治運動的雛形，更牽動了台灣政治地位的移動與再定位。

三、台灣在世紀交錯中的兩岸關係

由於寫作時間的關係，筆者無法在此申論20年來跨世紀兩岸關係細節，僅能就一、兩個重要的概念與議題加以論述。

（一）92共識與一中框架

「92共識」在台灣不為泛綠政黨與人士所接受，但重要的是2012年總統大選中，92共識被認為是馬英九擊敗蔡英文的選舉操作，根據臺灣過去的競選法則，「競選口號、語言」無法重複使用，因此，92共識在2016年總統大選中已失去選舉效應。一中框架是否可以取代92共識？

一中框架的提法，最早見之於前海協會會長汪道涵在2001年在紀念辜汪會談8週年所寫的文章中提到，胡錦濤總書記在紀念告臺灣同胞發表30周年的講話中首次完成表述：「兩岸在事關維護一個中國框架這一原則問題上形成共同認知和一致立場，就有了構築政治互信的基石，什麼事情都好商量。」中共18大報告中進一步提到：「兩岸雙方應以恪守反對『台獨』、堅持『92共識』的共同立場，增進維護一個中國框架的共同認知，在此基礎上求同存異。」但論者以為兩岸政權對92共識的內涵是有著不一樣的解讀。無可否認的2012年1月14日，台灣舉行中華民國第十三任總統選舉，出現一個未曾出現的奇特景觀：十幾個台灣企業集團負責人，在投票前幾週，輪流召開記者會、集體刊登報紙廣告等方式支持92共識，有如在演奏拉威爾的「波麗露舞曲」──同樣的樂句不斷反覆，參與演奏的樂器越來越多，音量越

來越大，直到在爆發版的瞬間結束。例如王雪紅在投票前一天表示：有沒有92共識，或92共識的具體內容是什麼，是政治人物與學者範疇，她只是一個正港的台灣人，也是虔誠的基督徒，她只知道，在92共識前，從來沒有看過這麼平和的兩岸關係。…92共識這個兩岸政治修辭，在2012年台灣總統大選中，發生一定程度的作用。[14]之後，兩岸的紅藍、政黨在2016年總統大選，又如法炮製92共識的圓舞曲，但效果已經急遽衰退。這不表示92共識的內涵被懷疑，而是在台灣選舉操作中失去作用而已。近年來，中國大陸在各種場合逐漸的以一中框架「取代」92共識，其主要原因在於兩岸曾經圍繞92共識是「一中各表」還是「一中不表」爭論不休，並且92共識在台灣不會泛綠政黨與人士所接受，更重要的是2012年總統大選中，「92共識」被認為是馬英九擊敗蔡英文的選舉操作，根據臺灣過去的競選法則，競選口號無法重複使用，因此，92共識已失去兩岸共識效應以及台灣內部的蝴蝶效應。

　　在2017年雙十國慶蔡英文講話及兩岸應該尋求互動的新模式之後，中國大陸初步的回應並沒有提到92共識，台灣部分媒體與專家就臆測92共識將逐漸淡化。有2,000多位國際媒體採訪，受全球矚目的中國共產黨第十九次全國代表大會2017年10月18日在北京召開，中共總書記習近平發表政治報告，其中最受兩岸關注的台灣問題，習近平4次強調一中原則、九二共識，雖然台灣問題只佔全部講話的5分鐘，卻有5次掌聲，其中提到「六個任何」，掌聲甚至長達17秒，顯見對台海問題的關切。習陳述將推動兩岸同胞共同弘揚中華文化，促進心靈契合。更嚴肅的提到「六個任何」，即為「絕不允許任何人，任何組織，任何政黨，在任何時候，以任何形式，把任何一塊領土從中

[14] 吳介民，2012，〈「92共識」：中國因素的選舉效應〉，馬場毅、黃英哲、謝政諭主編，《文化、民主與兩岸關係的東亞觀點》，台北：松慧文化出版社，頁163-174。

國分裂出去」。對此，國台辦主任張志軍說，這表示中國在國家主權和領土完整的原則問題上「清晰劃出了紅線，表達了我們的堅定意志，展現了我們的戰略自信。」[15]換言之，到2017年19大的報告中92共識仍然是兩岸對話的唯一基礎。

（二）兩岸內部與外部的政治模式

根據2007年7月美國蘭德公司（RAND）所做的〈臺灣地位問題解決之後的美中關係〉所做的分析，未來兩岸關係可能的發展模式有10種，其中4種是和平的方式包括：「繼續目前未決的現狀；和平統一；和平獨立；妥協解決」，以及6種牽涉中國對台灣使用武力的方式包括：「美國介入，動武後統一；美國不介入，動武後統一；美國介入，動武後臺灣獨立；美國不介入，動武後臺灣獨立；美國介入，動武後問題未決；美國不介入，動武後問題未決」。[16]這是一個具有戰略與商業利益的公司所作的臺海兩岸武力衝突與統獨問題的分析，兩岸關係可能的10種發展模式，正說明兩岸的軍事問題與統獨關係問題錯綜複雜。

誠如中國（海南）改革發展研究院院長遲福林所說："決定實質上是一個總體設計，對2020年前中國全面深化改革的頂層設計，提出了時間表、路線圖和改革的八大任務。最重要的是，在中國正處於經濟

---

[15] https://www.ettoday.net/news/20171019/1034332.htm?t=%E5%8D%81%E4%B9%9D%E5%A4%A7%E5%A0%85%E6%8C%81%E3%80%8C92%E5%85%B1%E8%AD%98%EF%BC%8B%E5%80%8B%E4%BB%BB%E4%BD%95%E3%80%8D%E3%80%80%E7%BF%92%E8%BF%91%E5%B9%B3%EF%BC%9A%E5%B0%8A%E9%87%8D%E5%8F%B0%E7%81%A3%E7%9A%84%E7%94%9F%E6%B4%BB%E6%96%B9%E5%BC%8F，2017/10/19查閱。

[16] 陳國雄、鄭光勛合譯（2007）〈臺灣地位問題解決之後的美中關係〉，《台灣安保通訊》第4期，台北：台灣安保協會，頁1-19。

轉型、社會轉型、治理轉型的歷史轉型時期，對全面改革的一個重要戰略性部署。"❶簡言之，未來三年中國大陸將是全面性的轉型時期，這當中包括兩岸關係的轉型也迫在眉睫。又如李克強在其成為國務院總理後的第一次記者見面會上說的話：「現在觸動利益往往比觸及靈魂還難，但再深的水我們也得趟，因為別無選擇，它關乎國家的命運、民族的前途。」總結而言，中國大陸近年的改變是否如內外輿論所給了一個"政左經右"的總結，例如"打左燈／向右拐"或"政治左的更左，經濟右的更右"。這次的轉型是否給予兩岸有另外一個空間，也就是在20世紀末曾經提到過的一國兩府、一國兩席的國際空間的討論，當時中國大陸的智庫認為這絕不可能。再者兩岸的結構是否是能創能有創造性的當年體制的設計，都是當前可以嚴肅商議的議題。

中研院社會所副研究員吳介民、紐約市立大學研究中心經濟學博士廖美2015年10月19日投書《自由評論網》，談到中研院社會所中國效應主題研究小組最近做的「統獨」調查，在「當下統獨選擇」部分，最多的是佔46.4%的「獨立」，其次為佔37.5%的「中間立場」，最低的為「統一」，僅有16.1%；不過，在「預期未來統獨走向」部分，「被統一」反而居冠，佔了49.7%，其次為「獨立」，佔35.9%，「維持現狀」則墊底，僅有14.4%。兩項數據呈現相當大的落差。吳介民與廖美還說，國民黨把現狀解釋為「堅持九二共識下的現狀」，但九二共識不過是國共兩黨為了聯手對付台獨，虛構出來的話術；民進黨也沒好到哪去，他們認為民進黨的「維持現狀」只是為了安撫中、美兩方以及選舉需要。他們批評，民進黨有沒有深思，當台灣的「現狀」是趨向被中共霸權併吞、被惡質的國家資本主義吸納，以及更多的政商參與

---

❶ http://big5.chinabroadcast.cn/gate/big5/gb.cri.cn/42071/2013/11/13/7211s4320432.htm, 2017-10- 19日查閱。

兩岸分贓，民進黨仍主張維持現狀嗎？[18]這是對國、民兩黨對兩岸現狀各打 50 版的批判，兩岸的學者不一定同意，但是值得關心兩岸現狀的學者反思，現狀是不是被少數人引導到惡質的一面，這是值得我們關懷與正視的。

所謂兩岸同屬一個國家，從理論上與長遠而言，從現實主義的想法到建構主義的思考，也就是未來兩岸在建構主義國家觀念下，兩岸的國旗、國歌、國號問題與名稱，都是可建構的。此刻尚有談判、對話的需求以及多數民意仍停留在維持現狀的選項，錯過這個時機，恐怕兩岸關係將越來越險峻。

四、台灣在世紀交錯中的政治發展

在此筆者想以三種台灣選舉「藍綠政黨」的得票數，來說明台灣政治版圖的變動，它的本質像一個三明治出現多層交叉，甚至像一個千層派一樣錯綜複雜。絕對不是簡單的邏輯思考與贏者全拿的政治遊戲而已。選舉勝負的因素也不是單一的候選人形象、派系因素、經濟因素、或者是兩岸因素就能決定勝負。

[18] http://www.storm.mg/article/69698, 2007-10-20查閱。

（一）第四屆至第九屆立法委員國民黨與非國民黨議席數（1998年至2016年）

屆次		第四屆	第五屆	第六屆	第七屆	第八屆	第九屆
政黨	年份	1998年	2001年	2004年	2008年	2012年	2016年
中國國民黨	議席數	123	68	90	70	64	35
	席次率	54.7%	30.2%	40.0%	61.9%	56.64%	30.97%
	得票率	46.4%	28.6%	32.83%	53.48%	48.12%	26.91%
民主進步黨	議席數	70	87	91	27	40	68
	席次率	31.1%	38.7%	40.4%	23.9%	35.40%	60.18%
	得票率	29.6%	33.4%	35.72%	38.65%	44.45%	44.06%
新黨	議席數	11	1	1	2	0	0
	席次率	4.89%	0.4%	0.5%	1.8%	0	0
	得票率	7.1%	2.6%	0.12%	4.0%	0.08%	
親民黨	議席數	--	46	22	10	3	3
	席次率	--	20.4%	9.8%	8.8%	2.65%	2.65%
	得票率	--	18.6%	13.90%	0.02%	5.49%	6.52%
台聯	議席數	--	13	11	--	--	--
	席次率	--	5.8%	4.9%	--	--	--
	得票率	--	7.8%	7.79%	--	--	--
時代力量	議席數	--	--	--	--	--	5
	席次率	--	--	--	--	--	4.42%
	得票率	--	--	--	--	--	6.10%
無黨團結聯盟	議席數	--	--	--	3	2	1
	席次率	--	--	--	2.7%	1.77%	0.88%
	得票率	--	--	--	2.52%	1.08%	0.64%
其他/無黨籍	議席數	21	10	10	1	1	1
	席次率	9.3%	4.4%	4.4%	0.9%	0.88%	0.88%
	得票率	9.4%	8.7%	5.94%	3.92%	3.85%	5.44%

台灣團結聯盟	議席數	--	--	--	--	3	--
	席次率	--	--	--	--	2.65%	--
	得票率	--	--	--	--	8.96%	--
合計	議席數	225	225	225	113	113	113
	席次率	100%	100%	100%	100%	100%	100%

資料來源：中央選舉委員會選舉資料庫。

註：甲、第9屆（民國105年）立法委員選舉當選人黨籍概況：
　　　（當選人數：總計113。）
　　　　1.民主進步黨68人，佔總當選人數60.18%。
　　　　2.中國國民黨35人，佔總當選人數30.97%。
　　　　3.時代力量5人，佔總當選人數4.42%。
　　　　4.親民黨3人，佔總當選人數2.65%。
　　　　5.無黨團結聯盟1人，佔總當選人數0.88%。
　　　　6.無黨籍及未經政黨推薦1人，佔總當選人數0.88%。
　　乙、第8屆（民國101年）立法委員選舉當選人黨籍概況：
　　　　（當選人數：總計113人。）
　　　　1.中國國民黨64人，佔總當選人數56.64%。
　　　　2.民主進步黨40人，佔總當選人數35.40%。
　　　　3.親民黨3人，佔總當選人數2.65%。
　　　　4.台灣團結聯盟3人，佔總當選人數2.65%。
　　　　5.無黨團結聯盟2人，佔總當選人數1.77%。
　　　　6.無黨籍及未經政黨推薦1人，佔總當選人數0.88%。
　　丙、第7屆（民國97年）立法委員選舉當選人黨籍概況：
　　　　（當選人數：總計113人。
　　　　1.中國國民黨81人，佔總當選人數71.68%。
　　　　2.民主進步黨27人，佔總當選人數23.89%。
　　　　3.親民黨1人，佔總當選人數0.88%。
　　　　4.無黨團結聯盟3人，佔總當選人數2.65%。
　　　　5.無黨籍及未經政黨推薦1人，佔總當選人數0.88%。

從跨世紀六次立法委員選舉的變化，可以得知泛藍的分裂，或者搭配總統大選母雞帶小雞的因素，國民黨的得票率有逐年衰退。而民進黨的得票率則出現各屆的微幅成長。2012得票率44.45%到20162的44.06%反而微幅下降。

（二）2009年（2010年）、2014年直轄市長及縣（市）長選舉各政黨得票數表

選舉年份	2009年（縣市長）及2010年（直轄市長）				2014年			
政黨	中國國民黨		民主進步黨		中國國民黨		民主進步黨	
選舉別	直轄市長	縣（市）長	直轄市長	縣（市）長	直轄市長	縣（市）長	直轄市長	縣（市）長
得票數	3,369,052	2,094,518	3,772,373	1,982,914	3,385,081	1,605,596	3,979,329	1,850,777

資料來源：中央選舉委員會。

2014年直轄市長及縣市長選舉結果地理（政治版圖）分布：

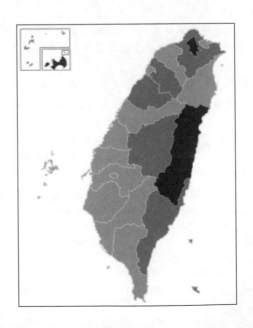

民主進步黨（13席，得票率47.55%）

中國國民黨（6席，得票率40.70%）

無黨籍（3席，得票率11.73%）

2009年縣市長選舉結果地理（政治版圖）分布：

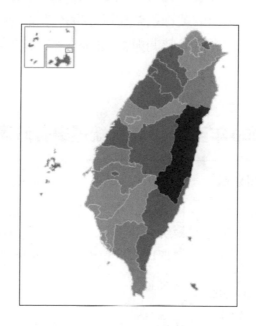

說明：

一、2009年中華民國縣市長選舉及2009年中華民國縣市議員選
　　舉是2009年中華民國縣市長、縣市議員暨鄉鎮市長選舉（又
　　稱2009年三合一選舉）的一部份。

二、17位縣市長席次中，中國國民黨取得臺灣省之基隆、桃竹苗、
　　彰投等濁水溪以北縣市及嘉義市、臺東、澎湖與福建省之金
　　門與連江，共12席；民主進步黨則取得宜蘭及雲林、嘉義縣、
　　屏東等濁水溪以南縣份共4席；泛藍背景的傅　其勝選之花
　　蓮縣則是惟一由無黨籍人士取得的席次。

三、2009年587席縣市議員中，中國國民黨取得近半的289席、
　　民主進步黨則取得128席、台灣團結聯盟取得3席、親民黨

及勞動黨各獲1席、無黨籍人士則取得170席。綠黨及台灣國民黨雖均推出候選人，惟未能取得席次。

從台灣的藍綠的政治版圖考量，讓我們想起鄉村包圍城市或者地方包圍中央的相關理論是有某種程度的解釋力。但應該賦予三明治和千層派的多層次選舉的藍綠選票加以分析，才能夠較正確的理解台灣的多層次政治版圖。由於時間與篇幅的關係，本文無法在此再進一步申論了。

（三）2000年至2016年總統選舉各政黨得票率

推薦政黨	得票數	2000年	2004年	2008年	2012年	2016年
屆次		第十屆	第十一屆	第十二屆	第十三屆	第十四屆
中國國民黨	票數	2,925,513	6,442,452	7,659,014	6,891,139	3,813,365
	得票率	23.10%	49.89%	58.45%	51.60%	31.04%
連署	票數（宋楚瑜、張昭雄）	4,664,972	--	--	--	--
	得票率	36.84%	--	--	--	--
	票數（許信良、朱惠良）	79,429	--	--	--	--
	得票率	0.63%	--	--	--	--
民主進步黨	票數	4,977,697	6,471,970	5,444,949	6,093,578	6,894,744
	得票率	39.30%	50.11%	41.55%	45.63%	56.12%
新黨	票數	79,429	--	--	--	--
	得票率	0.63%	--	--	--	--
親民黨	票數	--	--	--	369,588	1,576,861
	得票率				2.77%	12.84%

資料來源：中央選舉委員會選舉資料庫。

說明：

1、以2008年中國國民黨大贏民進黨200多萬票到2016年大輸民進黨300多萬票，主要原因在國民黨的分裂或內鬥影響到泛藍選票的投票意願，再者執政時期政績的良窳是民主選舉中民眾決定換人換黨的關鍵因素，三者，前述所說 2013年以後的社會運動所形成的氛圍，直、間接都挹注了綠營的人氣。筆者倒認為兩岸因素不是關鍵性的影響藍綠投票的主因。

2、以2012民進黨6,093,578票，佔45.63%上升到2016年6,894,744票，佔56.12%。2012年民進黨的失敗多少來自92共識的效應；同樣的2016年的選戰，92共識所產生的影響就少得多了，這是台灣選舉文化的一次效應所致，選舉觀察者不可不知。

　　總而言之，由於台灣已步入民主社會、選舉頻繁，從地方到中央政黨輪替已成為政治常態。細部推究2012年到2016年兩次選舉國民黨的挫敗，除了上述政治、經濟、社會的的政體結構因素之外，分立政府也是重要原因之一，例如，李登輝時代的新黨、親民黨乃至台聯黨的出走，已削弱了20世紀90年代之前國民黨一黨優勢的局面。到21世紀初台灣又形成立法院與總統選舉出不同黨取得優勢的分立政府局面；加上立法院的「黑箱」式黨團協商制度以及馬政府時代所提名的考試、監察委員的挫敗，服貿協議的不過關，[19]都加重了馬英九與王金平的心結，如此導致國民黨內部了2016總統選舉候選人橫生枝節的因素，團結的民進黨對抗分裂的國民黨，使得國民黨大選全面潰敗。

　　台灣大選期間，由於大陸相關單位的資訊不夠整合，每次選舉台灣內部的新情勢、選舉新花招，大陸理解受限，使得大陸在關鍵時刻亦經常呈現失控的「愛國主義」狀態（如2016年黃安、周子瑜事件），

---

[19] 黃秀端等著，2016，《認識立法院》，台北：五南出版社，頁63-64，117-119。

加上台灣民粹主義相當嚴重，因而選舉期間兩岸特殊議題，常常形成壓倒駱駝的最後一根稻草。職是之故，建立一個綜合性的互設協商機構，或者是文教、智庫第二軌溝通管道的實事求是，形成一理性的常態化溝通機制，也就成為十分的必要。總之，兩岸政治、經濟、社會結構正處於跨世紀的轉型之中，職是之故，兩岸互動的新模式更應如臨深淵、如履薄冰審慎以對，有必要因應內外部結構的轉變，不斷地與時俱進。

本文初稿發表於2017年11月11日至12日在上海華東師範大學中北校區，由華東師範大學兩岸交流與區域發展研究所、中國文化大學社會科學院主辦"兩岸關係的機遇與挑戰"學術研討會。

第四篇

超越與會通古今的
方法與範例

壹

中西文化「超越意識」的反思
——一項思想史的比較分析

一、前言——從文化的厚與薄談起

　　著名的人類學家紀爾茲（Clifford Geertz，1926－2006）在《文化的解釋》（The interpretation of culture）一書指出：文化的研究有兩種型態，分別是稠密描述（thick description 厚描）與淺薄描述（thin description 薄描）二種。二者的差異即在分辨出現象所具有的意義階層。對一文化現象若僅以現象學的描述方式，而不對行動者行動背後的「意向性」（intentionality）加以瞭解，將無法獲得對文化的真詮，此為薄的敘述；反之，若對文化意義結構的階層加以區分，則是所謂的厚描。❶紀爾茲去巴裏島做鬥雞的研究。❷即深刻的指出這當中描述所

---

❶ Geertz, Clifford. ,1973,The Interpretation of Cultures, New York: Basic Books.Geertz, pp.3-30.

❷ 在 Deep Play 一文紀爾茲從一個 outsider，變成了一個 insider，從表層文化看，鬥雞就是一種游戲而已。鬥雞（賭博）是一種深層的游戲，之所以「深層」，就是因為展演背後隱喻包含男人生殖器官的象徵與投射、地位的象徵、與情感上無法用理智解讀的矛盾以及巴裏文化中深層的焦慮與不安。鬥雞形成一種社會矩陣（Social matrix），許多巴裏人文化概念都在鬥雞中形成錯綜複雜的網絡。

看到的巴裏島人活在生活的意義之網中，更讓我們看到在鬥雞文化中不同的詮釋厚度。

　　文化厚與薄的描述樣態相當程度來自大學的教育與社會菁英的創造。根據英國泰晤士報高等教育增刊（Times Higher Education, 簡稱THE）6月14日公布2017年高等教育世界大學聲望排名，臺灣大學校刊上就立即轉載該增刊表示台大獲評第51-60名層級，回到2014年水平，是臺灣唯一進榜的大學。本次排名問卷系THE與Elsevier合作執行，于2017年1月至3月間以15種語言、由全球137個國家10,566名資深學者填寫學術意見問卷調查，其高等教育及研究資歷平均皆高于15年。❸香港的媒體也報導今年的榜單共有101所大學，其中中國大學有10所（內地6所，香港3所，臺灣1所），其中排名最高的是清華大學，在全世界範圍內排第14位，亞洲第二，僅次于東京大學，這也是清華首次進入世界前15名；隨後是北京大學，世界第17位。香港地區排名最高的是香港大學，排在世界第39位，為近五年排名最高的一次。香港中文大學和香港科技大學也打入世界百強。值得一提的是，南京大學今年首次進入此榜單。

　　底下為來自香港媒體的報導：

　　2017兩岸三地高校進入泰晤士報世界排行榜單如下：

學校	地區	排名
清華大學	中國	14
北京大學	中國	17
香港大學	中國香港	39
國立臺灣大學	中國臺灣	51-60
浙江大學	中國	51-60

❸ http://host.cc.ntu.edu.tw/sec/schinfo/epaper/article.asp?num=1312&sn=15430,2017/06/25
查閱

香港中文大學	中國香港	71-80
復旦大學	中國	71-80
香港科技大學	中國香港	71-80
上海交通大學	中國	71-80
南京大學	中國	91-100 ❹

　　這份問卷所呈現的世界大學排行可說受到舉世的重視。但是如果我們依照 人類學家紀爾茲所說的，深層的描述的界面加以觀察，則當前大學所重視的學科，或者說國家所投入的教育經費則嚴重的重視理工忽視人文。我們進一步看該有效問卷以自然科學領域占14.6%為最多，醫藥衛生領域占14.5%，生命科學領域占13.3%，商管經濟占13.1%，工程領域占12.7%，人文領域占12.5%，社會科學領域占8.9%，信息領域占4.2%，教育領域占2.6%，心理學領域占2.6%，法律領域占0.9%。❺從上述百分比可看出，國際間普遍重視自然科學而輕視人文社會科學的比重，這也就是當今人類文化問題的重此失彼，生命的超越如果缺乏人文精神挹注其中必然將產生更多的失序與破壞。

　　大學忽視人文精神又是一個舉世的現象，20世紀90年代以來美國接二連三有許多教育思想家提出嚴重的呼籲，指出美國大學教育偏執的著作可謂汗牛充棟，諸如《封閉美國心》（The Closing of the American mind）、《頹廢的大學》（The University in Ruins）、《大學的道德瓦解》（The Moral Collapse）、《終身職的激進份子》（Tenured Radicals）、《學者之戰》（The War against the Inellect）、《神殿裏的騙子》（Impostors in the Temple）、《封殺人格》（Killing the Spirit）等等，這些著作共同指陳當前大學教育走偏方向而憂心忡忡。哈佛大學路易斯教授的名著《失去

---

❹ http://www.haixiaba.com/n1415184.html, 2017/06/25 查閱
❺ http://host.cc.ntu.edu.tw/sec/schinfo/epaper/article.asp?num=1312&sn=15430,2017/06/25 查閱

靈魂的優秀－哈佛如何忘却其教育的宗旨？》，該書導言引用19世紀初哈佛大學校長艾略特（Eliot所著的空心人，The Hollow Men）對當時教育的弊病在于「虛張聲勢，華而不實，外強中乾，坐而論道」，作者進一步指出一個半世紀以來大學的理念已經發生根本變化。美國擁有世界上最優秀了大學，各種有利于美國社會發展的思想、發明及創新都誕生在這些大學裏。然而大學很少向美國未來的領袖們正面傳達崇高的理想。美國大學的重點正偏離國家的利益，不在關心美國的未來。大學不想捲入政治和道德爭論中，也不鼓勵學生追求學習目的和生活意義。[6]這種弊病從19世紀到21世紀初依然如此，教育本質的缺陷沒有多大的進步與調整。要言之，當前全球的高等教育出現，重科技輕人文、重實用輕價值的學術取向，符應了二十世紀初德國思想家韋伯（Max Weber）所說的重視工具理性、忽略實質理性，人類走進鐵的牢籠。在這種偏頗的取向下，社會上要談生命與價值的超越，可謂上頭不正下梁歪。

二、生命與歷史的超越
——從文藝復興與啟蒙運動談起

（一）從文藝復興（Renaissance）談起

　　十四世紀以降在經濟蓬勃發展的地中海北岸發生「文藝復興」，並不斷的向歐洲的中部以西北部發展，此運動帶動出「人文主義」的

---

[6] Lewis,H.R.著，侯定凱譯，2007，《失去靈魂的優秀》，臺北：張老師出版社，頁21、39-40。

價值觀的轉變，也影響了後來的宗教革命與啟蒙運動，可謂是行朔了近代社會樣貌的關鍵時代。此時期西歐產生為數頗多在文學上、藝術上與哲學上劃時代的人物。變遷的基本意念與動力來自于吸取「希伯來文明」與「希臘文明」兩大系統建構而來。前者以上帝是萬能的，神造宇宙萬物，人是其創造物（creature）之一。後者相信人類的理智與觀念可以改造這個世界與社會，並由此發展到近代西方宗教改革、工業革命與啟蒙運動的洗禮與「複性」（Renaissance）。此時的文學、藝術與思想一方面反省中古世紀黑暗時代的種種，一方面乞靈與回復到古希伯來與古希臘兩大傳統文明的優質內涵，以祈求「生命的再生」。在人的政治生命而言，經由上述各種運動促使人民超越了「皇權」與「教權」的雙重束縛下解放出來，從神權社會過度到君權進而到民權的理性主義興起，解魅（disenchantment，或譯解除魔咒）過去非理性的束縛，注重個人自由與平等的「天賦人權」的保障，建構自由民主的思想與制度，從而一步步建立出，所謂的「現代的價值與社會」。

　　古典的希臘文化強調人的主體性與創造性，以及民主共和政體的追求。在柏拉圖《理想國》的論述中，認為每個人的靈魂同時擁有「理性、野心（激情或譯氣魄）與肉欲，並相對于愛智的、愛榮譽的、愛利益的樂趣」蘇格拉底與柏拉圖都相信「靈魂中知性部分的樂趣是三者中最可喜的。」此三種若無法各司其位，將產生邪惡之事，成為不正義的人。又說：「整個靈魂遵循哲學原則，未經分歧的時候，各部分就都是正義的。但如果另兩個原則有一個占了上風，靈魂便不能達到其本身的快樂。」❼希臘哲學認為人性所具有的三面性內涵，昭然若揭，這三者必須達到內在的平衡，才能達到各自的樂趣。換言之，希臘哲學認為人性中有善、惡兩個層面，但不同于中國哲學思想的地方，

---

❼ Plato 著，侯健譯，1980，《柏拉圖理想國》，臺北：聯經出版社，頁 433-434、437、445。

在于希臘哲學強調「一切天性都認為利益是善的，其所以被導引轉向到正義的途徑上來，是由于法律的力量。」❽簡言之，希臘哲學認為法律對于人性規約與超越的重要性。

　　文藝復興時期意大利的藝術家豐富的作品傳達了一個重要的信息，也就是從柔性的文化——繪畫與雕刻等文藝作品，開啟了中世紀教權至高論的牢籠，走出人性與人文主義的新文化、新精神。吾人舉一個實際藝術創作的例子，拉斐爾（Raphael, 1483～1520）的「雅典學院」這幅畫來詮釋文藝復興的精神，拉斐爾把不同時期的人全都集中在一個空間，古希臘羅馬和當代意大利五十多位哲學家藝術家科學家薈萃一堂，表現自己篤信人類智慧的和諧、並對人類智慧的讚美。❾一個曠世的作品經常是將歷史上不同時期的人物與智慧融為一爐而冶之，也因此生命的精神與意義超越了以往諸多世代。隨著文藝復興的藝術創作無論是繪畫、雕刻、文學、詩歌都在人類精神上，進入到豐富與超越的新時代。

　　在希伯來教義中，就因亞當違背了上帝的意旨，貪婪、欲望由此產生，讓人背負了此一「原罪」，終身只能歸依于至善的上帝，才能免除人性的罪惡，人是上帝的創造物，人永生無法從自身得到完備的力量，人性被幽暗意識所籠罩，無法靠自己得到生命的救贖與超越。由于受篇幅影響，本文對希伯來文化將約略而談。

　　文藝復興的核心觀念在于人文精神的推動，當時人文學者對古代

---

❽ 同上書，頁60。
❾ 朱力阿斯二世邀請拉斐爾為梵諦岡宮的簽字大廳畫壁畫。這種裝嚴肅穆的場所，壁畫內容該畫什麼呢？拉斐爾與教皇、學者們交換意見許久以後，決定依據詩人德拉·欣雅杜爾的詩來配畫，以歌頌神學、哲學、詩歌、法學為內容。在四面墙上畫了四幅壁畫：神學的「聖禮之爭（或教義之爭）」、哲學的「雅典學院」、詩歌的「帕拿巴斯山」、法學的「三德」。「聖禮的辯論」正對面就是「雅典學院」。兩畫對稱，用以表明「啟示的真理」（神學教義）與「理性探求真理」（哲學）的平衡。
參：https://tw.answers.yahoo.com/question/index?qid=20051205000014KK14750

的文明像對基督教教訓一樣的珍愛，甚或過之。這些人文學者「想在最好的古代道德教訓與崇高的基督教理想中，尋求出一種最高的道德標準。」例如佩脫拉克在寫給利瓦伊的一封信中說到：「對現代人民唯金錢是圖，唯肉欲是樂的今日風尚，我是極端憎惡的。」這話道盡人文學者對精神生活的重視。論者總結說到：「達文西與人文學者的時代都精確地闡釋時代的人們，不僅有上帝的世界觀，也有自然的世界觀與人類的世界觀。」[⑩]但文藝復興精神的傳播，是三種上帝、自然、人類兼具的世界觀，但傳播到亞洲，就特別強調人類的世界觀，而忽略或者摒弃了上帝的世界觀。誠如探討人文主義的歷史傳統相當著名的布洛克（A.Bullock）所說：「西方世界觀可以分為三種不同模式的模式來看待人和宇宙。第一種模式是超越自然的，即超越宇宙的模式，焦點在于上帝，把人看成是個神所創造的一部分。第二種模式是自然的，即科學的模式，把人看成是自然秩序的一部分，整個人類生活是自然底一部分，可以用科學來解釋。第三種模式是人文主義的模式，以人的經驗作為人對自己、對上帝、對自然瞭解的出發點。換言之，以人為中心，而不是以上帝為中心、或以科學為中心，這就是人文主義世界觀。」[⑪]這樣的論說是選擇性的理解文藝復興運動的多元內涵。如此選擇性也就衍生出社會乃至宇宙的中心是人類，不是自然、神或上帝。

（二）從啟蒙運動（Enlightenment）談起

啟蒙運動（Enlightenment）的矛頭直接指向「黑暗的中世紀」。它

[⑩] Brinton, Christopher, Wolff著，劉景輝譯，1989，《西洋文化史第四卷——文藝復興、宗教改革》，臺北：臺灣學生書局，頁25、31、106。

[⑪] A. Bullock（阿倫·布洛克）著，董樂山譯，1998，《西方人文主義的傳統》，北京：三聯書店，頁12-14。

是指在17世紀及18世紀歐洲地區發生的一場哲學及文化運動，該運動相信理性發展知識可以解決人類實存的基本問題。亦可認為是知識擴散的運動。20世紀英國家思想Isaiah Berlin（以塞亞・柏林）認為：「啟蒙的時代思想家們堅信以前的一切體系——各種宗教、宇宙發生論、神話——都只不過是通向同一合理目標的各種不同途徑罷了。…有神論者和無神論者、自發進步的信仰者和懷疑論悲觀主義者，寡情的法國唯物主義者與多愁善感的德國詩人和思想家們，認為所有的問題都可以通過發現客觀的答案而得到解決。在這個方面大家統一起來了。」簡言之，科學的、客觀的論證是啟蒙運動的重要過程與方法。柏林進一步說：「18世紀天才的思想家們的理智力量、誠實、明晰、勇敢和對真理的無私的熱愛，直到今天還是無人可以媲美的。他們所處的時代是人類生活中最美妙、最富希望的樂章。」[12]樂觀的歌頌啟蒙運動的重要性及其影響，也就成為多數當代學者的普遍共識。

　　啟蒙運動有著豐富的內涵，啟蒙運動是一種歷史現象的思想轉變的運動，也是一種來自內在心靈的哲學改造。十八世紀西方的啟蒙運動的核心理念，包括：理性（reason）、經驗主義（empiricism）、科學（science）、普遍主義（universalism）、進步觀（progress）、個人主義（individualism）、（尤指宗教與道德上）寬容（toleration）、自由（Freedom）、人性一致（uniformity of human nature），以及世俗主義（secularism）等。[13]它所涵蓋的範圍既深且廣，並且帶動了多元的學術、政治的民主、自由競爭的經濟與社會等等價值。如果說「五四運動」作為是中國啟蒙運動的關鍵時刻，例如1915年創刊的《新青年》創刊號，〈法蘭西人與近代世界文明〉為主題；《新潮》（The Renaissance）

---

[12] Isaiah Berlin（以塞亞・柏林）著，孫尚揚、楊深譯，2012，《啟蒙的時代——18世紀哲學家》，北京：譯林出版社，頁16-17。

[13] Peter Hamilton,1992,*The Enlightenment and the Birth of Social Science*, in Stuart Hall & Bram Gieben edited, Formations of Modernity, Cambridge, U.K.: Polity Press,pp. 21-22.

又是歐洲「文藝復興」的直接翻版所用的字眼，La Jeunesse 就是乞靈于法國大革命的啟發及其影響，這些移植于西歐的啟蒙思潮也就激發了1919年的「內除國賊、外抗強權」的愛國運動。亦可說從新文學革命後，在短時間內就不斷的激進化到現代中國的政治與社會層面的革命。

「五四」運動中，它所標舉的簡潔內涵就是「民主」與「科學」，相對于近代歐洲啟蒙運動的內涵而言，中國的啟蒙運動被中國知識分子過度簡單化的理解。而其簡潔性一如胡適一再提倡的民主憲政就是一種「幼兒園的」常識性政治而已。[14]胡適嘗言，民主選舉沒有高深理論，只不過如同逢年過節劃個押而已。胡適立意良善，他要人民勇于接受民主政治，但也易被曲解「啟蒙」是如此簡單與幼稚，民主政治好像就等于選舉的投票政治而已，值得學習之處與深入探索的地方是如此的有限。

西方研究中國啟蒙運動的著名學者 Schwarcz 就認為，「五四」的啟蒙是在辛亥政治革命幻滅後的宣言，是一種失望之情轉化為對傳統思維方式的集中批判，且此啟蒙的微弱燭光改變不了中國人長久的習性與世界觀，更不為政治統治者所真確喜歡，救亡與啟蒙存在著一種緊張，甚至是一種對立。[15]換言之，中國是「救亡壓倒了啟蒙」[16]在啟蒙嚴重不足的前提下，也是一「理性缺位」的啟蒙。[17]從五四運動的著名口號民主、科學喊的震天價響，就是一片面化的理解西方的啟蒙運動，也就帶來了中國吸取西方文化的片面化。杜維明教授就在反思啟蒙的論述中指出，中西社會在「後啟蒙運動」中都偏離了方向，走

[14] 顏德如、朱仁政，2003，〈胡適自由主義思想新探〉，顏德如主編，《自由主義與近代中國》，吉林：文史出版社，頁128-148。

[15] Vera Schwarcz, 1986,*The Chinese Enlightenment: Intellectuals and the Legacy of the May Fourth Movement of 1919*, Berkeley: University of California Press, pp. 297-302.

[16] 李澤厚，1987，《中國現代思想史論》，北京：東方出版社。

[17] 姜義華，2000，《理性缺位的啟蒙》，上海：三聯書店。

向「工具理性」所發展出來的一種「宰製性的科學主義」；以及從極端的個人主義所導致的一種帶有侵略性的經濟人的觀念的出現。[18] 這些都遠離了那時蘇格蘭的亞當斯密（Adam Smith）與休謨（David Hume）等人注重處理道德情操的「覆性」問題。簡言之，對源于西歐的啟蒙運動，從中國的歷史經驗中，我們得到的教訓是不應片面的移植，也不應片面的批判，而是一種「批判式的繼承」，進而才能得到理論與應用上的超越。

三、從史特勞斯對啟蒙運動的反思及其超越之道

（一）史特勞斯對啟蒙運動所展現現代性的反思

20 世紀社會科學存在著劍橋學派與芝加哥學派的論爭。論爭的焦點之一在于劍橋學派認為古典主義以馬基維利作為分歧點。劍橋學派認為馬基維利所建構的近代社會必須將傳統的德性政治從倫理的層面與人性對于權力的欲望分離出來，唯有如此，才能建構近代社會科學的必要途徑與條件。而芝加哥學派的重要成員之一的史（施）特勞斯（Leo Strauss, 1899-1973）認為因為馬基維利的現代性在于他是一位「邪惡之師」（a teacher of evil），他放棄了外在客觀善行與德行的標準，轉而只顧及自身的利益。[19] 就是因為近代社會科學不重視德行的重要性，

---

[18] 杜維明等人，〈啟蒙的反思學術座談〉，《開放時代》，2006/3，頁7。

[19] Leo Strauss, 1988, What Is Political Philosophy, Chicago:University of Chicago, p.40.
Leo Strauss,1987, Niccolo Machiavelli, in Nathan Tarcov and Thomas L.Pangle ,Epilogue, Leo Strauss and the History of Political Philosophy , Leo Strauss, Joseph Cropsey.

這種啟蒙運動所帶來的現代性就成為許多罪惡的元凶，如此的啟蒙運動，人的生命與社會的價值將很難超越。

美國政治哲學大師史特勞斯是一位出生在德國受正統猶太教教育的猶太人，1930年代納粹迫害在德國的猶太人，史氏前往法國、英國最後前往美國，他竭力理解流亡政治及古典政治哲學的意義。[20]他對于劍橋學派對古典的認識大不以為然。他在《城市與人》一書中開宗明義說到，我們之所以帶著熱誠、興趣以及強烈的意願回到古典的政治思想，既不是因為一種忘却自我的復古主義者，也不是因為一種自我陶醉的浪漫主義者。知識由于我們這個時代的未及、西方的危及我們才被迫回到古典。[21]他努力掙脫保守的威瑪猶太人身份意識，走向現代自由主義的思想里程，強力批判現代性，並轉為政治與宗教的研究。他先後任教于紐約的新社會研究所以及芝加哥大學等校，並成為政治哲學的一代宗師。他的弟子遍及美國重要學術殿堂、媒體以及美國許多政府機構既華盛頓政治圈多名弟子所占據，因此，被視為是影響了911之後美國強硬的右派。[22]

（二）耶路撒冷與雅典的論爭與超越

年輕時史特勞斯成為錫安主義（Zionism）的信徒，致力于猶太複國主義。但是後來他却認為政治猶太複國是要建立一個非宗教的現代猶太國家。對于這個政治解決方案在解決猶太問題是有限的，因而

Edited, History of political philosophy, Chicago : University of Chicago Press.pp.296-317.

[20] Eugene R. Sheppard, 2006, Leo Strauss and the politics of exile : the making of a political philosopher , Published by University Press of New England.

[21] Leo Strauss, 1964,The City and Man, Chicago:Rand Mcnally, P1.

[22] Shadia B. Drury, 1997, Leo Strauss and the American right , New York : St. Martin's Press.

逐漸遠離。史特勞斯發現文化猶太複國主義者對該問題的回答存有缺陷。文化猶太複國主義的現代化神學拒絕傳統的猶太流亡宗教、拒絕其救贖唯獨源于上帝的信仰，這在史特勞斯看來是一種未公開承認的無神論（an unacknowledged atheism），是一種現代文化新教主義（cultural Protestantism）的變種，其根源在于啟蒙運動對宗教的批判與誤解。…史特勞斯承認，唯一對現代猶太人問題而言，可接受的答案只是政治猶太複國主義，而政治猶太複國主義却缺乏屬靈的深度。[23]
由于相信猶太文化與思想信念，是生命不可忽視的超越性力量。因此史氏對于西歐啟蒙運動所標榜的繼承雅典的理性主義是持保留意見的。他說：「基督教神學要調和希臘哲學與聖經啟示是行不通的，不等于哲學真的可以駁倒神聖啟示。史特勞斯相信哲人精神與先知精神相互都駁不倒對方，論爭與衝突持續下去，這對于西方精神來說，恰恰是永保生機的條件。」[24]他對耶路撒冷的啟示神學與雅典的理性哲學的衝突展開長期學術上的論辯與豐富的著作。在史特勞斯看來，早在1970年代「現代性的危機」和「西方文明的危機」的實質是虛無主義的盛行。必須從西方古典的視野來全面批判審視西方現代性和自由主義（兩者在他那裏往往作同義詞用）。對自由主義的批判必須首先獲得一個「超越自由主義的視野」（a horizon beyond liberalism）。[25]這項源於西方理論的反省更體現在非西方世界的全面崛起，尤其是東亞社會的價值觀與實踐經驗對人類社會發展的意義是十分深遠的。

---

[23] Leo Strauss, translated and edited by Michael Zank, 2002,Leo Strauss : the early writings, 1921-1932 , Albany, N.Y. : State University of New York Press.

[24] 劉小楓，2011，《史特勞斯的路標》，北京：華夏出版社，頁76。

[25] 徐戩選編，2010，《古今之爭與文明自覺——中國語境中的施特勞斯》，上海：華東師範大學出版社。
劉小楓選編，2010，《施特勞斯與現代性危機》，上海：華東師範大學出版社。

四、雅斯培軸心文明論述既古希臘、猶太 與中國文明的超越

德國哲學家雅斯培（Karl Jaspers）1949年德文版，1953年出版英文版的The Origin and Goal of history《歷史的起源與目的》，該書反省何以兩次世界大戰都發生在啟蒙運動發生的地區，也就是當今的西歐文明何以導致競爭、衝突乃至戰爭不斷的深層思考？他認為中國、印度、猶太、希臘文明不約而同的在公元前 800年到200年之間就進到了一個「軸心的時代」（Axial Age），軸心文明是一種「超越」（transcendent），超越之前的文明，從出現後到現在都沒有間歇，沒有死亡或停止，就好像「車輪當中的軸心」一樣，支撐此文明到現在。在西方先後有三次討論雅斯培：

（1）B. I. Schwartz 等人展開第一次大型討論，而後發表於1975年美國 "Daedalus"。

（2）1986年由 S. N. Eisenstadt 等人展開第二次大型討論。

（3）2001年由 J. P. Arnason, Eisenstadt, B. W. Florence 等人展開第三次大型討論。

上述三次的討論最終于2005年出書 Axial Civilization and World History. 綜合而言，這三次討論得出共同的看法，Jaspers認為科學主義、科學革命時期，其文明突破了宗教的束縛。科學主義雖然帶動後來的科技發展，發生了工業革命，以致推動西方現代化，但此文明仍為一間歇性的文明，非為人類文化世界的最高價值，最後也將枯竭。

（一）古希臘、猶太文明的超越

對于「軸心文明」（Axial Civilization）的瞭解正足以彌補啟蒙運動所展現的文明的缺失，軸心文明之特色可歸納為：[26]

1、古希臘文明的超越

蘇格拉底（主智精神）采取對思想哲學之論辯，例如：什麼是人生？由神明神話階段進展到現世，講求對現世之關懷而非來世（other-world），關心當下的人事物（this-world），不附和當時的政治。簡言之，（1）古希臘哲學家，從哲學思辯分析的路徑來導引人類智能與精神上的覺醒。古希臘的人從「反辯」中提出自己的意見。（2）正視「當今世界」就是一種對「另一世界」的超越，從而擺脫「神話世界」，走向以理性面對當下。

2、古猶太文明的超越

猶太文明建構出「一神教」的宗教情操與道德。這個神是要解救所有苦難，為神中之神、神中之王。透過救贖的觀念來詮釋其精神，DiasPora（大離散），因位處于東西文明交流處，衝擊很多，生活有許多困苦，因而培養出堅毅的性格，依靠的是內心強烈的宗教信仰，關懷「末世的取向」（人生的終點），相信有一個超越這些不幸，最終會出現的救世主（以賽亞）來拯救世人（解脫救贖），呈現的是泛民族信仰。在〈學術作為一種志業〉一文中，韋伯說：「唯一的德性，便是平時的知性誠實一和以賽亞神諭所說的流亡時期以東（Edom）的守夜人的那首非常美的歌—有人從西珥不住的大聲問我：「守望的啊！黑夜還有多久才過去呢？守望的啊！黑夜還有多久才過去呢？」守望的人回答說：「黎明來到了，可是黑夜却還沒過去！你們如果再想問些什麼，回頭再來吧」。聽這段話的那個民族，已經詢問並等待了兩千餘年了，我們知道他們令人戰栗的命運。從這件事後，我們要汲取一個教訓，『只憑企盼與等待，是不會有任何結果的』，我們要改變；我們要去做我們的工作，承擔應付『眼下的要求』（demand of the day, Forderung des Tages）——不論是在人

---

❷❻ Karl Jaspers, 1971,The Origin and Goal of History,臺北：虹橋出版社。

間的事務方面，抑是在成全神之召命的志業（vocation, Beruf）方面。」[27]
承擔眼下的要求，同時正視人性的不足，在這前提下人與上帝立約，
由此易於演進到近代的憲政主義發展出契約（convention）觀，人與政
府立約的觀念即源于此。以及 16 世紀宗教改革下，新教所提倡禁欲主
義（asceticism）的精神，過苦行生活，在上帝的召喚下超越俗世的生
活，在超越的理性化取向下，人才能夠不斷地展現自我救贖的過程。

（二）中國文明的超越

反觀中國軸心時代諸子「修身」以「求道」，突出了「心」的功
能，為理性思維開闢了大道，恰好與希臘的歷程相映成趣；再者，「精
神鍛煉」的主要功能在于使人不斷提高自己的精神境界，一條是內
向的，即「集中于自我與良知的省察」（concentration on the self and the
examination of the conscience），另一條則是外向的，即「與宇宙的關係
和『我』的擴大」（relation to the cosmos and expansion of the "I"）。[28]以下
我們以余英時為例，說明中華文明的儒、道兩家的超越性。

1、儒家的突破：

周朝中國逐步從「巫的文化」發展到「士的文化」，例如孔子提倡：
以「禮樂」替換「宗教」。

例如論語篇章中：

子曰：「禮，與其奢也，寧儉。喪，與其易也，寧戚。」（八佾）

「人而不仁，如禮何？人而不仁，如樂何？」（八佾）

---

[27] Weber,Max，錢永祥編譯，1985，《韋伯選集I：學術與政治》，臺北：允晨出版社，
頁151。

[28] 余英時，2014，《論天人之際——中國古代思想起源試探》，北京：中華書局，頁
192。

「禮云，禮云，玉帛云乎哉？樂云，樂云，鐘鼓云乎哉？」（陽貨）

顏淵問仁，子曰：「克己復禮，為仁。一日克己復禮，天下歸仁焉。為仁由己，而由人乎哉？」顏淵曰：「請問其目。」子曰：「非禮勿視，非禮勿聽，非禮勿言，非禮勿動。」

春秋時代孔子所代表的儒家的主張仁與禮，起先是個人內在德性，最終成為體現在人與人之間的社會德性。春秋時期，覺醒的士以「仁與禮」為社會的道德實踐與文化的超越。

2、道家的突破：

（1）《道德經》第38章曰：「上德不德，是以有德。下德不失德，是以無德。上德無為而無以為也。上仁為之而無以為也。上義為之而有以為也。上禮為之而莫之應也，則攘臂而扔（ㄖㄥˋ）之。故失道而後德，失德而後仁，失仁而後義，失義而後禮。夫禮者，忠信之薄也，而亂之首也。前識者，道之華也，而愚之首也。是以大丈夫居其厚，而不居其薄，居其實，而不居其華。故去彼而取此。」「故失道而後德，失德而後仁，失仁而後義，失義而後禮，失禮者，忠信之薄而亂之首也。」

此章所言，道的原始純樸性逐漸衰退不斷偏離。吾人解讀此章的意義在于道高于德，德又高于仁、義、禮，以此反諷儒家的仁義道德，究竟道德是本體還是仁義呢？以道家的觀點來說，外在的仁義並不重要，因為很容易流于衰退與腐敗，因此必須要回歸人心的道德才可以，老子所闡揚的是追求本體性的道，此道是超越于世俗性的德。

（2）莊子《大宗師》：

孔子的弟子顏回問到：「回忘仁義矣」，子曰：「可矣，猶未也」，再次問：「回忘禮樂矣」，子曰：「回忘禮樂矣」，子曰：「可矣，猶未也」，三次問：「回坐忘矣」，孔子蹴然而道：「何謂坐忘？」回答：「墮肢體，黜聰明，離形去智，同于大通，此謂坐忘。」孔子信服顏回對「道」的體認。此章表明去除人的知識，因為知識會受限，萬事萬物

應不離本體。

　　余英時進一步指出中國無論儒家與道家，在內向超越突出了「心」的特殊地位；在新系統中，「心」是為了否定並取代舊系統中的「巫」而出現的。在新天人合一中，巫作為「天」、「人」中介的觀念已被徹底摧破了。但是「心」、「道」合一的新構想却又在不知不覺中賦予「心」以「天」、「人」中介的功能。[29]是一種突破與超越。超越上有兩種 immanent transcendence，是一「內在神性的超越」，這是西方具有宗教神學上的觀念。而中國的超越是 inward transcendence，是一「內向善端的超越」，具有東方的人格本質上的自我超越。東方透過「心性之學」、道德觀（如：見利而生義）來直指本心，是「內向的超越」。[30]西方除了宗教神學上的內在超越與外，又有羅馬法以及自然法對于人的外在行為法意志，約束人性的不足與不完美。余先生早在〈中國史學的現階段：反省與展望〉一文中說，中國史學上所謂「疏通知遠」，所謂「通古今之變」，要通過現代各種學科的最新成果和時代的眼光來「疏通」史實與史實之間的關係。史學所追尋的並不單純是一種靜態的「意義之網」，更重要的是文化在歷史時間中的流變。他又說：「『超越的突破』（transcendent breakthrough），所謂「突破」是指某一民族在文化發展到一定的階段時對自身在宇宙中的位置與歷史上的處境發生了一種系統性、超越性和批判性的反省；通過反省，思想的型態確立了，舊傳統也改變了，整個文化終于進入了一個嶄新的、更高的境地。」[31]思想的「突破」與「崩壞」（breakdown）之間存在著某種關聯。

---

[29] 余英時，2014，《論天人之際——中國古代思想起源試探》，北京：中華書局，頁61。

[30] 余英時，2007，《知識人與中國文化的價值》，臺北：時報文化出版社，頁75。

[31] 探討意義之網及其流變是余先生綜合社會學家韋伯（Max Weber）所說人是懸在自己所編織的「意義之網」（webs of significance）中的一種動物。而當代人類學家紀爾茲（Clifford Geertz）為之下一轉語，說文化便正是這種「意義之網」。參余英時，1982，《史學與傳統》，臺北：時報出版社，頁4、23。

一般說來，歷史上重大的「突破」，往往都有一個「崩壞」的階段為之
先導，亦即思想演進的轉折與流變往往是突破的先機。論者以為：「無
論是蘇格拉底、柏拉圖、亞理斯多德等人將希臘哲學的重心從前人對
於宇宙、自然等問題的研究，轉移到對於人類的靈魂、德行、善美等
問題的探究，此一轉變與中國先秦儒家他們對與德性的重視，以及對
物質財富所抱持的保留態度是不謀而合的。」[32]這個不謀而合正是當代
思想家所急于反省啟蒙運動後所追求的偏執的工具理性，而忽略人類
心性的陶冶與超越，而中西古典的哲人已指引出此軸心文明的重要性。

　　吾人總結雅斯培與余英時的觀念將軸心文明的超越綜合為三：

　　（1）Standing back and looking beyond 退而前瞻（瞻遠）：

　　「退」的目的是要往前看的更遠，回到傳統文明的觀點但前瞻
looking beyond 未來，是文明發展不可少的目的與方向。這也是本文正
視古典文化學習的力證。

　　（2）multi-culture 多元文化（多柱-此世界是由多個柱子撐起的）：

　　有古代希臘、以色列、中國和印度等古代文化多元文化的瞭解與
尊重，來自于互相學習是突破一元化文化僵化的重要途徑。

　　（3）transcendent and mundane orders 超越：

　　挑戰秩序會產生緊張，超越世俗秩序，反思現存文化。

　　雅氏強調歷史的多元性，歷史演進絕非尋一元論發展。亦即他批
判啟蒙運動後西方中心論的歷史錯誤。歷史事件的獨特性越強，就越
顯出人性即人類歷史的本質，歷史的統一性就蘊藏在這本質之中，這
是分歧的和諧，多樣化的統一。各民族的天性不存在根本性的差異。
20世紀中葉唐君毅先生在論中國人文精神的未來時，引李冰的治水觀
念：「『深淘沙、寬作堰』，由此悟出吾人對一切人生文化問題的解決，

---

[32] 翁惠美，1994，《通往善美之路——以儒家三聖及希臘三哲思想為中心的探索》，
臺北：大海公司印行，頁397-8。

必須淘其沙礫以致深閎，寬其堤堰以納眾流。」[33]也唯有以寬廣的心胸與態度，將中西文明截長補短、與時俱進才能不斷的突破與超越現實的極限。

五、從比較文明互嵌中吸取價值與教訓
──達到整體生命的超越

　　費孝通先生曾在一篇《神獸之間》的演講中提到人既是動物而又已經不是動物，人想當神仙，而又當不成神仙，是個兩是兩不是的統一體。他引用了弗洛依德（Freud）所說的三層結構來說明人的心理構成：一是id（生物性的衝動）、二是ego（自己），三是super-ego（超己），id就是獸性，ego是個兩面派，及一面要克己復禮地做個社會所能接受的人，一面又是滿身難受地想越獄當逃犯。Super-ego就是頂在頭上，不得不服從的社會規定的身分。…神獸之間可以找到一個心安理得做人的辦法，…那是中和位育的新人文思想，即是要承認社會是實體，它是個人在群體中分工合作才能生活的結果。既要分工就不能沒有各自的崗位，分工之後必須合作，崗位之間就不能不互相配合，不能沒有共同遵守的行為規則。」[34]費老正視了人性的id與ego的獸性之惡。人要營群體之居，就必須要有行為規則，才能「超越自我」，在費老的行為規則論述中，並沒有清楚交代是道德或法律為先，在現代社會中遵守行為規則首要建構法治主義。張灝院士在「幽暗意識與民主傳統」完成的二十年後說到：「人性是一種雙面性。一方面它承認每個

[33] 唐君毅，1988，《中國人文精神之發展》，臺北：學生書局，頁8。
[34] 費孝通，1996，《學術自述與反思─費孝通學術文集》，北京：三聯書店，頁223-4、150-1

人都是上帝所造，都有靈魂，故都有其不可侵犯的尊嚴。另一方面，人又有與生俱來的一種墮落趨勢和罪惡潛能，因為人性這種雙面性，人變成一種可上可下，居間性的動物，但是所謂『可上』，却是有限度，人可以得救，却永遠不能變的像神那樣完美無缺。」就如同前面非費孝通所引心理學所說的人的本我與自我，是一種千愴百孔的感受與衝動。在宋明理學中，幽暗意識有一個空前的發展，晚明劉宗周在《人譜》中提到，「人成德的實踐過程可分為六步，每一步都有罪咎的潛伏，都有陷溺的可能。他在總結第六步——『遷善改過以作聖』時，曾有這樣的說：「學者未經過上五條公案，通身都是罪過；即已歷過上五條公案，通身仍是罪過。」[35]

在20世紀二次全球性空前動蕩的戰亂且夾雜著你死我活的意識形態的尖銳鬥爭下，猶太民族與中華民族遭受空前的悲痛。誠如哈佛大學貝爾（Daniel Bell,1919-2011）禱願猶太民族與中華民族是20世紀歷經磨難的偉大民族的復興與期待。[36]將猶太民族與中華民族的對比分析早在胡適的〈說儒〉一篇文章就提到：「柔遜為殷人在亡國狀態下養成的一種遺風，與基督教不抵抗的訊條出于亡國的猶太民族的哲人耶穌有同樣的歷史原因。」胡適進一步分析亡國下的遺民的儒者，此種人的地位是困難的，是「有險在前」的，是必須「剛健而不陷」的。[37]胡適終生努力為中國建立一「新文化」，「其中含有一個中心觀念，就是把新生命吹進中國的古文明。」[38]他認為：「需要中國知識界領導人物的遠見和歷史連續感的意識，將現代文化的精華與中國自己文化

---

[35] 轉引自張灝，2016，《憂患意識與時代探索》，廣州：廣東人民出版社，頁3、20

[36] 丁學良，2011，〈蒼天在上，你不可懈怠！〉，氏著《我讀天下無字書》，北京：北京大學出版社，頁19-45。

[37] 胡適，1998，〈說儒〉，歐陽哲生編《胡適文集第五卷》，北京：北京大學出版社，頁15,20。

[38] 余英時，2012，《重尋胡適歷程：胡適生平與思想再認識》，上海：上海三聯書店，頁251。

的精華連結起來。」[39]這是胡適一生在思想上努力的目標。西方學者
Jerome B. Grieder（格理德）總結胡適是一個深具「中國革命中的自由
主義者」，有如是的情操與氣魄才能不畏權勢，敢于挑戰權威，他一
生致力于兼容並蓄優質的中西文化，用以改造古老的中國文明，以登
世界文明之殿堂，如此的文化態度才能不斷適應當下並不斷的超越生
命與社稷的自我侷限。

本文初稿發表於2017/9/23-24安徽合肥，由東方生命研究院主辦：第
二生命與國學高峰論壇國際學術研討會論文。

---

[39] Jerome B. Grieder（格理德）著，魯奇譯，1995，《胡適與中國的文藝復興》，南京：
江蘇人民出版社，　175-6。

貳

香港中文大學「全球在地化」的模式分析
——高等教育與學生為本的反思

一、人類文明史中的三波大學發展

　　2019年香港發生反送中運動，其中香港青年展現民主國家集會遊行的自由，以「和（平）、理（性）、非（暴力）」展開種種訴求，一國兩制政策下民主與法治的素養如何取得平衡，正試煉香港的未來前途，撫今追昔，筆者 2006年曾在香港中文大學訪問一個學期，也曾經做了若干探討香港中文大學的經營模式及學生抗爭WTO部長會議在香港舉行之種種，或可追索到若干問題的根源及超越性的蛛絲馬跡。

　　審視人類文明史的發展，大學的起源可追溯到中國先秦以及古希臘羅馬時代。但是近代大學的出現，第一波可說在十字軍東征以後，在東、西文明的碰撞，交通與商業貿易管道開通，貨幣信用制度建立，許多人渴望尋求新知識及技能，以突破時代的限制，追求未來更美好的發展，如義大利的最古老大學普羅納（Pologna, 成立於1088），巴黎大學（1150），牛津大學（1167），那波里大學（1224），劍橋大學（1318）等陸續建立（李南衡，2004:146-147）。由於高深知識的研究與啟蒙，

開啟十四世紀以降,西方經由文藝復興、宗教改革、工業革命、啟蒙運動一波波的革新運動,擺脫了西方中世紀封建政治與宗教的雙元束縛,開啟了人文主義、自由主義、理性主義之思維與行動邏輯,建構了工業化、民主化的現代化政、經結構。這一切的變化相當程度而言,可說其革新的動力,來自於「知識」的自覺與提升,亦即知識力結穴於中世紀歐洲的書院以及近代大學的自由講學之風。誠如英國哲學家培根所說:「知識即力量」即是力証。

　　第二波大學的建立,可說是在清教徒移民北美大陸以後,樓有著清教徒背景的哈佛大學(1636),聖公會的威廉-瑪麗學院(1693),公理會的耶魯大學(1701)、達特茅斯大學(1769),長老教會的普林斯頓大學(1746,前身為紐澤西學院),哥倫比亞大學(1754,前身為國王學院),賓夕法尼亞大學(1755,前身為費城學院),浸理會的布朗大學(1764,前身為羅德島大學),以荷蘭改革宗的羅格斯大學(1766,前身為皇后學院),這9所大學就是為世人所稱頌的長春藤聯盟(Ivy leage)(Rudolph,1962:4-13;Rippa,1984:84)。第三波大學的發展,是在19世紀下半葉的亞洲,尤其是日本在遭受到「黑船事件」以後,所興起的「勤王倒幕」的明治維新及其時代所帶動的改革,在力倡「和魂洋才」、「脫亞入歐」的聲響中,促使日本近代大學的建立,如慶應大學(1858)、東京帝國大學(1877)、早稻田大學(1882)、中央大學(1885)、拓殖大學(1900)等新式大學傳播新知,從而帶動日本在1895年打敗中國,1905年打敗俄國,稱雄亞洲。1895年清朝官吏盛宣懷在擬定中西天津學堂章程中,說道:「自強之道,以作育人才為本,求才之道,尤以設立學堂為先。」此後,近代西式大學教育才在兩岸三地的土地上誕生,如北洋大學堂(1896)、京師大學堂(1898)、東吳大學堂(1900)、香港大學(1911)、台灣大學(1926,前身台北帝國大學)、香港中文大學(1963)等是,但已晚於西方七、八百年,也晚於日本三、五十年矣。

二、1990年代後全球化時代的兩岸三地 的大學發展

　　筆者認為，第四波大學的發展，是在1990年代資訊化被普遍採用，加上WTO、APEC等全球性、區域性的貿易組織的推波助瀾，更加開啟了經濟、政治、文化、知識的全球性流動與競爭，在這一波競逐中，處於帶動全面現代化動力的教育工作，尤其是全球大學間的競爭格外醒目。就以兩岸三地而言，中國大陸在即在1990年代初，大陸為了「面向21世紀打算重點建設約100所左右的大學」，1995年11月由「國家計委」、「國家教委」、財政部，兩委一部發佈落實《中國教育改革和發展綱要》，實施以科教興國的戰略，迎接世界新技術革命的挑戰，實施"211工程",，遂從各地挑選約100所大學列為國家的培育重點，優先給予補助經費，即是所謂的「211工程」。這一工程的實施，其作用在於「提高中國高等教育水平，加快國家經濟建設，促進科學技術和文化發展，增強綜合國力和國際競爭能力」(國家教委直屬高校工作辦公室編，1996；521)。20世紀末又有"985工程"是中國政府為建設若干所世界一流大學和一批國際知名的高水準研究型大學而實施的高等教育建設工程。名稱源自1998年5月4日，江澤民在北京大學百年校慶上建設世界一流大學的講話。最初入選985工程的高校有九所，被稱九校聯盟，截至2011年年末，985工程共有39所高校。2015年又出現的「雙一流」，即是「世界一流大學和一流學科建設」的簡稱。2017年，大陸教育部公布共有42所一流大學和140所大學的465個一流學科入選(2017年9月統計)「雙一流」。

　　在1997年香港回歸「中國」之前，香港大學教育資助委員會(University Grants committee 簡稱UGC，香港雖然是一個殖民地社會間，但港英政府對大學的管理，卻以建立合乎世界潮流的「法治」取代人治與意識型態的管理，早在1965年亦即香港有了第二個大學一中文大學成立的第2年，港英政府即召集香港與海外專家組成「大學

教育資助委員會」，以評估大學的經費撥給及學術發展）就提出，「在高教方面，香港能在地方上扮演一個比以往更重要的角色，甚至成為高等教育的地區中心」UGC是一中介角色，是政府和院校之間的「緩衝地帶」，讓院校內部管理不受政治干擾，使院校自主權與學術自由不因政府財政資助而受任何影響。教資會並指出香港高校的發展，從七十年代的2％學齡青年（17至20歲），增至九十年代的20％，除了經費的擴增資助量的增加之外，並要保障質的提昇，並設立「卓越學科範疇」，以滿足香港社會需要，並「媲美國際同儕的卓越組別與世界其他地方」（香港高等教育資助委員會1996報告；15、21、47、50），這項報告，指出了香港高教在質與量發展上的重視，更為「九七回歸」前與新世紀的全球挑戰下指引方向與投入資源。香港又在2002年《香港高等教育報告書》中，加強對以往八所大學的基礎上，落實放眼世界的格局，使少數大學取得最高的國際地位，並由政府和私人資助發展。

反觀台灣，雖十幾年前已啟動了教育改革，其重點集中在中小學教科書的鬆綁，加重本土化（indigenization）教材、多元入學方案、普設高中、大學以及追求「校園民主」為主軸，對於「大學不應再成為國家或政黨意識形態的生產工廠」（黃俊傑，2002：35-36），這一點的施政成效不大，總之「教改」可說是，政治化有餘，國際化、學術化不足，對於周邊國家、地區對高等教育的關懷投入，對高等教育在全球化（globalization）競逐機制的重視遠遠不及。2002年首度提出「大學教育政策白皮書」草案，提出高等教育朝「質量平衡、開放競爭」的方向發展，實現自由化、多元化、國際化、卓越化的四大目標。以「卓越化」為例，五年五百億，至2005年方才落實。有關「教學卓越」的大學獎助亦是2005年甫以十億元為首年計劃。簡言之，全球化的步調與反思落後於日本、香港甚至中國大陸。職是之故，本文重點在於剖析教育全球化下面臨的競逐以及高校治理模式的轉型，並以香港中文大學為主，說明其辦學使命，如何在「質量平衡、開放競爭」的方

向發展下，如何權衡「本土化」與「全球化」？如何看待中、西文明？並以其「書院制度」、「學生活動」來省思這所強調以「學生為本」的學府，歸納其「全球在地化」之特點，或可供兩岸借鏡與反思。

三、全球在地化之意涵與高等教育的發展類型

（一）全球在地化的意涵

全球（global）一辭來自拉丁語中的地球之意。當代英國學人吉登斯（Giddens）認為自18世紀人類文明開啟了「現代性」後，影響所及的幅度、深度與速度都是空前的。「全球化」時代意味著高度現代性所帶來的結果。——現代性所強調的理性、效率以及帶出的工業化、城市化與民主化的機制，其所展現的動力，是一種不斷的時空延展（Time－space distanciation）的效應（Giddens，1990:16-21）。現代性表現在經濟上，是一不斷尋找低成本、高利潤，以全球為範圍的生產關係與價值，如此加速帶動了全球化的進展。20世紀第二次世界大戰後，本意是為追求全球經濟穩定、和平與發展而設的國際貨幣基金（International Money Foundation）、世界銀行（World Bank）及世界貿易組織（World Trade Organization），但發展的結果，一般被認為是加速推進全球化的三部曲。加上1990年蘇聯、東歐的非共化，以及中共堅持改革開放促使私有化的強化、管制減少、外貿鬆綁，全球一體化更加明顯。（Williamson, 1990）亦即冷戰壁壘的拆除、世界各地經濟、文化和學術各方面加劇的流動、依附和滲透，意味著全球化高等教育交流、競爭與合作時代的到來（Altbach, 2002：6）。在政治全球化方面，民主、自由的意識已成普世的價值與共識（Fukuyama,1992）。國家主權觀念有淡化趨勢，普遍人權受到贊揚，換言之"全球化"議題與現

象,已涵蓋人類全面性的政治、經濟、文化、教育、國家安全等生活與生存範疇。在這全方位的過程中,本文以高等教育全球化為分析。

　　教育全球化的現象,是否存意味著有一主導性的教育、文化霸權的國度?或者是由單一的大學治理模式主導呢?反之,部分不喜歡「全球化」價值的人,關起門來反抗全球化,逃避全球化,孤芳自賞於自己狹隘的本土化,是否只有全球化與反全球化這兩種論斷呢?瑞典學者索朋(Therborn)分析指出,「全球化絕不意味著地球上只有一個龐大的統一中心」,在全球化的挑戰中,「要採用一種非西方化、非中心化的概念,把握現代世界的多樣性」(Therborn,1995:137)。回顧二十世紀的現代化發展歷程中,東亞四小龍的崛起,就大大不同於西方的類型,誠如勃格(Berger)所指陳的,東亞現代性是不同於西歐、北美的,是一種「非個人主義的資本主義現代性」,當中儒家倫理或者是后儒家倫理起了關鍵性作用(Berger,1988:6-8),如日本的「以廠為家,以廠為校」制,又如台灣的家族性中、小企業等是。此種兼具現代性的普遍價值又不失本土自主性兼容並蓄的東亞成功典範,運用德國哲學家雅士培所說,人類歷史的起源與發展是多元的文明所造成,絕非啟蒙運動以後所謂的單一的基督教文明所至(Jaspers,1971)。艾森斯塔特(Eisenstadt2000:4-19;Eisenstadt,2005)等人即根據這個觀念,多次召集歐美相關學者展開大型的人類文明討論,結果指出,在邁向二十一世紀的文明,將是一多元的現代性,多面向的發展與認同,都可意味著進步,且現代性是處在一永無止境的試驗中。這些理據告訴吾人,不要盲目地媚俗於單一的西方現代性模式與價值,但也不是盲目地排斥西方具有成功意涵的現代經驗,鮑曼(Bauman)就指出,在全球化過程中,如故步自封於本土(being local)必成為一社會剝奪和貶抑降格的符碼(Bauman,1998:2),如是之故,要如何健康的理解全球化與本土化?要如何從全球的格局與本土的思考中,開創一個能夠與全球化接軌,又能適應本土的特色的高等教育教育軸心文明,耐人尋思。

　　當前學術語言，「全球化」與「本土化」應發揮各自之長，相互理解、學習與再開創，這種觀念就是本文所要強調的「全球在地化」（glocalization）的意思。根據社會學家羅伯森（Robertson）的看法，他說：在知識與實踐的脈絡中，全球在地方化或地方在全球化的「全球在地化」現象，都已悄悄地在滋長中。它是一個現代性在時間、空間的延展性過程中，意味著在資金、知識、人力等的全球流動過程中，自覺、自主得認為，不可能只出現一個模式，「本土」、「地方文化」必起作用的（Robertson, 1995：32-44）。另一地理資源經濟學學者馬庫遜（Markusen）則以企業生產要素在全球流動，如同在一平滑空間上何以會產生黏滯地帶（sticky places in slippery space），由於某一地區可靠的資源、勞動力、政治穩定、貿易商會、良好的管理規範與市場經濟等因素會產生企業在某一地群聚（cluster）與黏滯現象（Markusen,1996：294-297）。

　　筆者運用上述概念，說明強勢的「西學」，如前面所言的西方主軸文明，到了香港碰上了「中學」文化的精華，在奉行「積極不干預」政策與理性化科層制的港英政府，與主動性、靈活性和創造力均強的中文大學創校諸賢，由於他們特殊的情懷，促使1963年中文大學的誕生，此一「新大學」、新的文化認同與追求，促使中、西文明產生創意性結合（陸鴻基，1993：27-55；1995：69-71）。1960年代香港、中國、世界大環境的諸多動亂，反而進一步讓「香港意識」、「香港地位」逐漸在本土中形成（沈宣仁，1995）。香港的經貿、電影、房地產事業的興盛亦在此時期奠基，中、西經貿與文化產生了黏滯作用，相互濡化與攝取，終而形成了「全球在地化」的香港現象，文後將以中文大學為例進一步分析。

（二）全球化下高等教育的發展類型

　　本文藉由當前結合經濟學、管理學與政治學的「治理理論」的發

展，才能邁向一個好的治理（Good Governance），必須權衡來自政府科層體制的權威、市場價格理論、網絡體系模式其社區組織模式的資源充分結合加以發揮，才能達到組織最佳目的效果（Pierre and Peters, 2000:14-23）。經由此理論，本文提出，「大學－公司」、「大學－政府」、「大學－社會」三種治理模式。

1.「大學－公司」的治理模式

　　高等教育本來就是一所費不貲的事業，如要進一步提升其所需的資金與人才，更是一為數可觀的投資，在全球化下競爭的場域，此一龐大資金與人才的流動，就是一種商機。因此就衍伸出把大學經營管理視為如同企業經營一般，講究效率與利潤，近年WTO《服務業貿易總協議》就把高等教育列入，認為大學提供的模式（model of supply）如同其他服務業一樣分為四類：1.跨境服務（cross border supply）如：遠距教學、虛擬大學、教育軟體。2.境外消費（consumption abroad）如：到異邦留學。3.境內商業據點服務（commercial presence）如：設分校、擴校雙學位、學分制、語言訓練公司。4.境內自然人服務（presence of natural persons）如：教師、研究者應聘國外，客座教授、訪問學者（OECD, 2002：92）。WTO把大學納入服務業視為貿易的一環，將使得高等教育類同於產業經營與商品化買賣一般。這些模式容易使高等教育管理與發展形成「大學－公司」的操作模型，市場意識進入高等教育，其質量以畢業生進入勞動市場的能力為考量，高教目標以成本、利潤和經濟核算的分析為基礎，接受入學者以市場為考量，教育成為一種特權（張巨成，2002：118-119）。目前已有愈來愈多的高等學府是如此操作的。在2001年的美國，就有789所私立高校，佔全美高校的31.71％是以營利性公司化操作。阿波羅集團上市公司下的鳳凰城大學就是一顯著的例子，該校1976年成立，78年獲美國高等教育委員會認可，近年已發展到41個校園、80個個教學中心，在校人數超過十三萬人，2002年第二學期利潤近伍佰萬美元上繳公司（鄔大光，

2004：158－159）。此運作符合全球化下最大貿易集團WTO的規範，開啟高教新紀元，可視為一潛在的革命，當不為過。它將帶來什麼樣的影響呢？首先，大學營運資金進入股票市場，成為國際金融之一項，就如同凱恩斯在1930年代所說：「只要投機客是穩定的企業河中的泡沫，就可能不會造成傷害。」但凱氏警告說：「但是企業變成投機漩渦中的泡沫時，情形就嚴重了。」Ellwood引述了凱氏的上述名言，並抨擊企業導向全球化，資本流動不受管制，會對全球經濟的穩定構成巨大的威脅，使世界變成一個「全球金融賭場」（global financial casino），1997年東南亞金融危機就是一個國際金融炒手下的惡例。1999年聯合國在《人類發展報告》裡就評論說：「東亞危機不是孤立事件，是全球資本市場普遍脆弱的真相。」（Ellwood著，王柏鴻譯，2002：94、98）高教興學資金如果也成為國際金融的一環節，就將面臨「金融賭場」的變數，再者，當教育完全被視為服務業，是產業的貿易化、商品化之環節時，追求利潤無可避免將直接、間接的成為教育的宗旨與目的。——換言之，把高等教育當服務業貿易產品般的經營與交易，若干重要的教育神聖目標將淪為祭品，常此以往，開發中國家大學將淪為所謂「西方現代化已開發國家」的「第一軸心文明」，或從事廉價的學術複製品與加工廠而已。

2.「大學—政府」治理模式

第二種治理模式，簡言之，是一「大學--政府」治理模式，亦即政府透過法令、經費的補助、學位學籍、課程的管理，使得大學的自主權與自由度被來自外在政治考量所制約，形成公、私立大學沒有學術自我裁量權，彷彿全國只有一個「教育部大學」的模子。在許多意識形態掛帥其威權政治的國家，普遍存在如此的治理模式。

台灣在1986年解嚴前後，根據來自民間的「大學教育改革促進會」的研究，台灣呈現一教育中央集權化的社會。根據教育部組織法第一條明文界定：「教育部主管全國學術、文化和教育行政事務」，即

可一目了然看出這種權威心態，導致大學教育被專業技術化與思想進鋼化（大學教育改革促進會，1993：17-20），教育體制如何改革，成為1990年代台灣的重大議題。成立於1994年的行政院教育改革審議委員會經兩年的廣採意見與研究，提出「教育鬆綁」，其中首要之點在「調整中央教育行政體系」中提出「回歸憲法精神，擴大地方權限」，設立「教育專業審議委員會」，包括「撥款審議委員會」、「高等教育審議委員會」、「學校教育與課程審議委員會」等（行政院教育改革審議委員會，1996：摘6）。亦即教育行政權力下放給專業、客觀、獨立與的超然的委員會，是教育鬆綁的首要他調整目標。但這種接受補助亦理應受管的牧民心態，影響了台灣大學自主發展勢甚大。至於中國大陸，其「大學－政府」治理模式，就更處處可見，在共產黨一黨領政之下，校園內，黨的組織成為各個行政與教學單位的頂頭上司，黨的意識形態更是思想教育的主軸，大學的經費大部分仰賴政府的給予，凡此，都足以說明，大陸上的大學，更是名符其實的的「教育部大學」。

在高等教育追求卓越與國際競逐的全球化趨勢不可擋的情勢下，「大學－公司」的治理模式，其資本主義的競爭與盈利的邏輯，加上「大學－政府」的經費與政策的支持將更加變本加厲。香港一向予人是一資本主義高度發達的社會，教育的商品化取向亦時有所聞，香港中文大學在此大環境中是否只能盡然於「大學--公司」或殖民地管治中的「大學－政府」的模式中生存呢？

吾人觀察香港成立於1965年的「大學資助委員會會」（UGC），其「工作目標」在於「負責香港高等教育院校的發展及所需經費，向特區政府提供意見」，它「擔任的角色」是「維持學術自由及院校自主的優點，和需在財政上及對公眾作出恰當的交代」做出一平衡點。在「發展諮詢上」，例如「提供國際認可的合適學術與專業課程，鼓勵各院校在各個範疇爭取卓越成績，並對院校的卓越表現給與獎勵」（www.ugc.ed.hk/big5/ugc/about/overview/mission.htm）。多年來UGC對香港各大學的「教育設施」、「發展計畫」、「財政需求」進行有價值的評估與諮詢，

並建立〈辦事程序說明〉，此法規列舉大學自治事項，以及建構大學 3 年發展計畫的評估工作週期與流程（陸鴻基，1986：66--72）。近年來，UGC 更根據英國在 1992 年推行的大學評鑑制度，進一步建立三項機制，1.研究評審工作（Reseach Assessment Exercise,RAE）；2.教與學素質保証過程檢討（Teaching and Learning Quality Process Review,TLQPR）；3.管理檢討（Management Review, MR）（李曉康，2002：162）。所以，UGC 是以研究、教學、管理並重來治理香港各大學的評估工作與撥款相關事宜的制度化與專業化設計，以取代政府的政治權威或意識形態思想，直接進入大學的內部管理。UGC 時時以專業與世界潮流為取向，獨立於使香港「行政權」與「立法權」之外，四十年獨立運作行使至今，可說幫助了香港各大學擺脫「大學－政府」的牽制性治理模式，進入一開放性的「大學－社會」治理模式，反思台灣相關政策與組織晚了近 30 個年頭。

3.「大學－社會」治理模式

　　第三個治理模式，可謂之「大學－社會」模式，其中要涵亦有以下數點，1.教育的質與量有廣義的涵義，超越純利潤觀。2.強調學術自主，不依賴於國家、意識形態或其黨派的特殊關係，以追求真理與科學的嚴謹性為核心。3.大學的職能是培養滿足、創造、經濟、社會、政治和文化多方面需要的人力資源。4. 教育具優先性，教育是累積性的社會過程，是一條「教育流水線」。教育的機會成本不是內部問題，而是與社會發展的其他部門相連繫的（張巨成，2002：118-119）。這種管理與發展模式，不把教育當商品。教育的成本、效益也不是以教育單一部門計算，更不是只把個人收入、成就衡量，而視為是社會、國家甚至是全人類的共同福祉產生關聯。

　　1994 年，香港大學資助委員會（UGC）改變了以往基於歷史和學生人數而定的撥款模式，代之以績效為本的模式。2002 年，UGC

發展了關於香港高等教育的發展藍圖，重點實施了「角色劃分」的理念，UGC引導不同高校向不同方向發展，鼓勵深度合作、戰略聯盟，鼓勵大學不要互相模仿，這樣每所大學都可以各有自己的特色，以此避免重複辦學。香港大學的定位是要成為一所綜合性的，以研究為導向的具有國際地位的大學」（中國國家教育發展研究中心，2005：153-154）。這是香港大學的目標，並以生物科技與醫藥發展、建築與自然環境、中國研究、人類健康與發展、傳播與交通、電腦科技、奈米科技、公法與公共政策做為八個重點策略領域（The University of Hong Kong, 2005：17）。港大在2003-2008的發展策略以提昇國際地位和形象（Raising Global Presence and Visibility）為目標之一。（香港大學校長辦公室策略研究組，2003：10）另一香港科技大學在2000年校董會論述裡，申言將科大辦成一國際上具深遠影響力又致力本地服務的優秀學府，2004-2005年，其年報標題就是「提昇國際影響力」（Making a Global Impact），科技大學以奈米科技、生物技術、可持續發展等為科研重點，在2005-2020策略計劃之一，是以發展以美國普林斯頓高等研究院為楷模，設立一「香港高等研究院」（香港科大2004-2005年報暨2005-2020策略發展計畫）。吾人再看另一學府，中文大學在2006年2月出爐的十年「中大策略計劃」中也提到中大的使命和願景，那就是發展中大為一香港頂尖的研究型綜合大學，致力發展為中國和區內的傑出學府，以至為東亞的國際大學的首選。並選出中國研究、生物醫學科學、訊息科學、經濟與金融、地球信息與地球科學五個領域為重點全力發展。所需資源來自募集基金及政府資助（香港中文大學策略計畫，2006：1、6）。從港府政策到各大學的發展特色區隔，可看出香港高等教育的「角色劃分」、政府的有限角色、各校各展己長與「知識共創」的「大學－社會」治理模式。

四、香港中文大學的「全球在地化」發展特色

此節重點在於經由中文大學的建校傳統與學術風格，以及近年的師生國際交流活動與數字，說明中文大學不以「西方現代化」為唯一的軸心文明為限，從而體現其「全球在地化」的多元開創性的辦學風格。

（一）重視中、西文化的融合與超越

在錢穆成立新亞書院（1949），苦心經營，4年有成之後，得到美國雅禮協會的支助，1953年耶魯大學盧鼎教授（Rudin）到遠東－香港、台灣、新加坡尋合作夥伴。其中與新亞錢穆先生的洽談，讓盧鼎深受感動，新亞艱苦卓絕的辦學精神與錢穆「愛教育甚於愛錢」的情操，讓雅禮接二連三的投入新亞的建築、教職員待遇、學生留學獎金、購買圖書等資助，至今兩校每年師生互訪交流不斷（香港中文大學新亞書院編，2004），此合作誠為東西教育學術界一段嘉言善行。

1954年錢穆在一篇〈歡迎美國雅禮協會代表講詞摘要〉中說：新亞與雅禮的合作該是中美文化合作的新紀元，也該是中西文化合作的新紀元。──中國要現代化，就必須學習西方文化，尤其是西方的科學與民主。──但中國要能在世界上站立得起來，成一個獨立國家，要有一種精神上的自信心，那還需要了解自己的文化，──新亞書院的宗旨，就在於挽救這一文化的危機，──發揚中國文化，溝通中西文化，以豐富世界文化，這是我們新亞要負起的責任（錢穆，2004:42-43）。創立新亞的多位創辦人，無論從文化、歷史、哲學等期勉新亞人「不要跟著別人的後腳跟走」，「要獨立運用思想，做高深的研究」，以開創一個新的亞洲文明。

1960年，香港政府正討論有關新亞、崇基、聯合三個書院合併成中文大學的問題，這年十月份，崇基學院容啟東校長這樣說到：「談

到香港的高等教育，東西文化文流就成為不可缺少的題材了。就在建立中的香港中文大學來說，東西文化交流的任務就更見顯明與突出了。…把西方文化介紹給東方，和把東方文化介紹給西方，固然是文化交流的一種形式。然而我仍以為這是一種表面的交流。真的交流，就在於東西兩種文化帶來的新的創造。…就崇基的行政制度、課程組織與教學方法來說，就應當是集東西大學的大成，把中國大學、美國大學及英國大學的優點兼收並蓄。我們若能好好的做去，我們便可以創造出一種新大學的新典型。…我希望崇基能成為東西合作的一個可以炫燿的場所。我認為香港是進行東西合作的一個很理想的地方，而崇基又是東西合作的一個很理想的事業。…今日在講台上的典禮主持人之中，有英國人、有美國人、有加拿大人、有中國人，這就是崇基的國際合作的良好標誌」（容啟東，2001：25-26，29），崇基不僅重視東、西文化交流，更期勉保握香港、崇基良好的中、西兼具的平台，走向制度、組織、校園文化的創新，成為集東、西方大學學風之大成。

　　1977年李卓敏校長在畢業典禮上破例講話，題目是「香港中文大學的特色和抱負」，他說道：「中文大學第一個主要的教育目的，是適應本港青年男女的需要，培養他們的專長，使之在高度發展的社會經濟組織裡面擔任重要的任務。…另外一個目的，就是我們對中國學術文化的深切關懷，…中文大學自始就把促進中西學術文化傳統的交流與融合，定為特殊的目標，它要求每一個學生深刻了解自己的中國文化傳統，並精通西方的實証方法和科學知識」（李卓敏，1977：13-14）。李校長辦學精神首先著力於學子的專長並能貢獻於本土社會，接任校長之初就把中大定位為國際性大學，透過研究、翻譯、出版負起促進中西文化交流與融合之使命。1983年李卓敏校長如是說：「我們如果要成為一所有聲望的大學，就要成為國際大學界和學術界的一份子，並且必須具有世界性的學術性水準。…國際學術界只能從大學的教師質素、研究成果和畢業生的工作表現來衡量各大學，從而加以承認。中文大學的國際性還反映在校董會的成員，四位國際知名的海外

專業教育專家」（李卓敏，1983：6-7）。李校長的視野，給中大開拓了努力的方向，朝國際化與世界水準邁進，邁進的準則與方法是融會中、西學術。論者指出，中文大學能走出與整合原先本土化較強的書院，走向一國際化的大學，與李卓敏校長學貫中、西及深含「意志、自信、眼光、見識、閱歷、手腕等『氣魄』與Chrisma的領袖氣質」有絕對密切的關係。（陳方正，2000：188），大學校長的學養、氣魄與眼光真能影響一個學府是自絕於本土還是放眼世界，影響至鉅。

（二）重視國際交流

在高等教育國際交流方面，根據中大校董，加州大學前校長柯克樂（Clark Kerr）的說法應包括四方面：1. 新知識的交流；2. 學者的交流；3. 學生的交流；4.課程的國際化設計（王建元，1993：141）。限於時間與精力，本文無法盡數中大上述四大層面，僅以近年的若干數據加以說明。

新知識的交流，首要在參與世界其他著名大學與教育組織及取得著名基金會的支持。至2006年中大已與世界五大洲逾一百五十所學府訂立學生交換計劃。其中與兩岸的校際、系際交流協議亦有三十五所之多。在國際教育組織方面，中大分別加入英聯邦大學協會、東南亞高等學府協會、國際大學協會、國際教育研究所、亞洲大學校長聯會、Eurasia-Pacific Uninet、University Mobility in Asia and the Pacific 等。以及致力於與國際機構、基金會合作，如雅禮協會（New Asia/ Yale-China）、哈佛燕京學社、United Board for Christian Higher Education in Asia，Fulbright Foundation、日本基金會、偉倫基金會、中英基金及大德爵士紀念基金會、亨利魯斯、洛克菲勒三世、卡尼基、台灣蔣經國基金、嘉新水泥、世界衛生基金等等（香港中文大學資訊處，2005：64-65；高美慶、楊鐘基，1993：214），結合與結盟這些遍佈世界各地的組織團體、基金會與大學，充分說明了中大的「全球化」學術交

流與資源的網絡。中文大學到訪的「國際性」學者絡繹不絕,以華人為例,早年的陳省身、李卓皓、楊振寧、李政道、吳健雄、趙元任、李方桂、楊聯陞、蕭公權、劉大中等涵蓋各領域全球性學者。再以近兩年為例(2004年底至2006年底),在「新鴻基地產」贊助下,來訪的諾貝爾學者就有21位之多。其他如國際級大師、國家領袖、部會首長、大使等絡繹不絕,❶如一九九八年經濟學獎得主Amartya Kumar Sen教授及二零零四年物理學獎得主David J. Gross教授,於二零零五年二月十八日(星期五)在香港中文大學主持講座。這些學術名流在校園裡有公開的演講,有參加學院、學系的午餐演講會,或書院的「吐露夜話」輕鬆座談。他們不僅帶來新知,亦帶來「我的生平」、「少小離家五十年」等以現身輕鬆說法的方式,引導學子們認識大師的風采與世界的天空。

　　中文大學把許多來自國內、外的捐款,有用於蓋大樓者,有用於設立研究中心者,亦有用於國內外學術交流者。以近三年中大學生赴國外交流人數初步統計言,修學分者,2002-2003學年有230人,2003-2004年有295人,2004-2005年有393人分別到23個國家。如加上短期各項交流或寒暑假語文訓練等則2002-2003年有418人,2003-2004年有1138人,2004-2005年有2038人(訪問中大學術交流處郭瑛琪主任,2006年3月29日上午)。今年2005-2006年,中大的秘書長梁少光先生表示,外地到中大唸書的本科生中,內地(中國大陸)有250人,外籍生100人;在全校碩士生約3000人,博士生約500人,其中碩博士生內地生佔50%以上。國際學生交流在中大每年在不斷增加,他回憶1971年參加日本"櫻花丸"航行東北亞、東南亞一個多月旅程,感觸良多,學習不少。梁秘書長提到未來中大願景,劉遵義校長希望中大生三年學習期間能有至少一次補助出國,看建築、聽音樂

---

❶ http://www.cuhk.edu.hk/cpr/pressrelease/050217c.htm, 2006/2/3查閱。

都在鼓勵範圍內（訪問梁少光秘書長，2006年3月29日下午）。

（三）重視社會資源的募集與運用

　　除了國際學術機構與基金的援助之外，來自香港「本土」的基金亦相當龐大，如邵氏基金捐1億1千多萬興建「逸夫書院」，並於2002年設立「邵逸夫獎」表彰在學術及科學研究或應用獲得突破成果對人類生活有深遠意義影響者，目前設有天文學、生命科學與醫學、數學科學三個獎，每年頒獎一次，每項獎金一百萬美元。（黎蕙華編，2006：44）召集人楊振寧說，其中天文、數學兩項可謂彌補了諾貝爾獎未能立的缺陷（張敏儀、文灼非，2003：4-9）。「逸夫書院」與「邵逸夫獎」印証了香港企業家發揮本土性的「企業捐助」與「學術生根本土」的黏滯作用，將全球人才吸納到香港，媲美西方如「哈佛」大學的建立與諾貝爾獎的光輝，是一「全球在地化」的明証。另香港名商巨賈捐贈者不計其數，如利希慎基金、何善衡基金、何添慈善基金、明裕基金、鄭裕彤基金、李兆基基金、李嘉誠基金、蔣震基金等以及來自商號的匯豐銀行、信興教育、永隆銀行發展中國文化基金等；傳媒的華僑日報、東方日報等；來自社團的香港賽馬會、工程師學會、消化系統內窺鏡學會、獅子會、扶輪社、中華基督教香港分會、寧波同鄉會、油麻地持牌小販同業聯誼總會、學海書樓等等（高美麗、楊鐘基，1993：216）。上述略舉部分捐助，從大企業家到小攤販，從宗教團體到娛樂團體（賽馬會），香港捐資興學之風可謂不分身分與職業，此風氣深值台灣借鏡與學習，何日，我們捐款之風能從「政治捐贈」與「寺廟油箱」轉移到文教團體的關注。要發展成為一優質的好大學，民間與基金會的捐助不可少，金耀基教授以美國Association of American Universities的五十間公、私立大學說道，「無一例外，依賴民間資助維護其優勢地位」，而且最能實踐基金會理想，是「讓大學擔任基金的運用機構」（金耀基，2000：86-88），亦即讓大學保有自主性，

捐助者「不當預問學校之內政」，但學校必須忠誠的拿出撰擬的計劃、嚴謹的實施、高度的透明化與完善的工作成果呈現，以取信社會大眾，回饋支持者的美意，香港中文大學在華人社會，在亞洲社群中做到了這雙贏的目標。

　　吾人在此小結中大的發展模式，基本上可謂「結合又超越」中國傳統知識分子使命與基督新教傳道士熱誠的理念與理想。六十年代李卓敏校長所擘畫的中大是一超越性、創造性、融合性兼具的「國際大學」，此時來自全球的留學生返回香港，加上諸多社會、政治事件衝擊出「香港意識」，本土企業家、國際基金也不斷湧入中大。終而使這一殖民時代的中文大學，卻摸索與創造出有香港精神的、中西文化融合的「全球在地化」與「大學－社會」的發展模式。

五、中文大學「學生為本」的教育特色及其批判性

　　1963年新亞書院、聯合書院、崇基學院結合成一聯邦制的中文大學，初期，既有大學之利，如資源之拓展和教研設備之運用，又保存小型書院之長，至第二個十年之後，學生報考重複之不便、學系與行政工作之整合出現以減少重疊等原因，至1977年中大改聯邦制為中央單一制（梁天偉、俞靄敏主編，2005：12-13，88-89），改制雖引起新亞部份董事發表聲明辭去職務，但從價值觀念之角度而言，1977年卻是中大從「中國大學」（早期創辦人情操、書院觀念與絕大部分「中國人」學生）、「英國大學」（港英政府）、「美國大學」（校長及部分教授既崇基的基督新教）轉型為根植於香港的本土文化的國際大學的重要關鍵（陸鴻基，1993：30-32）。1977年的改制另一特色是採用「學科為本」及「學生為本」之雙元教育法，前者由學院、學系負責，後者由書院負責。本章的重點即在「全球化」、「本土化」的概念下以「書

院制」、「學生社團」二內涵審視所謂以「學生為本」的中大教育特色。

（一）中文大學的書院制

中文大學成立之前，已有三個書院，新亞、崇基、聯合，二十年前又成立逸夫，目前各書院各約有學生二千五百人，一半左右可住宿，另設走讀生堂。而每一個學院、學系的教授也必須選擇一個書院作為成員，一方面與書院學生生活在一起，一方面也享有書院的不同制度與待遇。未來預計成立第五個或更多以因應宿舍之不足及2012年大學三年改四年學生之增加。而這項書院制度，目前已成為亞洲唯一的一所高等教育的辦學特色。

在中、西「高等教育」的傳統中，書院制早已有之，中國漢代管太學的謂之太常管；唐代謂之國子監，在唐朝之前，無論「書」或「院」都具官署之意味，至南宋私人講學之書院大盛。曾任教於加拿大及香港嶺南學院的江紹倫副校長，謂及書院具有「諷議朝政、裁量人物」的傳統，有著追求自由和放發創新的動力和目的，是建造一暨追求學問又改造人際關係和文明生活的教育體系（江紹倫，1994：17-22），江教授給予中國書院極高的評價。研究傳統書院制的大陸學者周銘生也說道：「從歷史發展看，書院具多種功能，書院對官學與私學，高等教育與基礎教育進行綜合與改造，形成了具有多種教育職能的教育制度，具培養統治階級人才，亦具提高民間的、文化的國民素質具有貢獻，尤其重視德育」（周銘生，1998：385-387），周先生所言書院範圍廣，包括了私塾的基礎教育，而非專注於高等教育的「書院」。

研究西方書院制的知名學者楚伯拉德認為：「書院為青年學子提供了一個可以獲得整個生命的最大可能的快速成長的情境」（Trueblood，1959），這話，說明了在培育青年教育上，書院不只提供一般性學院的專門教育，書院更在提供生命提昇的「全人教育」，扮演著重要的功能。

在中、西書院的特質與異同，余英時教授有精簡的看法，他說：「書院是中國所特有的學校，在西方找不到和他相當的制度。在教學方式上，它有點像蘇格拉底式的對話，在注意人格陶冶上，又有些近乎英國的學院制。但又都不一樣。…只有在書院普及以後，中國人「有教無類」的教育理想，才得到落實。」（余英時，1977：10-11）余先生把中國書院在教學方法與教學目標清楚地勾劃出來。

綜合上述分析，吾人可得到「書院」的教育圖像與特點應具有：1. 它不只重視知識的傳授亦重視品格的修養。2. 它不只重視學問的追求亦重視人際倫理的陶冶。3. 它不只培育卓越的治理人才，亦在培育全面的社會進步之諤士。4. 它重在多元的與典範的學習，因此規模不能太大，師生要有經常性互動與對話。簡言之，筆者認為書院是一能夠較完整貫徹以「學生為本」的教育體制。

多年來擔任中大「博文講座」的楊振寧，2006年3月10日在聯合書院演講「我的生平」，筆者參予其中，這位諾貝爾獎物理獎得主熱誠感人，信手旁引蘇軾、陳寅恪、莎士比亞、伊利特的詩詞闡述他的為學與做人的信念，其熱誠就如他所言「象牙之塔好，但世上值得做的事很多」，他以「In my beginning is my end, In my end is my beginning」作為那天演講的結語。

楊院士的科學知識世人激賞，他的國學造詣令人佩服，有如此高深的融貫自然與人文，結合中國文化與西方科學的大師，其學養最終貢獻於中大，亦在中大書院落實，是中大「全球在地化」的另一見證，如何承繼與超越，要看後起之秀的中大人了。

這種大師在書院裏的現身說法，以「爐邊夜話」、「高桌談話」方式呈現，各書院費盡心思舉辦，其他如「語文工作坊」、「學長計畫」、「服務成長計畫」、「假期各種團隊」、「獎學金」、「書院各種社團活動」等等從康樂性、服務性、技術性各類活動，讓學生除了在學系學術的教導外，其他各種活動都由書院來完成，這種分工式的「全人」養成教育，深具社會責任的意涵。

　　中大的目標一直在變化與轉進之中。例如2006年2月初發表的十年策略計劃中，透露去年十二月進行國外考察的新書院籌備訊息與報告，又引起學生多方質疑，劉遵義校長亦回應說：目前中大各書院各約有2500人，未來大學3年改4年，人數還會增加，因此中大倡辦第五個書院，「真正的全人教育與德育，要大家比較親密的接觸才可以發揮作用」（劉遵義，2006：D8），劉校長這番話一者點出中大的前瞻性，一者也承認中大目前在「教育全人」上尚且不足。

　　據該份報告指出中、外不同書院制如下：

表一　英、美院校與中文大學關於書院制的比較：

	書院特色	克萊爾蒙特／穆德	普林斯頓／耶魯	劍橋／牛津	香港中文大學
1.	規模	700-1000人	350-600人	一般300-600人	約2,500人
2.	入住宿舍	差不多100％	差不多100％	差不多100％	約48％
3.	院長在書院居住	否	是	是	否
4.	書院與大學的關係	財政獨立及自主	大學支持	財政獨立及自主	大學支持
5.	管理模式	自設校董會	由大學管理	自治，不設校董	自設校董會
6.	捐贈基金	1.8億至3.36億美元	基本上無	差異甚大，高達5億英鎊	略有差異
7.	書院費	有	有	有	無
8.	教學	全面教學，如一所大學	甚少教學	書院導修課為大學教學的主要部份	書院通識教育課
9.	書院膳食安排	書院膳食計畫	書院膳食計畫	書院聚餐	可選擇飯堂

10.	康樂設施	有	有	有	有
11.	體育設施	書院自設或共用	大學設施	書院自設或共用	書院自設及大學
12.	收生	書院錄取	大學錄取後隨機分派與各書院	書院錄取	大學錄取後按志願分配予各書院
13.	書院學生內的研究生	無	無	所佔比例頗大	基本上無

資料來源：中大學生報，2006，《新書院號外》，頁1。

　　學生們質疑校方匆促報告書，缺乏學生意見參予，再者書院制度與文化需要培養，而近年校方卻有逐漸「中央集權化」現象，書院的人文關懷「生命的學問」、「獨立治權」亦在弱化當中，這些危機，同學們質疑學校將把學生帶到哪裡去（林子斌，2006：3；既訪問林子斌2006年4月8日上午）？從新書院籌設一事，可知中大全球化步伐很快，但對傳統的、本土的文化與關懷有相對逐漸弱化、匱乏與不足之感。為溝通校內各層級與校友意見，校方當局先後召開18場次各種會議，也募集到不少款項，並為新書院命名「晨興書院」與「善衡書院」。❷現代化的表徵之一，就是機構的分殊化，「現代大學作為一整全的功能不易，『全人教育』很難，只能由老師各職其司，大學在退位中。」（訪問陳方正教授，2006年3月31日上午），學術的分工，校園的自由化，大學「全人教育」的功能的確不易發揮，儘管跨學科的、以學生為本位的非形式教育如此豐富，但中大的書院制與通識教育只能是補救、補全的制度而已。

---

❷ www.cuhk.edu.hk/colleges/index.html；www.cuhk.edu.hk/colleges/vcletter060523c.htm,2006/5/3查閱。

（二）學生事務的本質 —— 以中大學生報為例的分析

學生事務與活動的多元化，是校園活力的展現，亦是校園文化傳承的見證。其中「學生報」與「學運」更是觀察學生事務的有力指標，在了解2005年香港世貿會議期間，中大學生報的反應之前，有必要先瞭解60年代中至90年代香港學運之一般。中文大學的學生運動一向蓬勃發展，例如，1962年參與救助大陸難民運動、1966年的反對天星小輪加價運動、1968年推動中文列為官方語言運動、1971年參與釣魚台運動、1989年參與「六四」天安門運動等等，在這些運動中學生表現的「關懷、」、「參與」、「理性」的精神，校方以「法治」、「寬容」的精神展現自由、民主的校風。

1972年1月中大學生報訪問當時任聯合書院院長的鄭棟材教授，學生問及中文大學是本於愛中國而設的一間大學，那麼釣魚台事件是牽涉到中國領土的問題，關心中國的人是不能旁觀的….校長（院長）在這裡「提供」了兩種生活態度：一種只求個人的樂土，只想在安定和平中過日子。一種則可以選擇做一點為中國的工作。那麼你以為中文大學學生可以在這兩種生活中選擇嗎？鄭院長答覆說：「我以為不只中大學生，甚且是所有香港人。中大學生當然可以選擇其中一種生活，這是私人的態度。而我最反感的是：時下有些人自己有一種生活態度，就要強迫他人也要有這種態度。我以為每個人有每個人自己的意見。可能現在有些同學是不喜歡中共，又不喜歡台灣的，我們可以有自己的一套」（香港中文大學學生會學術部，1973：27-28），學生的問題取向與鄭院長的回答，強烈的反應出「香港人」要有不同於中共與台灣的想法。雖然那是在「釣魚台運動」激昂的時刻，何嘗不也是普遍時間裡，普遍香港人的思維，或許也就是這種獨特的想法，讓香港走出繁榮，讓中文大學獨樹一格。在學生會的紀念刊物「中大十年」前言上，學生們表示：「沒將來、沒理想並不就是沒出路，中大的出路就是消滅這些殖民地的本質，進而發展符合中國需要、香港需要的

本質。…了解香港教育制度的奴化本質，中文大學的殖民本質。有了更多的認識，才能進一步為中大提出路。…同學們，讓我們為建設理想的中大而奮鬥！」（香港中文大學學生會學術部，1973：3）從學生發自心理的吶喊與呼籲，筆者體認到香港也有殖民地的無奈，也有「兩頭不著店」的祖國意識迷思，所不同的是，港人化悲憤為奮起，努力工作、認真辦學，努力建設香港成為「樂土」的精神。

　　2005年「香港會議」是WTO第六次會議，此次會議主題除推動自由貿易精神外，主要在延續與落實2001年在卡塔爾首府開議的「多哈回合」談判，內容包括：農產品貿易、服務貿易、非農產品市場的進入與發展問題，其目標是要讓貿易自由化更進一步。有鑒於以往談判，發展中國家，尤其窮國處於「不對稱」的不利之地，因此「多哈回合」在會議聯合公報上特別強調窮國的發展性和對稱性，把談判的百分之四十五利益歸於發展中國家。因而「多哈回合」又稱「多哈發展日程表」（DDA）（張力平，2005；筆鋒，2005：6）。而發展中國家在談判上最脆弱的神經綫，即是農業談判，弔詭的是，農業又是發展中國家貿易上優勢產品，或國內生產人口較多的一環，因此農產品貿易也就成為「香港會議」的一大關鍵主題。

（三）中大學生報對WHO會議的批判

　　「香港會議」期間，媒體上大體呈現經貿、法律等「專業性」的知識，支持「世貿」精神的正確性與必要性，對於第三世界或發展中國家內部的農民等弱勢團體，寄予相當重視的則是「通識性」教育的團體與人士，不禁令人重新省思「專業性」與「通識性」在教育上的悖論，以及此二大教育取向應多加溝通、交流與互攝互取。中大學生報特別以「通識教育」中流露的人文、公平、正義與暴力等題材反思「世貿」精神，特別發人醒思。透過中大學生報的報導，讓吾人更了解中大人並沒有淹沒在全球化、商業化的浪潮，其精神在在反映知識人的

人飢己飢的社會責任與大學的世界關懷。由於「弱勢者」掌握知識與權力本來就遠遠不及優勢者與霸權者。因此諸如香港樂施會、民間監督世貿聯盟、2005-2006級的中文大學學生會以及到香港示威的韓農等社運人士的聲音，特別值得片面重視與倡行「現代化」、「全球化」者，多加關注人類的生命價值何在，畢竟地球不是商品，高等教育亦不是商品，中大學生報對貿易全球化的反思，給予商品熱，市場萬能之主流價值論者，提供了一劑強烈的人文關懷的清醒劑。

　　本節以中文大學學生報所呈現的二期專題、五期快報以及網站裡的內容反思中大人對 WTO 及「香港會議」的另類看法。

　　在進行撰寫此章節時，筆者收集、閱讀上述報刊，第一個問題反應是，中大學生對世貿的關懷如此深刻，他們的資訊從何而來？香港「學聯社運資源中心」（www.smrc8a.org/）及其組織，在2005年暑期放映的"第三世界"被資本主義宰制的第三屆社運電影節；及由36個國內外民間團體組成的「民間監察世貿聯盟」，❸中大學生會是唯一的香港高校成員，以及「全球化監察」（www.globalmon.org.hk/）等機構或網站是其接收資訊的重要窗口。當然筆者認為中大的通識教育給予中大學生正確、完整的全球化資訊與人道的普世價值，不無關聯。

　　在中大學生報「世貿專號一」（2005年11月初發行）當中以「世貿帶來商機也帶來貧窮」為主題，介紹中、外歷史上幾世紀以來「全球化」的發展，使人類在政、經、文教上互動更多，依存更大。但「全球化」不必然帶來「戰爭」與「殖民」。（第一、二版）換言之，中大學生把「全球化」當一中性詞理解，並沒有一開始就反全球化。在專號 一上，中大學生深入介紹「世貿與全球化」的意旨與歷史，明顯指出，這一組織是「權力不平衡、不公開、偏頗這些世貿建制的結構性問題」（第3版）。中大學生批判世貿不公，絕非無的放矢，的確，

---

❸ www.hkpaowto.org.hk/wordpress, 2006/3/3查閱。

WTO在其歷史的組織協定上，很少以會員投票方式解決，而常以「綠室會議」（Green Room Meeting）亦即由少數主要成員（往往是G-8高峰成員）以及部分代表性的成員　與作決策。（Blackhust and Hartridge，2004（3）：705-716）就是一個結構性不公平的機制，許多不公平的「保護主義」、「補貼政策」往往形成於此。在「論經濟全球化與新自由主義的關係」，以及「虛假的神聖─香港與自由市場」兩文，學生們提出從李嘉圖（D. Ricardo）的「相對優勢理論」（theory of comparative advantage）發展出的新自由主義在全球貿易的理論基石，此並非是一萬能膏藥，學生並評論香港學者張五常、雷鼎鳴的「私有制」及「自由市場」論也並非是地區經濟發展的全然，文中指出，南韓、台灣、新加坡的經驗，都有政府介入市場的痕跡。（第4-8版）在這一期中，同學們指出了自由貿易另一嚴重的問題是「權力的傾斜」，向大國、大企業乃至由霸權政治壟斷的明顯現象。也由於如是理解，中大學生在2005年12月11日「反世貿街頭出版」第一期中明顯的以「我們的世界不是出售的」、「推倒世貿，刻不容緩」為主題，「要求世貿終止所有協議討論」（No WTO Discussion and Agreement）「反對富國主義的不民主議會」（No Undemocratic, Powers Dictation WTO Conference），「反對地球資源、公共服務私有化」（No More Privatization on Globe's Resource & Public Service）等口號，表達學生們以跨國界、跨文化角度，追求公平、正義的人道主義情懷。

　　在2005年12月12日出版的街頭學生報第2期中及14日出版的第3期，以及2006年1月出版的中大學生報「世貿專號二」明顯地對於會議前夕及過程中，港媒「抹黑千里迢迢的抗爭者」，如《東方日報》：「怒火焚城，鐵腕鎮暴」，《蘋果日報》：「反世貿大軍殺到」，以及警察以「胡椒噴霧」、「火炮」、「鎮暴車」驅趕示威者，學生們一方面認為選擇性的文字與影像生產者的媒體歪曲欺凌弱者，警察尤其是（背後權力者）鎮壓弱者才是暴力所在。在「專號二」特刊中，學生們以「一名同學在電視機前的經驗」、「12月17日我是示威者」、「『暴動』？我

在灣仔的一天」，親身體驗的事實，反駁「媒體」與「警察」對「示威者」不公平報導與對待。据中大學生與這些韓農「暴民」接觸的實際體驗，他們說道，所謂「暴力示威」是「放火燒車」、「擲石攻擊商店」、「搶掠」、「暴力對付警察」等破壞社會秩序？而「肢體衝突」是指示威者有「明確訴求」將「群眾的政策訴求放在示威的議程上」、「通過傳媒引起報導與討論」此時「肢體衝突成為群眾運動的『劇場演出』」，學生們認為韓農「有組織、有毅力、有風度」，每次衝突，「韓農都會把香港人和傳媒拉開，以免他們受傷」，這種人也能稱為「暴徒」嗎？❹在中大學生的認知中，他們是否定了港媒的污名化，韓農頂多是「肢體衝突」的示威者，絕非「暴徒」。也因此，學生們在「香港會議」後，會聲援要求港府釋放「被拘捕乃至起訴者」。總之，中文大學學生在「全球化」中不缺席，卻又不迷思於全球化，關懷弱勢，展現不盲目追尋「在地」的全球化商業精神。

　　中大學生再次印證學者李歐梵對港媒的觀察與評論，李教授說，港媒以流通技術和效率至上，內容深度和幅度較其他地區遜色，且把「公共性」（publicness）置諸度外，只有「公關」（publicity）和廣告，並以此作弄（manipulate）公眾賺錢（李歐梵，2002：90-94）。商業取向濃厚，用字譴詞聳動一向是香港媒體「語不驚人誓不休」的特點。講時效，另一特點就是短、淺、小，無法申論大議題的是非價值。2006年二月中旬，筆者在一場學術研討會上也問及城市大學教授亦是港府行政會議成員張炳良教授，「香港在全球化中如何看待自由與平等，如何給香港價值再定位」，張教授的回應指出，「香港雖然自由度全球最高，但港人、港媒關切外在事物、亞洲、全球事務太少，媒體議題太過本地化，此點遠不如新加坡」（張炳良，2006）。中大學生透過「香港會議」中的韓農示威事件，嚴肅地指陳，世貿的貿易不

---

❹ www.custudent-no-wto.blogspot.com,2006/2/23 查閱。

公，也針貶了香港主流媒體的長期病症與港府片面強調自由貿易精神
的可能偏失。

六、結語

　　隨著WTO體制與談判的進展，大學亦被視為是服務性的貿易產
業之一，加上大學是使用資訊科技的前沿，以及全球政治集團對壘的
解除，大學全球化議題與全面性交流層面將愈來愈廣。全球化趨勢牽
動著大學治理模式與交流活動的改變，在愈是資本化、全球化的地區，
「大學-公司」的治理模式將愈趨興盛，大學的治理以效率取向為尚，
故然此舉可將大學資金有效運用，但大學被視為是貿易產品之一種，
極容易喪失教育的使命，而淪為絕對性的功利主義取向。因此「大學-
社會」模式將更可取，換言之，大學在追求效率之餘，更應重視「市
場與產品」價值之外的教育使命與文化意義，畢竟大學應扮演未來社
會的南針，為個人的安身立命與社會的正義、人類的權益與福祉的推
進器。大學一方面要廣結社會資源，如國內、外捐款的募集，但自主
權在大學。一方面跨校、跨地區甚至跨國際的合作都是全球化的重要
趨勢，誠如十九世紀偉大教育家紐曼所言，「教育是一高尚的語詞，
它是為知識而準備」，做為高等教育的大學，更是一為「普世的」知識
之傳授而存在的地方（Newman, ed by Yardley, 1955. xxiii・xix）。

　　香港中文大學成立之前已有新亞、崇基與聯合三書院，這三書院
雖先天物質條件差，但「學校小、氣象大」，並且是以文化上孤臣孽
子與傳道者強烈的使命感辦學，加上以中、西傳統優良文化，如儒家
與基督新教之傳統做超越性與融合性的價值取向，因此中大成立前
後，其中、西融合與超越的學風已立，亦可說在「本土」與「全球」
之間，早已兼顧並尋求超越而形成「全球在地化」。

　　再者從港英政府時代到九七以後，香港政府對中大可說一直是在

漸進性的自由主義與行政吸納之獨特作法下，使得大學擁有相當自主
權。推動已四十年的獨立性頗強的大學資助委員會（UGC）扮演學術
研究、教學的評鑑與經費審核，鼓勵八所大學發展學校特色之做法，
甚值台灣參考。由於UGC的獨立專業運作，使香港政府在大學治理
上扮演有限的角色，香港中文大學在向政府爭取經費的同時，又能堅
持自己的特色「結合傳統與現代融會中國與西方」與學術自主工作。
經由本文分析，無論在中文學術領導群、學門類別、學術交流、師生
交流、社會資源的爭取上、學生為本的書院制與學生活動的人道與正
義的關懷等面向，中大的治理模式排除政府化、商業化而傾向於「大
學--社會」的治理模式。此特色不同於資本主義之風強盛地區「大學
─公司」治理模式，也迥異於政治意識對壘時代的兩岸「大學─政府」
治理模式。中文大學的治理模式可說在「權力集中」與「權力下放」
之間，走出成果彰顯的第三條道路來。去年香港政府另以十億做為
Matching Fund補助款，讓各校在募款上競爭，而政府相對地補助亦可
帶動香港慈善人士對大學的資助。凡此，都值得台灣借鏡，使台灣的
捐款文化能從政治獻金與寺廟油箱、龍柱文化走入文教殿堂與弱勢環
保團體。

　　中大的「學生本位」的書院制與學生活動，又是異於當前兩岸大
學校園的一大特色，書院的「導師制」、「舍監制」以及師生間頻繁的
演講、座談、對話與活動，更讓教師在教學、研究之餘，多一項「人師」
的人格薰陶教育，書院有自己開設3-6學分的通識課程，這類制度與
活動已成中大特有的學風。在台灣各大學中如何增加「全人教育」，
以學生為本位的教育，加強老師、校友與學生的互動，中大例子值得
台灣做創造性轉化與學習。

　　中大的學生事務，建基於自由的精神與批判的傳統。重大校政議
題，校職員生「參與式」的模式－如公聽會亦是其特色，對社會主流
聲音進行反思更彰顯中大學生建基於學術基礎的獨立思考。其中「老
鬼－學長」的輔導，校友的意見都呈現了開放與多元的校園文化。在

情、理、法上,學生亦自有分寸,所謂批判他人亦批判自己,校園內不同意學生會、學生報之立場者亦自由表揚,所在都是。現任校長劉遵義說,辦學像「茶餐廳」,學生是顧客,只需給意見,不必參與決策,學校的立場希望學生如同滿意的顧客(satisfied customer)離校(中大學生報,2005:7)。換言之,充分聽取學生意見,校政決策權則在學校各級組織與會議上,這是學生為「本」與為「主」之分際。大體上,台灣校園學生事務的自主性亦很強,所不同的是,中大學生報每年有三分之一的學生會費及堅強、熱心的編、採同學二十四小時駐守服務,其批判性、監督性高於台灣。

　　一百多年英國殖民統治,基本上香港是一菁英主義治理的社會,加上「一國兩制」的試驗階段,因此香港是一有法制但缺乏民主的社會,其中衍生的港人認同、再定位的問題,凡此亦是中大的情結,難以與正常國家視之。此不同於台灣的過度普及式大學與泛民主化的社會決策與大學決策模式。如何取他人之長、補己之短,中大的立足香港,認真務實的「結合傳統與現代,融合中國與西方」以至將知識與學術人才黏滯在香港的「全球在地化」現象,其「大學--社會」治理模式甚值吾人反思與借鏡。

參考書目

一、中文書目

大學教育改革促進會編(1993)。台灣高等教育白皮書。台北:時報文化。

中大學生報(2005)。〈六任校長〉。《2005迎新特刊》。香港:中大學生會。

中大學生報(2005-2006)。〈世貿專號一～二;世貿快報一～五〉。香港:中大學生會。

中大學生報(2006/4)。〈新書院號外〉。香港:中大學生會。

中國國家教育發展研究中心編著（2005）。2005年中國教育綠皮書 ——
　　中國教育政策年度分析報告。北京：教育科學出版社。

王建元（1993）。〈海外學術聯繫與國際教育交流〉，吳倫霓霞編：《邁
　　進中的大學 —— 香港中文大學三十年》。香港：中文大學出版社。

江紹倫（1994）。大學為何。香港：嶺南學院。

行政院教育改革審議委員會（1996）。教育改革總諮議報告書。

余英時（1977）。〈大學與中國的現代化——一個歷史工作者的看法〉，
　　《中文大學校刊》，冬，10-12。

余英時（2001）。〈新亞精神與中國文化〉，《香港中文大學新亞書院金
　　禧紀念活動特刊》，新亞書院院務室，49-55。

李卓敏（1977）。〈香港中文大學的特色與抱負〉，《中文大學校刊》，
　　冬，13-14。

李卓敏（1983）。〈中大20周年校慶題詞〉，《中文大學校刊》，4，3-5。

李南衡（2004）。〈世界最古老的大學〉，《歷史月刊》，197，146-147。

李歐梵（2002）。尋回香港文化。香港：牛津大學出版社。

李曉康（2002）。〈管理主義、市場化與大學評鑑〉，戴曉霞、莫家豪、
　　謝安邦主編《高等教育市場化——臺、港、中趨勢之比較》，台北：
　　高等教育出版，155—180。

沈宣仁（1995）。〈失落、回歸、開拓〉，沈宣仁編《大學教育與大學
　　生》，1963年友聯出版社出版，1995年崇基書院通識教育辦公室
　　重印，315-320。

周銘生（1998）。〈書院研究的新思路〉，未漢民、李弘祺主編：《中國
　　書院》第二輯，長沙：湖南教育出版社。

明報（2005年12月19日），A16版。

林子斌（2006）。〈淺評建院方略〉，中大學生報《新書院號外》，2006
　　年2月28日。

金耀基（2000）。大學之理念。香港：牛津大學出版社。

香港大學（2003）。香港大學2003~2008發展策略。香港大學校長辦公

　　室策略研究組。

香港中文大學策略計劃，2006年2月。

香港中文大學資訊處（2005）。香港中文大學概況2005-2006。

香港中文大學學生會學術部（1973）。中大十年。

香港科技大學（2005）。2004-2005年報。香港科技大學大學發展與公
　　共事務處。

香港科技大學（2005）。2005~2020策略發展計劃。香港科技大學。

香港研究資助局（2005）。《2004年報》

香港高等教育（1996）。《香港高等教育資助委員會1996年報告》。

香港《信報財經月刊》（2003）。〈香港報導高校優勢評比〉專題，10，
　　16-56。

容啟東（2001）。〈崇基的任務〉，鄧仕樑主編《崇德日新五十年》，香
　　港：中文大學崇基學院，23-29。

高美慶、楊鍾基（1993）。〈得道多助－中大的贊助者〉，吳倫霓霞編，
　　《邁進中的大學—香港中文大學三十年》，207-223。

　國家教委直屬高校工作辦公室編（1996）。邁向21世紀的中國高
　　校 ── 國家教委直屬高校"211工程"建設規劃彙編。北京：北京
　　師範大學出版。

張力平（2005）。〈主辦WTO部長級會議有利保障香港貿易利益〉，《紫
　　荊》，182，20-21。

張巨成（2002）。〈WTO推進中國高等教育建構新型發展模式〉，吳松、
　　沈紫金主編，《WTO與中國高等教育發展》，北京：北京理工大
　　學出版社，109-158。

張炳良（2006）。〈全球化的「一體化」論述與制度差異的現象〉，香港
　　中文大學崇基學院主辦：《2005至2006年度周年教育研討會－當
　　代文化衝突與相容》，2006年2月11日崇基學院謝昭杰室。

張敏儀、文灼非（2003）。〈彌補諾貝爾獎的缺陷—楊振寧教授談邵逸
　　夫獎〉，《信報財經月刊》，10，4—9。

梁天偉、俞靄敏主編（2005）。我們都是這樣長大的，香港中文大學
　　校友事務處。

訪問林子斌同學，2006年4月8日上午。

訪問金耀基前校長，2006年3月29日中午。

訪問胡秀英教授，2006年3月21日上午。

訪問梁元生院長，2006年2月14日下午

訪問梁少光秘書長，2006年3月29日下午。

訪問郭瑛琪主任，2006年3月29日上午。

訪問陳方正教授，2006年3月31日上午。

訪問黃乃正院長，2006年3月16日上午。

陳方正（2000）。〈大刀闊斧的開創者 ── 李卓敏教授側影〉，陳方正
　　主編，《與中大一起成長：香港中文大學與中國文化研究所圖史》，
　　1949-1997，香港中文大學中國文化研究所出版。

陸鴻基（1986）。〈香港專上教育財政制度的一點特色──大學及理工
　　教育資助委員會〉，廣州中山大學《高等教育研究》，2，66-72。

陸鴻基（1993）。〈新社會、新知識、新大學：中大成長面面觀〉，王
　　吳倫霓霞編，前揭書，27-55。

陸鴻基（1995）。〈香港歷史與香港文化〉，冼玉儀編，《香港文化與社
　　會》，香港：香港大學亞洲研究中心，64-79。

教育部（2001）。大學教育政策白皮書。臺北：教育部。

教育統籌委員會（2000）。教育制度的檢討：改革方案，香港：政府
　　印務局。

程介明（1997）。〈教育的回顧〉，王賡武主編《香港史新編》下冊，香
　　港：三聯。

筆鋒（2005）。〈香港世貿會議的關鍵力量〉，香港：亞洲週刊，2005
　　年12月25日，頁6-7。

黃俊傑（2002）。大學通識教育探索 ── 中國台灣經驗與啟示。廣州：
　　中山大學出版社。

新亞生活月刊。33（7），2006年3月15日。

新亞書院院務室編（2001）。香港中文大學新亞金禧特刊。

新亞書院編（2004）Memoris:New Asia / Yale-China－the First 50 Years.

楊振寧（2006/3/12）演講〈我的生平〉，聯合書院。

鄔大光（2004）。〈私立高等教育與資本市場的聯姻──國際經驗與中國的道路選擇〉，潘懋元主編《傳承與變革－中華高等教育改革國際學術研討會論文集》，廈門：廈門大學出版社，157-163。

劉遵義（2006）。〈不唸書就去創業，可以嗎？〉，江素惠訪談劉遵義，香港《明報》，2006年3月25日副刊D 8。

黎蕙華（2006）。逸夫書院二十週年院慶特刊。香港：中文大學逸夫書院。

錢穆（2004）。新亞遺鐸。北京：三聯書店。

戴曉霞（2002）。〈全球化及國家/市場關係之轉變：高等教育市場化之脈絡分析〉，戴曉霞、莫家豪、謝安邦主編《高等教育市場化──臺、港、中趨勢之比較》，台北：高等教育出版，頁3─39。

Eisenstadt（艾森斯塔特）（2000）。〈邁向二十一世紀的軸心〉，《二十一世紀》，57，香港中文大學中國文化研究所，4-19。

Ellwood, Wayne著，王柏鴻譯（2002）。全球化反思，台北：書林。

二、英文書目

Altbach,P.G.（2002）"Perspectives on Internationalizing Higher Education" International Higher Education,（27）,Spring.

Arnason, J.P. & S.N. Eisenstadt（ed）（2005）Axial Civilizations and World History, Boston: Brill.

Bauman, Z.（1998）.Work, Consumerism and the New Poor. Buckingham：Open University Press.

Berger, P. L.（1988）An East Asian Development Model? In P. Berger andHsin-Huang Hsiao（Eds），In Search of An East Asian Development Model. New Brunswick: Transaction Inc. PP. 3-11.

Blackhurst, R. and D. Hartridge（ 2004 ）"Improving the Capacity of WTO Institutions to Fulfill Their Mandate", Journal of International Economic Law,（ July ）.705-716.

Fukuyama, F.（ 1992 ）The End of History and the Last Man, New York：Free Press.

Giddens, A.（ 1990 ）The Consequences of Modernity. Cambridge：Polity Press.

Harvey,D.（ 1989 ）The Condition of Post-modernity: An Enquiry into the Origins of Cultural Change. Oxford:Blackwell.

Jaspers, K.（ 1971 ）The Origin and Goal of History, 台北：虹橋書局。

Markusen, A.（ 1996 ）"Sticky places in Slippery Space：A Typology of Industrial Districts." Economic Geography.72（ 3 ）294-296.

Newman, J. H.（ 1996 ）In Yardley（ ed ）,The Idea of A University, Cambridge: Cambridge University

OECD（ 2002 ）Education Policy Analysis: The Growth of Cross-Border Education. Paris: OECD,89-133.

Pierre Jon and B. G. Peters（ 2000 ）Governance, Politics and the State, New York: St. Martin's Press

Rippa, S.（ 1984 ）Education in A free Society: An American History, Longman.

Robertson, R.（ 1995 ）"glocalization：Time-Space and Homogeneity &Heterogeneity", in Featherstone, M.,Lash, S.and Robertson R.（ eds ）Global Modernities , London：Sage Publications, 25-44.

Rudolph, F.（ 1962 ）The American College and University: A History, New York: Vintage Books,

Therhorn, G.（ 1995 ）Routes to/through Modernity, in Featherstone, In M.

Lash S. and Robertson R.（ed）Global Modernities. London：Sage Publications.：

Trueblood, E.（1959）The Idea of a college, New York：Harper.

Williamson, J.（1990）"What Washington Means by Policy Reform", in Williamson edited, Latin American Adjustment: How Much Has Happened? Washington, D.C.: Institute for International Economics.

World Bank（1994）Higher Education: The Lessons Of Experience. Washington, D.C.:The World Bank

http://www.cuhk.edu.hk/cpr/pressrelease/050217c.htm, 2006/2/3查閱

www.custudent-no-wto.blogspot.com,2006/2/23查閱。

www.globalmon.org.hk, 2006/3/3查閱

www.hkpaowto.org.hk/wordpress, 2006/3/3查閱。

www.hkpaowto.org.hk/wordpress/?page_id=10，2006/3/3查閱

www.smrc8a.org, 2006/3/23查閱

www.ugc.ed.hk/big5/ugc/about/overview/mission.htm, 2006/2/3查閱

www.cuhk.edu.hk/colleges/index.htm, 2006/5/3查閱。

www.cuhk.edu.hk/colleges/vcletter060523c.htm,2006/5/3查閱。

2006年1-5月，感謝United Board for Christian Higher Education In Asia的支助，筆者任香港中文大學任訪問學者，期間得到香港中文大學金耀基校長、亞太研究所等單位及多位學術界先進的熱情指導，特此申謝。本文初稿曾在台灣師範大學公領系主辦，2006年台灣「高等教育與學生事務」國際學術研討會發表，會議蒙劉阿榮院長多所評論，論文集出版又蒙匿名審查者惠賜卓見，已做必要的修改，一併致謝，2019年又修。

從「文化抉擇」看後冷戰新時代
東亞的歸趨

一、前言：近百多年東亞發展的思維

　　英國歷史學家湯恩比（Arnold Joseph Toynbee，1889-1975）前後花了27年的時間完成了12卷的《歷史研究》，湯氏曾於一九二九年、一九六七年二度到中國訪問。他反對國家至上的觀念，主張文明才是歷史的單位，他力言文明得以崛起的原因，在於包含精英領袖的少數創造者的領導下成功地應對了環境的挑戰。他認為一個文明體系會面臨起源、生長、衰落和解體的四個階段，文明體系能否生生不息或者慘遭滅頂，他檢討人類6000年文明史上的26個文明體系，歸納出「挑戰與回應」模式（challenge vs. response，亦即C-R模式），簡言之，當一個文明實體面臨挑戰，而無法作出適度的回應，這個文明將面臨解體甚至死亡。❶具體地說，任一文明體系面臨自然環境（包括困難環境和新環境）的刺激以及人為環境的挑戰（包括打擊的刺激、壓力的

---

❶ Arnold J. Toynbee 著，陳曉林譯，《歷史研究》（上），臺北：桂冠圖書公司，1978，
頁 195-229。

刺激和懲罰的刺激）總括起來可稱為環境的挑戰。此諸多外在自然與人為的環境挑戰而無法做出適切回應的時候，此文明體系將面臨解體。十九世紀的歐、美列強，以經濟、外交與軍事力量對外侵略，此時期的歐洲思想，充斥著資本主義擴張與生物學家達爾文「優勝劣敗、適者生存」的生存哲學的影響。西方列強對東亞的擴張與侵略的行為，對19-20世紀的東亞而言，是一個文明發展模式挑戰與回應的時代。

19世紀中葉以降，東方國家要力求一分的現代化就要捨去一分的傳統文明，要充分的現代化，就要完全的捨去傳統東方的文明。日本1853年的黑船事件也帶來了幕府時代的輓歌，以及明治時代的「文明開化」、「產殖興國」等重大變革。這當中無論是中國的「中學為體、西學為用」或者是日本的「脫亞入歐」、「和魂洋才」都呈現出對東亞價值的疑慮與遺棄。「全盤西化」似乎是20世紀中葉以前多數的東亞思想家與政治人物思索國家發展之道的共同語言。哈佛大學的貝爾（D.Bell，1989）在《後工業社會的來臨》一書中預言，在發展中國家的前景中，將有一個標準化的公式：亦即「工業化、現代化、西方化」。換言之，1970年代中期第一類型「現代化」理論風行時期，學術上普遍認為近代西方文明之所以一日千里，主因在於「基督新教」與「啟蒙運動」之後所呈現的個人主義、自由主義的精神所起的作用，而這中間的價值因素，正是東方儒、釋、道文化所普遍不同的所在。

二、東亞傳統價值的再思考

（一）東亞共同文化基因激發經濟快速發展

哈佛大學經濟學家 Perkins 指出：文化因素、價值觀和態度對東亞經濟奇蹟的成長其重要性超過其他單一變項，如政策、世界經濟

環境等❷。其中有關「個體主義」（Indivdualism）優先還是「群體主義」（collectivism）至上，一直是東、西思想史上的一大課題，兩種學說以及因而形成政治體制後；衍生的主流價值經常交疊輪替（alternative）在進人類文明史上。經濟原理如此，政法思想也不例外。而回顧西方至啟蒙運動與工業革命影響下的經濟發展路線，基本上與西方宗教倫理及個人主義下的競爭模式有選擇性、親近性的關係。在近代日本發展歷程中，有論者以為，日本現代化的成功是從「和魂漢才」轉到「和魂洋才」。但力唱《論語與算盤》的明治維新大實業家澀澤榮一（1840-1931）則反覆闡釋，以論語為商業上的聖經，一邊研究論語、一邊從事工商，他認為「算盤要靠論語來撥動」，進而提出「『士魂商才』——（儒魂商才）的奧義」。❸當日本以「脫亞入歐」所學習的西方霸道文化，所帶來的結果幾乎導致日本在2次世界大戰中國家衰敗、經濟破產與人民死傷慘重的嚴重教訓。此後日本再次回歸東方和平與合作的王道文化上。

　　二次世界大戰結束至今已逾70年，先後有日本，以及東亞4小龍——南韓、台灣、香港、新加坡的經濟快速發展，被譽為是繼西方歐美基督文明對資本主義發展的成功類型之外，儒家文明或東亞文明也開展了第2類型的現代性或資本主義。就其因這當中泛儒家文明的勤勞、重視家庭倫理與企業倫理等觀念絕然不同於西方個人主義的經濟發展模式。如傅高義（E. Vogel）的『日本第一』中所申論之勤奮、富耐心、律己嚴格等文化特質，是日本企業凌駕歐美的要素，值得美國警惕與借鏡。❹這是1980年美國學界的主流聲音與看法。

---

❷ Harrison，Lawrence E.著，黃葳葳譯，《強國之路——文化因素對政治、經濟的影響》，台北：正中，1994，頁124-125。
❸ 澀澤榮一著，王中江譯，《人生十論——「論語」中的處世之道》，上海：華東師範大學出版社，2012，頁1-7。
❹ Vogel，Ezra著，吳逸人譯，《日本第一》，臺北：金陵圖書，1981。

　　1980年代中國大陸改革開放之後，以中國式社會主義融合了中國
傳統文明的基因，同樣帶來突飛猛進的經濟發展成果，在30年左右的
時間其經濟總產值已超越歐盟與日本，跳昇為世界第2大經濟體。吾
人認為經濟發展需要正向的文化基因作為動力，東亞地區勞資和諧才
能開展長久的經濟發展則為簡單的道理。東亞結束20世紀上半葉戰
爭蹂躪與國族動亂，各國進入和平的大環境與勞資合作的企業文化，
加上東亞民族勤勞節儉的優質傳統文化，因此創造了日本與東亞4小
龍的經濟榮景，隨後中國大陸在鄧小平改革開放的宏觀理念領導下，
也開啟了世紀以來未有的繁榮景象，究其實可歸結到東亞的「和的文
化」，也可謂是經濟上「和氣生財」、「以德服人」的王道文化。

　　1998年諾貝爾經濟獎得主沈恩（Amartya Sen），其研究領域在
於發展經濟學、福利經濟學與政治經濟學等方面，他關懷亞太國家
經濟發展如何避免西方不良的覆轍，又能擷取西方自由經濟理論之
長，從而建構一超越GNP、強調效率與技術進步及財富累積的經濟
發展而忽略人類福祉的公平、正義與自由的學說。Sen提出效益主義
（utilitarianism）作為一種道德中的福利主義，一個人的成就，不只為
個人自利，也為家族、鄉里、社群（community），具福利的相合性
（congruence）與對他人的尊重。❺在團體中求效益，其實就具有東亞
「和」文化的精神。

　　以儒家文明為核心的中日韓三國，其文化有共同性更有創新性，
文化的優美早為國際學術所關注，美國加州柏克萊大學著名的東亞問
題學者斯卡拉皮諾曾說，"東亞地區像一塊絢麗多彩又令人迷惑的馬
賽克；世界上很少有別的地區能比這一地區更鮮明地說明在千差萬別
之中求得一致所會遇到的各種問題。各個種族的代表性的特點、文化
類型、經濟制度和政治制度的紛繁雜陳，其種類之多、範圍之廣，幾

---

❺ Sen Amartya，On Ethics & Economics，U.K.：Basil Blackwell，1987，pp. 15.39.44-45.

乎囊括人類所見識過的全部類型。"❻ 具有洞見的社會科學家將東亞地區文化之美的優越性描寫得淋漓盡致，1960 年代末期這位學者也是建議美國在聯合國推動兩個中國的重要推手。

（二）自由與強權仍然在東亞政治中擺盪

1. 新冷戰對峙下日本修改和平憲法的擺盪

日本二次大戰後，日本在盟軍統帥麥克阿瑟將軍結合日本弊原喜重郎、吉田茂等推出 1946 年的日本憲法，其中第 9 條日本永久放棄戰爭與不保持陸海空軍及其他戰爭力量的所謂「和平憲法」。麥克阿瑟所主導的日本國憲法，1950 年麥克阿瑟在洛杉磯的一個宴會中被追問道，當前戰爭代表主權，他何以建構放棄戰爭的日本國和平憲法？麥克阿瑟回答到，或許此刻大家認為他是夢想家，但他希望各國之間都能走向和平，一百年後的人民會認為他是一個預言家。

和平憲章，其概念淵源可追溯至 27 個世紀以前的猶太預言家，以賽亞書中的第二章第二節「刀劍回爐化作鋤，矛槍回爐鑄成鐮」的義涵。戰後美國不以戰勝國的方式對待日本，在「和解與信賴」的精神與原則下，日本才能夠開啟了 1951 年的「舊金山合約」以及「中（臺灣）日合約」。在不虞國防軍事預算的壓力下，日本以和平進程的方式努力創造奇蹟的經濟發展，最終走向世界舞臺。❼ 東北亞也分別在美國與日本美國與南韓簽訂「安保條約」，台海兩岸也在「中美共同防禦條約」與第七艦隊入防東亞所造成的冷和平下的發展路徑。

日本的修憲一直是現在安倍政府政治上的時程表，它不僅會引起東亞的關注強烈關注，值得民眾日本民眾也持正反兩方意見。2014 年

---

❻ 轉引自賀鑒、陳楷，〈論構建東亞共同體的可行性——基于建構主義路徑的分析〉，《中國海洋大學學報社會科學版》，2016 年第 6 期，頁 74。

❼ 吉田茂著，張行深譯，《一百年來日本》，臺北：東方出版社，1971，頁 77-95。

5月3日對日本國民來說是一個節日──憲法紀念日。每年這個時候，媒體輿論展開有關「新時代，我們該如何面對憲法」的大討論。據5月2日日本放送協會（NHK）公布的調查顯示，日本人中認為「有必要修改憲法」的有42%，認為「沒必要修改憲法」的有16%，「不好說」的39%。與6年前的數字分別是41%、24%、30%。看看理由，主張「該修憲」的42%當中，75%的人認為「時代發生了變化，靠當前憲法難以應對的問題日益增加」；15%的人認為「為了在國際社會上承擔責任所需要」，9%的人認為「因為當前憲法是被美國逼迫的」。主張「不該修憲」的16%當中，53%的人認為「應該保護放棄戰爭的第九條」，36%的人認為「雖有一些問題但不至於加以修改」，7%的人認為「當前的憲法才是好憲法」。[8]當前日本國民正為著修改憲法與否展開強力的拉鋸戰。2014年4月日本市民團體為了向世界宣導放棄戰爭的日本憲法第九條，來自神奈川縣座間市的鷹巢直美為此運動的提倡者，將日本憲法第九條推薦至諾貝爾和平獎。[9]諾貝爾獎獲獎者僅限於個人或團體，因此實行委員並非將憲法第九條本身作為申請對象，而是把「堅守執行憲法第九條，並且約70年來皆未發動過戰爭的日本國民」作為申請對象。哲學家國分工一朗所撰寫的「當語言失去它的功能、憲法已經沒有故事可言」，現在世界有很多危險人物所以要憲法改革，並不是為了要擁有共同價值的故事，修改憲法訴求它的感覺，發揮出瞭有效性，過去反對它的感覺已經喪失了。因此維持憲法不變的護憲論已經沒有力量去創造故事，來訴說因為有第九條就可以免於捲入戰爭，所以訴求安全的主張在護憲上也從感覺上去訴求，我覺得這種主

---

[8] http://cn.nytimes.com/world/20130528/cc28kato/zh-hant/
[9] 身為家庭主婦的鷹巢，一邊照顧兩個孩子，一邊協助參與救濟難民的活動。因抱持著「全世界的人們都不希望因為戰爭，讓孩子們生活在痛苦的回憶裡」之信念，進而在五月於網路上發起了將日本憲法第九條申請為諾貝爾和平獎的聯署活動。http://asahichinese.com/article/society/AJ201404210068

張的內容是正確的，可是不可能成為擁有憲法共同價值的故事（物語）了。現在的日本創造出來的文學性的故事已經無法產生作用，讓和平主義、個人主義都無法得到理解，也可以說語言已經失去意義了。❿日本修改憲法和平條與否？一直是日本國際關係學界與憲法學界爭論的議題，民眾也持勢均力敵的不同意見。筆者多年來觀察日本以修憲派與護憲派的對立，大體而言，日本憲法學者及和平主義者、家庭主婦、青年學生是主張維護憲法第九條的崇高精神。但日本的公法學者、現實主義者及右派政黨是主張修憲的。

　　但隨著北韓金正日與金正恩父子的意圖以核彈發展制衡美日強權以及中國崛起後軍事的威脅，日本修憲派也不斷強調沒有國防就沒有主權，日本和平憲法一直受到修憲與否的世紀挑戰。

2. 東亞高漲的民族主義是激盪新衝突的潛因

　　近年來釣魚台的紛爭所引發的中國與日本領導階層與基層群眾高昂的民族主義情緒反應的重要原因之一，又令東亞地區陷入新一輪的緊張，乃至有衝突一觸即發的危險。2012年釣魚台爭端讓中、日關係急遽惡化，日資企業在中國的工廠店面遭反日民眾破壞，損失金額上看數十億元台幣，日本企業對中國的投資信心大受影響。據路透社民調顯示，在400家日本中大型企業逾4成認為釣魚台爭議對其事業計劃造成影響，部分企業主考慮撤離中國。近日在廣東深圳進行網路民調，有61%民眾回答不買日貨。該年9至11月的中日團體旅行訂位取消約5萬個日本航空訂位。⓫針對大陸連日對日採取的經濟反制，日本首相野田佳彥強硬警告說，中國對兩國領土爭議的激烈反應，包括暴力抗議活動和顯而易見的非正式貿易制裁，可能會嚇跑外國投資

---

❿《朝日新聞》2018年3月2日13版。

⓫ http://www.appledaily.com.tw/mobile/article/issueid/20120922/artid/34527040/appname/twapple/secid/5。

者，從而進一步削弱中國本已脆弱的經濟。《華爾街日報》評論指出，野田此番言論顯示中日外交僵局可能擴大為破壞性的商業對抗。[12]釣魚台的爭議，亦成為2012年聯合國大會論爭的焦點。CNN深刻報導指出：「中、日島爭，主因在民族主義，中、日、台領袖都以強硬的話語與態度護島。美國亞洲研究專案研究員、南海問題專家瓦倫西亞（Mark Valencia）認為，習近平的表態是因為大陸國內的民族主義情緒強化，並且影響政府的決策。澳洲新南威爾斯大學國防教授杜邦（Alan Dupont）將釣魚台問題和南海問題的風險作比較，他認為中日作為世界第二大和第三大經濟體，釣魚台的風險要遠勝於涉及6國7方的南海問題。」[13]釣島爭議引發中、日民族主義的對抗可見一般，至今常有中日台漁船「越界」的問題，而引發日本海上警衛隊與中國海監船、台灣海巡署強力驅離甚而以強力水柱警告，雙方緊張關係一觸即發。

　　2012年9月底，日本名作家村上春樹為日本《朝日新聞》撰文，對因尖閣諸島導致日中交惡，破壞日中民間文化交流的現狀，表示了沉痛的擔憂。他寫道，「領土問題本來就是通過實際談判可以解決的問題，而且它必須是可解決的。但一旦領土問題超越這條界限而踏入『國民感情』的領域，就變得出口難尋，危險顯現。」這位在中國廣為人知的日本作家將狂熱的民族主義比作「安酒宿醉」，「這就如同人醉在安酒（日語中指便宜的酒）似的。安酒只需幾杯就會讓人爛醉，血湧上頭。言語聒噪，行為粗鄙。邏輯變得簡單化，反覆自我中心的念頭。但一夜吵鬧天亮之後，僅剩頭痛欲裂而無它。」中國作家閻連科於2012年10月初為《紐約時報》旗下的《國際先驅論壇報》（International Herald Tribune）撰文，讚揚村上春樹的文章「帶來了對話的契機」，認同村上用「安酒之醉」來比喻領土爭端煽動國民感情的

[12] http://news.chinatimes.com/focus/501011997/112012092500165.html。
[13] http://news.chinatimes.com/focus/501012002/112012092600157.html。

危險性。村上春樹和閻連科都認為「文學與文化是人類共同的紐帶」，以和諧的文化與文學作品來解消歷史的矛盾與歧見。持有相同看法的人在兩國並不少，問題是他們的聲音在強烈的民族主義言論中顯得太微弱，難以成為民意的主流。

　　由於篇幅已經相當長的本文就不再申論台灣高漲的民族主義。

三、東亞在後冷戰新時期戰略的變化

（一）新型大國關係下「修昔底德陷阱」

　　1989年蘇聯解體與柏林墙倒塌，宣告以美蘇為首的東西方兩大陣營對抗的冷戰時代正式結束。從此，世界進入以美國全球霸權為基本標誌的後冷戰時代。後冷戰時代具有三個特徵：第一，以美國為首的西方自由民主模式因冷戰勝利而獲得了空前的道義優勢，並向全球擴張的合法性話語。第二，美國等西方國家主導著後冷戰國際秩序，政治、經濟、文化、軍事等主導著各種國際制度的運作。第三，以美國為首的西方國家主導著全球化的進程，並長期成為世界經濟發展的最大動力。[14]在1990年初期世界進入後冷戰時代，許多研究者普遍懷有世界將結束黑暗，走向光明的期待，論者以為，世界基本矛盾從冷戰時期以資本主義與社會主義兩大制度競爭和對抗為內容的東西矛盾，轉化為資本主義（即自由民主模式）與多元文明國家自主探索發展道路之間。[15]如果世界秩序能夠尊重多元文明的發展，那是人類互相尊

---

[14] 焦世新、周建明，〈後冷戰時代的終結及其對中國的意義〉，《世界經濟與政治》，2009年12期，頁41-42。

[15] 焦世新、周建明，《世界經濟與政治》，2009年12期，頁41。

重與共存共榮的重要路徑。但歷史的發展並不如此，冷戰時期的美蘇對峙，當90年代蘇聯崩解後，東亞反而出現了權力的真空；或者說美、日、台、南朝鮮vs.中國與北朝鮮形成一個新的對峙。

　　美國著名國際問題專家、哈佛大學肯尼迪學院首任院長格拉漢姆‧艾利森（Graham T. Allison）所著的《注定一戰──美國和中國能夠逃出修昔底德陷阱嗎？》[16]他以廣博的歷史案例研究闡明了當一個崛起的大國挑戰居于霸主地位的大國時，雙方都面臨軍事對抗的壓力，2017年被《紐約時報》編輯選為年度最值得關注的非虛構類作品之一。艾利森說二三十年前，與美國相比中國還相對落後，但是如今中國已經在很多領域上可以與美國相媲美，他所提出的46個關鍵指標都證明，中國已經成為世界第一大國。艾利森認為過去25年內世界最大的地緣政治事件就是中國的崛起。他說，從來沒有一個國家可以發展得如此快速，發展到如此高度。回顧過去500年的人類歷史，艾利森發現有16次崛起的大國成功取代守成的大國，其中有12例對抗關係以公開衝突告終。所以，美國和中國之間不可避免會引發戰爭的說法是錯誤的，"和平崛起"和"和平發展"的道路，近年又提出了意在避免"修昔底德陷阱"（即大國爭霸）的"新型大國關係"的主張。兩國之間的戰爭是不必要的，"修昔底德陷阱"說法不是不可避免的。[17]這也是習近平近年不斷說，中美關係有上千的理由不能不友好，中美兩國至今存在的是新型大國關係的戰略夥伴？還是競爭夥伴？一直是中美學者論辯的課題。

　　二十一世紀的東亞真的是走上個世紀歐州的覆轍嗎？又當如何避免呢？能夠找出避免的原因或許有助於解決衝突。研究者評論道：沒有哪一次衝突是不可避免的，但"崛起綜合征"和"主導國綜合征"困

[16] Allison，Graham T ，Destined for war: can America and China escape Thucydides's trap?2017，Boston: Houghton Mifflin Harcourt
[17] 參 http://big5.ftchinese.com/story/001072089

擾各國。崛起國認為應當得到承認和尊重，而主導國面對"衰落"承受巨大恐懼和不安全感。主導國逐漸把崛起國的自信看作"不尊重"甚至"挑釁"，就此一步步走向悲劇。[18] 簡言之，國家與人民間彼此的尊重、理性、包容仍然是避免走向衝突陷阱的重要文化因素。

美國理性學派認為戰爭之所以會發生有三大原因，第一衝突的物件是一個無法分割的實体時就發生。第二當衝突的兩造無法相信對方會遵守战前所定的承諾時。第三因為兩造存在資訊不對等（incomplete information）。日本與中國之間的不和為什麼惡化到今天的地步？知名輿論家加藤嘉一（Kato Yoshikazu）的解釋歸納為五個方面。1. 信息不對稱（Information asymmetry: Lack of mutually agreed facts）2. 外交溝通失效（Miscommunications and misperceptions in diplomacy）3. 政府治理能力下降，被迫打「民族主義」牌（Rise of nationalism and decline of political governance in both countries）4. 東亞權力均勢的歷史性轉變（Permanently shifted balance of power in East Asia）5. 政府外交與民間外交脫節（Disengagement of civil societies in political dialogues）。[19] 資訊的不對等往往是引起衝突的重要因素之一。如何讓區域國家間掌握軍政權力的人都能夠在充分的資訊上理解對方，以避免誤判更要避免濫用權力，這是何等重要。上述這5種主張，也可以說是以軟實力拆解東亞緊張的5個方法，值得中、日、台政府與民間認真思考。

另一個重要觀點就是擁有權力的人，他的價值選擇要有民胞物與的責任感，不能夠只有強烈的意識形態信念，而不顧決策後行動所帶來的後果。二十世紀初有「現代文明之子」稱譽的德國大儒韋伯（Max Weber），他在論述〈道德與政治的離與合關係〉曾提醒世人說，做一個基督徒、工團主義者或政治人物除了「信念倫理」（ethic of

---

[18] 孫成、昊張磊，〈《注定一戰：中美能否避免修昔底德陷阱？》評介〉，《國際研究參考》2017 年第 9 期，頁 55。

[19] http://cn.nytimes.com/world/20130514/cc14kato/zh-hant/

conviction）的主觀價值認定之外，更應該確保「責任倫理」（ethic of responsibility）的確立才是，也就是必須對客觀世界及其規律性的認識，行動者要審時度勢作出選擇，因為他的信念必須對其行為後果負責，當然這兩種倫理不是不可調和的對峙關係—只有抱持絕對倫理信念的後果，往往是「和平」價值的幻滅。[20]韋伯的忠言，對當前中、日、台應有醍醐灌頂之參考價值。

（二）大國崛起下東亞的一山兩虎

　　…早稻田大學天兒慧教授研究指出，日「中」關係上存在著三個引發衝突的要素，一為歷史認識問題，二為與台灣的關係，三為後冷戰時期重構安全保障體系過程中所引發的「中國威脅論」。[21]日本官方於2007年4月20日，由日本國會通過了《海洋基本法》，首相為「綜合海洋政策本部」的本部長，旨在促進海洋資源開發、海上交通安全的基本政策。…這個舉動無疑與韓國的「獨島」問題、與中國的釣魚島問題密切相關。海上戰略佈局，重點在西部和和西南方向，目標是以沖繩為依託，構築一條封堵中國進出太平洋的戰線，指美軍加強第二島鏈的戰略互相呼應。[22]這樣的聲音在日本民間與學術界也同樣不斷呼籲。多摩大學教授日下公人指出，冷戰後，日本發展成為經濟大國，開始推進「海洋國家」…北起日本，中間包括台灣、東南亞，南至澳大利亞，南北縱向的西太平洋上的海洋聯邦。…提倡日本推行「島

[20] Gerth& Wright, ed.,From Max Weber: essays in sociology.2009, New York: Routledge, pp119-121.

[21] 何思慎，〈中國威脅論與新世紀日本之中國政策芻議：以經濟與軍事為中心〉，張啟雄編，2002，《戰後東北亞國際關係》，台北：中央研究院亞太研究計畫，頁57-60。

[22] 黃曉晶，《方法的日本——超越資本主義與亞洲的文化革命》，香港：大風出版社，2011，頁79。

國聯盟」。⋯既建立複合相互依賴模式將會繼續強化日本對台灣的特殊觀念。❷尤其在21世紀第一個十年，中國大陸已超越日本成為全球第二大經濟實體，加上近年來推展的一帶一路以及亞投行，使得中國大陸的戰略地位有取代美國二戰後的馬歇爾計畫暨美、日為首的亞洲開發銀行等作用。使得東亞的問題並沒隨著冷戰結束而趨向和平，甚而產生更加嚴峻的區域矛盾。中國以什麼方式崛起，牽動著美國在東亞的疑慮與角色扮演，美國在亞太安全戰略包括四個主要設計，分別是：「美國軍事存在、美日安保條約、與中共的擴大交往政策、以及亞太多邊安全機制」；而這四項設計的理論概念涵蓋：「霸權穩定、集體自衛、擴大交往、以及多邊主義」四項。日本政府在依循美國的路線下也不斷朝3大方向發展，亦即「強化個別安全保障、國際維和一般法化、以及有限行使集體自衛權」，並試圖建構一個完整的安全保障法制。

　　但另一方面東亞地區至今令人憂慮的，正是衝突的危機乃至武力對峙依舊。此刻面臨的中國大陸快速崛起，其海權意識抬頭，夾雜著中、日兩國潛在的戰爭問題及歷史恩怨問題。曾任台灣美國在臺協會理事主席Bush，R.（卜睿哲）所談到的中國與日本正處於新的強權崛起，東亞均勢正面臨「一山二虎」的較量。❷當中國大陸成為世界第一大經濟體之後，2015年中國大陸提出了亞投行的國家發展戰略與規劃，就經濟層面而言它就足以與美、日為主所領銜的世界銀行，以及亞洲開發銀行帶來威脅與較量，如將問題鎖定在中國、日本、兩韓、台灣的地緣政治而言，亦即所謂的東亞地區，則吾人認為西太平洋正面臨「一洋二鯨」的競逐。華文媒體評論稱，APEC北京會議顯然是中國轉變其世界角色的分水嶺，提倡「一帶一路」其實是中國的「轉

❷ 巴殿君，2010，《冷戰後日本對台灣政策研究》，北京：九州出版社，頁21、179。
❷ Bush，R.（卜睿哲），《一山二虎 —— 中日關係的現狀與亞太局勢的未來》，台北：遠流出版社，2012。

身」。而爭取舉辦G20峰會將進一步提升中國在全球話語權,提升國際影響力。**❷**2014年11月中國藉亞太經合會(APEC)峰會東道主機會,力推「一帶一路」戰略構想,要和亞洲夥伴共創未來;也藉國際場域的表現,讓中國從崛起中的大國,躍升為亞太區域整合的主導者與地緣政治驅動者,要當個真正實權大國,實現和美國平起平坐的「新型大國關係」。中國大陸18大以來黨的歷史成就與變革的全方位深層的變化。過去五年來中國經濟成長率平均7.2,全球2.6,發展中國家4.0。中美貿易額在2016年已突破US$6500億,中國對美國的依賴程度高,如果雙邊貿易戰擦槍走火,中美雙方損失也更大。而中國大陸的前20名外銷出口廠商產品,台商占了六名左右,所以台灣也會受傷。中國大陸在21世紀的轉身,如果讓我們看到的是傳統文化的王道角色,或者是孫中山所講的濟弱扶傾,則東亞將可走向《論語》所說的葉公問政。子曰:「近者說,遠者來。」的境界。

四、走出「挑戰與回應」軍備競賽的循環、 邁向文化發展新模式

(一)軍備競賽下的歷史教訓

　　歷史學家保羅·甘迺迪(Paul Kennedy)在《霸權興衰史》,此書中從1500-2000年的歷史經驗,指出美國霸權即將會衰弱,因為歷史上的強權必將走向衰敗,在於過度的軍事與權力擴張,最後在經濟無法支持的情況下導致衰落,諸如神聖羅馬帝國、西班牙、荷蘭、法國

---

❷ http://big5.chinaqw.cn:89/hwmt/2014/11-17/26222.shtml

到英國皆是如此，故美國也終將走向衰敗。[26]20世紀的蘇聯解體，亦是軍費硬實力擴張所致。超過一世紀以來，美國一直是世界上最有權力的國家。但近來有許多分析指出，中國將取代美國的地位。這是否意味我們將近入後美國世界？中國的快速興起是否造成兩大強權間的新冷戰關係？提出軟實力又不斷有新觀念的約瑟夫‧奈伊（Joseph Nye）在 Is the American Century Over? 新著中指出，面對權力政治的擴散時代，美國應該須如何應對以維繫領導。美國的超強地位將受到國內問題與中國經濟膨脹抑制，但奈伊認為，美國的軍事力、經濟力與軟實力，相對於各挑戰者而言，在未來幾十年內仍佔盡優勢。[27]另一美國學者華盛頓智庫「美國企業研究所」的常駐學者奧斯林（Michael Auslin）對亞洲進行了研究後，得出了一個與大家慣有的看法截然不同的結論。他的新書《亞洲世紀的終結：戰爭、滯漲以及世界最有活力地區的風險》表明亞洲地區日益加大的戰爭風險、經濟的下滑以及亞洲國家的內部問題正在削弱這個地區，可能招致「亞洲世紀的終結」。[28]歷史的經驗告訴我們，軍備競賽的結果將導致國家財政的垮台，美國或者亞洲會不會在不斷強化自我國防安全的過程中而自我摧毀了經濟的成長？值得我們關懷。以下讓我們看看瑞典的國際和平研究所每年不斷追蹤的世界各國的國防預算。

---

[26] Kennedy,Paul.,1987,The Rise and Fall of the Great Powers: Economic Change and Military Conflict from 1500 to 2000 ,New York: Random House.

[27] 約瑟夫‧奈伊（Joseph Nye），林添貴譯，《美國世紀的終結？》台北：麥田出版社，2015。

[28] https://www.voacantonese.com/a/american-scholars-predicts-asian-century-20170116/3679309.html.

表一：2009-2017東亞八國國防預算表

Figures are in US $m., at constant 2016 prices and exchange rates, except for the last figure, which is is US$m. at 2017 prices and exchange rates Figures in blue are SIPRI estimates. Figures in red indicate highly uncertain data.
".."=data unavailable. "xxx"=country did not exist or was not independent during all or part of the year in question.

Country	2009	2010	2011	2012	2013	2014	2015	2016	2017	2017Current
USA	747940	768466	758988	715838	659064	618341	603625	600106	597178	609758
China, P. R.	131353	138028	149022	161797	176860	191917	204505	216031	228173	228231
Japan	45436	45595	46209	45653	45459	45944	46754	46471	46556	45387
Korea, North	--	--	--	--	--	--	--	--	--	--
Korea, South	30861	31117	31544	32347	33157	34638	35983	36934	37560	39153
Taiwan	10060	9508	9598	9936	9384	9329	9833	9924	9875	10569
Philippines	2635	2767	2813	2853	3243	2994	3252	3722	4508	4378
Viet Nam	3044	3394	3168	3689	3858	4276	4662	5017	4962	5074

資料來源：Stockholm International Peace Research Institute, SIPRI, Data for all countries 1949-2017（excel spreadsheet）military espenditure database
https://www.sipri.org/research/armament-and-disarmament/arms-transfers-and-military-spending/military-expenditure

　　由上項圖表可知，在最近9年的國防預算增長的速度，美國2010年呈現增長，但近5年來則呈現明顯下降。日本大體上維持持平現象。台灣大體上呈現小幅度的起伏，2014年下降到最低，2016年上升到近年來的高點現象。菲律賓越南大體上也呈現年度不斷的增長的趨勢。北朝鮮政府則一直是神秘的未知數。南朝鮮政府也有小幅度的年度不斷成長的趨勢。反觀中國近9年來則呈現國防預算年年不斷節節快速增長，且九年來是日本軍事預算的2.5倍至5倍之多，這也就是東亞各國之所以產生「中國威脅論」的主要來源因素。

　　2018年3月上旬筆者再次到日本訪學，恰逢自民黨公布他的憲法修改的四類條文以及中國大陸召開全國人民代表大會，因此這段時間媒體上大量報導這兩件事。在3月5日《朝日新聞》頭版頭條的標題，

中國國防費用在 2018 年增加 8.1% 以及國家主席任期的廢除，李克強總理在政府的報告中，提到強力支持「建立社會主義現代化強國暨軍隊的現代化建設」已達到強軍的夢想。同一天《日本經濟新聞》第四版也提到中國大陸軍隊現代化建設的目標是在達到「海洋強國」，尤其是海軍跟空軍的建設是急於要達成的戰略目標。[29] 中、日兩國在經濟強大後，未能建立互動的遊戲規則和合作機制，所以當他們往海洋近進一步拓展時，就產生強烈的疑慮與對抗。從今年三月日本輿論關切的問題可以知道，中國大陸國防預算的增加對日本對鄰近國家是一個極度敏感的社會議題。

（二）東亞發展新的「文化模式」

如何降低硬實力的競賽，轉而向文化發展軟實力的合作與創新，應該是東亞各國努力的發展模式。近年來中國大陸的發展形成了「中國模式」的論述，大陸學者有一項比較客觀的說法指出：「過去中國模式成功很大程度在於不斷的融入歐美模式、日本模式等在內的經驗和智慧，以積極、開放的心態迎接全球化。未來中國經濟或社會要解決可持續發展問題依然必須學習的處世經驗和普世價值觀。」論者進一步引述新加坡國立大學東亞研究所所長鄭永年所說：「模式之間的競爭不可避免，但不是零和遊戲。世界經驗會影響中國模式，同時中國模式也會影響其他模式。模式之間的互相學習、競爭和改進是全球化能夠貢獻給人類社會最寶貴的東西。」[30] 一個具有超越性、融合性的跨國文化學習，以落實在國土生根的多元文化已成為後現代進步的必要文化質素。2017 年底中共 19 大具有劃時代的登高望遠的格局。中

---

[29]《日本經濟新聞》2018 年 3 月 5 日 4 版。

[30] 王輝耀，〈中國模式的特點、挑戰及展望〉，吳敬璉、俞可平、美國羅伯特福格等著，《中國未來 30 年》，北京：中央編譯出版社，2014，頁 84。

國具有「魔法世界」的未來。時代雜誌都提出中國贏了。最核心的有14個明確。當中對以人民的生活需要、人的全面發展都提出了新的看法，在發展道路又有文化自信、法制體系、大國外交、新型國際外交、人類命運共同體等新的創見。

　　在2009到2010年間，鳩山由紀夫擔任首相期間所提出的「東亞共同體的和平友好路線」，日本學者就指出，東亞共同體構想是鳩山由紀夫政權的最重要的政策主張，其代表了鳩山政權"脫美自立"的戰略抉擇。也正是因為選擇了重視亞洲的路綫，在日本國內的既得利益集團與美國的壓力下，鳩山政權最終出師未捷。[31]脫美自立，個人以為某種程度而言，是從向美國傾斜而向中國移動一些，試圖保持日本在東亞兩強之間的均衡狀態，從而構建鳩山的友愛哲學。

　　日本民主黨前首相鳩山由紀夫就任時宣稱一年內將遷移普天間基地，事涉日本與東亞的安全，一年內未能實踐，是導致他下台的重要原因之一，儘管他曾經以「脫官僚」與擺脫日本長期的「政治主導」，擊敗長期執政的自民黨，其清新形象贏得日本民眾的支持，但他的理想也不敵現實日本安保政策及自民黨的「集體自衛權」的修改與擴大解釋。由於鳩山對其政見未能實踐，有感於愧對琉球人，因此，他在東京與琉球設立「世界友愛共同體研究所」，並每年都到沖繩面對民眾。筆者於2015年10月16日在「世界友愛共同體研究所」琉球‧沖繩理事兼所長緒方　修先生的介紹下，促成與日本前首相鳩山友紀夫（現職為世界友愛共同體研究所理事長）進行難得的拜會與請益，交談逾半小時的經驗中感受到其親民、親切、平易近人的政治家風範。筆者也深信東亞各階層人士一直在努力尋找可合作多贏的東亞共同體。

---

[31] 木村朗，〈東亞共同體構想與民主黨鳩山政權的命運〉，《日本研究》，2017 年第 3 期，頁 16-24。

五、以東亞文化的共性泯除百年來的恩仇猜忌——代結論

（一）掌握歷史文化發展的正能量

　　文化有長有短，文明有高有低，東亞文明從19世紀的轉型到20世紀的磨合與衝突，給人類東亞人民帶來慘痛的生聚教訓，「脫中心化」或者說「去一元化」，應是東亞在新世紀要履行的路徑。萊布尼茨說以0和1二數可以表示萬物，一如易經中陰爻--，陽爻——生生不息，事務需要互補才能夠互生，進一步滋生萬物。早在19世紀初葉日本學者二宮尊德（Ninomiya Sontoku 1789-1856）即說到，世界事務如竹竿節一般有長有短，如日本的神道文化是奠定國家根基的道，中國儒家文化則是用來管理國家的道，印度佛教文化只是用來控制人心的道，三者的優缺各是什麼？三者相輔相成，才能從內到外的完整治理[32]。能夠正視傳統文化的精華，更能夠各取所長、融會貫通，這是文化學習與融合的重要一步。日本當代思想家梅原猛在《日本文化論》一書中提出兩種文明原理論，他認為基督教文化與希臘文化的西方文明是「力」的文明、攻擊性的文明、憤怒的文明；而居於佛教或儒教文化的東方文明，則是「和」的文明、慈悲的文明、平靜的文明。今後文明的發展，將轉到和平的文明或慈悲文明方向上來，將轉到科學技術文明與和平、慈悲文明共存一致的方向。因此他主張為了創造新的文明，在吸收西方文明的同時，更要著力繼承和發揚東方的優良傳

---

[32] Craig，Albert M.著，李虎、林娟譯，《哈佛日本文明簡史》，北京：世界圖書出版公司，2013，頁94。

統。㉝這給亞洲價值帶來若干取與捨的抉擇。東亞文化衍生出三種面向，關於亞洲價值觀的問題，有三種討論，第一，以西洋發展模式討論亞洲價值觀；第二，以儒家為主的亞洲價值觀；第三，以亞洲地域之間的穩定性為目標的亞洲價值觀。㉞即便過往各個國家因為掌權者引導的方向不同導致國家發展出不同的文化力，然而，最後大家卻走向一條互容、互攝的道路，東亞文化中的「和」，結合了西方的自由平等，才能東亞走出一條和平互惠的道路。

　　1851年法國大文豪雨果（（Victor Marie Hugo，1802－1885）因路易‧波拿巴‧拿破崙發動政變，解散立法議會，摧毀共和體制，宣布成立法蘭西第二帝國，兩年間，雨果撰寫了《小拿破崙》及《一樁罪行的始末》，他決心以「墨水對抗大砲」，將小拿破崙的罪行化為文字加以控訴。在慘敗的政治悲劇中，他滿懷歐洲和平的未來，他說，「總有一天，也許在不久的將來，代表著全人類的這七個國家（希臘、義大利、西班牙、法國、英國、德國、俄國）將會聯合並融為一體，有如稜鏡裡的七色，出現在光芒四射的萬里長工之中；永恆的、現實的和平奇蹟將出現在文明的基礎之上；全世界將不胜欽羨的觀賞這道巨型的七色彩虹──歐羅巴合眾國！㉟此後，還有很多歐洲著名人士提出了統一的大歐洲的概念，如著名政治家英國首相丘吉爾等，才促成了二戰後逐步走向今日歐盟的共同體。近代東亞同樣有王陽明、二宮尊德、政治家麥克阿瑟以及當代的鳩山由紀夫等人都是建構東亞共同文化與和平秩序的一盞盞明燈的引路人。

　　從東亞傳統優質文化的基礎上來推動東亞區域共同體的機制，韓

㉝ 卞崇道主編，《戰後日本哲學思想概論》，北京：中央編譯出版社，1996，頁382-3。

㉞ 濱下武志，《亞洲價值、秩序與中國未來──後國家時代之亞洲研究》，台北：中研院東北亞區域研究，2000，頁11。

㉟ 雨果著，柳鳴九主編，丁世中譯，邵小鷗題解，《雨果文集》第十九集，石家庄：河北教育出版社，1998，頁689-693。

國學者白永瑞的東亞特性值得參考：第一，整體性。追求的不是國家一部分成員的利益，而是全體國民的利益。第二，持續性。追求的不是一時利益，而是長久利益。第三，直接性。審度是不是有直接影響的利益。第四，雙贏性。質問能否與國際社會利益共贏。[36] 隨著1990年代柏林圍牆的倒塌以及蘇聯的解體，東西冷戰秩序也也告終了。作者進一步提出「脫中心化」的東亞秩序的探索。[37] 在另外一篇文章提到推動亞（"Asia"）流的出現。不僅韓流，華流和日流也在亞洲交叉存在。筆者重視這種"橫跨的文化交流"，即本質上相近的主體間的交流。在東亞大眾文化中，存在"越國境文化嫁接"（de-territorial transculturation）的可能性，筆者把它叫做亞細亞流（簡稱亞流）。[38] 這「脫中心化」及「亞流」的東亞秩序，引起筆者的興趣與共鳴，筆者認為能夠在文化價值的永恆性機制的啟動與合作不是一時興之所至，而是要有長期的、階段的、永恆的目標與作法才能夠永續發展。

（二）建構對話與合作的跨國機制

　　東亞區域的問題有利是有戰爭仇恨的遺留，有歷史責任問題的釐清，有區域島嶼歸屬權的衝突，有當代區域經濟發展問題需要溝通，因此舉其大者跨國的對話機制不可少，例如1989年倡立的亞洲太平洋經濟合作會議（簡稱亞太經合會；Asia-Pacific Economic Cooperation，縮寫：APEC），是亞太區內各地區之間促進經濟成長、合作、貿易、投資的論壇。此組織的創辦在歷史上取代了該區域的冷戰結構。 1967

---

[36] 白永瑞著，朱霞譯，〈走向東亞共同體之路七個相關問題意識〉，《延邊大學學報（社會科學版）》，2013年10月，第46卷第5期，頁27-71。

[37] 白永瑞，《思想東亞》，北京：三聯書店，2011，頁1-25。

[38] ）白永瑞著，朱霞譯，〈走向東亞共同體之路七個相關問題意識〉，《延邊大學學報（社會科學版）》，2013年10月，第46卷第5期，頁27-71。

年又五個國家創立的東南亞國家協會（The Association of Southeast Asian Nations，ASEAN）簡稱「東協」，來增加為十加三。2013年初展開「區域全面經濟夥伴協定」（RCEP）之多邊談判。或是早年東北亞的六方會談。以及2018年由於美國總統川普執意退出《跨太平洋夥伴協定》（TPP）後，其餘11國另起爐灶改推《跨太平洋夥伴全面進展協定》（CPTPP），正在加緊醞釀形成之中。這些多邊或雙邊協定都給區域的合作與問題的解決帶來重要的階段性貢獻。而這些機制也不應該排除台灣的參與。

再者學術領域的東亞對話與跨跨國跨校的合作，也截然不可少。例如北京中央民族大學的祁進玉教授提出，構建東北亞「文化經濟共同體」的思路。中國的近鄰四處，韓國、日本、越南、印度、菲律賓、俄羅斯、緬甸、泰國、新加坡等國的民眾也會有某種程度的「恐中症」。…經濟共同體是共同體中較為現實的一環……構建基於跨國文化認同為基礎的超民族國家的「文化共同體」…「文化經濟共同體」的新思路…構建東北亞學術共同體，進行區域的比較研究。[39] 這些跨國知識人建立區域知識群體，針對區域問題加以探討，以前瞻、宏觀的角度提供第二軌的共識，建議區域政府達成各種合作的前置作業，在當前後冷戰東亞區域衝突仍然高漲的前提中，顯得特別的必要。

2018年二月在韓國舉辦的2018冬季奧運會，由於北韓與南韓共組國家代表隊，促使了長久僵凍、緊張甚至軍事威脅的南北韓也因為奧運會的合作，而啟動了領袖對話的機制，並計畫進一步在2018年6月啟動北韓與美國領袖的高峰議，凡此都是區域機制合作的推動以解決各種問題，消弭不必要的糾紛，進而產生正面的效應。

2018年4月南北韓高峰會（韓語：2018년4월남북정상회담／

---

[39] 祁進玉，〈建東北亞「學術共同體」的可能性與必要性——兼論東北亞民族文化交流與合作研究的內涵、路徑及現實意義〉，祁進玉、孫春日編，《東北亞民族文化評論，第2輯》，北京：學苑出版社，2012，頁3-7。

2018年4月南北頂上會談、朝鮮語：2018년4월북남수뇌상봉／2018年4月北南首腦相逢），首腦會壇前，雙方的特使團已達成未來合作的共識。韓媒披露，這次特使團在朝鮮訪問期間與朝方達成了以下幾個"共識"：

1、兩韓于4月底在板門店南韓轄區的和平之家，召開第3次南北韓高峰會。
2、兩韓高層之間設置熱綫電話，並在第3次高峰會談前開通。
3、只要保障朝鮮體制安全，解除對朝鮮的軍事威脅，就沒有擁核的必要。
4、為促進非核化，朝鮮願意與美國虛心坦率地進行對話。
5、朝鮮在對話期間不再進行核試或發射飛彈，進行戰略挑釁。
6、朝鮮不會對韓國使用核武，甚至傳統武器。
7、為延續平昌冬奧醞釀的和解合作氛圍，朝鮮邀請韓國跆拳道示範團和藝術團訪問平壤。

2018年4月史稱「文金會」，是指朝鮮民主主義人民共和國國務委員會委員長金正恩與大韓民國總統文在寅於2018年4月27日在板門店大韓民國一方的和平之家舉行的南北韓高峰會。這是繼2007年時任朝鮮勞動黨總書記金正日與南韓總統盧武鉉的南北首腦會談後，時隔11年再次舉行領導人會談。最後播放會談場景及歌曲《One Dream One Korea》。2018年5月南北韓高峰會兩國領袖又舉行朝鮮半島歷史上的第4次首腦會談。南北韓高峰會開啟了難以想像的和平對話，筆者初步認為那是共同的文化認同高過於政治上的主權認同所達成的結果。

（三）消弭東亞對抗的若干新作法

在沖繩和平紀念館中讓我們看到20世紀東亞戰爭中的慘痛傷痕，筆者進一步想到南北韓38線的板門店，廣島的核子炸彈災害紀念館，擴大建構戰地金門文化紀念館等，連結起來形成21世紀「和平旅遊」

的重要景點，讓東亞民族反省戰爭的巨大災害，東亞各國應共同合組青年團體展開和平學習之旅，深入思考、體驗和平的代價與重要性。

　　漢文化在日本、韓國都有有深刻的影響與烙印。三年前筆者在山口縣菜香亭看到的日本名人所寫的書法賀詞。最近三個月筆者先後在大阪、京都、金澤等地的書法展，可以看到在知識份子、社會菁英甚至是中小學生對書畫藝術的重視，真有萬般的感觸。在京都看到大野修作寫給日本學者山中伸彌（2012年諾貝爾生物醫學獎的得主），以中國的書法來表達深刻的祝賀之意，詩云「**試行錯誤探求深、細胞再生妙入神，治療癒疵無限用、醫療革命從今伸**」，此書藝展現何等的深意與愜意。論者以為，漢字不僅記錄了東亞各國共同的文化特徵，而且也記錄了其共同的藝術——書法的審美歷程。自古以來，在漢字基礎上發展起來的書法藝術，成為東亞文明中獨一無二並能驕傲于整個世界的文化藝術。書法藝術是東亞文化認同的紐帶。從漢語書法一方面體會漢語精簡與深遠意義，一方面達到書法的練字練心，日本各界至今在學校教育與社會教育中不斷闡揚與推動這項，當筆者看到這些活動相對於台灣今日的去中國化、去古文，心中有無限的感觸。這是筆者所感受的日本以書道推動國人教育甚至是外交友誼，其他茶道、茶道甚至太極拳等等都值得中、日、韓、台推動各層級的交流與比賽，相信都是推動「亞流」中精緻文化的重要切入點。經由這些精緻的管道相信可以重建東亞的歷史情感，消弭歷史的仇恨，增進地緣的共同意識，以一步一步推向東亞共同體的友好世界。

　　中國大陸的領導人習近平主席於2014年1月22日對美國《赫芬頓郵報》旗下的《世界郵報》創刊號的專訪。習主席指出，"我們都應該努力避免陷入'修昔底德陷阱'，強國只能追求霸權的主張不適用于中國，中國沒有實施這種行動的基因。"習主席2015年訪問美國時在演講中巧妙地重新詮釋了"修昔底德陷阱"，他指出，"世界上本無'修昔底德陷阱'，但大國之間一再發生戰略誤判，就可能自己給自己造成'修昔底德陷阱'。"習主席的話已經清楚表明，紛繁複雜的中美關係絕

不能也不會被"修昔底德陷阱"所代表的"冷戰思維"、"零和游戲"這類思維框架所限定。在21世紀，和平、發展、合作、共贏已成為時代潮流。[40]而東亞共性文化正是去除「修昔底德陷阱」，建構東亞和平、發展、多贏的共同體已在歷史上傳承的最好基因。

　　處在美、日與中國大陸戰略平衡下的不平衡一端的台灣，多年來我們不在硬實力挑釁，反而低調的以經貿自由化力求與鄰近國家尋求合作，並力圖在區域結盟的網絡中，積極營造多贏的局面力求以合作、和平的機制，例如台灣近年來的《東亞和平倡議》以及《南海和平倡議》，都在二虎與二鯨之間遞出和平的橄欖枝，為中、日、台之間和平相處，共存共榮、己立立人、共同發達等精神，發出一道曙光。吾人也相信以東亞文化的共性泯除百年來東亞的恩仇猜忌的若干新做法逐一的落實，也將有助於兩岸關係的新發展。

本文初稿發表於輔2018/6/23-24，四川省台灣研究中心、台灣中國文化大學社會科學院共同主辦：第三屆兩岸關係天府論壇「新時代兩岸關係走勢與展望」。

---

[40] 孫成、吳張磊，〈《注定一戰：中美能否避免修昔底德陷阱？》評介〉，《國際研究參考》2017年第9期，頁58。

肆

東南亞陳嘉庚、楊忠禮的
文化情懷、認同與奉獻

摘要

　　本研究從近代東、西方「文化倫理」的視野與比較著手。探討處在英國新教文化的殖民與伊斯蘭文化多數族群的雙重統治的文化背景中，新加坡、馬來西亞的華人移民如何堅持其安身立命的儒家文化傳統與多元尊重的精神，華人生命奮鬥歷程中中華文化如何產生作用？他們面臨共同的生命漂泊、文化抉擇與認同的困頓，從而建立強烈的文化情懷與超越的理論。

　　以此理據相互印證陳嘉庚、楊忠禮兩位「移民」實業家，檢視在過去一世紀中，在他們的生命奮鬥中，如何在其企業經營哲學與人生價值的奉獻中，堅持儒家文化的信念，其中所展現的特色讓他們企業有成，並對社會做出卓越的貢獻。

關鍵詞：新教倫理、儒家文化、離散、漂泊、文化情懷、認同、陳嘉庚、
　　　　楊忠禮

一、前言

本文著重於在19世紀末、20世紀初從中國貧窮的閩南地區漂洋過海移民到東南亞的陳嘉庚與楊忠禮，他們處三種異文化的生存環境中，一者有濃烈的基督教文化的英國殖民統治的新加坡、馬來西亞，再者當地的多數族群是具有強烈的我群觀念的伊斯蘭文化，陳、楊兩人如何在異文化中堅持其生存哲學與儒家倫理的認同文化，並進一步依此建立其企業經營哲學與捐資興學的典範，這是本文研究的旨趣。

（一）近代西方強勢文化的侵略

德國大儒黑格爾在其名著《歷史哲學》中，將中國文化視為一成不變的「有」，將印度文化視為空虛失據的「無」，而將波斯文化視為蘇醒知覺的「變」，進而達到希臘文化的「動」，做為世界歷史的開始。馬克思則將滿清帝國比喻成一具經世封閉的「木乃伊」，不論外表如何精緻華麗，一旦顯露於世界文明的光天化日之下，便會分化破裂，隨風而逝。❶這些話語代表啟蒙運動的西方思想家將東方視為落後的「他者」，而西方所呈現的是偉大與進步的「自我」，在在呈現與意味著「西方文明優越論」的心態與論述。

在19世紀到20世紀上半葉，傳統東亞國家之所以會走向被帝國主義欺凌的次殖民地之窘境，只因東亞文明的主軸儒家文化被認為是集合各種保守、落後、迷信、封建於一身。因此，唯有儘快拋棄此一文化，方可邁向現代化。中國大陸文革前後，儒家文化普遍被西方漢

---

❶ 楊炳章，〈關於儒學第三期和中國文化的前途〉，載陳奎德主編，《中國大陸當代文化變遷》，台北：桂冠圖書，1991，頁156。

學家視為已走入「博物館化」的文化。❷韓國學者黃秉泰亦悲觀的說：
「儒學這個潘朵拉的魔盒在現代化尚在進行時，必須被牢牢封住，只
有在現代化已經成為現代性之後，才能小心翼翼的把它打開」。❸1958
年，唐君毅與徐復觀、張君勱、牟宗三四大國學家，有感於近百年來
中國文化在大陸遭西化派、激進派無情的鬥爭與批判，進而發出《說
中華民族之花果飄零》之嘆，為中國文化鳴不平，更為中國文化延續
道命發出強烈呼籲。

（二）20世紀東方民族漂泊者的困頓

從1895年日清的甲午戰爭，到1931日本佔領滿洲國，1937全面
發動對華侵略到二次世界大戰日本隊亞洲的侵略，加上20世紀中葉國
共的內戰，都帶來中華民族的嚴重分離與漂泊。在20世紀中國長期處
在戰爭與的離亂動盪下，個人與民族陷入「離散」的困頓狀態。

二、動盪的近現代中國、華人成為外移 的漂泊者

（一）近代廈門、金門的東南亞「移民」

在19世紀末到20世紀的亞洲也面臨了無數的戰爭，作為福建與

---

❷ Levenson，Joseph R.，1968，Confucian China and Its Modern Fate，Berkeley：
University of California.

❸ 黃秉泰著，劉李勝等譯，1995，《儒學與現代化：中、韓、日儒學比較研究》，北京：
社會科學文獻出版社，頁506。

台灣之間的金門小島，其人民處在近代中國內憂外患，遍地烽火，
升斗小民最為悲苦。論者以為，浯島居民，逃避戰火，落難他鄉！
有些年少「走日本」，歷盡驚恐，數月漂泊和拆磨方抵南洋。接著有
更多鄉僑，在國共內戰中避「抓壯丁」、「抓兵」，在兵荒馬亂、九死
一生中，孤苦伶仃的逃離故鄉，落難到舉目無親的新馬異地。因為
家鄉生活困苦，飢寒交迫，而又屢聞南洋的富裕；更親眼目睹「落
番客」的風光歸鄉即景，遂而強烈萌生一試的決心。於是呼朋引伴，
前赴後繼，別家鄉湧渡南洋，期待夢寐以求的「桃花源」。在災難驅
動下的時代劇變中，升斗小民飽受生離死別、顛沛流離之苦，往往
千百倍於權貴富裕之家…奮鬥努力一輩子，事業有成，衣錦還鄉者
如鳳毛麟角。動亂悲苦的歲月，常易人令人陷入前塵往事的沉思。
鄉僑們目睹故鄉的進步與福利，而僑居地的生活保障反落其後，這
樣的映照與對比，若說：老鄉僑們沒有感傷？沒有遺憾？幾人能
夠？[4]無論是廈門、同安或者是金門在20世紀的移民史者在舉目無
親的移民過程中，華人憑著血緣、地緣的關係，所謂「出外靠朋友」、
「人不親土親」的觀念深植在移民的社團中。誠如雪蘭莪所呈現的社
團即是，「蓋大會堂者，乃雪蘭莪華冑破除地緣，業緣，血緣之見，
大度能容之大同組織也，民胞物與之親愛精神也。…舉凡我華冑之
公益公權重大事件，莫不出而肩任之」。[5]在馬來西亞十三州中，論
地理位置，人口，政治，經濟，工商業，教育，雪蘭莪可說是最重要
的一州。

---

[4] 王先鎮，〈滄桑人生話移民〉，李錫隆總編輯，《雲山萬里：馬來西亞浯江華僑訪談錄》，金門：金門縣政府，2006，頁264-265。

[5] 丹斯里李延年，〈序〉，雪蘭莪中華大會堂慶祝五十四週年紀念特刊編輯委員會，《雪蘭莪中華大會堂慶祝五十四週年紀念特刊》，吉隆坡：雪蘭莪中華大會堂文教委員會，1977，頁33。

（二）中華文化成為海外華人的生命寄託

　　在百年的移民的奮鬥的過程中，在馬來西亞發展的僑社、華社是最重要的民間組織，馬來西亞華人基於親、地、神、業和文緣建立了各類社團組織。目前，較有影響的有馬來西亞中華大會堂總會（簡稱華總）、馬來西亞中華總商會（簡稱總商會）、全國中華大會堂聯合會（堂聯），大馬中華工商聯合會、馬來西亞華校董事會聯合總會（簡稱董總）、馬來西亞華校教師總會（簡稱教總）、馬來西亞華人文化協會、馬來西亞留台校友會聯合總會等…華文報刊有《南洋商報》、《星洲日報》、《中國報》、《光華日報》、《光明日報》、《東方日報》、《聯合日報》、《詩華日報》等…2011年馬來西亞共有1291所華小，學生約60萬人。截至2012年，華文獨中有61所。據《南洋商報》報導，2016年馬來西亞華文獨中學生總人數達84363人。高等學府則有南方大學學院、新紀元學院、韓江學院等。此外，拉曼學院和拉曼大學亦主要招收華裔學生。[6]等幾個重要的、歷史悠久的組織，其對移民華人的貢獻大過於政治團體所起的作用。華團領導人一直秉持「超越政黨，不超越政治」的理念服務鄉親。目前大馬政治的種族意識仍然濃厚，馬來巫族有65%以上、華人有23%，因印度人有10%左右。其中塑造一個國家意識為先的「馬來西亞族」，實有待這項傳統種族意識的淡化，「公民」意識迥然有別的情況才能夠改善。[7]馬來西亞的華人文化與教育有其世紀的滄桑史，亦有至今贏得了全球第三塊漢人文化區的稱譽，其成果得來不易，本文將以陳嘉庚、楊忠禮的文化關懷、認同與奉獻

---

[6] 陳琮淵、黃日涵，《搭橋引路：華僑華人與「一帶一路」》，北京：社會科學文獻出版社，2017，頁46-47。

[7] 祝家華、潘永強主編，《馬來西亞國家與社會的再造》，Kajang, Selangor：新紀元學院、Skudai , Johor：南方學院、Kuala Lumpur：吉隆坡雪蘭莪中華大會堂聯合出版，2007，頁25-36。

為例加以說明。

三、陳嘉庚的事業經營觀與文化情懷

（一）陳嘉庚的生平

　　華人遠涉重洋大都隻身南行，一無奧援，像孟子所說的「孤臣孽子」的身分，經過「苦其心志，勞其筋骨，餓其體膚，空泛其身，行拂亂其所為」才能立定腳跟，他們憑著濃厚的道德氣氛去建立信用，扶助親友，組織社會，招徠遠人，協和外族。[8]孟子的話語，代表著海外華人的文化認同，亦是砥礪與奮鬥的力量泉源。陳嘉庚（1874-1961）是福建省泉州府同安縣人，同安的面積與新加坡相近約225平方哩，在1911年時人口25萬也與新加坡相當。他的祖父陳簪聚是陳族的第十七代孫，是一忠厚、嚴厲、勤勞，人人敬重的族長，他的幼子陳杞柏也就是陳嘉庚的父親生於鴉片戰爭前後，1860年代，他年輕的時候就隨著兩位兄長移民到新加坡，在米店當學工。1874年陳嘉庚誕生。

（二）陳嘉庚所受前輩紮根的儒家啟蒙教育

　　在陳嘉庚誕生的年代，新加坡、馬來西亞一帶已經有許多華人經營的書院與報刊，也因此星、馬一帶至今有第三個漢文化區的美譽。

---

[8] 賴觀福，〈馬華文化導言〉，賴觀福主編，《馬華文化探討》，台北：馬來西亞留台校友會聯合總會，1982，頁13。

根據賀聖達研究，新加坡在19世紀下半葉其儒學運動和「東亞文化圈」是東南亞的新分支。它主要通過教育的方式把非政治性的儒家倫理灌輸到華人中，從而使新加坡以及東南亞較大的華人聚居地區成為漢文化圈在東南亞的新分支。

1. 陳嘉庚幼年的教育

據研究者指出，陳嘉庚幼年就讀集美南軒私塾，接受一些儒學教育薰陶，小時候的陳嘉庚，他須要死啃硬背三字經、百家姓及千字文等課文而不求甚解…學四書，即大學、中庸、論語與孟子等……培養他日後不斷進修中國語文、文化的習性，儒學思想中的忠、孝、仁、義、克己、和諧、自勵等教誨逐漸灌入他的腦海…在1920年代他仍保留為石叻孔教會會員。從給孩子們的大約二十項家庭規訓中窺測……「己所不欲，勿施於人」及「一個美好的家庭，是建立在仁、愛、孝、義、勤與儉等傳統美德的基礎上」等。[9]陳嘉庚的庭訓可以說是歷代儒家家訓的縮影，而這種事實在歷代無論是文臣武將或者是鄉紳百姓一再呈現，可以說儒家文化是修、齊、治、平禁得起千錘百鍊的精神倫理的來源與寶典。

2. 陳嘉庚的家訓

從給孩子們的大約二十項家庭規訓中窺測…「己所不欲，勿施於人」及「一個美好的家庭，是建立在仁、愛、孝、義、勤與儉等傳統美德的基礎上」等。[10]陳嘉庚的庭訓可以說是歷代儒家家訓的縮影，而這種事實在歷代無論是文臣武將或者是鄉紳百姓一再呈現，可以說

---

[9] 楊進發著，李發沈譯，《華僑傳奇人物──陳嘉庚》，新加坡：牛津大學出版社，1989，頁26。

[10] 楊進發著，李發沈譯，《華僑傳奇人物──陳嘉庚》，新加坡：牛津大學出版社，1989，頁26。

儒家文化是修、齊、治、平禁得起千錘百鍊的精神倫理的來源與寶典。

在陳嘉庚百年之後，他的繼承者又進一步將他的精神與訓示提煉《陳嘉庚遺教》二十則：

> 怨宜解，不宜結。
> 居安思危，安分自守。
> 飲水思源，不可忘本。
> 家庭之間，夫妻和好，互諒互愛；治家之道，仁慈孝義，克勤克儉。
> 服務社會是吾人應盡之天職。
> 不取不義之財。
> 仁義莫交財。
> 凡做社會公益，應由近及遠，不必驚遠好高。
> 我畢生以誠信勤儉辦教育公益，為社會服務。❶

無論是公司的章程或者是陳嘉庚的遺訓，我們都可以看到體會這些相當程度集中於中華文化的精神，尤其是勤勞、節儉、勤奮、主動、仁慈、孝悌、守分、盡責等儒家的倫理彰彰入目。也可看到他不取不義之財，更進一步發揮取之社會用之社會的奉獻精神，這是陳嘉庚對中華文化身體力行，從家國到社稷的精神一以貫之。

（三）陳嘉庚的企業經營觀

1. 多元化的企業經營

在歐洲殖民主義的發展歷史中，大體上是形成所謂的3角貿易，

---

❶ 同上書，頁204。

亦即從亞非國家輸入人力，到其殖民地作基本的農業生產與加工，再
將產品運往第三國度販賣，英國殖民馬來西亞亦不例外。來自中國大
陸的移民者到馬來半島，他們種植甘蜜、胡椒…甘蔗、木薯種植業：
由於用糖量的急劇增加，造成食糖供不應求。…橡膠種植業：橡膠業
是馬來亞的兩大經濟支柱之一，也是英國殖民者大量招收華工，牟取
暴利的主要產業。⑫在馬來西亞經濟開發的先鋒是華僑。

　　研究華人到東南亞的移民的過程，他們的事業發展往往具有大致
相同的一個模式，亦即當初到南洋時，他們純靠體力掙錢；有了積蓄
之後，即從事小本生意，然後才進軍較大的工商業疆場。順利者發跡
變泰，商而富則紳，進而擠入上層社會。對他們而言，錢財該聚或散
是一種很自然的行為。…此行為有不平凡和深刻的意義，對社會國家
多有莫大的貢獻。…以著名愛國華僑陳嘉庚先生為例，他是馬來西亞
橡膠業的巨頭…從事羅波罐頭、餅乾、航運等行業。中國人是馬來西
亞經濟的拓荒者…早在西方人發現到馬來半島來的航線之前，中國人
便已經在這裡開礦經商，務農、捕魚，早期當地政府的行政費用都是
依靠中國人的勤勞和精力來提供資金的。英國查爾斯‧羅卡斯爵士曾
說：「華僑在開發海峽殖民地的重要地位，無論怎樣加以讚揚，也不
會過分的。」萊特上校曾經這樣說過：「中國人是這裡居民中最具價值
的成員。」克勞福氏：「他們在開發馬來半島的資源方面是最為積極、
最起作用的代表人物。」⑬華人在東南亞的貢獻，連英國人不僅不否認，
更是讚譽有加。陳嘉庚坦言，歐戰宛如一座礦山，讓他在戰事綿延的
1915年至1918年間，贏獲巨利達四百五十萬元。它轄下之業務計有：
黃梨罐頭業、碾米業及熟米廠、樹膠加工業、鋸木業，中介商業及船

⑫ 李鴻階主編，《華僑華人經濟新論》，福州：福建人民出版社，2002，頁294-295。
⑬ 蔡北華主編，《海外華僑華人發展簡史》，上海：上海社會科學院出版社，1992，
　 頁90-91。

務。[14]吾人也深刻體認在西線無戰事的環境中才能夠致力於商業的發展，也才有賺錢的機會。從1920年代陳嘉庚的事業不斷邁向高峰，同時在這個時刻，他也展現對中國故土教育的巨大回饋與奉獻。

2.大處著眼、小事著手，一本勤奮建業原則

一個事業的成功必然有其特殊的管理理念與行動，根據陳嘉庚公司的章程顯示，筆者將重要的要項臚列如下：

1929年由陳嘉庚親自制定：《陳嘉庚公司分行章程》

> 人身之康健在精血，國家之富強在實業。
> 能自愛方能愛人，能愛家方能愛國。
> 廈集二校之經費，取給於本公司；本公司之營業，托力於全部店員。
> 受人委託即當替人盡力，受本公司委託，即當替本公司盡職。…
> 嬉游足以敗身，勤勞方能進德。
> 懶惰是立身之賊，勤奮事建業之基。
> 欲成大事，先作小事。
> 無事找事做，其人必可愛；有事推人做，其人必自害。[15]

（四）陳嘉庚的文化情懷

1.傾財興學、教育救國

20世紀中葉以前新加坡馬來西亞是在同樣一個被殖民的體系既

---

[14] 楊進發，《華僑傳奇人物──陳嘉庚》，新加坡：陳嘉庚紀念館，2012，頁44-45。
[15] 林斯豐主編，《陳嘉庚精神讀本》，廈門：廈門大學出版社，2007，頁201-3。

聯邦政府之下，華人奮鬥成功而貢獻社會者，特別一個共同點就是
在教育的捐資興學上，作者列舉了著名的十位人士，他們分別是陳
嘉庚（1874-1961）、陳六使（1897-1972）、李光前（1893-1967）、陸
佑（1846-1917）、胡文虎（1882-1954）、李延年（1906-1983）、林連
登（1870-1963）、李成楓（1908-1995）、林晃昇（1925-2002）、郭鶴
堯（1916-2012）。簡言之，在馬來西亞的華人族群當中事業有成回饋
社會已經成為一個行之多年的優良傳統。陳嘉庚事業有成，一生繆力
教育的投入，他說：「誠以救國乏本，亦只有興學之一方，縱未能立
見成效，然保我國粹，揚我精神，以我四萬萬民族，亦或有重光之一
日」。陳嘉庚苦心孤詣於教育的無盡奉獻，論者以為，「陳嘉庚傾財興
學之舉，具有遠大的眼光和抱負，即以教育救國」，無人可與陳嘉庚
比擬。❶這種在異鄉對中華文化的深厚情懷，激發了一代代新馬人士
的前仆後繼。

　　陳嘉庚所處的時代背景，他經歷了滿清、民國、軍法、國民黨、
共產黨五個時起，他都站在人民、正義與進步的立場上。1956年夏，
中華人民共和國教育部長和教育部顧問、蘇聯專家費洛托夫到集美拜
訪陳嘉庚先生，…他謙遜地說：「中國長期受到列強欺凌，我在海外經
商，很希望中國富強。抗日戰爭期間（1940年），我代表華僑回國慰
問，到延安會見了毛主席，感到中國有希望了。我是一個僑商，只能
把經營企業所得來的錢興辦學校，為國培養人才，這是盡我的義務。」
它就是這樣把興學視為抱過的天職、愛國的義務。最難能可貴的是，
他在南洋的企業受到資本主義經濟危機的侵襲而虧損慘重之時，外國
財團提出給予「照顧」而其先決條件是要他停止給廈大和集美學校提
供經費，他毅然拒絕。正如他在回憶錄中寫的：「有人勸余停止校費，

---

❶ 林水檺，〈功垂竹帛：馬來西亞的華裔儒商〉。林水檺主編，《創業與護根：馬來西
亞華人歷史與人物儒商篇》，台北：中央研究院東南亞區域研究計畫，2001，頁
xxi-xxxvii。

以維持營業，余不忍放棄義務，毅然支持，蓋兩校如關門，自己誤青少年之罪小，影響社會之罪大，…一經停課關門，則恢復難望。」❼

　陳嘉庚對教育事業的投入不餘遺力，除了大家所熟知的廈門大學之外，他又再集美學村從幼兒園、小學、中學到數所高等大專院校，（最後在1994年將五所院校合併成立了集美大學）這些都是陳嘉庚及其家屬及校友所捐建。❽而新加坡李氏基金會先後有在集美大學捐建嘉庚圖書館、精武館和綜合體育館。這些集美地區的各級學校和陳嘉庚緊密連結在一起，名揚海內外。處處洋溢著蓬勃生氣與陳嘉庚的精神。就筆者的了解，集美大學的前身曾經是中國海童軍的創始學校，這在中國童軍運動發展史上具有開拓者的深遠影響。

2. 對台灣問題的關注

　1950年代以後陳嘉庚也多次表示關懷福建與台灣的關係及其未來發展，閩台一家，血濃於水…陳嘉庚語重心長地說：「全中國人民都關心台灣的解放，閩南人尤其是關心台灣的解放，因為台灣同胞中，很多是他們的血親。同根同祖，親情難斷，陳嘉庚用「血親」兩字來表達他祈望台灣順歸的迫切心情和深切的關注。」❾陳嘉庚的晚年雖然在南洋的事業所輟，但是他關心國家與文化的前途依然濃烈。

3. 禮聘名師、誓建第一流大學

　陳嘉庚創辦廈大源於他強烈的愛國思想和救國圖強的責任感…陳嘉庚辦學是拿出他的大部分基本財產作為學校經費。正如黃炎培所說：「發了財的人，而肯全拿出來的。只有陳先生。」他完全不是把

---

❼ 謝高明，〈愛國興學、倡辦師範-紀念陳嘉庚先生誕辰110週年感言〉，曾講來主編，《陳嘉庚研究文選》，廈門：廈門大學出版社，2007，頁126-127。
❽ 林字元資源志陳嘉庚大型電視記錄片，北京：中國文聯出版社，2004，頁114。
❾ 楊雀林，〈鰲園為什麼有台灣省全圖？〉，同上書，頁150。

學校當作自己投資或儲蓄的機構,以增加營利擴大資產。在政治上,他並沒有野心,也不想借辦學去抓取政治舞台上的權力。辦好廈大,陳嘉庚採取重金禮聘的策略,學校規定:教授月薪最高可達400元,講師可達200元,助教可達150元。當時使用的貨幣是銀元,月薪25元就能養活一個五口之家,私立復旦大學校長及專任教授月薪最高僅200元,廈大教師薪俸參照當時國立大學較高標準制定,比同時私立大學的一般標準如復旦大學、南開大學高許多。⑳從教師團隊的薪資,可知陳嘉庚禮聘名師絕不後人。吾人知道辦一所大學需要耗費的資源是相當可觀的,尤其要擠入全球名校的排行更是如此,而陳嘉庚一本初衷,絕無私心。

　　深受儒家思想影響的陳嘉庚及其廈門大學事業繼承者林文慶校長卻主張「保存運用儒學方法,實現大學的辦學理想和目標」,為國家社會培育優秀的領袖人才。林文慶認為要挽救中國,必須從兩個方面入手:1.須有強有力之中央政府統治全國。2.須恢復中國固有文化。林文慶對當時新文化運動提倡打倒孔家店的做法持反對態度。熱愛中國傳統文化的林文慶,一心希望把廈大辦成「生的非死的,真的非偽的,實的非虛的大學」,卻被當時的學生斥以「十六世紀的腦筋者」。㉑創辦人的遠見以及接任者的繼志承烈,讓廈大成為南方之強。個人於2017年也聽廈大朱崇實校長談到,為感念僑領陳嘉庚回國創校精神,所以廈大是中國第一所在境外創校,亦即2016年在馬來西亞雪蘭莪州雪邦縣創辦廈門大學分校。

---

⑳ 石慧霞,《抗戰烽火中的廈門大學》,鄭州:河南大學出版社,2015,頁30。
㉑ 石慧霞,《抗戰烽火中的廈門大學》,鄭州:河南大學出版社,2015,頁36-38。

四、楊忠禮的事業經營觀與文化情懷

（一）楊忠禮的出生與啟蒙教育

1. 金門人移民的生命史

　　19世紀到20世紀初金門天然環境相當惡劣，金門地瘠民貧，看天吃飯，在1949年國民政府自大陸撤守之前，金門幾乎沒有樹木，童山濯濯，冬天風沙撲面如刀割，砸人肌膚。金門自然環境堪稱惡劣，加上多子多孫的文化觀念也在這個小島上根深蒂固。論者以為金門是一個儒家化與宗族化很深的地方，傳統多子多孫的觀念曾盛極一時，因此子孫繁衍很快，丁口眾多…當土地已無法養活這麼多人口，就會像擠牙膏一樣，一點一滴陸續被擠到南洋去。…金門的壯丁背著一只簡單行囊，拋妻別子，辭別父母與鄉井，一個人前里迢迢地搭船到廈門轉行南洋打拼去了，這樣的移民過程，金門人稱為「落番」。…俗諺有云：「六死、三在、一回頭」，能夠成功歸來的百不得一。斑斑的血淚史隱藏在歷史裡面。[22]楊忠禮先生的父親清廉先生（1902-1968）是金門湖美村東堡人，為追求理想，毅然決然在1920年離開金門，隻身搭乘輪船取道廈門、新加坡到人生地不熟的馬來半島投奔外祖母的堂兄，在雪蘭莪州（Selangor）巴生坡（Klang）落腳、落番。他的堂兄作木材兼營建築材料，清廉先生幫他處理記帳及書信往來的工作。父母在1924年結婚，育有六男三女生。1929年楊忠禮（Yeoh Tiong Lay）誕生於巴生市是移民的第二代。

---

[22] 李福井，《金大崛起——魔法校長李金振》，金門：國立金門大學，2014，頁184-185。

2.楊忠禮啟蒙的儒家教育

　　楊忠禮先生雖然生活在異邦的社會，但是楊家並沒有忘記中國傳統的啟蒙教育。五歲時他的父親將他送到巴西布南邦漁村表舅的私塾讀三字經、百家姓、千字文等書…接下來才讀論語、大學、中庸詩經等經書…儘管表舅子是個老學究[23]。楊家雖然家境清苦但是秉持中國人的觀念重視盡可能的讓小孩接受基本的啟蒙教育。他又說，「父親對中華文化特別眷戀，對優良的中華文化美德懷有解不開的情節。他認為華人必須先打好中華文化基礎，才學習第二種語言。於是我選擇了吉隆坡中華中學」[24]。個人了解忠禮先生也因為這些儒家的經典教育讓他一生做人做事秉持儒道的精神，可說是一個儒商。

3. 刻苦勤儉的家風

　　無論是初期在父親的建材行工作，靠著一部簡單的「囉喱車」，除為客戶運載貨物外，也接受一些散客搭順風車…土產到市鎮中換取米糧等物品。[25] 也就是把人力與簡單的生財工具運用到極致，誠如他所說的「窮人的孩子早當家」的智慧與毅力使楊忠禮比同年紀者更早熟，也更能發揮生意人的能耐。這不就是論語所說的：「子貢問：「固天縱之將聖，又多能也。」子聞之曰：「大宰知我乎？吾少也賤，故多能鄙事。君子多乎哉？不多也！」後來楊忠禮的建築承包製造也是從低的E級做起，並得到萬津公共工程局的信任[26]到1980年代他已經取

---

[23] 丹斯里拿督斯里楊忠禮博士出版，2003，《楊忠禮回憶錄》，吉隆坡：鑑集團印行，頁16。

[24] 同上書，頁41。

[25] 同上書，頁30-31。

[26] 同上書，頁81。楊忠禮企業規模成長，最初是F級可建不超過一萬元工程，E級則不超過五萬元，D級不超過拾萬元，C級不超過貳拾伍萬元，B級不超過伍拾萬元，A級則不受限制，五十年代初期，瓜雪的縣長是愛爾蘭裔英人波利斯先生，履任後便大力推展瓜雪的公共設施及推行教育，在這個時候楊忠禮先生發揮所長取得到偏

得不受資金限制的A級執照。楊忠禮的長子楊肅斌說媽媽常教育兒孫的三項庭訓：一是『刻苦耐勞、勤儉持家』，二是『天下無難事，只怕有心人』，三是『團結力量大』。[27]

（二）楊忠禮的四倫情懷

中國傳統有所為的君臣、父子、夫婦、兄弟、朋友五倫關係，本文著重四倫的探討，主要因為今日已不是君主專制的時代，而且楊忠禮先生也沒有當公務員和做官的經歷，當然君臣關係可以解讀為國民與國家的關係，此一層次的關係筆者將在另外一篇文章論及。

1. 父子之道

楊忠禮的父親楊清廉先生除了經營木板建材之外，還兼營建承包及囉哩運輸業，他經營建利棧四十多年，直到他66歲逝世為止，沒有離開瓜雪埠，「我的父親懷著拓荒先行者的精神，隻身先行到瓜雪埠開闢他理想中的事業，經過幾十年的奮鬥，歷經滄桑，終於為後人創下良好的業務根基」[28]。在楊忠禮八秩大壽音樂會上，楊忠禮有一段話可以說是他的人生歷程，亦可說是其父子道的充分印證，他致詞說：著名的百歲老人張岳軍先生說，人生七十才開始。我想說的是，人生八十才開始，精彩的人生還在後頭。我和我的夫人的精采，在於我親愛的孩子們，也在於我們的第三代和第四代。我們願意繼續為孩子們的積極進取，穩步前行，創造更多的輝煌加油打氣，也願意和在座的所有朋友們一起分享楊忠禮機構集團更上層樓的喜悅。[29]這些話語說

遠地區興建教育工程。

[27] 李福井，2014，《金大崛起-魔法校長李金振》，台北：五南，頁202。

[28] 同上書，頁6-7。

[29] 2008年12月28日〈丹斯里拿督斯理楊忠禮八秩大壽〉音樂會手冊。

明了楊忠禮的樂觀積極進取的精神表露無遺，這個精神讓楊忠禮的企業如同有無限的動力一般向全世界邁進，並一代一代傳承。

　　根據英國《金融時報》吉密歐，李靜編譯，〈亞洲家族企業的傳承課題〉，《譯世界 Translating the World》總部位於馬來西亞的大型綜合楊忠禮集團涉足豪華酒店物業、電信和自來水等行業。現任董事總經理楊肅斌的多名子女管理。今年23畢業于劍橋大學的楊恭俊如今主管楊忠禮集團的水泥業。他的哥哥、現年28歲的楊恭耀畢業于倫敦帝國理工學院電子工程專 增長。目前是楊忠禮通訊的副行政總裁。楊忠禮通訊是楊忠禮集團旗下主營4G電信業務的企業。家族四代人才輩出，一代一代傳承不僅守住祖業根基，並開拓新的事業版圖，且能夠站在時代的浪頭上誰與爭鋒，所以楊忠禮機構隨著世界新興企業的腳步而不斷的壯大。

2.兄弟之情

　　楊忠禮事業的發展初期是兄弟一起打拼，「1963年六弟忠勇從澳洲畢業回來，正好助我一臂之力。1964年我將楊清廉建築有限公司交給忠勇。1968年父親謝世，楊清廉建築有限公司便由忠勇全權負責經營。…1986年他為兒女教育而移居澳洲布里斯本，才結束楊清廉建築有限公司的業務」。[30]1978年楊忠禮的子女陸續從英國學成歸來，他們學有專精，有土木工程、建築工程估價學、會計學、工程學、法律學甚至孫子輩都有環境生態的專業加入楊忠禮的團隊，並分工職掌不同的部門，不斷的壯大楊忠禮機構的事業規模。[31]這兩段話可看到楊忠禮的手足之情與信任之深的寫照。

---

[30] 同上書，頁頁 122-123。
[31] 同上書，頁 145、267-281。

3. 夫婦情深

德國社會學家韋伯在他的求婚信上，稱他的未婚妻是「我高貴的伴侶」。他在信上這樣寫：「從純粹內在世界的角度來看，責任倫理的思想也能豐富人的感覺，但具有責任感的愛情由於生活過程的有機變化，「在白頭到老的過程中」也會發生某種變形。只有在雙方的相互給予和相互滿足中才能找到最純真、最高級的東西」[32]。這段至情、至愛的話語，很貼近楊忠禮與陳開蓉的愛情故事。在楊忠禮回憶錄的首頁他這樣寫著：

> **獻給**
> 伴我走過無數艱辛和歡樂歲月的至愛——我老伴陳開蓉。
> 是她幫助我建立起美滿幸福的家庭和促使我的事業走上成功的道路。
> 在商場打滾了半個世紀，我安心把棒子交給了他們。
> 只是我個人的平凡遭遇，沒有什麼「驚天動地」的故事。…
> 她爲子女奉獻了畢生的精力，身教言教，教導孩子們知書識禮，向善向上。孩子們之所以有今天的成就，與老伴的管教和奉獻是絕對分不開的。[33]

2018年5月7號晚上筆者有幸能夠訪問到楊夫人，當晚楊夫人侃侃而談，從中我了解到楊夫人的處世名言就是公事處理要理智勝過感情。但是對朋友則要感情因素多放一些。一個婦女嫁狗跟著走、嫁雞跟著飛。這是夫婦兩人真情的流露，這些心裏話不就是傳統儒家倫理

---

[32] 漢·諾·福根著，劉建軍譯，《馬克思·韋伯》，石家莊：河北教育出版社，1999，頁123-4。
[33] 丹斯里拿督斯里楊忠禮博士出版，《楊忠禮回憶錄》，吉隆坡：鑑集團印行，2003，頁xii-xiii。

的夫唱婦隨、伉儷情深的最佳寫照嗎？而楊忠禮董事長也把它一生的成就是因為得到賢內助在家庭與事業上最大的幫助，讓他走向了成功之路。

4. 朋友關係

金門人的刻苦出洋，回饋鄉里，已從這種內蘊衍化為金門人的傳承，從早期的返鄉蓋學校發展教育，到最近的捐資興學，金門人這種故鄉之愛，鄉土之情，雖然已經過若干年代了但是這種精神一直還存在。

楊忠禮博士的好友鴻海董事長郭台銘，立法院長王金平，他們三個人約好2010年8月1日一起到金門參與金門大學的揭牌典禮，後來郭董臨時不能來，於是人不到禮到，就包了美金100萬元。[34]這個例子可以說明楊忠禮與朋友的交情，為朋友兩肋插刀不就是如此情境麼？在他的傳記回憶錄中，經常看到他對朋友的關懷與付出，也看到他走遍國外旅行，各地朋友經常熱絡的陪伴，簡直一天當三天用，朋友間可以說實踐了孔夫子所說的：「有朋自遠方來不亦樂乎」的情境。

（三）楊忠禮的企業經營精神

1. 誠信為上的經營哲學

楊忠禮的企業經營哲學也處處呈現誠信的效應。他說：「我感覺到作為一個正直的商人，除了誠、信之外，還得加一個忍字…守信用才可取信於人，與人交往，讓人家不會對你存有戒心。尤其是生意人，更須堅守信用，如此則無往不利；能忍則使你雖處逆境而不喪失鬥志，沉著應戰，克服困難，必能漸入佳境。…我都以誠信忍作為我的座右

---

❸④ 李福井，2014，《金大崛起-魔法校長李金振》，台北：五南，頁189。

銘❸。誠信的義理《中庸》說：「誠者，天之道也；誠之者，人之道也。誠者不勉而中，不思而得，從容中道，聖人也。誠之者，擇善而固執之者也。」關於除了精誠所至、金石為開的企業經營哲理之外，處在多數族群不同信仰文化的馬來族社會情境中，楊忠禮又多了一個忍字，在異邦社會常常要忍他人之所不能忍。

2. 與時俱進的企業文化

誠如孔夫子在論語第一篇所說：「學而時習之，不亦説乎？有朋自遠方來，不亦樂乎？人不知而不慍，不亦君子乎」？勇於學習不斷上進的精神是儒家文化的第一章。這種利用各種機會不斷學習先進的技術，慣穿著楊忠禮先生的不同時期，在他的回憶錄中隨處可見，例如：我參加西太平洋亞洲建築會議的動機，是想藉此到外國考察他們的建築技術，先進的機械器材等。日本1964年承辦世界奧運會…看了日本同業的作業之後，多少激發了我心中豪氣，暗自許願，雖不敢說「此可取取而代之」，卻產生了迎頭趕上的豪情。…1974年暫時放下重擔，一方面前往英國探視求學中的孩子，一方面我與內子續程前往荷蘭、法國、德國、義大利及比利時等歐洲先進國家遊覽觀光，並順道考察歐洲的建築技術。…為發展電力事業，也走遍歐美國家，對他們的機器品質，售後服務等向「西方取經」❸。也就是這種「見賢思齊」的儒家精神，讓楊忠禮的企業規模不斷的躍升。

在1980年代馬來西亞引進日本與韓國國際跨國公司，他們挾龐大資金及高超技術壓境，來勢銳不可擋。而楊忠禮先生的建設公司必須面臨在技術與資金上與時俱進，才能夠跟日本、韓國公司一競高下。1980年至1985年間…我陸續標到了二十椿工程，包括馬航卅八層大

---

❸ 丹斯里拿督斯里楊忠禮博士出版，《楊忠禮回憶錄》，吉隆坡：鑑集團印行，2003，頁112-113。

❸ 同上書，頁130、147、186-9。

廈、合眾銀行大廈、麒麟大廈、回教基金會的柏金二十七層大樓、吧生中央醫院及丁加奴州中央醫院一攬子等工程。楊忠禮所憑藉的就是技術本位以及不斷學習成長的精神。

3. 待如兄弟情誼的企業夥伴

余英時先生在研究明清商人的特性時發現「伙計」精神對商賈事業發展的重要性。他說：明代沈孝思在〈學海類編〉中說，一人出本，眾伙共而商之，雖不誓而無私藏」。…休寧金聲（1598-1645）的「與嶧令君書」也說：「人以業賈故，挈其親戚知交而與共事。以故一家得業，不獨一家得食焉而已。其大者能活千家百家」。…許許多多的歷史明證說明了明清商人如何一面利用傳統文化的資源，一方面又把舊的宗族關係轉化為新的商業組合。…試問在中國傳統社會中還有比親族更可信用的助手嗎？所以山西以誠實不欺著名的「伙計」才會成為其他大賈「爭欲得之」的對象[37]。楊忠禮機構在發展過程中得到幾個忠實的助理葉天福、李水萍、陳學恆以及後來的符儒通等人的協助。他們辦事能力強，負責任，對我忠心耿耿。[38]

楊忠禮先生對他的夥計如同對他的家人一般，筆者於2018年5月7號訪問興華中學副校長莫壯燕，據她回憶學校楊董事長興建科技大樓的時候，只要他在馬來西亞，必定在周末早上一大早自己到市場沒買好每一位學校幹部愛吃的早餐，然後開車一個小一個小時到學校與大家進行早餐會報。這種關愛同仁部屬、以身作則的榜樣讓他的「伙計」由衷的感佩，更激勵了同仁全力投入。2018-5-7晚上興華中學李平福董事長對筆者說，楊董事長夫婦做人做事講究團隊精神。楊夫人也提到在旁邊補充道，我個人能力絕對稱不上才高八斗，我連二斗都

---

[37] 余英時，《中國近世宗教倫理與商人精神》，台北：聯經出版社，2013，頁152-4。
[38] 丹斯里拿督斯里楊忠禮博士出版，《楊忠禮回憶錄》，吉隆坡：鑑集團印行，2003，頁122。

沒有。強調通力合作的團隊精神，這是楊董事長生前的理念，他常對李平福董事長說：「一花不是春、孤雁難成群」。

4. 寬容與尊重多元的社會

面對多元族群與多元宗教的馬來西亞，楊忠禮的企業經營哲學除了精誠所至、金石為開的企業經營哲理之外，楊忠禮又多了一個忍字，在異邦社會常常要忍他人之所不能忍。

楊忠禮平日篤信傳統的中華文化與宗教，但是他的子女或許因為到在英國求學，因而接觸西方文化也篤信基督教，最後楊忠禮的臨終前都接受了子女的安排，以基督教的儀式來進行，可見楊忠禮對多元文化與宗教的敬謹接受。

（四）楊忠禮機構對中國的投資與全球佈局

由於之前企業的信用與品質保證，使得楊忠禮機構在90年代不斷的躍升。九十年代開始一攬子作業十二間核子醫院，總投資三十六億零吉。提出建築商上市集資的概念，集公眾的資金做大生意，賺大錢利惠小股東…我首開紀錄買下「香港錫」公眾公司，之後易名為「楊忠禮機構」。公司上市改在馬來西亞註冊，1996年2月楊忠禮機構獲准在東京股票交易所掛牌交易，為大馬企業公司在亞洲股票市場上市的第一家。2002年5月，我們公司以六十七億零吉的代價收購英國韋賽克斯水供有限公司。這間公司是美國安然機構的子公司以十二億四千萬英鎊。收購係由三兒蕭宏負責策畫。[39]就如同日本資本主義之父澀澤榮一所言社會大眾集資的株式會社，也就是股份制的的引進與推動，讓澀澤榮一與楊忠禮的企業不斷成長茁壯。

---

[39] 同上書，頁240。

楊忠禮公司在中國的投資活動，包括在1997年獲得了供電合同。1996年10月，楊忠禮公司試圖收購亞洲綜合電力公司（Consolidated Electric Power Asia [CEPA]）的80％股權，但未能如願以償。楊忠禮公司把這次收購視為一個機會，藉以建立楊忠禮公司控制的泛亞洲電力大企業。楊忠禮公司的電力生產企業持有楊忠禮-CPI 電力有限公司的51％股權，從而又持有中國政府建立的一家合資企業南昌Zhongli 電力有限公司的60％股權；該合資企業的其它成員還包括江西省電力公司和江西省投資公司，它們都是國有企業。楊忠禮公司集團一直與之在中國大陸發電業進行合作的公司屬國有企業，這一點也許有利于它進入中國。

馬來西亞楊忠禮機構是一家具實力的全球性上市公司，該公司2015年6月26日宣布，已與中國國際電力達成聯營協議，在中國江西省投資興建發電廠，這項計劃預計投資4億美元。大陸媒體報導，2016年12月21日，哈爾濱電氣國際工程有限責任公司（簡稱"哈電國際"）再次發力印尼電力市場，以良好的業績和品牌優勢贏得用戶青睞，與馬來西亞楊忠禮集團（YTL）在吉隆坡成功簽訂印尼坦竣2×660兆瓦，超臨界清潔煤電站項目百億元總承包合同，實現2016年完美收官。YTL集團主席楊忠禮先生，董事、總經理楊肅宏先生，哈電國際董事長、黨委書記郭宇，副總經理王世民等出席簽字儀式。

（五）楊忠禮的文化抉擇與關懷

1. 在文化衝突中縛力族群彌合

著名的華裔學者中央研究院院士何丙郁在1950年代到70年代處在英國殖民馬來西亞政權交替的前後，他曾經擔任馬來西亞大學中文系主任，也曾經任教澳洲大學，繼赴英國擔任李約瑟（Joseph Needham，1900-1995）博士的接班人，持續對中國古代的科技文明展開研究與撰述，在他的學術性自傳中 1950年代他在剛成立的馬來西

亞大學任教說到，我個人的學術研究方向…對於動輒以「輝格史學」
來貶低中國古代科學史研究的某些學人…以歷史這門科學為例，二十
世紀中葉，西方的所謂『正統歷史派』以古希臘遺傳的文化為正統。
例如，劍橋大學沒有中國史這門課，偶爾提及的都是中國與歐洲有關
的事情，主要的課題是歐洲優越文化對中國的影響…劍橋大學歷史系
主任巴特菲爾德（Herbert Butterfield）…起初他對中國史也採取輕視態
度…。」[40]1969年5月13日在馬來西亞進行大選之後，發生族群鬥爭
動亂，受殃者多屬華人。何丙郁回憶說到，自從族群動亂後，馬來亞
大學一部分教職員對國家的政事和大學的校務發生濃厚的興趣。有些
講師以族群為出發點，參與校政和爭奪政權，例如院長的職位成為一
個爭奪對象。中文系所面臨的不僅是「版圖之爭」，而是「存亡之鬥」。
文學院中有些人企圖把中文系的中史割讓給歷史系，華語歸屬語言中
心等等。我必得留下，盡力保衛這個中文系，以防它遭受解體的命
運。[41]吾人取這兩段話，說明中文教育與中國文化在異邦社會要能過
延續，它不僅是「文化版圖」之爭，有時甚至涉及到「生死存亡之鬥」
的艱困。

　　1950年代馬來西亞正處在英國殖民政府徹離的前後動盪不安的年
代，殖民政府開始徵召學生入伍，以對抗馬共。而此時巴生中華中學，
平生從事教育，富苦幹實幹精神，道德學問俱為南洋第一流人的黃至
元校長（畢業於廈門大學，得到教育學與生物學兩學士）在夜間被人
殺害。[42]

　　1969年五一三事件造成華人與巫統衝突。楊忠禮回憶道：「我的

---

[40] 何丙郁，《學思歷程的回憶：科學、人文、李約瑟》，台北：中研院近史所，2012，頁xi。

[41] 同上書，頁110。

[42] 徐威雄主編，《興華中學校史系列之三頌之卷：興華春秋》上冊，馬來西亞：丹斯里拿督斯里楊忠禮董事長發行，2015，頁104。

堂兄忠臣也在這次事件當中犧牲了，事件過後……修改憲法把土著的特權規定為永久性」。五一三事件發生當晚八時，警方便開始頒佈全國戒嚴令…任瓜雪縣官委議員的楊忠禮及華社領袖跑遍了窮鄉僻壤，向各族人士發動親善工作，勸告各族人民和諧共處。❹

2. 關懷中華文化始於青春年少

　　就在上述艱困時期的前十年，亦即1945年16歲的楊忠禮在中華中學念書，由於董事會與校長的觀念矛盾，部分董事、教師與學生出走，另組興華中學。此時的楊忠禮擔任學生會長，在如此年輕的時候他就參與一個學校的籌劃。他走入社區「一方面向家長們說明創辦興華的原由，一方面也向家長們籌募創校基金。家長們的反應情況令人鼓舞。…我們的宣傳及募捐隊伍深入窮鄉僻壤。…興華在苦難中創立，也在苦難中逐漸成長…興華的董事、家長、教師、學生同仁終於締造了馬來西亞教育史上的奇蹟，譜下了千古傳誦的詩篇。…丹斯里林玉靜、顏振聰和蘇順昌等人奉獻最多。❹這種家長、教師、學生合作辦學的成功例子在世界教育史上值得讚誦。至今走過70年頭的興華中學，期間經歷創辦、衰落、復興，今日已成為馬來西亞的著名中學，其中經歷的坎坷與奮鬥歷程也可說是華人在馬來西亞的縮影。至今表現令人矚目，學校的財務在三會的鼎力支持下，尤其是近十年來楊忠禮董事長的大力支持，使學校發展蒸蒸日上。誠如Kymlicka所言，文化是個人選擇的脈絡（Context of choice）。保障不同語言群體的教育語言權利，其實是保障這個群體的成員可以在教育系統中順利發展出他們的人格，而不是強硬進入另外一個陌生的文化脈絡，面對一個可能格格不入的學習情境。人民能自然地使用母語溝通，並從事各種文化

---

❹ 丹斯里拿督斯里楊忠禮博士出版，《楊忠禮回憶錄》，吉隆坡：鑑集團印行，2003，頁126-7。

❹ 同上書《楊忠禮回憶錄》，頁50-51、56-57。

活動時，個人主體性之建構才能實現。…理解為從一個移民社會轉化為公民國家；而馬來民族主義者則視馬來亞是一個擺脫了殖民統治的民族國家，這個國家的文化應該是以馬來文化及伊斯蘭教為基礎的國家，母語教育因此被視為族群整合的障礙。❹由馬來西亞華文中小學興辦的艱辛歷程，我們看到移民異邦的少數民族語言教育的困難與障礙，如Kymlicka所言，它需要有心人不斷的奮鬥，甚至犧牲生命。也更看到企業有成的楊忠禮先生，數十年來以強烈的文化關懷使命，讓他棄而不捨的支持華文教育與活動終生不渝。

3. 終身不忘本的文化情懷

在筆者非常有限的三次與楊家人接觸的經驗，讓我深深地感受潘斯里楊夫人撐起家庭及其夫婿企業的半邊天。金門大學前校長李金振這樣描述楊開蓉女士：

> 陳開蓉——楊忠禮的妻子，海南島人，出生小康之家，讀書時半工半讀，還要幫忙洗衣服、晾衣服，把家事做完了才能去寫功課，隔天要把衣服燙完後才能去上舉。小學老師，會13種語言。長子楊肅斌說媽媽常教育兒孫的三項庭訓：一是「刻苦耐勞、勤儉持家」、二是「天下無難事，只怕有心人」、三是「團結力量大」。有一次楊忠禮博士帶著孫子回來金門省親，孫子回金門當孫子們一看到東堡村莊的石碑，紛紛下車跑去和石碑照相。李金振覺得好奇，就問：「你們第一次回金門，為什麼會知道東堡這地方？」他們回答說：「祖母常常問：『你是哪裡人？』」「金門人。」「家住哪裡？」「住東堡。」

---

❹ 羅金義，《奇蹟之後：東亞世紀的挑戰》，香港：香港城市大學出版社，2014，頁197。

　　陳開蓉平日一再耳提面命，不要忘本。

　　陳開蓉的長子楊肅斌，第一次回金門走小三通，到水頭碼頭時，一上岸就跪下去親吻土地，讓李金振覺得非常感動。以一個60歲的人，如此重視鄉土，可說是媽媽教育與薰陶的結果。[46]

　　這種文不忘本的情懷，吾人在楊忠禮家族得到最好的印證，也可以說儒家的誠、正、修、齊、治、平的理念，深入具有深厚中華文化情懷的楊家。1966年楊忠禮先生與馬來西亞政府首席秘書丹斯里惹米爾等人應邀參加在台灣舉辦的遠東童軍大露營。並有機會回到他的祖籍故鄉金門，與親友初次見面，楊忠禮感受到「感情上覺得十分親切」，這大概就是「血濃於水的意識」。[47]金門給他留下了深刻的烙印。

　　2018年1月26日金門縣政府教育局、國立金門大學為丹斯里拿督斯里楊忠禮博士紀念音樂會，其中一段打拼的詞句可作為楊忠禮先生一生的寫照：

　　茫茫大海，冒險前行；搖擺「過番」，遠渡追尋，追尋，那悲苦中的——滿懷希望；黑夜降臨，驚險難平；旦夕功名，山窮水盡，窮盡，卻澆不熄，那憂慮裡的——莫名堅毅！「十去，六亡、三在、一回頭」，道盡華僑生命搏鬥的辛酸，然而，活著就有希望，打拼就有機會成功！[48]

---

[46] 李福井，《金大崛起——魔法校長李金振》，金門：國立金門大學、五南圖書公司，2014，頁201-204。

[47] 丹斯里拿督斯里楊忠禮博士出版，《楊忠禮回憶錄》，吉隆坡：鑑集團印行，2003，頁132-4。

[48] 金門縣政府教育局、國立金門大學主辦：2018年〈丹斯里拿督斯里楊忠禮博士紀念音樂會〉，時間：2018年1月26日，地點：金門縣文化局演藝廳。

　　當天的追思音樂會中，第二代第三代的楊價值的楊價值的上台唱出他們的心聲番薯情，❹這首歌的執意不正就表現楊家的吃苦、奮鬥不懈的天行健君子以自強不息的中華文化精神嗎？

　　由於楊忠禮董事長無私的奉獻，從中年的時候就受到社會、政府、國家來自國際上的無數的殊榮。1967年獲頒賜PJK有功勛章。1968年獲最高元首陛下頒賜PPN有功勛銜。1985年榮獲馬來西亞最高元首陛下封賜PSM丹斯里勛銜。1988年榮獲蘇格蘭的愛丁堡Heriot-Watt大學榮譽博士，首次頒發大馬華人的最高榮譽學位。2002年沙巴馬來西亞大學接受該大學頒發企業管理學博士文憑及沙巴馬來西亞大學的榮譽副校長。1996年獲雪州蘇丹殿下七十歲大壽封賜SPMS拿多斯里勛銜。這是最高拿督勛銜。2007年12月日本天皇授予旭日中綬章（The Order of The Rising Sun, Gold Rays and Neck Ribbon）。2014年獲聘為國立金門大學終身名譽校長，楊忠禮對上述教育機構的奉獻以及長期關心並大力支持華文教育，他是馬來西亞興華中學的創辦人暨董事長，致力於華文教育的延續與發揚，使馬來西亞的華文教育成為東南亞的典範之一。

　　2017年10月18日楊忠禮董事長遽然間離世，從18-22日舉行追思期間馬來西亞首相、政商名流、各國使節等逾12,000人前來悼念。告別式當天國內外來賓友人超過3,000人前來送楊董事長最後一程。❺家屬在告別式中捐出8百萬給29個社會慈善文教團體。2018-1-9家屬再捐出三千萬給興華中學設立興華慈善發展基金，這一次捐款的鉅額開

---

❹〈蕃薯情〉（詞／曲：李子恆）
　　小漢的夢是一區蕃薯園，有春天亦有風霜；蕃薯的心是這爾軟，愈艱苦愈能生存。故鄉的情是一滴蕃薯乳，尚歹洗啊尚久長；蕃薯的根是這爾深，愈掘愈大貫尚好種。感情埋土腳，孤單青春無人問；夢鄉穿砲彈，滿山的蕃薯藤切袂斷。阮是吃蕃薯大漢的金門子，黃種白仁心赤赤；咱是靠蕃薯生活疼生命，著愛一代一代傳過一代聽。
❺〈楊董事長舉殯家屬捐800萬予慈善文教團體〉，《興華月報》，巴生：興華中學，2017/11/10，頁1-2。

創華人教育史上的佳話。楊忠禮的一生可說是完成立德、立功、立言的三不朽。他是「實踐我在哪裡，中華文化就在那裡」的知行合一的典範。興華中學有位老師寫了簡單的詩句表達哀悼，她說：

> 大衣、月餅、紅包；
> 慷慨、慈祥、磊落；
> 忠世、禮賢、忘我
> 楊董事長，丁酉年，在天國。[51]

這四句有楊董事長的體恤同仁的胸懷，有他人格風範的寫照，更有他淑世灑脫的意境。楊董事長的精神永留人間，他在興華中學70週年的校慶上題字「興我中華、任重道遠」，這話語代表他的心志，更是我華夏子民的永恆使命。

五、結語

哈佛大學經濟學家Perkins指出：文化因素、價值觀和態度對東亞經濟奇蹟的成長其重要性超過其他單一變項，如政策、世界經濟環境等[52]。其中有關「個體主義」（Individualism）優先還是「群體主義」（collectivism）至上，一直是東、西思想史上的一大課題，兩種學說以及因而形成政治體制後；衍生的主流價值經常交疊輪替（alternative）在進人類文明史上。經濟原理如此，文化與政法思想也不例外。而回顧西方至啟蒙運動與工業革命影響下的經濟發展路線，基本上與西方

[51] 鄺美玉，〈丁酉年，在天國〉，《興華月報》，巴生：興華中學，2018/01/08，頁18。
[52] Harrison，Lawrence E. 著，黃葳葳譯，《強國之路——文化因素對政治、經濟的影響》，台北：正中，1994，頁124-125。

宗教倫理及個人主義下的競爭模式有選擇性、親近性的關係。

　　1970年代日本及東亞四小龍崛起，1990年代中國大陸改革開放也取得初步的成功，儒家倫理在經濟發展的作用受到舉世的重視，Rozman認為儒家文明至少在以下幾個領域是發揮四項影響經濟發展的動力作用。第一，把重點放在教育的培植，促進個人經由緊張的學習和思想的淨化，尋求自身的提昇…儒家的社會準則培養了一種競爭意識，甚至於可理解的前現代範圍內樹立了一種創業精神。第二，在家族企業方面，西方哲學強調個人主義取向，而儒家學說則提倡家庭主義在企業發展上的企圖心。第三，儒家學說對企業管理的影響，形成一種個人人格至上的共同管理的新形式。第四，在儒家文明區，在東亞其行政官員比在西方享有更高的聲譽和社會地位。[53]Rozman又認為在海外華人可說是——亞洲的猶太人，他們何以在商業上如此的成功？關鍵就在於倫理的教育上，新加坡位居第一佔76%、馬來西亞32%居次、泰國14%、越南3%、印尼2%、菲律賓1.5%。[54]Rozman的百分比不知如何得到？在這些東南亞國家的華人社區在教育與生活的比例上，他們運用儒家倫理的觀念成為生活價值的比例恐怕會更高。有趣的是，他畫了一幅漫畫，呈現新加坡在教室裡告訴學生C是什麼呢？首先是中國文化，其次是孔夫子，第三是法庭的案件，最後是慈悲心。新加坡前總理李光耀在其演講中經常強調人民的行為須依循儒家的原則，也因此他被描述為以此干涉反對派政治人物的法庭案件。[55]單純的從教育內涵與華人的倫理行為，在在都可以看出東南亞華人社會與西方文化所重視的與產生的倫理行為是絕然不同的。

---

[53] Gilbert Razman,1998, "The Confucian Faces of Capitalism" in Mark Borthwick（ed）, Pacific century :the emergence of modern Pacific Asia , Boulder, Colo.: Westview Press, pp.310-7.

[54] Ibid, pp.317-8.

[55] Ibid, pp.315-6.

　　近年來儒學與儒商的影響不斷的被重視與研討，馬來西亞華人文化協會總會長說，散居在海外的華裔在其所在國一直面對激烈的競爭，尤其在政經文教狀況出現危機與挑戰的時刻，「華人不忘尋根溯源，從先賢的東方哲學、道德倫理中覓求智慧，活學活用，成為領航處事的指標」。儒商透過自己的經營理念，把中華文化優美的一面帶出來，讓先賢留給我們的「修身、齊家、治國、平天下」的價值觀，「天人合一」的理念成為創新世界的瑰寶，充分發揮中華文化在21世紀的價值。中華文化經歷了逆風劣勢，但終歸「寶劍鋒從磨礪出，梅花香自苦寒來」。[56]諸子的思想的共同點是入世的…所以他們都沒有提出一套宗教性的行為準則，作為寄望於超升天堂，淨土或來世之梯。他們的思想都是入世的（This Worldly）。[57]其特色不是傳統佛教出世的（Other Worldly）的觀念，也不是基督新教所具有的「天職」觀念。中華文化源遠流長也不斷的淬鍊前行，中華文化的價值除了在故土斯民的力行實踐外，杜維明教授曾解析「文化中國」的概念，他說：「儒家學說在與中華民族需求不相關的情況下仍然具有強大的影響力。…華人定居海外以後，或者那些非華族，即使不成為民族主義愛國者，但卻可以成為儒家門徒」。[58]陳嘉庚、楊忠禮家族人在海外，但在他們的言行中流露出中國文化的刻苦、誠信、守法、照顧家庭、意志堅強、值得信賴等品質，這些都是他們事業成功的基礎，他們親近鄰里、回饋社會，更是發揮中華文化樂善好施的典範。

　　吾人審視陳嘉庚、楊忠禮的移民心境以及熱愛家園、故土與無私奉獻的巨大文化情懷，正是這學理所分析的典範人物。就在撰寫本文

---

[56] 戴小華，〈在第六屆國際儒商大會上的致詞〉，周新國主編，《儒學與儒商新論》，北京：社會科學文獻出版社，2010，頁14。

[57] 賴觀福，〈馬華文化導言〉，賴觀福主編，《馬華文化探討》，台北：馬來西亞留台校友會聯合總會，1982，頁。

[58] 王賡武，《王賡武自選集》，上海：上海教育出版社，2002，頁299-300。

的過程中，得到來自馬來西亞的報導，看到陳嘉庚基金會頒發陳嘉庚精神獎，迄今連續舉辦了五屆共頒發了八名（八個單位）對推動社會關愛、文化和教育有貢獻者，成功樹立社會回饋和關懷新標竿。本屆得獎人已故楊忠禮，繼承了陳嘉庚遺風，為教育工作鞠躬盡瘁，參與巴生興華中學董事會超過50年，為教育事業出錢出力。另一有得獎人MySkills基金會董事答蘇巴迪則聲稱，自2011年起，該基金開辦了Primus技職培訓中心，讓來自貧困和破碎家庭、有不良嗜好及輟學的印裔少年，透過技職培訓，重拾對生命熱誠和對學習興趣。[59] 這報導彰顯了陳嘉庚精神後繼有人，為多族群、多文化的馬來西亞默默奉獻的團體與個人，不斷地發出燦爛的光芒而深深感動。

　　當代英國學者Clarke就指出東方啟蒙的意義在於我們不能直接的、完全的將西方的思想影響照搬到東方的頭上，也不能將東方學者關於亞洲殖民和後殖民社會覺醒的觀點與西方的影響過過度的聯繫起來，不過我們要牢牢的記住文化互動的豐富性與複雜性，東方的思想在西方科學、倫理、宗教、神秘主義和哲學領域等領域都激起有意義的反思，包括東西方思想、思想家觀念和文本進行跨文化交流的必要。東西方的思想家們不能夠一味的孤芳自賞，認為自己文化一塵不染，散發著紫檀木的香氣。[60] 他另外一本書《西方之道：道家思想的西化》，就認為《道德經》是西方自由經濟思想的來源之一，道家思想有助於西方社會擺脫基督教教義的束縛，克服身心二元論的文化傳統，從而以更廣闊的視野來看待當代各種思潮流行及其對社會實踐性的指引作用。[61] 中華文化的經典價值獲得學理上的肯定。處在多元族群、多元

[59] http://www.guangming.com.my/node/457934/terms/2018/09/21

[60] Clarke, John James, Oriental enlightenment: the encounter between Asian and Western thought, London and New York: Routledge, 1997,pp.11-12.

[61] Clarke, John James, The Tao of the West: Western transformations of Taoist thought, London and New York : Routledge,2000.

宗教與文化的馬來西亞，正是東西方的相遇的交會口，陳嘉庚、楊忠禮以儒家倫理為動力成就其企業精神，特別值得放在跨文化中加以研究，這是中華文化價值觀在實踐上的巨大肯認。他們一生將其龐大資產無私的奉獻，其目的就是為中華文化的傳承與發展。但研究者亦提出警訊，20世紀末、21世紀初新加坡華人也呈現從中國人身份的放棄，到中華文化情感的消退，再到華族認同疲態的萌生，凸顯新加坡華人身上華彩的淡化趨勢，同時在現代化與全球化新因素新問題的刺激下，近年來他們又轉向傳統，尋找現代情境中欠缺的文化和精神資源。[62]簡言之，新、馬地區新世代對中華文化的認同出現新新的危機，但也出現新的轉機，陳、楊兩位前輩的言說善行，值得新世代華人持續思考、研究、效法他們對東西文化的體認與實踐。

　　個人一直以為無論是基督新教、伊斯蘭文化、或創造性轉化後的新儒家、新道家，處在東西文明交匯的新、馬地理區塊，文化可能產生碰撞與適應的問題，也可能有更多相互學習與融合的面向。從陳嘉庚、楊忠禮的庭訓與企業經營哲學及其漂泊、離散生命史中可發覺他們對中華文化堅毅的精神與毅力。從一個遠在太平洋西岸的台灣學人而言，下一步要探討的是在20世紀動盪的世局中，他們處在身份認同的聚散離合下，其國家認同為何？期待從更多文獻當中進一步探索，更期待新馬地區的學人與團體進一步指正。

abstract:

This study begins with the perspective and comparison of "cultural ethics" in modern East and West. In the cultural background of the dual governance by the majority of the Islamic culture and the colonization of

---

[62] 李元瑾，〈新加坡華人身份認同意識的轉變〉，作者主編，《新馬華人傳統與現代的對話》，新加坡：南洋理工大學中華語言文化中心等出版，2002，頁55-76。

British Protestant culture, we wondering how do Chinese immigrants in Singapore and Malaysia adhere to the cultural tradition of settle down and the spirit of multi-respect, and we would like to know how Chinese culture effects on the struggled life of Chinese.

This article explores three famous contemporary Chinese and Western diasporic philosophers, Leo Strauss, Isaiah Berlin and Yu Yingshi who established a strong cultural sentiment and transcendence theory when facing wandering, cultural choices and identification.

Base on the perspective, this article reviews two «immigrant» industrialists, Tan Kah Kee and Yeoh Tiong Lay, how did they insist the belief of Confucian culture in the dedication of their business philosophy and value of their life in the last century. The features displayed helped them to be successful and contributed to the society.

Keywords: Protestant ethics, Confucian culture, diaspora, wander, cultural affection, identity, Tan Kah Kee, Yeoh Tiong Lay

本文初稿以〈陳嘉庚、楊忠禮的文化情懷、認同與奉獻〉，發表 2018，10/06，吉隆坡：馬來西亞及新加坡陳嘉庚基金會主辦：「2018 年嘉庚國際論壇」，感謝主辦單位的邀請，2020年初再修改。

伍

台灣老齡化社會人權的若干觀察
── 感懷一古今會通的人格者徐震教授

摘要

　　本文一方面審視老齡化社會在經濟發展、衛生醫藥的進步過程中已成為舉世的現象。又聯合國世界衛生組織所提出的「活躍老化」、重視「健康」、「社會參與」，及「社會安全」以重視老人人權與尊嚴的內涵。再者也回顧中、西社會在追求老人人權的過程中也不應忽略人義的價值。三者提出東吳大學社會學系（社會工作學系）徐震教授有關老人問題的解決，必須盡早著手在政策上兼顧「居家照顧」（home care）、「社區照顧」（community care）、及「機構照顧」（institutional care）三種方式在台灣的老人照顧上交互運用，其「社區照顧」的種種先見之明，可說與世界同步。最後以徐震教授漂泊生命的超然、儒道會通、超越人權的理念與實踐，不僅個人得以在困頓生活中安身立命，並進而在學術創作上、在誨人不倦上，一路轉化、提昇漂泊的一生，平衡生命的統整，成為一老齡化經歷的典範。

關鍵詞：活躍老化、老人人權、人義、社區照顧、徐震

一、前言

　　生命的老齡化是一種自然現象，每一個人都會走向生命光彩的夕陽階段，誠如美國詩人John Godfrey Saxe所說：

> 我開始喜歡我的拐杖；
> 我的眼力開始衰退；
> 我的笑聲開始微弱無力；
> 我的嘆氣聲開始變長；
> 我開始對我的衣著粗心大意；
> 我開始節約我的金錢；
> 我開始增長智慧；
> 我的年紀開始增長
> 是的，我開始變老！❶

　　人的年齡都會老，但是心境可以不老化，誠如著名的同盟會會員，亦是創辦神州日報的愛國人士，名書法家于右任（1879-1964）先生與張群先生的一段對話，將傳統的俗話「人生七十古來稀」改成「人生七十才開始，時代精神一語傳，萬歲中華今再造，期君同醉玉關前」，❷年近70但于右任老先生仍然對時代充滿了期待與希望，這洋溢老人生命力的話語，比二十一世紀初國際上流行的「活躍老化」的說法早了半個世紀以上。根據世界衛生組織（WHO，2002）將「活躍老化」界定為：「如果老化是一種正向的生活經驗，晚年仍應持續擁有健康、社會參與及社會安全……活躍老化是一種過程。在這個

---

❶ 景鈺雲，《活出魅力‧談老人人權》，新北市：揚智文化事業股份有限公司，2012，頁110。

❷ http://mypaper.pchome.com.tw/ytjiang/post/1374359607/2019/06/20查閱。

過程中，健康、社會參與及社會安全都有最佳的機會來促進老人的
生活品質……『活躍』一詞是指持續的參與社會、經濟，與公民事務，
並不只是有能力從事體育活動或生產勞務……活躍老化是透過『健
康』、『社會參與』，及『社會安全』三個支柱來達成聯合國老人政策
綱領的五大原則：『獨立、參與、照顧、自我實現與尊嚴』」。❸ 這是
聯合國1991年所訂定的五大原則，活化的三個指標，透過「社會安
全」機制讓老人活得「健康」也透過「社會參與」繼續活出生命的最
後光彩。

　　但各個國家對於老齡化的資深公民是否都得享社會福利與尊重，
簡言之，有關老人人權的問題是否有社會的共識與政府的保障，各國
仍有很大的努力空間。以講錯話著名的東京都知事石原慎太郎，曾經
在2002年10月發表「文明帶來的罪惡就是老太婆」、「女性在停經後
已經不具備任何生育能力，再繼續活下去，只是一種浪費」等歧視女
性的言論。石原慎太郎的這番荒唐言論，並不是他憑空想出來的，早
在1958年，松竹電影公司就由木下惠介執導兼編劇，將改編自深澤七
郎的同名小說《楢山節考》拍成電影，闡述了類似這樣的觀點。❹ 這充
分說明日本社會仍然存在著若干男性中心主義的觀念，對於女性、對
老人出現如此不尊重的言論與社會行動，令人不解，更枉費日本作為
一個經濟發達的「文明國家」所應有的老齡化福祉。可見老人權利是
需要透過社會的共識甚至是教育來達成的。

---

❸ 陳肇男、林惠玲，《家庭、社會支持與老人心理福祉：二十世紀末的台灣經驗》，台
　北：聯經出版，2015頁，214。
❹ 駱紳，〈銀色風暴〉，朱迺欣等著，駱紳主編，《創齡：銀色風暴來襲》，新北：立緒
　文化，2012，頁24-25。

二、老齡化社會的國內外福利觀與人權觀

　　吾人根據研究報告指出，台灣、中國大陸的老人平均壽命已達到先進國家老齡化社會的互比數字顯示如下：

表一：2008年世界零歲平均餘命之比較

地區	平均餘歲
中國大陸	73
美國	78
台灣	79
英國	79
德國	79
日本	82

資料來源：台北：監察院，2010，頁 10。[5]

表二：65歲以上人口佔總人口14%比率之年次

地區	年次
德國	1972
瑞典	1972
英國	1976
日本	1994
美國	2015
新加坡	2016
台灣	2018

資料來源：台北：監察院，2010，頁 13。[6]

---

[5] 監察院編著，《臺灣老人人權與實踐之探討專案調查研究報告》，台北：監察院，2010。

[6] 同上書。

　　從表一與表二的數字顯示，台灣在2008年的老人平均壽命與歐美先進國家不相上下，這方面呈現的是老人的經濟生活與醫藥衛生保障都得到相當的照顧，加上環境的友善才能夠達到平均 80 歲左右的生命。另外台灣老齡化的人口比起英、德來的晚40年，與美國差不多在21世紀的前十五年才達到14%的比例，說明台灣已邁向了老齡化的社會。據研究指出，全球老人會從1990年的三億五千七百萬，每七人就有一人是老人。目前已開發國家的老人總數，佔全球老人總數百分之六十，預計到2020年會增加到百分之七十五。[7]易言之，先進國家經濟發展快，同樣的老人人口成長也快，他們的老人福利與老人人權的步伐甚值得吾人重視。

（一）經濟社會發展與公民權利

　　1961年美國「白宮老人會議」（The White House Conference on Aging），發表「老年公民憲章」，指出每一位老人，無分種族、膚色、或信仰都賦有如下的權利，老年人的基本人權有1.生存權。2.基本生活權。3.安全與受保護權。4.自由支配和選擇權。5.隱私權。6.受尊敬權。7.承傳與發表權。[8]簡言之，尊重公民的權利一向是歐美社會的特性，哈佛大學的裴宜理（Elizabeth Perry）教授曾經指出，西方源遠流長的權利觀念，注重的是公民本身所具有的政治權利觀，進而以此權利去爭取自己的福利，而東方無論從孟子到毛澤東重視的是人民的社會經濟權，並且視為政府應該對人民承擔的義務。[9]審視近100年

---

[7] Nancy R. Hooyma, H. Asuman Kiyak著，林歐貴英、郭鐘隆譯，《社會老人學》，台北：五南圖書，2003，頁39。

[8] 徐立忠，《高齡學導論》，台北：中華高齡學學會，1997，頁28-30。

[9] Elizabeth Perry, Chinese Conceptions of "Rights" : From Mencius to Mao—and Now, Perspectives on Politics , Vol. 6 Issue 1 February 2008, pp.37-50.

來東方社會對社會福利的觀點完全仰仗於國家經濟發展的程度，社會福利是建立在政府有多少經濟的資源而定。近年來日本、南韓、台灣才逐漸發展出公、私部門相互投入福利政策與措施。換言之，西方社會重視人民的權利，東方社會重視政府的義務，筆者多年前曾經在一篇長文中提到個體主義發展出的個人自由權與平等權為核心的價值加上無論是政府與個人發揮「內聖」與「德治」的人義觀，兩者相輔相成，從而締造出東方社會的特色。[10]易言之，「人義與人權」要成為社會保障的雙重安全瓣。

（二）東亞各國、各地老齡化的福利政策

日本及東亞四小龍在20世紀 80年代經濟快速發展，其社會福利政策也在這個時期有較大的躍進。根據學者研究指出，東亞福利政策的特色在於經濟發展是國家政策的核心價值，其重要性被置於社會政策與所得重分配之前，Holliday認為包括日本、南韓、香港以及台灣等東亞國家都是具有上述「生產型福利資本主義」特性的國家。生產型福利資本主義有兩個主要特質，一是成長導向型國家；二是所有的國家政策與社會政策都臣屬於經濟與工業發展的目標之下。Holliday並指出東亞福利政策有三種不同的類型：1.輔助型（例如：香港）；2.發展／普遍主義型（例如：日本特別明顯、台灣和南韓則部分符合）；3.發展／特定主義型（例如：新加坡）⋯⋯「社會政策服膺於經濟政策」的明顯特質。[11]日本在2000年實施了長期照護保險，台灣分別在1994年

---

[10] 謝政諭，〈中西文化中的人義與人權及其發展一項後設理論的反思〉，21世紀中華文化世界論壇籌備委員會主編，《文化自覺與社會發展 — 21世紀中華文化世界論壇論文集》，香港：商務印書館，2005，頁870-882。

[11] Shih-Jiunn Shi, Yeun-Wen Ku，〈第二章——東亞人口高齡化問題的展望：制度的鑲嵌〉，Tsung-Hsi Fu, Rhidian Hughes主編，國家教育研究院主譯，傅從喜等譯，《東亞的人口

與2008年實施全民健康保險與國民年金保險，南韓在1988年開辦國民年金保險，香港在2000年建立了強制性公積金，這些都象徵著福利的大幅擴張。

（三）台灣老人福利政策的趨勢與問題

有關台灣老人人口的比例以及與家人同住或也是獨居老人的數據與年度變化，吾人以表格說明如下：

表三：1981-2051年台灣老年人口比例表

	1981	1991	2006	2011	2026	2051
65歲以上	4.4	6.5	9.94	10.71	20.62	36.97
0-14歲	31.6	26.3	18.18	15.26	11.26	7.82
15-64歲	64	67.2	71.88	74.03	68.12	55.21

根據上文了解，台灣在2018年已進入到聯合國所說 65歲人口超過14%是老齡化的國家地區。

表四：台灣65歲以上老人居住安排的變化表

	獨居	僅與配偶同住	兩代家庭、三代家庭、四代家庭	住在機構及其他	與其他親戚或朋友同住
2005	13.66	22.20	61.06	2.26	0.75
2009	9.16	18.76	68.47	2.79	0.82
2013	11.14	20.58	64.22	0.41	0.62
2017	8.97	20.38	66.37	0.56	1.01

高齡化問題：21世紀的挑戰與政策發展》，台北：松慧有限公司，2012，頁33。

資料來源：內政部，老人狀況調查報告。⑫

　　根據表四的資料呈現，台灣65歲以上獨居及與配偶同住將近30%，而住在老人安養機構的尚屬少數。

　　有關老人福利政策在台灣的實施，吾人從老人人權的內涵著手了解，研究指出老人人權包括有六項並列舉其特色內容或項目如下：

表五：臺灣老年人權之內涵與項目

類別	內涵	項目
經濟保障	老人應有足夠的經濟能力，已獲得妥適的食、衣、住、行、育、樂、保健與醫療照顧及其他維護基本人權應有之資源與服務。	六管齊下： 1. 社會救助 2. 生活今天及特別照顧津貼 3. 年金制度： 4. 財產交付信託 5. 經濟型就業 6. 失能補助
健康照護	老人應能獲得主要有： 1. 符合社會文化價值之家庭與社區照顧。 2. 充分的身、心、靈及社會照顧與關懷陪伴，以維護身體、心理及情緒健康，並預防疾病及自殺的發生。	
生活環境		1. 住宅・居住環境 2. 無障礙之環境與交通運輸工具、生活輔具 3. 防災

⑫ https://www.mohw.gov.tw/dl-4712-21922681-62f1-4551-89f1-387cf1e97bcd.htm，
https://www.mohw.gov.tw/dl-4707-e91899c0-d62d-49d9-9dbe-4a2def8e516c.ht，
https://www.mohw.gov.tw/dl-48636-de32ad67-19c8-46d6-b96c-8826f6039fcb.html，
2019/06/23查閱。

類別	內涵	項目
休閒 參與		1. 休閒、娛樂與運動 2. 公民參與 3. 志願服務 4. 宗教活動
自我 實現	老人應有： 1. 有追求充分發展其潛能的機會。 2. 能獲得教育、訓練、文化、宗教的社會資源。 3. 有適當工作的機會。	成就型就業
保護與 尊嚴	老人應能： 1. 免於被忽視、虐待。 2. 免於有關年齡的歧視及汙名化，如「依賴人口」。 3. 不因年齡、生活型態、生命風格、性別、種族及失能與否，均受到尊嚴對待。 4. 在任何生活、居住及接受照顧、服務與治療的地方，均享有人權和基本自由，包含尊重其尊嚴、信仰、需求、隱私及其對照顧與生活方式的選擇。 5. 在尊嚴和安全環境中生活，並自由發展身心。	1. 敬老優待 2. 敬老倡導

資料來源：監察院編著，2010。[13]

　　這六大內容雖具先進國家的老人人權與老人福利的措施同步的、前瞻的視野，但是在實踐部分至今尚處在追趕日本與美國的階段，顯

---

[13] 監察院編著，《臺灣老人人權與實踐之探討專案調查研究報告》，台北：監察院，2010，頁38-39。

示缺乏特色。就以經濟較弱勢的老人長期照顧保險而言，是一個比較急迫也是當前台灣政府在努力推動之所在，但是長期照顧保險法令，一般簡稱為「長照保險」，在台灣尚處於立法階段，長照2.0為了實現在地老化，提供從支持家庭、居家、社區到住宿式照顧之多元連續服務，普及照顧服務體系，建立以社區為基礎的照顧型社區，期能提升具長期照顧需求者與照顧者的生活品質。長照2.0中特別強調建立以社區為基礎的長照服務體系，並規劃推動試辦社區整體照顧模式，於各鄉鎮設立「社區整合型服務中心（A）」—「複合型服務中心（B）」-「巷弄長照站（C）」的社區整體照顧模式，建構綿密的照顧資源網絡，提供民眾整合、彈性，且具近便性的照顧服務。[14]依據 2017年台灣衛生福利部的預估，長照保險若於西元2019年開辦，服務使用人數將由現在的17萬人增加為82萬失能者（及其家人），以及隱形照護人口數的230萬人。

三、徐震師的生命史及其對老年學術研究管窺

（一）徐師伯揚的生命漂泊史

欲了解一個人一生的行誼，社會學家Peter Berger在《社會學的想象藝術》中所提及的傳記法是一種相當可取得方法。它是一種文獻傳記（Biography）與交錯作用（alternation）中所具的人文情境之方法與思考，亦即研究一個人的人生閱歷和世界觀的形成對他思想變化的挑戰，需要考慮人的空間流動、社會流動和語言體系的變化都必然會引

---

[14] https://1966.gov.tw/LTC/cp-3636-42415-201.html，2019/06/20查閱。

起思想的變化。[15]以此考量徐老師學術與人生發展的基本態度是相當貼切的，亦即將他的思想淵源、生活背景與演進，放入時代脈絡加以分析，也就貼近社會學家Peter Berger所說透過文獻傳記的方式來了解先生的學說。當代哈佛大學人文學講座教授Greenblatt出版的《推理莎士比亞》也說到：「若要了解莎士比亞是怎樣的人，必須追蹤他留下的語言痕跡，回到他所過的生活，回到他敞開面對的世界。而若要了解莎士比亞如何用想像力把自己的生活轉化成藝術，必須利用我們自己的想像力」。[16]除了運用生活的文獻之外，筆者又以「默察致知法」，此法是綜合了施特勞斯（Leo Strauss）詮釋古典著作中的「俗白教導」（exoteric teaching）與「奧妙教導」（esoteric teaching）（或譯隱密教導）之別的著名主張，[17]在早期中國思想家的言論中亦提到類似的觀念，如《論語‧述而篇》云：「默而識之，學而不厭」；朱子語類也說：「將正文熟讀，不可便立見解」。王德威院士也曾以「隱密詮釋」（esoteric interpretation）的必要來撰寫研究葉石濤暗寫228的〈三月的媽祖〉以及陳寅恪《柳如是別傳》[18]等是。

　　要言之，徐震（字伯揚）老師誕生於1917年中國大陸河南省，青少年時期處在北洋軍閥蠻橫的相互征戰，以及日本軍國主義侵略東北

---

[15] Perter L. Berger, 1963,Invitation to sociology : a humanistic perspective, New York : Anchor Books, pp.54-56.

[16] 葛林布萊（Stephen Greenblatt），宋美瑩譯，《推理莎士比亞》，台北：貓頭鷹出版社，2013，頁7。

[17] 史特勞斯認為古典哲人運用一種書寫的藝術（the art of writing）或者說隱微寫作（esoteric writing）的方式來來保護哲學，也可以說一種特殊的微言大義。Nathan Tarcov and Thomas L.Pangle ,Epilogue , 1987,Leo Strauss and the History of Political Philosophy , Leo Strauss, Joseph Cropsey. Edited, History of political philosophy, Chicago : Rand McNally, University of Chicago Press. pp.914.

[18] 王德威，〈主題演說- 跨越，逾越，穿越1949與歷史修辭〉，台北：中國現代文學學會中央大學中文系等主辦：「跨越1949：文學與歷史國際學術研討會」論文集，2016/12/25，頁1-3。

與華北，接著又是國共衝突與內戰，要了解徐老師的生命史就必須體認他早年動盪與漂泊、晚年清苦又無怨無悔，以其處之泰然的生活態度與浩瀚的學術著作中，來闡述他一生的若干行止。筆者曾經數度請徐師將他悲歡離合的故事書寫出來，但或許由於心靈的傷痛，以及若干歷史層面的考慮，他不曾下筆。因此，筆者只能從他多次語重心長、點到為止的談話中推理想像加上他所寫的詩詞來談論他的生活敘說。

丁丑返鄉，止於廣州，賦此誌感其一

> 長江珠海兩茫茫，淮水燕山萬里長，極目家園何處是？五羊城外立斜陽。

其二

> 卅年生死兩茫茫，海上乘桴歲月長。行到羊城春已盡，但聽啼鳥泣殘陽。

移家赴美四首其一

> 又說移家過海洋，去留心緒兩茫茫。
> 卅年寄旅深情在，別了台灣是故鄉。

其二

> 此生苦自說流亡，況復暮年感棄鄉。
> 回首蓬萊山似海，杜鵑聲裡泣殘陽。❶⁹

其三

> 早年離亂晚年荒，落拓江湖又海洋。
> 一葉扁舟東去也，前瞻後顧兩蒼茫。

其四

> 記得當年負笈遊，此番重到更何求？

---

❶⁹ 本文有關徐震教授的優美詩篇，詳見徐震原著、徐娟玉編注、李明政校閱，《東海詩選－徐震教授的生活敘說》，台北：松慧有限公司，2009，頁66。文後不再一一詳細註解。編者按：杜鵑，鳥名，傳說乃古蜀帝杜宇的化身。杜鵑啼聲淒，鳴叫時喉紅似流血，故有「杜鵑泣血」之說。

　　漫將家國興亡事，付與天涼好箇秋。

代大陸友人到北投軍人公墓掃墓

　　蔡家孝女孝思長，萬里託人掃墓場。南渡河山名將遠，北投墳地百花黃。

　　蓬山有幸埋忠骨，淮水無緣弔國殤。我向雲天三祭拜，幾行歸雁落斜陽。

　　徐老師註解：八中校友蔡德英學長函託代為向其父蔡堅將軍掃墓，詩以記之。

　　20世紀中國知識人面臨內憂外患、戰禍連年，邵玉銘教授曾經在他的著作《漂泊－中國人的新名字》寫道，「要能夠跨越種族的歧視、歷史的仇恨，我們才可能立足於海內外，尋找到雙方共同的語言，成為五湖四海令人尊敬的中國人」。⑳因戰亂而漂泊成為20世紀中國人心中永遠的痛，余光中先生在邵教授這本書中也表示，「另一方面，漂泊之為困境也不全是負數。人在江湖也罷，身在異國也罷，從邊緣上觀察主體，旁觀者情，遠觀者全，反而更能自省。古人立身，以道為歸宿。面對混亂的政治，分歧的價值，真正可以寄託的東西，恐怕也只有悠久而深厚的中國文化了」。㉑余光中的漂泊論說，個人在徐老師的身上得到見證，在筆者與徐老師的請益的情境中，可以感受到徐老師的深重的家國情懷，其生命的提升以至年老階段仍「活躍老化」且不斷轉化成為他在台灣誨人不倦的力量，無比可貴。

　　筆者進一步以徐老師的日常言行來陳述他的知行合一的生命觀。猶記得有次向老師提到，我一生錯過了好幾次買到適當房子的機會，真是一大損失，老師進一步安慰我說，他一生也從沒置產，中年時候有朋友介紹哪邊有不錯的房子或者哪邊有合理價錢的新屋，老師總回

---

⑳ 邵玉銘，《漂泊－中國人的新名字》，台北：希代書版股份有限公司，1997。

㉑ 余光中，〈序言－此生定向江湖老？〉，同上書，頁27。

答說，沒有空去看，但是如果有人邀請發表學術論文，或者那裏出版新書，老師再忙總抽空答應寫稿、或者在最快的時間內買到新書。他又說，當年中部某知名大學有位無法升等的教授，也面臨學校請他按期退房，最後這位教授跳樓走了。慶幸我們都能夠有個棲身之地、身體平安就好，此精神不就是《論語‧里仁篇》所云：「君子喻於義，小人喻於利」。徐師如此豁達的心胸，值得我們學習。

　　1990年徐老師從東吳大學退休，由於當時私立學校的退撫制度，極端的不完善，在社會工作與教書30多年只領到一筆退休金 36萬台幣，當時沒有私立學校教職退休金，更沒有所謂的健保與年金制度。東吳大學雖然訂有學院院長退休且有學術聲譽者，得以「研究教授」繼續聘任，但此辦法並沒有細則，因此究竟薪資多少、如何授課與研究、居住學校的條件都沒有明說，最後以月薪2萬元定之。因此，有一天總務處的同仁前往告知徐老師說，由於許多新進的老師申請學校宿舍，是否請老師在一個月內搬離。一生不曾置產的徐老師，聽到這話，他謙讓、不與人爭的態度，三天內找到大直月租3萬餘元的公寓就辦理退出，此段時間他只好在數所大學兼任十多節課程，以支應日常生活所需。徐老師的言行正如《論語‧顏淵篇》說：「君子成人之美，不成人之惡；小人反是」。儒家所強調的做一個正人君子處處會設身處地為別人著想，徐老師的一生是不斷在踐行。徐師於2017年10月27日下午2點53分仙逝，享壽100歲。從退休到過世又經過了27年多，他僅靠著2萬研究教授費，以及兼課的費用度過清苦的晚年，但是不曾聽到他絲毫為自己爭取老人人權、或抱怨東吳大學和台灣社會福利對他的虧待。❷東吳大學社會學系蔡明哲教授曾以一首詩概述徐老師的一生。詩云：

---

❷ 就筆者所知東吳大學經由多人的爭取，在2011年起由校長核示徐老師所住的台北市至善老人安養院月費多少就由學校支付多少。並把每年總統三節的慰問金提供給徐老師，亦可說給與徐老師晚年的生活尊嚴。

　　　百歲終須別知音可忘年關懷群眾業暢論社區緣

　　　故舊飄萍水新生種福田安身應豁達至善已登仙[23]

　　晚年在「至善安養院」生活的徐老師仍然勤於寫作或者是與朋友寫詩，筆墨至交的好友、老伴度過。

（二）徐師伯揚中西學術兼容與實踐的取向

　　面對徐老師浩瀚如海的著作，試圖要從如此大量的著作中去理解他，著實有千萬的困難與惶恐，只能由專業的社會工作、或者社會學學者深入的研究才能夠蠡識他的學術了。徐師從中年時候就業於台灣省就業輔導中心，先後利用在職訓練進修的機會前往美國南加大（U.S.C.）進修一年，菲律賓天主教光啟大學（Xavier U.）進修一年，再到美國天主教聖福蘭西斯學院（St. Francis U.）進修一年，最後到美國聖路易大學（St. Louis U.）社會工作研究所進修兩年，取得碩士，並修完博士課程。48歲離開社會行政工作就轉到東吳大學從事專職教授，吾人以徐老師的兩首詩來呈現他終身樂在春風化雨的工作。

旅美期間，應聘返回台北任教寫道：

　　一琴一劍走天涯，處處湖山處處家。

　　庾信江南思故里，杜陵北斗望京華。

　　十年夢醒西洋霧，萬里情牽東海霞。

　　收拾詩書歸去也，蓬萊桃李正開花。

台北是吾家

　　早年浪跡走天涯，萬里孤帆映晚霞。

　　有幸有緣攜筆硯；無田無地種桑麻。

---

[23] 蔡明哲，〈徐震教授的詩學論述對我的啟發和指導〉，台北：東吳大學社會工作學系主辦：「徐震教授學術追思述評研討會」專題演講，2018/12/28，頁22。

　　山明水秀蓬萊島，日暖風和四季花。

　　種得三千桃李樹，方知台北是吾家。

　　徐老師從1975年8月到東吳大學社會學系任教，（剛好筆者也在當年九月入學）一直到1990年7月退休，但仍然在東吳大學兼任研究教授。當年在東吳大學社會系修習徐老師的「社區發展」等課程，也習讀他的許許多多大作，專職教授後一本本的專著出版，例如，1980年正中書局出版的《社區與社區發展》，1983年國立編譯館出版的《社區發展在歐美》，1985年中國文化大學出版部出版的《社區發展——方法與研究》，此三本專著奠定了他在台灣社區發展的開路先鋒，更成為這個領域的學術權威之一。這些專著中，他介紹1950年代初聯合國社會局報告世界上只有七個國家推行社區發展，到50年代結束已經有30個國家具有全國性的社區發展計畫。而又據美國社會科學全書（Encyclopedia of Social Work）的記載，1960年以來全世界已經有60個國家在推行社區發展，1974年荷蘭的文化娛樂社會福利部出版「社區發展在西歐」（Community Development in Western Europe），1980年美國社區發展學會主編「社區發展在美洲」（Community Development in America）[24]等等，分別介紹美國與西歐的社會學與社會工作的專家如何將社區發展的類型、方法與工作模式加以介紹，簡言之，徐老師引用世界最新思潮與方法來推動台灣的社區發展。這些擲地有聲的學術著作，在台灣社區發展的理論與方法上產生了重要的影響。

　　徐老師的著作接二連三的出版，因之，不僅奠立他在學術裡的名師地位，這段時間他多次接受各級政府的委託擔任研究主持人，從事實證的研究，舉其要者就有，1977年由行政院經濟設計委員會委託的「如何以社區發展配合農、工專業區建設之研究」，研究中說，農工專業區隊以經濟發展的貢獻是全國性的，而其所帶來的問題，如污染、

---

[24] 徐震，《社區發展——方法與研究》，中國文化大學出版部出版，1985，頁38。

交通、治安及合作運銷等，則是社區性的。因此我們也試圖研究如何
把社區發展與國家發展的策略聯結起來。[25]1983年由台灣省政府研究
發展考核委員會委託的「台灣省十年來社區發展成效之評鑑及未來發
展之研究」，這個大型的研究共選擇七個縣市，127個社區為樣本，訪
問社區居民1,560人，社區之決策人士1,260人，行政人員108人，結
論的部分有多項，其中包跨應採取不同類型之社區，以多元發展與輔
導模式，並建議現行社區範圍過小，資源缺乏，人才有限，無法負起
規範與發展之任務，建議以生活與服務界圈（Service Area）之原理，
予以擴大，及建立現代社區服務的網狀體系。[26]1986年由台北縣政府
委託的「台北縣老人福利現況、需求及未來規劃之研究」。1988年由
行政院研究發展考核委員會委託的「我國社會救助體系整體規劃之研
究」。以及1988年由行政院國家科學委員會委託的「社會學與社會工
作教育方針之研究」等等。這些是走出學院的藩籬，將社會發展的理
論運用到台灣社會福利、社會工作教育等實務研究上。作為一稱職的
學者，徐老師將中外學術巨擘的理論充分研究與運用到台灣社會，這
些結合理論與實務研究，是知識人「經世致用」的傳承，可以說發揮
了「儒者以致用為功」，亦可說是發揮了莊子「重言」的作用。

　　著名的台灣心理學家黃光國教授說：「我個人認為：當前的台灣
文化是以儒、釋、道文化作為基底，再吸納西方現代文化所形成的一
種『文化融合體』（hybrid of culture）⋯⋯發展出『含攝文化的社會科學
理論』（culture-inclusive theories in sociology），一方面吸納國內相關領域
的研究成果，一方面跟西方理論進行對話⋯⋯『主觀心理福祉』一詞，

---

[25] 徐震，《如何以社區發展配合農、工專業區建設之研究》，台北：行政院經濟設計委
員會，1977，頁1。

[26] 徐震，《台灣省十年來社區發展成效之評鑑及未來發展之研究》，中興新村：台灣省
政府研究發展考核委員會，1983，頁1-2。

如改用『心理社會均衡』（psycho-social homeostasis）會來得更貼切。」[27]
縱觀徐老師的一生學術研究，他不僅在學理上學貫中西，在實踐上也
考量國情的社會均衡，不做國家財政做不到的福利建議，更在他人生
中處處體現成熟的心理與社會行動的均衡。

（三）徐師伯揚對老齡化研究的基本看法

　　筆者不是專門研究社會福利或者是老人問題的專業，但是長年來
經常探望徐老師，也得到他循循善誘的講解老人的各種福利措施及老
人的各種心態，更體認了他晚年的生活。徐老師的研究與教學的專長
之一在於社區工作，他認為台灣從農業社會轉型為工業社會的過程
中，要特別重視社區研究與社區發展的角色。他說工業社會中社區縱
的關係（Vertical relationship）或稱「外在關係」之日益增強，乃使社
區中的橫的關係（Horizontal relationship），或稱「內在關係」，即社區
內團體與團體之間的關係相對減弱。因此，對於社區中的公益事務能
重組社區，重新喚起社區意識，動員社區的內外資源，來共同營造一
個人親、土親與文化親的家園，便成為一種專門的研究與專業的服
務了。[28] 這種縱向與橫向的內外在關係所形成的網絡與資源的交互運
用，徐老師特別的重視。他在晚年合寫的著作《社會老年學：老年人
口的健康、福利與照顧》的〈序言〉中表示，對於失智症患者與失能
的老人人口的患者而言，最需要專人照顧，而照顧的方式，今日已發
展為「居家照顧」（home care）、「社區照顧」（community care）、及「機
構照顧」（institutional care）三種方式在台灣的老人照顧上交互運用，[29]

---

[27] 黃光國〈序〉，陳肇男、林惠玲，《家庭、社會支持與老人心理福祉：二十世紀末的
台灣經驗》，台北：聯經出版，2015，頁iv。

[28] 徐震，《徐震教授論社區工作》，台北：松慧出版，2007，頁357。

[29] 徐震，〈主編序〉，徐震、莊秀美、王宏倫、杜秀秀，《社會老年學：老年人口的健康、

徐老師特別在專書中稱道具有中國文化特色與中國社會相互扶助精神
的「社區照顧」的重要性。研究日本與台灣長期照顧的傑出學者莊秀
美教授指出，老人福利政策大致有四個發展趨勢：1.長期照顧核心化。
2.照顧服務社區化。3.提供主體多元化。4.財源籌措保險化。⑩其中不
管是日本與台灣照顧服務的社區化都是共同的方向之一。如果進一步
把老齡化問題視為是政府與民間應該極力解決的社會問題而言，徐老
師早在20多年前就指出：

　　紓解老人問題的對策：

　　1.從經濟制度上改善老人問題：

　　　（1）全民老年年金制。

　　　（2）全民健康保險制。

　　　（3）實施彈性退休制：對於「退休」的年齡與涵義，需要重新
　　　　　加以定義。

　　2.從家庭制度上改善老人問題：

　　　（1）居住在「老人原有家中」：可由政府以「居家服務」予以協助。

　　　（2）居住在「已婚子女家中」：政府應將老人之年金，按期寄交
　　　　　子女以為補助，並另以賦稅等優待，予以獎助。

　　　（3）居住在「老人寄養家庭」：「老人寄養家庭」，依契約關係，
　　　　　自費居住。

　　　（4）居住於「老人自費安養中心」：。

　　　（5）居住於「老人公費安養中心」：對於貧窮老人居住於公費之
　　　　　養老院所。

　　3.從教育制度上改善老人問題。

　　4.從醫藥制度上改善老人問題：

福利與照顧》，台北：洪葉文化，2014，頁ii-iii。

⑩ 莊秀美，《營利部門與非營利部門於照顧服務提供之競合──日本介護保險制度的
服務提供多元化政策分析》，2012，台北：松慧有限公司，頁255-258。

（1）設立老人保健教育輔導中心。

（2）設立老人慢性疾病防治中心。

（3）設立老人食品營養發展中心。

（4）設立老人病殘復健研究中心。

（5）設立老人重病養護支持中心。[31]

　　簡言之，必須從經濟制度、教育制度、家庭制度、醫藥制度四管齊下對老人問題的加以解決，並設置各種中心不論是自費的、公費的、或慢性疾病防治的、營養發展的中心，都必須以齊頭並進。就如同日本對失智老人的研究一般，日本失智症老人照護研究及照護指導員訓練中心「DCRC」，日本於2000年成立「DCRC」，為國家補助機構，全日本有3所研訓中心，除仙台外，另有東京及九州大府，各有其責任區。按失智症是造成老人失能的主要原因之一，美國雷根總統及英國柴契爾夫人晚年深受失智症之苦。英國估計現有失智症人口數約為70萬人。台灣目前失智症人口估計超過17萬人，20年後將倍增。[32]未雨綢繆防患未然，這樣的醫療研究中心也早在徐老師的著作中提到。

（四）徐師伯揚對老人尊嚴的人權觀點

　　根據國外學者的研究指出，老人處遇焦點的四個層次：1.個人個體的需求、困難、價值觀和心態。2.人際間共同的問題以及個人優點和缺點。3.微視的環境性與組織性服務輸送的問題。4.鉅視的環境性或社會政治性；政治系統與社會政策。[33]其中有關個人的需求、價值

---

[31] 徐震、李明政、莊秀美、許雅惠，《社會問題》，台北：學富文化，2014第三版第二刷，頁233-237。

[32] 監察院編著，《臺灣老人人權與實踐之探討專案調查研究報告》，台北：監察院，2010，頁35-36。

[33] Enid O. Cox, Ruth J. Parsons 著，趙善如、趙仁愛譯，《老人社會工作：權能激發取向》，

觀以及人際之間的有缺點或者是政治系統對社會政策的實施，都涉及到能否使老人生活更有尊嚴的問題。筆者就以老人尊嚴略述徐老師的看法，他根據《牛津當代大辭典》對尊嚴的英文解釋為「高貴」（nobleness）、「卓越」（excellence）與「高的評價」（high estimation）。可知，「尊嚴」一詞含有兩種意義：一為個人的人格特質，一為社會的客觀評價。徐老師進一步將尊嚴分為生與死的尊嚴。

1. 生的尊嚴：

老年人自退休之年開始，生活方式改變，健康情況日漸衰頹，欲使老人保持其「生的尊嚴」，勢必要從其思想方式與生活態度上加以研究改變，力求「生而有為」。又可分為以下七項。

（1）謙和禮讓：要與人親和，遇事隨和，淡泊名利。

（2）知足達觀：以「視富貴如浮雲，置榮辱於度外」的胸懷來處理生活上的困境。

（3）學習新知：老人之所以失去尊嚴，一半由於健康衰頹，不能擔當重；一半由於知識落後，不能跟上時代。因此，學習新知似乎是老人充實個人內涵的主要途徑。

（4）服務社會：老年人在體力與財力許可下，如能參加一些志願服務工作，包括機構、社區、團體或宗教的公益與福利活動，既可增加社會參與，又可擴展人際關係，更可表達其對社會的回饋。

（5）自強不息：如「老當益壯，寧知白首之心；窮且益堅，不墜青雲之志」……「老驥伏櫪，志在千里，壯士暮年，雄心未已」……一般人仍常以「松柏之質」、「丹桂之性」來比喻老年人的堅毅精神。

（6）自尋樂趣：上述學習新知與服務社會是一種「參與理論」，另「撤退理論」主張老人退休之後應多過休閒生活，如：寄情於書畫琴

棋之中，遊覽於名山大川之間，或種花木，養魚鳥，「侶魚蝦而友麋鹿」。

（7）廣結善緣。

2. 死的尊嚴：

（1）有安排、有留給：

a.對子女之安排：能使子女均成為社會上有用之人，是老人臨終時最安心的事。

b.對老伴之安排：老人在「要走」之前，最好能對老伴之餘年預做安排，則「先走」的一位老人較可以放心些。

（2）無虧欠、無遺憾：

a.對人——無情感的虧欠。

b.對事——無良心的虧欠。

3. 病則參與醫療：

許多老人都說「不怕死，就怕病」……老人要自己參與醫決策，對於「不治之症」可要求醫生避免使用不必要的挽救方式，以免拖延時間，徒增痛苦。

4. 死則安然離去：

（1）薄葬：主張「遺體火化」後採用「海葬」……「樹葬」……反對「土葬」，視設置墓地或墓園為浪費資源。

（2）儉喪：盡量簡化殯儀形式與避免親友送葬。「萬水千山我獨行，不必相送」之歌句。㉞

㉞ 徐震、莊秀美、王宏倫、杜秀秀，《社會老年學：老年人口的健康、福利與照顧》，台北：洪葉文化，2014，頁263-266。

　　無論生者或是死亡前的心態與價值觀，徐老師有者至深的中華文化的結晶觀念，而以自強不息、自尋樂趣對情感、對良心無虧欠，薄葬、儉葬的超然於物外的生命與世界觀，如同莊周一般的羽化登仙逍遙於時空之中。

四、徐師伯揚生命觀與晚年生活觀的探討

（一）徐師伯揚的儒家與道家的生命情懷

　　作為徐老師的學生，屈指算來已近四十五年，從其身教、言教之中體認他是一位謙謙君子的知識人，無論為學與做人，他就如儒家所言溫潤如玉的君子。孔夫子常把「君子」與「小人」做比較，從道德修養、人格理想的「內聖」功夫，及經濟理財的義利觀和國家理政的治理觀等「外王」志業上期勉往正人君子上走，數千年來中華文化的核心價值之一在於教導我們如何成為一位君子坦蕩蕩的人。如《論語‧述而篇》所言：「君子坦蕩蕩，小人長戚戚」，君子行事光明磊落，小人患得患失，受各種利慾驅使，終日陷人、陷己於各種算計、批鬥之中，所以「長戚戚」。他又如老莊思想中所體現的「真人」一般，這種真人的境界必須有深刻的信仰以及由此產生的靈智（gnosis）意義上的知識，它超越語言的溝通，但確實又是人類意義世界上的根源。㉟這是哈佛大學史華茲教授認為道家的真人、至人有了超越性的靈智才能夠掌握人類世界的意義，人能有此超越性的靈智與超然生命觀，此即

㉟ Benjamin I. Schwartz,1985, The world of thought in ancient China , Cambridge : Belknap Press ofHarvard University ,p.193.

史氏體認莊子所說的「真人」（perfect men 或是 genuine men）之真諦。[36]
即〈大宗師〉篇首所載：「天與人不相勝也，是之為真人」。徐老師的
做人與做事的真誠，讓人即之也溫。吾人體會古人所說的「聖人難至」
但「真人已達」。

　　牟宗三先生也認為道家的「無」是一種境界形態的形上學，其目
的在於提煉「無」的智慧以達到一種境界。[37]這也是王陽明的四句教：
「無善無惡心之體，有善有惡意之動，知善知惡是良知，為善去惡是
格物」的境界，第一句話是指心體是道德之根，價值之源，是純粹至
善；也指人的本心，這種本心來自生活的歷練與生命的修養以及意境
的提升。此真諦與境界就是莊子所說：「天與人不相勝，是之謂真人。」
錢穆的解讀是：「不再從所得侵越到其所未得，而橫生一種好惡是非
之妄見。…因死生物我，同樣在此宇宙界中。」[38]徐老師為人不多言，
亦如《論語・子張篇》所說「望之儼然，即之也溫」的意境。徐老師
可說是一位體現儒、道會通，中、西會通的時代知識人。

（二）徐師伯揚晚年仍優游學術創作

　　許多學院中的執教者，一般接近退休的人，相對的著作基本上已
較少有著作，有些人比喻作只在「吃利息」、「吃老本」而已。但徐老
師不然，在逾九十之齡仍然勤於筆耕，他與李明政教授等於2013年修
訂《社會問題》一書第三版後，又與莊秀美教授等在 2014年共同出版
《社會老年學》，老師將此書的重點分為老年的健康問題、福利問題、
照顧問題與價值轉變的四大問題加以深入的分析，其中聯合國等西文

---

[36] Ibid, p. 232.
[37] 牟宗三，《才性與玄理》，台北：學生書局，1985，頁1-2。
[38] 錢穆，《中國思想史》，台北：學生書局，1992，頁41。

的相關資料一直引用到2012年。[39]由於受時間、篇幅與作為社會學的逃兵的我之限制，無法在此進一步展開了。筆者再以詩詞體認徐師的意境。

1992年徐老師榮獲台灣教育學術團體聯合年會頒贈的大獎 ——
〈木鐸獎〉誌感

> 西風落葉滿山川，浪跡蓬萊又一年。我到悟誰誰悟我，天心如海海如天。
>
> 人生似夢原非夢，世事無緣卻有緣。莫向虛名悲白髮，且從靜裡學參禪。

是一份實至名歸遲來的禮物。徐老師一生誨人不倦可說是「經師以求是為職」。

〈社區工作論文集出版〉自序詩 二首其一

> 四十年來學社工，要將福利補天功。文章散落秋風哩，猶向蓬萊唱大同。

其二

> 文稿成經四十年，內容已覺不新鮮。補充修正歡迎甚，高論於今仰大賢。

這論文集一出版就四十年，深受學界的喜愛，徐老師也時有所修正與補充，並期待學界先進的指點。也可以看到他透過文章，期待台灣走向大同社會，這是一喜悅，也是一期許。

（三）徐震師晚年「忘福利」、「忘權利」
——「忘天下」於藝術之間

猶記的有一次，約莫是公元2000年，在我擔任東吳大學發展處長

---

[39] 徐震、莊秀美等，《社會老年學》，台北：洪葉出版社，2014。

沒多久，已退休多年僅靠兼課微薄收入的徐老師走入我的辦公室，包一紅包捐給學校，他此舉一方面感念多年在學校的工作，更重要的是，這是鼓勵我的工作，是希望幫我在工作上衝業績，此情此景永年縈繞在我心底，也是我日後經常去探望老師的一丁點回報，有時忙碌了一些，我的家人都會提醒我該去看徐老師了，我在想這不就是《論語·雍也篇》所云：「己欲立而立人，己欲達而達人」的利他哲學嗎？徐師的精神又像莊子「卮言」的意義，載道盡是道盡人心的蒼涼，它以不道之道，不言之辯，行無言之言。

徐老師生長在一個動盪不安的大環境，年輕的時候處在軍閥混戰、國共衝突、日寇侵華與兩岸分裂的世紀大離散中，一路流亡與逃難是他青少年階段的困頓生活寫照，過著有一餐沒一餐的日子，時常在破舊的廟宇與宗祠裡一會兒念書，一邊躲警報，隨時準備扛起行囊再度逃難。就如《詩經》〈黍離〉記載：「彼黍離離，彼稷之穗。行邁靡靡，中心如醉。知我者、謂我心憂；不知我者、謂我何求。悠悠蒼天，此何人哉！」。（出自《詩經·王風》）就中華民族而言，三千多年來人世多劫難，滿目瘡痍的歷史動亂，親離死別的場面，無不令人痛徹心扉，在情不容已的詩歌裡表現最為真切。徐老師晚年也同樣以情真意切的「詩」流露出對大陸故土和對蓬萊仙島新故鄉的情感，以及對一生教學生涯與近年台灣民主選舉實況的抒情與感懷。[40]

諸如：

〈移民淚〉其一

　爭戰連年事可哀，故鄉文物盡成灰。風風雨雨南來淚，流向江東去不回。

〈移民淚〉其二

　何處移民認同？新居故里兩空濛。落紅自是隨流水，莫向東風

[40] 徐震，《東海詩選－徐震教授的生活敘說》，台北：松慧文化出版社，2009。

　　怨道窮。

　　移民不僅是徐老師對地理空間的異動者，更是他對文化情懷的感懷者，這兩者他都有著深深的感觸與認同的轉移。

　　從年紀而言，徐老師算長壽，弟子朋友也時相往訪，但由於身體微恙、若干鄉愁以及台灣政治的起伏都讓先生有著濃濃的「離愁」。晚年，他常提起日本有種廟宇，老人去拜拜以「求死」。聽聞此言，我除了安慰老師快樂存在是生友的期待，但此刻我心中也常泛起作為「遺民者」的若干悲涼。

　　當代著名的歷史學家余英時先生在敬悼其業師錢穆的詩文曰：「海濱回首隔前塵，猶記風吹水上鱗。避地難求三戶楚，占天曾說十年秦。」❹ 錢先生遺民的苦楚在悲痛中呈現。余先生對「遺民」的心境，不僅表達出對他老師錢穆八十大壽感懷良深，在他今年出版的回憶錄又再次將此詩詞放入首頁。但他對「遺民」是審慎看待的，他在為劉再復《西尋故鄉》作〈序〉說到：「漂流曾經是古今中外無數知識人的命運，但正因為『漂流』，人的精神生活才越來越豐富，精神世界也不斷得到開拓。」❹ 他在回顧自己同處離散生活所憂慮的是「中西文化的異同問題，一個世紀以來都在困擾著中國的學術思想界，我也繼承了這一的困擾」❹。在20世紀中國長期處在戰爭離亂的動盪下，個人與民族陷入身心極度痛苦的「離散」狀態，知識人很容易就跌入「文化遺民」的情境。百餘年來中國人民的苦難以及知識分子所應有的良知時時在激發著我。此時此地殊不容我「兩耳不聞窗外事，一心只讀聖

---

❹ 余英時，《猶記風吹水上鱗-錢穆與現代中國學術》，台北：三民書局，2015二刷，頁1。余英時，《余英時回憶錄》，台北：允晨出版社，2018。

❹ 余英時，〈劉再復《西尋故鄉》序〉，彭國翔編，《會友集（下）-余英時序文集》，台北：三民書局，2010，頁276。

❹ 陳致訪談，《余英時訪談錄》，北京：中華書局，2012，頁10。

賢書」。[44]此種讀聖賢書所學何事的家事、國事、天下事事事關心的胸懷，貫穿20世紀中國漂泊知識人的一生，錢穆如此，徐震老師也是一面歷史的縮影，他們的生命與天地同生。

2017年諾貝爾文學獎的日裔英人石黑一雄（Kazuo Ishiguro）著作《長日將盡》（THE REMAINS OF THE DAY）、《被埋葬的記憶》（THE BURIED GIANT），這不僅是「移民者」的困惑，漂流的議題，更不是一歷史的記憶而已，至今中東的戰亂、歐美的難民問題，仍然是國際上極端困擾、人類災難的大議題。

五、結語

重視老年人的權利和福利有兩句話說道：「從需要到權利」、「從保障到福利」，是當今老齡政策中兩個不可逆轉的發展趨勢。要立足於國際社會的進步潮流，就要強調老年人的生存權和尊嚴。多方出力，鼓勵和支持發展公、私營的「銀色產業」，這不僅僅是滿足老年人的居住、醫療、護理等消費產品與服務的需求，而且是促進老年人社會參與，提供再就業，促進經濟發展的有效途徑。

哈佛大學認知心理學的知名教授艾瑞克森（Joan M. Erikson）他退休後到加州繼續研究老人的心理歷程，提出了有名的著作《Erikson老年研究報告：人生八大階段》，台灣政治大學吳靜吉教授在中文翻譯本序言中指出，書中一位老人到了晚年得知自己得了癌症，一股稱之為智慧的力量在堅強者中產生，「所謂『智慧』、『是在面對死亡時，對生命超然的關懷，雖然肉體及心理功能日益衰老，老者卻仍能保持

---

[44] 余英時，〈《自由與平等》自序〉，何俊編，《余英時學術思想文選》，上海：上海世紀出版股份有限公司，2010，頁15-6。

其智慧，並學著傳達其完整的經驗』」。[45]這段話我們在徐震教授身上得到千真萬確的印證。政大心理系主任林美珍教授也在這本書的序言也提到，「艾瑞克森不像佛洛伊德採早期決定論的看法，而是將人生全程視為連續不斷的發展歷程（八階段尚包括成年前期、成年期、老年期），佛洛伊德的理論是以本我的慾力為發展的動力，艾瑞克森的理論是以自我成長為發展的動力。艾瑞克森之心理社會論談到，最後一個階段為統整與絕望的發展危機，意指人們到了老年，必須在尋求自我統整與絕望間獲得平衡，生命回顧（life review）為老年期的發展任務」。[46]我們從徐震教授晚年勤於著作、筆耕不斷更勤於指導學生，我們看到他不是佛洛伊德的早期決定論的人生觀，而是看到他人生連續不斷的發展歷程，更看到他堅毅的「生命回顧」與燦爛的生命光輝，而這一切展現的是人義的價值，而不是人權的追求。或許像徐老師追求人義的價值，像天上恆星般的稀少，但無論如何，老人人權與人義的價值必須同時兼顧，才是一個有生命品質與尊嚴的東方老齡化社會的驕傲。

本文初稿以「台灣老齡化社會人權的若干觀察─兼論徐師伯揚的觀點及其老齡化經歷」，發表於2019年7月 12-13日中國昆明，由中國人民大學人權研究中心、台灣行政法學會共同主辦：第四屆兩岸人權論壇─老齡化社會的人權 ── 挑戰與對應研討會，2019年12月再修改，謹以此文，呈現給徐師在天之靈，以誌永恆的追念。

---

[45] 吳靜吉，〈序言──許一個活躍的老年──如何享受老人生活〉，艾瑞克・艾瑞克森（Erik H. Erikson）、瓊・艾瑞克森（Joan M. Erikson）、海倫・克夫尼克（Helen Q. Kivnick）著，周怜利譯，《Erikson老年研究報告：人生八大階段》，台北：張老師，2000，頁4。

[46] 林美珍，〈序言─走進老年研究的殿堂〉，同上書，頁8-9。

從方法論審視余英時對古今與中西文化的超越與會通

一、前言：

（一）青少年強烈追求中西文化的異同、晚年得中西兩大學術獎項

　　2007年余英時先生接受採訪指出，高中最後一年，讀到胡適評梁漱溟《東西文化及其哲學》的文字，引起很大興趣，接著又找到梁的原書來對著讀，此後余英時追求中西文化異同的強烈慾望卻是這樣被激發起來，從此長在心頭，揮之不去。❶余英時一生關注的焦點之一在於中國文化價值的重建。這重建的基礎是建立在古今與中西跨文化的比較之上。他深受五四運動在新舊文化取捨上的啟示，也探究五四運動激進化的極限。他認為近百年來知識界在思想上的分歧

❶ 李懷宇，〈內向超越的最高境界是「人」和「道」合一：余英時談新著《論天人之際》〉，思想編委會編著《思想 —— 在台灣談中華文化》第25期，台北：聯經出版社，2014，頁303。

與混亂，導致中國文化的基本價值一直沒有機會獲得有系統、有意識
的現代清理，情緒糾結掩蓋了理性思考，不是主張用西方文化來打倒
中國傳統，便是主張用中國傳統來抗拒西方，他也對兩岸的政權以
傳統知識人的本分展開對「國是」的建言。芝加哥大學的余國藩教授
等共同推薦余英時的學術成就，終獲2006年美國國會圖書館的"克魯
格獎"（John W.Kluge Prize）。余國藩教授在克獎的推薦書上盛讚，他
道：「余英時教授就是他筆下的中國『士』的典型，一生的研究與經
歷都在反映這一點」。❷2014年余英時再獲唐獎提名時，提名人余國
藩院士這樣描述余先生的家國情懷，他說：「將近五十年來，余英時
教授深厚的學問已經廣受肯定，在用英文說來或可稱之『公共型的知
識分子』（public intellectual）。在孔門的傳統中，『公共型的知識分子』
會投身社會，道德感強。我用引號將英文『公共型的知識分子』限定
住，因為我相信這個名詞是中文『士』字最佳的翻譯。……『士』對
知識重任或家國大業都有其不可動搖的理想，而且隨時得投身理想
的實踐，九死不悔。余英時教授就是他筆下的中國『士』的典型，一
生的研究都在反映這一點，是以他對生身之國的文化與政治發展高
度關心」。❸這兩個大獎，獎勵的不僅是余教授在學術上的非凡成就，
也彰顯他「家事國事天下事，事事關心」的現代董狐之道。至此吾人
可說，余英時先生的學術世界與生命實踐正是對於「古與今的東、西
方文明」具有深度探討的典範與標竿。余英時從青少年產生對中西學
的強烈興趣，乃至一生揮之不去，其成就晚年獲得中、西兩大學術獎
項，像奇蹟一般，何以達成？其三不朽的功績，敬仰之虞，更值得後

❷ 李奭學，〈哪裏是安身立命的樂土，哪裏就是中國"唐獎漢學獎首屆得主余英時
教授的生平與貢獻〉，《南方周末》2014/07/07，https://read01.com/zh-hk/RnQkko.
html#.XjN1nOR7lfE，及 https://read01.com/RnQkko.html,2019/12/29查閱。
❸ 余國藩文，李奭學譯，〈余英時教授的學術成就與史學貢獻〉，《當代》232期，
2006/12/，頁33。

人研究與學習。

　　吾人在閱讀余先生的浩瀚著作中，觀察、涵詠歸納出他獨特的一些「方法論」問題，雖然從1976年開始接觸余英時先生的思想世界，亦曾有半年的時間在普林斯頓大學請他當adviser，也追索聽了他近二十場次的演講或就近請益，但相對於他傑出的弟子們，個人恐怕連三等旁聽生都排不上，加上個人非史學的專業，四十年來雖斷續研讀他的著作，但要將他片片語絲串連起來卻不是一件容易的事情，時有走入迷宮之感。為了追尋一道思想的線索，常有越陷越深之感，而跌入他思想的光彩體系所壟罩；又像攀登層層高峰，峰峰相連一山高過一山，豈止是「三奇五絕」的自然魅力，每個思想脈絡如同探尋中西智慧的頂峰，美不勝收。❹誠如子貢所說：「夫子之牆數仞，不得其門而入，不見宗廟之美，百官之富。」今天呈現的恐怕只是走入「萬仞宮牆」的幾個台階而已，本文以余先生論學的「築基功夫」、「中心旨趣」與「方法論」是從余先生龐大精深的論著中以歸納法得出的芻論。

---

❹ 例如，Jaspers「軸心突破」的觀念其實根源於weber的《經濟與社會》，也是韋伯信徒-美國社會學家T. Parsons曾追索的，Parsons認為韋伯對先知角色的看法，先知援引道德權威，使個人承擔起責任，從而取得道德與經濟倫理的正當性，如此直接引人進入意義與秩序的問題，是韋伯將「突破」思想導入到「宗教」議題的作用。而余先生又是Parsons的學生，其「中國宗教倫理」、「軸心文化的超越與突破」等書，直、間接地受weber,Jasper，Parsons的影響，不言可喻，可謂是峰峰相連。參閱Max Weber The Sociology of Religion Translated by Ephraim Fischoff, T. .Parsons, "Introduction" Boston: Beacon Press,1964.pp.xxxiii-xxxiv.；余英時，〈天人之際──中國古代思想的起源試探〉，陳弱水主編，《中國史新論──思想史分冊》，台北：聯經出版公司，頁38。

（二）以古希臘詩人Archilochus所說的刺蝟（hedgehog）譬喻余先生論學的中心旨趣 —— 新人文主義；以狐狸（fox）譬喻余先生論學獨特的、多元的方法

　　20世紀英國思想家柏林（I. Berlin）引古希臘詩人Archilochus所說的狐狸（fox）與刺蝟（hedgehog）的譬喻來論述俄國梅斯特、托爾斯泰等人的精神。以歷史人物言之，狐狸多變、「多知」（knows many things）、機智，並善用各種方法達到目標，如希洛德特斯、亞里斯多德、伊拉斯莫斯、莎士比亞、歌德、普希金等人，追逐多元目標而目的間往往關聯薄弱。而刺猬堅持有一個中心理念貫徹，有「一大知」（knows one big thing），如但丁、柏拉圖、黑格爾、尼采、杜斯妥也夫斯基、易卜生等人，凡是歸於、統攝一切，歸於一個中心的識見。[5]在探究柏林的狐狸與刺蝟論說中，余英時也引用了，不過他又發揮尋根究底的功夫，再從西方學術的脈絡進一步說：

> 　　從人的內在性情來分別思想史上的主要流派，近代西方學者中也不乏其人，最有名的當然要數威廉·詹姆士的「軟心腸」（tender mindedness）和「硬心腸」（tough-mindedness）之分。正如布靈頓（Crane Brinton）所指出的，在這兩大型之間，我們仍可找到一種混合型。以希臘哲學史爲例，柏拉圖自然是「軟心腸」的典型代表；辯者（Sophists）是「硬心腸」的範例；而亞里斯多德則依違於兩型之間，成爲第三型……「軟心腸」和「硬心腸」之分便顯然是對雷努維爾（Charles Renouvier）的哲

---

[5] Berlin, Isaiah., Russian thinkers，edited by Henry Hardy and Aileen Kelly，with an introduction by Aileen Kelly., N.Y. : Penguin Books, 1994,pp.22-3.

學史觀的一種發揮與引申。柏林（Isaiah Berlin）分辨思想史與
文學史上「狐狸」與「刺蝟」。

余先生以此兩個譬喻對（章）實齋的朱、陸異同深入認識。

> ……古希臘詩人（Archilochus）有殘句云：「狐狸知道很多的
> 事，但是刺蝟則只知道一件大事」……柏林則借用這句話來分
> 別一切思想家與作家爲兩大型。一是刺蝟型，這一型的人喜歡
> 把所有東西都貫穿在一個單一的中心見解之內，他們的所知、
> 所思、所感最後全都歸結到一個一貫而明確的系統，另一方面
> 則是狐狸型的人物。這種人與前一型相反，從事於多方面的追
> 逐，而不必有一個一貫的中心系統……他們的思想向多方面拓
> 展，並在不同的層面上移動。以柏林的「狐狸」與「刺蝟」較
> 之章實齋的朱陸，其密合的程度極爲驚人。「狐狸」正似實齋
> 筆下的博雅考證學家，而「刺蝟」則運用「別識心裁」以成一
> 家之言的「專家」也。❻

　　余先生認爲此譬喻極相似於章實齋的一生，不幸的是章實齋是一
個孤獨的刺蝟（博學多知）而生在狐狸（只專注一門考證學問）的鼎
盛之世。

　　本文借此譬喻，將刺蝟的「一大知」比成余英時的「新人文主義」
觀，用以貫穿余先生論述時代各種弊病，穿透與超越其離亂時代中的
思想困局，進而重建中國文化的中心意旨。以狐狸（fox）譬喻余先生
以理性、多元的方法展開對中西文化的深度探討，並尋求會通之道。

---

❻ 余英時，《論戴震與章學誠：清代中期學術思想史研究》，北京：生活・讀書・新知
　三聯書店，2000，頁81-3。

二、方法論是走入中西學術殿堂的重要途徑

　　德國社會學家韋伯（Max Weber）在《社會科學方法論》一書中花了大篇幅討論邁爾（Eduard Meyer）的著作《論歷史的理論及方法》，邁爾一開頭就告誡對歷史實踐的方法論研究的意義不要作過高的估計，「最全面的方法論知識也不會使人成為一個歷史學家，方法論不是富有成果的思想工作的先決條件」…韋伯進而提出，「能揭示出、並解決實質問題（substantive problems），在純認識論和方法論的反映上，從來沒有起過決定性的作用」。❼邁爾與韋伯對「方法論」在解決問題所產生的效果都不抱以太大的希望。但韋伯晚年在完成《世界諸宗教與經濟倫理》的系列著作之後，於1920年的〈序言〉中說道，「中國有高度發達的歷史學，但是卻沒有修昔底德（Thucydides,B.C.471-400）的方法」（意指歷史研究必須堅持求真的原則、必須堅持理性和批判的態度，修昔底德的巨著《伯羅奔尼薩戰爭史》影響二千多年來的西方史學，被尊稱為史學之父）。他又說，印度也有過追求馬基亞維利的先驅，但是印度所有的政治思想都缺乏一種可以與亞里斯多德相提並論的系統方法，也就是沒有理性的概念。韋伯總結說：「在印度和近東其他國家的法律書籍中，都不曾有嚴謹而系統的思想邏輯形式，這種思想邏輯形式對羅馬法及受其影響的西方理性法學來說，是不可少的」。❽韋伯的第二段論說似乎又相當重視方法論在歷史研究的重要性。韋伯論述中國、印度史學不重視方法論，筆者相信余英時先生看過韋伯如是的看法，他必然心有所感。吾人認為余先生花大氣力所鑽研的《中國近世宗教倫理與商人精神》，就是從方法論上以求真的精

---

❼ 韋伯著，黃振華、張與健譯，《社會科學方法論》，台北：時報文化，1991，頁131。

❽ Max Weber , translated by Talcott Parsons , introd. by Anthony Giddens., The Protestant ethic and the spirit of capitalism , New York :Charles Scribner's Sons,1976,p.14.

神與論據，以理性與批判的態度來回應韋伯對中國的若干曲解，尤其是韋伯沒有看到「中國宗教」中「新禪宗」、「新道家」、「新儒家」的突破與流變所產生的「士魂商才」。

　　梁啟超在談思想史的研究時，先列舉了數十本經學與子學的著作，在研究政治史的學問時也列舉了數十本歷史重要名著，這是基本的「修養」。他認為進學校如不看課外書，只是求文憑，並不是求學問，你的人格，已先不可問了。「中國學問界，是千年未開的礦穴，礦苗異常豐富，只要你絞一份腦筋一份汗水，當然還你一份成績，所以有趣」。[9]梁啟超認為做學問的方法，就在於養成讀書的趣味，讀課外書，是求學問中不可或缺的「方法」，必須在博學上下功夫，否則就是自己剝奪自己終身的幸福。梁啟超的弟子蔡尚思在《中國思想研究法》也說道，博學與方法的輕重難易、方法與博學二者孰難孰易…皆難而不易。但治學以方法為首要，「研究的方法」就是學問家的探照燈和顯微鏡。[10]研究方法的重要性，可為研究者開出一盞盞明燈、明鏡。著名的方法論學者開普南（Kaplan）就指出方法論是一個講究邏輯的心靈、重視觀察的過程、經驗的基礎、概念的功能、特殊的意義、衡量的尺度、理論的建構、法則的尋找、結構的模型、模型的解釋與價值的探究等等[11]另一位方法論學者伯溫斯坦（Bernstein）也在《社會與政治理論的再建構》中指出在實證理論的研究中，語言的分析、現象學的轉換以及批判理論的重要性在社會科學中不可或缺。[12]余英時先生曾援引顏之推所說：「觀天下書未遍，不得妄下雌黃。今

---

[9]　梁啟超，〈國學入門書要目及其讀法〉，載梁啟超等著，《文史研究方法論集》，台北：泰華堂出版社，1974，頁1-36。

[10]　蔡尚思，《中國思想研究法》，台北：台灣商務印書館，1991，頁1-2。

[11]　Kaplan, Abraham.The conduct of inquiry : methodology for behavioral science , San Francisco : Chandler, 1964.

[12]　Bernstein, Richard J., The restructuring of social and political theory, New York : Harcourt Brace Jovanovich, 1976.

天當然沒有人能夠觀遍天下書。但是相對於一己的研究題旨而言，每
一個史學工作者首先便必須能夠充分的掌握著基本史籍」，[13]余先生認
為先求學問的築基，也就是博學的意思。史學家懷特（White）認為史
學方法在於探究文獻，以便判斷什麼是真實的，或者最具善辯又似合
理的故事（plausible story）是什麼。而真正的敘事予其說是一種歷史
學家詩學才華（poetic talents）的產物，不如說是「史學方法」正確運
用的必然結果。[14]這段話觸動筆者以方法論的角度，探討具有詩學才
華的余英時先生，讀其書如同看《伊索寓言》般美麗、動人的歷史敘
事一樣。

　　綜合上述中外知名的歷史學、社會科學的名家之論說，本文揉合
東方的用語，以築基的功夫與中心旨趣的新人文主義精神、以及九種
研究方化來論述余英時的論學中西學術的超越與會通。余先生曾提到
「史無定法」，此說並不表示余先生不重視方法論，個人解讀認為是不
應只依循前人的方法，歷史學者與社會科學學者不應拘泥於一法、一
技的定律與原則。

三、余英時先生在中西學的築基功夫
　　與中心旨趣

　　筆者首先探討余先生論學築基功夫如何養成？再者就他如何看
待中西學術的超越性，以及否定各式各樣的歷史決定論，並以刺蝟
（hedgehog）「一大知」譬喻余先生論學的中心旨趣－「新人文主義」，

---

[13] 余英時，〈中國史學的現階段：反省與展望──代發刊辭〉，《史學評論》第一期，
　　台北：史學評論社，1979，頁21。
[14] Jenkins, Keith .,On "what is history?" : from Carr and Elton to Rorty and White , London :
　　Routledge, 1995,p.88.

及以狐狸（fox）「多知」譬喻余先生論學的多元方法論來探討他會通中西學術之道。

（一）從中西名著與名師中築基、錘鍊

余先生的學問來自於他的勤學與聰慧，又有記憶驚人的本事。有人問到他的師承問題，他毫不猶豫的指出，我研究中國是受兩位老師的薰陶最深，「第一位是錢先生（錢穆先生）第二位便是楊先生（楊聯陞先生），他常常感念這兩位先生是朔造他個人學術生命上的宗匠。」兩位先生對他在治學方面的影響何在？他在與錢先生的談論中「領悟到中國傳統學術一方面自有其分類和流變，另一方面又特別注重整體的觀點。」而楊先生的影響則在「其學問淵博又嚴謹，我每立一個說法，楊先生並能從四面八方來攻我的隙漏，使我受益無窮。因此我逐漸養成了不敢妄語的習慣。❶總結而言，兩位大師重視史學的綜合性、流變與批判的態度影響余先生甚深。錢穆先生曾說，治史者貴能上下古今識其全部，超越時代束縛。故首當虛心耐煩，先精熟一時代之專史，乃能深悉人事繁賾之一般。而對於各方面事態之互相牽涉影響，及其輕重大小，先後緩急之間，亦漸次呈露。❶錢穆先生為學的方法對余英時的影響很大，但對於中國專制政治的看法，錢、余兩先生的史觀有其不同，但從不影響兩人深厚的師生之情。

余先生論學中深刻的注意到現代中國史學名家梁啟超、胡適、吳宓、陳寅恪等人為學的方法與態度。他論述胡適在中國哲學史當中，認定古代並沒有什麼「名學」即「為學的方法」，「他甚至認為程、朱和陸、王的不同，分析到最後只是方法的不同」。胡適所最重視的民

---

❶ 余英時，《猶記風吹水上鱗》，台北：三民書局，2015二版，頁177-207。
❶ 錢穆，《中國歷史研究法》，台北：東大圖書股份有限公司，1991，頁34。

主與科學也還是可以化約為方法。胡適曾說：「一切主義，一切學理，都該研究。但只可認作一些假設的見解，不可認作天經地義的信條，只可認作參考印證的材料，不可奉為金科玉律的宗教」。[17]適之先生對「方法與為學的態度」，余先生相信這是「他的思想能夠發生重大影響的主要原因之一」。又如吳宓闡揚美國哈佛大學白璧德人文主義學說，再如《學衡》雜誌為當時人文主義思想的代表性刊物等，在那離亂的時代，能獨立的、自由的思考問題是不容易的，這些學術的堅持與觀點經常為余先生所引述與推崇。陳寅恪歷經艱困，但守持自由與人文精神一生不渝。錢穆亦然，他的「開放性、氣韻性、深邃性」的人文品格，為中國歷史傳統文化寫出無數開創性的篇章。[18]在亂世流離、霸道橫行的時代，我們看到了余先生傳承了那一代深具人文與自由精神的學者風骨，並進一步發揮其光芒。

　　1950年代余先生在香港，除了在新亞書院唸書之外，他經常到英國與美國在港設立的文化中心自學，他在50年代初期一篇「論進步」的文章中說道，進步乃是一個近代的概念，雖然遠在希臘時代進步的觀念已存在於哲學家如Anaximander, Empedocles, Aristotle諸人的思想體系中…，近代的進步觀念是近代歷史的產兒，1920年布里（J. B. Bury），法國史學家施亨利（Henri See），喀特林（George Catlin）在他的「政治哲學史」（A History of Political Philosophers）…進步是文藝復興的特徵，社會學者凱倫（Horace M. Kallen）所寫的「進步之類型」（Patterns of Progress），高德文氏的「論政治的正義」（Political Justice）。赫胥黎氏在「進步的新定義」提出自然選擇（Natural Selection）與人文

---

[17] 余英時，《重尋胡適思想歷程──胡適生平與思想再認識》，上海：上海三聯書店，2012，頁198-9。

[18] 趙建軍，〈人文主義的存續視角－論錢穆人文主義的思想品質〉，黃兆強主編，《錢穆研究暨當代人文思想國際學術研討會論文集》，台北：錢穆故居管理處，2000，頁21-37。

選擇（Artificial Selection）兩個概念等，無論是個人主義、集體主義，不能走向極端否則進步將成為一個虛幻的觀念，唯有「承認進步的事實，並瞭解進步的本質」。在引證將近30位西方名著與名人的立論後，余先生又提到儒家所講的修、齊、治、平，「內聖外王」的一套程序便說明了進步應該從個人發端而後才逐漸擴張，終至於遍及天下。[19]在20出頭的青年余英時針對一個主題，一方面遍覽西方名著，一方面又引東方的思想加以比對，中西相互論證與會通的功夫，在年輕的時代就逐步建立。

余先生引法國漢學大師戴密微（Paul Demieville）對楊聯陞的評論說道：「他擅長於對於浩博的資料進行精密的分析並從而得出綜合性的結論」。[20]楊氏問學的分析方法，影響余先生深遠。到了哈佛大學余英時先生師從西方的古典學著手，並持續關注他在香港時期就嚴肅注意到的西方人文主義、自由主義等等學術著作，1957年〈清代學者章實齋與柯靈烏的歷史思想〉，這篇文章是他修莫頓·懷特（Morton White）歷史哲學的期中報告。他也師從在西方中國史學相當著名的菲利浦·吉爾伯特（Phillis Gillbert）的中國史研究。以及在古典學和史學史方面有很深造詣的莫米利亞諾（Arnaldo Momigliano）也深深影響余先生，[21]剛出版的《余英時回憶錄》中提到，我選布林頓的歐洲近代思想史……他特別提出社會上層有系統的「正式思想」（"formal thought"），如西方的「哲學」或中國的「經學」、「子學」，與流行在社會下層的「民間思想」（"popular thought"）的區別和關係。…他在一九三三年出版的《十九世紀英國政治思想》（"English Political Thought in the Nineteenth Century", Loudon, 1933）已成經典之作。後

---

[19] 余英時，《文明論衡》，香港：高原出版社，1955，頁22-48。
[20] 余英時，《猶記風吹水上鱗——錢穆與現代中國學術》，台北：三民書局，2015二版，頁10、177-8、183。
[21] 王汎森，〈史家與時代：余英時先生的學術研究〉，《書城》，2011（03），頁16。

來他在撰寫博士論文《東漢生死觀》就布林頓的「高」層次和正式思想，另一個是思想的「低」層次和民間思想作為兩個獨立的分支來加以探討。[22]再者，布林頓評介當時各種不同的研究取徑及其優點和缺點的所在深受啟發，…並進一步對「觀念史」（"history of ideas"）的研究方法有所認識，便得自他的講課。[23]做學問能得到中西名師的指點，加上余先生個人把握精微的創作，可謂青出於藍繼而成為一代史學的宗師。

（二）審視百年來中國處在中西文化雙重落空的邊緣人，否定中西學的「定律」說

在思想狂飆的民國初年，中國共產主義者，堅信馬、列「科學的社會主義」才能救中國。此股反西方的「西方思潮」，余先生認為中國「五四」後期所歌頌的「啟蒙」是向西方去「借光」。這好像柏拉圖在《共和國》中關於「洞穴」的設譬。…現在有一位哲學家走出了洞外，…哲學家為了改變洞中人的黑暗狀態，這時只有叫這些愚昧的人完全信仰他，跟著他指示的道路走。葛蘭西（Antonio Gramsci）便曾借用這個「洞穴」的譬喻來講俄國布爾什維克所領導的革命。「五四」後期中國的馬克思主義者也正是走的同一條道路。這些激進的知識分子挖空了中國文化的內涵，然後用他們自己也不甚了了的一種西方意識型態－馬克思主義－填補了這個空隙。……中國知識分子接觸西方文化，以急迫的功利心理去「向西方尋找真理」，根本沒有進入西方文化的中心。這一百年來，中國知識分子一方面自動撤退到中國文化的邊緣，另一方面又始終徘徊在西方文化的邊緣，好像大海上迷失了

---

[22] 余英時著，何俊編，侯旭東等譯，《東漢生死觀》，上海：上海古籍出版社，2005，頁3。

[23] 余英時，《余英時回憶錄》，台北：允晨文化，2018，頁175-177。

的一葉孤舟，兩邊都靠不上岸。[24]此兩頭落空的情境，加深了中國文化的危機。

　　1976年余英時在《論戴震與章學誠：清代中期學術思想史研究》提到，承認個人有意志自由乃是近代人文主義的歷史哲學中的重要一環，亦是否定各式各樣的歷史決定論（historical determinism）之基本論據之一。在余先生的論著中常可見中西人文主義與自由主義綰合的問題，誠如他研究柯靈烏曾指出歷史學具有四大特點，最後一個是：歷史是人類為了求自知而有的學問。因此它的價值也就在於指示我們：人曾經做了什麼並因而顯出人究竟是什麼。……承認個人有意志自由乃是近代人文主義的歷史哲學中的重要一環，亦是否定各式各樣的歷史決定論（historical determinism）之基本論據之一，……孔子既對歷史人物加以褒貶，他的歷史觀則無疑是人文主義的。尤有進者，孔子復為中國人文思想的創始者，從來「不語怪、力、亂、神」，因之我們自更不應懷疑他的歷史人文主義（historical humanism）了。[25]也因此余先生肯認具動態與多元的、適性的新人文主義，從另外一方面說，他也絕不相信歷史唯物主義是尋找真理的定律。

（三）余英時論學的中心旨趣
—— 會通人文與自由的「新人文主義」精神

　　筆者以為余先生無論受名師的指點或者他個人的學術中心旨趣，主要在於人文、民主與自由的精神。本文新人文主義意涵，簡言之就是人文主義與自由主義的綰合。至於新人文主義是否是一宏觀巨型理論？余先生常說他的文章不是個案研究，也不是一個理論模型，而是

---

[24] 余英時，《中國文化與現代變遷》，台北：三民書局股份有限公司，1995，頁48-9。
[25] 余英時，《論戴震與章學誠：清代中期學術思想史研究》，北京：生活・讀書・新知三聯書店，2000，頁241-4。

以歷史途徑從各方面細節去論證，最後建立起一個有結構的整體，這
正相當於中國所謂由考據通向義理的途徑，社會學家羅伯特‧默頓
（Robert Merton）在20世紀50年代提出「中距程理論」，很受學界重視。
我所做的工作大致即屬此類。❷如是而論余先生的新人文主義的理論
系譜建構似Karl Popper所說，非烏托邦式的全盤社會工程論，而是一
「社會漸進的點滴工程論」。❷余先生常說，民主必須從背景文化中點
滴累積形成，因此他不是新儒家所說的良知坎陷的「民主開出論」，
也不是全盤西化學者所說的「民主移植論」，勿寧是一種從中西背景
文化深探與吸取的「民主接筍論」。誠如歷史學方法論的大師許冠三
晚年論斷：「一部偉大的史著，一定是普遍知識與特殊經驗之和諧的
結合。僅僅有理論的普遍知識是架空的；僅僅有特殊的經驗是盲目的。
必須二者結婚，才能產生健全的歷史知識的麟兒。」而「一位歷史家，
既須有theoretical thinking（理論思維）作引導，又須有對人生的常與
變的體驗作內容」。❷吾人引這三段話的意義即在於說明余先生論學的
相關理論建構，不是在於建構一個理論的普遍知識，也不是只在一個
特殊的經驗論發皇，而是從歷史中一點一滴結合而成，他的人文自由
主義就是如此。

　　筆者認為余先生一生堅守自由的思想與獨立的人格，主要來自他
對人文主義與自由主義的深切體認與力行，筆者把這兩種學說，盡可
能的以古今中西的學術發展的內涵相結合，如同編織一樣從各種層
面、結構、色彩而形成一個美麗的圖像，易言為「新人文主義」。此
精神不僅在余先生論述中西文化的比較時經常出現，也展現在余先生

❷ 陳致訪談，《我走過的路：余英時訪談錄》，台北：聯經出版社，頁59-60。
❷ 卡爾‧巴柏（Popper, Karl Raimind）著，莊文瑞、李英明編譯，《開放社會及其敵
　人》上、下冊，臺北市：桂冠圖書公司，1989。Karl R. Popper, Unended Quest: An
　Intellectual Autobiography. London: Routledge, 1992。
❷ 許冠三，《新史學九十年1990—》，香港：香港中文大學出版社，1998，頁204。

對任何人都表現謙謙君子與寧靜致遠的態度。1953年很年輕的余先生
就說，什麼是人文主義？最簡單的說法乃是「尊重人的地位」。社會
以至宇宙的中心是人類而非神或上帝。人文主義是近代文明的最基本
的精神，從此一精神上派生出一種極有力的歷史潮流，那便是婦孺皆
知的個人主義。如果說人文主義是提高全人類在宇宙中的地位與對抗
基督教的神道權威，那麼個人主義便是提高個人在社會上的地位以對
抗傳統的封建束縛，…個人主義的中心便是自由。❷這是他在1953年
出版《近代文明的新趨勢－19世紀以來的民主發展》所表達的義理，
從這文章的旨趣吾人可斷言，余先生在青年的時期就深懷對自由主義
和人文主義的系統研究。1959年余先生在〈文藝復興與人文思潮〉一
文中就言及，早期人文主義者在推翻占星術（Astrology）的迷信方面
所發生的作用對十六世紀後的科學發展具有清宮除道之功。「人文主
義者」…確已逐漸建立起對人生的新態度。這種新態度，質言之，即
比較注重人之本身。所謂「比較注重人」又可分兩層面來說：一是對
人之尊嚴及其在宇宙中特殊地位加以強調，另一則是對於表現個人情
感、意見、經驗與環境之具體特色感到無上的興趣。布加特稱這種趨
向為「個人主義」。Gianozzo Manetti即用「人之尊嚴與卓越」（Dignity
and Exellence of Man）為題。❸易言之，余先生在青年時代，已擺脫激
進的反傳統或者是烏托邦共產主義的狂潮與迷惑，以其所理解與用力
的人文主義駕接縮合到自由主義的範疇，並形成他一生堅定與篤行的
信念。

　余先生持東西人文主義的肯定以及否定歷史決定論的價值觀。他
談道，白壁德（Irving Babbitt）講人文主義（humanism），但白氏最欣
賞的就是亞里斯多德講政治制度、講正義，「光是講抽象的公平（justice

❷ 艾群（余英時筆名），《近代文明的新趨勢：十九世紀以來的民主發展》，香港：自
　由出版社，1953，頁16-17。
❸ 余英時，《歷史與思想》，台北：聯經出版社，1976，頁321-3。

in the abstraction）是沒有用的」，講公平，要有一個公平的人，親自
體現公平。白璧德特別欣賞孔子，一定要以身作則，要做得出來，有
一個真正公正的人在那裡。余先生進一步舉例說：「甘迺迪本人跟他
的幕僚在文化上跟其他政黨不同的地方，他們是比較注重思想的。
白宮也經常舉行學術研討會，找英國一些學術的名家像柏林（Isaiah
Berlin），討論一個晚上」。余先生強調人文修養對民主有很重要的關
係，「民主不只是『量』（quantity）的問題，一人一票。民主有『質』
（quality）的問題，就是領導社會、政府各階層的領袖，必須要有高度
人文修養，否則不配做民主時代的領袖」。[31]他又指出「文化建設決定
政治結構」他進一步論述美國獨立宣言特別揭櫫「生命、自由、幸福
的追求」為三項最基本的人權；這三大人權只有在民主制度下才能獲
得確實的保障。「這三大人權都有特定的文化內容」，我們不可能拋開
宗教革命與啟蒙運動以來歐洲文化和思想的一般狀態而理解美國革命
時代的民主，……西方近代民主的興起在文化上早有深厚的新文化為
其憑藉」。[32]這兩段話足以說明余先生為文關切中西人文、自由與民主
的良窳、價值之所在及重在實踐的要義。

　　文化批評家艾米莉・愛坡特（Emily Apter）則將薩依德的人文主
義稱為「解放的人文主義」（emancipatory humanism）。[33]從上述這些論
述中吾人可得知余先生對一個本質上是歷史考證與義理問題，但他
常抱以人文主義的精神貫穿其間加以論述。吾人暫時界定余先生的
新人文主義是人文主義與自由主義綰合而成的一種「人文自由主義」
（humanistic liberalism）的精神。

---

[31] 余英時，《中國與民主》，香港：天窗出版社，2015，頁30-31。

[32] 同上書，頁41、43。

[33] Emily Apter, "Saidian Humanism," Boundary 2, 31: 2（Summer 2004）, pp. 35-53。

四、余英時先生以方法論會通古今與中西學術

余英時對方法論的基本看法認為：「『為學如扶醉人，扶得東來西又倒』。我們一方面雖然主張史學必須不斷地吸收新方法，但另一方面則要鄭重提出警告：『千萬不可迷信方法』。⋯而任何新方法的使用又隱藏著無數的陷阱；這一事實充分說明在史學研究上是沒有捷徑可走的，一切都要靠史學家自己去辛苦而有耐心地摸索」。❸❹誠如余先生在《朱熹的歷史世界──宋代士大夫的政治文化》巨著中，就另闢蹊徑，從傳統理學是繼承孔孟的絕學，來分析其中的差異。或者以哲學史的形而上學和宇宙論的角度來討論。而余先生從政治文化的角度，把理學從宋代的歷史詠脈中抽離了出來。這是一種方法的突破，產生了思想研究的突破。論者以為：「思想史的研究必須與法律史、社會史、文化史、生活史、教育史、宗教史等多元化的方法等方面攜手，必須眼光向『下』」❸❺。不拘泥、不迷信一種方法，隨著不同主題靈活運用相關的研究方法才能得到突破性的研究成果。簡言之余先生基本上是持「史無定法」，但他不反對史學研究必須不斷向其他學科吸收新方法，但也要注意各種方法的極限。一個學術成果有一項創新的研究方法和理論，已經值得深入探討，筆者初步了解余英時先生的學術特色及其研究方法有九大特點。

（一）史料與史觀並用

根據陳若水教授在耶魯大學當余先生的「中國史學」（Chinese Historiography）助教時，他回憶道：「課上唸趙翼的《廿二史箚記》⋯

---

❸❹ 余英時，〈中國史學的現階段：反省與展望──代發刊辭〉，《史學評論》第一期，台北：史學評論社，1979，頁15。
❸❺ 葛兆光，《思想史研究課堂講錄》，北京：三聯書店，2006，頁308-310。

余師卻一面閱讀，一面照顧到趙翼所引文字的自身義涵，很快發現問題，立刻予以解決。人文學者做研究最終要依靠自己的心和頭腦，應該隨時處在嚴謹、具有批判性的狀態中。記得有時我提《史記》中的一、兩句話，余師就接著唸出一大串，讓我驚羨，看來他對某些基本典籍頗有成誦的能力。這個「現場考證」的展示帶給我很深的啟示」。㊱陳弱水回憶這段「師門記」的另一重大啟示是，為學為文要「厚積薄發」。余先生對史料的掌握以其人的記憶力，可以到背誦的程度。吾人相信其獨特性的史觀就來自「用心和頭腦保持嚴謹的批判」，及陳弱水所說余先生保持「每一天都在思考問題」的思維結晶。

　　陳弱水的回憶是在1980年代的初期了，早在1950年余先生對史料就有精準的掌握。一九五四年八月和九月余先生寫〈《十批判書》與《先秦諸子繫年》互校記〉發表在香港《人生》半月刊第八卷第六、七、八期，這篇文字原題為〈郭沫若抄襲錢穆先生著作考〉，余先生以嚴謹的史料比對功夫，列舉了郭沫若抄襲錢穆的著作逾十則，三十七年後重讀舊文，「我覺得互校的部分，基本上是資料的對勘，其真實性是沒有問題的」。「郭沫若的攘竊，鐵案如山，我一點也沒有冤枉他」。㊲余先生揭發郭沫若的抄襲，我們在梁啟超的文章中看到極為相符的問學方法的警語，梁啟超說：我以為研究國學有兩條應走的大路：一、文獻的學問，應該用客觀的科學方法去研究。二、德性的學問，應該用內省的和躬行的方法去研究。㊳作為國學重要人物的郭沫若既未遵守文獻來源科學真實性的方法，更缺乏內省與德行的學問。37年來，余先生一直沒有把這篇文章收入相關的文集中，除了些許理由外，個人解讀這是余先生在史觀上求真的精神及史德上不容造假批評的態度。

㊱ 參陳弱水，〈回憶耶魯歲月的余英時老師〉，田浩編，《文化與歷史的追索：余英時教授八秩壽慶論文集》，台北：聯經出版社，2009，頁xiii-xiv。

㊲ 余英時，《猶記風吹水上鱗》，台北：三民書局，2015二版，頁136-137。

㊳ 章太炎等，《國學研究法》，台北：西南書局，1983，頁28。

　　余先生可說發揮了全部的精力在研究與問學上，時時抱持著強烈的問題意識，也因為如此，讓他能夠在各種史料的理解與文章的脈絡上獨樹一格。余先生可說採取整合了實證性（positive）與批判性（critical）的精神建立出一種獨立、自主的新詮釋性（New interpretative）的議題與意義的彰顯，不因評論之人是政治名人和學術名人而有不同的考量。

（二）活用內在理路與歷史脈絡雙重路徑

　　余先生常言研究思想史的人並不能把眼光完全侷限在純思想的領域之內，他必須密切觀察其他領域—政治、經濟、社會等—的種種動向。他說道，我對於中國思想史的研究基本上採取了內外並進方式。有時強調「內在理路」（inner logic）有時則重視歷史的脈絡（historical context）。不但研究上層的經典；在探索中國思想史的連續性（continuities）也分析它的斷裂狀態（discontinuities）；注意變動時代的突破性轉型；研究中國思想史不能不具一種比較的眼光（comparative perspective），但不能流入一種牽強的比附（forced analogy）[39]。中國傳統的…有兩個問題：第一、這種不加分析的否定是黑格爾所書的「抽象否定」（abstract negation）而不是「具體否定」（concrete negation），只有「具體否定」才能完成文化超越的任務，使中國文化從傳統的格局中翻出來，進入一個嶄新的現代階段。[40]但余先生也絕不拘泥於一切著作學說都從內在理路出發，例如在《朱熹的歷史世界》的巨著中，「他就放棄了他一直提倡的『內在理路』說，反而把它讓給理學史的敘述者，他去強調外在政治文化在理學歷史和思想研究中的中心位置」。[41]

---

[39] 余英時，《中國文化通釋》，北京：三聯書店，2012，頁2-3。

[40] 余英時，《中國文化與現代變遷》，台北：三民書局，1995，頁20。

[41] 葛兆光，〈拆了門牆就無內外－讀余英時先生《朱熹的歷史世界》及其評論〉，載氏

吾人相信他靈活運用內、外理路並進分析不同情境的歷史現象，以及中西融會貫通的學理，才成了他思想史研究的一家之言。

（三）探源尋根與當代學說對比分析

朱熹在《觀書有感》詩云：「問渠那得清如許？為有源頭活水來」，從源頭中找到生命學問的活水，一向是余先生的學術風格，並從源頭的學問上開出新局。余先生在1958年〈工業文明之精神基礎〉一文中談到所謂「科學革命」開始於何時❷？余先生尋根探源指出至牛頓生時（1642）建立科學事實與科學法則於堅實的證據之上已成為科學界的普遍習慣了。政治家如英國的Buckhurst（十六世紀末十七世紀初的Lord Treasures），政治思想家如法國的Bodin，對當時量的經濟（quantitative economics）的增加率都感到極大的興趣。易言之，余先

著《古代中國的歷史、思想與宗教》北京：北京師範大學出版社，2006，頁157。

❷ 科學革命此一重要的歷史議題，余英時先生展開對源頭學說的探討，他說：傳統的分期大約以一五〇〇年為斷，而以哥白尼（Copernicus, 1473-1543）、Fernel（C.1490-1558）與Vesalius（1514-64）為近代科學之先驅。但最近科學史家的研究則認為一五〇〇至一五七〇年與一五七〇至一六六〇年是兩個截然不同的時期，而後者則尤為重要。後一期中的代表人物是伽里略（Galileo, 1564-1642）、哈威（Harvey, 1578-1657）與巴斯喀（Pascal, 1623-62）。依照古典美學概念，最完美的曲線是圓，依照宗教概念，在上帝的宇宙中，天體必然循著最完美的方式運行。哥氏所建立的新天文系統並不是從他對天體運行做了「合理的動態的解說」而來；它的理論根據乃在藝術與神學。第一是強調數量的衡量（quantitative measurements）為達到結論的基礎。第二個新的方法則是觀察與實驗，強調實驗為任何科學命題的唯一有效的證明則為十六世紀末與十七世紀初之新發現。從此「徵而後信」遂成為近代科學精神中不可分割的一部分。第三個有關科學研究的重要革新則是近代數學之興起。Whitehead謂「離開了數學的進步，十七世紀的科學發展實無可能」也。十七世紀的歐洲文化發展比較上有著內在的協調與均衡。換言之，藝術、科學與道德諸方面頗能互相配合、相攜並進。美與德的結合，輔之以科學知識的日新月異，造成十八、九世紀以來輝煌的工業文明。參氏著《歷史與思想》，1976，頁344-378。

生注意到近代自然科學的革命的緣起與變化，此變化影響到政治學、經濟學的轉型與典範研究。

　　余先生生平不寫應酬式的文字，友人向他索序，必盡可能以敬慎之心回報，其中絕大多數作者相交已久的，也有少數尚無緣識荊。彭國翔收集了余先生為友人著作所寫的部分序文，成為《會友集》，在此書的序文，余先生說：「序的心理起源於『同聲相應，同氣相求』，它體現了中國知識人追求彼此之間在心靈上的自由交流。首先我必細讀全稿，其次就原著旨趣加以伸引發揮。⋯我的序文對友人有無涓滴之助尚不可知，但我受到他們著作的激勵則是千真萬確的。」他又探源研究，從皇甫謐（215-282）序左思〈三都賦〉算起，至二十世紀中葉，「序文」足足在中國延續了一千七百年。❸余先生靈活探討傳統資料與當代學說的活水，充分實踐了胡適在五四時期所提倡的輸入學理，把一切學理不看作天經地義，但看作研究問題的參考材料，純熟運用在他的學術文章中。2018年台灣駐世界貿易組織（WTO）代表處在瑞士舉辦「蘭花與書法」展，朱敬一代表邀請以余先生為首的五位中央研究院院士以書法大家參展，余先生又從中國文獻上蘭花的起源翻閱大量的史料，余師母說，那段時間他們住在蘭花的文獻書堆中，以90歲的高齡余先生探源的精神令人欽敬。

（四）重視思想演進的轉折、流變與突破

　　在〈中國史學的現階段：反省與展望〉一文中，余先生說，中國

---

❸ 就「文體」（genre）言，余先生探源考證序有二類⋯遊宴、詩會、餞送、贈別等場合的即興之作，及為書籍所寫的「序」，後者又可分為三類。第一類是為了說明傳世典籍的緣起及其涵意而作，如〈尚書序〉、〈毛詩序〉是也。第二類是「自序」，最著名的當然是〈太史公自序〉，最後一類則是應並世作者之請而寫的「序」。參余英時著，彭國翔編，《會友集（上）−余英時序文集》，台北：三民書局，2010，頁1、3、24。

史學上所謂「疏通知遠」，所謂「通古今之變」，要通過現代各種學科的最新成果和時代的眼光來「疏通」史實與史實之間的關係。史學所追尋的並不單純是一種靜態的「意義之網」，更重要的是文化在歷史時間中的流變。他又說：「『超越的突破』（transcendent breakthrough），所謂「突破」是指某一民族在文化發展到一定的階段時對自身在宇宙中的位置與歷史上的處境發生了一種系統性、超越性和批判性的反省；通過反省，思想的型態確立了，舊傳統也改變了，整個文化終於進入了一個嶄新的、更高的境地」。^{❹❹}思想的「突破」與「崩壞」（breakdown）之間存在著某種關聯。一般說來，歷史上重大的「突破」，往往都有一個「崩壞」的階段為之先導，亦即思想演進的轉折與流變往往是突破的先機。例如余先生在分析中國從商朝到周朝在思想流變上，此「哲學突破」在中國是以「心學」取代了「神學」。…「士」的階層是從過去封建制度下固定職位中「游離」了出來，取得了自由的身分。…「哲學突破」的另一提法是「超越突破」（transcendent breakthrough），也就是心靈不再為現實所局限，這是「游士」的主要特徵。^{❹❺}注重常態也注重流變，才能夠發掘突破的所在。

在過去中、外思想界裡面都認為在佛教傳入以前中國沒有來世觀念，1972年到1974年，湖南長沙馬王堆三個漢墓的巨大發現，改變了這個看法。余先生認為胡適博士就認為是佛教為中國帶來了數十重天…李約瑟博士也說古代思想中沒有天堂和地獄。中國沒有來世的觀念，因此被證明是靠不住的。^{❹❻}余先生進一步深入研究，將中國

❹❹ 探討意義之網及其流變是余先生綜合社會學家韋伯（Max Weber）所說人是懸在自己所編織的「意義之網」（webs of significance）中的一種動物。而當代人類學家紀爾茲（Clifford Geertz）為之下一轉語，說文化便正是這種「意義之網」。參余英時，《史學與傳統》，台北：時報出版社，1982，頁4、23。

❹❺ 余英時著，彭國翔編，《中國情懷：余英時散文集》，北京：北京大學出版社，2012，頁389-390。

❹❻ 余英時著，何俊編，侯旭東等譯，《東漢生死觀》，上海：上海古籍出版社，2005，

有關魂的觀念與其他文化中的對應物相比較。例如希臘的 psyche 和 thymos，羅馬的 animus 和 anima 以及猶太人的 nephesh，都與氣息有關。而魂魄相異，即魂是「精神的」靈魂（spiritual soul），魄是「肉體的」靈魂（bodily soul），在漢代已具普遍性。[47]這是余先生繼博士論文之後，不斷追尋新史料，棄而不捨的研究，突破了中國的魂魄的彼世觀念，絕然不是佛教入土中國之後傳來的概念，並對中西多種「魂魄」文化的相應說法加以說明。

　　余先生特別重視歷史思想發展過程中關鍵的流變之所在，從而得到堅實的突破點。以此觀之，百多年來，中國面臨全面性的崩壞，這個崩壞的局面，亦是激盪出「突破」的時機。

（五）綰合與超越中西文化的框架與意理

　　民主共和的民國成立以後，政治並沒有因此而進步，思想也沒有因此而發達。原因出在哪裡？知識份子對於中西文化的偏頗心理恐怕是重要的因素之一。論者以為：「北京文化圈有感於國家內憂外患之嚴重，學術思想之落後，愛國精神之不振，紛紛創辦刊物，從事救亡圖存之鼓吹，紛紛創辦刊物，如『新青年』、『新潮』」雜誌等等。[48]這些具有新思想的雜誌，固然引進若干西方進步的理念，但卻展開對中國傳統文化無情的批判，研究五四運動的周策縱教授就指出：「在這種對舊傳統作批判性重估的開始階段，唯心主義、自由主義、實用主

　　頁121-2。

[47] 同上書，頁140。

　　Yü, Ying-shih., Editorial Assistance of Josephine Chiu-Duke and Michael S. Duke, "O Soul, Come Back!" : A study in the Changing Conceptions of the Soul and Afterlife in Pre-Buddhist China." Chinese History and Culture,Vol.1, New York: Columbia University Press,2016,pp.58-84.

[48] 李守孔，1979年，《中國現代史》，台北：三民書局，頁43。

義、理性主義、功利主義、實在論、未知論等五花八門的理論充塞著
青年知識分子的頭腦」。⑭此時思想界以為新的就是好的，傳統就是守
舊就是落伍，在這種社會秩序的變革中，往往是知識分子首先開始在
思想意識方面對現狀的反叛。「一些革命的歷史學家稱這種現象稱為
『知識分子忠順的改變』（transfer of the allegiance of the intellectuals），或
者是『知識分子的背叛』（the desertion of the intellectuals），五四運動就
是這種變革的一個範例」。⑮這在當時蔚為一股風潮，亦是源於中國淵
源流長的傳統，即「借思想文化以解決問題的途徑」，此途徑可上溯
至「孟子和荀子，在陳獨秀、胡適和魯迅身上也有明顯的表現」。這
些思想家們相信思想力量含有一種預設，「在知與行之間的密切關係
幾乎是同一性的關係」，⑯這些知識分子也許是無意識地認為，他們最
需要的是通過極激烈的手段向人民表述他們的「新」信仰，並提出使
這些「新」信仰付諸實現的最佳綱領。

　　余先生對當前兩岸文化的發展有如是的批判，他說：「中國現在
的文化批判者是以改造整個中國為職志的，他們比政治家的責任更要
沉重。中國人對於「立言」一向注重責任感。孔子早已有「一言可以
興邦」和「一言可以喪邦」的警告」。⑰中國「五四」後期所歌頌的「啟
蒙」則是向西方去「借光」。這好像柏拉圖在《共和國》中關於「洞穴」
的設譬。…現在其中有一位哲學家走出了洞外，…哲學家為了改變洞
中人的黑暗狀態，這時只有叫這些愚昧的人完全信仰他，跟著他指示
的道路走。葛蘭西（Antonio Gramsci）便曾借用這個「洞穴」的譬喻
來講俄國布爾什維克所領導的革命。「五四」後期中國的馬克思主義

⑭ 周策縱著，周子平等譯，1996，《五四運動：現代中國的思想革命》，南京：江蘇
　人民出版社，頁491。
⑮ 同上書，頁495。
⑯ 林毓生著，穆善培譯，1986，《中國意識的危機》，貴州人民出版社，頁45-46。
⑰ 余英時，《中國文化與現代變遷》，1995，台北：三民書局股份有限公司，頁20-21。

者也正是走的同一條道路。這些激進的知識分子挖空了中國文化的內涵，然後用他們自己也不甚了了的一種西方意識型態－馬克思主義－填補了這個空隙。…中國知識分子接觸西方文化，以急迫的功利心理去「向西方尋找真理」的，所以根本沒有進入西方文化的中心。這一百年來，中國知識分子一方面自動撤退到中國文化的邊緣，另一方面又始終徘徊在西方文化的邊緣。[53]余先生的問學，超越了五四時期學者打倒傳統、擁抱西方的極端態度，他一針一線的縕合中西學術的精華，再創文明研究的高度。

（六）持古今學術對話並尋其異同

余先生避言新儒家以中國文化可以開出民主論的說法，相應於西方的自由、民主概念，余先生經常分析當中義理的異同，展開古與今的對話並從中找到若干接筍點，他有一段長話語足以表達他的切入點：

> 故明君制民之產，必使仰足以事父母，俯足以畜妻子，樂歲終身飽，凶年免於死亡。（《孟子、梁惠王上》）亦即「孟子在此爲國家（王）對人民的義務開列一張清單，可稱之爲『義務清單』（Bill of Duties），與英國的『權利清單』恰可對照。儒家論人民的『權利』是從國家對人民的『義務』下手的。儒家倫理是不是完全淹沒了個人價值的問題」。余先生認爲王陽明（1472－1529）的『致良知』在十六世紀便激起了個體意識的發展。他以『良知』故爲每一個人所有，但每一個人的『良知』又有其特殊不同之處，這正是「朱熹所講的外在規範－『天理』－個體

---

[53] 同上注，頁48-49。

化了。…後來黃宗義便進一步把王陽明的『是非之心』運用到政治領域，公然說：『天子之所是未必是，天子之所非未必非。』(《明夷待訪錄．學校》)『良知』的個體化更引至對『私』的重視。…顧炎武尤其明快，逕言『天子爲百姓之心，必不如其自爲。』他又說：『合天下之私，以成天下之公。』(《日知錄》卷三）...梁啓超說：『一私人之權利思想，積之即爲一國家之權利思想。故欲養成此思想，必自個人始。』這並不是抄西方觀念，…儒家傳統中已發展出近於羅爾斯所重視autonomy。這個觀念在羅爾斯手上已取消了康德『道德自主』的超越涵義，所以完全可以與晚清儒家的『自主』說互相印證。(54)

余先生將中、西思想家從孟子、王陽明、黃宗羲到梁啟超的話語與康德、羅爾斯之言說，作中、西對於權利與義務概念的區別與趨近，作出深入的對比分析。錢永祥先生在〈如何理解儒家的「道德內在說」：以泰勒為對比〉一文探討的重點與範圍包括新儒家、徐復觀、牟宗三、余英時、泰勒（Charles Taylor）的「道德實在」與「道德實踐」的兩面性，錢文指出余英時根據內在超越與外在超越一對概念，在中西文化之間作了別有見地的區分。(55)筆者研究得知余先生所強調的中國文化是一種內向超越（inward transcendence）的道德。而西方文化的核心，人要靠外在的上帝對人性的規約，人的道德才得以超越，是一種外在超越。這論點正是本文所強調「新人文主義」所指涉的要旨之一。也正是余先生上下求索中西學術與古今對話，並尋出其異同的又一明證。

(54) 朱敬一、李念祖，《基本人權》，台北：時報文化出版公司，2003，頁14-17。
(55) 錢永祥，〈如何理解儒家的「道德內在說」：以泰勒為對比〉，台北：政治大學哲學學報第19期（2008/01），頁1-32。

（七）論學活用且超越中西人文與社會的框架

　　余先生對思想的研究，首先在於闡釋哲學與社會科學對問題的若干限制進行反思。他說：「哲學觀點的長處在於能通過少數中心觀念以把握文化傳統的特性。例如梁漱溟曾指出中國文化的根本精神是『意欲自為調和持中』，西方文化是『意欲向前要求』，印度文化則是『意欲反身向後要求』。哲學觀點的弊病正隱伏在這裡（筆者按：亦即會偏重類型的分析）。不再注意其中所包含的複雜而具體的事實了，這就不免將流入朱熹所指責的『虛設議論』的一途。…社會科學家在方法論方面是經驗的（empirical）。…社會科學的中心任務畢竟是在於尋找一般性的通則，而不再闡述個別文化傳統的特性…我們不能僅以『類型』和『規律』為滿足。…社會學家席爾思（E. Shils）提出社會科學的研究對象是眼前的現實，因此其概念結構大體上是「沒有時間性」（atemporal）。因此，余先生提出：「如果社會科學觀點『沒有時間性』，那麼哲學觀點則可以說是『超時間性』（supratemporal）。史學觀點之重要便在這裡充分顯露了出來：它特別注重時間性，恰可以補上述兩種觀點之不足」。[56] 近代科學與學術的發展，學科愈分愈細，「人」的研究被肢解了，余先生的學術文章關懷，是一個跨度較大的取向與整合。

　　又例如他以孔恩的《科學革命的結構》所說的「典範」，來研究至今紅樓夢各派別的危機與極限，以尋求突破考證的紅學發展至今顯然面臨到重大的問題。他以「典範」和「危機」這兩個觀念分析近代紅學的發展。他說：索隱派是要用亞里斯多德物理學來解決牛頓物理學所遭遇到的困難；而鬥爭派則顯然是想憑藉著李森柯的遺傳學來推翻整個生物學的研究傳統；自傳派在「典範」的指導下，將紅學研究可以從「山窮水盡疑無路」的困途中，轉到「柳暗花明又一村」的豁

---

56 余英時，《史學與傳統》，台北：時報出版社，1982，頁2、5。

然開朗的境界。…新典範是把紅學研究的重心放在紅樓夢這部小說的
「創造意圖和內在結構的有機關係上」。[57]余先生紅樓夢的兩個革命說，
受到紅學大師的重視。余先生看到當前學術的問題，活用中西的學理
運用於歷史研究中，突顯人的社會、經濟、文化、政治的多元面向的
古與今的分析，將學術世界朝向更真實、更充滿生機的境界邁進。

（八）以默察詮釋致知

　　默察致知法是筆者綜合了施特勞斯（Leo Strauss）古典著作中的
「俗白教導」（exoteric teaching）與「奧妙教導」（esoteric teaching）之別
的著名主張，[58]與余英時教授在解讀中西古典作品時的一種致知法。
在中國思想家的言論中也早就提到類似的觀念，如《論語述而第七
篇》云：「默而識之，學而不厭」；朱子語類云：「將正文熟讀，不可便
立見解」。王德威院士也以「隱密詮釋」（esoteric interpretation）的必要
來撰寫研究葉石濤暗寫228的〈三月的媽祖〉以及陳寅恪《柳如是別
傳》，[59]亦即默察詮釋致知法受到中外學人的肯認與重視。

　　余先生對中國大陸在60年代文化大革命的種種逆反行為加以省
察，並從漫長的中國歷史歸結出〈反智論與中國政治傳統〉以及〈君

---

[57] 余英時，《紅樓夢的兩個世界》，台北：聯經出版社，2014，頁14-15。

[58] 史特勞斯認為古典哲人運用一種書寫的藝術（the art of writing）或者說隱微寫
作（esoteric writing）的方式來來保護哲學，也可以說一種特殊的微言大義。
Nathan Tarcov and Thomas L.Pangle ,Epilogue ,Leo Strauss and the History of Political
Philosophy , in Leo Strauss, Joseph Cropsey. Edited, History of political philosophy,
Chicago :University of Chicago Press.1987,pp.914.

[59] 王德威，〈主題演說－跨越，逾越，穿越1949與歷史修辭〉，台北：中國現代文學
學會、中央大學中文系等主辦：「跨越1949：文學與歷史國際學術研討會」論文集，
2016/12/25，頁1-3。

尊臣卑下的君權與相權〉兩篇長文。⑥2014年在《歷史與思想》面世
已整整三十八年新版中，余先生提到：「最初我寫此文（指〈反智論〉），
完全針對著大陸的「文革」而發。我想揭示的是：造成「文革」的政
治勢力雖然在意識型態和組織方式上取法於現代西方的極權系統，但
是在實際政治操作上則繼承了許多傳統君權的負面作風，而集中表現
在對於知識人的敵視和迫害以及對理性與知識的輕鄙上面」⑥。面對天
下無道之時，余先生不以隱匿的方式粉飾天下太平，而是以入世的情
懷，踐行知識人的一份責任。個人以為就是一種默察詮釋的成功作品。
再者20世紀偉大的歷史學家陳寅恪的詩文暗碼系統所隱含的奧妙教
導，余先生對於蘊含深奧的、語意雙關的詩文逐一的拆開解釋，陳寅
恪的「奧妙教導」在余先生的解讀下成為一篇篇生動可讀的「俗白教
導」，余先生得到陳先生輾轉傳達的「作者知我」的回應⑥，對於陳寅
恪將古今中外的歷史教訓與典故暗藏於他的晚年的詩詞當中，而余先
生逐一的進入陳先生的詩意與心境加以解讀，真是令人驚嘆、讚嘆與
佩服余先生活用中外經典的默察詮釋法。

　　就個人接觸余先生的經驗中，進而思考、反芻他的言說與學行，
從隱默中識知。⑥誠如日本學者岡田武彥所說：「研究一個人的思想，

---

⑥ 余英時，《歷史與思想》，前揭書，頁1-75。
⑥ 余英時，〈新版序〉，《歷史與思想》，台北：聯經出版社，2014，頁i-ii。
⑥ 余英時，《陳寅恪晚年詩文釋證》，台北：東大圖書公司，1998，頁6。
⑥ 從1976年個人進入大學修習「中國通史」、「現代史」及「社會思想史」等課，教授
　先生就以余英時的《歷史與思想》等著作做為教本之一。再者，從1981年筆者在
　研究所第一次在台灣 聽到余先生的演講起，前後在台灣與美國聽其演說有近二十
　次之多。三者，1996-7筆者得到 美國Fulbright獎助前往芝加哥大學半年、普林斯
　頓大學半年，在芝大期間，經留學生介紹第一本購買的就是施特勞斯的《政治哲學
　史》，在普大期間余教授就是我的adviser，期間跟他有多次的請益，記得有一次他
　在普林斯頓大學圖書館借書，當天三次碰到余先生借書、搬書，他推辭我的幫忙，
　期間與他斷續的談話，最後才知他在幫以有8年之久的「中國學社」的大陸學人找
　書、借書。此事讓筆者隱默想到周公輔佐成王，有「一沐三握髮，一飯三吐哺」之

把他的體驗移入自身，然後設身處地加以體驗的方法，此即『內在性研究』，不僅在『表象研究』的科學實證中弄清他的思想」。[64]在上述這些個人透過內在性研究接觸史中，留下許多珍貴的體認，這些經驗是無法在余先生鴻文大作中所能看到的，特別是余先生在識別西方自由民主與中國文化中隱含的相對應的部分以及他的知識與實踐的知行合一的部份，筆者認為是通過默察詮釋與俗白詮釋交互作用後的創見。其中也不斷的觀察余先生在論著與為人中隱默的意理，經再三的反芻，至今仍不斷產生新的隱默致知，它具有緩視微吟，虛心涵泳，切己省察的催化作用。從這些工夫效應中屢屢有許多對余先生思想的理解與新啟示。

（九）以知人論世的方法探究歷史與人物

明亡清立，士人不隱忍偷生，在文化與道統呈現忠義與遺民的抉擇，對「以死殉道」看的比偷生還重要，方以智《東西均‧生死格》曰：「世有白刃可蹈，而富貴貧賤見不破者；有富貴貧賤可破，而愛憎不破者，此非真知生死之故也。」面對朝代的興亡，生命的破與不破，方以智最後尋一殉道的抉擇。余英時在1970年代花大工夫研究方以智，他說：「顧余讀密之（方以智）書，猶有恨焉。晚明諸老如顧炎武、黃宗羲、王夫之，其亡國後之著述，在清代雖多觸禁忌，然大體仍得保存並屢經刊布。至其遺民生涯，亦先後有人為之表彰。……爰鉤稽史料，草為此篇，聊以發潛德之幽光，表遺民之心曲，非敢輒以考據自喜也」。[65]與顧炎武、黃宗羲、王夫之相比，其亡國後之著述有人為

美談，周公吐哺天下歸心，其勤於政務為後儒的楷模與榜樣。

[64] 岡田武彥，〈中文版自序〉，吳光、錢明、屠承先譯，《王陽明與明末儒學》，重慶：重慶出版社，2016，頁3。

[65] 余英時，《方以智晚節考》，台北：允晨文化，2011，頁22。

之表彰，則無人為方以智的遺民心曲道一語。吾人相信此時的余先生是以其素有的人文與為人平反的精神，為方以智的遺民心志與殉節精神抱不平，余英時引宋史江萬里的「止水事」，進一步投射到方以智身上，他說：

> 《宋史‧江萬里傳》云：「……扁其亭曰：『止水』，人莫諭其意，及聞警，執門人陳偉器手，曰：『大勢不可支，余雖不在位，當與國為存亡。』及繞州城破……萬里竟赴止水死。
> 萬里有子「相繼投沼中」，此尤與中履「余兄弟亦惟止水相踵自勉」之語密合……「止水」一辭，後世早已習用為「自沉」之代語。從諸多材料察之，吾人今日實已無由再信密之披剃後與復明活動完全絕緣說……
> 如所測不誤，則密之豈僅媲美謝疊山而已，即謂之異代之文文山又何愧哉！⑥

余先生將方以智比擬為南宋末年謝枋得（1226-1289，字君直，號疊山），宋末元初，朝代更迭、江山易主，亡國大夫不可以圖存，他與文天祥齊名抗元，為了不當元朝的官，絕食五天而死！余英時認為歷史不應以方以智晚年去儒入釋，而有遁入空門不問世事之論，而忽略他的復明活動，最後自沉殉道而亡的氣節。

余先生在研究方以智的結語時曾說到：「史者，知人論世之學也。今人於論世之義知之甚審，而於知人之義則多忽之。此時代風氣使然也。然亦未有不知人而真能論世者，更未有不知其心而真能知其人者，此皆非余之所敢知。治思想史仍守知人論事之舊義而不欲墮於一偏。論世必尚外在之客觀，故實證之法為不可廢；知人必重內在之主觀，

故詮釋之法亦不可少……內外合一、主客交融即思惟之所由起也；使內外不合、主客不交，則思惟之道絕矣，更何思想史之可言乎」？⑥⑦一個具有深度的歷史研究，必須深入了解撰寫歷史的作者之身世與心態，加上對外在大環境的深入體察，相互交錯形成知人論世，誠如錢穆先生對余英時《方以智晚節考》的〈序言〉中說：「英時此文之貢獻，所謂發潛德之幽光，其對於密之生平節志之表揚，以證晚明諸遺老遭際沉痛深哀之一斑，乃及滿清異族政權所加於中國傳統士氣之摧殘壓迫，不啻是鉤畫一輪廓……而不禁穆然以思愴然以驚，而油然生其對當時諸遺老無窮限之同情，而悼古愍今亦必有不勝之感嘆發乎其間者。」⑥⑧錢穆先生這段話深刻的呈現「知人」與「論世」兼具的奧義。2007年名報人李懷宇在訪問余英時先生的時候也以「知人論世」來作為理解余先生的出發點，李懷宇從余先生的著作中發現他的「字裏行間閃爍著對人的關懷」，「他把理解與同情注入了歷史研究」，從方以智、戴震到胡適、錢穆等等的音容笑貌躍然紙上，「這些歷史人物背後的時代風雲與思想劇變彷彿重現」。他的著作也都離不開「對中國的深切關懷」，這是李懷宇論余先生的切入點。⑥⑨筆者下一篇文章將以「知人論世」的方式，從余英時的傳記、相關論文寫作的時代氛圍，以他的「離散心靈」、「文化重建」的角度，探討余先生在學術理論與生命實踐上的特色。

　　余先生以「知人論世」的功夫，提出對「朝代」變與常之看法，並探尋「文化遺民」的他者，如何看待歷史變動的「意義」，多數以人道及追尋自由的艱困角度，提出余先生的詮釋。例如其英文著作「現

---

⑥⑦ 余英時，《方以智晚節考》，台北：允晨文化，2011增訂一版，頁8-12。
⑥⑧ 錢穆，〈余君英時方密之晚節考序〉，余英時，《方以智晚節考》，台北：允晨文化，2011增訂一版，頁14。
⑥⑨ 李懷宇，〈余英時：知人論世〉，《知人論世：旅美十二家》，台北：允晨文化，2012，頁9-40。

代中國民主觀念與菁英文化的黃昏」一路從思想家托克維爾、羅爾斯、施萊辛格檢視到中國嚴復、康有為、梁啟超、孫中山等人，在國家治理的過程中，如何在民主與精英當中找到有意義的「虛與實」及其緊張性的關係，重要的關鍵是統治者的人格問題。❼⓿余先生的「知人論世」的研究範式打破了政治史、思想史、心理史等專門史研究的界限，既引導了重新將人回歸歷史研究中心的趨勢，又在方法論上給出了具體的史證與史識，發揮實證和詮釋相互配合。

五、結語

　　18世紀泰西之學壓倒泰東之學以來，有三種以「西方中心模式」來研究中國，分別是：1、「衝擊──反應」模式（impact-response model）即「西方衝擊──中國反應」。2、「傳統──近代」模式（tradition-modernity model）。3、帝國主義模式（imperialism model）：此模式是帝國主義中國近代史各種變化的主要動因。哈佛大學的柯文（Paul A. Cohen）提出「中國中心觀」的研究法，其重點有1、從中國而不是從西方著手來研究中國歷史。2、把中國按「橫向」分解為區域、省、州、縣與城市，以展開區域性與地方歷史的研究。3、把中國社會再按「縱向」分解為若干不同階層，推動較下層社會歷史。4、熱情歡迎歷史學以外諸學科，主要是社會學科，和歷史分析結合起來。中國中心論的研究法有其必要，但也遭受到學術界的批評。羅伯特‧馬克思（Robert Marks）就說：「中國中心」這一概念「軟綿綿地像海綿一般」，又說：「中國中心觀可以意味著用儒家概念解釋中國歷史，也

---

❼⓿ Yü, Ying-shih., The Idea of Democracy and the Twilight of the Elite Culture , in Editorial Assistance of Josephine Chiu-Duke and Michael S. Duke, Chinese History and Culture, Vol. 2, New York: Columbia University Press,2016,pp.234-251.

可意味著用中國農民的價值觀或任何其他理論框架來解釋它」。[71]余英時先生對中國中心論有扼要的觀察，他認為這一轉變有助於對文化認同問題的認識，但是他說，「以中國為中心的近代史研究在美國不過剛剛起步，還需要通過大量的專題探討才能建立起它的新典範的穩定地位」。[72]從方法論上來建立中國學術研究的特色，恐怕是當代關心中國學術發展的學界人士所應嚴肅思考的問題。筆者認為從方法論上突破是一個對中西文化會通的有力切入點，而不是依循、硬套西方的理論奉為圭臬，如此一步一步地的累積，才能夠建構人文與社會研究成果，並進一步為人所信服。

中國文化上下五千年且當代文明價值又如此浩瀚，這兩者如何對比分析？誠如張光直院士所言要把中國文明的這種潛力發揮出來，需要同時做三件事，一是深入研究中國文明，二是盡量了解學習世界史，三是深入了解各種西方人文社會科學理論，有了這三個條件我們才能知所辨別。[73]能充分理解這三個條件，余先生當之無愧，在其著作中經常可見其尋根探源的發覺傳統資料，並比附於當代學說，論證其同異。因此要探討研究余英時先生的學術思想，是一高難度的工作，但本著閱讀余先生著作是種樂趣作為出發點，希望在「低頭拉車」的過程也能「抬頭看路」。

20世紀日本知名的思想史學者溝口雄三寫過一本《作為「方法」的中國》，書中要義是從中國歷史邏輯中尋找與西方近代相區別的「另類的普世」，…西方與東方，自他之別，角度不同，於是有形形色色的學術、千差萬別的看法。旅日多年的黃曉京教授因而提到：「在西方

---

[71] 柯文（Paul A. Cohen）著，林同奇譯，《在中國發現歷史》，新北：稻鄉出版社，1991，頁5-7。

[72] 余英時，〈自序〉，《歷史人物與文化危機》，台北：東大發行，1995，頁18。

[73] 轉引自甘揚，〈文化中國與世界新論緣起〉，中國比較古典學學會編，《施特勞斯與古典研究》，北京：三聯書店，2014，頁3。

思想佔了主導地位的今天，中國人自己的觀察和思考，顯得尤其重要，否則無法避免被主流思想所淹沒」。[74]筆者同意研究者必須建立自己文化的主體性，來研究中國的問題，但是這個主體性必須建立在對東西文化開放的態度與比較的眼光，一步一步地建立在對特定問題的研究上。而余先生的論學不輕易否定傳統，更不盲目接受當代流行的思潮奉為圭臬，其論說毋寧是飽讀與擷取中西文化的精華，而作可能的綰合與會通，最後吾人以他的一段話來作印證。2000年余先生在牛津大學的一篇演講「民主、人權與儒家文化」中就指出，哈佛大學韓廷頓（Samuel P. Huntington（ 1927–2008）教授談到儒家文明，韓氏說，「中國古典儒學及其在朝鮮、越南、新加坡、中國台灣、以及日本的派生體，都強調集體高於個人，權威高與自由，責任大於權利」。余先生說如此不加區別概括論述顯然不能讓人接受。他舉《論語學而篇》中提到「天下有道，則庶人不議」，此語清楚的表達，如果皇帝統治合正當性，一般人是不會有異議的，但是當皇帝統治不當（misgoverned）時，即使一個普通人也有權利批評。這類文本與歷史記載不勝枚舉，也充滿了個人對各種政治、社會角色的義務或者責任的討論，乃至權力的表達。又「1948年聯合國對人權宣言的雙重意涵，普遍人性與人性尊重」，就如同民主的概念，只不過在不同文化中以不同的概念表達而已。余先生也從歷史的考察中指出，16世紀初葉以後「儒家也緩慢的，但是無可置疑的從集體主義向個人主義不斷過度」。[75]也唯有從中西歷史脈絡理清重要概念的本質，如此才能讓儒家文化保有新的生機，繼續跟當代的自由民主相互對話，中西文化在理性的、沉潛的相互對話中，截長補短、相互借取，最後達到會通的層次。

---

[74] 黃曉京，《方法的日本——超越資本主義與亞洲的文化革命》，香港：大風出版社，2011，頁2。

[75] Yü, Ying-shih., Editorial Assistance of Josephine Chiu-Duke and Michael S. Duke, Chinese History and Culture,Vol.2, New York: Columbia University Press,2016,pp.263,266-8,272.

　　本文以「方法論」問題辨析中西學的會通問題,從余英時先生論學的築基功夫與中心旨趣及九種論學的特殊方法,一步一步推敲進展,如是建構超越中西學的框架與限制是必要的過程,也呈現一代大儒余英時以「方法論」作為會通中西學的進路之所在。

本文初稿以〈余英時先生論學的築基功夫、方法與視野芻議〉,刊載於林載爵主編《如沐春風:余英時教授的為學與處世 —— 余英時教授九秩壽慶文集》,謹以此文恭賀余先生九秩華誕、壽比南山,感恩 先生與師母多年的賜教,台北:聯經出版社,2019年年1月,頁353-401。2020年初再做增刪、補充成一新的篇章。

國家圖書館出版品預行編目（CIP）資料

古今文化與兩岸政治的流變與轉型：若干學
說與個案的追索 / 謝政諭著. -- 初版. -- 臺北
市：前衛, 2020.02
　面；　公分.

　　ISBN 978-957-801-907-2（平裝）

1.政治制度　2.民族主義　3.兩岸關係

570　　　　　　　　　　109002289

古今文化與兩岸政治的流變與轉型
若干學說與個案的追索

作　　　者　謝政諭
繪圖、資料　張佑碩、彭星樺
責 任 編 輯　鄭清鴻
美 術 編 輯　宸遠彩藝
封 面 設 計　李偉涵

出 版 者　前衛出版社
　　　　　　10468 台北市中山區農安街153號4樓之3
　　　　　　電話：02-25865708｜傳眞：02-25863758
　　　　　　郵撥帳號：05625551
　　　　　　E-mail：a4791@ms15.hinet.net
　　　　　　http://www.avanguard.com.tw
出 版 總 監　林文欽
法 律 顧 問　南國春秋法律事務所
總 經 銷　紅螞蟻圖書有限公司
　　　　　　11494 台北市內湖區舊宗路二段121巷19號
　　　　　　電話：02-27953656｜傳眞：02-27954100
出 版 日 期　2020年2月初版一刷

定　　　價　新台幣600元